KB275198

이문(吏文) 연구

구어(口語)의 한아언어와 문어(文語)의 이문을 중심으로

이문(吏文) 연구

구어(口語)의 한아언어와 문어(文語)의 이문을 중심으로

정 광(고려대 명예교수) 저

박문사

머리말

이 책은 그동안 필자가 여기저기 발표한 이문(吏文) 관련의 논문을 모아서 정리한 것이다. 그래서 중복되는 부분이 많다. 특히 2025년 8월 26일 국제역학서학회 서울학회에서 강연한 졸고(2025)의 "漢兒言語와 漢吏文－朝鮮吏文의 形成過程을 중심으로－"에서 이 책의 핵심 내용을 요약해서 발표하였다.

다만 강연이 1시간으로 제한되어서 이문(吏文)에 대한 여러 사료(史料)의 증거나 증언(證言) 자료를 충분하게 밝힐 수가 없었고 실제 예문도 제대로 들 수가 없어서 발표의 논리가 비약한 감이 없지 않았다. 특히 청중들이 외국인들이 많았고 일본에서 중국어학을 전공한 분들이 참석하기 때문에 발표 초점이 한아언어(漢兒言語)와 한이문(漢吏文)에 맞춰졌다.

따라서 조선이문에 관한 연구는 다소 소략할 수밖에 없었다. 이 책에서는 주로 조선이문의 특징에 대하여 그 실례를 들어 설명하고 해독을 시도하였다. 조선시대의 국가 정문(正文)은 이문(吏文)이었다. 그러므로 조선시대의 많은 고문서들이 이문으로 작성되었으나 이를 해독하지 못하여 아직 많은 고문서들이 정확한 해독을 하지 못한 상태로 남아 있다.

필자가 중국 원대(元代)의 한이문에 관심을 갖는 것은 이들이 조선이문(朝鮮吏文)의 바탕이 되었기 때문이다. 거기다가 중국어의 역사에서 한아언어(漢兒言語)의 등장은 세종의 훈민정음 창제의 계기가 된 것이라고 주장한 바 있다. 그리하여 이 언어에 대하여 졸고(1999b, c)를 비롯하여 졸저(2015)의 『한글의 발명』에 이르기까지 수십 편의 연구논저를 발표하였다.

그리고 가장 최근에 간행한 졸저(2025)의 『세종의 새 문자 창제』도 그 연장선상에 있는 저서다. 이런 논저에서 필자가 발굴하여 학계에 소개한 {원본}『노걸대』가 그동안 학계에서 인정하지 않던 한아언어(漢兒言語)를 세상에 알리게 되어 이런 연구가 가능함을 강조하였다. 그리고 이 연구가 필자의 필생의 업적이라고 졸고(2025)에서 자랑하였다.

한국에서 한국어학을 전공하는 필자가 세계의 중국어 역사학자들에게 한아언어가 실제로 원대(元代)에 존재하였고 이 언어가 원(元) 제국(帝國)의 공용어였음을 주장한 것은 조선 사역원에서 중국어를 학습하는 교재였던 <노걸대>의 원본(原本)이 발견되었고 거기에서 배우는 중국어가 그동안 문헌에서만 이름이 나오던 한아언어였기 때문이다.

즉, 세계 중국어의 역사학자들이 실존했던 언어로 보지 않던 한아언어가 사역원(司譯院)의 중국어 교재였던 <원본노걸대>의 학습 언어였던 것이다. 중국에서 몽골의 원(元)이 건국되고 도읍을 북경(北京)으로 옮기면서 이곳이 중국의 정치, 경제, 문화의 중심이 되었다. 그리고 이곳 주변의 언어로 중국어의 동북방언에 불과하던 한아언어가 제국(帝國)의 공용어가 되었다.

따라서 고려후기에는 통문관(通文館)을 설치하고 이 말을 가르쳐서 원(元)과의 교섭에서 통역을 하지 않으면 안 되었다. 그 전에는 한문으로 배운 통어(通語, Ancient Chinese)로 중국인과 소통하였기 때문에 따로 중국어를 매울 필요가 없었다. 초기에는 한아언어와 몽고어를 교육하였는데 후일 사역원(司譯院)으로 개칭하여 조선과 교섭하는 4개 나라의 언어를 교육하게 된다.

여기에서 언어의 교육을 받고 원(元)에서 온 사신(使臣)을 접대한다던지 무역(貿易)을을 할 때, 그리고 표류인(漂流人)을 문초(問招)하면서 실제 외국인과의 접촉에서 통역을 담당시켰다. 상술한 바와 같이 역관(譯官)으로 불리는 이들을 양성하기 위하여 초기의 통문관에서는 한아언어와 몽고어를 교육하는 것으로 시작하였다.

즉, 몽골의 원(元)과의 교섭을 위하여 고려후기에 설치된 통문관에서는 한아언어 교육의 한학(漢學)과 몽고어의 몽학(蒙學)만 설치하였다. 그러나 조선시대에 들어와 주변 국가의 언어로 점차 확대되었다. 그리하여 조선 세종 때에는 일본어의 왜학(倭學)과 그리고 『경국대전(經國大典)』에서는 여진어 교육의 여진학(女眞學)도 사역원에 설치되었다.

이것을 사역원의 사학(四學)이라 하고 병자호란(丙子胡亂) 이후에 여진학이 만주어 학습의 청학(淸學)으로 바뀌었지만 여전히 한학(漢學), 몽학(蒙學), 왜학(倭學), 청학(淸學)의 사학(四學)은 사역원에서 그대로 유지되다가 갑오개혁(甲午改革) 때에 사역원이 폐지되면서 역사의 뒤안길로 사라지게 된다.

필자의 주요 전공은 이와 같은 사역원의 외국어 학습교재를 고찰하여 우리말과 해당 외국어의 역사를 살피는 것이었다. 따라서 상술한 사역원의 한학(漢學) 교재인 <원본노걸대>는 바로 필자의 전공 분야에 해당되는 연구 자료였던 것이다.

이 <원본노걸대>를 통하여 필자는 세계 중국어학계에 한아언어(漢兒言語)가 실존했음을 보고하고 이 자료에 등장하는 한어(漢語)를 예로 하여 한아언어의 특징을 밝혔던 것이다. 20세기와 21세기의 교체기에서 필자가 주장한 한아언어의 실제 존재에 대하여 처음에는 모두 반신반의하다가 여러 자료들이 계속해서 발견되어 이제는 거의 정설로 굳어진 것 같다.

다만 일본에서는 이 언어의 존재를 부정하던 스승, 선배, 동료들을 배려하여 아직은 명확하게 이를 인정하고 중국어의 역사를 다시 쓰려고 하지 않는다. 아마도 이를 주장한 필자가 한국인이고 한국어학이 전공이라는 점도 작용을 했을 것이다. 그리고 중국에서는 지금의 공용어인 보통화(普通話)가 원(元) 제국(帝國)의 호언한어(胡言漢語)에서 왔음을 받아드리기 어려웠을 것이다.

이 책에서는 중국어의 어문(語文)에 대하여 세계에서 가장 선진적인 일본의 중국어학계가 한아언어의 존재를 인정하지 않아서 그들의 주장이 엇갈리고 뒤틀린 주장을 하는 현상을 매우 안타까워하였다. 특히 문어(文語)인 이문(吏文)의 연구에서 필수적인 구어(口語)의 한아언어를 부인하면서 일어나는 여러 모순된 결론을 이 책에서 조목조목 지적하였다.

이 책은 나이로 보아 필자의 마지막 학술서적이 될 것 같다. 그동안도 여러 차례 책을 내면서 아마 이것이 마지막임을 암시하여 왔는데 이번에는 이 책을 내면서 더 이상 필자가 꼭 써야하는 책은 없어진 것 같아 이제는 그만 써야겠다는 생각이 더 커진 것 같다. 그래서 더욱 이것으로 필자의 학술 연구서 출판은 종지부를 찍어야 한다는 생각을 하는 지도 모른다.

'호랑이는 죽어서 가죽을 남기지만 학자는 죽어서 연구서를 남긴다.'는 말을 새삼 떠올린다. 그리고 필자가 젊었을 때에 도서관에서 아무도 읽지 않는 책을 꺼내 보면서 무릎을 치고 공감하던 일이 생각난다. 그래서 필자도 남들이 읽지도 않을 책을 열심히 출판하는 것 같다. 옛날의 필자처럼 어느 도서관에서 이 책을 읽고 공감하는 열혈 학도가 있을 지도 모르기 때문이다.

이 책을 내면서 필자를 도와준 사람들을 다시 생각하지 않을 수가 없다. 특히 일본 연구자들의 오래된 논저를 부탁하면 어김없이 찾아서 보내준 구우(舊友) 후지모토 유키오 (藤本幸夫) 교수에게 감사한다. 그는 우리의 학술원(學術院)에 해당하는 일본 학사원(學士院) 회원이며 천황(天皇)의 은사상(恩賜賞)을 받은 일본에서 굴지의 석학(碩學)이다.

그리고 필자의 대부분의 저서에 고마움을 전했던 집사람에게 이 책에서도 다시 그 말을 아니 할 수 없다. 1년 365일 하루도 빠짐없이 연구실로 출근하는 필자를 위하여 도시락을 싸주면서 건강을 챙기는 수고가 정말 결코 예삿일을 아니기 때문이다. 집사람이 없었으면 이 나이에 이런 책을 내기가 불가능했을 것이다.

그래서 필자의 다른 저서에서처럼 이 책도 집사람 오경 명예교수에게 바친다.

목차

제1장

서론(緒論)

목차

1. 들어가기

1.1.0. 아시아의 여러 민족들이 사용하는 다양한 문자는 크게 두 가지 계통으로 나눌 수 있다. 하나는 중국에서 발달하여 유경(儒經)을 기록한 한자(漢字)이고 또 하나는 인도에서 시작된 불경(佛經)의 브라미(Brāhmi. 흔히 브라후미라고 부름)문자인데 이 문자는 한역(漢譯)하여 범자(梵字)라고 부른다. 아시아에서 유교와 불교의 전파로 이 두 문자는 널리 알려진다.

중국을 중심으로 하는 동(東)아시아에서는 한자(漢字)가 주로 사용되었고 인도의 서(西)아시아에서는 베다 경전(Vedic)의 산스크리트어를 표기하기 위하여 발달한 범자(梵字)가 널리 쓰였다. 아시아에서 주로 알타이제어라고 부르는 교착적인 언어의 표기를 위하여 사용된 문자들은 범자로부터 발달한 표음문자를 제정하여 사용하거나 서양의 로마자를 빌려 쓴 것도 있다.

범자는 표음(表音)문자로 음절단위로 표기하는 문자였고 한자(漢字)는 역시 음절단위이기는 하지만 표의(表意)문자였다. 한자는 고립적인 중국어의 표기를 위하여 발달한 표의문자였으나 범자(梵字)는 굴절적인 산스크리트어를 표기하기 위한 표음문자다. 즉, 고립어에서는 의미가 없는 형태부의 표기가 아주 제한적이기 때문에 표의문자가 적절하였다.

그러나 굴절어인 산스크리트에서는 사전적 의미가 없는 굴절 형태마저 표기해야 하기 때문에 표의문자보다 표음문자가 더 적절하였다. 산스크리트 문자, 즉 범자(梵字)는 굴절적인 산스크리트의 특성에 맞춘 문자로 음절 단위로 표기되었다. 즉, 자음과 모음이 결합한 음절 단위의 문자로 언어를 표기한 것이다.

동양의 여러 문자들, 예를 들면 7세기 중엽에 톤미 아누이브 (Thon-mi Anu'ibu) 등이 인도에 유학하고 돌아와 제정한 티베트의 서장(西藏)문자를[1] 비롯하여 몽골의 원(元)에서 제정한 파스파문자들, 그리고 조선의 언문(諺文)이 범자 계통의 표음문자들이다. 이들은 모두 음절 단위로 표기하고 문자의 시작을 범자(梵字)처럼 /ka, kha, ga, [gha], nga/의 순서로 시작한다.

훈민정음이란 이름으로 제정된 언문, 즉 한글도 그 시작은 아음(牙音)의 /ㄱ[k], ㅋ[kh], ㄲ[g], ㆁ[ng]/이다(졸저, 2024a: 442~3).[2] 그리고 자음 글자와 모음 글자를 결합시켜 음절 단위로 표기한다. 즉, 초성(初聲)과 종성(終聲)의 자음글자와 중성(中聲)의 모음글자를 결합하여 음절 단위로 표기하는 것은 바로 범자(梵字)와 같은 방법이다.

중국의 요(遼)에서 제정하여 사용한 거란(契丹)문자나 서하(西夏)문자, 그리고 금(金)의 여진(女眞)문자들이 비록 표음문자의 역할도 하지만 기본적으로 한자(漢字)에 근거하여 그것을 변형시킨 문자였다. 아마도 이러한 한자의 변형 문자는 고구려나 발해(渤海)로부터 시작한 것 같으나 이 두 문자들에 대한 자료의 부족으로 그 변천을 체계적으로 파악하기 어렵다.

다만 신라의 향찰(鄕札) 표기나 일본의 만요(萬葉)가나를 통하여 고구려와 발해에서 사용한 한자의 변형 문자를 규지(窺知)할 수 있을 뿐이다. 이 문자들은 한자의 음(音)과 새김을 빌려 자신들의 언어를 표기한 것이다. 역시 한자의 한문 표기를 근거하여 한자의 발음이나 새김을 통하여 자신들의 말을 표기한 것으로 이해할 수 있다.

---

1 西藏문자는 기원 후 650년경에 吐蕃의 송첸감보(Srong-btsan sgam-po, 松贊干布) 대왕이 톤미 아누이브(Thon-mi Anu'ibu) 등을 인도로 유학시켜 비가라론과 성명기론을 배우고 돌아와서 티베트어를 표기할 수 있는 西藏문자를 제정하였다. 이 문자는 성명기론으로 제정된 표음문자이어서 티베트의 吐蕃語만이 아니라 주변의 여러 언어를 표기하는데 매우 편리하여 여러 언어가 이를 빌려 자국의 언어를 표기하였다(졸저, 2009: 142~149).

2 /gha/의 유성유기음은 산스크리트에서만 변별적이기 때문에 梵字에서만 존재하고 다른 범자 계통의 문자들에서 이 글자를 만들지 않았다. 물론 훈민정음에서도 이러한 음운을 문자로 만들지 않았다.

1.1.1. 한반도에서 중국과의 접촉은 매우 오랜 전통을 갖고 있으며 아울러 그 언어와 문자의 유입(流入)도 아주 이른 시기부터 시작되었다. 세월이 흐름에 따라 점차 중국과의 교섭이 잦아지면서 한자가 유입되어 상당한 수준의 중국어와 한문이 한반도에서도 수용되게 되었다. 이에 대하여 졸저(2010)의 『역주 원본노걸대』(서울: 박문사)에서 다음과 같이 주장하였다.

> 한반도에서 중국인과의 직접적인 접촉은 멀리 고조선(古朝鮮)의 위만(衛滿)조선까지 거슬러 올라갈 수 있다. 물론 기자(箕子)조선의 지배층도 중국인이었을 가능성은 없지 않으나 기자조선의 존재에 대한 여러 이견(異見)이 있다. 다만 이의 뒤를 이은 위만조선(衛滿朝鮮)의 지배층은 분명히 중국인으로 보인다.
>
> 즉, 중국에서 진(秦)이 망하고 한(漢)이 일어나자 옛 연(燕)나라 노관(盧綰)의 부하 위만(衛滿)이 유민 1000여명을 이끌고 동쪽에 와서 기자(箕子)조선의 준(準)왕을 축출하고 세운 위만조선은 3대 우거왕(右渠王) 때인 한(漢) 무제(武帝) 3년(108 B.C.)에 한(漢)의 침입을 받아 멸망하기까지 80여 년간 계속되었다(『史記』「魏志」'東夷傳', 『三國遺事』 권1 '衛滿朝鮮').
>
> 따라서 조선의 지배층은 중국 연(燕)나라 유민(流民)이었을 가능성이 높으며 그렇다면 이들은 중국어를 사용한 것으로 보아야 할 것이다. 그러나 위만조선의 피지배층은 한반도의 원주민들로서 교착적(膠着的) 문법구조를 가진 언어를 사용한 것으로 추정되며 이 언어는 고대 한국어의 전신이었다.
>
> 이 시대 한반도에서는 지배층과 백성의 언어가 서로 달랐으며 지배층의 영향으로 피지배층에서도 한자를 접하게 되었을 것인데 이런 현상은 한사군(漢四郡) 시대에도 계속되었다. 전한(前漢)의 무제(武帝)가 위만조선을 멸망시키고 그 영토에 낙랑(樂浪)・진번(眞番)・임둔(臨屯)・현토(玄菟)의 네 군현(郡縣)을 설치하여 통치한 한사군 시대(108 B.C.~313 A.D.)가 있었다.
>
> 이 시대에는 지배층이 한(漢)에서 파견된 중국인 관리들이었으므로 중

> 국어와 한문을 사용하였을 것이다. 그리고 이렇게 중국어와 함께 한반도에 유입된 한문(漢文)은 수세기에 걸쳐 지배층의 문어(文語)로 자리를 잡았고 한자(漢字)는 통치문자(統治文字)로서 백성들에게까지도 알려지게 되었다.
>
> 어느 정도의 세월이 흐른 다음에는 한문의 문자인 한자가 일반 백성들 사이에서도 사용되기에 이르렀는데 이로부터 한반도에 건국된 모든 고대국가에서 한자는 통치문자로 쓰이게 되었다. 실제로 우리 선조들은 아주 이른 시기부터 중국으로부터 전래된 한자를 접하게 되어 이 문자를 사용하게 된 것이다. 졸저(2010: 380~2).

한반도의 역사에서 가장 오래된 고대국가인 부여(夫餘)와 삼한(三韓)에서는 많은 인명(人名)과 지명(地名), 관직명(官職名)이 한자로 전사(轉寫)되어 고대의 내외 사적(史籍)에 전해진다. 고유어라고 할 수 있는 이 고유명사의 한자 표기에서 전술한 바와 같이 한자의 음과 새김을 빌려 표기하는 방법을 응용하였다.

또 이러한 고유명사의 한자 표기에서 보이는 사물의 기록 방법은 신라에서 문장의 표기로 발전한다. 따라서 고대시대에 한반도에서는 한자가 널리 보급되었으며 한자로 사물을 기록하는 일이 일반화 되었다. 그리고 중국어의 역사에서 통어(通語)라 부르는 언어를 한자로 적는 한문도 익혀서 이미 고구려, 백제, 신라에서 자국의 역사를 한문으로 저술하기에 이른다.

이때에 우리의 역사를 한문으로 기록한다는 것은 당시의 우리말을 중국어로 번역하여 한자로 기록한다는 뜻이 된다. 따라서 삼국시대의 고구려, 백제, 신라는 많은 학교를 설치하고 한문을 통하여 중국어를 교육하였으며 그 교재로 유교의 경전을 사용한 것으로 보인다. 그리고 이런 교육을 통하여 부수적으로 한자와 한문도 배운 것이다.

1.1.2. 이와 같은 한반도에서 한자와 한문의 보급은 한자의 발음과

뜻을 빌어 고유어를 표기하는 차자(借字) 표기 방법을 고안하여 발전시킨다. 즉, 당시의 말을 중국어로 번역하여 한문으로 표기하는 한문이 아니라 한자를 표기수단으로 하여 우리말을 그대로 기록하는 방법이 바로 차자 표기인 것이다.

이러한 차자 표기방법을 고안한 것은 당시 삼국의 언어를 중국어로 번역하여 기록하는 한문표기에 강한 거부감을 느꼈기 때문이다. 또 이러한 차자 표기의 발달은 한자가 더 이상 외국문자가 아니라 자국의 문자로 인식하게 된다. 실제로 고구려, 백제, 신라에서는 향찰(鄕札)과 그것으로 표기한 구결－토를 통하여 자국의 언어를 한자로 기록할 수가 있었다(졸고, 2003b).

오래 전부터 한반도에 유입된 한자는 자형(字形)과 더불어 들여 올 당시의 중국어 발음도 딸려 왔으나 그 발음은 한국어와 함께 사용되면서 우리말의 음운체계에 맞추어 변질되어 정착된다. 이렇게 정착된 한국 한자음을 동음(東音)이라고 부르는데 이러한 우리 한자음이 어떻게 이루어졌는가를 밝혀주는 연구는 아직 완성된 것이 없다.

한자의 동음(東音)이 무엇인가를 밝히기 위하여 한자가 어느 시대, 어떤 중국어의 발음을 기반으로 하여 형성되었는가가 고찰되어야 한다. 그럼에도 불구하고 우리 학계는 한자가 어느 시대에 어떤 지역의 중국어로 발음된 것이 한반도에 들어 왔는지 관심이 없다. 우선 모든 한자가 하나의 중국어 발음을 갖고 같은 시기에 일시에 유입되었다고 보기는 어렵다.

중국어의 여러 방언에서 발음을 가져왔을 가능성이 있으며 또 시대적으로 여러 차례로 나누어 들어왔을 가능성이 크다. 동음(東音)의 형성에 대하여는 별도의 기회에 의견을 발표하기로 하고 여기에서는 졸고(2003b)에서 주장한 것처럼 동음이 중국의 중고음(中古音), 즉 수(隋), 당(唐)의 <절운(切韻)>계 운서음(韻書音)을 기반으로 한자음이 성립한 것으로 보려고 한다.

그렇다면 한반도의 동음(東音)은 중국의 송대(宋代)를 거쳐 원대(元代)에 이르러 형성된 한자의 중세음(中世音)과는 매우 다르게 되었고 명대(明代)에 정착된 관화음(官話音), 즉 근대음(近代音)이나 현대의 보통화(普通話)와는 전혀 통하지 않게 되었다.[3] 그로 인하여 이 땅의 한자 사용은 우리만의 독자적인 발음으로 남아있게 되었다.

1.1.3. 물론 세종이 이를 극복하려고 동음(東音)을 수정하여 동국정운(東國正韻)식 전통 운서(韻書)음으로 고쳤으나 세종~세조 이후에 이 새로운 한자음은 기득권 세력의 동음(東音)에 밀려서 더 이상 사용되지 않게 되었다. 따라서 우리 한자 사용은 중국과 달리 독자적인 발음으로 읽히고 그 사용도 송독(誦讀)과 석독(釋讀)의 방법으로 한문을 이해하게 된다.

즉, 송독(誦讀)은 주로 유경(儒經)의 한문을 읽을 때에 사용하는 방법으로 한문 순서대로 읽되 구결－토를 달아 읽는 것이다.[4] 이를 송독구결(誦讀口訣)이라 한다. 훈민정음 이전에는 이 구결－토도 한자로 달아야 했다. 그런데 구결 한자 중에는 새김, 즉 석독하는 경우도 있어 이를 변음토착(變音吐着)이라 불렀다.

3 필자는 중국의 표준어에 대한 역사적 시대구분을 언어사의 三分法에 의거하여 古代중국어, 中世중국어, 近代중국어로 三分한다. 다음의 2.1.1.4.에서 재론하겠지만 東周의 수도 洛陽의 표준어인 雅言을 古代어로 보고 漢唐시대의 長安의 通語를 中世어, 그리고 元代 北京의 漢兒言語를 近代어로 보고자한다. 필자가 새롭게 주장하는 元代 漢兒言語를 近代 중국어로 보는 것은 현대 중국어라고 할 수 있는 普通話가 이로부터 발달한 것이기 때문이다. 중국어의 자료는 표의문자인 한자로 적힌 것만 전해오기 때문에 음운의 변화는 알기 어렵고 문법의 변화만 볼 수 있어서 이러한 시대구분이 가능하다. 이에 대하여는 다음에 다시 논의할 것이다.

4 필자는 口訣과 吐를 같은 것으로 본다. 다만 "口訣을 넣다"와 "吐를 달다"와 같이 '口訣'은 한문에 삽입하는 문법형태들, 즉 우리말의 어미와 조사, 문장 종지사를 말하고 '吐'는 한문을 읽을 때에 구결을 달아 읽는 것을 말한다. 모두 한문에 삽입되는 우리말의 어미와 조사의 문법형태를 지칭한 것이지만 그 용도에 따라 달리 부른 것이다.

즉, '-ᄒᆞ고'를 '爲古'로 쓰고 '-이라'를 '是羅'라고 쓸 때에 '爲, 是'는 그 새김으로 읽어야 한다. 이를 변음토착(變音吐着, 발음을 바꿔서 토를 달다)이라 하여 원래 한자의 발음과 달리 읽어야 하기 때문에 유생들이 매우 괴로워하는 구결(口訣)이었다. 왜냐하면 이미 한자를 상용(常用)하는 유생들은 그 발음을 바꿔 읽어야 하는 것에 익숙하지 않았기 때문이다.

이 변음토착의 구결을 정의(貞懿)공주가 훈민정음으로 대신하여 난제를 해결하고 많은 상(賞)을 받았다는 기사가 『죽산안씨대동보(竹山安氏大同譜)』의 「정의공주유사(遺事)」에 있다. 예를 세종의 '어제훈민정음서(序)'의 언해에서 보면 "國之語音이 异乎中國ᄒᆞ야 與文字로 不相流通ᄒᆞᆯᄊᆡ"와 같다.[5] 여기에 한자의 구결-토 '-伊, -爲也'를 '-이, -ᄒᆞ야'로 대신한 것이다.

이로부터 세종은 훈민정음으로 우리말을 전면적으로 표기할 수 있음을 깨닫고 <석보상절(釋譜詳節)>에서 이를 시험하고 스스로 <월인천강지곡(月印千江之曲)>을 저술하면서 이 글자의 우리말 표기를 확인하게 된다(졸저, 2015: 182~189). 그리고 이 둘을 합편(合編)하여 <월인석보(月印釋譜)>를 간행하고 그 제1권 권두에 훈민정음 <언해본>을 첨부하여 세상에 새 문자를 알린 것이다(졸저, 2015: 459).[6]

반면에 석독(釋讀)은 주로 불가(佛家)에서 유행하였다. 즉, 한역(漢譯) 불

5 언해본 <훈민정음>에는 두 가지 異本이 있다. 하나는 학계에 널리 알려진 <世宗御製訓民正音>이 있고 또 하나는 고려대 소장의 『訓民正音』이 있다. 두 판본의 차이는 필사된 첫 장뿐이지만 필자는 후자가 좀 더 원본에 가깝다고 생각하여 고려대본의 권두에 필사된 "國之語音이 异乎中國ᄒᆞ야"를 인용하였다. <세종어제훈민정음>에서는 "异乎中國"의 '异'를 '異'로 하였는데 불가에서는 '异'를 많이 쓴다(졸고, 2020b).

6 <釋譜詳節>과 <月印千江之曲>은 처음부터 合編할 목적으로 저술된 것이다. 즉, 후자를 科題로 하고 전자를 科文으로 하는 전형적인 諺解 佛典의 형식을 취한 <月印釋譜>를 편찬하려고 저술한 것이다. 그리하여 이 두 편은 昭憲王后의 死後 一周忌를 기념하여 세종 29년에 한 번 출판되었을 뿐이고 후에는 <석보상절>만 목판으로 복각되었을 뿐 다시는 간행되지 않는다. 자세한 것은 졸고(2024b) 참조.

경의 한문에 석독의 구결−토를 붙여 우리말로 풀어 읽는 것을 말한다. 이 때에 붙이는 구결−토를 석독구결(釋讀口訣)의 토라고 한다. 불가(佛家)에서는 매우 오래 전부터 이렇게 석독구결을 붙여 한역(漢譯) 불경을 우리말로 풀어 읽는 방법이 있었다.

예를 들면 신라시대의 설총(薛聰, 655?~743? A.D.), 강수(强首, ?~692 A.D.) 등이 "以方言講九經−방언, 즉 신라 말로 구경을 강하였다"[7]라고 하여 구경에 석독구결을 달아 신라의 말로 풀이하여 읽었음을 말하고 있다(졸저, 2022: 350). 물론 이 때의 구경(九經)은 시경(詩經), 서경(書經), 주역(周易) 등의 삼경(三經)을 비롯하여 모두 유경(儒經)을 말할 것이다.

1.1.4. 그러나 고려 때에는 불경을 주로 석독(釋讀)한 경우가 많다. 예를 들면 심재기(1975: 19~35)와 남풍현(1975: 3~47), 그리고 남풍현・심재기(1976: 1~68)에서 논의한 『구역인왕경(舊譯仁王經)』(이하 <구역인왕경>)의 5장에 붓으로 써 넣은 석독 구결은 이 불경을 우리말로 풀어 읽었음을 보여준 예로 들 수 있다.

즉, <구역인왕경> 낱장의 "復有他方不可量衆"이란 세로로 쓴 한역 한문 구절의 좌우에 구결 써 넣거나 수자, 권점을 찍어 이를 우리말로 읽게 하였다. 이를 졸저(2022: 382)에서 옮겨 보면 다음과 같다.

```
  ソ㇆          ヒ                  ノ寸     — 우측 삽입 구결
復   有    他方 不         可     量    衆。 — 원문
        ヒナ尓       矢リヒヒ  ヒソ㇆          — 좌측 삽입 구결8
```

이 구결들은 종서(縱書)한 한문 문자에 모두 약자를 사용하여 좌우(左右)

7 徐居正의 『東國通鑑』에 "其時强首薛聰輩通曉義理, 以方言講九經, 訓導後學.−그 때에 강수(强首)와 설총의 무리가 의미와 이치를 모두 깨달았으며 신라 말로 구경(九經)을 강론하여 후학을 훈도하였다"라는 기사 참조.

8 원래 이 자료는 縱書된 것이어서 上下가 아니라 左右가 된다. 즉, 좌측의 삽입구결이 아래에 적힌 것이고 우측에 삽입된 것이 위에 적힌 것이다.

에 삽입하였다. 따라서 어순에 맞추어 우측, 위의 예에서는 위쪽 삽입 구결을 먼저 읽고 역독(逆讀) 표시의 권점 '。'이 있는 곳에서 다시 거꾸로 올라가 좌측, 위의 예에서는 아래쪽에 삽입된 구결을 읽어야 한다.

이 순서대로 써 넣은 약체구결 "復ソㄱ －爲隱, 他方ヒ－叱, 量ノ寸－乎音, 衆。 有ヒナケ－叱在旀, 不矢リㅌヒ－知是飛叱, 可ヒソㄱ －叱爲隱"와 같다. 이것은 세로로 썼을 때에 우측에 삽입한 구결을 먼저 읽고 역독점(逆讀點)에서 다시 좌측에 삽입한 구결을 읽는 방식이다.

역독의 권점은 위편(=우측)에 있는 구결의 '乎音' 다음과 원문의 '衆' 다음에 있어 여기서부터는 거꾸로 역독(逆讀)할 것을 표시한 것이다. 이러한 구결의 표기는 이 한문을 우리말로 풀어 읽기 위한 것으로 우측(상단의 것)에 구결이 있으면 먼저 읽고 권점이 있을 경우에 거꾸로 올라가서 읽은 다음에 아래쪽(좌측)에 구결이 있는 것은 다음에 읽는다.

따라서 위의 것을 이러한 방법에 맞추어 읽어서 순서대로 옮겨보면 다음과 같다.

復ソㄱ 他方ヒ 量ノ寸 可ヒソㄱ 不矢リㅌヒ 衆有ヒナケ

여기에 쓰인 구결의 약자를 정자로 바꾸고 해독하면 다음과 같이 된다.

復爲隱	他方叱	量乎音	可叱爲隱	不知是飛叱	衆	有叱在旀
또ᄒᆞᆫ	타방ㅅ	헤아룜	가ㅅᄒᆞᆫ	안디이ᄂᆞᆺ	무리	잇겨며

이를 현대어로 풀이하면 "또한 다른 사람이 헤아림이 가하지 않는(불가한) 군중이 있었으며"의 뜻이다. 이와 같은 석독 구결은 고려시대에 매우 발달한 것으로 최근에 많은 자료가 발견된다(小林芳規, 2002 및 張景俊, 2021). 그 중에 『유가사지론(瑜伽師地論)』 같은 것은 그 양에 있어서 <구역인왕경>의 낙장(落張) 몇 개에 비할 바가 아니다.

1.1.5. 이상의 논의를 종합하면 신라시대에 유행했던 한문의 석독(釋讀)이 불가(佛家)에서는 계속 이어져 왔고 유가(儒家)에서는 한문이 많이 보급되자 송독(誦讀)의 방법이 세력을 얻은 것으로 보인다. 물론 여기에는 구결－토와 같은 송독의 보조 장치가 계발(啓發)되어 이의 사용을 부추겼을 것이다.

실제로 일본에서는 한문을 모두 훈독(訓讀, 訓讀み)의 방법으로 읽어서 일본어로 풀어 읽을 뿐이다. 아마도 삼국시대의 한반도에서 한문의 석독 방법이 백제나 신라를 통하여 일본에 전달되어 훈독하여 읽는 법(讀み方)이 정착된 것이 아닌가 한다. 다만 이러한 문제에 대하여 지금까지 어느 누구도 제대로 논의한 바가 없어 단언하기 어렵다.

이 문제는 필자가 보기에는 참으로 중요한데 이에 대한 논의가 없는 것은 안타깝기 그지없다. 더구나 우리말을 한문으로 적는 경우 중국어로 번역하여 한자로 적어야 한다. 이 방법이 싫어서 신라시대에는 한자를 향찰(鄕札)이라 하여 우리 글자로 생각하고 한자의 발음과 새김으로 우리말을 표기하는 방법을 계발(啓發)하여 사용하였다는 점을 강조하고 싶다.

아마도 고구려와 백제에서도 이러한 방법으로 자신들의 언어를 표기하였을 것인데 자료가 없어서 더 이상의 연구가 어렵다. 다만 신라에서는 향가(鄕歌) 표기에 그 흔적을 남기고 있어서 신라의 향찰(鄕札) 표기를 어느 정도 이해할 수 있다. 그리고 이것이 일본으로 전달되어 나라(奈良)와 헤이안(平安)시대에 망요가나(萬葉假名)에서 그 구체적인 표기 방법을 알 수 있고 현대 일본어의 가나(假名)표기에서도 한자의 음독(音讀)과 훈독(訓讀)에 의한 일본어 표기의 방법을 살필 수가 있다.

원래 한자(漢字)는 고립적(孤立的)인 문법 구조의 상고(上古)중국어를 표기하기 위하여 고안되고 발달한 문자다. 따라서 이 한자로 교착적인 알타이제어, 그리고 한국어와 일본어를 표기하기 적절하지 않다. 그리하여 이들 언어에서는 전술한 바와 같이 한자를 음독(音讀)하거나 훈독(訓讀), 또는 석독(釋讀)하여 교착적인 그들의 언어를 표기할 수밖에 없었다.

많은 문자학자들이 표의문자에서 표음문자로 발전한다고 믿고 있는데 필자의 생각은 다르다. 모든 문자는 표기 대상의 언어에 따라 선택된다. 예를 들어 한자는 고립어인 상고(上古)중국어의 표기를 위하여 고안된 것이고 산스크리트나 로마자는 굴절어(屈折語)의 표기를 위한 문자이며 한글과 서장(西藏)문자, 파스파문자는 교착어(膠着語)의 표기를 위하여 인위적으로 제정된 문자다.

한반도에서는 한글이 제정되기 이전에는 한자를 들여다 쓰는 수밖에 없었는데 전술한 바와 같이 한자는 교착적(膠着的)인 문법구조의 우리말 표기에 적절하지 않았기 때문에 여러 가지 방법으로 한문 표기를 변형하여 사용하였다. 향찰(鄕札)의 표기 방법이 그 하나이고 이두(吏讀)의 표기도 그와 같이 우리말 표기에 쓰인 한자의 다른 표기 방법이다.

그런데 원대(元代)에 중국어의 동북방언인 한아언어는 순수한 고립어가 아니고 주변의 알타이제어의 영향을 받아 교착적인 문법 요소가 많이 가미된 중국어였다. 이러한 한어를 표기한 이문(吏文), 필자가 부르는 한이문(漢吏文)은 우리말 표기에도 한문보다 훨씬 편리하였다. 그리하여 이를 들여다가 우리말을 표기하는 이문으로 발전시킨 것이 조선(朝鮮)이문이다.

즉, 세종이 언문(諺文)을 제정하였지만 이 문자는 어디까지나 한문(漢文)이나 이문(吏文)의 보조 문자여서 발음이나 구결 표기에 겨우 사용되었다. 대한제국(大韓帝國)시대에 들어와서 비로소 국문(國文)이라 하여 국가의 공용문자가 된다. 그 이전까지는 아녀자들의 글이란 뜻의 암글이라고 불렸으며 제한된 글과 한자음의 발음 표기에 사용되거나 구결-토에 쓰였을 뿐이다.

1.1.6. 조선왕조 시대의 법전(法典)으로 『경국대전』의 수정본인 『수

교집람(受教輯錄)』(1698) 「호부(戶部)」 '징채(徵債)'조에 "出債成文, [中略] 諺文及無證筆者, 勿許聽理。－채무 증서를 만들 때에 [중략] 언문 및 쓴 사람의 증거가 없으면 심리하지 않는다"라 하여 언문으로 쓴 것, 증인이 없거나 쓴 사람이 분명하지 않은 경우에는 채권(債券)의 효력을 인정하지 않았음을 알 수 있다.

<수교집록>은 '수교(受教)', 즉 각사(各司)에 임금이 내린 명령을 모은 것으로 임진왜란 이전의 수교(受教)를 모은 『각사수교(各司受教)』(서울대 도서관 소장)가 전한다. 이 책은 이두문(吏讀文)이 포함된 이문(吏文)으로 작성되었다. 왜란(倭亂)과 호란(胡亂) 이후인 숙종 24년(1698)에 <각사수교>에서 이두문을 빼고 편찬한 것이 <수교집록(受教輯錄)>이다.

<수교집록>에 의하면 언문(諺文)은 국가가 인정하지 않는 문자였음을 알 수 있다. 또 한문(漢文)도 양반들의 시문(詩文)에 사용되었을 뿐이고 실제 실용문으로는 사용되지 않았다. 즉, 조선시대의 국가 공용문은 이문(吏文)이었다. 그리하여 조선시대의 모든 공문서, 예를 들면 토지문서, 매매문서, 차용문서, 그리고 노비문서까지 모두 이문으로 작성되었다.

이러한 서민(庶民)들의 문자 생활에서 중추 역할을 하던 이문(吏文)은 그동안 우리 학계에서 제대로 연구되지 않았고 그 결과 앞에 적은 많은 서민들의 생활문서가 제대로 해독돼서 읽히지 못한 채 사장(死藏)되었다. 따라서 우리의 서민생활사(庶民生活史)는 기초자료가 없어서 전혀 연구되지 못하고 미지(未知)로 남아있게 되었다.

본서에서는 이러한 이문(吏文)의 발생과 그것이 우리나라에 들어와 발달하는 과정을 살펴보고 몇 개의 조선이문을 해독하여 본보기로 삼았다. 그것은 한이문의 바탕이 된 중국어의 역사에서 새로운 근대어(近代語)로 볼 수 있는 한아언어(漢兒言語)를 찾았기 때문이다. 필자는 {원본}<노걸대>를 통하여 한아언어의 존재를 깨달음으로 자신의 학문이 코페르니쿠스적 방향의 전환이 있었음을 고백하지 않을 수 없다.

지금까지 여러 논저로 논의한 세종의 새 문자 제정이나 이 책에서 살펴보는 이문(吏文)의 연구도 실은 그 바탕에 한아언어가 있었다. 특히 20세기 말과 21세기 초에 필자가 발굴하여 학계에 소개한 {원본}<노걸대>를 통하여 한아언어를 세계의 중국어학계에 소개하였다. 지금 돌이켜 보면 이 자료의 소개와 한아언의 존재를 소개하면서 보았던 그 뜨거웠던 반응을 잊을 수가 없다.

1.1.7. 본서에서는 필자의 여러 논저, 즉 졸고(1999b, 2000, 2003c)와 졸저(1990, 2004, 2010)로 세계의 중국어학계에 소개된 <원본노걸대>와 한아언어(漢兒言語)를 살펴보고 그로부터 생겨난 이문(吏文), 즉 한이문(漢吏文)에 대하여 고찰하려는 것이다. 그리고 이로부터 발달한 조선이문(朝鮮吏文)에 대하여 실례를 들어서 살펴보려고 한다.

어쩌면 필자의 마지막 학술연구서일 수도 있는 이 책을 저술하면서 지난날의 이에 대한 연구 활동이 주마등같이 스쳐간다. 학계의 정설을 무너트리는 자료들이 필자에게 발견되어 소개되었을 때에 느끼는 감정은 참으로 법열(法悅)과 같이 기쁘기 한량없는 것이었다.

필자의 학문을 누구보다 잘 이해한 경도(京都)대학 국어학국문학과(일어일문학과)의 고(故) 야스다 아키라(安田 章) 교수는 많은 자료가 필자에게 모이는 것을 "下オノツカラ蹊成ス"라고 하며 "學運の全ては鄭教授の學德と精進との賜物であった(이런 학운의 모두는 정교수의 학덕과 정진이 내려준 것)"이라고 하였다.[9]

9 '下オノツカラ蹊成ス'라는 일본어의 故事成語는 원래 "桃李もの言わず下蹊を成す－복숭아와 오얏은 말하지 않아도 [그것을 먹으러 오는 사람들로 인하여 그 나무의] 밑에는 길이 된다."라는 뜻으로 "자신이 원하지 않아도 [그의 명성 때문에] 자료가 모여든다."로 본 것이다. 安田 章(2006) 참조.

2. 문제의 제기

1.2.0.0. 필자는 대학의 한문학과 교수들에게 가끔 "한문이란 무엇인가?" 하고 질문한다. 그 때마다 정곡(正鵠)을 찌르는 답변을 들은 일이 없다. 그저 "한문이 한문이지 무엇인가?"하는 반문만 돌아올 뿐이다.

영문(英文), 독문(獨文), 불문(佛文)이란 영어와 독일어, 그리고 불어를 로마자의 알파벳으로 적은 것이라고 정의할 수 있지만 한문(漢文)은 이렇게 명쾌한 말로 설명할 수 없기 때문이다. 다만 앞의 영문, 독문, 불문이 무엇인가에 대한 답변처럼 한문은 중국어를 한자로 적은 것이라고 원론적인 정의를 할 수 있다.

그러나 한자로 우리말을 적은 경우 그것은 향찰(鄕札), 또는 이두(吏讀)라고 한다. 만일 일본어를 한자로 적은 경우에 그것은 망요(萬葉)가나라고 하고 베트남어를 한자로 적은 경우는 주놈(字喃)이라 하지 한문이라고 하지 않는다. 심지어 현대 중국어를 한자로 적은 경우에도 이를 한어(漢語)라고 하고 한문(漢文)이라고는 하지 않는다.

그렇다면 한문이란 무엇인가? 그 정답은 특정한 시대에 특정한 지역의 중국어를 한자(漢字)로 표기한 문어(文語)라고 해야 할 것이다. 그런데 중국어는 수천 년의 역사가 있고 지역도 넓어서 어느 지역 어느 때의 중국어를 한자로 적는가가 다시 문제가 된다. 따라서 어느 시대, 어느 지역의 중국어를 한자로 적었는가라고 지목해서 말해야 한다.

우리가 일반적으로 한문(漢文)이라고 하는 것은 중국어의 역사에서 동주(東周)의 수도 낙양(洛陽)의 언어였던 아언(雅言)을 한자로 적은 문어(文語)을 말한다. 즉, 이 말은 주대(周代)의 공용어였으며 유교의 경전인 사서오경(四書五經)에 적힌 한문의 구어(口語)을 말한다. 바로 아언(雅言), 즉 상고(上古)중국어(Archaic Chinese)라고 부르는 말을 한자로 적은 것을 한문이라 한다.[10]

1.2.0.1. 다시 말하면 우리가 보통 한문(漢文)이라고 부르는 것은 선진(先秦)시대에 유경(儒經)의 한문을 말한다. 사서삼경(四書三經)으로 불리는 초기 유교 경전(經典)에 쓰인 한문을 특별히 고문(古文)이라고 말하는데 이 문어(文語)는 전술한 바와 같이 동주(東周)의 수도인 낙양(洛陽)의 언어를 한자로 적은 것이다.

중국어의 역사에서 '아언(雅言)'이라고 불리는 주대(周代)의 공용어가 선진(先秦) 때까지는 학문(學文)의 언어이었고 주(周)의 행정언어이기도 하였다. 공자(孔子)는 『논어(論語)』에서 자신은 산동(山東) 사람이라 아언을 따로 배웠고 『시경(詩經)』을 읊을 때나 『서경(書經)』을 강의를 할 때, 그리고 예(禮)를 행할 때에는 아언(雅言)을 쓴다고 하였다.[11]

고문(古文)은 간결성과 암시성을 특징으로 하는 기록과 의사전달이 주된 목적으로 형성된 문장어(文章語)이었다.[12] 특별히 앞과 같은 유경(儒經)의 한문을 다른 것과 구별하여 고문(古文)이라 하여 구별하여 부른다. 이 고문은 주대(周代)의 아언(雅言)을 한자로 적은 것이지만 유교 경전의 문어(文語)이어서 이를 후대의 다른 한문과 구분하려고 붙인 이름이다.

실제로 이 고문(古文)은 지금도 권위를 가지고 전통 한문으로써 동아시아의 여러 나라에서 이를 배우고 이 문체를 사용하고 있다. 물론 각기 자기나라의 언어에 이끌려 다소의 차이가 발견되지만 문법에 있어서는 고문(古文)을 따른 것이다.

---

10 B. Karlgren(高本漢, 1940)에서는 <詩經> 이전 시기를 '太古 漢語', <詩經> 이후부터 東漢시기까지를 '上古 漢語', 六朝 시기부터 唐末까지를 '中古 漢語', 宋朝 시기를 近古 漢語, 元明 시기를 '老官話'로 구분하였다(蔣紹愚: 1994).

11 『論語』「述而篇.」에 "子所雅言, 詩, 書, 執禮, 皆雅言也. - 공자는 아언(雅言)에 대하여 <시경(詩經)>과 <서경(書經)>을 읽을 때. 또 예(禮)를 집행할 때는 아언을 사용하다"라고 함. 졸저(2022: 411).

12 古文은 先秦시대에 만들어진 <論語>, <孟子>, <莊子>, <荀子>, <韓非子> 등의 諸家의 議論文에서 기틀이 잡혔고 漢代에 賈誼의 <治安策>, <過秦論> 등의 論策文과 左丘明의 <春秋左氏傳>, 司馬遷의 <史記> 등에서 서사문으로 발전하였다.

1.2.0.2. 이러한 고문(古文)의 아언(雅言)도 언어이기 때문에 시대의 변화에 따라 바뀌게 된다. 춘추전국(春秋戰國)시대에 각국의 언어가 독자적으로 발전하였고 진(秦)의 통일 이후에 도읍을 함양(咸陽)으로 옮기면서 중국어의 서북(西北) 방언이 통용어로 부상한다. 더욱이 한당(漢唐)시대에 도읍이었던 장안(長安)의 언어는 천여 년에 걸쳐 제국(帝國)에서 통용되었다.

중국어의 역사에서 '통어(通語, Ancient Chinese)'라고 불리는 이 새로운 장안(長安) 중심의 서북방언은 이곳과 접경하고 있는 굴절적(屈折的)인 여러 언어와 접촉하면서 아언(雅言)과는 문법적으로 좀 다른 언어로 변하였다. 그럼에도 이 통어(通語)는 그동안 중원(中原)의 학문(學文)의 언어로 사용되었던 아언(雅言)의 권위에 도전하였다.

그러나 유교(儒教) 경전의 언어이었던 고문(古文)은 다른 종교의 경전(經典)의 언어처럼 매우 보수적이었고 다른 언어로의 변화를 받아드리지 못하였다. 따라서 중국 서북방언의 통어(通語)는 유교 경전의 언어를 바꾸지는 못하였고 그 권위를 얻지도 못하였다. 그리하여 당(唐) 이후에 많은 유경(儒經)들이 통어로 주해(註解)되기에 이른다.

더욱이 산스크리트, 즉 범어(梵語)로 된 불경(佛經)이 이 통어로 번역되어 한자로 정착되어 불가(佛家)에서는 거의 유경의 고문처럼 여기게 된다. 거기다가 당대(唐代)의 통어(通語)는 많은 문학 작품의 언어로 쓰였으며 특히 당송(唐宋)대에 주옥(珠玉)같은 시가(詩歌)가 이 통어로 쓰여서 이 말은 널리 알려졌고 이후에 통어는 시문(詩文)의 언어로 발전한다.

즉, 고문(古文)의 간결성(簡潔性)과 암시성으로부터 장식성(粧飾性)이 추가된 시문(詩文)의 통어(通語)를 적은 한문은 이 시대에 새로 생겨난 문어(文語)가 되었으며 육조(六朝)시대에 이르러 더욱 장식성이 두드러지게 나타났다고 본다. 이렇게 변형된 한문을 '변문(變文)'이라고 하는데 굴절적인 서역의 여러 언어로부터 영향을 받아 문법 형태, 즉 허사(虛辭)가 발달한다.

변문(變文)의 시작을 당대(唐代) 중기 이후 불경 번역문에서 찾는 학자도 있다. 문법구조가 다른 범어(梵語)를 번역하면서 그 문법에 이끌렸고 특히 불승(佛僧)들의 속강(俗講)에서는 고문의 아언(雅言)과는 다르게 통어(通語)가 사용되었다고 보는 것이다. 이 때에 불교의 교리(敎理)를 대중에게 전파하기 위하여 곡조를 붙일 수 있는 운문(韻文)과 교리를 설명하는 산문(散文)을 혼합하여 연창대강(連唱帶講)하는 경우가 있었다.

변문은 이와 같이 운문(韻文)과 산문(散文)이 혼합된 것이 특징이다. 소박하고 간결하며 고립적 문법 구조인 고문(古文)에 비하여 변문(變文)은 시문(詩文)에 사용되어서 화려하고 장식적이며 굴절어미와 같은 허사(虛辭)가 추가된다. 당(唐), 송(宋), 원(元) 이후에 발달한 평화(平話), 사화(詞話), 백하소설(白話小說), 보권(寶卷), 탄사(彈詞), 고자사(鼓子詞) 등이 모두 변문으로부터 나온 것으로 본다.[13]

1.2.0.3. 변문(變文)이라고 볼 수 있는 것은 한자를 빌려서 자신들의 민족어를 기록한 이민족(異民族)의 한문 표기에서도 나타난다. 그것은 한문 고문의 문법에서 벗어나 자신들이 언어에 맞추어 표기했기 때문이다. 이 변문은 주로 동북아(東北亞) 알타이제어의 한문표기에서 나타난다.

예를 들면 남송(南宋)시대에 금(金)의 사신(使臣)으로 회녕(會寧, 지금의 吉林)에 간 홍매(洪邁, 1123~1201)는 거란(契丹)의 어린이들이 한시(漢詩)를 읽을 때에 우리의 이두문(吏讀文)과 같이 거란어의 어순(語順)에 맞추어 읽는다고 하였다. 또 한반도에서 작성된 한문 가운데 변문 형식이 많다. 신라시대에 임신서기석(壬申誓記石)의 한자 표기가 그 좋은 예이다.[14]

---

13 淸의 光緖 25년(1899)에 중국 甘肅省 敦煌의 千佛洞 石室에서 2만여 권의 장서가 발견되었다. 그 가운데 佛經의 俗講 교재로 보이는 變文으로 된 사본이 다수 포함되었다. 이것이 소위 敦煌 變文 자료로서 盛唐(8세기 후반)부터 宋 太宗 2년(977 A.D.)의 것이 가장 새로운 것이라고 한다. 따라서 變文은 唐代 中葉부터 발달한 것으로 본다.

앞에 든 남송(南宋) 사람 홍매(洪邁)는 금(金)나라 사신으로 갔을 때에 자신을 영접한 부사(副使) 비서소감(秘書少監) 왕보(王補)가 퇴고(推敲)의 고사로 유명한 당대(唐代) 가도(賈島)의 '題李凝幽居'의 절구(絶句) "鳥宿池中樹 僧敲月下門"을 "月明裏和尙門子打 水底裏樹上老鴉坐"라고 읽어 웃음을 금치 못했다고 했는데 왕보(王補)는 금주(錦州)사람으로 거란인이었다는 기사가 있다(『夷堅志』「丙志」第18 '契丹誦詩' 조).[15]

물론 이와 같은 '거란송시(契丹誦詩)'를 변문(變文)에 넣지는 않는다. 오히려 이것은 우리의 이두문과 같은 것으로 쓰기는 한자로 쓰였지만 읽기는 아마도 거란어로 읽었을 것이다. 당시 중국 대륙과 그 주변의 여러 민족이 그들의 다양한 언어를 한자로 기록하였으며 그 가운데는 고문(古文)의 문장구조에서 벗어난 일종의 변문도 적지 않았던 것으로 보인다.

중당(中唐) 이후에 발달한 변문(變文)들은 고문(古文)에서 조금 일탈(逸脫)한 것으로 그 문법구조는 중국 상고어(上古語), 즉 고문(古文)의 그것에 맞춘 것이다. 그러나 수당(隋唐)을 거치면서 서역(西域)의 굴절어로부터 영향을 받은 통어(通語)의 세력은 더욱 커져서 이 언어를 모태로 한 새로운 문어(文語)가 등장하였으니 그것이 백화(白話), 또는 백화문(白話文)이다.

이 문어들은 보다 구어적(口語的)인 이 새로운 문체로서 산문(散文)에 쓰여서 많은 소설작품, 예를 들면 <삼국지>, <수호전(水滸傳)>, <금병매(金瓶梅)>, <서유기(西遊記)> 등이 이 문체로 쓰였으며 또 시가(詩歌)의 문학작품도 이러한 통어로 저술되었다. 당(唐), 송(宋)에 이르러 구어적인 통

---

14 신라시대의 壬申誓記石은 眞興王, 또는 眞平王의 壬申년(552, 또는 612 A.D.)에 작성된 것으로 추정되는 壬申년의 誓記石은 신라어의 의미부, 즉 어간만을 한자의 뜻을 빌려 "二人幷誓記. 天前誓－두 사람이 함께 맹서하여 쓰다. 하늘 앞에 맹서하다"와 같이 신라어의 어순에 맞추어 한자를 적었다.

15 淸格爾泰(1997)에서는 이 "月明裏和尙門子打 水底裏樹上老鴉坐－달 밝은 가운데 화상이 문을 두드리고 물 밑 나무 위에 갈가마귀가 앉았다."에 해당하는 몽고어를 들었다. 제3장의 주10을 참고할 것.

어(通語)의 문체로 고문(古文)의 유교 경전들이 주석(註釋)된 일도 있다.[16]

따라서 우리는 통어(通語)의 한문을 아언(雅言)의 고문(古文)과 더불어 모두 한문으로 여긴다. 다만 많은 한문 교육자들이 이를 구별하지도 못하는 형편이다. 또한 많은 불자(佛子)들이 불경의 한문으로 유경(儒經)의 고문(古文)을 해독하지 못하는 연유를 알지도 못하고 알려고도 하지 않는다. 그들에게 '한문이란 무엇인가?'라는 질문에 올바른 답변을 기대할 수 없을 것이다.

1) 중국어의 역사에서 한아언어

1.2.1.0. 동주(東周) 이후 춘추(春秋)시대에 들어와서는 중원(中原)의 공용어가 난립하였고 전국(戰國)시대에는 적어도 7개의 공용어가 있었다. 그러다가 진(秦)의 천하통일 이후에 수도(首都)로 정한 서북지방의 함양(咸陽)이 정치의 중심지가 되었고 한당(漢唐) 때에는 이곳과 이웃한 장안(長安)이 수도가 되면서 이곳이 천여 연간 정치, 경제, 문화의 중심이 되었다.

한당(漢唐)의 도읍이었던 장안(長安)은 동주(東周)의 낙양(洛陽)과는 수백리가 떨어져 있어서 아언(雅言)과는 다른 언어이었다. 또 이 중국어는 중원(中原)의 서북 지역이어서 이곳과 접경한 여러 민족의 언어가 굴절어이어서 그 영향으로 낙양(洛陽)의 아언(雅言)과는 문법도 음운도 조금씩 달라졌다.

이렇게 한당(漢唐) 이후에 장안(長安)을 중심으로 하는 지역의 중국 서북방언을 통어(通語), 또는 범통어(凡通語)라고 한다. 이 통어(通語)는 오랫동안 중국에서 정치, 경제 문화의 중심지이었던 장안(長安)의 언어이어서 이 언어를 중국어의 역사에서 중고(中古)중국어(Ancient Chinese)라고 부

16 이러한 儒敎 經典의 註釋은 後漢시대 鄭玄의 <十三經奏疏>까지 거슬러 올라가지만 唐·宋代 通語에 의한 經典의 주석은 朱子에 의해서 본격적으로 이루어진 것으로 볼 수 있다.

른다.

다만 이 통어(通語)를 한자로 적은 것은 변문(變文)이라고 하여 유경(儒經)의 고문(古文)과 구별하지만 당송(唐宋) 때의 통어를 한자로 적은 걸출한 문학작품이 많고 중국의 사대(四大)기서(奇書)라 불리는 <삼국지 연의(演義)>, <수호전(水滸傳)>, <금병매(金瓶梅)>, <서유기(西遊記)> 등이 이 통어로 쓰여서 전술한 바와 같이 우리는 이것도 한문(漢文)이라 부른다.

특히 불경의 한역(漢譯) 한문들이 이 시대의 통어(通語)로 번역되어 한자로 적혔기 때문에 동아시아의 여러 나라에서 이 불경의 한문도 널리 유통되었다. 그리고 당송(唐宋)의 시문(詩文)을 통하여 이 한문은 우리에게도 매우 익숙하였을 뿐만 아니라 불경을 통하여 널리 퍼졌기 때문에 우리가 한문(漢文)이라 하면 유경(儒經)의 고문(古文)과 불경의 한문을 모두 말한다.

즉, 유경(儒經)을 통하여 동아시아에 여러 나라에 널리 알려진 아언(雅言)의 고문(古文)과 더불어 한역 불경을 통하여 통어(通語)의 한문(漢文)도 동아시아에서 보편화되었기 때문이다. 그러나 유가(儒家)에서는 유경(儒經)의 고문만 정식 한문으로 인정하고 불경의 한역(漢譯)에 쓰인 통어의 한문을 변문(變文)이라 하여 폄하(貶下)하였다.

유가(儒家)와 불가(佛家)의 뿌리 깊은 알력(軋轢)도 이러한 한문 문장의 인식에서 비롯한 것이다. 유가에서는 불경의 한문을 고문(古文)에 비하여 낮춰 보았기 때문에 유생(儒生)들은 한결같이 유경(儒經)의 고문을 추종하고 그것만 한문으로 인정하고 있다. 그런 현상은 당송(唐宋) 이후에 꾸준하게 지속되었고 중국 주변의 한자 문화권에서도 변함이 없었던 것 같다.

유경(儒經)의 고문이던 불경(佛經)의 한문이던 모두 중국어를 한자로 적은 것이어서 주변의 여러 나라에서는 이 한문을 통하여 중국어를 배우게 되었고 이 두 한문을 배운 신라나 고려, 그리고 조선의 유자(儒者)와 불자(佛子)들은 모두 중국어를 이해하였다. 그리하여 중국에서 사신

(使臣)이 오면 한반도의 한문을 배운 유신(儒臣)들은 통역이 없이 대화가 가능하였다.

그로인하여 대각국사(大覺國師) 의천(義天)을 비롯하여 고려의 많은 불승(佛僧)들이 마음대로 중국을 여행한 것은 그들이 불경의 한문을 통하여 통어(通語)를 듣고 말할 수 있었기 때문이다. 신라의 최치원(崔致遠)이 중국에 가서 '토황소격문(討黃巢檄文)'이란 명문을 지어 문명을 날린 것은 그가 어려서부터 신라에서 한문으로 이 시대의 통어(通語)를 배웠기 때문이다.

1.2.1.1. 그러나 몽골의 원(元)이 수도를 북경(北京)으로 정하자 중국어의 중심지가 북경지방의 동북방언으로 바뀌게 된다. 특히 한당(漢唐)의 수도였던 장안(長安)과 원(元)의 수도인 북경(北京)과는 천 여리 떨어져 있어 이곳에서 사용된 중국어는 낙양(洛陽)의 아언(雅言)과는 물론이고 장안(長安)의 통어(通語)와도 매우 다른 언어였다.

당(唐) 이전에 북경(北京) 지역의 중국 동북지방은 허허벌판이었고 주로 알타이족들이 살고 있었다. 당대(唐代)에는 이곳에 한인(漢人)들이 많이 들어와 알타이족들과 섞여 살았다. 이들을 한아(漢兒)라 불러 장강(長江) 이남의 오아(吳兒)와 구별하였다.[17] 이 한아들은 통어(通語)를 기반으로 하고 알타이어와 혼합된 자신들의 독특한 중국어를 통용어로 사용하였다.

이러한 중국어의 동북방언이라고 할 수 있는 이 언어를 중국어의 역사에서 한아언어(漢兒言語), 줄여서 한어(漢語)라고 부른다.[18] 중국어의 역

---

17 金文京 外(2002: 370~371)에 '漢兒'에 대하여 "南宋人이 '漢人', '漢兒'라고 말하는 경우 그것은 반드시 北方의 金나라 治下에 있는 중국인을 가르친다. 따라서 '漢語'도 북방에서 사용되는 중국어를 의미하지만 그 언어는 南宋人에게는 奇妙한 말로 들린 것 같다"고 하였다. '胡言漢語'라는 말은 南宋의 저명한 철학자 陸九淵(1139~1193)의 『象山語錄』(卷下)이나 禪僧의 傳記集인 『五灯會元』(卷16) '黃檗志因禪師'조 등에서 엉터리, 이상한 말이라는 의미로 '胡言漢語'라는 말투가 쓰였다고 하였다.

사에서 가장 특기할 만한 일은 몽고족에 의하여 건립된 원(元)의 건국함으로 언어 중심지가 중국 동북방(東北方)의 북경(北京)으로 옮겨진 것이다. 그리고 이곳 주변의 한아언어가 원(元) 제국(帝國)의 공용어가 되었다.

낙양(洛陽)의 아언(雅言)이 진(秦)의 천하통일과 한(漢)의 건국으로 함양(咸陽)과 장안(長安)의 중국어, 즉 서역의 굴절적(屈折的)인 여러 민족의 언어로부터 영향을 받은 서북(西北)방언인 통어(通語)가 당송(唐宋) 때까지 중국에서 통용어로 쓰였다. 그리고 이 통어는 많은 문학작품의 언어였고 한역(漢譯) 불경의 언어이기도 하였다.

그러나 원대(元代)에 공용어가 된 한아언어(漢兒言語)는 교착적(膠着的)인 알타이제어로부터 영향을 받은 중국어의 동북방언이라고 할 수 있다. 쿠빌라이 칸(忽必烈汗), 즉 원(元) 세조가 연경(燕京), 지금의 북경(北京)에 도읍을 정할 때에 전술한 바와 같이 이 지역은 동북아의 여러 이민족(異民族)이 한족(漢族)과 각축을 벌리던 곳이어서 여러 언어가 혼용되었다.

13세기 초에 몽고족이 세력을 얻어 이 지역의 패권을 차지하면서 몽고어가 많이 혼입된 형태의 중국어가 세력을 얻었는데 이것을 이곳, 동북방에 사는 한아(漢兒)의 언어, 즉 한아언어(漢兒言語)라고 한다.[19] 이

---

18 중국어의 역사에서 근대 중국어(Modern Chinese)라고 불러야 할 漢兒言語의 존재는 필자가 처음으로 주장하였다. 일본의 大阪에서 일본어로 강연한 졸고(1999b)를 시작으로 졸저(2004)의 『역주 원본노걸대』(서울: 김영사)에서 이를 정리하였다. 일본어로 쓰인 졸고(1999c)로 일본에서. 그리고 영문의 졸고(2003c)와 中文의 졸고(2004a)가 발표되어 서양과 중국에 알려졌다. 중국어의 역사에서 한아언어가 실제로 元代에 공용어로 사용되었음을 밝힌 것은 21세기에 들어와서의 일로서 졸고(2000b)와 졸저(2004), 그리고 이를 수정한 졸저(2010)에서 주장된 것이다.

19 '漢兒言語'는 필자가 주장한 元代 北京지역의 口語로서 실제 이 지역의 공통어이었다. 元代 高麗에서는 이 언어를 학습하는 '漢語都監'을 두었고(졸저, 2017: 191~3) 이 언어를 학습하는 <老乞大>, <朴通事>를 편찬하였는데 조선 太宗조에 간행된 것으로 보이는 『老乞大』가 20세기의 末에 발견되어 소개되었고(졸고, 1999b, c) 필자는 이것을 漢兒言語를 학습하던 교재이며 <노걸대>의 原本으로 보았다(졸저, 2002, 2004). {原本}<老乞大>의 발견과 이것이 漢兒言語의 교재라는 주장은 중국

것을 한자로 표기한 것이 이문(吏文)이며 종래 일본 학자들이 몽문직역체(蒙文直譯體), 또는 한문이독체(漢文吏牘体)라고 부르던 것이다.

이 한아언어는 종래의 아언(雅言)이나 통어(通語)와는 의사소통이 불가능할 정도의 다른 언어이었다. 金文京 外(2002: 369~370)에서는 북송(北宋)의 허항종(許亢宗)이 선화(宣和) 7년(1125)에 금(金) 태종(太宗)의 즉위식에 축하의 사절(使節)로 다녀오면서 쓴 여행기 『허봉사행정록(許奉使行程錄)』을 인용하면서 어떻게 이런 언어가 생겨났는지를 소개하였다.

즉, 허봉사(許奉使) 일행이 요(遼)의 황룡부(黃龍府, 지금 하얼빈에서 남서쪽으로 약 100km 지점) 부근을 지나면서 남긴 기록으로 "거란(契丹)이 강성(强盛)했을 때에 이 부근으로 여러 민족을 이주시켰기 때문에 여러 나라의 언어와 풍속이 섞여있어서 서로 말이 통하지 않았는데 '한아언어(漢兒言語)'를 써서 처음으로 의사가 소통했다는 기록이 있다"(『三朝北盟會編』 권20)를 들었다.

그리하여 이 지역에 이주해온 여러 이민족들이 한아언어로 의사를 소통했음을 지적하였다. 실제로 북경(北京)을 중심으로 중국의 동북지역에 모여 살게 된 동북아 여러 민족들이 일종의 코이네(Kɔinē)로서[20] 한아언어(漢兒言語)를 사용하였고 이것은 종래 장안(長安)의 서북방언을 기본으로 한 통어(通語)와는 매우 다른 엉터리 중국어이었다.

1.2.1.2. 한아언어는 앞에서 언급한 '가란송시(契丹誦詩)'와 같이 몽고

과 일본의 중국어 역사를 전공하는 많은 연구자들에게 충격적이었을 것이다. 이미 中宗조에 崔世珍에 의하여 소개된 바 있는 元代 漢兒言語와 그 교재의 존재에 대하여는 졸고(1999b, c; 2000b; 2003c, d; 2004c)에 의해서 여러 차례 주장되었고 이제는 많은 중국어 연구자들에게 사실로 받아들이고 있는 것으로 보인다(金文京 外, 2002). 졸고(1999a, b, c)는 일본어로, 졸고(2000b)는 한국어로, 그리고 졸고(2003c)는 영어로 ICKL에서 발표한 것이며 졸고(2004b)는 중국어로 北京에서 발표되었다.

20 코이네(κοίνη, Koinē)는 알렉산더대왕 이후 지중해 지역을 석권한 대 희랍제국의 공용어로서 아티카 방언을 기본으로 한 것이다. 이로부터 大帝國의 공용어를 '코이네'라고 한다. 졸저(2022: 417).

어의 어순에 맞추고 몽고어의 조사와 어미를 삽입한 상태의 중국어로서 졸저(2004: 382~386)에서 필자는 일종의 크레올(Creole)로 보았고 金文京 外(2002: 370)에서는 이를 '호언한어(胡言漢語)'라 불렀다.

원(元) 제국(帝國)에서는 이를 공용어로 하여 조공(朝貢) 국가들이 원(元)과의 교섭에서 사용하도록 하였다. 뿐만 아니라 원(元)에 올리는 사대외교문서도 이 말을 쓰게 하였다. 따라서 원(元)이 건국한 이후에 고려에서는 한어도감(漢語都監)을 두어 이 언어를 별도로 교육하지 않을 수 없게 되었다.[21]

원(元)은 몽고인에 의하여 국가가 통치하였지만 실제 한족(漢族)의 백성을 다스리는 일은 현지에 파견된 몽고인 단사관(斷事官)이 현지에서 채용한 색목인(色目人)과 한인(漢人)들이었고 몽고인 단사관은 이들을 감독하는 일을 하였다.[22] 따라서 한인(漢人)들은 몽고인 통치자에게 보고하고 문서를 올려 결재하여 국정(國政)을 결단하였다.

서리(胥吏)들이 단사관(斷事官)에 올리는 문서는 한문의 고문(古文)으로 작성된 것이 아니라 몽고인 단사관이 알고 있는 한아언어를 한자로 표기한 새로운 문어(文語)이었다. 이렇게 새롭게 생겨난 문어를 일본인 연구자들은 '한문이독체(漢文吏牘体)', 또는 '몽문직역체(蒙文直譯體)'라고 불렀는데 이에 대하여 전게한 金文京 外(2002: 372)에서 다음과 같이 언급하였다.

> 金의 王族은 몇 마디라도 '漢語'를 말할 줄 알았지만 몽고의 王族이나 貴族은 일반적으로 漢語를 알지 못하였으며 또 배울 생각도 없는 것 같았

21 고려시대의 '漢語都監' 및 '吏學都監'의 설치와 운영에 대하여 졸고(1987b)와 졸저(2014: 23)를 참고할 것.

22 예를 들면 元代 各省에는 몽고인의 감독관이 있어 漢人 官吏를 지휘하였는데 大都省에는 '札魯忽赤, 首領官, 六部官, 必闍赤人' 등의 몽고인이 있어 漢人 官吏를 감독하게 되었으나 『元典章』 延祐 7년(元 英宗 卽位年, 1320)의 '中書省 奏過事內 1件에 이들이 출근을 게을리 하므로 皇帝가 일찍 출근하고 늦게 퇴근할 것을 申飭하는 聖旨가 실려 있다. 여기서 '札魯忽赤'는 "몽고인 斷事官"을 말한다.

다. 그렇기 때문에 특히 汗의 명령과 같이 중요한 사항은 汗이 말한 몽고어로 번역하여 기록할 필요가 생겨났다. 거기에는 원래 엉터리 중국어이었던 '漢兒言語'를 사용하는 것이 가장 간편하였고 또 정확하였을 것이다. 만일 정규 중국어, 혹은 文言(古文이나 후대의 백화문 등)으로 번역하려고 생각하면 意譯에 의하여 의미의 어긋남이 없을 수가 없게 된다. 더구나 이것을 읽는 사람들이 契丹人, 女眞人 등 漢兒言語를 사용하고 있을 '漢人'들이었다. 이리하여 '漢兒言語'는 口語에서 文章語가 되었다. 소위 '蒙文直譯体'라는 漢文이 바로 그것이다. 일본어의 원문을 필자 번역.[23]

그러나 이러한 설명들은 이 문장어가 모두 한아언어(漢兒言語)라는 당시 실존한 구어(口語)를 반영한 것이 이문(吏文)이라는 점을 간과(看過)한 것으로 이제는 빛바랜 주장이라고 아니할 수 없다. 이미 필자의 여러 논저(졸고, 1999b, c, 2000b, 2003a, c, d, 2004d와 졸저, 2002, 2004)에서 당시 한아언어와 몽고어가 혼효된 한어(漢語)가 일종의 코이네(공통어)로서 실제로 존재하였다고 주장하였다.

1.2.1.3. 그리고 전게한 필자의 여러 논저에서 '몽문직역체(蒙文直譯體)'란 한아언어의 구어(口語)를 그대로 기록한 것이며 한문이독체(漢文吏牘体)는 이를 좀 더 문어화(文語化)하여 격식이 있고 전문 용어를 정비하여 사법(司法)과 행정(行政)에서 사용된 문장어(文章語)를 말하는 것이라고 주장하였다. 그리고 필자는 이들을 모두 한이문(漢吏文)이라 불렀다.

졸저(2010: 389)에서 밝힌 바와 같이 몽고 제국(帝國)의 제2대 대칸(大汗)인 오고타이(窩闊大)가 몽고인 서기관(書記官, 必闍赤人)의 자제(子弟)에게는 '한아언어(漢兒言語)'와 그 문서를, 그리고 한인(漢人)의 자제에게는 몽고

23 金文京 外(2002)의 "『老乞大―朝鮮中世の中國語會話讀本―』, 金文京・玄幸子・佐藤晴彦 譯註, 鄭光 解說, 東洋文庫 699, 平凡社, 東京"은 '鄭光 解說'이라 하여 필자의 해설로 되었으나 실제로 필자가 쓴 것은 아니다. 아마도 필자의 여러 논저에서 해설의 내용을 가져왔기 때문에 필자의 이름을 빌린 것 같으나 실제로는 필자의 생각과 다른 내용도 없지 않다.

어를 학습시키라는 성지(聖旨)를[24] 내린 것은 이 몽(蒙)・한(漢) 관리(官吏)들이 함께 통치할 때에 서로 의사소통에 지장이 없도록 할 목적이었다.

전술한 바와 같이 일본인 학자들은 원대(元代)의 구어(口語)인 한아언어를 기반으로 하여 형성된 문장어를 '몽문직역체(蒙文直譯體)'와 '한문이독체(漢文吏牘体)'로 나누어 생각하였다. 즉, 田中謙二(1964)에서는 그 논문 모두(冒頭)에 다음과 같이 이에 대하여 언급하였다.

> 「元典章」, 정확하게는 「大元聖政國朝典章」에 수록된 문서의 스타일은 크게 나누어서 漢文吏牘体와 蒙文直譯体의 2종으로 나누어진다. 전자는 행정・사법의 실무에 종사하는 胥吏의 손으로, 적어도 北宋 때에는 거의 완성된 法制文書用의 문체이다. 이에 대해서 후자는 몽골족이 지배하는 元 王朝의 특수 情況 아래 발생하였고 몽고어로 쓰인 法制문서를 譯史(飜譯官)가 중국어로 번역할 때에 사용한 문체를 가르친다. 蒙文直譯体라는 말은 임시로 지은 이름에 지나지 않고 이것도 역시 한자로 쓰인 일종의 漢文이다. 다만 이들 2종의 문체는 통상의 중국문과 조금씩 樣相을 달리하기 때문에 일반적으로 「元典章」의 문장은 難解하다고 하여 살아있는 사료를 많이 가지고 있지만 지금도 충분하게 활용하지 못하고 있다(田中謙二, 1964: 47). 필자초역. 졸저(2022: 420)에서 재인용.[25]

---

24 이 오고타이 大汗의 聖旨는 北京의 地誌인 『析津志』(『析津志輯佚』, 北京古籍出版, 1983)에 실려 있으며 元 太宗 5년(1233)에 내린 것이다. 그 내용은 燕京(元의 首都)에 '四敎讀'이란 학교를 설립하고 그곳에서 몽고인 必闍赤의 子弟 18인과 중국인의 자제 22인을 함께 起居시키면서 몽고인의 자제에게는 '漢兒言語・文書'를, 중국인의 자제에게는 몽고어와 弓術을 교육하게 하라는 것이었다(졸저, 2010: 388~9). 여기서 '漢兒言語'는 당시 漢人들의 口語를 말하며 또 '文書'는 文語인 漢吏文을 말하는 것으로 이해할 수 있다. 金文京 外(2002) 참조.

25 원문은 "「元典章」、正しくは「大元聖政国朝典章」に収める文書のスタイルは、大別して漢文吏牘体と蒙文直訳体の二種に分けられる。前者は、行政・司法の実務にたずさわる胥吏の手により、少なくとも北宋にはほぼ完成されていた法制文書用の文体である。これに対して後者は、モンゴル族が支配する元王朝の、特殊情況の下に発生し、蒙古語で書かれた法制文書を訳史(翻譯官)が中国語で翻訳する時に用いた文体をさす。蒙文直訳体というのは仮の名にすぎず、これもやはり漢字で書かれた漢文の一種である。ただ、これら2種の文体は、通常の中国

이러한 주장은『원전장(元典章)』의 한이문 중에서 한문이독체(漢文吏牘体)가 북송(北宋) 때부터 시작되었고 몽문직역체(蒙文直譯體)는 원대(元代)에 발생한 것으로 보았으나 필자는 후자가 원대(元代) 북경지역의 구어(口語)인 한아언어(漢兒言語)를 그대로 기록한 것이고 전자는 이를 좀 더 문어화(文語化)한 것으로 본다.

이에 대하여 吉川幸次郎(1953)에서는 원대(元代) 이독문(吏牘文)의 대표적 자료인 <원전장(元典章)>의 문체에 대하여 다음과 같은 언급한 것은 비록 그가 한아언어(漢兒言語)의 존재를 몰랐다 하더라도 어느 정도 현실을 꿰뚫어본 것이다.

> [前略] かくきわめて僅かではあるが、あたかも元曲の白のごとく、口語の直寫を志した部分が存在する。[26] なぜこれらの部分たけ口語を直寫しようとしたのか。それは恐らく、いかなる言語に誘導されての犯罪であるかが、量刑に關係するからであり、その必要に備えるためであろうと思われるが、要するに吏牘の文が、必要に応じてはいかなる言語をも受容し得る態度にあることを、別の面から示すものである。[後略]. －[전략] [元典章에는] 아주 정말 적기는 하지만 마치 <원곡(元曲)>의 '백(白)'과 같이 구어(口語)를 그대로 적으려고 한 부분이 존재한다.[27] 그것은 아마도 어떤 언어로 유도된 범죄인가가 형량을 정하는데 관계됨으로 그러한 필요에 대비하기 위한 것일 수도 있다고 생각된다. 요컨대 이독(吏牘)으로 된 문장이 필요에 응하기 위하여 어떤 언어라도 수용할 수 있는 태도라는 것을 다른 면에서 보여준 것이다. [후략]. 필자 초역. 졸저(2022: 421)에서 재인용.

文といささか樣相を異にするため、一般に「元典章」の文章は難解だとされて、生きの史料を豊富に擁しながら、いまなお十分には活用されぬ段階に甘んじている。" 田中謙二(1964: 47).이다.

26 이 부분은 吉川幸次郎(1953)에서는, "『元典章』で事件の関係者の会話を本來の言葉にそのまま記錄するようにした部分は殆んど刑部条たけに見えるが、ときには戸部にも見られると言った。"라고 하다.

27 吉川幸次郎(1953)은『元典章』에서 사건 관계자의 회화를 본래의 회화대로 기록하려고 한 부분은 거의 刑部조에만 보이지만 간혹 戸部에도 보인다고 하였다.

이 언급은 원대(元代) 이독문(吏牘文)이 사법(司法)에서 사용될 때에는 죄인(罪人)의 공초(供招)라든지 소송의 소장(訴狀)에서 사실을 파악하기 위하여 그들이 사용하는 구어(口語)를, 그것이 어떤 언어이든지 그대로 기록하려고 한 부분이 있다는 것이다.

1.2.1.4. 여기서 어떤 언어라는 것은 두말할 것도 당시 원(元) 제국(帝國)의 공용어로 사용되던 북경(北京) 지역을 중심으로 한 중국 동북지방의 한아언어(漢兒言語)이며 원대(元代) 몽문직역(蒙文直譯)이나 이독문(吏牘文)은 이러한 구어(口語)를 한자로 적은 것이다.

吉川幸次郞(1953)에서는 당시 구어를 <원전장(元典章)>에 그대로 한자로 기록한 예를 몇 개 들었는데 그 중 하나를 소개하면 다음과 같다. 즉, <원전장>(권) 「살친속(殺親屬)」 제5의 예로 자기 처(妻)를 죽인 범인의 공초(供招)를 졸저(2010: 421의 주)로 소개하여 예를 보였는데 그것에 의하면 다음과 같다.

즉, 황경(皇慶) 원년(1312) 6월 12일 지주로(池州路) 동류현(東流縣)으로 기근(饑饉)을 피하여 온 곽우아(霍牛兒)가 걸식(乞食)의 동무인 악선(岳仙)과 싸움하여 여지없이 얻어맞았는데 그 장면을 본 처(妻)가 "你喫人打罵。做不得男子漢。我每日做別人飯食。被人欺負。－당신은 사람들에게 얻어맞고 욕을 먹네. 사내로서 자격이 없어. 내가 매일 다른 사람의 밥을 얻어먹으니(?) 사람들로부터 바보라고 하지" 라고 하여 이에 분노한 그가 처를 죽였다는 심문 내용에 나오는 문장이다.

이 짧은 구절은 한이문의 구어체로서 고문(古文)이나 한문과는 매우 다른 문장이며 형식을 갖춘 한문이독체(漢文吏牘体)와도 다름을 지적하였다. 실제로 이 문장구조는 필자가 한아언어의 자료로 소개한 {원본}<노걸대>의 그것과 혹사(酷似)하다.[28] 그리고 이것을 몽문직역체(蒙文直

28 <>로 표시한 서명의 앞에 붙인 {}는 원래 책에는 그런 서명이 없지만 널리 통용되는 책 이름을 표시한 것이다. 즉, '{번역}<노걸대>'는 원래 서명에는 '노걸대'

譯体)라고도 했는데 이는 북경(北京)지역에서 실제 구어(口語)로 사용되던 한아언어를 한자로 그대로 적은 것이다(졸저, 2010: 386~7).

이러한 주장은 모두가 원대(元代)에 구어로서 한아언어(漢兒言語)의 존재를 인정하면 모두가 이해된다. 그러나 후대의 학자들은 요시가와(吉川幸次郎)와 다나카(田中謙二)의 이러한 잠정적 용어를 마치 실제로 한문에 그러한 문장체가 존재하는 것처럼 신봉하여 왔다. 일본에서 중국어학 전문지에 발표한 졸고(1999c)는 이러한 그들의 믿음을 깨트린 첫 논문이었다.

필자는 지금까지 논의한 원대(元代)에 사법이나 행정에서 주로 사용한 한문이독체(漢文吏牘体)를 '한이문(漢吏文)'의 원형으로 보고자 한다. 실제로 조선 초기에는 이 한이문을 교육하는 한이학(漢吏學)이 있었고 이를 시험하는 한이과(漢吏科)도 있었다. 모두 조선이문(朝鮮吏文)과 그에 대한 이학(吏學), 그리고 이를 시험하는 이과(吏科)와 구분하려는 명칭들이었다.

또 몽문직역체(蒙文直譯體)도 구어(口語)인 한아언어를 그대로 한자로 직사(直寫)한 것이므로 이것 역시 한이문으로 보려고 한다. 그러나 이것을 조선에서 배울 필요가 없었다. 왜냐하면 명대(明代)에 구어(口語)인 한아언어(漢兒言語)를 일반 백성들만 사용하고 명(明)의 지배계급은 여전히 남경관화(南京官話)를 사용하였기 때문이다.

다만 명(明)에 올리는 사대문서를 한이문으로 작성해야 하기 때문에 이것은 몽골의 원(元)과 교섭이 잦았던 고려 후기와 오아(吳兒)가 세운 명(明) 이후에도 고려와 조선에서는 이를 교육하지 않을 수가 없었다. 이렇게 한아언어를 기반으로 형성된 한자 문어의 이문(吏文)을 필자는 한이문(漢吏文)으로 부른 것이다.

뿐이지만 널리 '번역노걸대'라고 불러서 {번역}을 앞에 붙인 것이다. 서지학에서 널리 쓰이는 방식이고 필자의 모든 책에서 { } 안에 쓴 것은 원래 서명은 아니지만 널리 쓰이는 책 이름에 붙였다는 뜻이 있다.

다시 말하면 지금까지 일본인 학자들에 의하여 주장된 '한문이독체(漢文吏牘体)', '몽문직역체(蒙文直譯體)'라는 한문의 변문(變文)은 실제로 원대(元代)에 시작된 이문(吏文)를 지칭한 것이다. 구어(口語)인 한아언어를 한자로 직사(直寫)한 것이 몽문직역체이며 이를 좀 더 문어화한 것이 한문이독체로 본다.

특히 '한문이독체(漢文吏牘体)'와 같이 좀 더 서식(書式)화된 '이문(吏文)'을 바탕으로 조선에서 널리 쓰이는 이문이 형성되었는데 이 둘을 구별하여 필자는 졸고(1987b)를 발표한 이래 여러 논저에서 이를 '한이문(漢吏文)'으로 불렀고 조선에서 사용한 이문을 '조선이문(朝鮮吏文)'으로 불러 이 둘을 구별하였다.

그리하여 조선에서는 중국과의 소통에서 구어(口語)인 한어(漢語)와 문어(文語)인 한이문(漢吏文)을 학습하지 않으면 안 되었다. 그리하여 사역원(司譯院)에서는 한어, 즉 한아언어를 배우고 승문원(承文院)에서는 한이문(漢吏文)을 교육하였다.[29]

2) 한아언어의 교육과 훈민정음

1.2.2.0. 원대(元代)에 공용어가 된 중국어의 동북방언인 한아언어(漢兒言語)는 중국어의 역사에서 상고(上古)어의 아언(雅言)과 중고(中古)어의 통어(通語)와 매우 다른 언어였다. 그것은 한아언어가 주변의 알타이제어와의 영향을 받아 문법에서도 일부 변화가 있었지만 언어음의 변화는 더욱 심해서 통어의 한자음은 당대(唐代) 이후의 한어음(漢語音)과 전

29 成三問의 <直解童子習序>에 의하면 조선시대 초기에는 漢吏文을 承文院에서 교육하여 事大文書 작성에 임하게 하였고 司譯院에서는 구어, 즉 漢兒言語를 학습하여 통역을 담당하게 하였다는 기사가 있다. 즉 그 序文에 "[前略] 自我祖宗事大至誠, 置承文院掌吏文. 司譯院掌譯語, 專其業而久其任. [下略] - [전략] 우리 조종으로부터 사대에 지성이시매 승문원을 두어서는 이문을 맡기시고 사역원을 두어서는 언어의 통역을 맡기시어 그 업을 한갖지게 하고 그 직을 오래게 하시다. [하략]"에 의하면 사역원에서는 구어를 배워 통역을 담당하고 승문원에서는 吏文, 즉 漢吏文을 학습하였음을 알 수 있다. 본문의 해석은 洪起文(1946)을 참고함.

혀 다르게 되었다.

그리하여 원대(元代) 이후에는 한문을 통하여 배운 통어가 중국인과의 대화에서 전혀 통하지 않게 되었다. 따라서 고려 후기 이후에 이 땅의 관리들은 그들이 한문을 통하여 배운 통어(通語)로는 한아언어(漢兒言語)를 사용하는 중국의 사신(使臣)들이나 중국 중개인들과 마주했을 때에 전혀 대화가 불가능하게 되었다.

이렇기 때문에 고려후기에는 이 중국어를 따로 교육하지 않을 수 없었고 그를 위한 새로운 관청, 즉 한어도감(漢語都監)이나 한문도감(漢文都監)을 두어 이 한아언어를 교육하였다. 그리고 후대에는 통문관(通文館), 후일 이를 개칭한 사역원(司譯院)을 설치하게 된다. 이곳에서 본격적으로 한어(漢語)를 교육하여 한아언어의 역관(譯官)으로 채용하였다.

그러나 고려의 식자층들 이 말을 호언한어(胡言漢語), 오랑캐의 엉터리 한어라고 멸시하여 배우려고 하지 않았다. 그리하여 천민이나 노비(奴婢)들을 교육시켜 통역을 하도록 하였고 이들을 얕잡아 설인(舌人), 역설(譯舌)이라 불렀다.[30] 그런데 이들은 천민(賤民)들이라 학식이 없어 제대로 된 통역이 어려웠을 뿐만 아니라 제멋대로 말을 바꾸어 통역하기도 하였다.

이를 바로 잡으려고 설치한 것이 통문관(通文館)이고 이것을 후일 사역원(司譯院)으로 개칭하였다(졸저, 1988: 10~12). 그리하여 고려 충렬왕(忠烈王) 2년(1276)에 통문관(通文館)을 설치하고 양가(良家) 자제(子弟)들로 하여금 한어와 몽고어를 배우게 한 것은 하층 계급이 통역으로 일어나는 문제를 해결하기 위한 것으로 보아야 한다.

이에 대한 기사가 『통문관지(通文館志)』에 들어 있어 졸저(2014: 80~85)에서 다음과 같이 인용하였다. 즉, 『통문관지(通文館志)』 권1 「연혁(沿革)」 '관제(官制)'조의 초두에 "高麗忠烈王二年, 始置通文館, 習漢語, 恭讓王三

30 '譯舌', '舌人'은 모두 譯官을 얕잡아 부르는 말이다. <高麗史> 등에서 이러한 술어가 도처에 보인다.

年, 改爲漢文都監 {出高麗史 職官志}, 國初置司譯院, 掌譯諸方言語 出與地勝覽} [下略]－고려 충렬왕 2년(1276)에 처음으로 통문관을 설치하고 한어(漢語)를 배웠다. 공양왕 3년(1391)에 [이를] 한문도감으로 바꾸었다. {<고려사> 「직관지」에서 나옴} [조선] 초기에 사역원을 두고 여러 언어의 통역을 관장하였다. [하략]"이라는 기사가 있다.

1.2.2.1. 이처럼 고려 후기에 갑자기 통문관(通文館)을 설치하여 중국어의 통역관을 양성하기 시작한 것은 그 이전에는 유신(儒臣)이나 불승(佛僧)들이 유경의 고문(古文)이나 불경의 한문(漢文)을 통하여 중국어의 아언(雅言)이나 통어(通語)를 배워 알았기 때문에 굳이 통역이 필요하지 않았던 것으로 보아야 한다.

그러나 원대(元代)에 수도인 대도(大都, Khanbalig)의 한아언어(漢兒言語)가 제국(帝國)의 공용어가 되자 이 언어를 따로 배우지 않으면 안 되었다. 한당(漢唐)의 수도 장안(長安)의 통어(通語)와 원대(元代)의 대도(大都), 즉 북경(北京) 주변의 한아언어와는 문법에서도 알타이어의 영향으로 달라졌지만 음운의 변화는 거의 다른 언어의 수준으로 변하였기 때문이다.

그리하여 우리 한자음에서도 통어의 한자 발음과 한아안어의 것에 상당한 차이가 생겼다. 그 결과 우리 한자음과 한아언어의 한자 발음도 현격한 차이를 보이게 된다. 우리 한자음, 즉 동음(東音)은 주로 당대(唐代)에 유입된 한자음을 기반으로 이루어진 것이어서 통어(通語)의 한자 발음이 신라어에 정착된 것이다.

당연히 우리의 동음(東音)은 통어(通語)의 한자음과 유사했으나 한아언어의 한자음과는 매우 다르게 되었다. 여북해야 세종의 '어제훈민정음서(序)'의 초두에 "국지어음(國之語音)이 이호중국(異乎中國)ᄒᆞ야 여문자(與文字)로 불상유통(不相流通)이라"라고 불만을 토로(吐露)하였겠는가? 이 세종이 서술한 '어제훈민정음서(序)'의 이 구절은 우리 한자음, 즉 동음

(東音)과 달라진 한아언어의 한자음을 지적한 것이다.[31]

그리고 이 '어제훈민정음서(序)'의 첫 구절에는 한자음을 전통 운서의 자음(字音)으로 바로 잡은 동국정운식 한자음을 백성들에게 가르쳐 중국인과 서로 같은 한자음으로 통합하려는 의도가 있었다. 마치 명(明) 태조가 원대(元代) 한아언어에 의해서 달라진 한자음을 바로 잡으려고 『홍무정운(洪武正韻)』을 편찬한 것처럼 세종은 『동국정운(東國正韻)』을 편찬한 것이다.

<홍무정운>은 호원(胡元)의 잔재(殘滓)를 없애려는 명(明) 태조의 정책에 따라 한아언어의 한자음이 전통 운서의 발음과 크게 달라진 것을 바로 잡으려고 편찬된 흠찬(欽撰) 운서이고 <동국정운>은 이를 벤치마킹해서 우리 한자음을 전통운서에 맞추어 고쳐 옛날처럼 한문으로 중국어를 배워 중국인과 소통이 가능하게 하려던 것이다.

그리하여 새로 수정한 한자음을 표기하려는 목적으로 제정한 표음기호를 훈민정음(訓民正音)이라 명명하였다. 즉, '훈민정음'은 "백성들에게 가르쳐야하는 올바른 한자음"이란 뜻으로 동국정운식 한자음의 표음을 위한 기호임을 밝힌 것이다(졸고, 2016c). 여기에는 우리 한자음을 고쳐서 다시 중국인과의 대화에 쓸 수 있도록 수정하겠다는 뜻이 들어 있다.

1.2.2.2. 그러다가 세종의 둘째 따님인 정의(貞懿)공주가 이 훈민정음으로 구결-토를 달자 세종은 이것으로 우리말을 전면적으로 표기할 수 있음을 깨닫게 되어 이 문자로 우리말을 표기하게 되었다. 따라서 명칭도 훈민정음에서 언문(諺文)으로 바뀐다. 실제로 <세종실록>에 보이는 세종의 친제(親制) 문자는 언문이지 훈민정음이 아니다.

31 이러한 중국어의 변천과 元代에 시작된 漢兒言語의 존재를 이해하지 못하는 국내 학자들에게 필자의 주장은 이해되기 어려웠을 것이고 이런 주장을 편 졸저(2015)의 <한글의 발명>에 대하여 매스컴을 통한 한글교도들은 無知莫知한 비평과 원색적인 욕설의 비난을 퍼부었다.

세종은 수양(首陽)대군과 신미(信眉), 김수온(金守溫)으로 하여금『증수석가보(增修釋迦譜)』를 언해하여『석보상절(釋譜詳節)』을 짓게 하여 이 문자의 사용을 시험하고 세종 스스로도『월인천강지곡(月印千江之曲)』을 지으면서 이를 확인하였다. 그리고 이 두 편을 합편하여『월인석보(月印釋譜)』를 편찬하여 세종 생존 시에 이를 간행하였다(졸저, 2021: 289~296).

세조의 '어제(御製) 월인석보서(序)'에서 구권(舊卷)이라고 했던 <월인석보>의 제1권 권두에 훈민정음 <언해본>을 첨부하여 세상에 새 문자를 공표하게 된다(졸저, 2022: 54). 이렇게 우리말 표기에 사용된 훈민정음은 더 이상 그 명칭을 쓰지 않고 언문(諺文)이라 하였다. 그리고 이것이 훈민정음이라고 불리던 것임을 실록의 기사에서 분명하게 밝혔다.

즉, 세종의 새 문자 제정에 대한 실록의 최초 기사인 <세종실록>(권103) 세종 25년 12월의 기사가 "상친제언문이십팔자(上親制諺文二十八字) [중략] 시위훈민정음(是謂訓民正音)"이어서 세종이 제정한 것이 언문(諺文)이며 이것이 소위 훈민정음이라고 불린 것이라고 하였다. 그러나 새 문자에 대한 해설은 모두 '훈민정음'이란 제목으로 되었다(졸저, 2015: 39~41).[32]

새조 제정한 훈민정음의 해설은 한문본, 또는 원본(原本) 훈민정음으로 알려진 {해례}<훈민정음>이나 언해본으로 알려진 고려대 소장의 <훈민정음>. 그리고 세조 5년, 천순(天順) 3년(1459)에 간행한 <월인석보>의 신편(新編) 제1권 권두에 첨부되어 세상에 널리 알려진 <세종어제훈민정음> 등이 있는데 모두 새 문자의 해설로서 그 서명이나 제목을 '훈민정음'이라 한 것이다.[33]

---

32 다만 諺文의 정서법은 <諺文字母>로 정리되었으나 중종 때에 최세진의 <訓蒙字會>에 첨부된 것이 가장 이른 시기의 것이어서 세종의 새 문자 창제와는 관련이 없는 것으로 보고 있다. 다만 졸고(2014a)에서 세조 때에 貞懿공주와 信眉대사가 합작으로 <언문자모>를 작성하여 <初學字會>에 수록한 것으로 보았다. 이에 대하여는 졸저(2022: 449~450)를 참고할 것.

33 <월인석보>의 新編은 세조의 '어제월인석보序'에서 "새 밍가논 글"이란 한 것을 말한다. 이 세조의 서문에는 원래 세종이 지은 "녯 글월(舊卷)"이 있었고 자신이 편찬한 것은 新編이라고 이 서문에서 분명하게 밝혀두었다.

실로 훈민정음(訓民正音)이란 세종의 새 문자는 중국과 차이가 나는 한자음을 당시 운서에 맞추어 고쳐서 한문으로 중국어를 배우던 옛 방식으로 돌아가려는 의도가 있어서 <동국정운>의 한자음을 표기하려고 제정한 표음문자이다. 그러나 한자음 표음의 표음문자였던 훈민정음이 우리말 표기에 가능함을 깨닫고 언문(諺文)이란 이름의 우리 글자가 된 것이다.

위 실록의 기사는 그 사실을 말한 것이다. 그리하여 이 언문의 해설은 <언문자모(諺文字母)>란 언문의 자형과 음가, 그리고 그 정서법을 소개한 것이 따로 있었다. 졸저(2015: 238~241)에서는 <언문자모>가 정의(貞懿)공주의 소작(所作)으로 보았고 신미(信眉)도 이를 도운 것이며 세조 6년에 강행된『초학자회(初學字會)』의 권두에 이를 부재(附載)한 것으로 보았다.[34]

현재 <초학자회>는 전하지 않고 중종 때에 최세진(崔世珍)이 저술한『훈몽자회(訓蒙字會)』의 권두에 <언문자모(諺文字母)>가 첨부되어 세상에 알려졌다. 그리고『오대진언(五大眞言)』등의 범자(梵字) 학습서에는 언본(諺本)이란 이름으로 <언문자모>가 권두에 부재(附載)되어 졸저(2024a: 98)에서는 이를 정의공주와 불승(佛僧) 신미의 합작으로 보았다.

만일 신미(信眉)대사가 <언문자모>의 저작에 관여하지 않았다면 불승(佛僧)들의 진언(眞言), 즉 범자(梵字)의 학습서인 <오대진언>이나『진언집(眞言集)』등에 이를 <언본(諺本)>이란 이름으로 <언문자모>를 첨부할 리가 없을 것이다. 이 경우에는 오히려 훈민정음이 올바른 용어임에도 불구하고 굳이 언본(諺本)을 <언문자모>로 한 것은 신미의 소작이었기 때문으로 본다.

---

34 세조 4년에 崔恒과 韓繼禧 등이 시작하고 李承召가 언해를 마친 <初學字會>가 간행된 세조 6년경의 9월에 貞懿공주가 세조로부터 白米 100석을 받는다. 이로부터 <諺文字母>가 崔世珍의 <訓蒙字會> 권두에 첨부된 것처럼 <초학자회>에도 附載되어 새 문자의 보급에 크게 기여하였고 그 공을 기리여 세조가 보상으로 누님인 정의공주에게 賞을 내린 것으로 본다(졸저, 2021: 552~4).

즉, 훈민정음(訓民正音)은 한자음의 발음을 표기하는 기호로 생각할 수 있고 언문(諺文)은 우리말을 표기하는 문자로 보기 때문이다. 따라서 진언(眞言)의 범자(梵字)를 표음할 때에는 언문보다 오히려 훈민정음이 올바른 표현이 될 것이다. 하지만 언본(諺本)으로 <언문자모>를 선택한 것은 불가(佛家)의 신미(信眉)대사가 관여한 것이기 때문으로 보아야 할 것이다.

예를 들면 유성음의 표기인 전탁(全濁)의 글자들은 <언문자모>의 초성(자음) 16자에서 빠져있다. 그러나 훈민정음 <언해본>에서는 유성음의 전탁자만이 아니라 치음(齒音)를 치두(齒頭)와 정치(正齒)로 나누어 권설음의 정치음을 구별하여 글자를 만들어 초성에 모두 32자를 제자(制字)하였다. 한자의 동국정운식 한자음을 표기하기 위한 표음기호로 제정하였기 때문이다.[35]

따라서 유성음이 구별되는 범자(梵字)의 표음에 당연히 훈민정음이 편리할 것이고 언문은 오히려 불편할 것이다. 그럼에도 굳이 훈민정음의 <언해본>을 제외하고 <언문자모>를 택하여 <오대진언>이나 <진언집>과 같은 범자(梵字) 교재에서 언본(諺本)이라 한 것은 이것이 신미(信眉)의 소작으로 보아서 같은 불가(佛家)에서 이를 선택한 것이라고 생각한다.

1.2.2.3. 앞에서 논의한 원대(元代)의 한어(漢語)가 세종의 훈민정음을 제정하는 계기가 된 것이라는 것은 졸고(2006b) 이래로 필자의 여러 논저에서 일관되게 주장한 것이다. 20세기가 끝나가는 1998년 가을에 서

35 <동국정운>의 한자음을 표음하기 위하여 공식적으로 '동국정운 23자모'라 하여 유성음의 全濁은 인정하고 脣輕音을 빼서 初聲, 즉 음절 초 子音 글자로 23자만 인정한다고 申叔舟의 東國正韻序文에 명기하였다. 그러나 동국정운식 한자음에는 실제로 순경음 4자가 모두 쓰였음으로 실제로는 27자의 초성을 인정한 것이다. 여기에 중국 한자음 표기에서 권설음의 正齒音 5자를 인정하면 훈민정음 <언해본>의 초성 32자가 된다. 이에 대하여는 졸저(2022: 566~9)에서 자세하게 논의하였다.

지학자 남권희(南權熙) 교수가 가져온 중국어 학습자료 <노걸대(老乞大)>를 살펴본 필자는 소스라치게 놀라지 않을 수가 없었다.

그것은 우리가 사료(史料)에서만 보이던 한아언어(漢兒言語)를 배우는 교재였기 때문이다(졸저, 2017: 288). 필자는 지체 없이 이 자료의 중국어에 대하여 살펴보기 시작하였다. 마침 중국 북경(北京)대학 교수였다가 고려대학교 대학원에 입학하여 필자에게 박사 학위를 수득(收得)하려고 서울에 와 있던 양오진(梁伍鎭) 교수도 이 연구에 참여하였다.

그리하여 필자와 남권희, 양조진 교수의 3인이 <노걸대>의 중국어로 보나 서지학적인 검토로 보나 이 책이 고려 말이나 조선 초기에 간행된 {원본(原本)}『노걸대』(이하 <원본노걸대>)임을 밝혀내었다. 그리고 3인의 연구결과는 제25회 국어학회 공동연구회에서 발표하여 여기서 이 자료를 소개하고 곧 이어서 논문으로 발표하였다(정광 · 남권희 · 양오진, 1999).

이 <원본노걸대>에 등장하는 중국어가 원(元) 제국(帝國)의 공용어인 한아언어(漢兒言語)임을 증명하여 졸고(1999b,c)로 일본의 중국어학계에 보고하였다. 그리고 한국어로 쓴 졸고(2000b)로 우리 학계에, 영어로 발표한 졸고(2002, 2003a, 2003c)는 서양의 중국어학계에, 중국어로 발표한 졸고(2003d, 2004a)는 중국에 이 자료를 소개하며 한아언어를 소개하였다.[36]

---

36 졸고(1999b)는 일본의 大阪市立대학 문학부 초청으로 "新發見<老乞大>について"란 주제로 강연한 것이며 졸고(1999c)는 "元代漢語の<舊本老乞大>"란 제목으로 早稻田大學 中國語學科에서 발행하는『中國語學研究 開篇』제19-3호의 권두논문으로 실린 것인데 모두 일본어로 발표한 것이다. 한국어로 쓴 졸고(2000b)는 "<노박집람>과 <노걸대> · <박통사>의 舊本"란 제목으로『震檀學報』에 실렸고 졸고(2002)는 "A Study on Nogeoldae, Lao Chita by Analyzing Some Dialogue Situations in its Original Copy"란 제목으로 노르웨이 오슬로대학에서 열린 ICKL 오슬로 학회에서 영어로 발표한 것이며 졸고(2003a)는 미국 일리노이대학 동아시아 태평양 연구 센터의 2003년 봄 세미나에서 "On Lao Qida (Mr. Cathayan), a 14th Century Chinese Language Primer in Korea"라는 제목으로 발표한 것이다. 중국어 통역을 겸한 졸고(2003d)는 중국 北京外大에서 열린 이중언어학회 北京학술대회에서 기조강연을 한 것이고 졸고(2004d)는 영어로 世界漢語教育史 국제학술연토회(장소: 마카오)에서 발표한 것이며 졸고(2004a)는 중국어로 北京外大의 학술

당시 세계의 중국어학계는 이 새로운 중국어 교재와 거기에 보이는 한아언의 존재에 대한 보고를 듣고 거의 패닉 상태였다고 한다. 그동안은 여러 문헌에 그 이름으로만 보이고 실체를 알 수 없던 한아언어를 학습하는 교재가 발견된 것이다. 그리하여 필자의 한아언어(漢兒言語) 존재에 대한 주장들은 세계 중국어학계에 상당한 반향(反響)을 불러왔다.

예를 들면 오스트레일리아의 저명한 중국어학자 다이어(Svetlana Rimsky-Korsakof Dyer) 여사는 그의 Dyer(2005: 7~9)의 권두에서 필자의 <원본노걸대>의 발견으로 얼마나 충격을 받았는지 감격적으로 적어놓았다. 덕분에 필자는 전술한 것처럼 일본과 미국, 호주, 중국 등으로 초청되어 여러 차례 이 자료를 소개하면서 한아언어(漢兒言語)의 존재를 역설(力說)하기에 이른다.

그리하여 콧대 높은 일본의 중국어학회의 초청을 받아 2003년에 열린 第53회 일본 전국 학술대회에서 기조 강연을 맡는 영광(?)까지도 얻었다.[37] 당시 필자와 함께 이 학회에 참석한 집사람은 발표 중에 청중들이 너무 집중하고 들어서 바늘 떨어지는 소리가 들릴 정도였다고 하였다. 집사람은 일본문학 전공으로 일본 도교(東京)대학과 츠구바(筑波)대학에 유학한 일이 있다.

그리고 웃지못할 해프닝도 있었다. 교토(京都)대학에서 발표를 요청해서 교토에 간 적이 있었다. 한아언어의 존재를 부정해 온 요시가와 고지로(吉川幸次郎)의 직계 제자이면서 당시 교토대학 중문학과의 교수가 필자의 <노걸대>란 새 자료 발표회에 같이 발표자로 나선 것이다. 그는 필자와 반대 의견을 개진하기로 예정되었으나 자신의 차례에 끝까지 나타나지 않았다.[38]

지에 실린 것인데 모두 漢兒言語를 소개하고 그 특징을 밝히는 내용이었다.

37 이 일본 중국어학회 전국학술대회는 일본 早稻田大學 大隈講堂에서 열린 第53회(2003년 10월 25일)의 학술대회를 말한다.

대신 그의 제자가 발표문을 대독(代讀)하였다. 그러나 그 제자의 대독은 청중 모두에게 빈축(嚬蹙)을 샀고 무안을 당한 제자는 얼굴을 붉히면서 발표장을 나갔다. 필자의 주장, 즉, 한아언어가 실제로 사용되는 언어가 아니라면 없는 언어를 배우려고 조선 사역원에서 교재를 편찬하였을 리가 만무하다는 필자의 주장이 청중 모두에게 잘 이해가 된 것이다.

3) 한아언어(漢兒言語)와 이문(吏文)

1.2.3.0. 그런데 원대(元代)의 한어(漢語)가 이문(吏文)의 발달에도 직접 연관이 있다. 그동안 문헌에 보이는 한아언어가 실제로 존재한 중국어가 아니고 몽문(蒙文)직역체(直譯体)로 보기도 하고(田中謙二, 1961, 1962), 또는 한문(漢文)이독체(吏牘体)로 보기도 하였을 뿐(吉川幸次郎, 1953) 실제로 이런 중국어는 존재하지 않는 것으로 보았다(졸저, 2014: 34~39).

그러나 이러한 주장은 구어(口語)에 의거하지 않은 순수 문어(文語)는 존재하지 않고 모든 문어는 구어를 전제한다는 언어학의 기본 이론과 배치되는 것이다. 한문에서도 고문(古文)이 주대(周代) 낙양(洛陽)의 아언(雅言)을 적은 것이고 한당(漢唐) 이후의 한문도 통어(通語)를 근거로 한 것이기 때문에 구어가 없는 몽문직역체나 한문이독체가 있을 수 없다고 본 것이다.

그러다가 원대(元代) 수도인 대도(大都), 지금의 북경(北京) 지역의 동북방언이던 한아언어(漢兒言語)를 고려 후기의 통문관(通文館), 또는 조선초기의 사역원(司譯院)에서 학습하는 교재인 <원본노걸대>가 발견되어 필자에 의하여 세계 중국어학계에 소개되었다. 그리고 이 교재가 그동안 기록에만 남아있던 한아언어를 학습하는 것임을 밝혀낸 것이다.

---

38 이 학술모임은 2001年 2月 22日에 열린 飜譯と文化史 2月研究會(場所: キャンパスプラザ京都 第2會議室, 일본 京都)를 말한다. 필자와 京都大 중문과 某 교수가 發題를, 京都大 人文科學研究所의 金文京 교수가 사회를 맡았었다.

물론 조선 사역원(司譯院)에서 중국어 교재로 사용된 <노걸대>의 판본은 여럿 전해온다. 그동안 후대에 편찬된 <노걸대>에 보여준 중국어는 명대(明代)에 공용어였던 남경관화(南京官話)였지 한아언어는 아니었다. 즉, <노걸대(老乞大)>란 중국어 교재는 <박통사(朴通事)>와 더불어 사역원(司譯院)의 중국어 교재로 널리 알려진 중국어 학습교재였다.[39]

그런데 한어 교재인 <노걸대>는 중국어의 변천에 따라 3번이나 수정되어 사역원에서 다시 출판된다. 졸저(2004: 448)에 의하면 원본(原本)에 이어 산개본(刪改本), 신석본(新釋本), 그리고 중간본(重刊本)이 있었다. 모두 중국에서 공용어의 변천에 따라 교재의 내용을 고친 것이다. 즉, 산개본은 남경관화를, 신석본은 북경 만다린을, 중간본은 북경관화를 반영한 것이다.

<노걸대>의 산개본은 조선 성종 때에 중국인 갈귀(葛貴) 등이 <원본 노걸대>의 한아언어를 명초(明初)의 공용어인 남경관화(南京官話)로 산개(刪改), 즉 잘라내고 고친 것이며 신석본은 영조 때에 김창조(金昌祚), 변헌(邊憲) 등이 청대(淸代) 북경(北京) 만다린을 반영한 것이다. 중간본(重刊本) <노걸대>는 북경관화(北京官話)로 정조 때에 이수(李洙) 등이 고친 것이다.

중간본은 신석본이 너무 상고(商賈)의 상스런 만다린이어서 이를 좀 더 고급스러운 말로 고친 것이라고 하지만 중국에서 공용어의 변천을 반영한 것으로 보인다. 그리하여 {산개(刪改)}『노걸대(老乞大)』(1483), 『노걸대신석(老乞大新釋)』(1761), 그리고 『중간(重刊)노걸대』(1795)의 세 편이 간행되었고 우리 학계에서는 후대의 이 세 편 <노걸대>만이 알려졌었다.

이 가운데 {산개}<노걸대>(이하 <산개노걸대>)와 {산개}<박통사>를 중종 때에 최세진(崔世珍)이 번역하여 {번역(飜譯)}『노걸대』, {번역}『박

39 <박통사>에 비하여 <노걸대>가 좀 더 낮은 수준의 초급 한어 교재로 보기도 한다(졸저, 2004: 445~450).

통사(朴通事)』란 이름으로 편찬하였다. 이로 인하여 <산개본>의 <노걸대>, <박통사>가 우리 학계에 널리 알려졌다. 졸저(2004)의 『역주 원본 노걸대』(서울: 김영사)가 세상에 나오기 전까지는 {번역}<노걸대>가 가장 오래된 한어 교재의 <노걸대>로 알려진 자료였다.

1.2.3.1. 그런데 원대(元代) 한아언어를 학습하는 사역원(司譯院)의 교재 <원본(原本)노걸대>가 발견된 것이다. 이 중국어 교재에는 한아언어(漢兒言語)의 학습을 위한 것임을 이 교재의 초두에 쓰인 회화에서 여러 번 등장한다. 뿐만 아니라 후대에 수정된 <노걸대>와는 매우 다른 중국어와 대화의 내용을 보였다.

원(元)이 망하고 명(明)이 선 다음 금릉(金陵), 즉 남경(南京)을 수도로 정하면서 이 지역의 언어를 공용어로 하였기 때문에 명초(明初)에 산개(刪改)한 <노걸대>에서는 원본의 한아언어를 명(明)의 공용어가 된 남경관화(南京官話)를 배우는 교재로 고쳤다. 따라서 <노걸대>의 원본(原本)과 후대의 산개본(刪改本) 사이에는 한아언어와 남경관화의 언어 차이가 있게 되었다.

물론 명(明)의 3대 황제인 영락제(永樂帝)가 다시 북경(北京)으로 도읍을 옮겨서 명대(明代)에도 계속해서 이 지역의 한아언어가 통용되었으나 명대(明代)의 공식적인 공용어는 여전히 남경관화였다. 그리하여 전술한 <노걸대>의 산개본과 그의 최세진(崔世珍) 번역본들은 명초(明初)에 제국(帝國)의 공용어로 인정한 남경관화(南京官話)를 학습하는 교재로 편찬된 것이다.

비록 명(明)이 북경(北京)으로 천도(遷都)하였지만 명대(明代)에 지배계급은 계속 남경관화를 사용했었던 것으로 보인다. 이 후대의 {산개}<노걸대>에서도 북경(北京) 지역의 한어(漢語)을 학습하는 교재였으나 그 중국어와 내용은 <원본노걸대>의 것과 많이 달랐다. 전술한 성종 때의 산개(刪改)가 전면적으로 이루어졌음을 알 수 있다(梁伍鎭, 1998; 졸저,

2004: 449~450).

예를 들면 <원본노걸대>에서는 원대(元代)에 사용하던 종이 화폐인 보초(寶鈔)에 대한 내용이 들어있으나 후대의 <산개노걸대>에서는 이를 모두 명대(明代)의 통용화폐인 은자(銀子)로 바꾸었다. <원본노걸대>에서 지폐인 보초는 종이가 헐어서 이를 혼초(昏鈔)라 하여 이를 신권(新券)인 요초(料鈔)로 바꾸는 장면이 있지만 후대의 수정본에서 이 부분이 모두 삭제되었다.

이러한 신, 구 지폐의 교환에 대하여 졸저(2014)에서는 다음과 같이 기술하였다.

> 당시의 지폐는 지질(紙質)이 나빠서 유통되는 사이에 종이가 닳아서 누더기같이 되는 경우도 있고 인쇄된 액면(額面)이 지워져서 명료하게 보이지 않게 되는 경우가 많았다. 여기에서 당연히 헌 지폐와 새 지폐의 차이가 생기게 마련인데 닳아서 글자가 안보이거나 종이가 누더기 같이 된 지폐를 '난초(爛鈔), 혼초(昏鈔)'라고 하였다. 반면에 새 지폐를 '요초(料鈔)'라고 하였는데 지폐를 관리하는 '교초고(交鈔庫)'[40]에서 난초, 혼초를 수수료(工墨錢)를 받고 요초로 교환하여 주었다. 이때의 수수료는 중통(中統) 2년(1261)에는 1냥에 대하여 30문이었고 지원(至元) 2년(1265)에는 20문으로 내렸으나 동 22년(1285)에는 다시 30문이 되었다. 그러나 이러한 신구(新舊) 지폐의 교환은 매끄럽게 수행되지 못한 것 같다. 그리하여 뒷거래 교환이 횡행하였고 또 장사를 할 때에 지폐의 질을 갖고 적지 않은 분란이 있었는데 그런 정황(情況)이 <노걸대>의 원본에 구체적으로 나타난다(제98화 등). 졸저(2014: 415~6).

이에 따르면 <노걸대>의 원본(原本)과 산개본(刪改本) 사이에 사회 환경의 변화에 따른 많은 내용의 변개가 있었음을 알 수 있다. 물론 산개본도 기본적으로 명대(明代)의 한어(漢語)를 반영한 교재이지만 당시 사

40 交鈔庫는 '行用交鈔庫, 行用庫, 倒鈔庫'라고도 하며 元代 紙幣의 교환을 담당했던 부서다.

회상의 변화로 인하여 내용에서 많은 차이가 난다. 즉, 이렇게 차이가 나는 부분을 잘라내고(刪) 고친 것(改)이 바로 산개본(刪改本)이다.

1.2.3.2. 전술한 바와 같이 원(元) 제국(帝國)의 관리(官吏)제도에서 현지에서 채용한 한인(漢人)의 리(吏)들은 한아언어(漢兒言語)를 배워서 몽고인의 단사관(斷事官)에게 보고할 수밖에 없었을 것이다. 이들이 올린 보고서는 종래의 한문과 달리 한어(漢語)에 기반을 둔 새로운 문체이었으며 이를 이문(吏文)이라 하였다.

이와 같이 생겨난 이문(吏文)은 이 한아언어와 그리고 원(元) 제국(帝國)의 통치방식에 의거하여 시작된 것이다. 원대(元代) 이전에는 이문(吏文)이란 용어 자체가 없었고 이 이문의 문체가 우리에게도 매우 편리하고 유용하여 이 땅에서도 고려 후기나 조선시대에 들어와서 사용되었다. 즉, 중국에서 한아언어가 공용어로 등장하고 이를 한자로 적은 이문(吏文)이 사용된 다음에 이 땅에서도 이문이란 용어가 나타난 것이다.

따라서 이문(吏文)이란 용어는 원(元)의 관리(官吏) 제도와도 연관이 있다서 보아야 한다. 주지하는 바와 같이 몽골의 원(元) 제국(帝國)은 황제가 몽고인의 단사관(斷事官)을 중국 각지에 파견하여 통치하였고 그가 현지에서 채용한 하급관리가 실제 행정을 맡았다. 졸저(2015: 106)에서는 원(元)의 통치 제도를 다음과 같이 소개하였다.

> 원(元)의 중국 통치는 매우 독특하였다. 황제(皇帝)는 몽고인들을 국정(國政)의 감독관으로 임명하여 파견하였는데 이를 '관(官)'이라 하고 실제로 이들을 백성과 연결시켜 주는 하급관리의 한인(漢人)들을 '리(吏)'라 하여 관리(官吏)제도로 백성을 지배하였다. 감독에 임하는 몽고인들을 단사관(斷事官)이라 하며 여기에는 세 부류가 있었다. 하나는 자르구치(札魯忽赤, Jarghuchi)이며 그 다음은 비칙치(必闍赤, Bichigchi), 그리고 다르가치(達魯花赤, Dargahi)가 있다.
>
> 자르구치(札魯忽赤)는 원래 중세몽고어의 자르구-라-토쿠하이(札兒

忽剌禿孩, Jarghu-la-tokuhai)에서 온 말로 '자르구(札兒忽, Jarghu-)'는 "사물을 결단하다"의 뜻이며 '라(剌, la)'는 접속사이고 '토쿠하이(禿孩, tokuhai)'는 "명령하다"의 뜻이다. 따라서 '자르구치(札魯忽赤)'는 "일을 결단하여 명령하는 사람"의 뜻으로 "단사관(斷事官)"이라고 번역된다. 서무(庶務)를 결정하여 관치(官治)와 형정(刑政)의 우두머리가 되어 지위는 삼공(三公)보다 높아 한(漢)의 대장군(大將軍)과 같다.

『원조비사(元朝秘史)』(234부)에 "失吉、忽禿忽斷事, 宿衛派一人共聽"이란 기사(記事)가 이를 말한다. 단사관(斷事官)은 숙위(宿衛) 제도에서 시작되었으며 몽고의 돌궐(突厥)식 고로(古老) 제도의 하나로 보인다. 후에 중서령(中書令), 상서령(尙書令) 및 좌우(左右) 승상(丞相) 제도의 남상(濫觴)일 것으로 본다(蘇振申 總編校, 1980).

비칙치(必闍赤, Bichigchi)는 몽고어 '비칙(bichig－쓰다)'에서 온 말로 서기(書記)라는 뜻이다. 몽골 황제(皇帝)의 문서를 관장하는 이들은 세 가지 임무, 즉 첫째 황제의 조서(詔書)를 작성하거나 발송하고 둘째는 법이나 규정(規程)을 기록하며 셋째는 역사를 정리하여 기술하였다. 비칙치(必闍赤)는 원초(元初)에는 중서령(中書令)이라 하였으며 원(元) 태종(太宗)으로부터 세조(世祖)에 이르기까지 중서령(中書令)과 좌우(左右) 승상(丞相)이 모두 비칙치(Bichigchi)의 중국어 관칭(官稱)이었다. 비칙치는 자르구치(札魯忽赤, Jarghuchi)의 부수상(副首相) 격으로 보인다.

다르가치(達魯花赤)는 각 기관의 수장(首長)을 말한다. 다르가치(Dargachi)의 '다르(達魯, Dar－)'는 본래 몽고어의 동사로서 "압박(壓迫)하다, 진압(鎭壓)하다"의 뜻이며 '화(花[ga], 加)'는 '수장(首長)'을 가리키고 '치(赤, chi)'는 "사람"을 말한다. 각급 기관이나 학교, 군대의 우두머리를 모두 일률적으로 '다르가(達魯花, Darga)'라고 한다. 다르가치(達魯花赤)는 감독관, 또는 명령권자를 지칭하는 것이다.

원(元) 나라는 이러한 몽골인의 단사관(斷事官)이나 수장(首長) 밑에 한어(漢語)의 통역을 담당한 게레메치(怯里馬赤, Kelemechi)와 비치에치(閟闍赤, Bichiechi)가 있었다. 후자는 필역(筆譯)을 담당하고 전자는 말을 통역하는 '구역(口譯)'이었는데 이들을 모두 '역사(譯史)'라고 한다. 원(元)은 중앙에는 몽고 국자학(國字學), 지방에는 몽고자학(蒙古字學)을 두어 이들에게 몽고어와 몽고문자를 훈련시켜 리(吏)로 임명하여 단사관(斷事官)과 수장(首長)의 업무를 한인(漢人)인 서민(庶民)들에게 전달하였다.

이에 의하면 황제의 임명을 받은 몽고인의 단사관(斷事官)이 현지에서 행정의 도우미로 채용한 한인(漢人)이나 색목인(色目人)들을 이(吏)라 하였음을 알 수 있다. 원(元) 제국(帝國)의 관리(官吏)제도에서 관(官)인 단사관은 몽고인이었고 그들은 대도(大都)에서 공용어인 한어(漢語)를 배운 다음 중국 각지에 파견되었다.

1.2.3.3. 몽고인인 단사관(斷事官)들은 중국 각지의 부임했지만 현지의 중국어를 알지 못했기 때문에 현지에서 채용한 이(吏)들의 도움으로 실제 행정을 펼칠 수가 있었다. 그리하여 역사(譯史)라고 부르는 현지인의 구역(口譯)인 게레메치(怯里馬赤, Kelemechi)와 필역(筆譯)인 비치에치(閟闍赤, Bichechi)의 도움으로 명령을 하달하고 민심을 헤아려 정치를 행한 것이다.

단사관(斷事官)은 몽고인이라 제국(帝國)의 공용어인 한아언어(漢兒言語)만을 겨우 알 수 있었고 통어(通語)의 한문(漢文)도 몰랐으며 현지의 중국어는 구역(口譯)과 필역(筆譯)에 의해서 한아언어로 그에게 전달될 수 있었다. 그리고 그가 임명한 현지인의 역사(譯史)들이 단사관에 올리는 보고서는 제국의 공용어인 한아언어를 한자로 그대로 쓸 수밖에 없었다.

이 때의 필역인 비치에치(閟闍赤)들이 한아언어를 한자로 써서 올린 보고서가 이문(吏文)의 시작이었다. 따라서 이문(吏文)의 이해를 위하여 한아언어(漢兒言語)에 대한 지식이 필요 불가결한 것이었는데 중국어의 역사연구에서 이 언어의 존재가 처음 소개된 것은 정광·남권희·양오진(1999)이지만 졸고(2000b)와 졸저(2004)에서 본격적으로 소개하였으니 21세기의 일이다.

따라서 이문(吏文)의 시작과 그 발달에 대하여 연구가 그동안 지지부진했던 것은 한아언어의 존재를 미처 깨닫지 못한 저간(這間)의 이러한 사정이 있었다. 그동안 한아언어(漢兒言語)의 존재를 증명할 어떤 증빙자료가 없는 상태에서 온 세계의 중국어학계가 이를 인정하지 않았기 때문에 이문(吏文)의 연구는 미궁(迷宮)에 빠질 수밖에 없었던 것이다.

1.2.3.4. 본서에서는 원대(元代)에 공용어였던 한아언어(漢兒言語)와 그로부터 발생한 한이문(漢吏文)을 살펴보고 그 영향으로 이 땅에서도 이문(吏文)을 시용하여 서민들의 문자 생활이 영위되었음을 살펴보고자 한다.

다만 우리의 이문은 고려 후기에 시작되었을 것으로 보이나 고려시대에 사용된 이문이 아직 하나도 발견되지 않았음으로 우선 조선의 이문으로 보기로 한다. 고려시대에는 의식적으로 이문(吏文)을 배척하였을 수도 있다. 고려의 식자층들이 원(元)의 공용어인 한아언어를 멸시하여 배우지 않고 천인들로 하여금 이를 배워 통역을 하게 하였다는 앞의 주장을 다시 떠올리게 한다.

마찬가지로 이문도 고려의 지신인들 사이에 이를 멸시하여 의도적으로 배우지도 쓰지도 않았던 것으로 보인다. 그러나 고려를 역성(易姓) 혁명으로 뒤엎고 새로운 나라를 세운 조선에서는 그러한 분위기가 많이 엷어진 것 같다. 그리하여 한아언어도 사역원에서 적극적으로 배우게 하고 이문도 배워서 쓰게 하였다.

한어(漢語) 교육에는 위구르인으로 고려로 귀화하여 조선에서 중책을 맡은 설장수(偰長壽)가 있었다(졸고, 2015b). 그는 한문을 숭상하지 않는 외국인이었고 그에게는 한어(漢語)와 이문(吏文)은 하나의 의사소통의 수단일 뿐이었다. 또 이문은 명(明)에서도 외교문서에서 사용하였기 때문에 이를 배우지 않을 수가 없었다.

그리하여 조선은 건국 초기부터 사역원(司譯院)을 복치(復置)하여 한어와 이문을 교육하였다. 그리고 승문원(承文院)이 설치된 다음에 이문은 이곳에서 교육하고 사대문서 작성에 사용된다.

1.2.3.5. 필자에게 한아언어의 발견은 한이문(漢吏文)과 조선이문(朝鮮吏文)의 연구에 획기적인 전기를 가져왔을 뿐만 아니라 훈민정음의 제정에 대하여도 지금까지의 연구와 다른 시각에서 살펴보게 하였다. 그리하여 많은 논저를 발표하였는데 한아언어의 존재를 이해하지 못하는 국내학계에서는 필자의 주장을 받아들이기 어려웠을 것이다.

예를 들어 우리 한자음이 당대(唐代) 통어(通語)의 발음으로 들어와 우리말의 음운으로 정착한 것이다. 이를 동음(東音)이라 부르지만 원(元)제국(帝國)이 수도를 북경(北京)으로 정하고 이곳이 정치, 경제, 문화의 중심이 되면서 이곳의 말이 공용어가 된다. 그러나 이 시대의 북경 지역은 장안(長安)과 수천리가 떨어져 있고 당대(唐代)에는 변방의 동북(東北)지방이었다.

그리하여 이곳에서 한인(漢人)과 알타이어족이 한데 섞여 살면서 서로 소통하기 위한 새로운 언어가 생겨났는데 이것이 전술한 바와 같이 한아언어, 줄여서 한어(漢語)라고 한다. 즉 장강(長江) 이남의 오아(吳兒)가 아니라 북방의 한아(漢兒)들이 사용하는 언어라는 뜻이다. 따라서 한어(漢語)는 당대(唐代) 통용어인 통어(通語)와는 서로 통역이 필요할 정도의 다른 언어이었다.

한어(漢語)은 알타이어의 영향을 받아 문법도 일부 다르지만 음운은 완전히 달라서 그에 따라 한자의 발음도 다르게 되었다. 그리하여 종래 유경(儒經)의 고문(古文)과 불경의 한문으로 배운 중국어가 원대(元代)이후에는 중국인과의 대화에서 서로 통하지 않게 되었다. 그래서 조선의 세종은 '어제훈민정음서(序)'의 초두에 이를 지적하면서 새 한자음의 필요성을 호소한다.

즉, "국지어음(國之語音)이 이호중국(異乎中國)ᄒᆞ야 여문자(與文字)로 불상유통(不相流通)ᄒᆞᆯᄊᆡ－나랏 말소리 中國과 달라 文字로 더부러 서르 흘러 通티 몯 ᄒᆞ논디라"[41] 이란 서문의 초두에 실린 세종의 하소연은 통어(通語)의 한자음에 근거한 우리 한자음, 즉 동음(東音)과 한어(漢語)의 한자음과의 차이를 지적한 것이다.

따라서 중국어의 역사에서 한어(漢語)의 존재를 깨닫지 못하면 세종의 훈민정음 서문의 가장 중요한 첫머리의 구절을 이해하지 못한다. 여기에서 세종은 중국의 한자음을 고칠 수가 없어서 우리 한자음, 즉 동음(東音)을 수정하여 옛 운서에 맞추어 재구(再構)하고자 한다는 뜻이 들어있었던 것이다.

즉, 세종은 우리 한자음을 동국정운식 한자음으로 교정하려고 시도한 것이다. 그리하여 예전처럼 유경(儒經)이나 불경의 한문으로 중국어를 배울 수 있게 되기를 바란 것이다. 즉, 우리 한자음인 동음(東音)을 중국 전통 운서의 한자음으로 교정하여 중국과 우리의 한자음이 같아질 것을 기대한 것이다.

1.2.3.6. 세종이 편찬한 『동국정운(東國正韻)』은 중국 전통 운서에 맞추어 우리 한자음을 수정하려고 한 것은 명(明) 태조 주원장(朱元璋)이 원대(元代)에 통어(通語)의 한자음이 한어음(漢語音)으로 바뀐 것을 바로 잡으려고 옛 운서에 맞추어 인위적인 한자음의 운서인 『홍무정운(洪武正韻)』을 편찬한 것과 관련이 있다.

명(明)의 태조는 원대(元代) 한아언어에 의해서 바뀐 한자음을 전통 운서에 따라 바로잡으려는 생각으로 악소봉(樂韶鳳)・송렴(宋濂) 등 11명의 학자들로 하여금 <홍문정운>을 편찬케 하고 이를 흠찬(欽撰) 운서로 간행하였다. 조선에서는 이를 정음(正音), 즉 훈민정음으로 번역하여 『홍

---

41 이 부분은 학계가 인정한 {신편}<월인석보>의 제1권 권두에 실린 <세종어제훈민정음>이 아니라 '御製日'이 들어 있는 고려대 소장의 <훈민정음>에서 가져왔다. 이것이 비록 18세기의 언문 정서법에 맞추어 필사된 것이지만 내용은 세종 생존 시의 {구권}<월인석보>에 실린 것을 베낀 것이어서 좀 더 원본에 가깝다고 보기 때문이다(졸고, 2020b).

무정운역훈(洪武正韻譯訓)』을 편찬하기도 하였다.

얼마나 조선에서 이 <홍문정운>의 역할을 중시했는지 알려주는 대목이다. 세종은 이를 벤치마킹해서 <홍무정운>과 같이 전통 운서로 한자음을 수정하여 <동국정운>을 편찬하고 우리의 한자음, 즉 동음(東音)을 고치려고 한 것이다. 훈민정음은 이렇게 고친 한자음을 백성들에게 알리기 위하여 이를 표기한 발음기호로서 훈민정음(訓民正音)이란 이름의 표음문자를 제정하게 된다. 이 문자로, 문자라기보다 기호로서 새로 교정한 한자음을 표음하려던 것이다.

그런데 이 표음문자로 둘째 따님인 정의(貞懿)공주가 한문의 구결-토를 달았다.[42] 당시 구결-토를 다는 것은 바로 한문을 우리말로 풀어 읽을 수 있음을 의미한다. 세종은 이것을 보고 훈민정음으로 우리말을 전면적으로 표기할 수 있음을 알고 『석보상절(釋譜詳節)』과 『월인천강지곡(月印千江之曲)』의 언해 불전을 짓고 이를 합편하여 『월인석보(月印釋譜)』를 간행한다.

이와 같이 한어(漢語)의 존재는 이문(吏文)의 연구에도 중요하지만 세종의 새 문자 제정을 이해하는데도 중요하다. 중국어의 역사에 대한 이해와 특히 통어(通語)로부터 한어(漢語)로 바뀌는 과정을 살펴야 세종의 훈민정음의 서문을 제대로 이해할 것이다. 실제로 원대(元代) 한어가 공용어로 등장한 한아언어가 당시 우리의 문자 생활에서 많은 변혁을 가져왔기 때문이다.

4) 조선의 한이문(漢吏文) 교육

1.2.4.0. 지금까지 어느 누구도 아언(雅言)의 고문(古文)이나 통어(通語)의 한문과 다른 문체를 보이는 한문이독체(漢文吏牘体)와 몽문직역체(蒙文直譯体)의 원대(元代) 문장어를 한이문(漢吏文)이라고 주장한 일이 없다.

42 貞懿공주는 '變音吐着'의 難題를 해결하여 임금으로부터 많은 賞을 받았다는 기사가 『竹山安氏大同譜』에 전해온다(졸고, 2006b; 졸저, 2015: 183~186).

또 아무도 조선이문(朝鮮吏文)이 한이문에서 온 것을 말한 일도 없다.

그러나 중국에서 명대(明代)인 조선 초기에 원대(元代)에 시작된 이문, 즉 한이문(漢吏文)을 시험하는 한이과(漢吏科)를 설과(設科)하고 인재를 발탁하였다. 즉, <세종실록>(권47) 세종 12년 경술(庚戌) 3월조의 기사에는 상정소(詳定所)에서 제학(諸學)의 취재(取才)에 사용할 출제서를 규정하여 등재하고 과시(科試) 방법을 상세하게 설명하였다.

그 가운데 한이학(漢吏學)의 출제서로는 "書, 詩, 四書, 魯齋大學, 直解小學, 成齋孝經, 少微通鑑, 前後漢, 吏學指南, 忠義直言, 童子習, 大元通制, 至正條格, 御製大誥, 朴通事, 老乞大, 事大文書謄錄, 製述: 奏本·啓本·咨文"을 들었는데 여기에 쓰인 출제서야 말로 한이문(漢吏文)을 학습하는 교재들이고 이를 통하여 한이문의 실체를 파악할 수 있다.

위의 취재서 가운데 '서(書), 시(詩), 사서(四書)'는 선진(先秦)시대의 고문으로 작성된 것이어서 '<서경(書經)>, <시경(詩經)>, <사서(四書: 論語·孟子·大學·中庸)>'라는 출제서는 고문(古文)에 대한 시험일 것이고 <박통사(朴通事)>, <노걸대(老乞大)>는 당시의 구어(口語)인 한아언어, 즉 한어(漢語)를 학습하는 교재이며 그 외에는 한이문(漢吏文)을 학습하는 교재임이 분명하다.

특히 제술(製述)의 시험에서 주본(奏本)과 계본(啓本), 자문(咨文)을 시험하는 것은 한이문으로 작성하는 사대문서의 각 유형별 제술(製述), 즉 문장 작성 능력을 시험한 것이다. 그리고 '노재대학(魯齋大學)' 이하 '直解小學, 成齋孝經, 少微通鑑, 前後漢, 吏學指南, 忠義直言, 童子習, 大元通制, 至正條格, 御製大誥, 事大文書謄錄'은 모두 한이문을 학습하는 교재였다.

이제 그 각각을 소개하면 다음과 같다.

1.2.4.1. 먼저 <노재대학(魯齋大學)>은 원(元)의 허형(許衡)이 편찬한 <노재유서(魯齋遺書)> 3권 가운데 『대학직해(大學直解)』를 말하는 것으로

이 책은 사서(四書)의 하나인 <대학(大學)>을 당시 원대(元代) 한아언어로 풀이한 것이다. 즉, <대학>을 한아언어로 풀이한 것을 한자로 쓴 것이니 결국 한이문(漢吏文)으로 작성된 것이다.

이어지는 <성재효경(成齋孝經)>은 원대(元代) 북정성재(北庭成齋)의 소운석해애(小雲石海涯)가 역시 <효경(孝經)>을 한아언어로 직해한 『직해효경(直解孝經)』을 말한다.[43] '북정성재(北庭成齋)'의 북정(北庭)은 이곳이 위구르인들의 왕국이었기 때문에 보통 그들의 본향(本鄕)으로 북정(北庭)을 든다. 성재(成齋)는 허형(許衡)의 노재(魯齋)처럼 자신의 호를 삼아 말한 것이다.

따라서 <성재효경>은 위구르인 성재(成齋) 소운석해애가 한아언어로 풀이한 <효경>이며 이것 역시 한이문으로 풀이한 것임으로 한이문을 취재(取才)하는 시험에서 출제서가 된 것이다. 특히 위구르인인 소운석해애(小雲石海涯)는 원(元)에 귀화하고 성을 관(貫)으로 하여 관운석(貫雲石), 호(號)를 산재(酸齋)라고도 하는 당시 유명한 가인(歌人)이었다.

<대원통제(大元通制)>는 원(元)의 건국초기부터 연우연간(延祐年間, 1314~1320)에 이르기까지 원대(元代)의 법률제도를 집대성한 책으로 황경(皇慶) 1년(1312)에 인종(仁宗)이 대신(大臣) 아산(阿散)에게 원(元)의 개국 이래에 수행된 법제사례(法制事例)를 편집하도록 명하여 지치(至治) 3년(1323)에 완성된 원(元) 제국(帝國)의 유일한 체계적 법전이다. <지정조격(至正條格)>은 원(元) 지정(至正) 6년(1346)에 <대원통제>를 산수(刪修)한 것이다.

<어제대고(御製大誥)>는 명(明) 태조가 원대(元代)의 악풍을 바로잡기

---

43 『成齋孝經』은 精文研(1986: 484)에 "明의 陳璓이 지은 책. 兒童의 敎訓을 위하여 지은 것이다"라는 설명이 있어 정광 · 양오진 · 정승혜(2002: 18)의 주3에서 "<成齋孝經>은 元代의 <直解孝經>을 明代 陳璓(號 成齋)이 당시 북경어로 주석한 것이다. [중략] 精文研(1986) 참조"라 하였다. 그러나 이것은 잘못된 것으로 <直解孝經>은 元代 北庭成齋 小雲石海涯(自號 酸齋, 一名 成齋)의 저술이다. 일본에 전해지는 『孝經直解』는 그 서명이 '新刊全相成齋孝經直解'이며 卷尾에는 '北庭成齋直說孝經終'으로 되었고 서문의 말미에 '小雲石海涯 北庭成齋自敍'로 되었다. 필자의 여러 논문에서 精文研(1986)을 인용하여 실수한 경우가 많은데 이것도 그 가운데 하나다. 참으로 독자 제위에게 미안하게 생각한다.

위하여 관민(官民)의 범법 사례를 채집하여 이를 근거로 홍무(洪武) 18년(1385) 10월에 '어제대고(御製大誥)' 74조를 반포하고 이를 법전으로 편찬한 것이다. 그리고 이듬해 다시 '어제대고속편(御製大誥續編)' 87조(1권)와 '어제대고삼(三)'의 47조(1권)를 만들었는데 이를 통칭 『어제대고(御製大誥)』라고 한다.

전게한 한이학(漢吏學)의 출제서 가운데 <노재대학(魯齋大學)> 이하의 <어제대고(御製大誥)>까지는 모두 한이문(漢吏文)으로 작성된 것이고 특히 <대원통제(大元通制)> 이하의 <지정조격(至正條格)>, <어제대고(御製大誥)> 등은 사법 문헌 들이다. 따라서 이들을 한이과(漢吏科)의 과시서(課試書)로 한 것은 이 문헌들이 한이문으로 작성되었음을 말한다.

1.2.4.2. 한어(漢語) 학습 교재인 <박통사>, <노걸대>에 이어서 등제된 <사대문서등록(事大文書謄錄)>은 조선시대 승문원(承文院)에서 중국의 조정(朝廷)과 왕래한 문서를 모아놓은 것이다.

<세종실록>(권51)의 세종 13년 1월 병술(丙戌)조와 <세종실록>(권121) 세종 30년 8월 병진(丙辰)조, 그리고 <단종실록>(권13)의 단종 3년 1월 정묘(丁卯)조의 기사에 의하면 5년마다 한 번씩 서사(書寫)하고 10년마다 한 번씩 인쇄하여 출간하였다고 한다. 그리고 이 <사대문서등록>은 『경국대전(經國大典)』에서는 <이문등록(吏文謄錄)>이란 제목으로 등재되었다(정광 · 양오진 · 정승혜, 2002: 24).

사대문서들이 모두 이문(吏文), 즉 한이문(漢吏文)으로 작성되었음을 알려주는 대목이다. 즉, <경국대전>(권3) 「예전(禮典)」 '장려(奬勵)'의 승문원(承文院)조에 승문원의 제조(提調)가 매 순(旬)만다 소속 관원들에게 읽을 책을 정하고 이를 강(講)하게했다고 하는 기사가 있다.

이 때에 강(講)할 책으로 "書, 詩, 四書, 魯齋大學, 直解小學, 成齋孝經, 少微通鑑, 前後漢, 吏學指南, 忠義直言, 童子習, 大元通制, 至正條格, 御製大誥, 朴通事, 老乞大, 吏文謄錄"을 들었는데 전술한 한이학(漢吏學)의 출

제 과목에서 문장 작성의 제술(製述) 시험이 빠지고 <사대문서등록(事大文書謄錄)>이 <이문등록(吏文謄錄)>으로 바뀐 것이다.

1.2.4.3. 이를 통하여 종래의 사대문서가 모두 이문(吏文), 즉 한이문으로 작성되었음을 깨닫게 한다. 전게한 한이학(漢吏學)의 과시서(課試書)들도 구어(口語)인 한아언어와 문어(文語)인 한이문(漢吏文)의 교재들이다. 즉, '노재대학, 직해소학, 성재효경, 소미통감, 전후한'은 '대학, 소학, 효경, 통감, 전한서, 후한서' 등의 경사서(經史書)를 구어인 한아언어로 풀이한 것이기 때문이다.

아마도 이 문헌들은 몽문직역체(蒙文直譯體)의 문체, 즉 한아언어를 그대로 한자로 직사한 교재들일 것이다. 반면에 '이학지남, 충의직언, 대원통제, 지정조격, 어제대고'는 그동안 한문이독체(漢文吏牘体)라고 불러왔던 원대(元代)에 유행한 문어(文語), 즉 서식을 갖춘 한이문(漢吏文)으로 작성된 것이다.

이 가운데 '이학지남(吏學指南)'은 이러한 한이문을 학습하는 참고서였다.[44] 그 외에 '충의직언(忠義直言), 대원통제(大元通制), 지정조격(至正條格), 어제대고(御製大誥)'는 앞에서 살펴본 『원전장(元典章)』과 같은 부류의 책으로 원대(元代)의 법률, 조칙(詔勅), 상소(上疏) 등의 행정문서를 모은 문헌이다.

따라서 조선에서는 국초(國初)부터 한이문(漢吏文)의 교육에 힘썼으며 이렇게 교육된 인재들을 한이과(漢吏科)를 통하여 선발하여 명(明)에 보내는 사대문서를 작성하는 일에 종사하게 하였음을 알 수 있다. 이들은 승문원(承文院)에 근무하게 하고 그곳에서 이들을 관리하였다. 역관(譯官)들은 사역원(司譯院)에서 관리하게 한 것과 같다.

---

44 『吏學指南』에 대하여는 정광 · 양오진 · 정승혜(2002)를 참조할 것. 이 책은 元大德 5년(1301)에 徐元瑞가 편찬한 <吏學指南>을 조선 세조 4년(1458) 경에 경주에서 복간하였다(奎章閣 소장). 정광 · 양오진 · 정승혜(2002)에서는 이 책을 영인하여 공간하면서 상세한 해제와 색인을 붙였다.

그리고 한이문의 기반이 된 한아언어도 교육하여 <노걸대>, <박통사>란 화화교재로 이를 시험하였음을 알려준다. 문어(文語)인 한이문(漢吏文)과 이의 바탕이 된 구어(口語)의 한아언어(漢兒言語)도 함께 교육한 것이다. 다만 전술한 바와 같이 초기에는 한이문도 한어와 같이 중인(中人) 계급의 관원에게 교육하였으나 한이문은 점차 문신(文臣)들의 소관으로 넘어가게 된다.

1.2.4.4. 당시의 문신(文臣)들은 아언(雅言)의 고문(古文)과 통어(通語)의 한문, 그리고 원대(元代) 이후의 한이문(漢吏文)까지 배워서 익혀야 했다. 모든 유신(儒臣)이 이 세 가지 한문 문체를 익히는 것은 아닌 것 같고 일부 유능한 유신만이 고문과 한문 외에 한이문을 따로 익혀 사대문서의 적성에 임하게 한 것으로 보인다.

그리하여 한이문을 문신(文臣)들의 승문원(承文院)에서 교육을 담당하고 한아언어는 중인(中人)인 역관(譯官)들의 사역원(司譯院)에서 교육하여 차별을 두기 시작한다. 조선 후기에는 이 구별이 뚜렷하여 한이문은 양반사대부도 배우고 시험을 보아 승문원의 관리가 되지만 한어(漢語)의 교육은 중인들의 사역원에서 교육하고 이들을 중인의 역관이라 불러 문신과 차별을 두었다.

조선 전기에 비하여 후기에는 중인(中人)에 대한 차별을 점차 심하게 되어 역관(譯官)으로서 한어와 한이문에 아무리 능통하더라도 승문원(承文院)의 관리로 가기가 어려웠다. 중종 때에 최세진(崔世珍)이 한어와 한이문에 능통하여 승문원의 제조(提調, 종2품)까지 올랐으나 이것은 그가 중인의 신분에서 동반(東班)으로 천전(遷轉)한 이후의 일이다(졸저, 2015: 421).

조선시대 양반사대부들은 여전히 유경(儒經)의 한문인 고문(古文)만을 숭앙(崇仰)하고 한이문(漢吏文)을 폄하하였지만 명(明)에 보내는 사대문서를 이것으로 작성하지 않으면 안 되어서 이를 배우지 않을 수 없게 되었다. 그러다가 점차 지식층에서도 한이문을 배우게 되어 한문과 더불어 이문을 익힌 유신(儒臣)들이 승문원에서 사대문서를 작성하게 되었다.

그러면서 한이문의 중요성과 편의성을 깨닫게 되어 이것으로 우리의 법률과 공공 문서를 작성하게 되었는데 이것이 다음에 논의할 조선이문(朝鮮吏文)이다. 원래 고립어인 주대(周代) 아언(雅言)의 고문(古文)이나 이를 이어받은 통어(通語)의 한문(漢文)과는 다르게 한이문(漢吏文)은 교착어인 몽골어의 영향으로 변질된 한문 문장이어서 같은 교착어인 조선어의 표기에도 편리하였다.

거기다가 조선의 법전(法典)이 원대(元代)의 것을 답습한『대명률직해(大明律直解)』에 근거하였기 때문에 원명(元明)시대의 사법(司法) 문헌에 쓰인 한이문을 근거로 하여 이두(吏讀)를 삽입한 조선이문이 조선의 공용문서로 적당한 한자표기라고 본 것이다. 그리하여 조선시대에는 국가의 정문(正文)을 조선이문으로 정하였다.

1.2.4.5. 그러나 우리 학계에서는 이 조선이문에 대하여 본격적인 연구가 없었고 따라서 그 해독도 지지부진하였다. 그 이유는 조선이문의 바탕이 된 한이문이 원대(元代)에 제국(帝國)의 공용어로 인정된 한아언어(漢兒言語)에 대한 지식이 전혀 없었기 때문이다.

따라서 이문(吏文)으로 불린 한이문이 한아언어를 한자로 표기한 것이라는 기초적인 지식을 알지 못했기 때문이다. 이런 지식이 없으면 한이문을 제대로 이해하지 못하게 되고 따라서 조선이문에 대하여도 제대로 이해하지 못한다. 특히 조선이문이 이두문(吏讀文)이라고 오해하여 실제 이문을 올바르게 해독하지 못하게 되었다.

필자가 <원본노걸대>를 발굴하여 한아언어의 존재를 세상에 알리기 전까지 원대(元代)에 시작된 문어(文語)의 한이문이 구어(口語)의 한아언어를 한자로 쓴 것이라는 사실을 중국어학계가 전혀 이해하지 못했고 짐작조차 못했다. 필자가 고령이라 무리임을 알면서도 이 책을 쓰는 이유가 여기에 있다.

따라서 이 책은 먼저 한이문의 바탕인 한아언어에 대하여 소개하고 그를 바탕으로 한이문과 조선이문의 관계를 중심으로 그 형성과 본질에 대하여 고찰하려고 한다. 그리하여 앞으로 그동안 지지부진했던 조선이문의 해독에 기초가 되기를 바라는 마음에서 이 책은 쓰인 것이다.

제2장

〈원본노걸대〉와 한아언어

목차

1. 고려와 조선의 중국어 교육

2.1.0. 앞의 서론(緖論)에서 주장한 대로 원(元) 제국(帝國)이 북경(北京)에 도읍을 정하고 이 지역의 언어, 즉 중국어의 동북방언이라고 할 수 있는 한아언어(漢兒言語, 이하 漢語)를 공용어로 한 다음에 종래 한문으로 배우던 고문(古文)의 아언(雅言)이나 한문의 통어(通語)가 더 이상 원(元)의 관리들과의 대화에 통용되지 않았다.

이 한아언어는 방언의 수준을 넘는 새로운 중국어였다. 그리하여 고려후기에는 이 한어(漢語)와 몽고어를 배우는 통문관(通文館)을 고려 충렬왕(忠烈王) 2년(1276)에 설치하였고 후에 이를 사역원(司譯院)으로 개칭하였다. 조선은 건국하자마자 태조 2년(1303)에 사역원을 복치(復置)하고 원래 있던 한어 교육의 한학(漢學)과 몽고어의 몽학(蒙學)을 두었다.

세종 때에 일본어의 왜학(倭學)을 추가하고 세조 때에 완성되어 예종(睿宗) 때에 출간된 『경국대전(經國大典)』에는 사역원에 여진어 교육의 여진학(女眞學)을 추가하여 사역원에 한학, 몽학, 왜학 여진학의 사학(四學)을 완비한다. 병자호란(丙子胡亂) 이후에는 여진학을 만주어의 청학(淸學)으로 고쳤지만 한학(漢學), 몽학(蒙學), 왜학(倭學), 청학(淸學)의 사학은 그대로 유지하였다(졸저, 1988: 11~24).

이러한 사역원의 사학(四學) 가운데 한어(漢語)의 교육은 한학(漢學)에서 담당하게 되었는데 이에 대하여 졸저(2014)의 <조선시대 외국어 교육>에서는 다음과 같이 소개하였다.

> 고려의 전신이었던 태봉(泰封)의 궁예(弓裔)는 사대(史臺)를 두어 제방(諸方)의 역어(譯語)를 담당하게 했으며[1] 고려가 건국한 뒤에도 역어의 교육은 계속되었다. 고려의 후기에는 통문관을 설치하여 한어를 비롯한 외

1 『三國史記』(卷46) '弓裔所制官號'條에 "史台掌習諸譯語" 라는 기록과 同卷50「列傳」 '弓裔'條에 "又置史台 掌習諸譯語"라는 기사 참조.

국어의 국가적인 교육이 실시되었으며 이것이 후일 사역원(司譯院)으로 개명(改名)되어 역어(譯語)를 관장하였다.

즉 『고려사(高麗史)』(卷76) 「백관지(百官志)」1 '통문관(通文館)'조에 "通文館, 忠烈王二年始置之. 令禁內學官等, 參外年未四十者, 習漢語. 時舌人多起微賤, 傳語之間多不以實, 懷奸濟私. 參文學事金坵建議置之, 後置司譯院, 以掌譯語. -통문관은 충렬왕 2년에 처음으로 설치하여 금내학관 등 참외로 나이가 40미만인 자에게 한어를 학습시켰다. 그 때에는 설인(역관을 말함-필자 주)들이 미천한 신분에서 나와서 통역을 할 때에 사실대로 하지 않고 간사하게 사사로운 일로 전하는 경우가 많았다. 참문학사 김구가 건의하여 설치하였고 후에 사역원을 두어 역어를 관장하게 하였다-"이라 하여 충렬왕 2年(1276)에 참문학사(參文學事) 김구(金坵)의 건의로 통문관(通文館)을 처음 설치하고 금내학관(禁內學官)중에서 참외(參外)로[2] 40세 미만인 자에게 한어를 학습하게 하였음을 알 수 있다. 졸저(2014: 390~1).

이에 의하면 원대(元代)에 한아언어가 몽골 제국(帝國)의 공용어가 되면서 고려의 식자층(識者層)들은 이를 천한 언어로 보아 배우지 않고 미천한 사람들에게 이를 교육하여 통역하게 하였다. 그리고 그들을 폄하하여 설인(舌人), 또는 역설(譯舌)이라 했는데 이들은 천인(賤人)들이라 학식(學識)이 없어 제대로 통역이 어려울 뿐만 아니라 제멋대로 통역하였음을 알 수 있다.

이렇게 원대(元代)에 고려 사람들이 중국인과의 접촉에서 그 통역에 미천한 신분의 사람들이 맡아서 여러 가지 폐해가 있자 고려 후기에 통문관(通文館), 후일의 사역원(司譯院)을 설치하고 이곳에서 참하(參下)의 하급 관리들에게 한어(漢語)를 교육하여 통역을 담당하게 하였음을 알려준다.

---

2 禁內學官은 秘書, 史館, 翰林, 寶文閣, 御書, 同文院의 文官을 말하며 式目, 都兵馬, 迎送을 합하여 禁內九官이라 하였다. 『高麗史』(卷76) 「志」卷第31 '百官'二 '通文館' 조 참조. '參外'는 6품 이하의 하급관리, 즉 參下를 말하는 것으로 보인다. 고려와 조선조에서는 관리의 계급을 크게 6품 이상의 參上官과 6품 이하의 參下로 나누어 구별하였다.

사역원은 갑오경장(甲午更張)으로 폐지될 때까지 조선시대 내내 존치하여 외국어의 교육을 담당하였다. 물론 사역원 사학(四學)에서 한어(漢語)만이 아니라 몽고어, 일본어, 여진어, 후일에 만주어도 교육이 되었으나 주로 한어의 교육이 중심이 된 것은 오늘날의 외국어 교육에서 영어가 차지하는 비중과 같았거나 그 이상일 수도 있다.

그리하여 사역원의 사학(四學)이란 <경국대전>에서 한어(漢語) 교육의 한학(漢學), 몽고어의 몽학(蒙學), 일본어의 왜학(倭學), 그리고 여진어의 여진학(女眞學)의 4학을 말한다. 이 가운데 여진학은 병자호란(丙子胡亂) 이후에 만주어의 청학(淸學)으로 바뀐다(졸저, 2014: 429~31). 그리고 이 사역원 사학의 외국어 교육은 갑오개혁 때까지 계속된다.

1) 원(元)의 수도 대도(大都)와 주변의 언어

2.1.1.0. 몽골의 한 부족의 한 추장(酋長)이었던 칭기즈칸(成吉思汗)은 몽골의 여러 부족을 통합하고 주변의 여러 나라를 정복하였다. 서쪽으로 진출하여 오이라트(Oirat)족과 키르기즈(Kirgiz)족을 정복하고 상당히 높은 문화를 가졌던 탕구트(Tangut)의 서하(西夏)마저 복속시켰다. 그리고 남쪽으로 내려와 금(金)나라를 공격하였다.

이어서 서정(西征)을 계속하여 지금은 우즈베크(Uzbek) 공화국의 한 주(州)가 된 이슬람의 왕국 호레즘(Khorezm)을 정복하러 출정할 때에 첫째 아들 주치(Juchi), 둘째 오고타이(Ogotai), 셋째 차가타이(Chagatai), 그리고 막내의 툴루이(Tolui)와 함께 하였다. 그리하여 이들 5부자는 호레즘을 정복하고 수도 사마르칸트(Samarkand)마저 함락시켰다.

서기 1220년에 중앙아시아 아무다리아(Amudar'ya)강(江) 좌안에 위치한 호레즘(Khorezm) 을 정복한 칭기즈칸은 군대를 나누어 서쪽으로 남러시아를 넘어 볼가(Volga)강 유역까지 정복하였다. 그리고 일부는 인도로 쳐들어가 지금의 아프가니스탄까지 몽골군에 짓밟혔다. 그리하여 유라시아 대륙에 사상 유례가 없는 대제국(大帝國)을 건설한 것이다.

그들이 지난 곳은 모두 파괴되어 폐허가 되었고 요즘에도 서양에서는 황화(黃禍)라 하여 몽고군의 침략과 같은 동양인의 침공을 두려워한다. 칭기즈칸의 몽고군은 인류가 이제까지 경험하지 못한 거대한 침략전쟁을 일으켜 유라시아대륙의 거의 대부분을 석권(席捲)하면서 여러 민족과 나라에 막대한 피해를 주었기 때문이다.

2.1.1.1. 7년에 걸친 중앙아시아 원정(遠征)을 마친 칭기즈칸은 큰 아들 주치만 흑해(黑海) 부근에 남겨놓고 몽고로 돌아와서 그가 정복한 넓은 영토를 아들들에게 나누어준다. 그 자신은 1227년 서하(西夏)를 상대로 원정길에 올랐다가 간쑤(甘肅)성 근처에서 병사한다.

중앙아시아의 거의 모두를 정복하고 몽골의 대제국(大帝國)을 세운 칭기즈칸(成吉思汗)은 도읍을 카라코룸(harakhorum)으로 정하여 그 이후 재위 23년(1206~1228) 동안 이곳이 몽골 제국의 중심지였다.[3] 칭기즈칸의 아들인 오고타이(窩闊大)가 중국의 남송(南宋)을 공격하기 위하여 도읍을 북경(北京)으로 옮긴다.

쿠빌라이 칸은 중국에 원(元) 제국(帝國)을 세우고 수도를 대도(大都, Khanbalig), 지금의 북경(北京)으로 정하기 이전에는 카라코룸(黑城)은 상도(上都)라고 불리면서 몽골 제국의 중심이었다. 후일에 이곳은 명(明)에게 원(元)이 멸망했을 때에 몽골이 북으로 도망가 세운 북원(北元)의 수도이기도 하다.

칭기즈칸의 아들로 제2대 오고타이가 대한(大汗)에 오른 이후에 후계자의 승계에서 많은 분쟁이 일어났다. 특히 제5대 대한(大汗)으로 선출된 쿠빌라이 칸(忽必烈汗) 때에 제국이 분열하였다. 원래 쿠빌라이(Khubilai)는 칭기즈칸의 사남이자 첫째 부인의 막내인 툴루이(Tolui)의 아들이기도 하다.

---

3 카라코룸(kharakhorum)은 khara(－검다)와 khorum(큰 성)의 합성어로 '검은 큰 성'이란 뜻이다.

칭기즈칸은 큰아들 주치(Juchi)가 일찍 죽자, 그의 아들 바투(Batu)에게 가장 먼 남러시아 일대를 주었고(1243년에 킵차크한국 건설), 둘째 차가타이(Chagatai)에게는 호라즘의 옛 영토를 주었으며(1229년 차가타이한국 건설), 셋째인 오고타이(Ogotai)에게는 옛 나이만(Naiman)의 영토를 주었다.

그러나 첫 부인의 막내인 넷째 아들 툴루이(Tolui)만은 최후까지 영토를 분배 받지 못한 채, 칭기즈칸과 함께 몽골 제국을 다스렸다. 칭기즈칸이 죽은 뒤, 1229년 몽골 족의 지도자들은 쿠릴타이(khuriltai)를 열어 오고타이를 2대 대칸(태종)으로 선출하였다.[4] 툴루이(Tolui)는 칭기즈칸의 막내이어서 몽골의 전통에 따라 본거지인 몽골(Mongolia)을 분봉(分封) 받았다.[5]

한 때 칭기즈칸이 죽자 그가 일시 섭정(攝政)을 맡기도 하였으나 제2대 대칸(大汗)은 그의 형인 오고타이(Ogotai, 窩闊大)에게 돌아갔다. 오고타이는 야율초재(耶律楚材)를 스승으로 받들면서 안으로는 제국(帝國)을 완성하기위해 노력했고, 밖으로는 아버지의 뜻을 이어받아 1234년 금(金)나라를 완전히 멸망시켰다.

이때 고려가 금(金)나라와 손잡는 것을 막기 위해 살리타(Salietai, 薩里台, 撒禮塔)를 시켜 고려를 공격하게 했다. 또 1236년에는 본격적인 유럽 원정에 나서서 원정군(遠征軍) 총사령관에 칭기즈칸의 장손(長孫)인 바투(Batu)를 임명하여 서방으로 진격하게 했다. 본격적인 서방 세계의 정복이 시작된 것이다.

바투(Batu)가 이끄는 원정군은 모스크바(Moscow) 공국(公國)을 점령하고 러시아 최대 도시인 키예프, 즉 키우(Kiu)까지 손에 넣은 뒤에 폴란드를 지나 독일의 지역까지 점령하였다. 헝가리의 수도 부다페스트(Budapest)를 무너뜨리고 오스트리아로 향하던 바투는 오고타이가 죽었

4 'khuriltai'는 몽고어로 '會議'란 뜻으로 大汗의 선정이나 開戰, 終戰과 같은 중요 사항을 논의하여 결정하는 몽고 지배계급의 최종 결정 모임이었다.

5 '툴루이'는 民衆書林의 <국어대사전>에 영어로 'Tului'로 적기도 하고 元의 睿宗으로 하기도 하였다. 그동안 몽골의 역사에 혼란이 있었음을 알 수 있다,

다는 소식을 듣고 본국으로 돌아왔다.

칭기즈칸의 둘째 아들인 오고타이가 대칸(大汗)에 올랐으나 막내 툴루이의 영향은 매우 커서 그의 아들 예수 뭉케(Möncke, 蒙哥)가 오고타이의 뒤를 이어 제4대 대칸으로 등극하였다. 그리고 뭉케의 동생이던 쿠빌라이가 대칸(大汗)에 오르자 칭기즈칸의 둘째 아들 차가타이(Chaghatai, 察合台)가 이를 반대하여 제국(帝國)이 분열하였다.

즉, 오고타이가 죽은 뒤 대칸(大汗)의 자리를 놓고 후계자 싸움이 시작되었다. 오고타이의 장남 구유크(Güyük, 貴由)가 한때 3대 대칸(定宗)의 자리를 물려받았지만 3년 만에 죽었다. 이때 부족의 제일 연장자가 된 칭기즈칸의 장손(長孫) 바투(Batu)는 툴루이의 큰 아들 뭉케를 4대 대칸(大汗)으로 앉히기 위해 쿠릴타이를 소집하였다.

그러나 칭기즈칸의 둘째 아들인 차가타이와 셋째 아들인 오고타이의 일족이 바투가 소집한 쿠릴타이에 응하지 않아 회의가 무산되었다. 다음 해인 1251년 바투와 몽케 일파는 다시 쿠릴타이를 열어 뭉케를 4대 대칸(憲宗)으로 옹립하였다. 이를 막기 위해 오고타이 일파는 케룰렌 강(몽골 북동부를 흐르는 강) 상류로 군사를 보냈다.

그러나 툴루이 일파에게 패하여 본토에 있는 땅까지 빼앗기고 말았다. 1259년 남송을 공격하던 뭉케가 쓰촨(四川, 양쯔 강 상류에 있는 지역)에서 죽게 되자 뭉케의 첫째 동생인 쿠빌라이는 1260년에 5대 대칸(世祖)에 오른 뒤 1271년에 자신이 점령하고 있는 중국에 원(元)나라를 세웠다. 그리고 원(元) 세조(世祖) 16년(1279)에 남송(南宋)을 완전히 정복한다.

쿠빌라이가 대칸에 오르면서 대칸 자리를 둘러싼 지도층의 분열은 더욱 심해졌다. 차가타이는 그가 점령한 지역에 그의 차가타이한국(察合台汗國)을 세웠고 쿠빌라이를 지지하던 주치의 아들 바투(Batu)도 역시 그의 점령지인 남러시아에 킵차크한국(Kipcak, 欽察汗國)을 세웠다. 뭉케 대칸(大汗)이 죽기 전 1258년에 그의 동생 훌라구(旭烈兀)는 바그다드를 점령하고 그곳에 일한국(Ilkhan)을 세웠다.

그리고 오고타이 일족도 오고타이한국(窩闊大汗國)을 따로 세웠다. 이것이 유명한 칭기즈칸의 후예들이 유라시아대륙에 세운 네 개의 몽골제국, 즉 사한국(四汗國)이다. 쿠빌라이는 남쪽으로 내려와 중국의 남송(南宋)을 점령하고 중원(中原)을 다스리면서 원(元) 제국(帝國)을 건설하였다.

그리고 쿠빌라이는 스스로 대칸(大汗)에 올라 세조(世祖)라 하고 제1대 대칸(大汗)인 칭기즈칸을 태조(太祖)로, 제2대인 오고타이 칸을 태종(太宗)으로 제3대 툴루이를 정종(定宗), 제4대 뭉케를 헌종(憲宗)으로 추증(追增)하였다.[6] 쿠빌라이의 원(元) 제국(帝國)을 칭기즈칸의 후예(後裔)들이 세운 대표적인 나라로 본 것이다.

2.1.1.2. 그리고 쿠빌라이 칸(忽必烈汗)은 세조 5년, 지원(至元) 1년(1264)에 수도를 대도(大都, Khanbalig), 지금의 북경(北京)으로 옮겼다. 원래 이 지역은 여러 민족이 섞여 살던 작은 마을이었는데 북방 민족인 거란(契丹)과 여진(女眞)이 한족(漢族)의 송(宋)에 대항하여 요(遼)와 금(金)을 건국하면서 이곳은 차츰 인구가 늘고 번성하였다.

그리하여 거란(契丹)의 요(遼)나라 때에 남경(南京)으로 불렸고 여진의 금(金)에서 이를 연경(燕京)으로 개칭하였다. 금(金) 정원(貞元) 3년(1153)에 해릉왕(海陵王) 제량(帝亮)이 상경(上京, 지금의 黑龍江省 阿城縣 남쪽)에서 이곳으로 수도를 옮기면서 중도(中都)라 불렀던 곳이다. 비로소 이 때부터 북경(北京)은 왕경(王京)의 모습을 갖추기 시작한 것이다.

이 지역은 당대(唐代)를 전후해서 이곳에 들어온 한인(漢人)과 원주민이던 알타이제어의 여러 민족이 어울려 살았다. 그리하여 이곳 주민들은 중국어를 기반으로 하지만 이곳에 같이 살던 알타이어를 사용하는

6 조선이 元代의 官吏제도를 그대로 답습하였을 뿐만 아니라 왕조의 제왕들을 초대 太祖, 2대 定宗, 3대 太宗으로 한 것도 元代의 왕위와 관련을 가진 것이다. 얼마나 조선이 元의 制度를 추종하였는지 알려주는 대목이다.

다른 종족들의 언어가 혼효(混淆)된 특별한 중국어를 사용하여 서로 소통하였다.

이렇게 만들어진 언어가 바로 호언한어(胡言漢語), 즉, 엉터리 언어인 한어라는 말로서 당시 중국어의 동북방언인 셈으로 한아언어(漢兒言語)라 부른다. 당시 중국에서도 이 언어를 천시(賤視)하였고 고려에서도 이 언어를 배우려고 하지 않았다. 당송(唐宋)의 여러 문학작품이나 불경의 한문에서 배울 수 있는 통어(通語)에 비하여 이 언어는 상스러운 말로 여긴 것이다.

그로 인하여 오늘날의 중국어의 역사에서도 한아언어의 존재는 인정하지 않은 채로 기술되어왔다. 따라서 여러 문헌에만 등장하고 실제로 이 언어가 사용된 것으로 보지 않은 것은 그에 대한 실증적 자료가 없었기 때문이다. 그런 와중에 <원본노걸대>가 발견되었다. 이제까지 누구도 인정하지 않은 한아언의 실체가 이 자료로 세상에 알려진 것이다.

그리하여 전술한 바와 같이 졸고(1999b, c, 2000b, 2003c, d)와 졸저(2004, 2010)에서는 한아언어가 실제로 원대(元代)에 대도(大都), 즉, 북경(北京)에서 사용되었으며 이를 교육하는 교재로 <노걸대>의 원본임을 주장하였다. 따라서 한아언어의 사용을 증명하는 자료가 발견되었고 이로써 당시 북경(北京)에서 사용되던 한아언어의 생생한 모습을 볼 수가 있게 되었다.

북경(北京)은 전술한 바와 같이 요(遼), 금(金) 왕조 때에 도시의 모습을 갖춰갔으며 원대(元代) 이전에 이미 중원 북방의 정치, 경제, 문화의 중심지로 등장하였다. 몽골의 원(元)이 남송(南宋)을 멸하고 중국을 통일하여 중국 중원(中原) 전체를 다스리게 되자 원(元)의 수도(首都)인 대도(大都), 즉 북경(北京)이 중국의 정치, 경제, 문화의 중심지로 등장하게 되었다.

2.1.1.3. 거기다가 원(元) 제국(帝國)은 이 지역의 한아언어를 공용어

로 삼으면서 중국어의 역사를 기술할 때에 중요한 변화가 일어났다. 즉, 이 지역은 교착어를 사용하는 북방민족에 의하여 점령되어 오랜 시일을 지냈기 때문에 중국어와 이들 언어가 혼합된 독특한 중국어가 사용되었는데 이런 일은 중국어의 역사에서 매우 특기할 만한 일이기 때문이다.

이 언어는 원(元) 이전에 중국 대륙의 공용어이었던 아언(雅言), 또는 한당(漢唐) 이후의 통어(通語), 그리고 송대(宋代)의 중원아음(中原雅音)과도 매우 다른 새로운 언어이었다. 특히 원대(元代) 북경어는 요(遼), 금(金) 이후 북방민족의 언어, 특히 몽고어가 많이 혼효(混淆)된 일종의 크레올(Creole)의 언어여서 종래의 아언(雅言)이나 통어(通語)와는 완전히 다른 언어였다.

문법도 많이 변하였지만 음운은 거의 다른 언어의 수준으로 바뀌었다. 만일 표의문자인 한자가 없었다면 이들은 서로 다른 언어로 따로 기술되었을 것이다.[7] 그만큼 서로 다른 언어였다. 이렇게 새로 등장한 언어를 '한아언어', 즉 한어(漢語)라고 불리는 말은 중국의 유경(儒經)의 언어였던 아언(雅言)이나 문학작품과 불경의 한문이었던 통어(通語)와 구별되었다.

2.1.1.4. 그리고 이 말은 오늘날의 중국어의 직접 선조가 되어 필자의 중국어 역사 구분에서 근대중국어(Modern Chinese)로 본다.[8] 이 언어로

---

7 필자가 중국인 친구를 만나면 우스개소리로 "중국은 유럽과 거의 같은 크기인데 어떻게 통일 국가를 유지하는가?"하고 묻는다. 그럴 때마다 돌아오는 답변은 똑 같이 "정치를 잘해서 그렇다"이다. 필자는 웃으면서 "그런게 아니라 표의문자인 한자가 있기 때문이요"라고 한다. 언어는 음운이 가장 먼저, 그리고 매우 심하게 변하고 문법과 어휘는 잘 변하지 않는다. 따라서 표음문자로 변화된 언어를 적으면 완전히 다른 언어가 되지만 표의문자는 음운의 변화와 관계없이 같은 언어로 적을 수 있다. 만일 유럽의 여러 나라들도 표의문자로 적었다면 같은 언어로 인식되었을 것이다.

8 중국어의 역사를 구분하는 것은 연구자마다 조금씩 다르다. 유명한 것은 Kalgren(1940, 1954)의 구분이었으나 Pulleyblank(1991)에서 대폭적인 수정이 있었

부터 현대 중국어인 보통화(普通話)로 이어지기 때문이다.

보통 언어사의 연구에서 한 언어의 역사를 시대 구분할 때에 삼분법(三分法)을 많이 사용한다. 즉, 고대 언어, 중세 언어, 근대 언어의 셋으로 나누어 고찰하는 것이 일반적이다. 현존하는 언어와 매우 다른 고대어에서 현대어의 시조가 되는 중세어로, 그리고 현대어로 발전한 근대어로 나누는 것이 일반적이다.

그러나 중국어는 일반적으로 그 역사적 변천의 특성상 넷으로 나누어 선진(先秦)시대의 언어인 아언(雅言)을 상고(上古)한어(Archaic Chinese), 한당(漢唐) 이후의 통어(通語)를 중고(中古)한어(Ancient Chin.)로 나누어 보아 왔다. 그 이후는 사람마다 달라서 근고어(近古語)를 인정하는 경우가 많다. 보통 원대(元代)의 중국어를 근고어로 본다(졸저, 2024a:192).

그러나 필자는 원대(元代) 이후의 한아언어를 근대어(Modern Chi.)로 보아야 하며 명대(明代) 이후의 남경(南京)과 북경(北京) 관화(官話)를 근대(近代)한어(Modern Chi.)로 나누는 것이 합리적이라고 본다. 각 시대에 여러 방언이 있겠으나 오늘날 중국의 공용어인 보통화(普通話)를 현대(現代)중국어(Contemporary Chi.)로 할 것이다.

원대(元代) 한아언어를 근대중국어(Modern Chinese)로 한 것은 오늘날의 중국어, 보통화가 이로부터 발달하였기 때문이다. 다만 현재 중국 학계에서는 이런 주장을 아직 받아 드리지 않는다. 즉, 몽골의 원대(元代)에 호언한어(胡言漢語)의 한아언어가 오늘날 보통화의 시조라는 것을 인정하기가 싫었기 때문인 것 같다.

2) 한어(漢語) 교육을 위한 중국 유학(留學)

2.1.2.0. 고려후기에 들어오면 젊은 고려인을 중국에 유학(留學)시켜

다. 중국에서는 元代까지의 중국어를 上古, 中古, 近古로 나누었다. 그러나 이제까지의 중국어 역사 연구가들은 필자의 졸고(1999b, 2000, 2003c, 2004a)로 소개한 元帝國의 공용어인 漢兒言語가 중국어의 역사에서 반영되지 않았다.

한어(漢語)를 교육한 것으로 보인다. 원(元)의 제국(帝國)의 서울이던 대도(大都)의 지리지(地理誌)로 보이는 『석진지(析津志)』에 몽골의 제2대 칸(汗)인 태종(太宗) 오고타이(窩闊臺)가 1233년에 발표한 성지(聖旨)가 실린 비문(碑文)을 소개하였다.

그 내용을 보면 연경(燕京－大都의 구칭)에 '사교독(四敎讀)'이라는 학교를 설치하고 그곳에서 몽골인 피샤치(必闍赤－書記官)의 자제들 18명과 중국인 자제 22명을 함께 기거(起居)시키면서 몽골인 자제에게는 "한아언어(漢兒言語)와 문서(文書)"를, 그리고 중국인 자제에게는 '몽고어와 궁술(弓術)'을 배우게 하도록 명령하였다는 것이다(金文京 外, 2002).[9]

졸저(2010)로 소개한 <원본노걸대>에는 주인공이 다니던 학교에 고려인과 중국인이 거의 반반씩이라는 내용이 들어 있어 혹시 <노걸대>의 주인공도 당시 중국의 사교독(四敎讀)이나 그 유사한 학교에 다닌 것이 아닌가 한다. 즉, <원본노걸대>의 제5화에는 다음과 같은 내용이 대화로 들어있다.

漢 你的師傅是甚麽人?

高 是漢兒人有。

漢 多少年紀?

高 三十五歲也。

漢 耐繁敎那不耐繁敎?

高 俺師傅性兒溫克, 好生耐繁敎。

漢 恁那衆學生, 內中多少漢兒人? 多少高麗人?

高 漢兒, 高麗中半。

漢 裏頭也有頑的麽?

9 여기서 말한 '피샤치(必闍赤－書記官)'는 앞의 1.2.3.2.에서 인용한 졸저(2015: 106)의 비칙치(必闍赤, Bichigchi)를 말한다. 이러한 몽고인을 中書令으로 漢譯하였다. 반면에 비치에치(Bichiechi, 閤闍赤)는 漢人들의 胥吏로서 筆譯을 담당하였고 口譯의 게레메치(怯里馬赤, Kelemechi)와 더불어 몽고인 단사관으로 하여금 漢人들과의 통역을 담당한 吏들이었다.

高 可知有頑的。每日學長將那頑學生師傅行呈著，那般打了呵，則是不怕。漢兒小厮每哏頑，高麗小厮每較爭些箇。

이 대화에서 '한(漢)'은 중국 상인 왕객(王客)을 가리킨다. 그는 북경으로 말과 모시 등의 고려 상품을 팔러가는 고려인들과 중도에서 우연히 만난다. 그리고 '고(高)'는 주인공인 고려 상인을 말한다. <노걸대>는 중국으로 장사를 가는 고려인 3인이 중로에서 중국 상인 왕객(王客)을 만나서 서로 대화하는 형식으로 이루어진다.

앞에 인용한 부분에 대한 필자의 역주(譯註)를 보면 다음과 같다.

漢 그대의 스승은 어떤 사람이었나?
高 한인(漢人)이셨습니다.
漢 몇 살이셨나?
高 서른다섯 살이었습니다.
漢 참을성 있게[10] 가르쳐 주시던가 아니던가?
高 제 스승은 온후한[11] 분이시고, 정말 잘[12] 가르쳐주셨습니다.
漢 그대들 학생 중에서 한인은 몇 명이었고, 고려인은 몇 명이었나?
高 한인과 고려인이 반반이었습니다.[13]

10 원문 '耐繁'는 "인내심이 많다"는 뜻이다. '耐煩'이라고도 쓴다. 元代 陶宗儀의 『輟耕錄』(권8)에 "不耐煩의 三字는 宋書 庾登之의 弟 仲文伝에 보임"이라는 기사가 있어 당시에는 '耐煩' 또는 '耐繁'이란 말이 자주 쓰였음을 알 수 있다. 여기에 인용한 주석들은 모두 졸저(2010)에서 가져온 것이다. 이하 모두 같다.

11 원문 '溫克'은 『西廂記』 2本 1折 「寄生草」에 "性兒溫克, 情兒順－성은 온극, 정은 순함－"이라는 기사가 있어, 성격이 온화한 것을 말하는 口語임을 알 수 있다. 원래는 『詩經』의 「小雅」 '小宛'조에 "飮酒溫克"이라는 말에서 나온 것이다. 『老朴集覽』(<老覽>상 1-1)에 "《詩傳》云: 克勝也. 猶溫恭自持以勝也.－시전에 말하기를 克은 勝이니라, 溫恭自持로 이김"이라는 구절은 朱子의 『詩經集傳』에 있는 주석을 옮긴 것이다.

12 원문 '好生'은 '상당히, 아주, 또한 확실히, 착실히'라는 뜻이다. 『老朴集覽』(<單>의 '生'조) 참조.

13 원문 '高麗中半'은 고려 학생이 반인 것을 말하다. 당시 漢人과 몽골인 학생을 반씩 가르치는 학교가 있었다.

漢 그 중에는 장난꾸러기도[14] 있었는가?

高 물론[15] 장난꾸러기도 있었습니다. 매일 반장이[16] 장난을 심하게 하는 학생을 스승에게 보고합니다. 그러나 아무리[17] 맞아도 두려워하지 않고 여전합니다. 한인 아이들은 심한[18] 장난꾸러기가 많지만, 고려인 아이들은 비교적 얌전합니다.[19] 이상 졸저(2010: 34~5)에서 인용.

이 대화를 보면 고려인과 한인(漢人)이 반반씩 수업하는 학교가 있었다고 하여 전술한 사교독(四敎讀)이거나 그와 유사한 학교가 실제로 원대(元代)에 있었던 것으로 보인다.

2.1.2.1. 또 고려인이나 조선인이 한어(漢語)를 학습하기 위하여 중국에 유학(留學)을 간 것에 대하여도 역시 <원본노걸대>의 대화 중에 나온다. 즉, <노걸대>의 원본 제4화에 다음과 같은 내용이 있다.

漢 你是高麗人, 學他漢兒文書怎麽?

高 你說的也是, 各自人都有主見。

漢 你有甚麽主見? 你說我試聽咱。

高 如今朝廷一統天下, 世間用著的是漢兒言語。咱這高麗言語, 只是高麗田地裏行的。過的義州, 漢兒田地裏來, 都是漢兒言語。有人問著, 一句話也說不得時, 教別人將咱每 做甚麽人看?

漢 你這般學漢兒文書呵, 是你自意裏學來那你的爺娘教你學來?

---

14 원문 '頑的'은 "장난꾸러기"임. '頑'은 '頑皮(장난)'와 같은 것으로 브인다.

15 원문 '可知'는 "물론 ~다"란 뜻으로 쓰임.

16 원문 '學長'은 학생 가운데 연장자, 혹은 반대표에 해당하는 학생을 말함.

17 '則是'의 '則'은 '只'와 같으며 元曲 등에 쓰이는 이 시대의 용자법의 통례이다. <원본노걸대>에서의 '則'은 거의 '只'의 의미로 사용되고 있다. 졸저(2010)에서는 "아무리"로 번역하여 그 의미를 살리려고 하였다.

18 원문 '哏'은 현대어의 '很'과 같으며 '아주, 매우'라는 뜻이다.

19 원문 '爭些箇'은 "조금 낫다"의 의미. '爭'은 "차이가 있다"라는 뜻에서 "좋다"는 의미로 바뀌었다. '些箇'는 "조금"이란 뜻이다.

高 是俺爺娘教我學來。

漢 你學了多少時?

高 我學半年有餘也。

이 대화에서 부모가 시켜서 한어를 배우러 갔음을 암시하는 내용이 들어있다. 즉, 졸저(2010: 30)에는 앞의 인용 부분을 다음과 같이 우리말로 풀이하였다.

漢 그대는 고려인인데, 한어 서책 따위를[20] 공부해서 무엇을 하려는가?

高 당신이 말씀하시는 것도 당연하지만, 사람은 각기 모두 자기 생각이[21] 있으니까요.

漢 그대 생각은 어떤 것인가? 이야기 해 보시게. 내 들어 보겠네.[22]

高 지금 조정이 천하를 통일하였고[23] 세상에서 통용되고 있는 것은 한아언어입니다. 우리[24] 고려의 말은 단지 고려 땅에서만[25] 사용되는 것이고, 의주(義州)를[26] 지나 한인(漢人)들의 땅에 들어오면 모두 한아언어를 사용합니다. [중국에서] 누가 물었는데 한 마디도 말을 못하면 남들이 우리들을[27] 갖다가 어떻게 보겠소?

---

20 원문 '學他'의 '他'는 虛指이어서 구체적으로 의미하는 것이 없다. 우리말의 '따위'에 해당하는 뉘앙스를 가졌을 뿐이다.

21 원문 '主見'은 "[자신의] 주요한 생각"이란 뜻이다. {飜譯}<老乞大>에서는 "웃듬 보기"로 직역하였다.

22 원문에서 文末의 '咱'은 "의뢰, 부탁" 등의 語氣를 나타내는 語氣助辭다. 현대 漢語의 '吧'에 가깝다. 졸저(2010)에서는 "들어 보겠네"로 부탁의 의미를 살렸다.

23 원문 '一統天下'는 元이 1279년에 南宋을 멸망시키고 중국을 통일한 것을 말한다(梁伍鎭, 1999).

24 원문 '咱'은 일인칭 대명사로서 '俺'과 같이 '나, 우리'를 지칭한다.

25 원문 '高麗田地'는 '고려의 땅'이란 뜻이다. '~田地'는 지명에 붙여 써서 '땅'이란 의미를 갖는다. 현대 중국어는 '~地方', '~地面'이 있으나, 元代에는 '~田地', '~地面'이 사용되었다.

26 '義州'는 고려와 元과의 국경인 鴨綠江 연안에 있는 도시를 말한다. 한반도에서 중국으로 가는 관문이었는데 철도가 新義州를 통과하면서 지금은 작은 마을로 남아있다.

27 원문 "咱每"의 '每'는 복수를 나타내며 현대 한어의 '們'에 해당한다.

漢 그대가 이렇게 한인(漢人)의 글을 공부하게 된 것은 자기 스스로 한 것인가, 아니면 부모님이[28] 시켜서 공부한 것인가?

高 부모님께서 나에게 공부하라고 하신 것입니다.

漢 얼마간 공부를 했는가?

高 반년 넘게 공부했습니다.[29]

漢 잘 알 수 있던가? 없던가?

高 매일 한인 학생과 함께 공부해서 조금은 알 것 같습니다. 졸저(2010: 30~1)에서 인용.

이 <원본노걸대> 제4화를 보면 부모의 시켜서 한어(漢語)을 공부했으며 아마도 반년 넘게 중국에 유학(留學)한 것으로 보인다. 파라서 이러한 언어 교육의 학교가 원대(元代)에 많이 설치되었던 것으로 보이며 고려 말기에는 고려 역관(譯官)들이 원(元)에 유학하여 한아언어와 몽골어를 배운 일이 많았던 것으로 보인다.

2.1.2.2. 『태종실록』(권24) 태종 12년(1412) 10월조에 기사에 의사(醫師), 악인(樂人), 역관(譯官)을 중국에 파견하여 학습시키고자 하는 진언(進言)이 있었고 그에 대하여 태종은 "지금의 황제(明의 永樂帝)는 의심이 많아서 본조(本朝, 조선을 말함)의 사람이 오면 반드시 내수(內竪－환관을 말함)를 시켜서 암찰(暗察)할 것이니 원과 조선(고려임)이 혼일(混一)하던 시대와는 다르다. 운운"이라 하면서 듣지 않았다는 기사가 있다.[30]

이 기사를 보면 원대(元代)의 고려말기에는 역관을 유학시키어 언어

28 원문 '爺娘'의 '爺'는 "아버지", '娘'은 "어머니"를 가리키므로 '爺娘'은 부모를 말한다.

29 원문 '也'는 文末에서 상태의 변화를 나타내는 語氣助辭. 文言의 句末에서 판단을 표시하는 '也'와는 다르다. 현대어의 '了' 또는 '啦'에 해당된다.

30 그 기사를 여기에 옮겨 보면 "○議政府請遣醫樂譯三學如京師習業, 不允。 上曰: 今帝多疑慮, 本朝人至, 必令內竪暗察, 不可與元朝混一時比也。"(<태종실록>(권24) 태종 12년 10월조)와 같다.

를 배우게 하였음을 알 수 있다. 즉, 상기 <태종실록>의 기사 "不可與元朝混一時比也"와 같이 조선과 원(元)이 혼일(混一)하던 때와는 다르다고 보아 원대(元代)에는 조선, 실은 고려와 상당히 밀접하게 교류하였음을 알 수 있다. 그리하여 적지 않은 인원이 중국으로 유학을 갔던 것으로 보인다.

『세종실록』(권61) 세종 15년(1433) 9월조에 고려 공민왕(恭愍王) 21년(1372)에 고려가 유학생을 남경(南京)에 파견하려고 한 것에 대하여 명(明)의 태조(太祖)가 답을 하는 성지(聖旨)가 인용되었다. 이를 여기에 옮겨보면 다음과 같다.

> [前略] 仍奏請遣子弟入學曰: 小邦僻在海東, 人才鮮少, 文學一節, 傳訛承謬, 未能精通, 深爲未便。謹按史册, 新羅、高麗, 自東漢以來至于唐、宋, 請遣子弟入學(隸)[肄] 業。又於洪武五年間, 高麗亦嘗奏請, 欽奉太祖高皇帝聖旨: "高麗國王, 欲令子弟來國學讀書, 我曾聞唐太宗時, 高麗國亦嘗敎子弟來入學, 這是盛事。又想子弟遠來習學, 或住半年, 或住一年, 或住年半, 要回去, (交)[敎] 他回去。雖然聽從其便, 但爲本國遠處海東, 比至京師, 水路經涉海洋, 陸路不下一萬餘里, 隔離鄕土, 爲父母必懷其子, 爲人子必思其親, 此人之常情。恁中書省回文書去, (交)[敎] 高麗國王, 與他臣下, 每好生熟議。若是那爲父母的, 願令子弟入學, 爲子的聽受父母之命來學者, (交)[敎] 高麗國王差人好生送將來。" 欽此。乃因本國, 比至南京, 經涉海洋, 來往艱辛, 未曾發遣。臣今竊詳北京國子監, 或遼東鄕學, 道路頗近, 願遣子弟讀書, 未敢擅便, 謹具奏聞。-[전략] 이어서 자제들을 [중국에] 보내어 입학할 것을 주청(奏請)하는 글을 보냈는데 그 글에 이르기를, "우리나라가 바다 동쪽에 멀리 있어서 인재가 적으므로, 문학 범절이 틀리게 전해 오고, 잘못 이어받아 정통하지 못하여서 매우 불편하옵니다. 삼가 사책(史册)을 상고해 보니, 신라와 고려는 동한(東漢) 이래로 당(唐)·송(宋) 때에 이르기까지 자제들을 보내서 학교에 들어가 학업을 닦게 할 것을 청하였습니다. 또 홍무(洪武) 5년 무렵에는 고려가 역시 일찍이 주청하여서 태조 고황제(太祖 高皇帝, 명 태조를 말함-필자)의 승

낙을 받았습니다. 그 성지(聖旨)에 말하기를, '고려 국왕이 자제들을 시키어 국학(國學)에 와서 독서하겠다고 청하였다. 내가 전에 들으니 당 태종 때에도 고려국이 역시 자제들을 시켜 [唐에] 와서 입학하게 하였다 하니, 이것은 잘한 일이다.[31] 또 생각하니 자제들이 멀리 와서 학습하는데 혹 반년을 있든지, 혹 1년을 있든지, 혹은 1년 반을 있든지 하다가 돌아가려고 하면, 그들을 돌아가게 하였다. 비록 그 편할 대로 들어 줄 것이나 다만 본국이 멀리 바다 동쪽에 있어서 경사(京師－南京을 말함)에 이르게 되려면 수로(水路)로는 바다를 건너야 하고, 육로(陸路)로는 1만여 리에 못지 아니하여 고향과 멀리 떨어져 있게 되니 부모 된 자는 반드시 자식을 생각하고, 자식 된 자는 반드시 부모를 생각할 것이니, 그것은 인지상정이다. 이에 중서성(中書省)에서 회답하는 문서를 보내서 고려 국왕이 그의 신하들과 다 잘 숙의하여 과연 저 부모들이 자제를 입학시키기 원하고, 자식들도 부모의 명을 받아 와서 배우고자 한다면 고려 국왕으로 하여금 사람을 시켜서 잘 보내어 돌아오게 할 것이니 그리 알라.' 하셨다. 다만 우리나라에서 남경(南京)에 이르기에는 바다를 건너게 되어 내왕하기가 어려우므로 아직 내어 보내지 못하고 있습니다. 신이 이제 가만히 생각하오니 북경(北京)의 국자감(國子監)이나 요동(遼東)의 향학(鄕學)에는 길이 좀 가까우니 자제들을 보내어 공부시키기를 원하오나, 감히 마음대로 하지 못하는 것이오라 삼가 갖추어 상주하여 듣잡게 하옵니다."라고 하다.

이 기사를 보면 명(明) 태조는 고려의 자제가 부모를 떠나는 것이 좋지 않으므로 만일 부모된 자가 자제를 입학시키고자 원한다면 자식이 된 자는 부모의 명을 듣고 와서 공부할 수 있으니 고려 국왕이 그들을 보내도 좋다고 말하였음을 알 수 있다.

그러나 아직 그들을 보내지 못하고 있음을 아울러 상주한 것이다. 이것은 물론 명(明) 태조가 고려의 유학생을 받아들이지 않으려고 부모와 자식이 모두 동의해야 한다는 구실(口實)을 붙인 것이어서 조정에서

31 唐 太宗 때이면 신라시대임으로 여기서 고려국은 아마 이 땅을 가리킨 것으로 보인다.

그 뜻을 따라 유학을 보내지 않은 것이지만 이 기사는 제4화에서 <노걸대>의 주인공이 제부모의 명(命)으로 유학(留學)을 가기로 했다는 사실을 상기하게 된다.

그리고 이 기사로부터 고려 후기에는 원(元)의 대도(大都), 즉 북경(北京)이나 가까운 요동(遼東)으로 유학을 간 고려인 자제가 적지 않았음을 암시한다. 그리고 그들의 유학은 모두 부모의 바람에 따라 이루어진 것도 이 기사로 알 수 있고 반년에서 1년 반 정도 중국에 유학하였음을 알려주고 있으니 전술한 <원본노걸대>의 제4화가 사실에 의거하였음을 알 수 있다.

2.1.2.3. 원(元) 이전의 당송(唐宋) 때에는 전술한 아언(雅言)의 고문으로 된 유경(儒經)을 통하여 중국어를 배웠거나 한역(漢譯) 불경(佛經)의 한문으로 통어(通語)의 중국어를 배웠기 때문에 한문을 아는 식자층(識者層)들은 중국어를 따로 배울 필요가 없었다.

그리하여 전술한 바와 같이 신라나 고려전기의 많은 식자(識者)들이 중국을 마음 놓고 여행했고 중국에서 온 사신(使臣)들을 통역 없이 만나서 대화를 나누었다. 당(唐)이래로 중원(中原)에서 통어(通語)가 통용되었고 이 땅의 식자들은 한문을 통하여 이 말을 배웠기 때문이다. 그러나 원대(元代)에 한아언어가 공용어가 되자 이 말을 따로 배우지 않으면 안 되었다.

고려에서는 한문도감(漢文都監)을 두어 새로운 한이문(漢吏文)과 한아언어(漢兒言語)를 학습시켰고 공양왕(恭讓王) 때에는 이를 한어도감(漢語都監)으로 개칭하여[32] 한아언어 교육을 전담시켰으며 통문관의 후신인 사역원(司譯院)에서는 한어보다는 이문(吏文) 교육에 치중한 것으로 보인다.

---

32 『高麗史』(卷77) 「志」(卷第31) ‘百官’二 ‘諸司都監各色’조에 “漢文都監 恭讓王三年改漢語都監 爲漢文置 教授官”이란 기록 참조

즉, 『고려사(高麗史)』(권77) 「백관(百官)」2 '제사도감각색(諸司都監各色)' '십학(十學)'조에

> 恭讓王元年置十學, 敎授官分隷, 禮學于成均館、樂學于典儀寺、兵學于軍候所、律學于典法司。字學于典校寺、醫學于典醫寺、風水陰陽等學于書雲觀、吏學于司譯院。-공양왕 원년에 십학을 두고 교수관을 나누어 예학은 성균관에, 악학은 전의시에, 병학은 군후소에, 율학은 전법사에, 자학은 전교시에, 의학은 전의시에, 풍수음양학은 서운관에, 이학은 사역원에 소속시켰다. 졸저(2010: 301)에서 재인용.

이라 하여 공양왕(恭讓王) 원년(1389)에 예학(禮學), 악학(樂學), 병학(兵學), 율학(律學), 자학(字學), 의학(醫學), 풍수음양학(風水陰陽學), 이학(吏學)의 십학(十學)을 두고[33] 교수관(敎授官)을 각사(各司)에 분예(分隷), 즉 나누어 소속시켰는데 이학(吏學)은 사역원(司譯院)이 담당하였다고 하였다.

이학(吏學)을 이문(吏文)의 교육으로 본다면 이문이란 중국에 보내는 사대문서(事大文書)에 사용된 독특한 한문체로 원대의 공문서에 널리 사용된 것이다. 즉, 원대의 『대원통제(大元通制)』, 『지정조격(至正條格)』, 『원전장(元典章)』 등에 사용한 한어 문장은 전술한 바와 같이 고문(古文)이나 한문, 그리고 후대의 백화문(白話文)과 다른 문체다.

즉, 호언한어(胡言漢語)라고 불린 엉터리 구어(口語)의 한어에 근거하여 발생한 문어(文語)로서 원대(元代)에 몽고어의 영향으로 정착된 중국어이기 때문에 몽문직역체(蒙文直譯體)라고도 하며 주로 행정 문서에 사용되었기 때문에 한문이독체(漢文吏牘体)라고도 불리던 이문(吏文)을 말한다. 필자는 이들을 한이문(漢吏文)이라 불러서 조선이문(朝鮮吏文)과 구별

---

33 『高麗史』의 十學은 成均館 等 八司에 나누어져 있고 風水陰陽學을 둘로 나누어도 九學에 불과하다. 이에 대해서 「增補文獻備考」에서도 "臣謹按麗史十學, 敎授分隷于各司, 而所臚列者, 只是八司. 雖以風水陰陽, 分爲二學, 猶不滿十學之數, 可疑."라 하여 같은 의문을 가졌는데 譯學이 빠진 것이 아닌가 한다(졸저, 1990).

하였다.

3) 조선에서의 한어와 이문 교육

2.1.3.0. 고려에서는 국초(國初)부터 문서감(文書監)을 두고 사대교린(事大交隣)의 문서를 관장하도록 하였으며 후일 이것이 문서응봉사(文書應奉司)로 개칭되어 조선시대에 승문원(承文院)의 기원이 되었다.

또 별도로 충혜왕(忠惠王) 원년(1340)에 이학도감(吏學都監)을 두고 이문(吏文)을 교육하였으나,[34] 사역원(司譯院)에서도 이문에 대한 지식이 필요할 때가 있었으므로 이에 대한 교육이 여기서도 실시되었다. 고려에서는 사역원이 통문관의 전통을 이어받아 단순한 역관(譯官)의 양성이 아니라 금내학관(禁內學官)에게 한어를 교육하기 위하여 시작된 것이기 때문이다.

그러므로 한문(古文)과 이문(實用文), 그리고 한어(會話)까지 할 수 있는 외교관의 양성이 그 목적이었던 것으로 보인다. 반면에 단순한 통역을 담당하는 미천한 계급의 설인(舌人), 또는 역설(譯舌)은 한어도감(漢語都監)에서 배출되었을 것이다. 이와 같은 사역원의 전통은 조선의 건국 초에 그대로 계승되었다.

2.1.3.1. 조선 태조(太祖) 2년(1393) 9월에 사역원을 설치하고 화언(華言－중국어)을 이습(肄習)하게 하였는데[35] 이때에도 역어(譯語)와 이문(吏文)

---

34 『增補文獻備考』(卷221) 「職官考」 ‘承文院’ 조에 “高麗置文書監進色, 掌事大交隣文書. 有別監, 後改稱文書應奉司. 有使副使判官, 皆以他官兼. 本朝國初仍麗制, 太宗九年改置知事僉知事、檢討官、校理、修撰官、書記, 而各有權知. 十年改置承文院, 置判事、知事、僉知事各一員, 校理、副校理、正字、副正字, 各二員. 十五年增置博士、著作各二員. [下略](30a 8~35a 10行)”라고 한 기사로 承文院의 전신이 고려의 文書監進色이었고 이것이 후일 文書應奉司였음을 알 수 있다. 또 『高麗史』에 의하면 忠惠王 元年(1340)에 吏學都監을 두고 忠穆王 4年(1348)에 永山君 張沆, 僉議參理 金允臧 等 判事 7人과 副使 3人, 判官 3人, 綠事 4人을 두어 吏學을 진흥시켰음을 알 수 있다. 『高麗史』(卷37) 「世家」(卷第37) ‘忠穆王 四年’ 조와 『高麗史』(卷77) 「志」(第31) ‘百官’(二) ‘諸司都監各色’ 조 참조.

을 동시에 교육한 것으로 보인다. 『태조실록(太祖實錄)』(卷6) 태조 3년 11월 을묘(乙卯)조의 기사에 다음과 같은 기사가 있다.

> 司譯院提調偰長壽等上書言: 臣等竊聞, 治國以人才爲本, 而人才以教養爲先. 故學校之設乃爲政之要也. 我國家世事中國, 言語文字不可不習. 是以肇國之初, 特設本院, 置祿官及教官教授生徒, 倚習中國言語音訓文字體式. 上以盡事大之誠, 下以期易俗之效. [下略]－사역원 제조 설장수 등이 임금에게 상서(上書)하여 말하기를 "신들이 듣기에 나라를 다스림에 있어서는 인재가 근본이 된다고 하였으며 인재는 교양이 먼저입니다. 그러므로 학교를 설치하는 것은 정사에서 중요한 일입니다. 우리나라가 대대로 중국을 섬겨서 [중국의] 언어와 문자를 학습하지 않을 수 없습니다. 이로써 처음 나라를 세울 때에 특히 본원을 설치하여 녹관(祿官)과 교관, 교수, 생도를 두어 중국의 언어와 음훈, 문자, 체식을 배우게 하였습니다. 위로는 사대의 성의를 다하고 아래로는 쉽게 효과를 보기 위함이었습니다." 고 하다. [하략]

이 기사에 의하면 조선의 사역원(司譯院)에서 중국의 언어, 음훈(音訓), 문자, 체식(體式)을 비습(俾習)시켰음을 알 수 있다. 이 기사의 체식(體式)은 이문(吏文)의 독특한 문체를 말하는 것으로 보인다(졸저, 2010: 392).

사역원이 설치된 조선 태조 2년 10월에 '병학(兵學), 율학(律學), 자학(字學), 역학(譯學), 의학(醫學), 산학(算學)'의 육학(六學)을 두어[36] 양가자제(良家子弟)로 하여금 이들을 학습하게 하였으며, 이 중 역학(譯學)의 교육은 이보다 1개월 전에 설치된 사역원(司譯院)에서 담당하였을 것으로 보인다.

태종 6년(1406)에는 상술한 육학(六學) 이외에 하륜(河崙)의 계(啓)에 의하여 '유학(儒學), 이학(吏學), 음양풍수(陰陽風水), 악학(樂學)'의 사학(四學)을

---

35 『太祖實錄』(卷4) '太祖 2年 9月辛酉'條에 "置司譯院 俾習華言"이란 기사 참조.

36 『太祖實錄』(卷2) 太祖 2年 10月 己亥조에 "設六學, 令良家子弟俾習, 一兵學、二律學、三字學、四譯學、五醫學、六算學"이란 기사 참조.

추가하여 십학(十學)을 설치하였다. 이것은 고려 공양왕 때의 십학(十學, 실은 8학)에 역학(譯學)과 산학(算學)이 추가된 것이며 태조조의 육학(六學)에 비하면 병학(兵學)이 무학(武學)으로 명칭만 바뀌었을 뿐이다.[37]

2.1.3.2. 태종조의 십학(十學)에 추가된 이학(吏學)도 초기에는 사역원에서 교육되었을 것이나 태종 10년(1410)에 승문원(承文院)이 설치되자 이학은 승문원으로 이양되어 교육된 것으로 보인다.

즉, 『반계수록(磻溪隨錄)』(권15) 「직관지제(職官之制)」 上 '승문원(承文院)' 조에 다음과 같은 기사가 있다.

> 掌事大交隣文書及通習漢語吏文, [中略] 文官五品以下, 每冬會本院, 講漢語{二書}或吏文. 皆定所業 吏文則無過二十人, 漢語勿限數. 五分以上賞加一階, 不通者降一階, 其無故不參者罷職. [下略] - [승문원은] 사대교린의 문서를 관장하고 한어와 이문을 학습한다. [중략] 문관 5품 이하는 매 겨울 본원에서 모여 한어{2서 - <노걸대>, <박통사>를 말함 - 필자 주} 혹은 이문을 강한다. 모두 소업을 정하여 이문은 20인이 넘지 않게 하고 한어는 제한된 숫자가 없다. 5분 이상의 점수를 받은 자는 품계를 하나 올리고 불통(不通)자는 품계를 하나 내린다. 연고 없이 불참한 자는 파직한다. [하략]

이 기사에 의하면 승문원에서 한어(漢語)와 이문(吏文)을 오품(五品) 이하의 문관에게 교육하였음을 알 수 있다.[38]

---

37 『太宗實錄』(卷12) 太宗 6年 11月 '辛未'조에 "置十學, 從左政承河崙之啓也。一日儒、二日武、三日吏、四日譯、五日陰陽風水、六日醫、七日字、八日律、九日算、十日樂。各置提調官, 其儒學只試具任 三館, 七品以下餘九學, 勿論時散。自四品以下, 四仲月考試, 第其考下以憑黜陟。"라는 기사가 있어 太宗조의 十學이 '儒, 武, 吏, 驛, 陰陽風水, 醫, 字, 律, 算, 樂學'을 말하며 儒學은 三館의 7品 이하에게, 그리고 나머지 九學은 4品 이하에게 考試하여 黜陟의 근거로 삼았음을 알 수 있다.

38 『經國大典』(卷1) 「吏典」 '正三品衙門' '承文院'조에 "承文院, 掌事大交隣文書, 並用文官. [中略] 吏文習讀官, 二十員 [下略]"이라는 기사와 同(권3) 「禮典」 '奬勸'조에

다음에는 한어(漢語) 교육과 그 교재로서 <노걸대>에 대하여 논의하고자 한다. 사역원의 한어 학습에서 <노걸대>는 가장 기본적인 회화 교재였기 때문이다. 그리고 이 <노걸대>는 한아언어를 교육하는 원본으로부터 남경관화(南京官話)를 학습하는 {산개}<노걸대>, 그리고 북경만다린을 배우는 <노걸대신석(老乞大新釋)>, 그리고 마지막으로 북경관화(北京官話)의 <중간노걸대(重刊老乞大)>가 있다.

또 이들은 <노걸대>의 원본만 아니고 산개본, 신석본, 증간본이 모두 우리말로 언해되고 한자를 정음(正音)으로 표음한 {번역}<노걸대>, <노걸대언해(老乞大諺解)>, <신석노걸대언해(新釋老乞大諺解)>, 그리고 <중간노걸대언해(重刊老乞大諺解)>가 조선 사역원에서 출판되었다. 따라서 <노걸대>를 통하여 비록 원대(元代) 이후부터이지만 중국에서 공용어의 변천을 살필 수가 있게 된다.

2. 〈노걸대〉의 편찬

2.2.0. 앞에서 논의한 바와 같이 고려 후기와 조선에서의 한어(漢語) 교육은 여러 기관에서 실시되었다. 그러나 본격적인 한어 교육은 사역원(司譯院)의 사학(四學)이 완비되고 한어의 한학(漢學)이 본격적으로 교육을 실시할 때부터 시작되었다고 본다. 사역원에서 자체적으로 편찬된 한어 교재로는 <노걸대(老乞大)>와 <박통사(朴通事)>를 들 수 있다.

"承文院官員, 每旬提調講所讀書, 詩、書、四書、魯齋大學、直解小學、成齋孝經、少微通鑑、前後漢書、吏學指南、忠義直言、童子習、大元通制、至正條格、御制大誥、朴通事、老乞大、吏文謄錄"이라 하여 經史類(詩, 書, 四書, 魯齋大學, 直解小學, 成齋孝經, 少微通鑑, 前後漢書)와 譯語類(朴通事, 老乞大) 이외에 '吏學指南, 忠義直言, 童子習, 大元通制, 至正條格, 御制大誥, 吏文謄錄' 등의 吏學類가 登載되었다. 또 同(권3) '勸奬' '寫字'조에 "漢語吏文、寫字特異者, 雖犯罪作散, 除重犯私罪外仍仕。－한어 이문과 사자(寫字)에 뛰어난 자는 비록 범죄를 저질러 관직에서 물러나게 되었더라도 중범이나 사죄를 제외하고는 그대로 계속 근무하게 하다"라는 기사가 있어 承文院에서 吏文의 교육에 얼마나 힘썼는가를 알 수 있다.

사역원 사학(四學)의 한학(漢學)에서 한어 교육과 다른 언어의 교육, 예를 들면 몽고어의 몽학(蒙學)이나 일본어의 왜학(倭學), 그리고 여진어의 여진학(女眞學)은 모두 해당 언어의 나라에서 사용되는 훈몽(訓蒙) 교재를 수입하여 교재로 사용하였다(졸저, 1988; 2017: 100~110). 한어 교육의 한학(漢學)에서도 초기에는 중국의 훈몽(訓蒙) 교재를 사용하였다.

예를 들면 <세종실록>(권47)에 소개된 역학(譯學) 한훈(漢訓)의 출제서로 "書, 詩, 四書, 直解大學, 直解小學, 孝經, 小微通鑑, 前後漢, 古今通略, 忠義直言, 童子習, 老乞大, 朴通事"를 들었다. 즉, 유교 경서와 사서(史書), 그리고 한이문(漢吏文)의 초급 교재들의 서명이 있으며 이들은 모두 중국의 훈몽서(訓蒙書)이었고 그와 더불어 <노걸대>, <박통사>가 보인다.

실제 한어(漢語) 회화의 교습을 위해서 고려 말기에 편찬한 것으로 알려진 <노걸대>와 <박통사>는[39] 조선왕조 초기에 애용되었다. 즉『세종실록』 세종 16년 6월조 에 "頒鑄字所, 印老乞大、朴通事于承文院、司譯院。此二書, 譯中國語之書也。－주자소에서 <노걸대>와 <박통사>를 인쇄하여 승문원과 사역원에 나누어주다. 이 두 책은 중국어를 통역하는 책이다"라 하여 <노걸대>, <박통사>를 주자소(鑄字所)에서 인쇄하여 승문원(承文院)과 사역원에 나누어 주었다는 기사가 보인다.[40]

국초부터 <노걸대>와 <박통사>는 <직해소학>과 더불어 한어의 회

---

39 이 두 책은 <노박>으로 불리며 한어 학습의 자매편이다. 편찬 시기는 兩書의 내용이나 기타 여러 사료의 기록으로 보아 閔泳珪(1964) 등에서는 高麗 末에 만든 것으로 보았다. 졸저(2004, 2010)에 의하면 元代 至正 丙戌(1346)에 元과 무역하기 위하여 수도인 大都를 여행한 고려 역관들의 저술이라고 보았다.

40 『세조실록』(권11) 세조 4년 정월 19일 戊寅조에 "戊寅, 禮曹啓: 講習漢訓事大先務, 但書册稀少, 學者未易得觀。講始將朴通事、老乞大各一件, 分送黃海、江原兩道, 刊板送于校書館, 印行廣布。從之。－무인에 예조에서 계하기를 '한훈(漢訓)을 강습하는 것은 사대 업무에 먼저 해야 할 일이나 다만 책이 희소하여 배우려는 사람들이 쉽게 얻어 볼 수가 없습니다. 앞으로 <박통사>와 <노거대>의 각 한 벌을 황해도와 강원도에 보내어 판각(板刻)하게 하고 이를 교서관에서 인행(印行)하여 널리 공포하게 하겠습니다.' 그렇게 따르라"라는 기사가 있어서 황해도와 강원도 등에 <노박>을 보내어 이를 복각하여 간판하게 하고 이를 교서관에서 인쇄하여 간행하여 배포하였음을 알 수 있다.

화 교재로서 특별한 대우를 받았다. 중종 때에 최세진(崔世珍)이 <노걸대>와 <박통사>를 훈민정음으로 번역하고 또 언해하였으며[41] 갑오경장(甲午更張)으로 조선의 모든 제도가 혁파될 때까지 중국어의 회화 교재로 남아있었다. 물론 중국에서 공용어의 변천에 따라 개정(改訂)에 개정을 거듭한다.

조선시대에 사역원(司譯院) 역관(譯官)의 소임이 사행(使行)을 수행하거나 사신(使臣)을 영접(迎接)하는 것 이외에도 실제로 사행(使行)이 있을 때마다 있었던 공사(公私) 무역의 거래를 알선하는 일까지 맡게 됨에 따라 장사할 때에 대화를 소재로 한 한어(漢語)가 필요하게 되었다.

따라서 이와 같은 상고(商賈)의 말을 다룬 <노걸대>와 <박통사>의 가치는 점점 높아지게 되었다. 그로 인하여 <왜어(倭語)노걸대>도 있었던 듯하며 병자호란 이후에는 <몽어(蒙語)노걸대>와 <청어(淸語)노걸대>도 사역원에서 출판하였다. 한어(漢語) <노걸대>를 몽고어와 만주어로 바꾸어 그 언어의 회화 교습서로 한 것이다.

1) 〈노걸대〉와 〈박통사〉의 편찬과 수정

2.2.1.0. 흔히 <노박>이라고 불리는 한어 교재 <노걸대>와 <박통사>는 한어 학습에서 초급과 중급의 교재로 서로 자매편이다. 이 두 책은 고려 때에 통문관(通文館), 또는 사역원에서 역관들의 한어(漢語) 교육을 위하여 편찬한 회화 교재다.

<노걸대>는 중국 공용어의 변천에 따라 여러 번 수정 증보(增補)되어

41 최세진이 <老乞大>・<朴通事>를 번역할 당시에는 飜譯과 諺解가 구별되어 사용된 것으로 보이다. 崔世珍은 <노박>을 번역하였는데 이 때의 번역은 이 두 책의 내용을 諺解한 것만이 아니고 그 한어 발음을 훈민정음, 정확하게는 正音으로 轉寫한 것을 말하며 이 때의 <노박> 한어의 發音轉寫의 원칙을 '飜譯老乞大朴通事凡例'라는 제목으로 『四聲通解』의 末尾에 붙였다. 이 <번역범례>는 발음 전사에 있어서 韻書音과 實際音과의 차이에 대하여 많이 언급하였다. 졸고(1971, 1974) 참조

조선왕조의 후기까지 사용되었다. 즉, 원대(元代) 제국(帝國)의 통용어인 한아언어를 그대로 반영한 원본(原本)이 있었고 이를 조선 성종 11년~14년(1480~83) 때에 명(明)의 사신(使臣)을 수행한 갈귀(葛貴)와 방귀화(方貴和)가 남경관화(南京官話)로 바꾼 산개본(刪改本)이 있었다(졸저, 2002: 242~243).[42]

또 만주족이 세운 청(淸)이 역시 수도를 북경(北京)으로 정하였기 때문에 청대(淸代)에는 북경(北京) 만다린이 공식 통용어로 인정되었다. 따라서 종래의 <노걸대>를 북경 만다린의 발음과 어구, 표현으로 조선 역관 김창조(金昌祚), 변헌(邊憲) 등이 수정한 <노걸대신석(新釋)>은 조선 영조 37년(1761)에 홍계희(洪啓禧)의 서문을 붙여 교서관(校書館)에서 간행되었다.

그런데 청대(淸代)에 좀 더 격식을 차린 북경관화(北京官話)가 청(淸)의 공용어로 정착되자 <신석본>이 지나치게 비속한 표현이 많다고 하여 다시 이를 조선 역관 이수(李洙) 등이 청대의 북경관화(官話)로 수정한 <중간본>이 네 번째로 정조 19년(1795)에 간행된다(졸저, 2002: 169~173).

즉, 『중간노걸대』와 이를 언해한 『중간노걸대언해』가 <노걸대>의 마지막 수정본이며 현전하는 대부분의 <노걸대>가 이 중간본이다. 이와 같이 네 차례에 걸친 <노걸대>의 개정본(改訂本)을 알기 쉽게 표로 보이면 다음과 같다.[43]

---

42 {원본}과 {산개본} <노걸대>에 나타난 원문 漢語의 차이에 대하여는 졸고(1999, 2000) 및 졸저(2000, 2004)에서 상세히 다루었다. <원본노걸대>는 元代 北京의 한아언어를 학습하는 교재였다. 다만 {산개본}도 明代 北京의 官話를 반영한 자료로 보았으나 실제로는 明初에 수도였던 金陵의 말을 기초로 한 南京의 官話이었다. 明 太祖가 首都를 金陵으로 정했지만 明의 3대 成祖인 永樂帝가 다시 北京으로 遷都하였기 때문에 朝鮮의 成宗朝에 明人들의 수정이 北京語를 반영한다고 보았다. 明 太祖의 胡元漢語에 대한 敵愾心이 대단하여 『洪武正韻』을 간행하는 등 적극적인 言語醇化가 이루어졌다. 明初에 이미 南京官話가 정착되어 北京으로 遷都한 이후에도 지배층의 공용어로 사용되었다. 따라서 <노박>의 刪改도 이 官話로 수정된 것으로 보아야 할 것이다(정광 · 양오진, 2011: 435~438). 南京官話에 대하여는 古屋昭弘(2006)에서 정리된 바가 있으며 일찍이 이를 지적을 해 준 北京外大의 張西平 교수에게 감사한다.

[표 2-1] 〈노걸대〉 〈박통사〉의 변천

書名	編纂, 刊行年代	編纂 및 改編者	反影漢語	所藏處
{原本}<노걸대>	麗末~鮮初	高麗 司譯院譯官	元代 北京의 漢語	대구의 개인소장
{刪改}<노걸대>	朝鮮成宗11~4년	明人 葛貴, 方貴和	明代 南京官話	山氣문고, 奎章閣에 소장됨
<노걸대新釋>	朝鮮 英祖 37년 경	朝鮮譯官 邊憲 등	淸代 北京 만다린	奎章閣, 연세대 등 소장
<重刊노걸대>	朝鮮 正祖 19년 경	朝鮮譯官 李洙 등	淸代 北京官話.	규장각 등에 소장

졸저(2017: 97)에서 인용.

초기의 한어(漢語) 교재는 경사류(經史類)와 훈몽류(訓蒙類)에 치중하여 사서(四書)와 삼경(三經), 그리고 역사의 사서(史書)가 많았으며 중심 회화 교재인 <노걸대>와 <박통사>가 지나치게 상고(商賈)의 말에 치우침을 경계하였다.[44] <노걸대>와 <박통사>(이하 <노박>으로 약칭)의 이와 같은

---

43 원래 書名과 달리 편의상 부르는 명칭은 { }에 넣는 것이 요즘의 관례이다. 예를 들면 崔世珍의 번역으로 알려진 <노박>은 원래 서명이 '老乞大', '朴通事'이지만 이를 {번역}<노박>으로, 葛貴 등의 刪改를 {刪改}<노박> 등으로 하는 것과 같다. 이를 약칭할 때에는 { }에 넣어 {번역본}, {산개본}으로 표시한다.

44 <세종실록>(권93) 세종 23년 8월 11일 을해(乙亥)조의 세 번째 기사에 "上護軍閔光美等六十人上言曰: 臣等竊見我國, 自三韓至于高麗, 世世事大。高麗設漢語都監及司譯尙書房, 專習華語, 其時漢人來寓本國者甚多。至國初, 置司譯院, 如龐和、荊華、洪揖、唐城、曹正等相繼訓誨。由是親炙習業, 人才輩出。然學徒所讀, 不過老乞大、朴通事、前後漢等書而已。且其書所載, 率皆俚近俗語, 學者患之。－상호군(上護軍) 민광미(閔光美) 등 60인이 상언(上言)하기를 '신등이 살펴보옵건대, 우리나라는 삼한(三韓)으로부터 고려에 이르기까지 대대로 대국(大國)을 섬겼으므로, 고려에서는 한어 도감(漢語都監)과 사역상서방(司譯尙書房)을 설치하고 오로지 중국어를 익히게 하였으며 그때에는 한인(漢人)이 우리나라에 와서 사는 자가 매우 많았습니다. 국초(國初)에 이르러서는 사역원을 설치하고 방화(龐和)·형화(荊華)·홍즙(洪楫)·당성(唐城)·조정(曹正) 등이 서로 계승하여 가르쳤으므로, 이로 인하여 친히 배우고 익히게 되어 인재가 배출되었습니다. 그러나 학도가 읽은 바는 불과 <노걸대>·<박통사>·<전·후한서(前後漢書)> 뿐이고, 또 그 서적에 기재된 것이 대개가 다 상스럽고 비속한 말이어서, 배우는 자들이 이를 걱정하였습니다."란 기사를 참조.

결점을 보완해주는 의미에서 『직해소학(直解小學)』이 애용되었다.

<직해소학>은 중국의 훈몽서(訓蒙書)인 <소학(小學)>을 여말선초(麗末鮮初)의 명신(名臣)으로 원(元)에서 고려로 귀화(歸化)한 위구르인 설장수(偰長壽)가 당시 한어(漢語)로 해석한 것이다.[45] 따라서 <노박>과 더불어 <직해소학>도 사역원에서 한어 교육을 위하여 편찬한 것으로 볼 수 있다. 다만 이 책이 현전하기 않아서 어떤 한어 교재인지는 정확하게 알 수 없다.

설장수(偰長壽)는 조선 건국 초기에 고려의 사역원을 조선에서도 복치(復置)할 때에 제조(提調)로 있으면서 이를 도맡아 수행한 인물이다. 그래서 그가 한어로 중국의 훈몽서인 <소학>을 직해(直解)한 것은 이를 한어(漢語) 교재로 하기 위한 것으로 보이기 때문이다. 그렇다면 고려 때에 역관들이 공동으로 저술한 <노박>과 더불어 <직해소학>도 사역원에서 제작한 것으로 볼 수 있다.

2.2.1.1. <노걸대>의 '걸대(乞大)'는 'Kitai 또는 Kitat'을 한자로 표음한 것으로서(渡部薰太郎: 1935)는 '乞塔, 起炭, 吉代' 등으로도 표기되며 모두 중국을 가리키는 '契丹(Kita)'의 표기라고 한다(羅錦堂, 1978). 丁邦新(1978)에서는 이에 따라 <노걸대>가 '老契丹'이란 의미라고 보았다.

그리고 '契丹'은 중국의 북방민족이 중화(中華)를 가리키는 말이고 '老'는 존칭을 나타냄으로 <노걸대>는 '老中國'을 가리킨다고 하였다. 羅錦堂(1978)에 의하면 인도에서 고대중국을 震旦(Chinitan)이라고 부른 것이 지금까지 'China'로 전해 내려오는 것처럼 거란(契丹)은 전체 중국이 아니라 요국(遼國)을 지시했던 것이 습관적으로 북방민족에게 원(元), 즉 중국을 의미하게 되었다는 것이다.

그리하여 <노걸대>는 '노중국(老中國)', 또는 '중국통(中國通, 중국어의 通

45 偰長壽에 대하여는 졸고(2015b)를 참고할 것.

事)'이라는 뜻을 갖는다고 보았다. 渡部薰太郎(1935)에서는 <노걸대>를 'Great China'로 번역하였고, Song (1978)에서는 'Mr. Chinese'로 이해하였다. 필자는 졸고인 Chung(2003)로 미국 일리노이대학 동아시아 태평양 연구 센터의 봄 세미나에서 발표할 때에 '노걸대'를 'Mr. Cathay'로 소개하였다.

<노걸대>는 중국으로 물건을 팔러 가는 고려 상인(商人)이 도중에 중국 상인을 만나서 동행하면서 여행에서 주고받는 이야기 즉, 여정(旅程), 매매(賣買), 계약, 의약, 숙박, 식음, 연회 등에 관한 대화를 내용으로 한다. 따라서 당시 중국의 여러 정황(情况)을 잘 이해할 수 있는 자료이기도 하다.

<노걸대>는 자매서인 <박통사>와 같이 중국어 회화 학습서다. '<박통사>'는 '박씨(朴氏)'의 성(姓)을 가진 고려 통사(通事)란 의미로 쓰였던 것 같다.[46] <박통사>는 중국의 세시(歲時), 오락, 기사(騎射), 혼상(婚喪), 종교 등에 관한 회화를 중심으로 하였다. <노걸대>가 상고(商賈)의 실용 회화를 대상으로 하였다면 <박통사>는 당시 중국의 사회상을 주제로 하여 북경(北京)의 생활에서 이루어지는 비교적 고급 회화를 배우는 교재였다고 본다(졸저, 2017: 271).

2.2.1.2. 조선시대에 <노걸대>와 <박통사>란 서명이 문헌에 처음 나타난 것은 세종 5년(1423)의 일이다. 즉, <세종실록>(권20) 세종 5년 6월 임신(壬申)조에 "禮曹據司譯院牒啓: 老乞大、朴通事、前後漢、直解孝經等書, 緣無板本, 讀者傳寫誦習, 請令鑄字所印出。從之。- 예조에서 사역원의 첩문에 의거하여 계하기를 '<노걸대>·<박통사>·<전후한>·<직해효경> 등의 책이 판본(板本)이 없어서 읽는 사람들이 베껴 써서 암

46 '朴'이란 姓氏는 중국에서는 없는 것으로 알려졌다. 다만 滿洲의 吉林省 일대에 살고 있는 '朴氏'의 성을 사용하는 사람들은 고려조나 그 후대의 귀화인으로 보아야 할 것이다.

송하여 배웁니다. 주자소에 명령하여 인출할 것을 청합니다.'라고 하다. 그대로 따르다."라는 기사가 있다.

이에 따라 실제로 주자소(鑄字所)에서 <노걸대>·<박통사>를 인간한 것은 세종 16년(1434)의 일로서 전게한 <세종실록>(권64) 세종 16년 6월 병인(丙寅)조의 기사 "頒鑄字所印老乞大、朴通事于承文院司譯院, 此二書譯中國語之書也。-주자소에서 <노걸대>, <박통사>를 인쇄하여 승문원과 사역원에 나누어주다. 이 두 책은 중국어를 번역하는 책이다"로 이를 알 수 있다.

그리고 <세종실록>(권33) 세종 8년(1426) 8월 정축(丁丑)조에도 사역원의 첩문(牒文)에 의거한 예조(禮曹)의 계문(啓文)이 있어 역학(譯學) 취재(取才)에 <노걸대>와 <박통사> 등의 역학서를 출제서로 한다고 하였다. 또 전게한 <세종실록>(권47) 세종 12년(1430) 3월 무오(戊午)조의 기사에는 제학(諸學) 취재(取才)에 관한 상정소(詳定所)의 계문(啓文)이 전재되었다.

이에 의하면 제학(諸學) 가운데 역학(譯學) 한훈(漢訓), 즉 한어(漢語)의 취재(取才) 출제서로 <노걸대>와 <박통사>가 기재되었다.[47] 세조 때에도 <노걸대>, <박통사>는 인간(印刊)되었다는 기사가 있다. <세조실록>(권11) 세조 4년(1458) 1월 무인(戊寅)조에 다음과 같은 기사가 있어 교서관(校書館)에서도 <노박>이 인행(印行)할 계획이 있었음을 알 수 있다.

> 戊寅禮曹啓: 講習漢訓事大先務, 但書冊稀, 小學者未易得觀, 請姑將朴通事、老乞大各一件, 分送黃海、江原兩道, 刊板送于校書館印行廣布。從之。-무인 일에 예조에서 계하기를 '중국어를 강습하는 것은 사대에 있

47 世宗대에는 諸學(儒學, 武學, 漢吏學, 字學, 譯學, 陰陽學, 醫學, 樂學, 算學, 律學의 十學을 말함)이 있었고 이 중에서 譯學은 외국어 학습을 말하는 것으로 이것은 다시 漢訓(중국어 학습), 蒙訓(몽고어 학습), 倭訓(일본어 학습)으로 세분되었다. 조선조에서 제학에서 학문과 기술을 익힌 사람을 발탁하여 관직에 임명할 때에는 取才를 보았으며 과거(文·武 양과와 雜科)는 학문과 기술을 권장하기 위한 방편이었다. 실제로 祿職의 기술관은 취재의 방법으로 채용하였다. 졸저(1990) 참조.

어서 먼저 해야 할 일인데 다만 서책이 귀하여 어린 학생들이 쉽게 얻어 볼 수가 없습니다. <박통사>와 <노걸대> 각 1건을 황해도와 강원도에 나누어 보내어 목판을 새기게 하여 [그것을] 교서관에 보내도록 하고 교서관에서 이를 인쇄 간행하여 널리 배부하도록 하겠습니다.'라고 하다. 그대로 따르다.

성종 때에는 이의 번각본(飜刻本)이 간행된 것으로 보인다. 즉, <성종실록>(권73) 성종 7년(1476) 11월 임술(壬戌)조의 기사에 "壬戌御經筵, 講訖領事尹弼商啓曰: [中略] 又啓曰: 司譯院所藏老乞大、朴通事、直解小學等書, 前印者少, 故本院生徒患不得之。－임술 일에 경연이 있었다. 강이 끝나고 영사(領事) 윤필상이 계하여 말하기를 [중략], 또 계하여 말하기를 '사역원에 소장된 <노걸대>·<박통사>·<직해소학> 등의 책이 전에 인쇄한 것이 적기 때문에 사역원 생도들이 얻지 못하여 걱정합니다.'라고 하였다"는 기사가 있어 <노걸대>, <박통사>, <직해소학> 등의 역학서는 판목을 사역원에 두고 여러 차례 쇄출(刷出)하였음을 알 수 있다.

이때까지의 <노걸대>는 원대(元代) 한아언어를 배우는 <원본노걸대>이었을 것이다. 왜냐하면 한아언어의 <노걸대> 원본을 조선 성종 때에 명(明) 제국(帝國)의 공용어인 남경관화(南京官話)로 산개(刪改)하였기 때문이다. 따라서 성종 이전의 <노걸대>는 모두 한아언어를 학습하는 원본이었을 것이다.

2.2.1.3. 조선 성종 때에 <노걸대>, <박통사>의 중국어에 대한 대대적인 교정이 있었던 것으로 보인다. 즉, <성종실록>(권122) 성종 11년(1480) 10월 을축(乙丑)조에 다음과 같은 기사가 있다.

御書講, 侍讀官李昌臣啓曰: 前者承命質正漢語於頭目戴敬, 敬見老乞大、朴通事曰: '此乃元朝時語也。與今華語頓異, 多有未解處.' 卽以時語

改數節, 皆可解讀, 請令能漢語者盡改之。曩者領中樞李邊與高靈府院君申叔舟以華語作爲一書, 名曰訓世評話, 其元本在承文院。上曰: 其速刊行, 且選其能漢語者刪改老乞大、朴通事。-낮에 임금과의 강이 있을 때에 시독관 이창신이 계하여 말하기를 "전에 명(命)에 따라 한인(漢人) 두목 대경(戴敬)으로 하여금 한어를 질정하였습니다. 대경이 <노걸대>·<박통사>를 보고 '이것은 원나라 시대의 말이라 지금의 중국어와 매우 다릅니다.'라고 말하였습니다. 모르는 곳이 많아서 오늘 날의 말로 몇 구절을 고쳐야 겨우 모두 해독할 수 있었습니다. 그리하여 한어에 능한 사람으로 하여금 모두 고치도록 청합니다." 라고 하였다. 영중추 이변과 고령부원군 신숙주가 중국어로서 한 책을 지으니 이름을 '훈세평화'라고 하였다. 그 원본은 승문원에 있었는데 임금이 속히 간행하라고 말씀하셨다. 또 한어 능한 사람을 뽑아서 <노걸대>·<박통사>를 개정하였다.

이 기사에 의하면 원본(原本)의 <노걸대>와 <박통사>가 원대(元代)의 중국어, 즉 한아언어(漢兒言語)로서 당시 명(明)의 공용어인 남경관화(南京官話)와 매우 달랐으며 그로 인하여 한어(漢語)에 능한 사람을 뽑아 고치려고 계획하였음을 알 수 있다. 이렇게 고치려고 했던 <노걸대>, <박통사>라는 것이 이 교재의 원본(原本)을 말할 것이다.

실제로 영접도감(迎接都監)의 낭청(郎廳)인 중국인 방귀화(房貴和)가 두목(頭目) 갈귀(葛貴)의 도움을 얻어 <노걸대>, <박통사>의 중국어를 교정하였다는 기사가 있어 위의 계획이 실제로 실현되었음을 알 수 있다. 즉, <성종실록>(권158) 성종 14년(1483) 9월 경술(庚戌)조에 다음과 같은 기사가 있어 이를 알려준다.

先是命迎接都監郎廳房貴和, 從頭目葛貴, 校正老乞大、朴通事, 至是又欲質直解小學, 貴曰: '頭目金廣妬我 疑副使聽讒, 故我欲先還, 恐難讐校, 若使人謝改正朴通事、老乞大之意, 以回副使之心, 則我亦保全矣'。-이보다 앞서 영접도감의 낭청인 방귀화가 두목 갈귀(葛貴)를 쫓아 <노걸대>, <박통사>를 교정하였다. 오늘에 이르러서 다시 <직해소학>을 질정하고

자 하니 갈귀가 말하기를 '두목 김광(金廣)이 나를 질투하여 부사(副使)에게 참소하였는데 부사가 이를 듣고 의심하여 나를 먼저 돌려보내려고 하니 만일 사람을 시켜 내가 <박통사>와 <노걸대>를 교정하여 준 것을 사례하여 부사의 마음을 돌리면 나 또한 보전할 것이다'라고 하다.

이 때에 명인(明人) 방귀화(房貴和)와 갈귀(葛貴)가 수정한 <노걸대>가 '산개본(刪改本)'이다. 그리고 아마 최세진(崔世珍)이 번역한 {번역}<노걸대>(이하 <번노>로 약칭)와 {번역}<박통사>(이하 <번박>)는 이 때에 산개(刪改)한 <노박>을 번역한 것으로 보인다. 楊聯陞(1957)에 의하면 최세진의 번역본을 비롯하여 후대에 수정한 <노걸대>와 <박통사>에는 아직도 몽고어 문법의 영향을 받은 원대(元代)의 중국어가 남아 있다고 한다.

즉, {산개}<노걸대>에 "你誰根底學文書來?－네 뉘손듸 글 비혼다?"(<번노> 上 2b 2-3)의 '根底('손듸'로 번역)',[48] 그리고 "我漢兒人上學文書－내 漢兒人의손듸 글 비호니"(<번노> 上 2b 8-9)와 "師傅上唱喏－스승님씌 읍ᄒᆞ고"(<번박>上 49b 7)의 '上('손듸, 씌'로 번역)'은 장소(또는 목적, 사유)를 표시하는 데 쓰이는 허사로서 이는 몽고어의 영향을 받은 원대(元代)의 중국어, 즉 한아언어에서 사용되는 것이라고 하였다.[49]

졸저(2017: 275)에서는 이들 형태부가 몽고어의 여격, 또는 처격의 영향을 받은 것으로 보았다. 또 "咱弟兄們和順的上頭,－우리 형뎨둘히 화슌ᄒᆞᆫ 젼ᄎᆞ로"(<번박> 上 5b 6-7)의 '上頭(젼ᄎᆞ로'로 번역)'도 원인을 표시하는 것으로 몽고어의 영향을 받아 쓰인 것이며『노박집람(老朴集覽)』「누자해(累字解)」'상두(上頭)'조에 "젼ᄎᆞ로 今不用"이라는 기사가 있어서 이제는 사용하지 않음을 알 수 있다.

<박통사언해> 하권 말미에 부재된「노걸대집람(老乞大集覽)」에도 원

48 『노박집람』<累字解> '根底'조에 "앏픠 比根前稍卑之稱"이란 注가 있어 '앞에'라고도 대역할 수 있음을 알 수 있다.

49 이와 같은 몽고어의 영향으로 한어에 추가된 형태들에 대하여는 졸저(2010: 468~473)의 '후치사' 항목에 자세히 논의하였다.

대(元代) 중국어의 영향에 대하여 언급하였다. 즉 “是漢兒人有”조(<노걸대집람>(上) 1a 4)의 ‘有’에 대하여 “元時語必於言終用‘有’字, 如語助而實非語助, 今俗不用 – 원대(元代)의 언어에 반드시 말이 끝난 곳에 ‘有’자를 쓴다. 어조사 같지만 실은 어조사가 아니다. 이제는 속어에서 쓰지 않는다.”라고 하여 ‘有’를 문장 말에 쓰는 것이 원대의 어투며 지금의 속어에서는 사용하지 않아 원대(元代)의 언어와 당시의 중국어에 차이가 있음을 말하고 있다.

2.2.1.4. 역시 <노박집람>「단자해(單字解)」‘麼’의 주(注)에 “元語麼道 니ᄅᆞᄂᆞ다 麼音ᄆᆞ 今不用, – 원대의 말에 ‘麼道’는 ‘이르다’의 뜻이다. ‘麼[ᄆᆞ]’음은 이제는 쓰지 않는다.”(<단자해> 4뒤 2~3)이라 하여 원대(元代)에 쓰이던 말이라 이제는 쓰지 않는다고 한다. 즉, <노박>의 원본에 보이는 원(元)의 한아언어가 어떻게 후대의 <노박>에서 고쳐졌는지 <노박집람>에서 자세히 살핀 것이다.

다만 <노박집람>의「단자해」에 ‘者’에 관한 주로서 “蒙古語謂諸辭曰‘者’, 兩書舊本皆述元時之語, 故多有‘者’字. 今俗不用, 故新本易以‘着’字. – 몽고어의 대답하는 말에는 ‘자(者)’라고 한다. 양서(<노박>을 말함)의 옛 책은 모두 원대의 말을 기술하였기 때문에 ‘자(者)’자가 많으나 지금의 속어에는 쓰이지 않는다. 그래서 새 책에는 ‘착(着)’자로서 바꿨다.”(<단자해> 6b 7~8)라고 하였으나 楊聯陞(1957)에서는 당(唐) 이래로 ‘者’, ‘着’은 기사어구(祈使語句)의 끝에 늘 썼었기 때문에 이러한 설명은 사실과 다르다고 한다.

그러나 최근 발견된 <원본노걸대>(이하 <原老>)를 보면 <노박집람>의 이러한 설명이 실제로 적용한 것임을 알 수 있다(정광 · 남권희 · 양오진, 1999 참조). 졸저(2010: 483)애서는 원본의 ‘者’가 후대의 산개본(刪改本)을 최세진이 번역한 {번역}<노걸대>(이하 <번노>)에서 ‘着’으로 바뀐 실례(實例)를 다음과 같이 들었다.

① '者 > 着'의 예,

你疾快做著五箇人的飯者(<原老> 6 앞)

你疾快做着五箇人的飯着 네 잴리 다섯 사르믜 밥 지스라(<번노> 上 20 앞)

俺五箇人打著三斤麵的餅者(<原老> 6 앞)

我五箇人 打着三斤麵的餅着 우리 다솟 사르믜 서 긼 フ릿 쩍 밍ᄀ라 (<번노> 上 20 뒤)

這水小 再打上一帖落者(<原老> 10 뒤)

這水少 再打上一洒子着 이 므리 쟉다 또 흔 드레만 기르라(<번노> 上 35 앞)

이 예들을 보면 <원본노걸대>에는 '者'가 문장의 끝에 온 경우에 {산개}<노걸대>에서는 모두 '着'으로 바뀌었고 따라서 위에 예로 든 최세진의 번역의 '번노(飜老)'가 <노걸대>의 산개본(刪改本)에 의거한 것임을 알 수 있다. 그리고 전술한 <노박집람>의 설명이 실제로 원대(元代) 한아언어의 문장 말 '者'를 '着'으로 모두 고쳤음을 제대로 설명한 것이다.

따라서 楊聯陞(1957)에서 당(唐) 이래로 '着'을 기사어구(祈使語句)의 끝에 늘 썼었다는 지적은 잘못됐음을 알 수 있다. 중국의 언어사를 연구하는 학자들이 조선 사역원의 역학서(譯學書)와 같은 독특한 자료를 제대로 이해하지 못한 탓으로 저지른 잘못이다. 실제로 중국어의 역사 연구에 대한 중국인들의 연구에는 이것 말고도 많은 오류가 있다(졸저, 2014).

2) 〈원본노걸대〉의 발굴과 그 특징

2.2.2.0. <원본노걸대>는 고려시대 말에 당시 원(元) 나라의 서울인 대도(大都), 즉 연경(燕京, 지금의 북경)지역에서 통용되던 중국어의 동북방언을 학습하기 위하여 편찬된 한어(漢語) 학습서이다. 아마도 <노걸대>

는 <박통사>와 더불어 고려 후기에 설치된 통문관(通文館)이나 사역원(司譯院)의 역관들이 공동으로 제작한 한어 교재로 보인다(졸저, 2017: 276~219).

이 {원본(原本)}<노걸대>는 조선 성종 때에 사신(使臣)으로 온 중국인들에 의해서 전술한 바와 같이 남경관화(南京官話)로 수정되었다. 필자가 산개본(刪改本)이라고 부르는 <노걸대>는 중종 때에 최세진이 <박통사>와 함께 이를 정음(正音)으로 번역하여 널리 이용되었다.[50] 그리고 <노걸대>와 <박통사>의 원본(原本)은 그동안 전하는 것이 없다고 알고 있었다.

다만 전술한 바와 같이 성종 14년(1483)에 명(明)의 사신(使臣)으로 따라온 갈귀(葛貴)가 원본(原本)을 잘라내고 고친 <노걸대>의 산개본(刪改本)과 이를 번역하고 언해한 최세진의 번역본이 전해 와서 학계에서는 이 산개본만이 알려졌다.[51] 이 {번역}<박통사>도 상권만이 국회도서관에 소장되었고 {번역}<노걸대>는 상, 하 2권이 발견되어 영인본으로 간행되었다.[52]

최세진의 {번역}<노걸대>와 {번역}<박통사>는 원래 내용의 언해와 더불어 각 한자의 중국어 발음을 정음(正音)으로 적은 것이다.[53] 그는

---

50 세종이 새로 창제한 표음문자는 그 표기 대상에 따라 명칭을 달리한다. 즉, <동국정운>의 한자음을 표음할 때에는 訓民正音이라 불렀고 <洪武正韻譯訓>과 한자의 중국 표준음을 표기할 때에는 正音이었으며 우리말을 적을 때에는 諺文이었다(졸저, 2022: 928). <노박>의 한자를 중국 표준음으로 적는 것이 飜譯이고 諺解는 그 내용을 우리말로 풀어 적는 것이라 번역에서는 正音이라 한 것이다. 다음의 제3장 주 71, 74 참조

51 刪改本은 임진왜란 이전에 간행한 것과 이후의 간본이 있다. 즉, 奎章閣에 소장된 3종의 <노걸대>(奎5158, 奎6293, 奎6294)와 山氣文庫에 소장된 두 종류(甲寅字覆刻本과 숙종 29년의 목판본), 그리고 성암 고서박물관, 영남대, 계명대 등에 소장되어 있는 <노걸대>가 현재 알려져 있다(졸저, 2010: 403).

52 이에 대하여는 南広祐(1972a, b)와 南広祐(1975)를 참고할 것.

53 필자는 앞의 주50에서 언급한 것처럼 세종이 창제한 새 문자를 용도에 따라 諺文, 訓民正音, 正音으로 부른다고 주장했다. 諺文은 우리말 표기에 쓰인 문자이고 訓民正音은 동국정운식 한자음을 표기하는 기호이며 正音은 한자의 중국 표준음을 표음하는 기호다. 『月印釋譜』이나 『東國正韻』, 그리고 『洪武正韻譯訓』은 모

<노걸대>와 <박통사>의 한자음을 정음으로 표기하는 것에 중점을 두어 이를 번역(飜譯)이라고 한 것이다. 후대에는 내용의 언해와 발음의 번역에서 언해를 중요시하여 언해(諺解)를 붙여 <노걸대언해(老乞大諺解)>, <박통사언해(朴通事諺解)>란 이름으로 간행된다.

2.2.2.1. 졸저(2017)에서는 <노걸대>, <박통사>(이하 <노박>)의 번역(飜譯)과 언해(諺解)에 대하여 다음과 같이 설명하였다.

> 최세진의 당시, 즉 중종 때에는 '번역'과 '언해'가 혼용되기도 하였다. 그리하여 경서의 언해 가운데 '번역소학(飜譯小學)'과 '소학언해(小學諺解)'가 있어 '번역'이 '언해'로 오해되기도 하였다. 이것은 <번역소학>을 편찬한 김전(金詮)・최숙생(崔淑生) 등이 최세진의 {번역}<노박>에 이끌려 <소학>의 언해를 '번역'이란 이름으로 이해하고 '번역소학'이란 이름을 붙인 것이다. 김전(金詮)・최숙생(崔淑生)은 최세진과 동 시대의 사람이며 당시 <노박>의 번역(飜譯)은 식자들의 대단한 관심을 끌었기 때문이다.
>
> 최세진의 {번역}<노박>의 저본이 되었던 {산개}<노박>은 명대(明代) 남경관화(南京官話)를 반영하다가 시대의 변천에 따라 중국어가 변하여 청대(淸代) 북경의 만다린으로 바뀌었으므로 그에 의하여 <노박>이 개편된 것으로서 그 개편의 시기는 영조 때의 일임을 전술한 바 있다. 김창조・변헌에 의하여 개편된 <노걸대신석>이 영조 37년(1761)에 기영(箕營)에서 간행되었고 <박통사신석>도 변헌・이담에 의하여 영조 41년(1765)에 간행되었음을 전술한 바 있다.
>
> 이후 임진왜란 이후에 숙종 때의 <노박>은 사역원의 역관들에 의하여 다시 언해되었고 최세진이 번역한 한자의 주음(注音)도 부분적으로 수정되었다. 현종 때에 간행된 <노걸대언해>와 숙종 때에 간행된 <박통사언해>는 모두 왜란(倭亂)과 호란(胡亂) 이후에 간행된 <노박>의 언해로서 최

두 세종 때에 편찬되었거나 世祖대에 완성된 한글 문헌인데 여기에 쓰인 한글은 차례대로 諺文, 訓民正音, 正音이라 해야 한다. 훈민정음의 <언해본>이 版心書名을 '正音'이라 한 것은 漢音 표기를 위한 것이라 하면서 齒頭와 正齒를 구별하는 글자로 정음을 소개한 때문이다.

> 세진의 번역본이 두 차례의 전란에 인멸(湮滅)되었지만 그가 <노박>을 번역할 때에 저술한 『노박집람』을 참고하여 언해한 것이다. 따라서 최세진의 번역본과는 직접적인 관계가 없으며 중국어의 발음 표기와 언해가 전혀 새롭게 이루어졌다.
>
> 이 <노걸대언해>는 그 후 여러 차례 개편되었으며 한어의 주음(注音)도 부분적으로 수정되었으나 중국어 원문은 그대로 {산개}<노박>의 것을 유지하면서 명(明)이 존치했던 인조 24년(1646)까지 170여년을 사역원에서 한어 교재로 사용되었다. 오히려 명(明)이 망하고 청(淸)이 선 다음에도 당분간 그대로 남경관화(南京官話)가 교육된 것은 조선 사역원에서 청대(淸代) 북경어를 기피했던 것으로 보아야 할 것이다.
>
> 이 산개본은 영조 때에 <노박>의 중국어가 청대 만다린으로 신석되기 직전인 영조 21년에 신성연(申聖淵)·변익(卞煜) 등이 <노걸대>를 언해하여 평양 감영(監營)에서 간행하였다. 영조 37년(1761)에 <노걸대신석>이 편찬되어 한어 원문이 바뀌자 이에 대한 언해가 영조 39년에 이루어져서 <신석노걸대언해>가 간행되었다. 그리고 정조 때에 이수(李洙) 등에 의하여 다시 원문인 한어(漢語)가 교정되어 북경관화(北京官話)의 <중간노걸대>가 간행되었고 이것도 곧 다시 우리말로 언해되어 <중간노걸대언해>가 간행되었다.
>
> 따라서 <노걸대>의 언해본으로는 먼저 중종 때에 최세진의 {번역}<노걸대>를 시작으로 하여 <노박>의 난해어·난해구를 풀이한 『노박집람』이 있고 이어서 현종 11년(1670)에 정태화(鄭太和)의 계청에 의하여 간행된 <노걸대언해>가 있으며 이를 다시 수정하여 영조 21년(1745)에 신성연·변익 등이 평양 감영에서 간행한 <노걸대언해>가 있다. 그리고 영조 39년(1763)에 김창조·변헌 등이 신석(新釋)하여 언해한<신석노걸대언해>가 있으며, 마지막으로 정조 19년(1795)에 이수(李洙) 등이 중간(重刊)하여 언해한 <중간노걸대언해>가 현전하고 있다. 졸저(2017: 400~1).

이 설명을 보면 최세진의 {번역}<노박>이 일반 유생(儒生)들에게도 많은 영향을 준 것으로 보인다. 그리고 중국어의 변화에 따라 <노박>은 적어도 세 번의 수정이 있었음을 알 수 있다. 다만 원본(原本)이 발견되지 않아 <노박>이 변천해 가는 계보(系譜)를 분명히 알 수 없었는데 21세기 초에 필자에 의해서 발굴된 <노걸대>의 원본에 따라 그 계보가 분명하게 된 것이다.

이 <원본노걸대>는 단순히 중국어를 학습하는 교재가 아니라 지금부터 675년 전인 1350년경에 중국의 원(元)의 수도 대도(大都)로 상품을 팔러가던 고려 상인(商人) 3명이 길에서 우연히 만난 왕객(王客)이란 요동성(遼東城) 출신의 한아(漢兒) 상인과 동행하면서 여행 중에 일어난 일에 대한 대화를 회화체로 기록한 것이다.

따라서 원대(元代) 중국어의 살아있는 구어(口語)와 더불어 당시 사회의 여러 가지 모습을 생생하게 보여준다. 단순한 한어(漢語) 교재가 아니라 당시의 생활상, 예를 들면 화폐 사용이라든지 물가(物價), 상품의 매매, 여관에서의 숙박, 거리의 놀이, 매매 증서와 그 작성법 등의 당시 생활을 보여주는 여러 대화로서 여행 가이드북과 같은 역할을 한다.[54]

2.2.2.2. 우리말과 같은 교착적 문법구조의 언어를 사용하던 거란(契丹)과 여진(女眞) 족들은 중원(中原)의 강자였던 당(唐)이 멸망하고 나서 중국의 북방지역을 차지하여 차례로 요(遼)와 금(金)을 세워서 이 지역을 통치하였다. 이 두 나라가 모두 북경(北京)에 도시를 건설하고 이곳에 사람들이 모여들면서 북경 주변의 언어가 세력을 얻게 되었다.

북경(北京) 지역은 당대(唐代)에 유주(幽州)라 불렀고 후진대(後晉代, 936A.D.)에 고조(高祖, 石敬瑭)가 연운십육주(燕雲十六州)를 거란(契丹)에 떼어 주자 거란의 요(遼)는 이 석진부(析津府, 지금의 북경)를 남경(南京)으로 정하고 요(遼) 나라 오경(五京)의 하나로 삼았다. 이때부터 북경 지역은 중원(中原)에 자리 잡은 오아(吳兒)의 지배권에서 벗어나게 되었다.

그리하여 이곳에 살고 있던 외족(外族)의 언어, 주로 알타이제어와 밀

54 실제로 船田善之(2001)와 같이 <원본노걸대>를 통하여 元代의 物價를 추정한 연구가 있다.

접한 접촉을 가지게 되었으며 중원 지역의 통어(通語)와는 오히려 소원하게 되었다. 그리하여 그들끼리 통용하는 새로운 중국어가 생겨났으니 이를 한아언어(漢兒言語)라고 한 것이다. 즉, 이곳에 사는 사람을 중국 전통의 남방인 오아(吳兒)의 말과 사뭇 다른 한아(漢兒)의 언어라는 뜻이다.

금(金) 나라가 요(遼) 나라를 멸하고 요대(遼代)의 남경(南京)을 연경(燕京)으로 개칭하였는데 금(金)의 제량(帝亮)이 정원(貞元) 원년(1153)에 상경(上京, 지금의 黑龍江省 阿城縣 남쪽)에서 이곳으로 도읍을 옮기면서 중도(中都)라 하였다. 역사적으로는 처음으로 이곳이 수도로 정해진 셈이고 비로소 왕경(王京)으로의 면목을 갖추게 된 것이다.

몽골의 쿠빌라이 칸(忽必烈汗)이 대칸(大汗)에 올랐을 때 이곳을 다시 연경(燕京)이라 부르면서 수도로 삼았으나 지원(至元) 원년(1264)에 다시 중도(中都)라 하였고 몽골이 송(宋)을 멸망시킨 다음 해(1281)에는 대도(大都, Khanbalig)로 고쳤다. 그 후 명(明)의 홍무(洪武) 원년(1368)에는 대도로(大都路)를 북평부(北平府)로 고쳤으며 이후에는 대도(大都)라 하지 않았다.

명(明)의 영락(永樂) 원년(1403)에 순천부(順天府)를 설치하고 천도(遷都)하면서 북경(北京)이라 고쳤다. 이와 같이 거란(契丹), 여진(女眞), 몽골족의 지배하에 있던 북경 주변의 중국어 동북방언은 교착적인 문법구조인 이들 언어로부터 영향을 받아 점차 중국어의 고유한 고립적인 문법구조가 변질되고 교착적 문법요소가 가미된 독특한 중국어로 변하게 되었다.

이렇게 형성된 동북방의 중국어를 '한아언어(漢兒言語)', 이를 줄여서 '한어(漢語)'라고 불렀다. 몽골이 중원(中原)을 통일하고 북경에 도읍을 정한 다음에는 한어는 여러 이민족이 혼효(混淆)된 말로 광대한 원(元) 제국(帝國)의 공용어가 되었다. 다만 중국어의 역사학자들에게는 이러한 언어가 실제로 존재하였다는 사실을 인정하기가 어렵도록 현전하는 자료가 없었다.

그것도 그럴 것이 몽골의 제국(帝國)은 칭기즈칸(成吉思汗)의 태조 원년(1206)부터 따져도 원(元)이 망한 지정(至正) 27년(1367)까지 130년에 불과하고 특히 원(元) 세조(世祖) 쿠빌라이가 나라를 세우고 즉위한 중통(中統) 원년(1260)이나 남송(南宋)을 멸하고 중원(中原)을 통일한 지원(至元) 16년(1279)로부터 환산해서 원(元)이 멸망한 홍무(洪武) 원년(1368)까지 모두 한아언어가 공용어로 사용된 것은 불과 100년이 못되는 짧은 기간이었다.

2.2.2.3. 수천 년의 중국어의 역사에서 이 짧은 시일에 사용된 원(元)의 공용어인 한아언어는 자료가 별로 없어서 이 언어의 존재를 인정하기 어려웠다. 졸고(1999b,c)와 졸저(2004)로 <원본노걸대>가 소개되어 한아언어의 존재가 밝혀지기 전까지 원대(元代)의 남아 있던 자료, 예를 들면 『원전장(元典章)』이나 『효경직해(孝經直解)』의 문어에 의거하여 이 말을 유추할 뿐이었다.

그러나 앞에 든 두 자료에 한자로 쓰인 것이 한아언어의 문어(文語)일텐데 일본인 연구자들은 이를 '한문이독체(漢文吏牘体)', 또는 '몽문직역체(蒙文直譯體)'라고 불렀을 뿐이고 그 구어(口語)인 한아언어에 대하여는 아무런 연구도 없었으며 이를 실제 원대(元代)에 사용된 언어로 보지도 않았다.

세계의 중국어학을 이끌어 온 일본의 중국어학계에서 이를 인정하지 않았기 때문에 한아언어에 대한 연구는 제대로 된 것이 없었다. 그런데 1998년 10월에 고려에서 편찬한 원본으로 보이는 <노걸대>가 필자에 의하여 발굴되어 정광 · 남권희 · 양오진(1999)으로 우리 학계에 소개되었다. 이 논문에서 이 책의 발굴 경위에 대하여 설명하고 <원본노걸대>의 본문을 역주(譯註)한 졸저(2004, 2010)가 세상에 나왔다. 그리고 졸고(1999b, c, 2002, 2003a, 2003d)에 의해서 세계의 중국어학계에 한아언어의 실체가 보고되었다.

그리하여 그 경위를 졸저(2010)에서 권두에 다음과 같이 푸념처럼 서술하였다.

> [전략] 책이 학계에 소개되었을 때에 중국과 일본에서는 경악을 금치 못한 듯하며 일본의 어떤 연구자는 이 책을 일간 신문에 소개하면서 '세기(世紀)의 발견'이라고 극찬하였다. 필자는 이 책에 대한 소개를 위하여 일본에 여러 차례 초청되어 강연을 한 일이 있었고 중국에도 두 차례나 다녀왔다. 그러나 정작 이 책의 고향인 서울에서는 아무런 반응이 없었다.
>
> 이 책이 발견되었을 때에 당연히 관심을 끈 것은 과연 이 <노걸대>의 중국어가 어떤 언어이었을까 하는 문제였다. 왜냐하면 <노걸대>는 몇 차례 개정되었기 때문이다. 4년 전에 발견된 <노걸대>에 대하여 필자는 2003년 10월 17일 중국 북경외국어대학에서 열린 한국 이중언어학회 2003년 국제학술대회에서 중국 인민대학(人民大學)의 후밍양(胡明揚) 교수와 함께 "한반도에서의 중국어 교육과 교재"에 대하여 기조강연하면서 <노걸대>에 대하여 논의한 바 있다. 후밍양 교수는 1960년대 초에 <노걸대>, <박통사>에 대하여 논문을 쓴 바가 있어서 필자가 대학원에 다닐 때에 그를 통하여 공부하였기 때문에 이 학회에서 함께 발표를 한다는 것이 필자에게는 대단한 영광이었다.
>
> 발표가 끝난 다음 후(胡)교수는 갑자기 "<노걸대>에 나오는 중국어의 '背起'가 무슨 뜻이냐"고 필자에게 물었다. 중국의 유명한 <노박>의 전문가가 거기에 나오는 중국어를 한국 사람에게 묻다니 놀라운 일이었다. 필자가 "한국의 전통적인 서당(書堂) 교육에서는 학생들이 만일 잘못하거나 선생님의 질문에 틀린 대답을 했을 경우, 또는 암기를 못 했을 경우에는 학생을 일으켜서 돌려세운 다음 종아리를 때리는 습관이 있습니다. 아마 얼굴을 마주 보고 때리기가 어려웠던 모양입니다. 그 때에 '돌려 세운다'는 뜻이겠지요." 했더니 파안대소(破顔大笑)를 하면서 "아, 그렇다면 의미가 통합니다! 중국에서는 보통 손바닥을 때리거든요."하시는 것이었다.[55] [후략]. 졸저(2010: 3~13).

대구 어느 고서(古書) 수집가의 집에서 서지학자 남권희 교수에 의하여 발견된 이 책은 남교수가 필자에게 가져와 보여주어 그에 대한 연구가 시작되었다. 그리하여 필자와 남권희·양오진 교수에 의하여 1998년 12월에 열린 국어학회 전국학술대회에 이 자료가 보고되었다. 그리고 그 이듬해 영인본이 경북대학교 출판부에서 간행되었다.

그러나 경북대학교 출판부가 편찬한 정광·남권희·양오진(2000)의 <노걸대>의 전문을 영인한 이 책에는 장차(張次)의 혼란이 있어 다시 이를 바로 잡아 수정판을 내지 않을 수 없었다. 그리고 원문을 현대 활자체로 띄어쓰기를 하고 따로 해제와 북경발음의 색인을 붙인 다음 전문을 영인(影印)하여 중국의 북경외국어대학교 출판사에서 출판하였다(鄭光 主編,『原本老乞大 [解題·原文·原本影印·索引]』, 外語教學与研究出版社, 北京, 2002).

2.2.2.4. 이 책이 학계에 소개되었을 때에 중국과 일본에서는 경악을 금치 못한 듯하며 일본의 저명한 중국어학자인 간사이(關西)대학 현행자(玄幸子) 교수는 이 책을 일간 신문인 요미우리신분(讀賣新聞)>에 소개하면서 전게한 인용문에서처럼 '세기(世紀)의 발견'이라고 감동적인 발언을 하였다.

이런 이유로 필자는 이 책에 대한 소개를 위하여 일본에 여러 차례 초청되어 강연을 한 일이 있었고 중국에도 두 차례나 다녀왔다. 그러나 정작 이 책의 고향인 서울에서는 아무런 반응이 없었다. 필자가 중국어학과는 거리가 있는 연구자로 보기 때문일 것이다. 이 책이 발견되었을 때에 당연한 관심은 과연 이 <노걸대>의 중국어가 어떤 언어이었을까 하는 문제였다.

왜냐하면 <노걸대>는 중국어의 변천에 따라 몇 차례 개정되었기 때문이다. 앞에서 인용한 졸저(2010)의 권두에서 소개한 대로 1998년에 발

55 실제로 <박통사>에서는 손바닥을 때리는 것으로 되었다.

견된 <노걸대>에 대하여 필자는 2003년 10월 17일 중국 북경외국어대학에서 열린 한국 이중언어학회 2003 국제학술대회에서 중국 인민대학(人民大學)의 후밍양(胡明揚) 교수와 함께 "한반도에서의 중국어 교육과 교재"에 대하여 기조강연하면서 <노걸대>에 대하여 논의한 바 있다.

앞의 졸저(2010: 3~13)의 인용문에서 이미 언급한 것처럼 후밍양 교수는 1960년대 초에 <노걸대>, <박통사>에 대하여 논문을 쓴 바가 있어서 이 방면의 권위자로 널리 알려진 학자였다. 본인 자신은 프랑스어 전공이었지만 역시 언어학자라 자신의 모국어인 중국어의 역사에도 관심이 있었다.

필자의 발표가 끝난 다음 전게한 인용문에서처럼 후(胡)교수는 갑자기 "<노걸대>에 나오는 중국어의 '背起'가 무슨 뜻이냐"고 필자에게 물었다. 중국의 유명한 <노걸대>, <박통사>의 전문가가 거기에 나오는 중국어를 한국 사람에게 묻다니 놀라운 일이었다. 그는 이미 <노걸대>와 <박통사>의 내용을 익히 알고 있었던 것임에 틀림없었다.

필자가 "한국의 전통적인 서당(書堂) 교육에서는 학생을 체벌(體罰)할 때에 학생을 일으켜서 돌려세운 다음 종아리를 때리는 습관이 있습니다. 아마 얼굴을 마주 보고 때리기가 어려웠던 모양입니다. 그 때에 '돌려 세운다'는 뜻이겠지요." 했더니 후(胡)교수는 크게 웃고 "아, 그렇다면 의미가 통합니다! 중국에서는 보통 손바닥을 때리거든요."하시는 것이었다.

실제로 {산개(刪改)}<박통사>에서는 체벌로 손바닥을 세 번 때리는 장면이 있다. 즉, 최세진이 번역한 {번역}<박통사>의 제24과에는 "寫差字的手心上打三戒方。－ᄌᆞ 그르 스니란 손 바당의 세 번 젼반 티ᄂᆞ니라(글자를 잘못 쓴 사람은 손바닥을 세 번 전반 치니라)."({번역<박통사> 상 49앞 1~50).

아마도 후(胡)교수는 <박통사>와 <노걸대>에서 체벌(體罰)의 차이에 관심이 있어서 이러한 질문을 필자에게 한 것 같다. 그리고 한국에 "돌려 세워서 종아리를 때리는" 체벌의 방법이 있는 것을 몰랐는데 필자의 대답으로 '배기(背起)'를 제대로 이해한 것 같다. 또 이것은 <박통사>가 중국 사회상에 충실했다면 <노걸대>는 조선의 관습을 반영한 것임을 알려주는 대목이기도 하다.

2.2.2.5. 북경학회를 마치고 바로 일본의 동경(東京)으로 날라 가서 10월 25일에 열리는 일본 중국어학회에서 '漢字音硏究の現在'란 주제로 전체 회원이 참가하는 전국대회가 있었는데 그곳에서 필자는 "朝鮮漢字音の成立と變遷"이란 제목으로 주제 강연을 하게 되었다. 이 학회는 일본 전역에서 중국어를 연구하는 연구자들의 모임인데 그날은 600명 넘게 모였다.

이 학회는 중국어학을 하는 연구자들의 모임으로 학생은 거의 없고 모두 교수 급의 연구자들이 모였다. 필자는 이제까지 일본인 학자들이 수행한 조선한자음 연구는 한국어의 음운사(音韻史)를 고려하지 않은 잘못된 것이라고 일갈(一喝)하였다. 필자의 바로 앞에서 강연을 한 누모토(沼本克明)씨의 발표가 지루했던지 많은 사람들이 얼핏 잠에 들었다가 필자의 엄청난(?) 발표에 눈이 번쩍 떠졌다는 이야기를 학회가 끝난 다음의 간친회(懇親會)에서 여러 번 들었다.

이 간친회에서도 <노걸대>의 중국어 학습, 즉 한반도에서는 이미 고전 한문을 통하여 중국어를 학습했음에도 불구하고 고려 후기에는 <노걸대>, <박통사>를 만들어 한어(漢語)를 따로 학습해야 하는 이유가 무엇인가 하는 것이 화제이었다. 일본에서도 한아언어(漢兒言語)에 의하여 통어(通語)의 한자음과 한어의 한자음이 크게 달랐던 것을 이해하지 못했던 것이다.

역시 중국에서 한자음이 크게 변천한 탓으로 원대(元代)의 한어는 한국 한자음과는 전혀 다른 발음으로 변했기 때문에 이를 바로 잡으려고 명(明) 태조는 <홍무정운(洪武正韻)>을 편찬하였고 조선에서는 세종이 이를 벤치마킹하여 <동국정운>으로 우리 한자음, 동음(東音)을 고치려고 했다는 필자의 주장을 되풀이 할 수밖에 없었다.

뿐만 아니라 원대(元代)에는 중국의 공용어로 발전한 북경 주변의 한아언어(漢兒言語)가 교착적 문법 구조를 가진 거란어(契丹語), 여진어(女眞語)의 영향을 받아 변질되었기 때문에 유교의 경전(經典)을 통하여 학습한 전통적인 고문(古文)의 아언(雅言)이나 당대(唐代) 문학작품과 불경의 한문에 보이는 통어(通語)와도 매우 다른 말이 되었음을 강조하였다.

그동안 일본 학계에서는 이 한아언어를 실제 언어로 인정하지 않고 이를 적은 문어를 앞에서 언급한 바와 같이 '몽문직역체(蒙文直譯體)', 또는 '한문이독체(漢文吏牘体)'라는 한문의 다른 문체로 불렀기 때문에 필자는 이를 반복할 수밖에 없었다. 즉, 그들은 한문을 몽고어식으로 고친 문체로 보거나 서리(胥吏)들이 이독(吏牘)의 방식으로 기록한 것으로 본 것이다.

필자를 중국어학회에 초청하기 위하여 동경(東京)에 있는 대동문화대학(大東文化大學)에서 왕복 여비와 체재비를 부담하였다. 물론 학회로부터도 놀랄만한 금액의 강연료가 나왔다. 그런데 대동문화(大東文化)대학 중문과에서는 이왕에 동경에 왔으니 학생들을 상대로 2차례 강연을 하고 교수, 연구자들과 한번 <노걸대>에 대한 세미나를 갖자는 요청이 있었다.

비용을 부담하는 대학의 요청이어서 승낙할 수밖에 없었는데 교수들과의 세미나에서는 우리나라 학계에도 널리 알려진 몽고어 전문가인 간노(菅野裕臣) 교수가 토론자로 나와 주었고 멀리 한국에서 은사(恩師) 고(故) 강신항 선생님도 오셔서 참석하셨다. 필자에게는 일본 중국어학회 전국대회의 발표보다도 더 신경이 쓰이는 일이었다.

발표가 끝난 다음에 한국인의 연구에 대하여 매번 비판적이던 간노 히로부미(菅野裕臣) 교수가 의외로 필자의 주장에 전적으로 동의한다는 호의적인 평가를 내렸다. 필자로서는 의외의 일로써 그동안 그에 대한 편견과 선입견을 가졌던 것을 후회하게 되었다. 간노 교수는 몽고어를 전공하였지만 한국어학에도 일가견을 가진 일본의 몇 안 되는 연구자 중의 하나였다.

이어서 또 한 분의 토론자인 나카지마 모토기(中島幹起) 교수가 <노걸대>의 중국어가 몽문직역체(蒙文直譯體)의 문장이어서 실제 회화에는 쓰이지 않았다는 주장이 있는데 그에 대한 필자의 의견을 묻는 질문이 있었다. 이것은 3년 전에 일본 경도(京都)에서 <노걸대>에 대하여 발표할 때에 이미 같은 질문이 있었던 것이라 그때의 답변을 다시 하였다.

2.2.2.6. 2001년 2월 22일에 경도(京都)에서 <노걸대>를 소개할 때에는 대부분의 일본 학자들은 새로 발견된 구본 <노걸대>의 존재를 반신반의하였다. 그리하여 필자를 경도(京都)로 불러서 이에 대한 발표를 하게 하였다.

이 날의 발표에는 새로 발견된 <노걸대> 구본(舊本)의 언어가 실제로 구어(口語)로써는 사용된 일이 없는 몽문직역체(蒙文直譯體)의 문장이라고 강변(强辯)하려는 경도(京都)대학 중문과의 모(某)교수도 함께 발표하도록 되어 있었다. 그는 필자와도 알고 지내는 중국어학 전공자로서 일본 중국어학계의 학조(學祖)인 요시가와 고지로(吉川幸次郞)의 직계 제자였다.

그러나 필자가 고려후기에 설치된 통문관, 즉 사역원은 중국어의 통역을 담당하는 역관들의 교육기관이었으며 여기서 학습하는 언어는 문어(文語)가 아니라 살아있는 구어(口語)임을 강조하였다. 그리고 이에 대한 문어는 고려와 조선시대에 한이문(漢吏文)이라 하여 별도로 한문도감(漢文都監)이나 승문원(承文院)에서 교육하였음을 자세하게 설명하였다.

더구나 <노걸대>와 <박통사>를 번역한 조선 중종(中宗)조의 역관(譯官) 최세진(崔世珍)은 그가 번역할 때에 참고했던 {구본(舊本)}<노걸대>, 즉 <노걸대>의 원본(原本)이 원대(元代)의 한아언어(漢兒言語)로 되어있음을 그가 저술한 <노박집람(老朴集覽)>에서 분명히 밝히고 있다는 점을 강조하였고 실제로 새로 발견된 <원본노걸대>에서 여러 예를 들어 적시(摘示)하였다.

왜냐하면 <노박집람>에서는 '원조시어(元朝時語)', '원조언어(元朝言語)', '원시지어(元時之語)', '원시어(元時語)', '원조지어(元朝之語)', '원어(元語)'라고 하여 원대(元代)의 말임을 지적한 예들이 많다. 필자의 발표에서는 이 말들이 실제로 <원본노걸대>에 나타남을 예로 들고 후대의 {산개} <노걸대>에서 이들이 어떻게 남경관화(南京官話)로 변했는지를 밝혔던 것이다.

필자 다음으로 발표순서가 잡힌 그 교수는 끝내 나타나지 않고 준비한 원고를 그 분의 제자가 읽고 말았기 때문에 더 이상의 논전은 이루어지지 않았다. 다만 한아언어는 존재하지 않는 언어라는 종래의 주장을 대독(代讀)한 조수(助手)는 청중들을 피하여 얼굴을 붉힌 채 도망치듯 발표장을 빠져나갔다.

지금 생각하면 교수가 조수에게 못할 일을 시킨 것 같아 새삼 분노하지 않을 수 없다. 다만 후일 그와 만났을 때에 자기가 그럴 수밖에 없는 처지를 하소연하여서 이해하기는 했지만 학자로서는 온당하지 못하다는 생각은 변하지 않는다. 학문하는 사람은 오로지 진리만을 찾아야지 주변의 사정이나 처지에 휘둘려서는 안 된다는 것이 필자의 일관된 신조이기 때문이다.

2.2.2.7. 졸저(2004, 2010)의 『역주 원본노걸대』에서 <원본노걸대>를 우리말로 풀이하고 주석을 달면서 한어(漢語) 교재인 이 책이 그동안 몽문직역체(蒙文直譯体)라고 부르던 한아언어의 문어(文語)로서 실제로 사용된 구어(口語)가 한아언어임을 거듭 강조하였다.

그리고 조선 사역원(司譯院)은 역관(譯官)을 양성하는 곳이기 때문에 그곳의 언어 교재인 <노걸대>는 실제로 통역해야 하는 당시 통용되는 중국어의 학습서이다. <원본노걸대>의 한아언어(漢兒言語)는 요(遼), 금

(金) 때에 북경(北京)을 중심으로 한 중국의 동북지역에서 사용된 중국어의 동북방언으로서 원대(元代)에는 실제로 제국(帝國)의 공용어(公用語)로서 사용되었다.

그리고 요(遼), 금(金) 때에 북경을 중심으로 한 지역에 함께 살던 한인(漢人)들과 알타이민족들이 공통으로 사용하기 위하여 생겨난 중국어가 한아언어(漢兒言語)라고 본다. 몽문직역체나 한문이독체(漢文吏牘体)라고 부르던 것은 이 말을 기반으로 형성된 문어(文語)라고 보았다. 구어(口語)에 기반을 두지 않은 문어가 존재할 수 없기 때문에 이 주장은 설득력이 있었다.

이 <원본노걸대>의 언어야 말로 원대(元代)에 공용어로 사용된 중국 북방지방에서 발달한 한아언어의 특징을 가장 많이 갖고 있는 언어였다. 필자가 이 <노걸대>를 원본이라고 인정하는 것은 원대의 한아언어(漢兒言語)를 학습하기 위하여 고려 말에 편찬된 것이며 이 교재가 통문관, 즉 사역원에서 당시 중국어를 학습하기 위한 교과서로 편찬되었기 때문이다.

또 이 책은 한아언어(漢兒言語)의 특성을 모두 보여주고 있으며 최세진(崔世珍)의 <노박집람(老朴集覽)>에서 '구본(舊本)'이라고 한 것이 바로 {원본}<노박>을 말한 것이다. 대체로 사역원에서 외국어 교재를 저술하여 편찬하고 간행하는 과정은 필자가 그동안 여러 차례의 논저, 즉 졸저(1988, 2014)와 졸고(2003a, 2012a)에서 밝힌 바와 같이 다음과 같은 절차를 거쳐 편찬된다.

즉, 먼저 매우 유능한 사역원의 외국어 교수(教授, 한어의 경우에 '교수'라고 함), 또는 훈도(訓導, 한어 이외의 기타 몽고어, 일본어, 만주어의 경우 '훈도'라고 함)가 새로운 교재를 만들어 사용한다. 이들 교회(教誨, 교수와 훈도를 모두 '교회'라고 함) 가운데는 전쟁에서 납치(拉致)되었거나 포로(捕虜)가 되는 등 여러 가지 사정으로 해당국에 오래 체재하면서 그 언어에 매우 숙달된 역관(譯官)들인 경우가 많다.

그들이 사역원에 새로 부임하면 교육을 담당한 교회(敎誨)로서 이곳에서 오래 사용하여 이미 철지난 교재를 고치거나 새로운 외국어 교재를 저술하는 일이 자주 있었다. 예를 들면 임진왜란(壬辰倭亂) 때에 진주(晉州)에서 왜군(倭軍)에게 납치됐던 강우성(康遇聖)이 10년간 일본에 억류되었다가 돌아와서 역과(譯科) 왜학(倭學)에 합격하여 사역원의 왜학(倭學) 훈도(訓導)가 되었다(졸저, 2017: 531~6).

그는 왜학의 훈도(訓導)로서 일본어의 교육을 위한 교재로『첩해신어(捷解新語)』를 새롭게 저술하였다. 그가 일본에 가는 통신사(通信使)의 역관으로 세 차례에 걸쳐 일본을 왕환(往還)하면서 겪은 일을 대화로 한 교재였다. 또 병자호란(丙子胡亂) 때에 포로로 끌려갔던 조선 병사들이 쇄환(刷還)된 후에 집단으로『첩해몽어(捷解蒙語)』를 저술한 것도 그런 예에 해당된다.

이렇게 저술된 교재는 바로 활자로 편찬하여 인쇄되어 사용하는 것이 아니다. 전술한 강우성의 <첩해신어>도 처음에는 1618년경에 저술하기 시작하였고 1636년경에 완성되어 일본어 교재로 사용되었다. 그러나 처음에는 모두 필사하여 사용하다가 활자로 인쇄된 것은 1676년의 일로서 이 책이 완성된 지 40년이 지났고 이미 저자인 강우성은 고인이 되었을 때였다.

조선시대의 다른 출판도 마찬가지지만 먼저 활자판으로 간행하고 이를 수정하여 목판본으로 간행한다. 활자본은 그 수정이 쉽기 때문이다. 활자본을 수정하다가 일단 완정되면 목판본으로 간행한다.[56] <첩해신어>도 활자본의 두 판본이 전하는데 규장각에 전하는 것은 원본이며 대마도에 전해지는 것은 초간(初刊) 활자본의 수정본이고 이후 목판본의 <첩해신어>가 다수 전한다(졸저, 2017: 537~543).

56 활자본은 고친 곳의 활자를 바꿔 수정할 수 있지만 목판본은 판목 전체를 다시 고쳐야 하기 때문이다. 졸저(2017: 138~142).

2.2.2.8. <노걸대>도 같은 경로로 사역원의 교재로 편찬된 것으로 보아야 한다. 고려인으로서 원(元) 나라에 오래 체재하다가 귀국하여 사역원의 한어(漢語) 교회(敎誨)가 된 어떤 인물, 아마도 고려의 한어 역관(譯官)들이 고려 충목왕(忠穆王) 2년(丙戌, 1346년)경에 중국을 여행한 경험을 토대로 하여 이 책을 저술하였을 것이다.

후대에 이것이 여러 차례 필사되어 고려와 조선의 사역원(司譯院)에서 사용되면서 다시 수정되었다. 그리고 이러한 수정을 여러 번 거쳐 판본(板本)으로 간행된 것이며 필자가 발굴한 <원본노걸대>는 조선 태종 때에 간판(刊板)된 것으로 보인다. 이 판본이 조선 건국 초기, 즉 조선 태종 때에 목판본인 다른 판본과 매우 유사하기 때문이다(정광·남권희·양오진, 1999).

물론 교재의 내용에 여행자의 인원수가 3명, 혹은 4명으로 혼란되었다든지 팔려고 끌고 간 말의 수효에도 차이가 있는 등의 애매한 점이 있어 이것을 원본이라고 주장하는 필자의 의견에 반대하는 연구자도 있다. 그러나 이러한 차이는 <노걸대>가 몇 차례 수정을 거치면서 일어난 오류로 보아야 한다.

전술한 <첩해신어>의 경우에도 강우성(康遇聖)이 일본 여행에서 만난 '소장로(召長老)'가 '昭長老'로 기록되는 등의 오류가 원본 활자본에서도 나타난다.[57] 따라서 전술한 약간의 오류가 있더라도 필자는 이 책이 고려 말에 원대(元代) 공용어인 한아언어(漢兒言語)를 학습하기 위하여 편찬된 <노걸대>의 원본으로 보기에 아무런 문제도 없는 것으로 본다.

이 한아언어(漢兒言語)의 <노걸대>는 조선 성종(成宗) 때에 중국인 갈귀(葛貴) 등에 의하여 남경관화(南京官話)로 산개(刪改)되었으며 영조(英祖) 때에는 청(淸)의 북경 만다린으로 신석(新釋)된다. 그러나 신석본(新釋本)의 중국어가 너무 상고(商賈)의 비속한 언어이어서 이를 북경관화(北京官

57 이런 한자의 오류는 고의적인 것으로 실명을 忌諱한 것으로 볼 수도 있다.

話)의 아어(雅語)로 개정한 중간본이 있다.

즉, 북경관화로 정착한 한어를 학습하는 교재가 <중간(重刊)노걸대>이다. 따라서 <노걸대>는 원본(原本), 산개본(刪改本), 신석본, 중간본(重刊本)의 4개 서로 다른 이본(異本)이 현전한 셈이다. 또 산개본 이후의 것은 모두 훈민정음으로 번역·언해되었다. 이와 같이 이 책의 발견으로 <노걸대>의 여러 이본을 원본에 의하여 체계적으로 정리할 수가 있었던 것이다.

3) 〈노걸대(老乞大)〉의 의미와 내용

2.2.3.0. 다음으로 <노걸대(老乞大)>란 이 책의 명칭에 대하여 간단히 살펴본다. 북경(北京)을 남경(南京)이라 하여 오경(五京)의 하나로 한 요(遼) 왕조(916~1125)는 10세기 초부터 200여년에 걸쳐 만주 지역과 중국의 북부지역을 지배하던 몽골계의 거란(契丹)족이 세운 나라다.

'거란(契丹)'을 북방 민족들은 '契丹 [Kitai, Kitat, 복수형은 Kitan]'이라 불렀고 이것이 요(遼)나라를 가르치게 되었는데 요(遼)가 멸망하고 이 지역의 새로운 지배자가 된 여진족의 금(金)도 이렇게 불렀으며 원대(元代)에는 이 명칭이 더욱 일반화되었다. 이에 대한 한자 표기가 명대(明代)의 『화이역어(華夷譯語)』에서는 '乞塔, 乞臺, 奇塔'이었다. '걸대(乞大)'는 이의 또 다른 표기로 보인다.

<노걸대(老乞大)>의 '노(老)'는 중국어에서 '경칭(敬稱), 애칭(愛稱)'으로 쓰여서 '선생님'을 '라오스(老師)'라고 하고 '라오베이징(老北京)'을 '북경통(北京通)'이라고 하는 것과 같이 <노걸대(老乞大)>는 '중국통, 중국인씨'의 의미로 볼 수 있다. 그리하여 <노걸대(老乞大)>를 'Great China', 또는 "Mr. Chinese"로 번역한 연구자도 있다.

필자는 2003년 2월 17일에 미국 일리노이대학(Univ. of Illinois at Urbana-Champaign) 동아시아 및 태평양 연구센터에서 열린 '2003년 봄 세미나'에서 <노걸대>를 "Mr. Cathay, a 14th Century Chinese Language Primer in Korea"이란 이름으로 소개한 바가 있다(Chung, 2003, 및 졸고 2003a).

2.2.3.1. <원본노걸대>는 어느 고려 상인이(이름은 나오지 않음, 주인공) 이(李)씨, 김(金)씨라는 이종 사촌 형제 둘과 그리고 같은 마을의 조(趙)씨(그는 중간에 사라진다)와 함께 고려의 특산품인 말(馬)과 인삼(人蔘), 모시베(毛施布), 삼베(帖裏布)를 팔러 고려 왕경(王京)에서 원(元)의 대도(大都)로 출발하는 것으로 시작한다.

도중에 요양(遼陽, 현재 遼東)을 지날 때에 그곳에 사는 사람으로 역시 말(馬)을 팔러 대도(大都)로 가는 한아인(漢兒人) 왕객(王客)을 만나서 같이 동행하게 된다. 그는 당시 요양성(遼陽城)에 거주하는 말 파는 상인이었다. 가는 길에 함께 여관에 묵기도 하고 여관이 없는 곳에서는 민박도 하며 중도(中途)에 하점(夏店)을 거쳐 대도(大都)에 이른다.

대도(大都)에 도착한 주인공은 우선 그곳에 거주하는 친척을 찾아가서 상품의 가격에 대한 정보를 얻는다. 숙박하는 여관 주인의 소개로 찾아온 중국 상인들에게 먼저 말을 판다. 그리고 탁주(涿州, 현재 河北省 소재)로 장사를 하러 가려는 동행의 왕객(王客)을 따라 다니며 그곳에 가서 팔 양(羊)이나 옷감, 활과 화살, 냄비, 식기 등을 구입하는 것을 본다.

그리고 당시 유행하던 활쏘기 내기 시합도 하고 중국식 요리를 만들어 먹기도 한다. 술을 너무 많이 마신 왕객은 의사의 진찰까지 받았으며 겨우 나아서 탁주(濯州)로 장사를 떠난다. 왕객(王客)이 떠나자 주인공인 고려 상인은 가져온 인삼을 팔고 모시 베와 삼베도 팔아 적지 않은 큰돈을 마련한다.

이윽고 왕객이 탁주(涿州)에서 장사를 끝내고 돌아오자 그의 안내를 받아 고려에서 가져온 물품을 팔아 번 돈으로 고려로 돌아가서 팔 물품을 사들인다. 이때에 사들인 물건은 서적과 비단, 그리고 바늘, 화장품 등의 일용품인데 지금과 같이 에누리를 많이 하였다. 오늘날도 중국에 가서 물건을 살 때에는 반으로 깍은 가격으로 사야 한다고 하는 우수개 소리가 있는데 670여년 전에도 비슷하였음을 보고 필자는 여러 번 쓴 웃음을 지었다.

더구나 돌아가서 팔 물건은 정말 고급품이 아니라 적당히 싼 것을 골라 가져가라는 왕객의 충고에 몇 백년의 세월이 흘렀어도 사정은 전혀 변하지 않았음을 알 수 있다. 마지막 고려 상인들은 돌아갈 날짜가 어느 날이 길일(吉日)인지 점을 쳐 보고 왕객에게 작별 인사를 하면서 귀로(歸路)에 오르는 것으로 이 책은 끝이 난다.

이상의 이야기는 모두 주인공인 고려 상인을 비롯하여 등장인물 모두의 대사와 약간의 상황 설명으로 생생하게 마치 그 자리에서 그들의 대화를 듣는 것처럼 쓰였다. 또한 당시의 중국 일반 민중의 가치관을 반영하는 것처럼 보이는 교훈 이야기나 방탕한 끝에 패가망신하는 버린 자식의 이야기가 삽입되어 있어서 내용은 더욱 다채롭게 되었다.

뿐만 아니라 원대(元代)에 사용되던 보초(寶鈔)라는 지폐의 사용법을 상세하게 설명하고 물가(物價)도 당시 가격을 그대로 보여서 마치 오늘날의 여행안내서와 같은 역할도 한다. 따라서 이 책은 원대(元代)의 경제사 연구에도 중요한 자료가 될 것이다. 이상은 졸저(2010: 3~12)에서 소개한 내용을 수정 보완한 것이다.

2.2.3.2. 현전하는 <노걸대>나 <박통사>의 구본(舊本)이 존재한다는 것에 대하여 이미 필자는 졸고(1977)에서 지적한 바가 있으며 그 부분을 인용하면 다음과 같다.

> [전략] <老乞大>・<朴通事>(이하 <老朴>으로 약칭)가 기록에 나타나는 것은 世宗朝까지 거슬러 올라가며 그 후 여러 번 改新된 기록이 보이는데 우리의 관심은 崔世珍이 실제로 보았고 또 飜譯의 臺本으로 삼은 原本은 어떤 것이었는가 하는 것이다. 먼저 <老朴> 兩書는 오늘날 남아있는 것을 크게 둘로 나눌 수 있는데 漢文本과 國譯本이다. [중략] 崔世珍이 參考한 원본은 刪改 以前의 舊本과 新本의 두 가지가 있었음을 알 수 있다. 즉 <老

> 朴集覽>을 보면 '舊本書作', 또는 '舊本作'이라 하여 原本으로 보이는 舊本이 있음을 보인다. [중략] 舊本은 <成宗實錄> 成宗 11년 10월 조에 "上曰: 且選其能漢語者, 刪改老乞大朴通事 - 임금이 말하기를 '또 한어에 능한 자를 선발하여 노걸대 · 박통사를 산개하라'고 하다"에 나타나는 刪改 以前의 舊本으로 생각되며 이 古本은 오늘날 전해지지 않아 그 全貌를 알 수 없으나 後代의 漢文本과 별로 差異가 없었을 것으로 생각된다(졸고, 1977: 134~136).

이 논고에서 필자는 최세진이 <노걸대>, <박통사>(이하 <노박>)를 번역할 당시에 그가 저본으로 한 구본(舊本)이 존재했으며 그는 번역할 때에 이것도 참고하였음을 강조한 것이다. 그리고 그것이 원본일 가능성이 있음을 주장하였다. 당시에는 실제로 <원본노걸대>가 발견되기 이전인데도 마치 예언처럼 <원본노걸대>의 존재를 주장한 것이다.

그런데 실제로 이 <구본>에 해당하는 <노걸대>가 발굴되어 학계에 보고된 것이다. 그것도 필자에 의해서 앞의 사실을 확인하였다. 앞의 졸고(1977)에서 논한 것처럼 그렇게 애타게 찾던 <노걸대>의 구본(舊本)이 나타난 것이다. 그러나 앞의 졸고(1977)에서 "이 古本은 오늘날 전해지지 않아 그 全貌를 알 수 없으나 後代의 漢文本과 별로 差異가 없었을 것으로 생각된다."고 하였지만 새로 나타난 구본은 후대의 <노걸대>와 전혀 다른 책이다.

앞의 정광 · 남권희 · 양오진(1999)에서 소개된 <노걸대>는 『노박집람(老朴集覽)』에서 최세진이 '구본(舊本)'이라고 부르면서 인용한 것과 일치하며(졸고, 2000b) 따라서 이것이 여말선초(麗末鮮初)에 간행된 <노걸대>의 원본이거나 그 복각본임을 주장하였다(졸고, 1999c). 다만 <노박>의 원본이 언제 누구에 의해서 편찬되었는지 현재로서는 알려주는 자료가 없다.

그러나 <노박>의 내용 가운데 고려 때에 중국을 여행한 사람의 여행기임을 암시하는 내용이 있다. 먼저 <원본노걸대>에 "伴當, 恁從那

裏來? 俺從高麗王京來。 – 친구들, 당신네들은 어디서 오셨소? 저희는 고려의 서울(=王京)에서 왔습니다.”(졸저, 2010: 19~20)를 비롯하여 {번역}<노걸대>에서도 “我從高麗王京來 – 내 高麗 王京으로셔브터 오라”({번역}<노걸대> 上 1앞 2~3)라는 구절이 있어 <노걸대>는 고려조에 만들어진 것으로 보았다.[58]

그리고 <박통사>에 등장하는 노구교(蘆溝橋)의 범람을 통하여 구체적인 편찬 일자를 찾아낼 수 있다고 보기도 한다. 즉, {산개}<박통사>를 저본으로 하여 우리말로 언해한 {번역}<박통사>의 제3과에 “今年雨水十分大(올히 비 므슬히 ᄀ장 하니) 水淹過蘆溝橋獅子頭(므리 蘆溝橋ㅅ란간앳 ᄉᄌ 머리를 ᄌ마 너머) 把水門都衝壞了(쉬문을다가 다 다딜어 히야ᄇ리고) 澇了田禾(뎐회 다 ᄉ셔) 無一根兒(ᄒᆫ 불회도 업다)”({번역}<박통사> 상 6뒤 6~7앞 1)에 나오는 ‘노구교(蘆溝橋)’는 북경(北京)의 서남쪽 교외에 있는 영정하(永定河, 金대에는 蘆溝河라 불렀음)에 걸려있는 교량이다.

이 다리는 금(金) 대정(大定) 20년(1189)부터 명창(明昌) 3년(1192)에 건설되었으며 길이는 265m, 폭은 약 8m가 된다. 다리에는 11개의 공석공(孔石拱)이 있고 난간에는 정교하게 조각한 돌사자의 머리가 485개가 있으며 이 사자의 석두상(石頭像)은 모양이 각기 다르고 웅장하며 생동하는 모습을 보인다고 한다.[59]

---

58 영조 37년(1761)의 간기를 갖고 있는 <老乞大新釋>에서는 이 부분이 “我朝鮮王京來”와 같이 ‘朝鮮’으로 바뀌었다.

59 이 다리에 대하여는 <老朴集覽>「朴通事 상」의 ‘蘆溝橋’ 조에 “蘆溝本桑乾河, 俗日渾河, 亦日小黃河。上自保安州界, 歷山南流, 入宛平縣境, 至都城四十里。分爲二派, 其一東流經金口河, 引注都城之壕。其一東南流入于蘆溝, 又東入于東安縣界。去都城三十里, 有石橋跨于河, 廣二百餘步, 其上兩旁皆石欄, 雕刻石獅形狀奇巧。成於金明昌三年。橋之路西通關陝, 南達江淮。兩旁多旅舍, 以其密邇京都行人, 使客絡繹不絕。”(『老朴集覽』「박통사집람」 상 4뒤 7~5앞 2)이라는 설명이 있다. 이에 의하면 ‘蘆溝’는 본래 ‘桑乾河’라고 불렀고 속되게는 ‘渾河’, 또는 ‘小黃河’라고 하였으며 ‘蘆溝橋’는 都城의 삼십 리 밖에 있는 돌다리였음을 알 수 있다. 또 이 다리의 양쪽 난간에 있는 돌로 된 石獅子의 조각이 매우 기교하다고 하였다. 元代 熊夢祥의 『析津志輯佚』「河閘橋梁」 ‘盧溝橋’ 조에 <노박집람>과 유사한 내용이 전한다.

梁伍鎭(1998)에서는 이 지역은 기후가 건조한 것이어서 홍수가 매우 드물게 나타나기 때문에 지방지 등의 조사에 의해서 노구교(盧溝橋)에 큰물이 났던 때를 찾을 수가 있을 것으로 보아 보다 정확한 연대 추정이 가능할 것임을 주장하였다. 그러나 구체적인 날짜의 특정은 지금껏 이뤄지지 않고 있다.

2.2.3.3. <노걸대>와 <박통사>의 편찬 시기를 논할 때에 가장 널리 알려진 것으로 <박통사>에 등장하는 보허(步虛) 화상(和尙)에 대한 기사로부터 편찬자의 중국 여행이 언제 이루어졌는가를 추정하는 방법이다.

즉, {번역}<박통사> 제39과 '고려화상(高麗和尙)'에 다음과 같은 기사가 있다.

南城永寧寺裏,－南城 永寧寺 뎌레,
聽說佛法去來。－블웝 니ᄅᆞᄂᆞᆫ 양 드르라 가져
一箇見性得道的高麗和尙,－ᄒᆞᆫ 見性 得道ᄒᆞᆫ 고렷화상이,
法名喚步虛,－즁의 일후믈 블르ᄃᆡ 보헤라 ᄒᆞᄂᆞ니,
到江南地面石屋法名的和尙根底,－강남 ᄯᅡ해 石屋이라 ᄒᆞ논 일훔엣 즁의손ᄃᆡ 가니,
作與頌字,－숑을 지ᅀᅥ 주니,
廻光反照,－그 숑애 두르신 부톄 광명을 도ᄅᆞ혀 보허 즁의 모매 비취여시ᄂᆞᆯ,
大發明得悟,－ᄀᆞ장 훤츠리 ᄇᆞᆯ가 ᄭᆡᄃᆞ로믈 어더,
拜他爲師傅,－그를 절ᄒᆞ야 스승 사마,
得傳衣鉢,－法衣法鉢를 뎐슈ᄒᆞ야,
廻來到這永寧寺裏,－도라와 이 永寧寺애 와,
皇帝聖旨裏,－황뎃 셩지로,
開場說法裏。－법셕 시작ᄒᆞ야 셜웝ᄒᆞ리러라.

{번역}<박통사> 상 74앞 7행－75뒤 4행

이 기사에 나오는 고려 승 '보허화상(步虛和尙)'은[60] <노박집람> 「박통사집람」(上)에 다음과 같이 주석되었다.

步虛: 俗姓洪氏, 高麗洪州人, 法名普愚, 初名普虛, 號太古和尙。有求法於天下之志, 至正丙戌春, 入燕都, 聞南朝有臨濟正脉不斷, 可往印可。蓋指臨濟直下雪嵒嫡孫石屋和尙淸珙也。遂往湖州霞霧山天湖庵謁和尙, 嗣法傳衣。還大都, 時適丁太子令辰十二月二十四日, 奉傳聖旨, 住持永寧禪寺, 開堂演法。戊子東還, 掛錫于三角山重興寺。尋往龍門山, 結小庵, 額曰小雪。戊午冬, 示寂放舍利玄陵, 賜謚圓證國師, 樹塔于重興寺之東, 以藏舍利。玄陵, 卽恭愍王陵也。- '步虛(보허)'는 속성(俗姓)이 홍씨(洪氏)이고 고려시기 홍주(洪州) 사람이다. 법명(法名)은 보우(普愚)이고 초명(初名)은 보허(普虛)이며 호(號)는 태고화상(太古和尙)이다.[61] 천하(天下)를 다니며 법도(法道)를 구하려는 뜻을 품고 원(元) 지정연간(至正年間)의 병술년(丙戌年, 1346) 봄에 연도(燕都)에 들어갔는데 남조(南朝)의 임제종(臨濟宗)이 정맥(正脉)을 이어가고 있어 인가(印可)를 받을 수 있다는 말을 들었다고 한다. 이것은 대개 임제종(臨濟宗) 직하의 설암(雪嵒) 적손(嫡孫)인 석옥화상(石屋和尙) 청공(淸珙)을 가리키는 듯하다. 그리하여 그는 호주(湖州)[62] 하무산(霞霧山)의 천호암(天湖庵)에 도달하여 화상(和尙)을 배알(拜謁)하고 법도(法道)를 전수받아 대도(大都)로 돌아 왔다. 마침 정태자(丁太子)의 탄신일(誕辰日)인 12월 24일이어서 성지(聖旨)를 받고 영녕선사(永寧禪寺)의 주지(主持)로서 법당을 열고 설법을 하게 되었다. 무자년(戊子年, 1348)에 동(고려-필자 주)으로 돌아 와서 삼각산(三角山) 중흥사(重興寺)에 거처를 정하였다. 이어서 용문산(龍門山)으로 옮겨 가서 작은 암자(庵子)를 짓고 '소설(小雪)'이라는

---

60 <박통사언해>에는 이 步虛和尙에 대하여 같은 내용을 협주(상 65a 8~65b 2)로 붙였다. 이에 의하면 步虛는 고려 명승 太古和尙 普愚(1301~1382)로서 그가 元의 大都(지금의 北京)에 체류한 것은 至正 6년(1346)에서 至正 8년(1348)의 일임을 알 수 있다.

61 '步虛'의 예는 <飜朴>의 제38과에서 "一箇見性得道的高麗和尙, 法名喚步虛, - 흔 見性得道한 고렷 화샹이 즁의 일후믈 블로딕 보헤라 ㅎ└니"(上 74뒤 1~4행)가 있다.

62 '호주(湖州)'는 府의 이름으로 明代에 설치되었으며 지금의 浙江省 吳興縣 일대를 말한다.

액자를 달았다. 무오년(戊午年, 1378) 겨울에 입적(入寂)하여 사리(舍利)를 현능(玄陵)에 모시었다. 임금이 원증국사(圓證國師)라는 시호(謚號)를 하사하고 중흥사(重興寺)의 동 쪽에 탑을 세워 사리(舍利)를 모시도록 하였다. 현능(玄陵)은 곧 공민왕능(恭愍王陵)이다." 필자초역. 정광 · 양오진(2011: 268~269).

이에 의거하여 閔泳珪(1966)에서 <박통사>에 나오는 고려 승려 '보허(步虛)'를 고려의 명승 보우(普愚)로 보았다. 그가 원(元)의 연경(燕京)에 머문 것은 지정(至正) 6년(丙戌, 1346)부터의 일로서 이때에 이곳을 여행한 고려인이 저술한 것으로 보아 졸고(1977)에서는 <박통사>가 14세기 중엽에 집필된 것이라 하였다.

<박통사>의 제작 년대를 추적하는데 또 하나의 단서는 梁伍鎭(1995)에서 거론한 '노조(老曹)'라는 사람의 장례식에 관련된 대목이다. 여기에서 '앙방(殃榜)'에 쓰인 날자가 "壬辰年二月朔丙午十二日丁卯, 丙辰年生人三十七歲, 艮時身故"(<박통사언해> 下 41뒤 6~8)여서 이를 전술한 보허(步虛) 화상의 설법을 근거로 추정한 지정(至正) 병술(丙戌, 1346)과 비교하여 보면 '임진(壬辰)'년은 지정(至正) 임진(壬辰, 1352)년으로 추정된다.

<박통사>는 대체로 이 연대에서 과히 멀지 않은 시기에 대도(大都), 즉 북경(北京)을 여행한 고려인에 의하여 집필되었을 것으로 본다. 또 그들이 중국에 물건을 갖다 판 것으로 보아 편찬자는 통문관(通文館)이나 사역원(司譯院)의 역관(譯官)이었을 것이다. 고려 후기와 조선시대에는 중국과의 무역이 역관들의 소임이었기 때문이다.

2.2.3.4. 앞에서 살펴 본 바와 같이 <노걸대>는 항상 <박통사>와 같이 출현한다. 만일 이 두 책이 비슷한 시기에 제작되었다면 <노걸대>도 14세기 중반에 만들어졌을 것이다. <원본노걸대>의 하권 말미 제105화 "산괘(筭卦)"(졸저, 2010: 369)에서 마지막으로 고려 상인들이 귀국

할 날짜를 정하기 위하여 오호선생(五虎先生)에게 점치러 갔을 때의 기사가 있다.

즉, "今年交大運, 丙戌已後財帛大聚, 强如已前數倍。-금년부터 대운(大運)이 작용하니까 병술년 이후에는 제산이 많이 모아져서 예전보다 몇 배가 될 것일세."(졸저, 2010: 367~368)[63]가 있어 그 해가 병술(丙戌)년임을 알 수 있다고 하였다. 이 병술(丙戌)년은 <박통사>에서 보허(步虛) 화상이 설법한 바로 그 해와 같다.

즉, 원(元) 순제(順帝) 지정(至正) 6년(1346), 즉 고려 충목왕(忠穆王) 2년 병술(丙戌)에 <노걸대> <박통사>의 저자들은 중국을 여행하였고 연경(燕京)에서 본 보허(步虛)의 설법(說法)과 길에서 본 노조(老曹)라는 사람의 장례식, 그리고 돌아갈 때의 길일(吉日)을 점치는 장면에서 그 해가 병술(丙戌)년임을 <노걸대><박통사>에 기록한 것으로 보인다.

이러한 필자의 주장에 대하여 金文京 外(2002: 345~6)에서 {번역}<노걸대>의 "今年交大運丙戌, 已後財帛大聚"를 "今年は大運が丙戌にかかるから, これからは財産が大いに集まり(금년은 大運이 丙戌에 걸리니까 앞으로는 재산이 많이 모아져서)"로 해석하고 이어서 "『朴通事』に見える高麗僧、步虛が大都に來た至正六年(1346、丙戌)とする說もあるが、おそらくそうではなかろう。-<박통사>에 보이는 高麗僧 步虛가 大都에 온 至正 6년이라는 설도 있지만 아마도 그렇지 않을 것이다."라고 하여 필자의 주장에 대하여 부정적이었다.[64]

그러나 이러한 비판은 <노걸대>의 특수한 한어(漢語)의 사용을 간과(看過)한 결과다. <노걸대>, <박통사>를 해석할 때에 문제가 되었던 난

63 {번역}<노걸대>에서는 "今年交大運丙戌-올히 대운이 병슐에 다드라 이시니"(<번노>下 71b)로 나타난다.

64 이러한 주장의 근거는 '大運'이 『五行精紀』 등에 의하면 10년을 단위로 하는 운세를 말하는 것이므로 '今年交大運'을 "丙戌년부터 대운이 걸리니까"로 보아 그 해가 丙戌임을 지적한 것은 아니라는 것이다. 그러나 이 때의 '交'는 "걸리다"는 뜻이 아니라 전술한 것처럼 '작용하다'의 뜻이다.

해어구들은 이미 사역원에서 역관들이 중국에 갔을 때에 현지에서 '질문(質問)'하여 그 해답을 얻었고 이들을 <자해(字解)>, <집람(集覽)>, <음의(音義)>, <잘문(質問)>이란 제목으로 정리하여 사역원에 비치하였다.

그리고 이 자료들로 <노걸대>, <박통사>을 교육할 때에 참고하였다. 최세진은 <노걸대>, <박통사>를 번역할 때에 사역원에 전해지는 이러한 참고서들을 많이 인용하였으며 번역이 끝난 다음에 이때의 난해구들을 풀이하여 <노박집람(老朴集覽)>이라 이름으로 편찬하였다(졸저, 2010: 482). 이 책은 다행히 전란을 피하여 현전하며 동국대학교 도서관에 소장되었다.

그런데 이 <노박집람> 「단자해(單字解)」에서는 바로 이 구절, 즉 "今年交大運丙戌"의 '交'에 대한 주석에서 다음과 같이 설명하였다.

> [教: 平聲, 使之爲也。通作交。] 交: 同上。又吏語, 交割卽交付也。-['教(교)'는 평성(平聲)으로 "시켜서 하게 하다, 하도록 하다"이다.[65] 보통 '交'로 쓴다.] '交(교)'는 위에서 설명한 것과 같다. 또는 이문(吏文)에서 '교할(交割)'은 즉 "교부(交付)하다"이다. 정광 · 양오진 공역(2011: 37)에서 인용.[66]

이 주석에 의하면 '교(交)'가 '교(教)'처럼 "시켜서 하게 하다, 작용하다"의 뜻으로 사용되므로 문제의 "今年交大運, 丙戌已後財帛大聚"는 "금년부터 대운(大運)이 작용하니까 병술(丙戌)년 이후에는 재산이 많이 모아져서"(졸저, 2010: 368 주7)로 해석해야 하고 따라서 여기의 금년(今年)을 병술(丙戌)년으로 보는 것이 옳다고 본다.

따라서 金文京 外(2002: 345~6)에서와 같이 병술(丙戌)년에 대운(大運)이

---

65 이렇게 쓰인 '教'는 <原老> 제3화 '한어 공부는 어땠나?'에서 "教當直學生將簽筒來搖撼-그 날 당직 학생을 시켜 제비뽑기 통을 흔들고"(<譯註原老>: 27)가 있다. 이외에도 여러 곳에서 발견되어 이러한 표현이 매우 유행이었던 것으로 보인다.

66 [ ] 안의 내용은 직접 관계는 없지만 이해를 도모하기 위하여 필자가 일부러 넣은 것을 말한다. 이하 모두 같다.

걸린다는 것은 <노박집람>의 주석으로 보아서는 믿기가 매우 어려운 주장이다.[67] <노박집람>의 주석대로 병술(丙戌)년부터 대운(大運)이 작용하는 것으로 보아야 한다. 그렇다면 전체적인 문맥으로 보아 <원본노걸대>의 본문에 나오는 금년(今年)을 병술(丙戌)년으로 보는 것이 타당하다.

2.2.3.5. <노박>의 저작연대에 대한 또 하나의 추정은 <노걸대>, <박통사>에 등장하는 북경(北京)의 각종 물가가 과연 어느 시대의 것을 반영하였는가에 따라 추정하는 방법이다. 이러한 추정도 역시 원본으로 보이는 <노걸대>가 발굴된 다음에 논의된 것이다.

후대의 산개본(刪改本)에서는 <노걸대>, <박통사>에서 사용된 화폐가 원대(元代)의 보초(寶鈔)가 아니라 명대(明代)의 백은(白銀), 관은(官銀)으로 바뀌었기 때문에 물가를 정확하게 가늠하기 어려웠었다. 원(元)에서 상품의 매매에 사용된 화폐는 보초(寶鈔)라는 지폐였던 것이 <원본노걸대>에서 분명해졌고 그에 의하여 당시 물가를 정확하게 알 수 있게 되었다.

원대(元代)에는 '보초(寶鈔), 초(鈔)'라고 불리는 지폐를 사용하였는데 前田直典(1973)에서는 『원사(元史)』 등의 사료에 의하여 중통(中統) 원년(1260)에 액면가가 10문(文), 20문, 30문, 50문, 100문, 200문, 300문, 500문, 1관(貫, 1000문), 2관으로 적힌 10종류 중통초(中統鈔)를 발행하였다고 하였다.

'관(貫), 문(文)' 등 화폐의 단위는 지폐의 액면에 썼을 뿐이고 명대(明代) 이후에 간행된 <노걸대> 등에서는 실제로 원래 은(銀)의 중량 단위

---

67 金文京 外(2002)에는 이 책의 저자들로 '鄭光 解說'이라 하여 마치 필자가 <노걸대>를 해설한 것처럼 되었다. 그러나 필자는 이 해설에 관여하지 않았다. 다만 필자가 <원본노걸대>를 처음 소개하였고 그에 대하여 많은 논저를 써서 그 내용들이 이 책의 해설에 포함되었기 때문에 필자의 이름을 넣은 것 같다. 그러나 만일 필자의 해설이라면 "今年交大運"의 '交'를 '教'로 보아 "시키다, 이뤄지다"로 보았을 것이다. 이 외에도 이 책의 해설에는 몇 군데 필자의 의견과 다른 것이 있다.

인 '정(錠, 定으로도 씀), 양(兩), 전(錢), 분(分)'으로 불렀다. 1분(分)은 10문(文), 1전(錢)은 100문, 1량(兩)은 1관(貫), 1정(錠, 定)은 50냥이었다.

그러나 <노걸대>의 원본에는 모두 중통초(中統鈔)의 단위로 상행위가 이루어졌다. 실제로 원(元)의 지원(至元) 24년(1287)에는 지폐가치가 하락하여 지원초(至元鈔)가 발행되었다. 이에 따라 중통초(中統鈔)는 5분에 1로 평가 절하(切下)되었고 지대(至大) 2년(1309)에는 역시 지대초(至大鈔)가 발행되어 지원초(至元鈔)도 5분의 1로 하락하였다.

그러나 지원초(至元鈔)가 발행된 다음에도 실제 거래에서는 모두 중통초(中統鈔)의 단위로 계산되어 통용되었다. 그리고 지대초(至大鈔)가 발행된 지 4년 후인 지대(至大) 4년에 이 지폐의 사용이 폐지되었으므로 결국 지원초(至元鈔)가 그 5배인 중통초(中統鈔)의 액수에 의하여 통용된 셈이다.

<원본노걸대>의 주인공은 2냥 반으로 쌀을 사려고 하는 장면(제41화), 또 잔돈으로 받은 1냥 반의 지폐에 대하여 트집을 잡는 장면(제47화)이 있다. 또 2냥의 술값으로서 2냥 반짜리 지폐, 실제로는 중통초(中統鈔) 2관(貫) 반(至元鈔 500문)짜리를 내고 5전의 거스름을 받으려고 하다가 그 지폐가 나쁘다고 트집을 잡아서 할 수 없이 1냥 반과 5전짜리 돈으로 지불하는 장면(제50화)도 있다.

그러나 실제로는 2냥 반(2관 500문)이나 1냥 반(1관 500문)의 액면가를 가진 보초(寶鈔)는 존재하지 않기 때문에 이것은 500문과 300문의 지원초(至元鈔)를 각각 5배의 중통초(中統鈔) 가격으로 말한 것이라고 보아야 할 것이다. 따라서 5전(500문)짜리 보초(寶鈔)도 실제로는 1전(100문)짜리 지원초(至元鈔)이었을 것이다.

이것은 당시 지원초(至元鈔)가 중통초(中統鈔)의 가격으로 일반인에게 유통되었음을 증명하는 구체적 자료가 될 것이다. 후대의 <노걸대>에서는 모두 은자(銀子)의 값으로 표기되었기 때문에 이러한 이해가 불가능하였다. 그리하여 <원본노걸대>에 의해서 비로소 제대로 이해할 수가 있게 된 것이다.

이에 대하여 이미 후나다 요시유키(船田善之)는 그의 船田善之(2001: 17~20)에서 <노걸대>의 원본을 이용하여 당시 각종 물가를 고찰하고 대체로 13세기말부터 14세기 전반의 원대(元代) 물가를 반영한 것으로 보았다. 이것은 필자가 1340년경에 고려의 개경(開京)에서 원(元)의 대도(大都)까지 여행했던 고려인의 저술이라는 추정을 뒷받침하는 것이다.

원(元)의 지정(至正) 연간(1341~1367)의 물가를 보여주는 『정거산법(丁巨算法)』(대체로 1355년대 물가를 반영)이나 『계장시고(計贓時估)』(1368년대 물가)가 있다. 이를 <노걸대>, <박통사>의 물가와 비교하면 후자보다는 낮고 전자보다는 높아서 대체로 1355년 이후에서 1368년 이전의 물가를 반영한 것이라고 한다(정승혜 · 서형국, 2010).

2.2.3.6. 또 하나 <원본노걸대>에 나오는 지명으로 편찬 연대를 추정할 수가 있다. 즉, <노걸대>의 원본에 나오는 '동경성(東京城)'은 요양성(遼陽城)의 옛 이름이다. 금대(金代)에 '동경(東京)'이라고 하였고 원(元)의 지원(至元) 6년(1269)에 '동경총관부(東京總管府)'를 두었다.

그러나 지원(至元) 25년에 이를 '요양로(遼陽路)'로 개칭하였다(『元史』 권59 '地理' 참조). 다만 <원노>에 '동경(東京)'이란 지명이 나오는 것을 보아 원대(元代)에도 관습대로 요양(遼陽)을 금대(金代)의 동경(東京)으로 부른 것 같다. 그리하여 <원노>에는 요양(遼陽)과 동경(東京)이 섞여서 나타난다. 모두 요동(遼東)을 말하는 것이다.

즉, 명대(明代) 홍무(洪武) 4년(1371)에 이곳에 '정요도위(定遼都衛)'를 설치하였고 홍무 8年(1375)에 이를 '요동도사(遼東都司)'로 고치면서 이곳을 요동(遼東)으로 부르게 되었다. <노걸대>의 원본인 <원노>에서 '요동(遼東)'을 '동경(東京)', 또는 '요양(遼陽)'으로 호칭하였다. <원본노걸대>가 원대(元代)에 편찬된 것이라는 또 하나의 증거라고 할 수 있다.

한때 요동(遼東)을 '동경(東京)'이라 한 것으로 보아 지원(至元) 25년

(1289) 이전에 이곳을 여행한 사람에 의해서 이 책이 작성되었지 않는가 하는 생각을 가졌었다. 그러나 동경(東京)과 더불어 요양(遼陽)이란 지명도 함께 <원본노걸대>에 등장하므로 금대(金代)와 원대(元代)의 지명이 함께 섞이게 된 것이다.

또 명대(明代)인 조선 성종 때에 산개한 <노걸대>의 산개본과 이를 번역한 번역본의 <번노>에서는 '동경(東京), 요양(遼陽)'은 없고 모두 명대(明代)의 지명인 '요동(遼東)'으로 바뀌었다.

> 小人姓王 在東京城裏閣北街東住(<원노> 13뒤) – 소인은 왕(王)이라 하옵고 동경성(東京城)[68]의 각북가(閣北街)[69] 동쪽에 살고 있습니다. 졸저(2010: 제34화)
>
> 小人姓王 在遼東城裏住 – 小人의 셩은 王개로니 遼東 잣 안해셔 사노라(<번노> 上 44뒤).

> 我在遼陽城裏住(<원노> 24뒤) – 요양(遼陽)의 시내에 살고 있소. 졸저(2010: 제6화)
>
> 我在遼東城裏住 – 내 遼東 잣 안해셔 사노라(<번노> 下 15뒤)

---

68 '東京城'은 遼陽城의 옛 이름이다. 金代에 동경(東京)이라고 하였고 元의 至元 6년(1269)에 東京總管府를 두었다. 그러나 至元 25년(1288)에 이를 '遼陽路'로 개칭하였다.(『元史』 권59 '地理' 참조). <원본노걸대>가 遼陽을 東京으로 호칭한 것으로 보아 至元 25년 이전에 이곳을 여행한 사람에 의해서 이 책이 작성되었음을 알 수 있다. 졸저(2002)에서는 至元 丙戌(1286)에 중국을 여행한 사람이 중국어 학습서인 이 책과 『朴通事』를 저술하였다고 보았다. 고려시대에 중국어와 몽고어의 학습기관인 通文館, 즉 후일의 司譯院이 개설된 것은 고려 忠烈王 2년(1276)이다.

69 '閣北街'는 遼陽에 있는 尊經閣 북쪽의 거리를 말한다. 遼陽은 일명 遼東, 또는 東京이라고도 하며 이곳의 泮宮에 尊經閣이 있었다. 泮宮은 옛날 諸侯들이 건립한 학교를 말하였으나 후일에는 학교를 일반적으로 지칭하였고 遼陽城의 泮宮은 성내의 동남쪽에 있었다(<老覽>). 元明代에는 府學(부가 설치된 지방의 학교)의 書庫를 일반적으로 尊經閣이라 불렀다. 다만 淸代에 편찬된 『盛京通志』(권43)의 '遼陽州儒學'조에 明의 景泰 4년(1453)에 존경각을 세웠다는 기사가 있어 元代 至元 연간에도 존경각이 있었는지는 알 수 없으나 <원본노걸대>에 등장하는 것으로 보아 원대에도 있었을 것으로 보인다.

到東京這壁廂厮合著(<원노> 21뒤)－동경(東京)에 도착해서 그 때부터 함께 다니네. 졸저(2010: 제58화)

到遼東這邊合將他來－遼東 이녀긔 와 모다 오라(<번노> 상 50뒤)

앞의 예에서 <노걸대>의 원본인 <원노>에서는 '동경(東京), 요양(遼陽)'이라 하였지만 산개본의 {번역}<노걸대>(<번노>)에서는 '요동(遼東)'으로 고쳤다. 따라서 <노걸대>의 원본은 지원(至元) 25년(1289) 이전에 이곳을 여행한 사람의 저술로 볼 수 있다. 다만 왕조(王朝)가 바뀌어 지명은 변하였어도 당분간은 그대로 쓰이는 수가 있어 확실하다고 하기 어렵다.

즉, 왕조가 바뀌어 동경(東京)을 요양(遼陽)으로 고쳤어도 한동안은 그대로 동경이 쓰일 수 있음으로 지원(至元) 25년 이후에도 이곳을 요양(遼陽)이 아니라 동경(東京)으로 부를 수가 있다. 졸저(2017: 276~278)와 앞의 2.2.3.4. 등에서 지정(至正) 병술(丙戌, 1346) 경에 중국을 여행한 고려 역관들이 <노걸대>와 <박통사>를 저술하였다고 보았는데 이것이 그를 뒷받침한다.

고려시대에 중국어와 몽고어의 학습기관인 통문관, 즉 후일의 사역원이 개설된 것은 충렬왕 2년(1276)의 일이다. 따라서 지명이 변하기 전에 중국을 왕래한 고려 역관들이 사역원에 다수 있었고 그들은 옛 지명을 고집하여 <노걸대>를 편찬할 때에 요양(遼陽), 즉 요동(遼東)을 금대(金代)의 지명인 '동경(東京)'으로 지칭한 것이 아닌가 한다.

2.2.3.7. 이상의 논의를 정리하면 <노박>은 원(元)의 말년, 즉 지정(至正) 연간(1341~1367)에 북경(北京)으로 여행을 떠나서 몇 달 체재하다가 돌아온 고려 사역원(司譯院)의 역관들의 공동으로 저작한 것으로 추정할 수 있다. 그러나 이것이 책으로 간행된 것은 훨씬 후대의 일로 아마도 여말(麗末) 선초(鮮初)의 일로 보인다.

다만 Dyer(2005)에서는 <노걸대>가 원대(元代)에, 그리고 <박통사>는 명초(明初)에 저작된 것으로 주장하였다. 즉, <박통사>에는 몽고인들에 대한 이야기가 별로 없고 다만 있어도 그들이 품위 없는 행동을 한다고 하였으므로 Dyer 여사는 그의 Dyer(2005)에서 <박통사>가 원대(元代)의 저작으로 보기 어렵다고 하였다.

이러한 주장은 납득(納得)하기 어려운 것으로 최세진의 『노박집람(老朴集覽)』을 보면 역시 {구본}<박통사>의 존재를 도처에서 언급하였으며 이것은 바로 <원본노걸대>와 같이 원대(元代)에 저술된 {원본}<박통사>가 있었음을 말하는 것으로 보아야 한다고 졸고(2007b)에서 강조하였다. 그리고 <노걸대>의 원본이 발굴되기 20여년전에 발표한 졸고(1977)에서 예언처럼 {구본(舊本)}<노걸대>, 즉 <원본노걸대>의 존재를 주장한 것이 실제로 발굴된 것이다.

원본의 <노걸대>와 <박통사>를 성종 때에 명인(明人) 갈귀(葛貴) 등이 수정한 것이 산개본(刪改本) <노걸대>와 <박통사>이며 현전하는 것은 이 산개본을 다시 수정하거나 이를 저본으로 한 번역(飜譯)본 또는 언해(諺解)본뿐이므로 이것만으로 볼 때에 상술한 Dyer 여사의 주장이 가능하다.

그러나 새로 발굴된 <원본노걸대>를 후대에 전하는 {산개}<노걸대>와 비교할 때에 상당한 차이가 있었다. 따라서 <박통사>도 {원본}<박통사>와 {산개}<박통사>의 사이에 상당한 삭제와 개편이 있었다면 <박통사>를 전술한 이유로 명대(明代)의 편찬으로 판단하는 것은 잘못으로 보인다.

실제로 Dyer(1983)에서 지적한 <노걸대>의 내용은 <원본노걸대>와 상당히 다르다. 이것은 원대(元代)와 명대(明代)의 사회상이 매우 달랐고 그에 따른 내용도 많이 변했기 때문이다. 예를 들면 <원본노걸대>를 명인(明人)들에 의하여 수정한 {산개}<노걸대>에서 몽고인들에 대하여 다음과 같이 달리 표현하였다.

<원본노걸대>(<원노>)의 것과 {산개}<노걸대>의 것을 번역한 {번역}<노걸대>(<번노>)에서 '몽고인'에 대한 달라진 내용을 예로 들면 다음과 같다.

> 那人每, 却是達達人家走出來的軀駈口[70]。因此將那人家連累, 官司見著落[71]根尋逃軀有。(<원노> 14뒤)－그들은 몽골인 집에서 도망친 노예였는데 그로 인하여 그 집도 연루되어 처벌을 받게 되었다고 합니다. 지금 이 지역의 관아가 도망친 노예를 추적해 찾는 책임을 지게 되었습니다. 우리말 번역은 졸저(2010: 141)에서 인용.

> 那人們, 却是達達人家走出來的。因此將那人家連累、官司見着落跟尋逃走的。－그 사ᄅᆞᆷ ᄃᆞᆯ히 ᄯᅩ 다대 사ᄅᆞ미 도망ᄒᆞ야 나가니어늘, 이 젼ᄎᆞ로 그 사라ᄆᆡ 지블다가조차 버므러 구의 이제 저 ᄒᆞ야 도망ᄒᆞ니를 츄심ᄒᆞ라 ᄒᆞᄂᆞ니" <번노> 50뒤 2~7행. 띄어쓰기는 필자.

이 예를 보면 {산개}<노걸대>를 저본으로 한 {번역}<노걸대>에서는 도망한 다대사람(達達人), 즉 탈주한 몽고인이 <원본노걸대>에서는 '몽골인 집에서 도망친 노예(達達人家走出來的軀駈口)'로 되었다. 즉, <원본노걸대>에서는 "몽고인 집에서 도망간 노예(駈口, 軀口)"를 명인(明人) 갈귀(葛貴) 등이 산개(删改)한 <노걸대>에서는 '도망친 몽고인'으로 바꾸었다.

몽골의 원(元)이 망하고 오아(吳兒)의 명(明)이 섰으니 명대(明代)에 몽

---

70 원문은 '駈口'이다. 원래 이 말은 '驅口, 軀口'라고도 쓰며 전쟁으로 捕虜가 되어 奴隷로 된 사람을 말한다. 『輟耕錄』(권17) '奴婢'에 "지금 蒙古, 色目人이 臧獲한 것 가운데 남자는 奴라고 하고, 여자는 婢라고 하며, 이들을 통틀어서 駈口라고 말한다."라는 설명이 있다. 『元典章』「刑部」(권18) '孛蘭奚逃驅不得隱藏'에 도망간 노예를 숨기는 것에 대한 禁令이 있다. 졸저(2010: 141).

71 '著落'은 "{책임을 지고} ~을 시키다"라는 뜻의 吏語이다(『老朴集覽』「累字解」 참조). 『元典章』「刑部」(권18) '人口不得寄養'조에 "만일 [노예가] 도망하였으면, 저락(著落)하여 근심(根尋)하게 함"이라는 구절이 있다. 졸저(2010: 141).

고인의 신분이 위와 같이 바뀌는 것은 당연한 일이다. 원대(元代)의 <원본노걸대> 원본에서 '몽골인 집에서 도망친 노예'를 명대(明代)의 산개본(刪改本)에서는 '도망간 몽고인'으로 바꾸었으니 <박통사>의 원본에서 몽고인과 산개본의 몽고인은 그 신분이 달라진 것이다.

따라서 Dyer(2005)에서 산개본(刪改本) <박통사>의 몽고인을 품위 없는 사람으로 묘사하였다고 본 것도 원본(原本)에서는 몽골의 원(元)이란 그들의 신분이 달라졌으니 다르게 표현되었을 것이다. 이로서 조선 성종 때에 명인(明人) 갈귀(葛貴) 등에 의하여 이루어진 <노걸대>, <박통사>의 산개(刪改)가 상당한 내용의 변개(變改)를 가져왔음을 알 수 있다.

앞서 예를 든 보허화상(步虛和尙)의 연경(燕京)에서의 설법(說法)을 소개한 {산개}<박통사>의 내용을 보더라도 <박통사>도 <노걸대>와 같이 지정(至正) 연간에 원(元)의 연경(燕京), 즉 대도(大都)를 여행한 고려인들의 저작이라고 아니 할 수 없다. 만일 <박통사>가 조선시대에 저작된 것이라면 고려 명승 보허(步虛)의 이야기가 이 책에 등장할 이유가 없다.

4) 〈노걸대〉 원본의 한아언어

2.2.4.0. <원본노걸대>의 저자를 고려 역관(譯官)으로 보는 것은 고려와 조선에서 오로지 역관만이 중국과의 장사를 할 수 있기 때문이다. 이런 제도 아래에서 <노걸대>의 주인공은 몇 년에 걸쳐 중국에서 물건을 사다 고려에 팔고 반대로 고려의 물품을 중국에 파는 일에 종사하였다고 <원본노걸대>의 제11화에 밝혔다.

즉, 다음의 대화는 고려인 주인공이 여러 차례 중국과 무역을 한 것으로 기술하였다.

> **漢** 你自來到大都賣了行貨, 却買綿絹, 到王京賣了, 前後住了多少時?
>
> **高** 俺從年時五月裏將馬和布子到大都賣了。五月裏到高唐, 收起綿絹, 到直沽[72]裏上舡過海, 十月裏到王京。投到年終行貨都賣了。又買了

這些馬並毛施布來了。<원노> 4뒤 9행~5앞 3행.

漢 당신들은 대도 와서 물품을 팔고 나면 다시 솜이나 비단을 구입하여 서울에 돌아가서 파는데 그 전후에 얼마나 걸렸는가?

高 저는 작년 정월에 말과 옷감을 갖고 대도에 와서 팔았으며 5월에는 고당(高唐)에 가서 솜과 명주를 샀고 다시 직고(直沽, 지금의 天津)에 가서 배를 타고 바다를 건너 10월에는 서울에 도착했소이다. 연말까지 물품을 모두 팔고, 또 이 말과 옷감을 사서 여기에 온 것입니다. 원문의 번역은 졸저(2010: 57)에서 인용

이 인용문에서 <노걸대>의 주인공은 그 전년에만 해도 여러 차례 중국을 왕환(往還)하면서 무역을 한 일이 있음을 말하고 있다. 고려와 조선에서 해외 무역을 할 수 있는 자격은 역관(譯官)으로 제한되었기 때문에 주인공을 역관으로 보지 않을 수가 없다. 그리고 <노걸대>가 고려 후기에 편찬되었으므로 주인공을 고려 역관으로 본 것이다.

<원본노걸대>는 비록 서지학적으로 보아 조선 태종 때에 간행한 것으로 추정하지만(정광 · 남권희 · 양오진, 1999) 그 편찬은 고려 말로 보인다.[73] 따라서 원대(元代) 한아언어(漢兒言語)를 반영하는 중국어 학습 교재였다.

2.2.4.1. 우선 이 책의 제2화에 고려인인 주인공이 한아언어(漢兒言語)

72 '直沽'는 지금 중국의 天津으로 元代에는 南方에서 海路로 穀物 등을 大都에 운반하는 해상수송의 要衝이었다. 延祐 3년(1316)에 海津鎭으로 개칭되었는데 이후에도 이 이름은 통칭으로 남았다. <老覽>에 "在武昌縣東南, 衛河白河丁字沽. 合流于此, 入于海. 質問云: 海口也. 離京南去四五日程, 天津衛地方南來, 河水北去, 河水俱東入海. -武淸(昌은 오자 - 필자 주)縣의 東南이고, 衛河와 白河, 丁字沽가 여기서 합류하여 바다로 들어간다." <老集>(上 1뒤)라고 한 것은 『大明一統志』(권1)의 기사를 인용한 것이다.

73 졸저(2010: 9)에서는 1346년 이후에서 1352년경에 중국을 여행한 고려 역관들이 <노걸대>와 <박통사>를 저술한 것으로 보았다. 이에 대하여는 앞의 2.2.3.4.에서도 논의하였다.

를 잘한다고 추켜세우는 장면이 나온다. 즉, 다음에 인용한 <노걸대> 모두의 대화에서는 이러한 내용이 잘 표현되었다. 여기서 한(漢)이 왕객(王客)이고 고(高)는 주인공인 고려 역관이다. <원노>는 <원본노걸대>, <번노>는 {번역}<노걸대>.

漢 恁是高麗人，却怎麽漢兒言語說的好有[74]?

高 俺漢兒人上 學文書來[75]的上頭[76]，些小[77]漢兒言語省的[78]有。

漢 你誰根底[79] 學文書來?

漢 你學甚麽文書來?

高 讀論語・孟子・小學。

漢 恁每日做甚麽工課[80]?

高 每日清早晨起來，到學裏，師傅行[81]受了生文書[82]。下學到家，喫飯罷，却到學裏寫倣書[83]。寫倣書罷對句，對句罷吟詩。吟詩罷，師傅

---

74 '~有'가 文末에 사용되는 것은 漢兒言語의 특유한 표현으로 몽고어의 영향을 받은 것이다. <老朴集覽>에서는 이미 지금은 사용하지 않는다는 기록이 있다.

75 '來'는 완료 혹은 과거를 나타내는 助字이다.

76 '上頭'는 " …이라서, …이기 때문에"이란 뜻이다.

77 원문 '些小'는 조금이란 뜻으로 현대어의 '一點儿'과 같다. <번노>처럼 '些少'라고 쓰는 것이 보통이지만, <原老>에서처럼 '少'를 '小'로 쓰는 경우가 많다.

78 '省的'는 "알다. 이해하다"의 뜻이다. '的'은 '得'과 같다.

79 '根底'는 "~ 밑에서, ~가 있는 곳에서"라는 뜻을 갖는다. 이 말도 漢兒言語에서 자주 쓰이는 말인데 다만 이러한 경우는 '~로, ~에'와 같은 격조사로서의 기능을 가지는 경우가 많다. '跟底'라고 쓰이는 경우도 있으나, <原老>에서는 '根底'로 통일되었다.

80 '學堂'은 元代에 아동들을 가르치는 민간 학교를 말한다. 『合同文字』「雜劇」'二折'의 대사에 "開着個學堂, 教幾個蒙童過日 - 학당을 열고, 몇 명의 아이를 가르치며 날을 보낸다."라는 예가 있다. 학교에 대하여는 <飜朴>上에도 실렸다.

81 '師傅行'의 '~行'은 "~가 있는 곳에, ~에"라는 뜻이다. 宋代의 詞에 이미 이런 표현이 보인다.

82 '生文書'는 교과서 중에서 "아직 배우지 않은 부분"을 말한다. '生'은 생소하다는 의미다.

83 '寫倣書'는 "습자(習字)하다"를 의미한다. 원래의 뜻은 글씨본 위에 종이를 얹고 그에 따라 덧쓰는 影寫를 말하는데 전술한 『程氏家塾讀書分年日程』에 "寫字를 배우기에 앞서 필히 나흘 가운데 하루를 智永의 千字楷書를 影寫하게 함"이라는 기사가 있다. 또한 이어서 '對句・吟詩'에 대하여, 위의 책은 "매일 作詩, 作對 하

行講書[84]。

漢 講甚麽文書?

高 講小學 論語 孟子。<원노> 1앞 9행~1뒤 5행.

漢 당신은 고려 사람인데 어떻게 한어(漢語)를 잘하시는가?

高 저는 중국인한테서 글공부를 하였기 때문에 조금이나마 한어를 알 수 있습니다.

漢 당신은 누구한테 배웠소?

高 저는 한인(漢人) 학당(學堂)에서 배웠습니다.

漢 어떤 책을 공부하였소?

高 <논어(論語)>, <맹자(孟子)>, <소학(小學)>을 공부했습니다.

漢 매일 어떤 수업을 하시었는가?

高 매일 아침 일찍 일어나서 학교에 가면 스승한테 가서 책의 배우지 않았던 부분을 배우고 수업이 끝나면 집에 돌아가 밥을 먹고 다시 학교에 돌아가서 습자(習字)를 합니다. 습자가 끝나면 대구(對句)의 연습을 합니다. 대구가 끝나면 시(詩)를 읊고 시를 읊고 나면 스승한테서 배운 책을 강독(講讀)합니다.

漢 어떤 책을 강독하는가?

高 <소학(小學)>, <논어(論語)>, <맹자(孟子)>를 읽습니다. 해석과 주석 부분은 졸저(2010: 25~6)에서 인용.

이 기사를 보면 <노걸대>에서 배우는 것이 한아언어(漢兒言語)임을 분명하게 밝히고 있다. 거기다가 이 교육은 학당(學堂)에서 이루어지며 교사가 있어 철저하게 이를 교육했음을 알 수 있다. 뿐만 아니라 그 교재가 <소학>이나 <논어>, <맹자>와 같은 유교 경전(經典)이었음을 알

는 것은 금함"이라는 기사가 있어 그 당시에는 일반적으로는 '作詩, 作對'의 수업이 매일 행해졌던 것을 알 수 있다. '吟詩'는 단순히 시를 읊는 것이 아니라 作詩를 말하는 것으로 보인다.

84 원문 '講書'는 책의 내용을 구두로 설명하는 것으로 '背講, 臨講' 등의 방법이 있다(졸저, 2014: 133~138). 여기서는 講讀으로 번역한다. 『程氏家塾讀書分年日程』에서는 '說書'라고 한다.

려준다.

필자가 고려전기까지 중국어의 학습이 유경(儒經)이나 불경(佛經)의 한문에 의거했다는 근거가 여기서 온 것이다. 한아언어 이전에는 중국의 한자 발음이 우리 한자음과 유사했기 때문에 경서(經書)의 한문으로 중국어를 학습할 수 있었다. 즉, 유경과 불경의 한문을 그대로 읽으면 중국인과의 소통이 가능했던 것이다.

본서의 모두(冒頭)에서 강조한 것처럼 경전(經典)의 한문은 중국어의 아언(雅言)이나 통어(通語)를 한자로 적은 것이기 때문이다. 그러다가 원대(元代)에 등장한 한아언어로 인하여 유경(儒經)이나 불경으로 배운 통어가 중국인과의 대화에서 무용지물이 된 것이다.

2.2.4.2. 그리고 한아언어가 원(元) 제국(帝國)의 공용어임을 말해주는 대목이 있다. 앞의 2.1.2.1.에서 인용한 <원본노걸대>의 제4화에서 고려인인 그대가 무엇 하러 한아언어를 배우느냐는 질문에 다음과 같이 답한다.

> 如今朝廷一統天下, 世間用著的是漢兒言語。咱這高麗言語, 只是高麗田地裏行的。過的義州, 漢兒田地裏來, 都是漢兒言語。有人問著, 一句話也說不得時, 教別人將咱每 做甚麼人看? <원노> 2앞 5~6행.－지금 조정이 천하를 통일하였고 세상에서 통용되고 있는 것은 한아언어입니다. 우리 고려의 말은 단지 고려 땅에서만 사용되는 것이고, 의주(義州)를 지나 한인(漢人)들의 땅에 들어오면 모두 한아언어를 사용합니다. {중국에서} 누가 물었는데 한 마디도 말을 못하면 남들이 우리들을 갖다가 어떻게 보겠소? 우리말 번역은 졸저(2010: 30~1, 제4화)에서 인용.

이 <노걸대> 제4화의 대화는 원(元)이 남송(南宋)을 멸하여 중원(中原)을 통일하고 한아언어가 공용어가 되어 사용되고 있음을 밝힌 것이다. 이렇게 분명하게 한아언어의 존재와 그 사용을 밝힌 자료는 이제까지 없었다.

이 자료의 한아언어가 얼마나 원대 북경어를 반영하고 있는지 살펴보기 위하여 원대의 구어체 자료로 인정되는 『원전장(元典章)』[85]의 대화 부분과 『효경직해(孝經直解)』[86]의 백화해석(白話解釋) 부분, 『원조비사(元朝秘史)』[87]를 중심으로 <원본노걸대>의 원문을 번역하고 주석한 것이 졸저(2010)의 『역주 원본노걸대』이다.[88]

또 조선 중종 때에 최세진(崔世珍)이 <노걸대>, <박통사>의 난해어구를 모아 풀이한 『노박집람(老朴集覽)』을 근거로 졸저(2010)에서 <원본노걸대>의 한어를 분석하였다. <노걸대>와 <박통사>에 관련된 여러 문헌과 <노박집람>에서는 전술한 것처럼 '원조시어(元朝時語)', '원조언어(元朝言語)', '원시지어(元時之語)', '원시어(元時語)', '원조지어(元朝之語)', '원어(元語)' 등 원(元)나라의 언어와 관련된 용어들이 자주 등장한다.

2.2.4.3. 그리고 <노박집람> 범례(凡例)에서 최세진은 <노걸대>, <박통사>의 '원본(原本)'이 원래 모두 원대(元代)의 언어로 쓰인 것이라고 기

---

85 原題는 <大元聖政國朝典章>이며 元 나라 朝廷에서 편찬한 것으로서 저자는 미상이다. 元 世祖 때(1279)부터 英宗 卽位(1321)까지 43년 동안의 政事律例를 기록하였는데 대부분 <元史>에 기록되어 있지 않은 내용들로서 元代의 정치, 경제, 법률, 풍속 등을 연구할 수 있는 귀중한 자료이다.

86 원래의 서명은 <新刊全相成齊孝經直解>(1308)이며 元代의 貫雲石(1286~1324)이 <孝經>을 구어체로 풀이한 것이다. 저자는 宋나라가 망한 후 杭州에 이주한 위구르인으로서 원래 이름은 小雲石海涯이었고 宋 에 歸化한 후에 姓을 貫으로 하고 成齋는 그의 號이다. 간혹 '北庭成齋'라고 쓰는데 北庭이 위구르 왕국이어서 위구르인의 성재란 뜻으로 쓴 것이다. 이 자료는 元代의 언어를 연구하는 데 있어서 귀중한 자료로 인정되고 있다.

87 본래의 책이름은 <蒙古秘史>이고 몽고문으로 되어 있었는데 한어로 번역할 때 <元朝秘史>로 고쳤다. 저자는 미상이며 13세기 중엽에 편찬된 것으로 알려져 있다. 明의 초기인 洪武 연간에 한문으로 번역되었는데 563개 한자를 사용하여 음을 달고 그 오른 편에 어휘 對譯文을 표기하였으며 한 단락씩 구어체로 의역을 하였다.

88 졸저(2010)의 <원본노걸대> 역주에 대하여 이육화(2015)에서 다시 역주를 시도하고 졸저(2010)의 몇 개 잘못을 지적하였으나 모두 논란의 여지가 있는 것이다. 분명하게 잘못으로 볼 수 있는 것은 아직 찾지 못했다.

술하고 있다. 즉, <노박집람>의 범례에 다음과 같은 기사가 있다.

> [<노박집람>의] 質問者, 入中朝質問以來也。兩書皆元朝言語, 其沿舊未改者, 今難曉解。前後質問, 亦有抵捂, 姑幷收, 以袪初學之碍。間有未及質問, 大有疑碍者, 不敢强解 宜竢更質。-[<노박집람>에서] 질문이란 것은 중국에 들어가서 질문해 온 것이다. 양서(<노걸대>, <박통사>을 말함. 필자 주)는 모두 원대의 언어로서 옛 것을 따르고 고치지 않은 것들은 오늘날에는 이해하기 어려운 것이다. 전후 질문에도 역시 틀리는 것이 있지만 잠시 한 때 수록하여 초학자들의 어려움을 덜어 주도록 하였다. 그리고 미처 질문(質問)을 하지 못한 것 가운데 크게 어려운 것은 감히 억지로 해석을 가하지 않고 다시 고침을 기다림이 마땅하다. 필자 번역. 졸저(2010: 481~2)에서 인용.

이 기사에 의하면 {원본}<노걸대가 원래 원대(元代)의 한아언어(漢兒言語)이었으며 수정되지 않은 부분은 이미 당시에도 해독하기 어려웠음을 말하고 있다. <노박집람>이 편찬된 조선 중종 때에 당시 유명한 한어(漢語) 역관(譯官)이던 최세진(崔世珍)조차 이해하기 어려운 어구(語句)가 있었던 것이다.

또 앞의 2.2.1.3.에서 인용한 <성종실록>(권122) 성종 11년조에 이창신(李昌臣)의 계(啓)에서도 "대경(戴敬)이 <노걸대>, <박통사>을 보고 말하기를 이것은 원대의 언어입니다. 지금의 중국어와 매우 다르고 알 수 없는 곳이 많이 있습니다(敬見老乞大朴通事曰, 此乃元朝時語也. 與今華語頓異, 多有未解處)"라는 기사가 있다.

이 기사에 의하면 산개(刪改) 이전의 <노걸대>, <박통사>가 원대(元代) 한어이므로 당시의 중국어와 매우 다른 말임을 밝히고 있다. 그리고 유능한 한어(漢語) 사용자로 하여금 이를 당시의 말로 고칠 것을 청하는 이창신의 계(啓)를 소개한 기사였다. 그리고 이에 대한 비답(批答)에서 "且選其能漢語者刪改老乞大、朴通事。"라 하여 성종 11년(1479)에 <노

박>의 산개(刪改)를 계획하고 있었음을 알 수 있다.

중종 때에 최세진(崔世珍)이 편찬한 <노박집람(老朴集覽)>에서도 <노걸대> '원본(原本)'의 한어에 대하여 원대(元代)의 언어임을 여러 차례 언급하였다. 그리고 <노박집람>에서 지적한 내용을 필자가 발굴한 <원본노걸대>에서 모두 찾을 수가 있다. 그 가운데 몇 개를 졸저(2010: 483~491)에서 찾아 소개하면 다음과 같다.

약호(略號)는 <원노>－<원본노걸대>, <산노>－{산개}<노걸대>, <번노>－{번역}<노걸대>, <單>－<노박집람>「단자해(單字解)」와 같고 ①~⑤의 번호는 졸저(2010)에서 인용한 예의 숫자를 보인 것이다.

① 者 > 着

<노박집람(老朴集覽)>에서는 원본(原本)의 <노걸대>에 보이는 '者'를 신본(新本)에서 '着'으로 교체하였음을 말한 것이고 이는 전자가 원대(元代) 언어였기 때문에 당시의 언어로 바꾼 것이라고 하였다. 그 부분을 인용하면 다음과 같다.

> 者; 蒙古語謂諾辭曰者. 兩書舊本皆述元時之語, 故多有者字. 今俗不用, 故新本易以着.(<單> 6뒤)－'者', 몽고어에서 대답하는 말을 '者'라고 한다. 양서의 옛 책(舊本)은 모두 원대(元代)의 말로 기술하였으므로 '者'자가 많으나 지금은 일반적으로 사용되지 않는다. 그러므로 새 책(新本)에서는 '着'자로 바꾸었다.

이 설명은 <원노>의 구본(舊本)과 <산노>의 신본(新本, 새 책)에서 '者 > 着'의 교체가 있었음을 밝히고 있다.[89] 실제로 <원노>에는 '者'가 문장의 끝에 온 경우가 있으며 이것은 <산노>에서는 모두 '着'으로 바뀌었

89 '著'는 그 새김이 '지을 저, 어조사 착'이고 '者'는 '놈 자'이며 '着'은 '나타날 저, 입을 착'이다. 그러나 여기서는 둘 다 어조사로서 문장의 종지나 어구의 종결을 표한다.

다. 그리고 <원노>에서는 '着'의 의미로 '著'도 사용되었는데 어중(語中)에서만 사용된 것이 '者'와 구별되며 <산노>에서는 이 모두가 '着'으로 교체되었음을 위 인용문에서 말한 것이다.

你疾快做著五箇人的飯者(<원노> 6 앞 9~10행) - 주인, 빨리[90] 밥을 5인분 마련해 주게. 졸저(2010: 72).

你疾快做着五箇人的飯着 네 쌜리 다섯 사ᄅᆞᄆᆡ 밥 지ᄉᆞ라(<번노> 上 20 앞)

俺五箇人打著三斤麵的餠者(<원노> 6 앞 10행) - 우리 다섯 사람에게 밀가루 세 근 분의 병(餠)을[91] 만들어 주게. 졸저(2010: 72).

我五箇人 打着三斤麵的餠着 우리 다ᄉᆞᆺ 사ᄅᆞᄆᆡ 서 근ㅅ ᄀᆞᄅᆞᆺ 썩 ᄆᆡᆼᄀᆞᆯ라(<번노> 上 20 뒤).

這水小 再打上一帖落者(<원노> 10 뒤 1행) - 물이 적으니 한 두레박 더 길어야겠네. 졸저(2010: 101).

這水少 再打上一洒子着 이 므리 쟉다 쏘 ᄒᆞᆫ 드레만 기르라(<번노> 上 35 앞).

② 戰張 > 纏張

다음으로 <원노>의 '戰張'이 <산노>에서는 '纏張'으로 바뀐 것에 대하여 살펴본다. 이것은 <노박집람>에서 "纏張;《音義》云: 纏, 去聲. 纏張猶言雜談. 舊本書作戰張. - '纏張'은 『음의(音義)』에 의하면 '纏'이 거성(去聲)으로 발음한다. '전장(纏張)'은 '잡담(雜談)'과 같은 의미이다. 구본(舊本), 즉 원본에서는 '戰張'으로 표기하였다"(<老覽> 上 2뒤)라고 하였다.

즉, <원노>의 '전장(戰張)'이 <산노>에서 '전장(纏張)'으로 바뀌었으며

90 원문 '疾快'는 "빨리, 급히, 서둘러"의 뜻이다. '快' 한 글자로 이런 의미를 나타낸 것은 唐代부터이다. '疾快'로서 이 뜻을 나타낸 것은 약간 늦어서 宋元 때부터인 것 같다. 『永樂大典』「戱文三種, 錯立身」에 "是必教他疾快來 - 꼭 서둘러 오게 하라"라는 구절이 있다.

91 '餠'은 밀가루를 반죽하여 얇게 만들어 굽거나 찐 것이다. <번노>의 언해에 나오는 "떡"과는 다르다.

그 뜻이 '잡담(雜談)'이었음을 말한 것이다. 졸저(2010: 484)에서 인용한 <원노>와 <번노>의 예를 들면 다음과 같다.

> 休則管的戰張(<원노> 15앞 2행) - 그렇다면 말다툼은[92] 그만둡시다. 졸저(2010: 144).
>
> 休只管的纏張 - 슬ᄒᆡ여 힐후디 말라(<飜老> 上 52앞).

이상의 설명을 보면 <원본노걸대>가 {산개}<노걸대>에서 상당한 내용과 어휘의 교체와 내용의 변화가 있었음을 알 수 있다. 아마도 이것이 한아언어(漢兒言語)와 남경관화(南京官話)의 차이, 즉 <노걸대>의 원본(原本)과 산개본(刪改本)의 차이라고 할 수 있다.

2.2.4.4. 또 졸저(2010: 485)에서 인용한 <노박집람>의 다음과 같은 설명은 <노걸대>가 원래 몽고어 학습서로 편찬되었던 된 것인데 이를 한어(漢語)의 교재로 바꾼 것일 수 있음을 암시한다.

이에 대하여 졸저(2017: 441)에서는 현전하는 후대의 『몽어노걸대(蒙語老乞大)』가 병자호란(丙子胡亂) 이후에 {한어}<노걸대>의 산개본(刪改本)을 만주어와 더불어 몽고어로 새로 번역한 것이라 내용이 사뭇 달랐기 때문에 그 논의는 흐지부지되었다고 보았다. 그러나 <몽어노걸대>는 만주어의 『청어노걸대(淸語老乞大)』와 더불어 한 때 '신번(新飜)'<노걸대>라 불리었다.[93]

---

92 원문은 '戰張'이다. <老覽>에서 "<音義>에서 말하기를 '纏'은 '去聲', '纏張'은 또한 '雜談'이라" 함과 같다. 원본은 "'戰張'으로 바꾸어 썼다"라는 설명을 붙였다. '戰'은 '纏'의 동음으로 차자한 것일 것이다. 또 『水滸傳』 제18회에 있는 宋江의 대사에도 '纏障'이란 어휘가 있는데 "언제까지나 따라붙고 방해를 하다"는 의미로 쓰였다. '張'은 '障'의 음을 차자한 것일지도 모른다. 여기에서는 주인과 나그네 사이의 설전을 가리킨다.

93 '新飜老乞大'는 同名異書로서 『통문관지』(卷2) '科擧'조에 "蒙學八册, [中略] 自康熙甲子, 始用新飜老乞大. 淸學八册 [中略] 康熙甲子, 始用新飜老乞大. 見啓辭謄錄"라 하여 蒙學과 淸學의 <新飜老乞大>가 康熙 甲子(1683)에 同時에 譯科 출제서로

<노박집람>에 몽고어 학습의 <노걸대>에서 출전된 것으로 보이는 어휘가 실제로 <원본노걸대>에 나타남으로 그동안의 몽고어 학습의 <노걸대>가 한어 학습서로 바꾼 것이라는 논의를 다시 상기하게 된다. 그 예들을 졸저(2010: 485~491)에서 몇 개 인용하여 본다.

③ 帖落 > 洒子

위의 예에 보이는 '첩락(帖落)'도 <노박집람>에서는 몽고어로서 원대(元代)에 사용되었으나 명대(明代)에는 '쇄자(洒子)'로 교체되었고 오늘날에는 '조통(弔桶)'이라 한다고 하였다. 원래 '帖落'은 몽고어 'torho'의[94] 한자표음으로서 한국어의 '드레'(두레박)가 이 말의 차용으로 보인다. 이에 대한 언급을 <노박집람>에서 찾으면 다음과 같다.

> 洒子; 汲水之器, 以柳枝編成者, 呼曰柳罐. 元語謂帖落. 洒音사, 上聲.(<老覽> 上 2 앞)－'쇄자(洒子)'는 물을 긷는 도구이다. 버드나무가지로 엮은 것은 '유관(柳罐)'이라 하며 원대의 말로는 '첩락(帖落)'이라고 한다. '洒'는 음이 '사'이며 상성(上聲)이다.

이 말은 원대어의 '帖落'이 당시에는 '洒子'임을 말하는데 전자는 <원노>에서, 그리고 후자는 <飜老>에서 다음과 같이 나타난다.

> 你收拾帖落, 井繩出來(<원노> 9뒤 3행)－당신은 두레박과 우물에서 물 푸는 줄을[95] 마련해주게.[96] 졸저(2010: 93).

등장한다. 하나는 <蒙語노걸대>이고 또 하나는 <淸語노걸대>를 말하여 서로 다른 역학서다.

94 몽고어 'torho'는 명사로서 "水桶, 煙突" 등의 의미가 있다(日本陸軍省 編, 1933: 1265). 여기서는 '水桶'의 뜻으로 元代에는 두레박으로 쓰인 물통을 말하는 것으로 보인다. 그리고 한자 '帖落[tieluo]'는 몽고어 'torho'의 음독 표기인 것으로 추정된다. 이 'torho'에서 중세한국어의 '드레'가 차용된 것으로 본다.

95 원문 '井繩'은 우물에서 두레박을 끌어올리는 줄을 말한다.

96 원문 '收拾'은 "마련하다"는 뜻으로 사용되었다. 이 어휘의 원래 의미는 "정돈하

你收拾洒子井繩出來－네 드레와 줄 서러 내여 오교려(<번노> 上31 뒤).

我教與你　將帖落提起來(<원노> 10뒤 2~3행)－내가 가르쳐 주겠네. 두레박을 이렇게 물 위에서 들어 올리고, 졸저(2010: 101)
我教與你　將洒子提起來－내 너ᄃᆞ려 ᄀᆞᄅᆞ쥬마 드레를 드러(<번노> 上35 뒤).

이 예를 보면 '帖落'가 몽고어의 'torho'를 한자로 표기한 것이며 이것이 중세한국어에서 '드레'로 변하였다가 '두레박'이 된 것이다. '두레박'의 '－박'은 '역전앞'이나 '초가집'과 같이 외래어에 우리 고유어를 첨가시키는 조어법이다.

④ 軀口 > 驅口

'구(軀)'는 '구(軀)'의 통용자이며 따라서 '구구(軀口)'는 '軀口', '驅口', '驅戶', '驅' 등으로도 쓰인다고 하였다. 송(宋)과 원(元)나라 때에 금군(金軍)과 몽군(蒙軍)은 전쟁에서 포로로 잡은 한족(漢族) 사람들을 노예로 하여 거의 모두 귀족들이 차지하였다. 대부분 이들은 강제로 농사일을 시키거나 기타 노역을 시키었는데 이들을 '구구(驅口)'라고 불렀다.[97]

한족(漢族) 포로들은 몽고인 주인에게 공납(貢納)하는 것 외에 또 국가에다 세금을 바치고 부역을 맡아야 하였으므로 지위가 농노(農奴)와 유사하였고 일부는 귀족의 노예(奴隸)가 되었다고 한다. 이에 대하여『남촌철경록(南村輟耕錄)』(권17)에서는

다"인데 어떤 행위를 마친 경우에는 "치우다"는 뜻이 되고 앞으로 행하는 행위를 위해서는 "준비하다, 마련하다"는 뜻이 된다.

97 <吏學指南>(권6)「良賤孳産」'軀口'조에 "軀口, 謂被俘獲軀使之人. 古者以罪沒爲奴婢, 故有官私奴婢之分. 荀子云: 藏獲卽奴婢也. 此等並同資財, 故刑統賦釋曰稱人不及於奴婢. 其所生子女謂曰家生軀口, 若軀口自買到軀口謂之重口, 蓋此流亦同財産."(4 뒤 5~6행)라는 기사가 있어 전쟁에서 포로로 잡아 부리는 사람을 '軀口'라고 하였음을 알 수 있다.

今蒙古色目人之臧獲, 男曰奴, 女曰婢, 總曰驅口. [中略] 刑律: 私宰牛馬杖一百, 毆死驅口, 比常人減死一等, 杖一百七, 所以視奴婢與馬牛無異. - 이제 몽고인이 색목인를 잡아 얻으면 남자를 '노(奴)'라 하고 여자를 '비(婢)'라 하며 총칭하여 '구구(驅口)'라 한다. [중략] 형율(刑律)은 [구구가] 사사로이 마소를 잡으면 장 1백을 때리고 '구구(驅口)'를 때려죽이면 보통 사람에 비하여 '시일등(死一等)'을 감하고 장 107대를 때리니 이를 보면 노비는 마소와 다르지 않았다"(『辭海』: 1140, 上海辭書出版社에서 인용). 필자 번역.

라고 하여 전쟁에서 포로로 얻은 색목인(色目人)들을 말과 소처럼 다뤘음을 알 수 있다.

따라서 몽고인은 포로로 잡은 색목인들을 노예처럼 부렸으며 그 가운데 달아난 경우도 있을 것인데 <원노>의 제39화에서는 그러한 예가 보인다. 그러나 <번노>의 제39화에서는 이미 그러한 습관이 없어졌고 노예를 가진 몽고인도 없었음으로 내용이 바뀌었다.

이 예를 두 책에서 찾아보면 다음과 같다.

那人每却是達達人家走出來的䮃口(<원노>14뒤 3~4행) - 그들은 몽골인 집에서 도망친 노예였는데(졸저, 2010: 141)
那人們却是達達人家走出來的 - 그 사름돌히 또 다대 사루미 도망후야 나가니어늘(<번노> 上 50앞),

官司見著落根尋逃䮃有(<원노> 14뒤 5행) - 지금 이 지역의 관아가 도망친 노예를 추적해 찾는 책임을 지게 되었습니다. 졸저(2010: 141).
官司見着落跟尋逃走的 - 구의 이제 저 후야 도망훈 니를 츄심후라후느니(<번노> 上 50앞),

이상의 예문을 보면 <번노>에서는 <원노>의 '구구(䮃口)', 또는 '구(䮃)'가 생략되었는데 이로 하여 의미의 해석이 전혀 달라졌음을 발견할 수 있다.

즉, 첫 예문은 <번노>에서 "그 사람들은 바로 타타르 사람으로(몽고인－필자 주) 도망하여 나간 사람들이어서(那人們却是達達人家走出來的)"로 되었으나 <원노>의 원문을 보면 "그 사람들은 바로 타타르 사람의 집에서 도망하여 나간(那人每却是達達人家走出來的) 노예의 구구(駈口, 漢人 奴隷)"들이라고 해석된다.

둘째의 예문도 <원노>의 "도망친 노예(逃駈)"가 <번노>에서는 "도망한(逃走的)"으로 하여 원대(元代)의 한인(漢人) 노예를 지칭하는 구구(駈口)를 삭제하였다. 아마 명대(明代)에는 한인(漢人) 노예를 지칭하는 구구(駈口)라는 말 자체가 사용되지 않았을 것이다. 오히려 한인(漢人)에 대하여 몽고인이 차별되었을 것으로 보인다.

원대(元代)에는 백성을 몽고인, 색목인(色目人), 한인(漢人), 남인(南人) 등 4 등급으로 나누어 민족 차별 정책을 실시하였다. 즉, 몽고인의 달달(達達)인들을 최우선하였고 나머지 색목인(哈剌魯, 欽察, 唐兀, 畏吾兒, 回回 등), 한인(漢人, 契丹, 女眞, 高麗 등), 남인(南宋遺民) 등으로 나눈 것이다.

이 중에 한인(漢人)과 남인(南人)의 구별은 바로 한아(漢兒)와 오아(吳兒)를 구분한 셈이다. 위의 예에서 '다대 사ᄅᆞ미', 즉 원문의 달달(達達)은 '달단(達旦)', '달단(韃靼)', '탑탑아(塔塔兒)' 등으로 부르기도 하는데 모두 'Tatar'의 음역(音譯)으로 북방 유목 민족에 대한 총칭으로 사용되기도 하나 여기서는 몽고인을 지칭한 것으로 보아야 할 것이다. 졸저(2010: 485~487).

반면에 원(元)에서 백성인 '한인(漢人)'을 의미하는 몽고어 'Jaqud(札忽惕)'가 한족(漢族)만을 가리키는 것이 아니라 거란(契丹), 여진(女眞) 등 몽고인이 통치하는 여러 민족을 지칭한 것이다. 그리하여 한아(漢兒), 즉 Jaqud(札忽惕)는 남송(南宋)의 오아(吳兒)와 구별한 말로 원(元) 제국(帝國)의 여러 민족을 통칭하는 말이다.

『지원역어(至元譯語)』「인사문(人事門)」'한아(漢兒)'조에 보이는 '札忽歹

[ja-xu-dai]'와 『원조비사(元朝秘史)』(권12) 55앞 5행 '금인배(金人毎)'조의 '札忽惕[ja-qu-d]'는 같은 몽고어의 'Jaqud'를 말한 것이다. 즉, <지원역어>의 '札忽歹'와 <원조비사>의 '札忽惕'는 몽고어의 Jakud를 한자로 적은 것이라 둘 모두 한아(漢兒)를 뜻한다(졸저, 2017: 29).

전자의 '한아(漢兒)'는 북방 한인(漢人), 즉 원(元) 제국(帝國)에 살고 있는 한족(漢族)을 말하지만 후자의 금인배(金人毎)'조의 '札忽惕[ja-qu-d]'는 거란인, 여진인 모두를 가리킨다. 몽고어로 'Jaqud'란 한아(漢兒)의 의미가 점차 확대되어 갔음을 알 수 있다.

2.2.4.5. <원본노걸대>에서는 어구(語句)만이 아니라 문장 자체도 몽고어에서 온 것으로 보이는 예가 있다. 졸저(2010: 487~8)에서 논의한 다음의 예들은 한아언어가 몽고어의 영향을 받은 중요한 예로 보인다. 이를 여기에 옮겨 보기로 한다.

⑤ 有 > 削除

<노걸대>의 한어에서 문장의 종결에 '유(有)'가 사용된 것은 원대(元代) 한어(漢語)의 영향임을 <노박집람(老朴集覽)>에서 밝히고 있다. 즉, <노박집람>(이하 <老覽>으로 약칭)에 '漢兒人有'의 설명에서 "元時語必於言終用有字, 如語助而實非語助, 今俗不用.－원대의 언어에는 반드시 말이 끝나는 곳에 '有'자를 사용하는데 어조사(語助辭)인 것 같지만 실은 어조사가 아니다. 지금은 세간에서 사용하지 않고 있다"(<老覽> 上 1앞)라고 하였다.

이 설명은 어조사(語助辭)처럼 사용되는 문장 종결어미의 '有'가 원대(元代)의 언어에 있었으나 최세진 당시에는 더 이상 사용되지 않음을 알 수 있다. 실제로 <번노>에서는 다음 한 곳에만 '有'가 문장의 종결어미로 사용되었다.

你的師傅是甚麽人 是漢兒人有－네 스승이 엇던 사ᄅᆞᆷ고? 이 한인이라 －(<번노> 上 6뒤)[98]

이것은 아마도 성종 때에 원대(元代)의 언어를 반영한 <노걸대>의 원본을 산개(刪改)할 때에 미처 고치지 못한 것이거나 이미 명(明)이 북경(北京)으로 천도(遷都)하여 한아언어가 그대로 유지되었음을 말한다, 그러나 <원노>에서는 문장의 종결어미로 쓰인 '有'를 많이 발견할 수 있고 이들은 <번노>에서는 상술한 한 곳을 제외하고 모두 삭제되었다.

您是高麗人, 却怎麽漢兒言語說的好有? (<원노> 1앞 9행)－당신은 고려 사람인데 어떻게 한어(漢語)를 잘 하시는가? 졸저(2010: 23).

你是高麗人, 却怎麽漢兒言語說的好?－너는 高麗ㅅ사ᄅᆞ미어시니 ᄯᅩ 엇디 漢語 닐오미 잘ᄒᆞᄂᆞ뇨? (<번노> 上 2앞).

我也心裏那般想著有(<원노> 3뒤 9행)－ 나도 그렇게 생각하고 있었습니다. (졸저, 2010: 44)

我也心裏這般想着－나도 ᄆᆞᅀᆞ매 이리 너기노라. (<번노> 上 11앞).

앞의 예들 가운데 <원노>의 것은 모두 '有'가 있다. 이에 대하여 졸저(2010: 488~9)에서 이것은 몽고어의 영향으로 문장 말에 붙은 것으로 보았다. 원래 몽고어의 동사 'bui̯ (is), bolai̯ (is), bülüge (was)'와 모든 동사의 정동사형(all finite forms of the verbs)인 'a-(to be)', 'bayi-(to be)', 그리고

98 이 한곳에 남아있던 문장종결의 '有'도 英祖조의 『新釋老乞大』에서는 "你的師傅是甚麽人 是漢人阿"(<신석노걸대> 2뒤)와 같이 없어진다. 그리고 <박통사>의 경우에도 『朴通事諺解』에 한 곳이 남아있는데 아마도 최세진의 번역에서 수정되지 않은 것이 <飜朴>에 남아 있었고 또 그것이 그대로 <박통사언해>로 이어진 것으로 보인다. 예. "西遊記熱鬧, 悶時節好看有－西遊記는 워전즈런ᄒᆞ니 답답ᄒᆞᆫ 제 보기 됴ᄒᆞ니라"(<박통사언해> 17앞). 그러나 이것도 물론 영조조의 신석에서는 없어진다. 예. "你不知這西遊記熱鬧得狠哩－네 아지 못ᄒᆞᆫ다 이 西遊記 ᄀᆞ장 웨전즈런ᄒᆞ니 悶時節看看眞好解悶－힘힘ᄒᆞᆫ 제 보면 진실로 解悶ᄒᆞ기 됴ᄒᆞ니라"(<朴通事新釋諺解> 3권 21앞)

동사 'bol-(to become)'은 모두 계사(繫辭, copula)로 쓰였다.[99]

따라서 <원노>에 쓰인 문장종결의 '有'는 몽고어의 'bui̯, bolai̯, bülüge, a-, bayi-, bol-'가 문장의 끝에 쓰여 문장을 종결시키는 계사(繫辭)의 기능을 하는 것으로 몽고어의 영향을 받은 원대(元代) 한아언어의 특징이라고 할 수 있다. 즉, 교착적 문법구조를 갖고 있는 몽고문어에서는 계사(繫辭)로서 문장을 종결시켰다. 우리말에서 지정사 '－이다'의 '－이'와 같다.

예를 몽고문어(蒙古文語)에서 들어보면 다음과 같다.

ene ken bui̯－"Who is this?"
manu baɤši sayin bui̯－"Our teacher is good."
ene morin qurdun bui̯－"This horse is quick"
ĵobalang-un šiltaɤan anu nisvanis bui̯－"The cause of sufferings is attachment to the world."
ene sayin bolai̯－"This is good."
činu kereg yaɤun bülüge－"What is your need?"
mongɤol γaĵar inu aɤudam yeke amui̯－"Mongolia is vast and big."
manu köbegün sayin bayimui̯－"Our son is good."
tere inu sayin bolba－"He became good." (Poppe, 1954: 157)

또 『원전장(元典章)』, 『효경직해(孝經直解)』와 같은 몽문직역체의 원대(元代) 문헌에서 '有'가 사용된 용례가 있으며 그 가운데 몇 개를 들어보기로 한다.

『元典章』 '倚勢抹死縣尹' "那達魯花赤是甚麼人有　姓崔的漢兒人有"
『孝經直解』 '感應章' 第十六: "祭奠呵　不忘了父母有, 小心行呵　不

99 이에 대하여는 Poppe(1954: 157)의 "The Simple Copula, 'the verbs *bui̯*' is, '*bolai̯*' is, '*bülüge*' was, and all finite forms of the verbs 'a-' to be, 'bayi-' to be, and 'bol-' to become usually serve as copula."라는 설명을 참조.

辱末了祖上有"

志村良治(1995: 384)에서는 入矢義高(1973)의 주장에 따라 원대(元代) 초기부터 사용되기 시작한 '有'가 확정적인 의미를 나타내는 데 쓰였다고 주장하였다. 다만 그 용례를 <노박(老朴)>에서 거의 찾아 볼 수 없었던 것은 아마 이 두 문헌, 즉 <노걸대>와 <박통사>가 원대(元代) 후기에 편찬되었기 때문일 것으로 보았다.

그러나 그가 <원본노걸대>를 보지 못하고 조선 성종대의 {산개} <노박>만을 참고하였기 때문에 나온 것이다. 한편 太田辰夫(1991: 179)에서는 '有'자의 이러한 용법은 원대(元代)에서 명초(明初)에 걸친 자료들에서 많이 찾아 볼 수 있다고 하였는데 실제 구어체(口語體)에서 사용되었던 것임에 틀림이 없다고 하였다.

그리고 원곡(元曲)에 이르러서는 더 이상 사용되지 않았으나 '一壁有者'(한 쪽에서 기다리고 있다)와 같은 관용어적 용법은 아직 원곡에서도 찾아 볼 수 있으며 따라서 '有'는 어휘적 의미가 없는 문장 말 종결어미였을 것으로 추정된다고 하였다. 앞에서 살펴본 바와 같이 당시의 한아언어가 몽고어와 같은 교착적 문법구조의 언어로부터 영향을 받았기 때문이다.

<원본노걸대>에서는 문장 말에 '有'가 대량으로 사용되었음을 발견할 수 있다. 이것은 <노박집람>의 해설과 같이 바로 이 교재가 원대(元代)의 언어임을 보여주는 유력한 근거라 할 수 있다. 그러나 <노걸대>의 산개본, 즉 최세진의 <번역 노걸대>에서 전게한 한 곳에 남아있는 것은 수정하는 과정에서 누락된 것으로 보아야 할 것이다.

<원본노걸대>에 보이는 예문들은 모두 대화 부분의 문장 말에 '有'가 사용된 용례들로서 서법(敍法)에 관계없이 두루 사용된 것으로 보인다. 따라서 '有'를 문장 말의 어조사 외에 다른 성분으로 분석하기가 어려운 듯하며 이러한 용법은 몽고어의 직역체와 관련이 있는 것으로 본

연구도 있다.

余志鴻(1988: 32)에 의하면 원대(元代) 언어에서 항상 문장의 말에 사용되어 문장의 주요 동사와 관련이 되는 '有'는 시제를 나타내는 조사라고 주장하였다. 즉, 『원조비사(元朝秘史)』의 경우를 살펴보면 '有'는 '-UmU'에 대응되는데 다음과 같은 예문에서 보여 주는 바에 의하면 과거에서 현재까지(미래까지 지속 가능한) 지속되는 시제를 나타낸다고 하였다.

貼額周 阿木'載着有'(『원조비사(元朝秘史)』 101, 948)
迭兒別魯 梅'顫動有'(『원조비사』 98, 947)
莎那思塔 木'聽得有'(『원조비사』 101, 948)

余志鴻(1988)에서는 이러한 발언이 <노걸대>가 어쩌면 몽고어로 먼저 편찬되었고 그것을 원대(元代)의 한어(漢語)로 번역하여 만든 것이 아닌가 하는 의문을 갖게 한다고 하였다. 실제로 고려 말의 통문관과 그의 후신인 사역원(司譯院)은 초창기에 몽고어와 한어만을 교육하였다. 통문관이 몽골의 원(元)과의 접촉에서 언어의 문제를 해결하려고 설치하였기 때문이다.

고려 후기에 설치된 통문관(通文館)과 사역원에서는 한어(漢語)와 몽어(蒙語)만을 교육하였다(졸저, 1988: 48). 그리하여 조선은 건국 초기에 사역원을 복치(復置)하고 『태조실록』(권6) 태조 3년 갑술 11월조의 기사에 통사과(通事科)의 시식(試式), 즉 시험 방식을 한어와 몽고어 시험의 '습한어자(習漢語者)'와 '습몽어자(習蒙語者)'로 나누어 소개하였다.

이 고시(考試)에서 몽고어 역관(譯官)을 선발하는 습몽어자(習蒙語者)의 경우에는 "能譯文字能寫字樣, 兼偉兀字, 爲第一科。只能書寫偉兀文字, 兼通蒙語者, 爲第二科。 - 능히 [파스파로 쓰인] 문자를 번역하고 또 자양(字樣, 파스파 문자를 말함)을 쓸 수 있고 겸하여 위구르문자를 번역하고 쓸 수 있다면 제1과로 삼다. 다만 위구르 문자만 쓸 수 있고 겸해서 몽고어에 통한 자는 제2과를 삼다"라고 하여 파스파 문자와 위구르(偉兀) 문자를 동시에 번역할 수 있고 능히 쓸 수 있는 자(者)를 제1과로 하고 위구르(偉兀)자만 쓸 수 있고 몽고어에 통한 자를 제2과로 한다고 하였다 (졸저, 2017: 454).

이를 보면 몽골의 원대(元代)였던 고려 후기는 물론이고 명대(明代)의 조선 전기에도 몽고어와 몽고 문자의 몽고-위구르문자나 파스파문자는 지식층들이 많아 알고 있는 외국어였던 것으로 보인다. 여북해야 졸저(2025: 136~139)에서 강조한 바와 같이 몽운(蒙韻)으로 불리는 <몽고운략(蒙古韻略)>, <몽고자운(蒙古字韻)>, {증정(增訂)}<몽고자운>을 한자음의 연구에서 신숙주(申叔舟), 최세진(崔世珍) 등이 애용하였다고 하였을까?

몽운(蒙韻)이라 불리는 이 운서들은 몽고의 파스파문자로 한자의 중국 정음(正音)을 표기한 것으로 최세진의 <사성통해(四聲通解)>에 전재된 신숙주의 <사성통고(四聲通攷)> 범례에 그 서명이 실렸으며 실제로 <사성통해>의 정음(正音)과 속음(俗音)은 몽운(蒙韻)으로부터 온 것이 많다.[100]

또 <세종실록>의 상정소(詳定所)에서 올린 '제학취재(諸學取才)'의 경서(經書)와 기예(技藝)의 수목(數目)을 정하는 계청(啓請)의 기사(세종 12년 3월 戊午조)에서 몽고어를 학습하는 교재로 '노걸대'가 있었음을 주목할 필요가 있다.

이것은 병자호란(丙子胡亂) 때에 포로로 잡혀갔다가 돌아와 새로 {한어}<노걸대>를 당시 몽고어로 새로 번역한 것과는 다른 원래의 몽고어 교재를 말한다. 현전하는 <몽어(蒙語)노걸대>는 병자호란 때에 잡혔다가 돌아온 사람들이 역관이 되어 편찬된 것이다. 이『몽어노걸대(蒙

---

100 花登正宏(1997)의 <古今韻會擧要 研究>에 의하면 元代의 蒙韻들이 <古今韻會> 및 <同擧要>와 관련을 지으며 수정되었고그 과정을 조선의 <四聲通解>를 통하여 확인할 수 있다고 한다.

語老乞大)』는 <통문관지>의 기록에 의하면 첫 이름은 '신번노걸대(新飜老乞大)'였으므로 <세종실록>의 몽고어 <노걸대>가 아님을 알 수 있게 한다.

즉, 고려 시대로부터 전래한 몽고어의 <노걸대>가 있었고 이것이 <세종실록>의 몽고어 <노걸대>로 본 것이다. 몽고어 학습교재로서 <노걸대>를 먼저 만들고 이를 원대(元代)에 한어로 직역하여 한어 <노걸대>를 저작하였을 것이라는 주장이다. 왜냐하면 '노걸대(老乞大)'란 서명이 한어(漢語) 학습 교재의 명칭으로 잘 맞지 않기 때문이다.

앞의 2.2.1.1.에서 언급한 것처럼 '걸대(乞大)'는 'Kitai 또는 Kitat'을 한자로 표음한 것으로서 요(遼)의 거란(契丹)을 표기한 것이고 따라서 <노걸대(老乞大)>는 '노(老)'가 '위대한, 씨(氏),－님, 통'을 나타내므로 'Great Kitai', 'Mr. Kitai, Mr. Cathayan'의 뜻을 가졌기 때문이다. 따라서 중원(中原)의 오아(吳兒)와 적대적인 한아(漢兒)의 거란(契丹)을 존칭(尊稱)하는 서명이 중국어 학습교재로 적절할 수 없다.

2.2.4.6. 이상의 설명을 보면 <원본노걸대>가 원래 몽고어 학습교재였다가 한어(漢語) 교재로 개편한 것으로 짐작할 수 있다. 그리고 병자호란(丙子胡亂) 이후에 호란(胡亂)으로 잡혀갔던 조선인들이 청(淸)에 억류되었을 때에 청군(淸軍) 속에 포함된 몽고인들에게 새 몽고어를 배우고 돌아와서 반대로 {한어}<노걸대>를 번역한 것이 현전하는 <몽어노걸대>라고 본다(졸저, 2017: 460~462).

그리하여 처음에는 '신번노걸대(新飜老乞大)'란 이름의 몽고어 교재를 편찬한 것이 후일 <몽어노걸대(蒙語老乞大)>가 된 것으로 보아야 한다. 졸저(2017)에서는 '몽어노걸대'의 간행과 개편에 대하여 다음과 같이 설명하였다.

사역원 사학(漢・蒙・倭・女眞學 또는 淸學)의 역학서, 즉 중국어, 몽고어,

일본어, 여진어 또는 만주어의 학습서는 17세기를 기점으로 하여 대대적인 개편이 이루어진다. 정광 · 韓相權(1985)에 의하면 조선시대 초기에 『세종실록』, 『경국대전』 등에 기재된 사역원 사학의 외국어 학습서들은 임진왜란과 병자호란 이후에 일대 혁신을 이루어 그 면목을 일신하였으며 종전의 교재가 주로 해당국의 훈몽서를 수입하여 사용하였다면 임진 · 병자 양란(兩亂) 이후에는 그 실용성에 맞추어 사역원에서 스스로 편찬하여 사용하였다고 주장하였다.

특히 한학을 제외한 몽학 · 왜학 · 청학의 삼학(三學)에서 이런 현상은 두드러졌으며 『통문관지』(권8) 「집물」, 「서적(書籍)」조에 보이는 '신번노걸대'란 이름의 <청어노걸대> · <몽어노걸대>의 편찬이라든지 왜학에서의 <첩해신어(捷解新語)>와 몽학의 <첩해몽어>, 그리고 한학의 <역어유해(譯語類解)>를 모방한 몽 · 청 · 왜학의 <몽어유해(蒙語類解)>, <동문유해(同文類解)>, <왜어유해(倭語類解)> 등의 편찬은 주로 왜(倭) · 호(胡) 양란(兩亂) 직후의 시기에 집중되어 이루어졌다.[101]

그러나 그 이후 영 · 정조 시대에는 전시대에 편찬한 사역원의 외국어 교재를 신석(新釋) · 개수(改修) · 증보(增補) · 중간(重刊)하여 사용하였으며 주로 중국이나 일본으로 대대적인 사행(使行)이 파견되었을 때에 이 사행을 수행한 역관들에 의하여 현지에서 역학서의 수정이 이루어지고 귀국 후에 이들에 의하여 사역원에서 개편이 이루어지는 것이 그 시대의 상례였던 것으로 보인다. [중략]

<몽어노걸대>의 간행에 대하여는 '몽어노걸대서(蒙語老乞大序)', 그리고 『누판고(鏤板考)』의 "蒙語老乞大 八卷, 本朝司譯院官玄文恒撰, 以蒙語方言音, 譯老乞大, 院官李億成重訂－<몽어노걸대> 8권은 조선의 사역원 원관인 현문항이 편찬한 것이다, 몽고어 방언음으로 <노걸대>를 번역한 것이고 이억성이 중정하였다.", 그리고 『통문관지』(권8) 「집물(什物)」 [속]조에 "蒙語老乞大板, 乾隆辛酉蒙學官李最大等, 捐財刊板－몽어노걸대 책판은 건륭 신유에 몽학관 이최대 등이 재물을 내어 간판(刊板)하였다." 등의 기사가 있어 이최대(李最大)와 현문항(玄文恒)이[102] 당시의 몽고어음으로 {한

101 이 類解類 역학서의 상호 관련에 대하여는 졸고(1978b)를 참고할 것.

102 『鏤板考』에는 玄文恒만 거론되었다. 즉, <몽어노걸대>의 서문에 의하면 丁巳년

> 어}<노걸대>를 번역하였고 건륭(乾隆) 신유(辛酉, 1741)에 이최대가 연재(捐財) 간판한 것을 이억성(李億成)이 다시 중정(重訂)하였음을 알 수 있다.
>
> 그러나 졸고(1987a) 및 졸저(1990)에서는 병자호란 직후에 만주어로 '노걸대'를 번역할 때에 몽고어로도 이를 번역하여 모두 '신번노걸대(新飜老乞大)'라고 불렀으며 이것은 수사본(手寫本)으로 만들어져 사역원의 몽고어 학습교재로 사용되다가 이희대(李喜大) 등의 수정을 거쳐 이최대가 간판하면서 '몽어노걸대'란 이름을 얻은 것으로 논술하였다. 이 수정에 청학관 현문항이 참여한 것은 사역원 도제조(都提調)의 명에 의한 것으로 당시 청학(淸學)과 몽학(蒙學)은 서로 넘나들었던 것으로 보인다. 졸저(2017: 458~460).

이에 의하면 조선 후기에 역관(譯官) 이최대(李最大)와 현문항(玄文恒)이 당시 몽고어로 {한어}<노걸대>를 번역하여 <몽어노걸대> 8권을 편찬하였고 건륭(乾隆) 6년에 이를 간행하였으며 다시 이억성(李億成)이 중정하였음을 알 수 있다. 따라서 이 때의 <몽어노걸대>는 <세종실록>의 <몽고어 노걸대>와 반대로 한어 교재인 {산개}<노걸대>의 한어(漢語)를 몽고어로 고쳐서 편찬한 것으로 보아야 할 것이다.

2.2.4.7. <노걸대>는 원래 몽고어를 학습하기 위한 교재로 편찬되었다가 한아언어(漢兒言語)의 교재로 바꾼 것이라는 것을 이 교재의 내용에서도 확인할 수 있다. 예를 들면 제58화에 동행인 왕객(王客)은 한아언어를 잘 했던 것으로 아마도 전술한 바와 같이 몽고어 학습 교제인 <노걸대>가 먼저 있었고 후에 한어 교재가 된 것으로 보아 몽고인이었을 가능성이 있다.

(1737)에 사역원 都提調 金相公이 蒙學官 李喜大와 淸學堂上 玄文恒을 시켜 '老乞大'와 '物名'을 燕京에 벼슬하는 몽고인에게 문의하여 빠진 것 없이 모두 알게 하였으나 이를 간판하기에 이르지는 못하였던 것으로 보인다고 하였다. 玄文恒이 淸學의 '物名'을 수정하여 <同文類解>를 간행하였음은 이미 알려진 사실이다(졸고, 1987a).

일행이 대도(大都)에 도착하여 고려인이 친척의 이(李)씨를 만나서 나눈 대화는 다음과 같다.

> 李 這伴當是誰?
>
> 高 到東京這壁廂厮合著。他也有幾箇馬, 一處赶將來。他是漢兒人, 在東京城裏住。俺沿路來時好生多得他濟[103]。俺漢兒言語不甚理會的。路上喫的馬匹草料, 以至安下處, 全是這哥哥生受。<원노> 21뒤 5행.
>
> 李 동행하신 이분은 누구십니까?
>
> 高 동경(東京)에 도착해서 그 때부터 함께 다니네. 이분도 말이 몇 마리 있어서 같이 몰고 왔다네. 한아(漢兒)인이고 동경 시내에 사신다고 하데. 우리가 길을 따라 오면서 도움을 꽤 많이 받았네. 나는 중국어를 잘 모르니까 오는 길에 식사나 말들의 먹이, 그리고 묵는 곳까지 다 이 형님이 수고를 해주셨네. 해석은 졸저(2010: 200~1)에서 인용.

이 <원본노걸대>의 제58화를 보면 왕객(王客)의 도움으로 한아언어로 인한 언어상의 문제를 해결한 것으로 되었다. 만일 한아(漢兒)의 왕객(王客)을 몽고인으로 본다면 원대(元代)의 또 하나 공용어인 몽고어의 문제도 그가 해결할 수 있었을 것이다. 당시에는 대도(大都)에서 한아언어만이 아니라 몽고어도 지배층의 언어로 사용되었을 것이기 때문이다.

물론 이 한아언어는 몽골의 원(元)이 오아(吳兒)의 명(明)에 멸망한 홍무(洪武) 원년(1368)부터 제국의 공용어에서 낙하하여 변방의 지역어가 되지만 명(明)의 제3대 황제인 영락제(永樂帝, 成祖)가 북경(北京)으로 천도(遷都)하여 다시 통용되었다. 그리고 후대의 청대(淸代)에는 북경 만다린, 북경관화(北京官話)로 정착하여 오늘날 중국의 공용어인 보통화(普通話)가 된다.

---

103 '得~濟'이다. 이는 "~의 도움을 얻다"는 뜻의 구문이다.

그러나 명대(明代)에는 계속해서 원대(元代)의 이 한아언어가 천시(賤視)되어 고려에 이어서 조선시대에도 한어(漢語)는 역관(譯官)들에 의해서만 배워서 통역하게 된다. 명대(明代)에 조선에 온 사행(使行)을 배행(陪行)한 명인(明人) 고위 관리들은 여전히 남경관화(南京官話)를 사용하였기 때문에 굳이 한아언어를 배우서 통화에 쓸 필요가 없었다.

조선의 유신(儒臣)들은 여전히 유경(儒經)의 고문(古文)이나 당송(唐宋)시대의 문학작품과 불경에 쓰인 한문을 따라서 주대(周代) 낙양(洛陽)의 아언(雅言)이나 당대(唐代) 장안(長安)의 통어(通語)만을 배우고자 하였다. 그리고 비록 하급관리나 일반 백성들과 통화할 때에 사용하는 한아언어(漢兒言語)는 천시하여 배우지 않았고 중인(中人)의 역관들에게 맡겼다.

3. 〈원본노걸대〉의 내용

2.3.0. 졸고(1999b,c)로 일본의 중국어학계에 소개하고 졸고(2000b)와 졸저(2004, 2010)로 우리 학계에 소개한 <원본노걸대>는 중국의 대도(大都)로 상품을 팔러가는 고려인들이 역시 대도로 말을 팔러가는 한아인(漢兒人) 왕객(王客)과 동행하면서 여행 중에 주고받는 대화를 통하여 당시 한아언어를 배우는 교재였다.

이 교재는 앞의 2.2.3.1.에서 언급한 것처럼 어느 고려 상인이(이름은 나오지 않음, 주인공) 3인의 고려인 동행과 더불어 고려의 특산품인 말과 인삼, 모시 베(毛施布), 삼베(帖裏布)를 팔려고 고려 왕경(王京)에서 원(元)의 대도(大都)로 가면서 도중에 한아(漢兒)의 왕객(王客)을 만나는데서 시작한다.

즉, 요양(遼陽, 현재의 遼東)을 지날 때에 그곳에 사는 사람으로 역시 말을 팔러 대도(大都)로 가는 한아인(漢兒人) 왕객(王客)을 만나 동행하게 된다. 가는 길에 함께 여관에 묵기도 하고 여관이 없는 곳에서는 민박도 하며 하점(夏店)을 거쳐 대도(大都)에 이른다. 대도(大都)에 도착한 주인공은 그곳에 거주하는 친척을 찾아가서 상품의 가격에 대한 정보를 얻는다.

숙박하는 여관 주인의 소개로 찾아온 중국 상인들에게 먼저 말을 판다. 그리고 탁주(涿州, 현재 河北省 소재)로 장사를 하러 가려는 동행의 왕객(王客)을 따라 다니며 그곳에 가서 팔 양(羊)이나 옷감, 활과 화살, 냄비, 식기 등을 구입하는 것을 구경한다. 그리고 당시 유행하던 활쏘기 내기 시합도 하고 중국식 요리를 만들어 먹기도 한다.

마지막 고려 상인들은 돌아갈 날짜가 어느 날이 길일(吉日)인지 점을 쳐 보고 왕객에게 작별 인사를 하면서 귀로(歸路)에 오르는 것으로 이 책은 끝이 난다. 이상의 이야기는 모두 주인공인 고려 상인을 비롯하여 동행인 왕객(王客) 등 모든 등장인물의 대사가 약간의 상황 설명을 덧붙여 생생하게 마치 그 자리에서 그들의 대화를 듣는 것처럼 묘사되었다.

따라서 <원본노걸대>는 단순한 한어 교재가 아니고 당시의 사회상을 잘 보여주는 한 편의 여행 가이드북이었다. 우리는 이 책을 통하여 당시 사회상을 규지(窺知)할 수 있을 뿐만 아니라 여행을 통해서 도로 사정이라든지 민심, 물가, 지폐의 사용법 등을 살펴볼 수 있다. 마치 생생한 현장의 안내서와 같아서 당시 원(元) 제국의 여러 사정을 잘 보여준다.

1) 〈원본노걸대〉의 장면 설정

2.3.1.0. <원본노걸대>의 내용을 분석하고 각 장면의 설정에 대하여 졸저(2010: 424~428)에서 자세하게 살펴보았다. 여기서도 그에 의거하여 <원본노걸대>의 전체 모습을 고찰하여 어떤 내용의 한어(漢語) 교재인지 살펴보려고 한다.

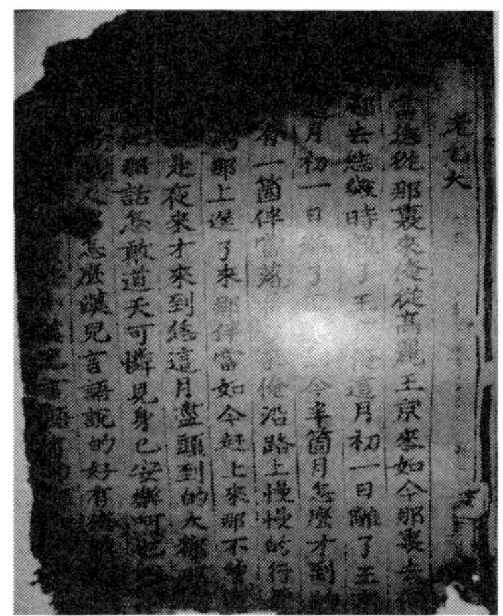

[사진 2-1] 〈원본 노걸대〉의 첫 장

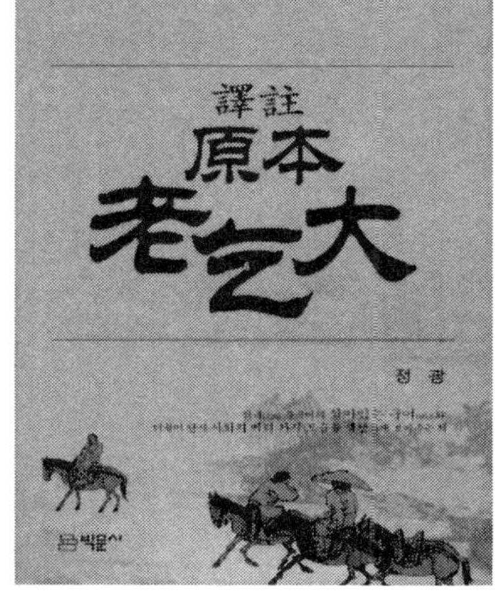

[사진 2-2] 〈원본 노걸대〉의 역주본(졸저, 2010)

앞의 [사진 2-1]로 보인 바와 같이 <언본노걸대>는 권수서명과 판심서명이 '老乞大'이고 반엽(半葉)에 10행으로 나누어 1행에 21자를 써넣었다. 사주쌍변(四周雙邊)에 판심에는 하향 흑구(黑口) 어미(魚尾)가 있고 '노걸대'란 서명과 쪽수가 적혔다. 제40엽의 권미(卷尾)에 '老乞大 終'이란 권미서명이 있다. 권점이나 띄어쓰기가 일체 없이 계속해서 한자만으로 기재되었다.

[사진 2-2]는 필자가 <원본 노걸대>를 한국어로 풀이하고 난해구(難解句), 난해어(語)를 주석한 역주본(譯註本)이다. 이 <노걸대>의 역주(譯註)는 필자로서는 버겁다고 느낄 정도로 어려운 작업이었으며 많은 중국어학 연구자들의 도움을 받았다. 그리고 최세진(崔世珍)의 {번역}<노걸대>와 후대의 언해본을 참고하여 우리말로 풀이하고 주석한 것이다.

그리하여 먼저 학술서적이 아닌 일반 출판사의 김영사에서 졸저(2004)『역주(譯註) 원본노걸대』를 출판하였는데 역시 학술서적을 출판하지 않는 곳이라 주해(註解)에 쓰인 한자를 모두 없애는 등 여러 가지 필자와 맞지 않는 편집이 있어서 이를 다른 출판사에서 다시 간행하지 않을 수 없었다.

2.3.1.1. <노걸대>는 앞에서 언급한 바와 같이 중국어 학습에서 회화 강독 교재로 사용된 것이다. 이 책의 편찬은 중국을 여행하는 사람들에게 필요한 중국어의 대화(對話)를 장면(場面)별로 배열하고 그에 맞는 대화를 엮었다. 즉, 주인공인 고려 상인이 중국을 여행하면서 부딪친 여러 장면에서 실제로 사용한 대화를 소재로 한 교재였다.

즉, <노걸대>는 중국을 여행한 고려 상인(商人)과 함께 동행(同行)한 중국인 왕객(王客)과의 현지에서 주고받은 대화가 중심이 되었다. 따라서 중국을 여행하면서 차례로 부딪히는 여러 개의 장면을 설정하고 그 장면에서 주어진 주제에 따라 이루어질 수 있는 대화를 실어서 실제로 유사한 상황에서 중국인과 만났을 때에 필요한 회화를 익히도록 한 것이다.

<노걸대> 원본의 장면(場面)은 저자가 인위적으로 한 것이 아니고 그들이 거쳐 가는 여정(旅程)에 맞추어서 설정한 것이다. 즉, 중국으로 고려의 화물(貨物)을 팔러 가는 고려 상인 세 명과 그들과 동행이 되어 북경까지 함께 간 중국 상인과의 대화를 여정에 맞추어 배열하였다. 따라서 마치 한편의 영화처럼 당시에 통용되는 한아언어(漢兒言語)를 실제로 학습하는 회화교재가 되었다.

이것은 조선 성종 조에 교정한 {산개}<노걸대>에서도 같았으며 이를 저본(底本)으로 하여 중종 때에 최세진이 정음(正音)으로 발음을 달고 언문으로 내용을 풀이한 {번역}<노걸대>나 후대의 『노걸대언해(老乞大諺解)』에서도 같았다.[104] 이러한 장면별 대화의 적절한 설정은 <박통사>

104 필자는 訓民正音과 正音, 그리고 諺文을 구분하여 용어로 사용한다. 훈민정음은 동국정운식 한자음 표기에 사용된 한글을 말하고 언문은 우리말 표기에 사용된 한글을 말한다. 또 正音은 중국의 표준음을 표음할 때에 쓰인다. 따라서 漢語 교재인 <노걸대>나 <박통사>의 한자음은 正音으로 표음한 것이라 보아야 한다. 정음으로 한자음을 표음하는 것을 중점으로 한 것의 제목은 {飜譯}<老朴>이었

에서도 그대로 답습되었고 후대의 다른 역학서(譯學書)에서도 모방되었다.

예를 들면 왜학서(倭學書)인 『첩해신어(捷解新語)』에서는 강우성(康遇聖)이 지은 원본(原本)에서 <노걸대>와 같은 방법으로 장면을 나누고 대화를 배열하였다. 다만 후대의 <노걸대>에서 보인 바와 같이 초기의 원본에서는 단락을 나누지는 않았다. 그러나 후대의 <첩해신어> 개수본(改修本)에서는 처음부터 각 대화의 장면을 나누고 그에 대한 제목까지 붙였다.[105]

<노걸대>의 장면 분석은 {산개}<노걸대>에서 시도되었고 정식으로 장면이 바뀐 것을 표시한 것은 교서관본(校書館本) <노걸대언해>이었다. 여기서는 장면이 바뀔 경우 4엽 화문(花紋) 어미(魚尾)를 중간에 넣어 표시하였는데 모두 107화로 분류하였다. 졸저(2006)에서는 이에 근거하여 {산개}<노걸대>를 저본으로 하여 번역한 {번역}<노걸대>의 장면을 106화로 나누었다.

2.3.1.2. <원본노걸대>에서도 졸저(2010)에서 전체를 106화로 나누고 각 장면을 6장면으로 나누어 내용에 따라 제1장면 '만남'(1~12화), 제2장면 '와점(瓦店)에서의 숙박'(13~29화), 제3장면 '자, 대도(大都)로'(30~50화), 제4장면 '대도(大都)에서의 생활'(51화~84화), 제5장면 '사람 사는 도리'(85화~95화), 제6장면 '고국을 향하여'(96화~106화)로 다시 나누었다.

고 그 내용의 우리말 풀이를 중시한 것은 <老朴諺解>, 즉 <老乞大諺解>, <朴通事諺解>가 된다.

105 <捷解新語>는 아마도 조선시대 司訳院이 일본 対馬藩에서 보내는 倭人들을 접대할 때, 그리고 朝鮮에서 통신사를 일본의 江戸幕府에 派遣할 때의 여러 상황을 순서대로 상정하고 그 때 사용할 일본어를 학습시킬 목적으로 편찬된 것이다. 개수본에서는 이러한 여러 상황을 몇 개로 나누어 節目을 정하고 대화를 배치하였다. 이러한 節目의 규정은 조선 사역원에서 왜인들을 맞이하거나 通信를 파견할 때에 일어나는 일의 순서에 맞춘 것으로 보인다. 왜냐하면 『改修捷解新語』의 장면 분석의 節目이 『增訂交隣志』에 규정된 왜인 접대의 行事例와 유사하기 때문이다. 이에 대하여는 정승혜(2001) 참조.

그리고 각 화(話)의 중심 화제를 제목으로 하여 '주인공인 고려 역관과 동행인 한아(漢兒) 상인의 첫 만남을 소재로 한 제1장면에서는 1화 '어디서 왔소?', 2화 '한어 학습(1)－누구에게 무엇을 배웠소?', 3화 '한어 학습(2)－어떻게 배웠소?', 4화 '한어 학습(3)－무엇하러 한어를 배우나?', 5화 '한어 학습(4)－스승은 누구?'. 6화 '동행(1)－동행합시다.', 7화 '동행(2)－대도의 물가', 8화 '동행(3)－오늘밤은 어디서 묵소?', 9화 '와점(瓦店)에서(1)－말먹이 값은 얼마?', 10화 '와점에서(2)－비단과 무명의 값', 11화 '대도에서 얼마나 머물겠소?'. 12화 '동행 세 사람은 누구?'와 같이 모두 12화로 다시 나누어 제목을 붙였다(졸저, 2010: 9~10).

물론 <원본노걸대>와 {산개}<노걸대>와의 사이에는 내용의 변화가 있어서 조금씩 차이가 난다. 그리하여 각 화(話)의 제목이 조금 다를 수가 있다. 예를 들면 <원본노걸대>의 제2화에서 에서는 "你學甚麽文書來?－너는 어떤 책을 공부했소?"이지만 산개본(刪改本)에서는 "你誰根底學文書來?－너는 누구에게 어떤 책으로 공부했소?"이어서 차이를 두었다.

이러한 각 장면에 따른 대화의 분류는 모두 106화이고 후대의 <노걸대>에서도 107화로 나눈 것을 보면 대체로 사역원의 한어(漢語) 교육이 반년(半年), 즉 상반기와 하반기의 각 6개월에 106 내지 107 차례가 있었던 것이 아닌가 한다. 그에 맞추어 대화를 나누어 수업을 진행한 것으로 보이는데 한 달에 초하루와 보름을 제외하고 연속해서 진행된 것으로 추정된다.

그리고 각종 명절과 국가 경축일을 제외하고 수업이 실시되어 반년에 107차례 수업이 진행된 것으로 보인다. 요즘 대학에서 1학기를 12주 내지 13주에 걸쳐 실시하는 것과 비교하면 조선 사역원(司譯院)에서 대체적으로 어느 정도 수업일정이 매우 타이트하게 짜였음을 알 수 있다. 그리고 106화나 107화는 그에 맞추어 교재를 편성한 것으로 보인다.

2.3.1.3. 졸저(2010: 425~427)에서는 각 장면을 우리말로 제목을 붙이고 각 화(話)는 우리말과 한어(漢語)의 제목을 붙였다. 여기에 그대로 옮겨 보기로 한다. 다만 일부 제목은 고친 것이 있다.

제1장면 만남(1화~12화)

이 장면은 중국으로 장사를 떠난 고려 상인들이 북경(北京)으로 가는 도중에 중국 만주 지역의 요양성(遼陽城)에 사는 중국인 상인 왕객(王客)을 만나 서로 인사를 나누고 북경까지 같이 동행을 요청하는 대화를 내용으로 하는 장면이다.

1화 恁從那裏來? - 어디서 왔소?
2화 你學甚麽文書來? - 어떤 책을 공부했소?
3화 做甚麽工課? - 어떻게 배우는가?
4화 學漢兒文書怎麽? - 무엇하러 한어를 배우는가?
5화 師傅是甚麽人? - 스승은 어떤 사람?
6화 俺做伴當去 - 동행합시다.
7화 京裏價錢 - 대도의 물가
8화 今夜那裏宿去? - 오늘밤은 어디서 묵어요?
9화 草料多少鈔? - 말먹이 값은?
10화 綾絹綿子價錢 - 비단과 무명 값
11화 京裏 - 대도에서 얼마나 머물겠소?
12화 三箇伴當 - 동행 셋은 누구?

제2장면 와점(瓦店)에서의 숙박

이 장면은 중간 기착지인 와점(瓦店)에서 일행들이 여관에 머물고 말에 먹이를 주기도 하며 하룻밤을 지낸 것을 대화로 엮은 것이다.

13화 草料多少 - 말먹이 값
14화 切草料 - 말꼴 준비
15화 打火 - 저녁밥

16화 炒肉－고기 볶기
17화 盤纏－숙박료
18화 碾馬草, 鋪藁薦－말먹이는 법
19화 修橋, 賊－교량의 수리와 도적
20화 賊－도적을 만나다.
21화 客人被箭射傷－도적의 화살에 다치다.
22화 捕盜－도적이 잡히다.
23화 井－우물에서 물 긷기
24화 勤喂馬－말여물 주기
25화 看房子－방을 지키다.
26화 打水－물 긷기
27화 高麗井－고려의 우물
28화 牽馬－말 끌어오기
29화 起程－이제 출발

제3장면 자, 대도(大都)로(30화~50화)

이 장면은 와점(瓦店)을 떠나서 일로 북경(北京)을 향하여 가는 길에 일어난 일을 소재로 한 것이다. 중간에 민박할 때에 좋은 주인을 마나 대접을 잘 받기도 하고 흉년을 맞난 지역의 인심 사나운 주인을 만나 고생도 하면서 하점(夏店)을 지나 북경(北京)이 보이는 곳에 이르기까지의 여정에서 일어난 일을 대화로 엮은 것이다.

30화 飯喫－밥 지어 먹기
31화 主人家哥－친절한 주인
33화 好者千里客, 萬里要傳名－나그네 대접은 세상인심
32화 喫得飽那不飽?－배 불리 먹었소?
34화 是必家裏來－우리 집에도 꼭 들리시오.
35화 打馳馱－말 매고 짐 싸기
36화 尋箇宿處－어디서 묵나?
37화 恁房子裏覓箇宿處－하룻밤 묵읍시다.

38화 宿不得－우리 집에서는 못 자요.

39화 俺宿一宿－하룻밤만 자겠소.

40화 委實不是歹人－수상한 사람이 아니오.

41화 那裏將糶的米來?－어디서 쌀을 사요?

42화 今年這裏 田禾不收－금년은 흉년

43화 一就那與些草科如何?－말먹이는 어떡해?

44화 睡覺－잠에서 깨다.

45화 收拾行李－짐 꾸리기

46화 夏店有三十里多地－하점(夏店)은 30리

47화 茶飯－음식점에서 밥 사먹기

48화 喫幾盞酒－술집에서 술 한 잔

49화 你貴壽?－형님 연세가 얼마?

50화 廻鈔－술값 계산

2.3.1.4. 이렇게 고려 상인과 중국인 마상(馬商)인 왕객(王客)은 대도(大都)에 도착한다. <원본노걸대>는 이들의 중국 여행을 매우 사실적으로 묘사하였다. 다음은 대도(大都)에서의 생활을 대화체로 보인 것이다.

제4장면 대도(大都)에서의 장사와 생활(51화~84화)

이 장면은 하점(夏店)을 거쳐 북경(北京)에 도착한 일행이 여관을 잡고 고려인들과 중국 동행이 함께 가져 온 말을 먼저 팔았다. 그리고 중국인 친구는 다시 다른 곳에 가서 장사를 하려고 여러 가지 물건을 산다. 고려인들은 그 동안 고려에서 찾아온 친척으로부터 고국의 소식도 듣고 고려에 돌아가서 팔 물건을 찾아보는 북경에서의 생활을 그렸다.

한편 중국인 왕씨는 친척을 모아 잔치를 하다가 병이 나서 치료를 받고 그 후에 고려인들과 음식이나 술을 사먹기도 한다. 또 이들은 활쏘기 시합도 구경하면서 북경(北京)에서의 생활을 즐긴다. 그런 의미에서 이 장은 <노걸대>의 가장 중요한 부분이다.

51화 順承門關店－순승문(順丞門) 앞 여관
52화 這店裏下的俺麽?－방 있소?
53화 纔到這裏－지금 도착했지
54화 你這馬待要賣那?－이 말은 팔 건가?
55화 高麗客人－고려에서 온 손님
56화 賣行貨－가져온 물건 팔기
57화 家裏都好麽?－가족은 모두 잘 있어요?
58화 這伴當是誰?－동행은 누구신가?
59화 再廝見－또 만나요.
60화 賣馬－말 팔다.
61화 馬－말의 종류
62화 馬價－말 흥정
63화 商量價錢－사겠소, 말겠소?
64화 牙家－거간꾼
65화 爛鈔不要－불량 지폐는 안 돼요.
66화 寫文契－매매 계약서 쓰기
67화 馬契－말 계약서 서식
68화 牙稅錢－중개료와 세금
69화 嗓馬－병든 말 무르기
70화 涿州買羊－양(羊) 팔러 탁주(涿州)로
71화 羊價－밑지고 양을 팔다.
72화 緞子－여러 가지 옷감
73화 你與多少價錢?－단자(緞子) 가격
74화 到多少尺頭?－옷감의 치수는?
75화 馬具－마구(馬具)
76화 買弓－활을 사다.
77화 買弓弦－활시위를 사다.
78화 買箭弓－화살을 사다.
79화 買什物－그릇 사기
80화 親戚宴－가족 잔치

81화 車子－수레 곳간
82화 賭射箭－내기 활쏘기
83화 漢兒茶飯－중국 요리
84화 甚麼病?－어떤 병인가?

요양(遼陽)에서 살다가 중도에서 고려 상인들과 만난 한아인(漢兒人) 왕객(王客)은 대도(大都)로 가져간 말을 팔고 다시 탁주(涿州)에 가서 팔려고 양(羊)을 샀다. 고려 상인들도 가져간 말을 팔고 먼저 와 있던 친척을 만나는 등 대도에서의 바쁜 시간을 보내는 장면을 대화체로 보였다.

2.3.1.5. 다음은 제5장면의 '사람 사는 도리'인데 이 장면은 지금까지의 회화체 문장과는 달리 산문체 문장으로 되었으며 내용도 여행 중에 일어나는 장면이 아니라 일종의 처세(處世)의 방법을 가르치는 것으로 바뀌었다. 따라서 회화체로 이어지던 이야기의 전개가 일시적으로 중단되었다. 아마도 원래에는 없었던 부분을 나중에 삽입하였을 가능성이 높다.

제5장면 사람 사는 도리(85화~95화)
85화 每日快活－인생은 유쾌하게
86화 老實常在 脫空常敗－아동 교육
87화 掩惡揚善－친구 사귀기
88화 做奴婢－상전 섬기기
89화 接濟朋友－친구는 서로 돕고
90화 狐朋狗黨－왈짜패
91화 穿衣服－옷 입기
92화 繫腰－허리띠 매기
93화 戴的帽子－모자 쓰기
94화 穿靴－신발 신기

95화 幇閑的男女－방탕아

다음의 제6장면 '고국을 향하여'는 이 여행담의 대미(大尾)를 장식한 부분이다. 즉, 중국인 왕객(王客)이 탁주(涿州)로 장사하러 떠나고 그 사이에 고려인들은 가져온 물품 중에 아직 처분을 하지 못한 인삼과 모시 베를 팔면서 돌아갈 때에 가져갈 물품을 고른다.

마침 그 때에 탁주(涿州)에서 돌아온 왕객(王客)의 도움으로 고국에 돌아가서 팔 물건을 구입하고 마지막으로 중국인 친구 왕(王)씨에게 하직을 고하면서 대단원의 막을 내린다.

제6장 고국을 향하여
96화 涿州賣去－탁주(涿州)로 팔러 가다.
97화 賣人蔘－인삼을 팔다.
98화 賣毛施布－모시, 베를 팔다.
99화 長短不等－옷감의 치수
100화 毛施布價－모시, 베의 값
101화 鈔的眞假－위조지폐는 아닌가.
102화 買迴貨(1)－고려로 돌아가서 팔 물건
103화 買迴貨(2)－고려로 돌아가서 팔 물건
104화 買迴貨(3)－고려로 돌아가서 팔 물건
105화 筭卦－돌아갈 날의 길일(吉日)
106화 再見－우리는 돌아갑니다!

이렇게 모두 6장면 106화로 <원본노걸대>의 중국 여행은 끝이 난다. 한어(漢語)의 학습 교재가 아니라 한편의 여행 영화를 보는 것 같다. 제5장면을 제외하고 모두 대화로 표현되었지만 마치 영화처럼 장면 장면이 도두 눈에 선하게 보인다. 언어의 학습 교재라기보다는 오히려 문학 작품처럼 느껴진다.

필자가 졸저(2010)의 <역주 원본고걸대>를 집필하면서 원문에 들어 있는 많은 고사성어(故事成語)와 난해어휘, 난해구를 찾으려고 온갖 사전류를 뒤지던 행복한 추억이 떠오른다. 물론 당시 경도(京都)대에 재직하던 김문경(金文京) 교수와 그의 동료, 제자들의 도움이 컸다. 그들은 중국어학이 전공이고 필자는 한국어학 연구자이어서 어쩔 수 없이 그들의 도움을 받지 않을 수 없었다. 물론 그들로 인한 피해도 덜지는 않았다.[106]

2.3.1.6. 앞에서 살펴본 <노걸대>의 장면 분석은 고려 상인이며 역관으로 보이는 주인공이 친척 2인과 함께 중국으로 장사를 떠났는데 중로에서 중국인 왕씨(王氏)를 만나서 같이 여행을 하는 내용을 먼저 크게 다섯 장면으로 나누고 그 장면에 따라 이루어진 대화를 나누어 본 것이다. 앞에서 소개한 장면 설정과 그 대화 내용을 요약하면 다음과 같다.

첫째 장면은 주인공 고려 역관과 그 일행이 요양성(遼陽城)에 사는 중국인 상인 왕씨를 만나서 서로 인사를 나누고 함께 길을 떠나는 장면을 12화(話)로 나눈 것이다. 그리고 중간 기착지인 와점(瓦店)에까지 가는 이야기가 둘째 장면이며 17화(話)로 나누었고 그 이후에 민박을 하면서 하점(夏店)까지, 그리고 북경(北京)에 도착하는 이야기를 셋째 장면으로 묶었다.

---

106 필자의 解說로 명시한 金文京 外(2002: 235)에서는 "我只要大官絹"을 "我只有大官絹"와 같이 <원노> 제72화의 '有'를 '要'로 잘못 읽었다고 졸저(2010: 430의 주50)에서 지적한 것이 그 좋은 예라고 할 수 있다. 또 그 해석에서도 틀린 것이 있었다. 또 이 책의 2.2.3.4.에서 지적한 대로 金文京 外(2002: 345~6)에서 '交'에 대한 해석을 이상하게 달리 하였다. 그리하여 이러한 이해할 수 없는 잘못은 일본 학계가 조선 역학서에 대한 지식이 부족하기 때문이라고 보았다. 고려와 조선에만 있었던 司譯院의 교육제도와 그에 따른 교재의 편찬을 일본인 연구자들로서는 제대로 이해하기 어려웠을 것이다. 필자는 수많은 역학서 자료, 즉 譯科 試券이라든지 현전하는 역학서의 교재의 板木 등의 고찰을 통하여 사역원의 외국어 교육제도와 그의 역학서 교재에 대하여 철저하게 살펴보았다. 그 결과물로 졸저(1988, 1990a, 2014, 2017)와 정광・윤세영(1998) 등이 있다. 물론 이러한 업적을 감안하여 金文京 外(2002: 235)의 해설자로 필자를 거명하였을 것이다.

셋째 장면은 다시 20화(話)로 구분하여 대화를 나누었다. 넷째 장면은 대도(大都)에 도착하여 여관을 잡고 먼저 북경에 와 있는 친척을 방문하여 편지를 전달하는 것으로 시작하여 북경에서의 생활을 그린 장면이다. 넷째 장면도 북경에서의 생활인데 33화(話)로 나누어 <노걸대> 5장면 가운데 가장 많은 대화가 있었던 장면이다.

특히 중국인 왕씨를 중심으로 그가 친척을 모아 연회를 하고 술을 너무 마시어 병이 났던 일, 활쏘기 시합 등 그와 함께 대도(大都)에서의 생활을 대화로 엮었다. 왕씨는 고려 상인들이 가져온 물건의 값을 알아보는 동안 탁주(涿州)에 가서 장사를 더 하기 위하여 물건을 사고 그가 돌아온 다음에 고려로 돌아갈 물건을 사기로 한다. <노걸대>에서 가장 중요한 대목이라고 할 수 있다.

다섯째 장면은 어떤 방탕아(放蕩兒)를 예로 하여 하여 그가 어떻게 가산(家産)을 탕진하고 방탕의 길을 가고 있는지, 그리고 그것을 통해서 인간의 도리가 무엇인지를 교훈적으로 말하고 있다. 따라서 여행을 하거나 물건을 사고팔고 하는 <노걸대>의 전체 내용으로 보아 이 단원은 매우 이질적인 부분으로 보인다. 그러나 이 방탕아의 옷차림을 통하여 당시 유행하던 옷, 모자, 띠, 신발, 음식 등을 배울 수 있다. <노걸대>가 한어 교과서임을 다시 깨우쳐주는 부분이라고 할 수 있다.

여섯째 장면은 고려 상인들이 탁주(涿州)에서 돌아온 왕씨의 도움으로 가져온 물건을 팔고 돌아갈 물건을 사는 장면들이 연속되었다. 모두 10화(話)로 나누어 대화로 된 내용을 배치하였다. 여섯째 장면은 마지막에 돌아갈 길일(吉日)을 점치고 왕씨와 헤어지는 것을 끝으로 끝이 난다. 주인공인 고려 역관과 중국 상인 왕씨의 우정을 생각하면서 코끝이 시큰하다.

2.3.1.7. 그런데 이렇게 분명하게 장면을 분석한 것은 앞서 말한 것처럼 처음부터 있었던 것이 아니고 현재로는 산기(山氣)문고 소장의 가

정본(嘉靖本) {산개}<노걸대>가 가장 처음으로 알려졌다.[107] 그러나 고려 말, 또는 조선 초에 간행된 것으로 보이는 {원본}<노걸대>가 발굴되어 이러한 주장은 사실과 다르게 되었다.

산기(山氣)문고의 가정본(嘉靖本) {산개}<노걸대>는 <원본노걸대>가 발굴되기 전까지 <노걸대>의 여러 이본 가운데서 가장 오래된 것으로 알려졌었다. 이 가정본(嘉靖本) {산개}<노걸대>에서는 대화가 바뀔 경우 꺽쇠(ᄀ)로 표시하였다.[108] 이러한 장면 분석 표시의 방법은 후대에 <노걸대>를 학습하는 거의 모든 학습 교재에서 공통으로 나타난다.

임진왜란 이후에 간행된 {산개}<노걸대>로 규장각(奎章閣) 소장본에서 홍문관(弘文館) 구장본(舊藏本, 奎 5158)과 시강원(侍講院) 구장본(奎 6293)이 있는데 여기에도 가정본(嘉靖本)과 같이 대화가 바뀔 때마다 모두 남필(藍筆)로 꺽쇠(ᄀ)표시를 하였다. 그러나 정식으로 판본에 장면이 바뀐 것을 표시한 것은 교서관본 <노걸대언해(老乞大諺解)>부터라고 본다.

교서관본(校書館本) <노걸대언해>에서는 장면이 바뀔 경우 4엽 화문(花紋) 어미(魚尾)를 중간에 넣어 표시하였는데 모두 107화로 분류하였다. 다음 [사진 2-3] 참조. 졸저(2010: 424~427)에서는 이에 근거하여 {산개}<노걸대>를 저본으로 삼고 이를 훈민정음으로 번역하고 언해한 것이 최세진의 {번역}<노걸대>라고 하였다. 그리고 이 {번역}<노걸대>의 장면을 106화로 나눈 것을 소개하였다.[109] 현전하는 {산개}<노걸대>는 임란(壬亂) 이전의 1종과 임란 이후의 4종이 알려졌다.

---

107 안병희(1996: 3)에서는 山氣文庫 소장의 甲寅字 <노걸대>의 복각본이 현전하는 最古本으로 보았다. 山氣문고는 서울 인사동의 서점 通文館의 주인이었던 故 李謙魯 翁의 소장 서적들을 말한다.

108 嘉靖本에서 꺽쇠로 표시한 대화의 수효는 93군데로 아마도 이 책에서는 93화로 나눈 것이 아닌가 한다(졸저, 2010: 428).

109 여기서 '飜譯'은 <노걸대>의 각 한자를 훈민정음으로 발음 표시하고 '諺解'는 이를 우리말로 풀이하여 언문으로 쓴 것을 말한다. 적어도 崔世珍은 이를 구별한 것으로 보인다(졸고, 1974; 2024d).

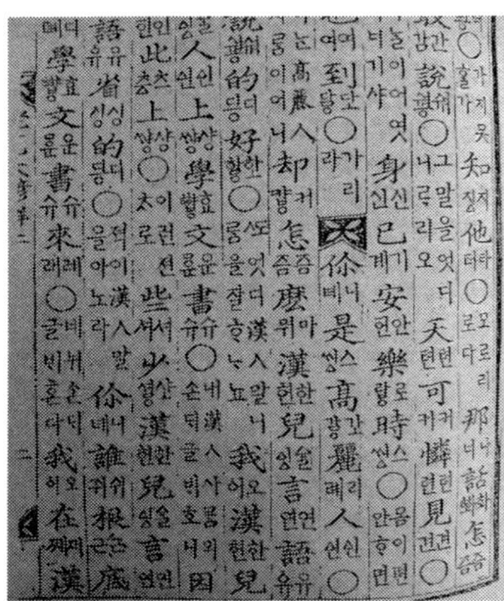

[사진 2-3] 평양감영 중간의 〈노걸대언해〉 단락 표시의 화문(花紋)어미[110]

임란 이전의 {산개}<노걸대>인 산기(山氣)문고본은 안병희(1996: 3)에서 통문관 서점의 소장본으로 조사되어 보고되었다. 그에 의하면 1책 48엽으로 목판본이라고 한다. 사주단변(四周單邊)에 반곽(半郭)의 크기가 세로 24.6cm × 가로 16.8cm로 유계(有界) 10행에 1행이 17자로 되었으며 판심은 백구(白口)에 상하내향上下內向) 흑어미(黑魚尾)로 어미(魚尾) 사이에 판심서명인 '老乞大'가 있고 장차(張次)가 표시되었다고 한다.

이것은 갑인자(甲寅字) 활자본의 <산개본>을 복각한 목판본이지만 4엽, 47엽, 48엽의 3엽은 복각한 것이 아니라 새로 쓴 것이며 이 3엽을 제외하고는 모두 초쇄본이라고 한다.[111] 이것은 홍문관(弘文館) 구장본 및 시강원(侍講院) 구장본(모두 규장각 소장)과는 행격(行格)과 본문 내용이 완전히 일치하며 다만 판심과 광곽(匡郭)의 크기에 차이가 보인다(안병

110 서울대 규장각 소장본의 <老乞大諺解>의 2엽 앞을 사진으로 보인 것이다.

111 산기문고 소장의 甲寅字 복각본이 안병희(1994)에서처럼 초쇄본이라는 주장이 사실이라면 아마도 覆刻할 당시 저본이었던 甲寅字本에서 이미 3엽이 落張이 되었다고 볼 수밖에 없다. 다만 落張된 본을 底本으로 하여 복각한 목판본이 있을 수 없어서 초쇄본이란 이 주장은 신빙하기 어렵다.

희, 1994: 5).

이 책은 원소유자가 실제로 중국어를 학습한 책이었으며 책의 여러 곳에 원소유자의 주석이 보이고 1엽 앞 오른 쪽 상단에 "嘉靖二十六年丁未 二月十八日置簿, 戊申十二月十五日下等, 二十四日 楊州除授"라는 첨지(添紙)가 붙어 있다. 또 48엽 뒷면 여백에도 "嘉靖二十八年己酉六月十八日到楊州, 是夜夢遊於完北宮, 主上脃角乘一男子云云"이라는 주기(注記)가 보여 책주(冊主)가 가정(嘉靖) 정미(丁未), 즉 명종 2년(1547) 2월 18일에 <노걸대>로 중국어를 학습할 사람으로 치부되었음을 알 수 있다.[112]

따라서 이 판본의 소유자는 이 책으로 한어(漢語)를 공부하여 시험에 합격하고 가정(嘉靖) 28년, 즉 명종 4년(1549) 기유(己酉) 12월 24일에 양주(楊州) 목사로 부임하였음을 알 수 있다(안병희,1996: 5).[113] 따라서 적어도 이 책은 명종 2년(1547) 이전에 출간된 것이다. 성종 14년(1483)에 명인(明人) 갈귀(葛貴) 등이 <원본노걸대>를 산개하였으므로 산개본이다.

성종 때에 갑인자(甲寅字)로 간행한 활자본의 {산개}<노걸대>를 목판본으로 복각한 판본이 앞의 가정본(嘉靖本)으로 볼 수 있고 그 일부가 낙장(落張)되어 이를 필사하여 추가한 것으로 보인다. 따라서 이것은 초쇄본으로 보기 어렵고 이미 쇄출(刷出)된 판본을 후에 낙장된 곳을 추가하여 편철(編綴)한 판본으로 보아야 할 것이다.

---

112 현전하는 {刪改}<노걸대>로 故 李謙魯 翁의 구장본인 山氣문고 소장본과 奎章閣의 弘文館 舊藏本(奎5158), 侍講院 구장본(奎6293)이 널리 알려졌다. 그러나 규장각 소장본은 임란 이후의 板本이나 산기문고본은 비록 후자의 2책과 同板本이지만 임란 이전의 판본으로 보이고 권미에 册主가 嘉靖28년 己酉라는 낙서가 있어 그 시대의 판본으로 간주하며 이로 인하여 '嘉靖本'이란 별명을 얻었다.

113 아마도 이곳에 부임하는 牧使에게 漢語 시험을 부과한 것은 이곳이 楊州라는 특수한 지역이기 때문일 수도 있다. 楊州에는 중국에서 오는 使行이 묵어가는 碧蹄館이 있었다. 또 목사에 임명하기 전에 漢語를 시험하는 것은 오늘날의 공무원 시험에 영어를 과목으로 하는 것과 다를 바가 없는 현상이다(졸저, 2017: 330~2).

2) 〈원본노걸대〉 한어의 특징

2.3.2.0. 졸저(2010)에서는 <원본노걸대>(1346년 경) 한어의 특징에 대하여 고찰하고 중요한 점을 {산개}<노걸대>(1483)와 비교하여 밝혔다. <원본노걸대>가 알려지기 전가지 가장 오래된 <노걸대>로 알려진 중종 때에 최세진(崔世珍)의 {번역}<노걸대>는 성종 조에 수정한 <산개본(刪改本)>을 번역(飜譯)하고 언해한 것이다.

이 <산개본>에서 쓰인 한어(漢語)는 영조 때의 개수본인 <노걸대신석(老乞大新釋)>(1761)이 나오기까지 실로 280년간 사역원의 중국어 교육에서 이 남경관화(南京官話)를 교재로 하였다. 그러나 필자에 의해서 학계에 소개된 <원본노걸대>는 가정본(嘉靖本)의 {산개}<노걸대本)>보다 앞선 한어(漢語) 교재로서 조선 성종 때의 산개(刪改)를 입지 않은 것이다.

따라서 <원본노걸대>에 반영된 중국어는 {산개}<노걸대>와 다른 중국어였고 중국어의 역사에서 근대(近代)시대의 언어(Modern Chinese)를 반영할 것으로 기대되었다.[114] 즉, <노걸대>의 원본은 한아언어를 반영한 것이고 후대의 산개본(刪改本)은 남경관화를 학습하는 교재였다. 따라서 이 둘의 차이는 바로 한아언어와 남경관화의 차이를 알려줄 것이다.

물론 명대(明代)의 남경관화는 비록 제국(帝國)의 공용어이었지만 수도인 북경(北京) 주변에는 한아언어가 당시에도 민중에게 통용되고 있었다. 그러나 이것을 보여주는 사역원의 한어 교재는 보이지 않는다. 따라서 조선에 오는 명(明)의 사신(使臣)이나 중국으로 가는 조선의 사신들은 모두 명(明) 제국(帝國)의 공용어인 남경관화로 명(明)의 관리들과 대화했을 것이다.

---

114 필자는 전술한 바와 같이 중국어의 역사를 종래의 시대구분과 달리 전통적인 언어사의 三分法에 의하여 중국 공용어의 변천에 따라 고대중국어(Ancient Chinese)의 雅言, 중세중국어(Middle Chin.)의 通語, 그리고 근대중국어(Modern Chin.)의 漢語로 나누고 현대 중국의 공용어인 普通話를 현대중국어(Contemporary Chin.)로 본다. 이러한 분류는 중국의 여러 방언을 무시하고 공용어의 변천만을 살핀 것이다. 본서의 다음 2.3.2.5.를 참고할 것.

2.3.2.1. 이제 <노걸대> 원본(原本)의 한아언어(漢兒言語)와 산개본(刪改本)의 남경관화(南京官話)를 비교하여 그 차이를 밝혀보려고 한다. 다만 음운의 차이는 한자가 표의문자이기 때문에 알 수가 없지만 어휘와 문법에서 일어난 언어의 차이는 <노걸대>의 원본(原本)과 산개본(刪改本)을 통해서 살펴볼 수 있다.

먼저 <노걸대>의 <원본>과 <산개본>의 한어를 비교하여 그 중요한 차이를 도표로 그리면 다음과 같다.

[표 2-2] 〈노걸대〉와 원본과 산개본의 차이

品詞	<원노>	葉數	<산노>	葉數	備考
名詞	大都	1앞, 1앞	北京	상1앞, 상1뒤	역; 北京
		3뒤	京	상10뒤	역; 셔울
		24뒤	京城	하16앞	역; 셔울
		5앞	京都	상15앞	역; 셔울
	順承門	3뒤	順城門	상11앞	역; 같음
	東京城	13앞	遼東城	상44뒤	역; 遼東잣
	遼陽城	24앞		하15뒤	위와 같음
	中統鈔	24뒤	白銀	하16뒤	역; 같음
		24뒤	官銀	하17앞	역; 구의나깃 은
	乖驕馬	22뒤	劣馬	하9앞	역; 갈외는 ᄆᆞᆯ
	伴當	1앞	大哥	상1앞	역; 큰 형님
		1앞	火伴	상1뒤	역; 벗
	僕奴	34뒤	伴當	하53뒤	역; 번당
	田地	2앞	地面	상5뒤	역; ᄯᅡㅎ
	這壁	21뒤	這邊	하6앞	역; 이 녀긔
	那壁	3뒤	那邊	상10앞	역; 뎌 녀긔
名詞	東壁	19앞	東邊	상67앞	역; 동녁 겨틔
	南壁	20뒤	없음		
	帖落	9뒤, 10뒤	洒子	상31뒤, 상35뒤	역; ᄃᆞ리

品詞	<원노>	葉數	<산노>	葉數	備考
人稱代名詞	俺	1앞	我	상1앞	역; 내
		5앞	我一們	상16뒤	역; 우리
		12앞	我們	상42앞	역; 우리
	恁	1앞	你	상1앞	역; 네
指示代名詞	兀那	5뒤	那	상7앞	역; 뎌
	兀的	7뒤	這的	상25앞	역; 이
		7뒤	這	상25뒤	역; 이
	阿的	11뒤	這的	상39앞	역; 이거시
疑問代名詞	怎生	1뒤, 7뒤	怎的	상3뒤, 상25앞	역; 엇디
		15앞	怎麽	상52뒤	역; 상동
名詞接尾辭	每	2앞, 9앞	們	상5뒤, 상7앞	뜻; 복수
動詞	道	1앞, 3뒤	說	상2앞, 11앞	역; 니ᄅ다
	過	6앞	切	상19뒤	역; 사ᄒ다(썰다)
	虛見	9앞, 22앞	看	상30뒤, 하8앞	역; 보다
	索	9앞, 12뒤	要	상30뒤, 상44앞	뜻; -하려고 하다
	溷踐	12뒤	攪擾	상44앞	뜻; 폐를 끼치다
	儘教	15뒤, 18앞	罷罷	상55앞, 상63뒤	뜻; 그대로 두다
	將	16앞	拿	상56앞	뜻; 가지다
	戰張	15앞	纏張	상52앞	뜻; 귀찮게하다
	褒彈	28앞, 36뒤	包彈	하31앞 하,62앞	뜻; 나무라다
	邀	16뒤	赶	상58앞	뜻; 몰다
	爨	17앞, 17뒤	炒	상61앞, 상61뒤	뜻; 볶다
	供	20앞	走	상69뒤	뜻; 걷다
	評	23앞	算	하11앞	뜻; 계산하다
	有	25앞,뒤	等候	하18뒤, 하20뒤	뜻; 기다리다
形容詞	爭	2뒤, 30뒤	好	상7뒤, 하41앞	뜻; 어질다, 좋다
	生受	30앞	辛苦	하35앞	역; 슈고ᄒ게
		15뒤	艱難	상54앞	뜻; 어렵다
形容詞	細	10뒤	少	상35앞	역; 쟉다
	小	39뒤		하71앞	역; 위와 같음
	乖	15뒤	利害	상55앞	역; 모딜다

品詞	<원노>	葉數	<산노>	葉數	備考
副詞	哏	2앞, 22앞	十分	상7앞, 하8뒤	역; ᄀᆞ장
		11뒤	忒	상39앞	역; 너므
	把似	2뒤	好歹	상7뒤	역; 모로매
	底似	6뒤	十分	상21앞, 상26뒤	역; ᄀᆞ장(너무)
	更	16앞, 20앞	又	상56앞, 상70앞	역; 또
		12앞 ,19앞	還	상42앞, 상67앞	역; 그려도, 또
		20뒤	再	하2앞	역; 또
	演裏	13뒤, 17앞	還	상46앞, 상60앞	역; 당시론(아직)
	則	3뒤	只	상10앞	역; 그저
	索	25앞	委實	하19앞	역; 진실로
	厮	32앞, 32뒤	相	하46뒤, 하47앞	역; 서르
	猶自	23뒤	還	하12뒤	역; 다하(역시)
前置詞	投	19뒤, 20앞	往	169뒤, 하1앞	뜻; －로 향하여
	投	31뒤	從	하43뒤	뜻; －로부터
後置詞	行	1뒤	上	상2뒤	뜻; －에게/－에게서
		1뒤, 1뒤	前	상3앞, 상3뒤	뜻; －앞에
	根底	30뒤	上	하41앞	뜻; －에게
		37뒤	根前	하65앞	뜻; 위와 같음
	上頭	15앞, 15앞	因此上	상51뒤, 상53앞	역; 젼ᄎᆞ로
	呵	1앞, 3앞	時	상2앞, 상6앞	역; －ᄒᆞ면
助詞	也	6뒤, 7뒤	了	상22앞, 상25앞	역; －라, －다
	了也	8앞, 11앞		상26앞, 상37앞	역; －니, －다
	也者	3뒤, 31앞		상10앞, 하42뒤	역; －라
		31앞	也	42뒤	역; (－닛ᄃᆞ)나
		31앞	着	하42앞	역; －다가
	者	6앞, 6앞		상20앞, 상20뒤	역; －라
	那	1앞	了	상1뒤	역; －가?
		18뒤, 21앞, 35앞	麽	상66앞, 하3뒤, 하56뒤	역; －다?, －녀?, －냐?

졸저(2010: 443~445)에서 인용

이 각각의 차이에 대하여는 졸저(2010: 445~497)에서 상세하게 논의하였다. 따라서 여기서는 그 중요한 차이만을 밝히고 그 차이의 특성에 대하여는 생략하기로 한다.

2.3.2.2. 중국어의 역사에서 남경관화(南京官話)가 성립된 것은 오아(吳兒)의 명(明)이 한아(漢兒)와 몽골의 원(元)을 멸망시키고 나라를 세운 이후의 일이다. 그 전까지는 전술한 것처럼 원(元) 제국(帝國)의 공용어는 한아언어(漢兒言語)이었고 그 이전에는 한당(漢唐) 이후에 송대(宋代)에 이르기까지 장안(長安)의 통어(通語)가 중원(中原)의 통용어였다.

따라서 명초(明初)의 남경관화는 통어를 이어 받았을 가능성이 있지만 언어는 시대에 따라 변하고 지역에 따라 다르기 때문에 그런 의미에서 이 언어는 또 다른 새로운 중국어였다. 오아(吳兒)의 주원장(朱元璋)이 한아(漢兒)와 몽골의 원(元)를 멸하고 명(明)을 세우면서 수도를 금릉(金陵)을 정하고 이를 남경(南京)이라 불렀다.

이 지역의 언어는 원(元) 제국의 공용어인 한아언어와는 물론 한당(漢唐) 이후의 중원의 통용어인 통어(通語)와도 좀 달랐다. 왜냐하면 통어는 장안(長安)을 중심으로 하는 중국어의 서북방언을 기반으로 하기 때문이다. 다만 통어의 한문이 시문(詩文)의 언어로 널리 알려져서 명대(明代)에도 이 한문은 통용되었다.

명(明) 태조(太祖)는 특히 원대(元代)의 한아언어를 호언한어(胡言漢語)라고 하며 이를 극도로 기피하였다. 그리하여 한문의 통어를 제국(帝國)의 공용어로 하였는데 이것이 남경관화(南京官話)다. 물론 이 남경관화는 원(元) 이전의 통어와는 달랐으나 명(明)이 이 말을 공용어로 정한 것은 통어의 한문을 이어받은 언어라고 명(明) 태조 주원장(朱元璋)은 믿었기 때문이다.

언어는 변하는 것이라 한당(漢唐) 이후에 중국어의 서북방언이라고 할 수 있는 장안(長安)의 언어로부터 발달한 통어(通語)도 시대의 변천에 따라 변하였고 명초(明初)에는 수도(首都)로 정한 금릉(金陵), 즉 남경(南京)의 언어가 기반이 된 중국어가 공용어로 등장한 것이다. 음운의 변천에 따라 이 중국어의 한자음은 원대(元代)의 여러 운서와 다른 한자음을 보였다.

명(明) 태조는 이와 같이 달라진 한자음을 보고 한아언어가 몽고인들에 의해서 오염된 언어로 간주하고 그 말로 발음된 한자음을 옛 운서의 한자음으로 돌이키려고 『홍무정운(洪武正韻)』이란 운서까지 칙찬(勅撰)으로 편찬하였다. 그리고 <홍무정운>의 한자음을 기반으로 한 남경관화는 명(明)의 3대 황제인 영락제(永樂帝)가 북경(北京)으로 수도를 옮겼어도 계속해서 제국(帝國)의 공용어로 사용되었다.

2.3.2.3. 명대(明代)에는 북경(北京)으로 천도하기 이전부터 그곳 주민들은 한아언어를 계속 사용하였을 것이나 다만 지배층의 관리들은 남경관화를 사용한 것으로 추정된다. 따라서 조선 성종 14년(1483)에 명인(明人) 갈귀(葛貴) 등이 수정하여 남경관화(南京官話)를 반영한 {산개}<노걸대>는 명(明)이 멸망하기까지 조선 사역원(司譯院)의 한어 교재로 사용되었다.[115]

즉, 조선 영조 37년(1761)에 <노걸대>를 새로 편찬한 『노걸대신석(老乞大新釋)』이 나오기 전까지 280년 가까이 <산개본>의 남경관화를 조선 사역원에서 <노걸대>를 통하여 교육한 것이다. 여기에는 {원본}<노걸대>의 상스러운 한아언어를 폄하하고 기피하려는 조선 지식층의 편견(偏見)도 있었을 것이다.

그리하여 {산개}<노걸대>, {산개}<박통사>를 번역한 최세진(崔世珍)의 {번역}<노박>에서 한자의 정음(正音)과 속음(俗音)을 구별하였다. 즉,

---

115 明代에 北京의 한아언어가 통용되었음은 明의 제3대 成祖의 永樂帝가 北京으로 遷都한 이후인 조선 성종 때에 明人 葛貴가 刪改한 {산개}<노걸대>에도 한아언어의 흔적이 몇 군데 그대로 남아있었던 것으로 미루어 짐작할 수 있다.

<노박>을 번역한 최세진은 남경관화의 발음으로 <홍무정운>의 인위적인 운서에서 정한 한자음을 정음으로 하였지만 다시 명(明)의 수도(首都)가 된 북경(北京) 주변의 민중들은 발음하는 한자의 속음도 인정한 것이다(졸고. 1978a).

적어도 최세진은 명(明)의 관리들이 전용(專用)하는 남경관화와 당시 북경(北京)에 사는 백성들이 상용(常用)하는 한어(漢語)가 상당한 차이가 있었음을 깨닫고 있었다(졸고, 2016c). 그리하여 남경관화의 한자음과 북경 한어의 한자음을 정음과 속음으로 나누어 최세진의 {번역}<노박>에서 각 한자 밑 좌우에 그 발음을 정음, 즉 한글로 표음하여 번역하였다.[116] 그리하여 왼 편에는 정음, 오른 편에는 속음을 표음하였다.

명(明)이 멸망하자 <노걸대>를 북경 만다린으로 새로 해석하여 영조 37년(1761)에 김창조(金昌祚), 변헌(邊憲) 등이 『노걸대신석(新釋)』을 편찬한다. 그리고 이 책을 2년이 지난 영조 39년(1763)에 두 사람이 우리말로 언해하고 번역하여 『신석노걸대언해(新釋老乞大諺解)』를 간행한다. 비로소 <노걸대>가 명(明)의 관인(官人)들만 사용하는 남경관화가 아니라 당시 북경(北京) 백성들의 언어를 반영하는 교재가 된 것이다.

따라서 산개본(刪改本)보다 신석본(新釋本)에서 한아언어의 색채가 짙게 나타난다. 만주족이 세운 청(淸) 제국(帝國)의 관리들은 명(明)의 공용어로서 인위적인 언어인 남경관화를 굳이 사용할 필요가 없고 실제로는 북경 만다린으로 통용하였기 때문이다. 물론 이 말은 좀 더 격식을

116 여기서 飜譯은 <老朴>의 한자 하나하나에 그 발음을 한글로 표음하는 것이고 의미의 해석은 諺解라고 하여 구별하였다. 최세진은 졸고(1974)에서 밝힌 것처럼 <노박>의 飜譯에서 중국 한자음을 한글로 표기하고 그 표음의 규칙을 '飜譯凡例'로 요약하여 그의 <사성통해>의 권두에 게재하였다. 그러니까 <사성통해>는 <노박>의 번역을 위하여 중국의 한자음을 정리한 韻書라고 할 수 있다. 그리고 '한글'로 한자음을 표음하였다고 한 것은 세종이 창제한 새 문자는 표기 대상에 따라 달리 불렀는데 우리말 표기에 쓰이면 '諺文'이고 동국정운식 한자음 표기는 '訓民正音'이고 중국 한자음 표기는 '正音'이라 하였기 때문에 원래 正音으로 써야 하지만 정, 속음의 정음과 중복되어 혼란을 피하려고 한글이라고 한 것이다.

차린 북경관화(北京官話)로 발전하여 정착한다.

조선 사역원의 한어 교재인 <노걸대>를 통하여 원대(元代) 한아언어와 명대(明代)의 남경관화, 그리고 청대(淸代)의 북경 만다린의 실상을 볼 수가 있다. 그리고 『중간(重刊)노걸대』를 통하여 청(淸)의 북경관화(北京官話)까지 일람(一覽)할 수가 있다. 조선 사역원의 <노걸대>는 참으로 근대 이후 중국어의 역사를 한 눈에 보여주는 귀중한 자료라고 아니할 수 없다.

2.3.2.4. 전술한 바와 같이 <노걸대>의 원본과 산개본은 원대(元代) 한아언어와 명대(明代) 남경관화를 살필 수가 있고 이 자료를 통하여 이 둘의 차이를 살필 수 있다. 다만 그 중요한 특성에 대하여 이미 졸저(2010)의 『역주 원본 노걸대』에서 많이 소개하였기 때문에 여기서는 원대(元代) 한아언어와 남경관화의 차이 가운데 중요한 것만 찾아 살펴보기로 한다,

앞의 2.3.2.1.에서 [표 2-2]로 <노걸대>의 원본과 산개본의 차이를 한 눈에 볼 수 있지만 실제 어휘에서의 차이는 매우 복잡하다. 우선 원본의 대도(大都)가 산개본에서 북경(北京), 또는 경(京), 경성(京城), 경도(京都)로 바뀌어서 다음과 같이 나타난다. 약호는 <원노>가 <노걸대>의 원본이고 <번노>는 산개본을 최세진이 번역하고 언해한 {번역}<노걸대>를 말한다.

다음은 졸저(2010: 445~6)에서 논의한 내용을 인용하여 <노걸대>의 원본(原本)과 산개본(刪改本)을 번역한 {번역}<노걸대>에서 실제로 나타나는 어휘 사용의 차이를 살펴보기로 한다.

大都 > 北京

俺往大都去(<원노> 1앞 2~3행) – 저희는 대도(大都)로 갑니다.[117]

117 <원노>의 원문 해석은 졸저(2010)의 <譯註 原本 老乞大>에서 인용하였다. 이하

我往北京去 - 내 北京 향ᄒᆞ야 가노라(<번노> 上 1앞).

您這月盡頭　到的大都那(<원노> 1앞 7행) - 당신들, 이 달 말에는[118] 대도에 도착할 수 있겠소?

你這月盡頭　到的北京麼 - 네 이ᄃᆞᆯ 그믐의 北京의 갈가? (<번노> 上 2앞)

大都 > 京

這裏到大都　有幾程地(<원노> 3뒤 5행) - 여기서 대도까지는 거리가 얼마만큼이 되는가요?

這裏到京裏　有幾程地 - 예셔 셔울 가매 몃 즘겟 길히 잇ᄂᆞ고? (<번노> 上 10뒤)

大都 > 京城

憑大都管牙人　羊市角頭街北住　坐馬二作牙人(<원노> 24뒤 3~4행) - 대도(大都) 양시각두(羊市角頭)[119] 거리의 북쪽에 살고 있는[120] 중개상인 마이(馬二)를[121] 거간으로 하여,

憑京城牙家　羊市角頭街北住　坐張三作中人 - 셔울 즈름ᄒᆞᄂᆞᆫ 羊市 져젯 거릿 븍녁의셔 사ᄂᆞᆫ 張三을 의빙ᄒᆞ야(<번노> 下 16앞)

大都 > 京都

將馬和布子　到大都賣了(<원노> 5앞 1행) - 말과 옷감을 갖고 대도에 와서 팔았으며,

將馬和布子　到京都賣了 - ᄆᆞᆯ와 뵈 가져 셔울 가 다 ᄑᆞᆯ오, (<번노> 上 15앞)

<노걸대> 원본의 우리말 해석은 모두 같다

118 원문 '月盡頭'의 '盡頭'는 "끝, 마지막 자리, 최후의 곳"이란 뜻이다. 그러므로 '月盡頭'는 "월말(月末)"을 의미하며 <번노>에서는 "이ᄃᆞᆯ 그믐의"로 언해하였다.

119 '羊市角頭'는 북경의 거리 이름이다. 자세한 위치는 졸저(2010)의 제55화 주2 참조.

120 원문 '住坐'는 "살고 있는 것"을 말한다. 元代의 상용어로서 元曲 등에 많이 보인다.

121 이런 이름의 중국인이 있는 것 같지는 않고 두 번째 말 중개상이라는 의미로 쓰인 것 같다. <飜老>에서는 '張三'으로 바뀌었다.

이 <원노>의 예문들에 등장하는 '대도(大都)'는 지금의 북경(北京)을 말한다. 북경의 지명은 앞의 2.2.2.2.에서 소개한 바와 같이 역사적으로 많은 변천을 겪어 왔다. 일찍이 당대(唐代)에는 이 지역을 유주(幽州)라 불렀고 요(遼)의 거란(契丹)이 이곳을 석진부(析津府)에 속하게 하고 남경(南京)이라 하여 요(遼) 나라 오경(五京)의 하나로 삼았다.

이때부터 북경 지역은 중원(中原) 한족(漢族)의 지배권에서 벗어나게 되었고 언어도 외족(外族)의 말, 주로 교착어인 알타이제어와 접촉하여 중원(中原)의 통어(通語)와 매우 다른 새로운 언어가 생겨났으니 이것이 바로 한아언어(漢兒言語)다. 장강(長江) 이남의 오아(吳兒)가 아니라 북방 한아(漢兒)의 언어라는 뜻이다.[122]

여진(女眞)의 금(金) 나라가 거란(契丹)의 요(遼)를 멸하고 남경(南京)이라 부르던 북경(北京)을 연경(燕京)으로 개칭하였다. 남송(南宋)의 소흥(紹興) 23년(1153)에 금(金)의 해릉왕(海陵王)이 상경(上京, 지금의 黑龍江省 阿城縣 남쪽)에서 이곳으로 수도를 옮기면서 중도(中都)라 하였다. 역사적으로는 처음으로 이곳이 수도로 정해진 것이다.

몽골의 쿠빌라이 칸(忽必烈汗)은 여기를 다시 연경(燕京)이라 불렀다. 칭기즈칸(成吉思汗)이 서하(西夏)를 멸망시키고(1227) 그의 아들 오고타이(窩闊大)가 금(金)을 멸망시킨 몽고 태종 6년(1234)에 이곳을 다시 중도(中都)라 하였다. 중통(中統) 원년(1260)에 쿠빌라이 칸이 정복한 중국에 원(元)을 새우고 세조(世祖)가 된 지원(至元) 원년(1264)에 대도(大都)로 고쳐 불렀다.

쿠빌라이 칸이 비록 쿠릴타이를 거치지 않았지만 대한(大汗)으로 등극하면서 이곳을 칸(汗, Khan)의 거주지라는 의미의 대도(Khanbalig)라고 한 것이다. 원래는 남송(南宋)을 정벌하기 위하여 오고타이가가 그곳과

122 北京語의 형성 과정을 보면 북방의 소수민족인 契丹, 女眞, 蒙古, 滿族 등이 장기간 北京官話區를 지배하였다. 이들은 모두 알타이어족에 속하는데 그들의 언어가 북경어의 형성과 발전에 적지 않은 영향을 끼쳤을 것으로 추정된다고 한다 (林燾, 1987: 168).

가까운 곳으로 제국(帝國)의 중심지를 옮긴 것인데 원(元) 세조(世祖)인 쿠빌라이 칸은 중도(中都)라고 부르던 이곳을 수도로 삼고 대도(大都)란 한 것이다.

명대(明代)에는 이곳을 북경(北京)으로 불렀고 명(明)의 제3대 영락제(永樂帝)가 남경(南京)에서 이곳으로 천도(遷都)하여 이곳은 오늘날까지 700년 넘게 수도(首都)로서 중국의 정치, 경제, 문화의 중심지가 되었다. 그리고 그에 따라 이곳의 한어(漢語)가 중국의 공용어가 되어 오늘날 이 말을 보통화(普通話)라고 부른다.

명(明)의 홍무(洪武) 원년(1368)에 원(元)에서 대도로(大都路)라던 것을 북평부(北平府)로 바꾸었고 영락(永樂) 원년(1403)에 순천부(順天府)를 설치하면서 북경(北京)이라 고치었다. 명대(明代) 이후에는 이곳을 '대도(大都)' 라고 부른 일이 없다. 따라서 {원본}<노걸대>에서 이곳을 모두 '대도(大都)'로 표시한 것은 이 자료가 원대(元代)에 편찬된 것임을 말한다.

한편 조선 성종 조에 명대(明代) 관화(官話)로 개정된 {산개}<박통사>에서도 '대도(大都)'가 한 곳이 남아있으며 <박통사언해>(중 9뒤)에서 '셔울'로 언해되었다.[123] 이것은 <박통사>의 인신매매계약서(人身賣買契約書)에 나오는 대목인데 수정하는 과정에 '대도(大都)'를 미처 고치지 못한 것으로 보인다.

2.3.2.5. 일반적으로 중국어의 역사에서 유교 경전의 언어인 주대(周代) 낙양(洛陽)의 아언(雅言, Archaic Chinese)에 대하여 서북방언인 장안(長安)의 통어(通語, Ancient Chinese)는 한당(漢唐)의 천여년간 제국(帝國)의 통용어이었으며 그 뒤를 이어 원대(元代)부터 수도(首都)가 된 북경(北京)지역의 동북방언이던 한어(漢語)가 지금까지 통용되고 있다.

즉, 중국어의 역사에서 고대어를 상고어(Archaic Chinese), 중고어(Ancient

123 해당 부분을 옮겨보면 "大都某村住人錢小馬 셔울 아모 촌의 사ᄂᆞᆫ 사ᄅᆞᆷ 錢小馬ㅣ" (<朴諺> 中 9 뒤)과 같다.

Chin.)로 나누어 주대(周代) 낙양(洛陽)의 아언(雅言)과 한당(漢唐) 때의 장안(長安)의 언어를 기반으로 한 통어(通語)로 나누었다. 그 이후의 시대구분은 제 각각이어서 송대(宋代)의 중국어를 근고(近古)로 하기도 하고 원대(元代)의 한어와 명대(明代)의 남경관화를 노관화(老官話) 나누어 보기도 한다(Karlgren, 1954).

아언(雅言)에 비하여 통어(通語)는 서역(西域)의 굴절어(屈折語)로부터 영향을 받아 굴절어미가 반영된 문법을 보여서 다른 언어로 구분해야 한다. 또 통어에 비하여 한아언어는 교착어인 알타이제어로부터 영향을 받아 조사와 어미가 발달되어 매우 다른 문법 구조를 보인다. 청대(淸代) 만다린 이후의 근대어는 이런 교착적 문법의 영향이 더욱 많이 반영되었다.

지금까지 널리 알려진 칼그렌(B. Karlgren, 高本漢)의 중국어 역사의 시대구분은 Karlgren(1954, 1957)에서 <시경(詩經)> 이전 시기를 '태고(太古) 한어(漢語)', <시경> 이후부터 동한(東漢)시기까지를 '상고(上古) 한어(漢語)', 육조(六朝) 시기부터 당말(唐末)까지를 '중고(中古) 한어(漢語)', 송조(宋朝) 시기를 근고(近古) 한어, 원명(元明) 시기를 '노관화(老官話)'로 구분하였다(蔣紹愚, 1994). 이것이 일반적으로 널리 알려진 중국어 역사의 시대구분이다.

필자는 일반적인 언어사의 시대구분에 따라 중국어도 고대(古代)어, 중세(中世)어, 근대(近代)어로 삼분(三分)하고 주대(周代)의 아언(雅言)을 고대어(Ancient Chinese), 한당(漢唐)의 통어(通語)를 중세어(Middle Chin.), 원대(元代) 이후의 한어(漢語)를 근대어(Modern Chin.), 오늘날 중국의 공용어인 보통화(普通話)를 현대어(Contemporary Chin.)로 보고자 한다.

이것은 언어사(言語史)의 구분에서 일반적인 삼분법(三分法)에 의한 것으로 그동안의 중국어 시대구분과 다르다. 우선 고대어를 상고어의 아언(雅言)과 중고어의 통어(通語)로 나눈 것을 각기 고대(Ancient)와 중세(Middle)로 나누었다. 그리고 오늘날의 중국어의 보통화가 시작된 원대(元代) 이후

의 한어(漢語)를 근대(近代, Modern)로 나눈 것이 특기할 점이다.[124]

중국은 영토가 광활하고 많은 민족들이 혼합되어 있어서 거의 다른 언어라고 볼 수 있을 정도의 서로 상이한 방언들이 존재한다. 이들의 방언들도 역시 시간의 흐름에 따라 변천하였지만 위의 시대구분은 중원(中原)이 통일된 이후의 제국(帝國)에서 결정한 공용어의 변천에 따른 것이다.

즉, 중원(中原)의 중심이던 주대(周代) 낙양(洛陽)의 아언(雅言)은 주(周)의 공용어이었고 한당(漢唐) 때 장안(長安)의 통어(通語)도 이 두 제국(帝國)의 공용어이었으며 원대(元代) 북경(北京)의 한어(漢語)도 원(元) 제국(帝國)의 공용어이었다. 그리고 이로부터 발달한 보통화(普通話)가 지금 중국의 공용어로 쓰인다.

따라서 필자는 공용어의 변천에 따른 시대구분으로 유경(儒經)의 언어로 중국 한문(漢文)의 기본이 된 아언(雅言)을 고대(古代)어, 그리고 서역(西域)의 굴절어 영향을 받은 통어(通語)가 천여년간 중원(中原)에서 통용되고 불경(佛經)의 언어였으므로 이를 중세(中世)어, 그리고 오늘날 보통화(普通話)의 기원이라 할 수 있는 한아언어(漢兒言語)를 근대(近代)어로 나눈 것이다.

3) 명칭의 변화

2.3.3.0. <노걸대>의 <원본>과 <산개본>에서 원대(元代)의 명칭과 명대(明代)의 것이 달라진 것들은 당연히 산개본에서 원본의 것을 바꾸었다. 예를 들면 원대의 북경 성문(城門) 이름이 명대에 바뀐 것이 있는데 성문 가운데 '순승문(順丞門)'이 '순성문(順城門)'으로 고쳐졌다.

그리하여 이 성문의 명칭이 <노걸대>의 원본과 산개본에서 달리 나타난다. 약호(略號)는 위와 같고 졸저(2010: 447~454)의 것을 인용한 것인

124 중국어의 역사에 대한 시대구분은 Karlgren(1954, 1957) 이외로 Pulleyblank(1984)를 참조할 것.

데 <원노>의 번역문은 졸저(2010)에서 인용하였다.

順承門 > 順城門

咱每先說擬定的 則投順承門[125]關店[126]裏下去來(<원노> 3뒤 8행) - 전에 의논해서 정해 둔 순승문(順承門)의 관점(關店)에 묵읍시다.

咱們往順城門官店裏下去來 - 우리 順城門 잇뎜에 가 브리엿져(<飜老>上 11앞)

在順承門關店街北一箇車房裏下著有(<원노> 21뒤 4~5행) - 순승문(順承門) 관점가(關店街)의 북쪽 한 수레집에 묵고 있네.

在順城門官店街北一箇車房裏下着 - 順城門官店 거릿 븍녁 흔 술윗지븨 브리여 잇노라(<번노>下5뒤)

북경(北京)의 성문에 관하여는 <박통사>와 그 언해에 보다 자세하게 설명되었다. <박통사>의 북경(北京) 밖 나성(羅城)에 대한 설명에서 북경의 성문의 이름이 나열되었다. 이들은 모두 명대(明代)의 명칭이고 구명(舊名 - 녜 일홈)이라고 한 것 가운데 '順城, 齊華, 平則' 등은 『원사(元史)』「지리지(地理志)」와 『남촌철경록(南村輟耕錄)』(권21)의 '궁궐제도(宮闕制度)' 조에서 원대(元代)의 명칭으로 기록되어 있다.

이 두 문헌에서는 '順城(순성)'이 '順承(순승)'으로, '齊華(제화)'가 '齊化(제화)'로 되어 있으며(朱德熙 1958: 72) 이것은 <원본노걸대>의 명칭에서 순승문(順承門) > 순성문(順城門)으로 나타난 것이다.

2.3.3.1. <노걸대>의 원본에서 동경성(東京城), 요양성(遼陽城)이라고 한 것을 산개본에서는 모두 이를 요동성(遼東城)으로 바꾸었다.

---

125 順承門은 大都, 즉 燕京(지금의 북경)의 西南쪽에 있는 문을 말한다. 明代의 속칭은 '順城門'이었으며 <飜老>에는 順城門으로 되었다.

126 <飜老>에서는 '官店'으로 되었다. 아마도 元代에는 관청에서 직영하는 여관을 '關店'이라 한 것으로 보인다. 졸저(2010: 44)의 제8화 주12 참조.

東京城, 遼陽城 > 遼東城

小人姓王, 在東京城裏閣北街[127]東住(<원노> 13앞 2행)－소인은 왕(王)이라 하옵고 동경성(東京城)의 각북가(閣北街)[128] 동쪽에 살고 있습니다. 주석과 번역은 졸저(2010: 127)의 34화.

小人姓王, 在遼東城裏住－小人의 셩은 王개로니 遼東 잣 안해셔 사노라(<번노> 上 44뒤).

我在遼陽城[129]裏住(<원노> 24앞 10행)－나는 요양성(遼陽城) 안에 살고 있소. 주석과 번역은 졸저(2010: 225)의 66화.

我在遼東城裏住－내 遼東 잣 안해셔 사노라(<번노> 下 15뒤).

이상 졸저(2010: 448~449)에서 인용한 예문의 지명은 모두 현재 요양시(遼陽市) 일대를 지칭하는 것으로 보인다. 이 지역은 역사적으로 연(燕)나라 때는 '요동군(遼東郡)'이었고 서진(西晉) 시대에도 '요동국(遼東國)'이었으며 거란(契丹)의 천현(天顯) 13년(938 A.D.)에 이곳에 '요양부(遼陽府)'를 설치하면서 요양(遼陽)이란 이름으로 불리기 시작하였다.

요대(遼代)에는 요동(遼東)을 동경(東京)이라 부르면서 요양부를 '동경

---

127 '閣北街'는 遼陽에 있는 尊經閣 북쪽의 거리를 말한다. 遼陽은 일명 遼東, 또는 東京이라고도 하며 이곳의 泮宮에 尊經閣이 있었다. '泮宮'은 옛날 諸侯들이 건립한 학교를 말하였으나 후일에는 학교를 일반적으로 지칭하는데 遼陽城의 泮宮은 성내의 동남쪽에 있었다(<老覽>). 元明代에는 府學(府가 설치한 지방의 학교)의 書庫를 일반적으로 尊經閣이라 불렀다. 다만 清代에 편찬된 『盛京通志』(권43)의 '遼陽州儒學'조에 明의 景泰 4년(1453)에 존경각을 세웠다는 기사가 있다. 그러나 元代 至元 연간에도 존경각이 있었는지는 알 수 없다.

128 '閣北街'는 遼陽에 있는 尊經閣 북쪽의 거리를 말한다. 遼陽은 일명 遼東, 또는 東京이라고도 하며 이곳의 泮宮에 尊經閣이 있었다. '泮宮'은 옛날 諸侯들이 건립한 학교를 말하였는데 遼陽城의 泮宮은 성내의 동남쪽에 있었다(<老覽>).

129 '東京城'은 '遼陽城'의 옛 이름이다. 金代에 東京이라고 하였고 元의 至元 6년(1269)에 東京總管府를 두었다. 그러나 至元 25년에 이를 '遼陽路'로 개칭하였다(『元史』 권59 '地理' 참조). 遼陽을 東京으로 호칭한 것으로 보아 至元 25년(1289) 이전에 이곳을 여행한 사람에 의해서 이 책이 작성되었다고 볼 수 있으나 王朝가 바뀌어 地名을 고쳤어도 한동안은 그대로 쓰일 수 있음으로 이것으로 연대를 확정할 수는 없다.

도(東京道)'라고 하였으며 금대(金代)에 이를 '동경로(東京路)'로 바꾸었는데 원대(元代)에는 '요양로(遼陽路)'로 다시 개명하였다. 명대(明代) 홍무(洪武) 4년(1371)에는 이곳에 '정요도위(定遼都衛)'를 설치하였고 홍무 8年(1375)에 이를 '요동도사(遼東都司)'로 고치었다.

따라서 '요양(遼陽)'과 '동경(東京)'은 요대(遼代)와 금대(金代), 그리고 원대(元代)의 지명이고 요동(遼東)은 명대(明代)의 지명임을 알 수 있다.[130] 그리하여 <원본노걸대>는 원(元)과 그 이전의 지명을 따랐고 {산개}<노걸대>에 의거한 {번역}<노걸대>는 명(明)에서 고친 지명을 반영한 것이다. 이 지명의 변천에 따라 <노걸대>의 편찬 연대를 추정할 수 있다.

즉, '동경성(東京城)'은 '요양성(遼陽城)'의 옛 이름으로 여진의 금대(金代)에 동경(東京)이라고 하였고 원(元)의 지원(至元) 6년(1269)에 이곳에 동경총관부(東京總管府)를 두었었다. 그러나 지원(至元) 25년에 이를 '요양로(遼陽路)'로 개칭하였다(『元史』 권59 '地理' 참조). 따라서 요양(遼陽)을 금대(金代)에 동경(東京)으로 호칭하다가 원대(元代)에 요양(遼陽)으로 개명하였으니 지원(至元) 25년(1289) 이전에 이곳을 여행한 사람에 의해서 이 책이 작성되었다고 볼 수 있다.

그러나 왕조(王朝)가 바뀌어 지명(地名)을 고쳤어도 한동안은 그대로 쓰일 수 있음으로 이것으로 연대를 확정할 수는 없다. 졸저(2017: 276~278)와 앞의 2.2.3.4. 등에서는 지정(至正) 병술(丙戌, 1346)과 임진(壬辰, 1352) 사이에 중국을 여행한 고려 역관들이 <노걸대>와 <박통사>를 저술하였다고 보았다. 아마도 원(元)에서 동경(東京)을 요양(遼陽)으로 고쳤어도 사람들은 그대로 부른 것 같다.

고려시대에 중국어와 몽고어의 학습기관인 통문관, 즉 후일의 사역

---

130 <老朴集覽>에서는 이 지역에 대하여 "遼陽, 遼誌云: 舜分冀東北爲幽州, 卽今廣寧以西之地. 青東北爲營州, 卽今廣寧以東之地. 周武王封箕子, 於朝鮮是其地也. 卽古肅慎氏地, 遼置遼陽路, 元改爲東京路, 尋復遼陽路, 今置遼東都指揮使司."와 같이 기술하였다.

원이 개설된 것은 충렬왕 2년(1276)의 일이다. 아마도 고려의 사역원에는 옛 금대(金代)의 지명에 따라 그대로 부르는 역관들이 있었던 것으로 보인다. 그리하여 <노걸대>를 편찬할 때에 이미 동경(東京)이 요양(遼陽)으로 변경되었지만 그대로 쓰기도 한 것으로 본다.

2.3.3.2. 원대(元代)에 사용되던 보초(寶鈔)라는 종이돈은 명대(明代)에 은자(銀子)로 바뀌어 사용되었다. 따라서 지폐(紙幣)인 중통초(中統鈔)는 <노걸대>의 원본에만 보이고 산개본 이후에는 모두 은자인 백은(白銀)이나 관은(官銀)으로 바뀐다. 그 예를 졸저(2010: 449~451)에서 인용한 <원노>와 <번노>에서 찾아보기로 한다.

中統鈔 > 白銀, 官銀

兩言議定　價錢中統鈔[131]七定(<원노> 24뒤 5행)－두 사람의 말로 의견을 정하여 중통초 7정(定)으로 하였음. 졸저(2010: 228).

兩言議定　時值價錢　白銀十二兩－두 녁 말로 의뎡ᄒᆞ야 시딕 갑ᄉᆞ로 시푼 은 열두 량애 ᄒᆞ야, (<번노> 下 16뒤)

如先悔的　罰中統鈔一十兩(<원노> 24뒤 7~8행)－만일 먼저 무르자고 할 때에는 중통초 10량을 벌금으로 하여, 졸저(2010: 229).

如先悔的　罰官銀五兩－ᄒᆞ다가 몬져 므르리란 구의나깃 은 닷 량을 벌로 내여(<번노> 下 17앞)

‘중통(中統)’은 원(元) 세조(世祖) 쿠빌라이 칸(忽必烈汗)의 연호(1260~1263)다. 쿠빌라이 칸은 1264년에 연호(年號)를 다시 지원(至元)으로 고쳤으며 지원 16년(1279)에는 남송(南宋)을 멸하고 중국을 통일한 다음 국호를 원(元)이라 하였다. ‘중통초(中統鈔)’는 원(元) 세조(世祖) 중통(中統) 연간에 제

131　‘中統鈔’는 元代에 사용되던 지폐를 말한다. 『大元馬政記』 「和買馬」 ‘至元 20년’ 조에 “馬匹의 価値는 中統鈔를 원칙으로 함”이라는 규정이 있다.

조된 지폐의 이름이다.

이에 관하여는 <노박집람>에도 다음과 같이 언급되었다.

> 전초(錢鈔): '전(錢)'은 '금백(金帛)'의 이름이다. 고대에는 '천(泉)'이라 하였으나 후대에는 주조(鑄造)한 것을 '전(錢)'이라고 하였다. 옛날에는 천재(天災)를 입으면 조정에서 재해의 경중에 따라 돈을 나누어줌으로써 백성의 어려움을 구제하였다. 왕조(王朝)가 다름에 따라 주조한 돈의 무게는 각기 다르다. '초(鈔)'는 지폐(楮幣)이다. [지폐는] 촉(蜀)의 '교자(交子)'로부터 시작되었는데 당대(唐代)에는 '비전(飛錢)'이 있었고 원대(元代)에 이르러는 '중통원보(中統元寶)'가 있었다. '교초(交鈔)'는 유통되는 '보초(寶鈔)'의 이름이다(정광 · 양오진, 2011: 주184).[132]

이 기사에 의하면 '중통초(中統鈔)'가 원대(元代)의 지폐 명칭이었음을 알 수 있다. 물론 이 돈은 명대(明代)에는 사용될 수가 없었으며 따라서 {산개}<노걸대>에서는 "백은(白銀), 관은(官銀)" 등의 명대의 은자(銀子) 화폐로 바뀌게 된 것이다.

2.3.3.3. 이 외에도 앞의 [표 2-2]로 제시한 <노걸대>의 원본과 산개본의 차이는 모두 <원본노걸대>가 원대(元代)의 한아언어를 반영하였고 {산개}<노걸대>에서는 명대(明代)의 남경관화(南京官話)이거나 북경(北京) 주변의 한어(漢語) 중에서도 이미 바뀐 말을 고친 것이라 생겨난 것이다.

그리하여 앞에서 살펴본 바와 같이 명사에서도 많은 차이가 나지만 인칭대명사에서도 원본의 '俺'이 산개본에서 '我, 我們'으로 바뀌고 지시대명사에서도 <원노>의 '兀那, 兀的, 阿的'이 <산노>에서는 '那, 這的,

---

132 원문을 옮겨보면 "錢鈔; 錢者金帛之名. 古曰泉, 後鑄而曰錢. 古者天降災戾, 於是乎量資幣權輕重, 以救民困, 代各鑄錢輕重不一. 鈔楮幣也, 始於蜀之交子唐之飛錢, 至元朝有中統元寶, 交鈔通行寶鈔之名."(<朴通事集覽> 上 13 앞)과 같다.

這’로, 의문대명사 ‘怎生’이 ‘怎的, 怎麼’으로, 명사의 접미사 ‘每’가 ‘們’으로 고쳐졌다.

동사에서도 <원노>의 것이 <산노>에서 변하여 이러한 변화를 ‘ > ’로 표시하면 ‘道 > 說, 過 > 切, 索 > 要, 溷踐 > 攪擾, 儘教 > 罷罷, 將 > 拿, 戰張 > 纏張’ 등으로 바뀌었다. 형용사에서도 ‘爭 > 好, 生受 > 辛苦, 細・小 > 少, 乖 > 利害’로 변하였고 부사에서 ‘哏 > 十分, 忒・把似 > 好歹, 底似 > 十分, 更 > 又, 還・再・演裏 > 還, 則 > 只, 索 > 委實, 厮 > 相, 猶自 > 還’의 변화가 보인다.

전치사에서도 ‘投 > 往, 從’으로 바뀌었고 후치사에서 ‘行 > 上, 前・根底 > 上・根前, 上頭 > 因此上, 呵 > 時’의 변화가 있다. 조사에서도 ‘也・了也 > 了, 也者 > 了・也・着, 者 > 着, 那 > 了・麽’의 수정이 있었다. 이상 모두 앞의 [표 2-2]에 적시(摘示)한 것으로 모두 원대(元代) 한아언어와 명대(明代)의 남경관화, 또는 후대에 변한 한어(漢語)의 예들이다.

문제는 이러한 어휘, 문법 등에서의 변화는 한자로 표시되어 나타나지만 그 음운의 변화는 전혀 알 길이 없다는 점이다. 한자는 표의문자이기 때문에 그 한자음의 변화를 알 수가 없다. 다만 이런 정도의 어휘와 문법의 변화가 있었다면 그 음운의 변화는 훨씬 심하였다고 보아야 한다.

왜냐하면 언어는 어휘나 문법보다 음운의 변화가 먼저 일어나고 그 변화의 폭도 어휘나 문법보다 더 크기 때문이다. 따라서 <원노>의 한아언어(漢兒言語)와 <산노>의 남경관화(南京官話)는 거의 서로 대화가 불가능할 정도의 차이가 나는 언어로 보인다.

2.3.3.4. 이와 같이 <노걸대>의 원본과 산개본(删改本), 그리고 청대(淸代)의 <노걸대신석(新釋)>, <중간(重刊)노걸대>를 보면서 중국에서 공용어의 변천이 얼마나 심했는가를 실감하게 된다. 이러한 중국어의 변화는 물론 시대적 변화가 중요 원인이지만 그것과 더불어 새로운 제국(帝

國)의 건국과 그로 인한 국가 공용어의 교체에도 그 원인이 있다.

한아언어(漢兒言語)가 원(元) 제국(帝國)의 공용어가 되면서 한당(漢唐) 이후에 중원(中原)에서 통용되던 통어(通語)가 변방의 방언으로 물러났다. 한아언어와 통어는 <노걸대>의 원본과 산개본에 보이는 정도의 차이가 아니었다. 어휘와 문법에서의 차이도 있었지만 음운의 차이는 거의 다른 언어로 보아야 하는 수준이었을 것이다.

그러나 한문을 통하여 학습한 통어만을 중국어로 생각했던 고려후기의 유생(儒生)들은 한아언어를 호언한어(胡言漢語)로 멸시하고 배우지 않아 하층민들이 이 한어를 배워 통역에 나서게 되었다. 그리고 이들을 설인(舌人), 역설(譯舌)로 불렀다고 전술한 바가 있다. 그러나 이들의 통역은 지식의 천박함에도 문제가 있었지만 자신들의 이익에 따라 말을 바꿔 통역하였다.

이러한 문제를 해결하려고 고려는 통문관(通文館), 후일의 사역원(司譯院)을 설치하고 양가(良家)자제(子弟)들로 하여금 한어를 배워 통역에 나아가게 하였다. 문신(文臣)들이 한문을 통해 배운 통어는 원(元) 이후 중국인과의 접촉에서 이미 더 이상 쓸모가 없게 되었다. 원(元)의 공용어인 한아언어는 한문의 통어에 비하여 어휘, 문법에서도 일부 차이가 났지만 음운에서는 전혀 다른 언어로 변하였기 때문이다.

따라서 한자(漢字)의 발음도 한아언어의 한자음은 전혀 새로운 것이어서 통어(通語)의 한자음에 근거한 우리의 한자음, 즉 동음(東音)도 한아언어의 발음과는 매우 다르게 되었다. 여북해야 세종이 훈민정음을 제정하면서 그 어제(御製)서문(序文)의 초두(初頭)에 “국지어음(國之語音) 이호중국(異乎中國) 여문자(與文字) 불상유통(不相流通)”이라고 한탄했겠는가.

따라서 고려후기에 통문관을 설치하고 한어(漢語) 교육을 시작한 것이나 조선이 이를 이어받아 사역원을 복치(復置)하고 한어를 배우게 된 것은 모두 원(元)의 공용어가 된 한아언어의 존재를 모르고는 이해가 되지 않을 것이다. 하물며 이 언어의 존재를 모르고 세종의 훈민정음 제정과 그를 통한 <동국정운>을 편찬한 이유를 알 리가 없다.

필자가 그동안 세종의 새 문자 제정에 관한 수많은 연구 논저가 모두 학계로부터 무시당하고 심지어 사문난적(斯文亂賊)으로 몰리기까지 하는 원인은 우리 학계가 한아언어의 존재를 알지 못했기 때문이다. 21세기에 들어와서 필자와 몇몇 선각자들이 주장하는 한아언어는 중국에서도 그 연구가 소극적이기 때문에 당분간은 수면 밑에 가라 앉아 있을 것이다.

제3장

중국 한이문(漢吏文)의 형성

목차

1. 한어언어와 이문(吏文)

3.1.0. 중국어의 역사에서 가장 특기할 만한 일은 몽고족에 의하여 건립된 원(元)의 건국으로 인하여 언어 중심지가 변경인 동북방의 북경(北京)으로 옮겨진 것이다. 쿠빌라이 칸(忽必烈汗), 즉 원(元) 세조(世祖)가 연경(燕京), 지금의 북경에 도읍을 정할 때에 이 지역은 동북아의 여러 이민족이 한족(漢族)과 각축(角逐)을 벌리던 곳이어서 여러 언어가 혼용(混用)되었다.

13세기 초에 몽고족이 세력을 얻어 그들이 북경(北京) 지역의 패권을 차지하면서 이 지역에는 몽고어가 많이 혼입된 형태의 중국어가 통용어로 등장하게 되었는데 이것을 한아언어(漢兒言語)라고 하며 이를 한자로 표기한 것이 전술한 바와 같이 몽문직역체(蒙文直譯體), 또는 한문이독체(漢文吏牘体)로 불린 것이다.[1]

이 언어는 종래의 유경(儒經)의 아언(雅言)이나 불경, 또는 시문(詩文)의 통어(通語)와는 매우 다른 중국어이었던 것이다.[2] 金文京 外(2002: 369~370)

---

1 '漢兒言語'는 필자에 의하여 세상에 알려진 元代 北京지역의 口語로서 당시 이 지역의 공통어이었다. 元 이후에 고려에서는 이 언어를 학습하는 '漢語都監'을 두었고 이 언어를 학습하는 <老乞大>, <朴通事>를 편찬하였다((졸저, 1988: 48~50). 20세기 말에 조선 太宗조에 간행된 것으로 보이는 {원본}<老乞大>가 발견되었고 필자에 의하여 이것이 漢兒言語를 학습하던 교재이며 <노걸대>란 한어 교재의 原本으로 보았다(졸고, 1999b, c, 2000b; 졸저, 2004). {原本}<老乞大>의 발견과 이것이 漢兒言語의 교재라는 필자의 주장은 중국과 일본에서 중국어의 역사를 전공하는 많은 연구자들에게 충격적인 것이었다. 그러나 이미 中宗조에 崔世珍에 의하여 소개된 바 있는 元代 漢兒言語와 그 교재의 존재에 대하여는 졸고(1999a, b, c; 2000b, 2003a, c, 2004a)에서 여러 차례 주장되었고 이제는 많은 중국어 연구자들에게 어느 정도 수긍되고 있는 것으로 보인다(金文京 外, 2002 및 金文京, 2010).

2 이 漢兒言語의 존재를 인정하지 못하던 시기의 中國語史 시대구분과 달리 필자는 元代 한아언어로부터 현대 중국의 공용어인 普通話가 발달한 것으로 보고 이를 近代 중국어로 구분하였다. 그리하여 雅言의 고대어, 通語의 중세어에 이어 한아언어를 近代語라고 하여 언어사의 삼분법에 따라 시대구분을 하였다. 그리하여 周代 洛陽의 雅言과 漢唐 이후 長安의 通語, 그리고 元 이후 北京의 漢語로 나눈 것이다. 雅言에 비하여 通語는 인접한 西域의 굴절어로부터 받은 영향으로 굴절어미가 가미되었고 漢語는 동북지방의 알타이제어로부터 영향을 받아 교착

에서는 전술한 바와 같이 북송(北宋)의 허항종(許亢宗)이 선화(宣和) 7년(1125)에 금(金) 태종의 즉위식에 축하 사절(使節)로 다녀오면서 쓴 여행기 『허봉사행정록(許奉使行程錄)』을 인용하여 어떻게 이런 언어가 생겨났는지를 소개한 것이 있다(졸고, 2006c). 그리고 이를 앞의 제1장 1.2.1.1.에 옮겨서 소개하였다.

그에 의하면 허봉사(許奉使) 일행이 요(遼)의 황용부(黃龍府)를 지나면서 "거란(契丹)이 강성했을 때에 이 부근으로 여러 민족을 이주시켰기 때문에 여러 나라의 풍속이 섞여있어서 서로 말이 통하지 않았는데 '한아언어(漢兒言語)'를 써서 처음으로 의사가 소통했다는 기록이 있다"(『三朝北盟會編』, 권20)를 들고 이 지역에 이주해온 여러 이민족들이 한아언어로 의사를 소통했음을 지적하였다.

실제로 중국의 북경(北京)지역에 모여 살게 된 동북아(東北亞) 여러 민족들은 일종의 코이네(Koinē)로서 한아언어를 사용하여 서로 의사를 소통하였는데 이 언어는 종래 중원(中原)의 공용어이었던 장안(長安)의 언어를 기본으로 한 통어(通語)와는 매우 다른 호언한어(胡言漢語), 즉 오랑캐말의 한어라고 부르던 말이다.

1) 한문의 고문(古文)과 변문(變文)

3.1.1.0. 한문(漢文)은 중국어를 한자(漢字)라는 표의문자로 기록한 것이다. 언어학적인 용어로 설명하면 중국어는 구어(口語)를 말하고 한문은 문어(文語)를 말한다고 할 것이다. 모든 자연언어는 구어가 있은 다음에 이를 기록한 문어가 있기 마련이므로 구어인 중국어를 한자로 기록한 것이라고 한문을 정의할 수 있다.

한문은 중국어와 달리 독자적인 문어로 간주하기도 한다. 그리고 살

적인 첨가어미와 조사가 발달하였다. 이러한 문법구조의 변화와 더불어 음운의 변화는 훨씬 심하였을 것이나 表意문자인 한자로 기록된 자료에서는 이를 파악하기 어렵다.

아있는 언어를 문자로 기록할 때에는 문자가 가진 여러 가지 제약에 의하여 변화를 입게 된다. 즉, 문어(文語)는 독자적인 발달을 하면서 상당한 기간이 지나면 구어(口語)와는 매우 다르게 되기도 한다. 한문도 구어인 중국어를 모태로 하여 생겨난 문어이지만 후대에 독자적 발전을 거듭한 문어라고 본다.

한문을 중국어의 기록한 것이라고 정의할 때에 중국어가 어떤 언어인가는 그렇게 간단하게 정의할 수 없다. 우선 역사적으로 중국어는 몇 천 년에 걸쳐 변화를 거듭한 것이어서 각 시대별로 매우 다른 언어의 모습을 보여준다. 또 중국어는 지역적으로 많은 방언(方言)을 갖고 있다. 실제로 현재 중국에는 방언 이상의 차이를 보이는 지방어도 여럿이 있다.

뿐만 아니라 중원(中原)의 공용어는 패권(霸權)을 잡은 민족의 언어나 정치 중심지의 방언에 의하여 수시로 변하였다. 따라서 우리는 '한문이 중국어를 한자로 기록한 문어(文語)'라는 정의가 매우 애매함을 깨닫게 된다. 각 시대에 따라 새로운 왕조(王朝)가 생겨나면 그에 따라 공용어가 달라졌기 때문이다.

중국은 오래전부터 왕조(王朝)에 변천에 따라 공용어로 정해진 말로 과거(科擧)시험을 보아 제국(帝國)의 언어를 통일하였다. 과거에는 운문(韻文)으로 작성하는 부분이 있어 어떤 한자음을 정음(正音), 즉 국가 공용의 발음으로 정하는가는 매우 중요한 일이었다. 따라서 국가 공용의 한자음은 새로 선 왕조(王朝)가 정하게 된다.

이렇게 정한 한자음을 흠찬(欽撰) 운서로 간행되어 과거시험에 적용한다. 중국에서 왕조가 바뀌면 반드시 칙찬(勅撰) 운서(韻書)가 간행되는 이유가 여기에 있다. 자신과 추종자들의 언어를 공용어로 정하고 그에 따라 공용 한자음을 정하여 과거시험에 적용하면 저절로 지배계급의 물갈이가 이루어진다.

3.1.1.1. 중국에서 가장 널리 알려진 운서로 『대송중수광운(大宋重修廣韻)』(1008)가 있다. 글자 그대로 송(宋)나라 건국하면서 그동안의 운서를 널리 모아 정리한 운서란 뜻인데 보통 <광운(廣韻)>으로 부른다. 이 <광운>은 너무 방대하기 때문에 이를 축약한 것으로 과거시험을 관장하는 예부(禮部)에서 간행한 『배자예부운략(排字禮部韻略)』(1037, 보통 <예부운략>으로 약칭)이 있다(졸저, 2022: 143).

당연히 <예부운략>은 표준 한자음의 운서로 송대(宋代)에는 중국 전역에 유행하게 되었고 중국의 과거시험과 직접 관련이 없는 조선에서도 이 운서를 복간하는 일이 있었다. <예부운략>은 중국 한자음의 정음(正音)을 알리기 위하여 편찬된 것이다. 또 원대(元代)에는 이를 파스파문자로 표음하여 『몽고운략(蒙古韻略)』을 간행한다.

이 운서를 간행한 것은 몽고인들이 중국을 통치하기 위하여 한자와 한문의 교육이 필요했기 때문이기도 하고 원대(元代)에도 과거시험을 실시하여 인재를 선발하였는데 그 때에 한자의 정음(正音)을 정하기 위한 것이다. 따라서 <몽고운략>의 편찬 목적은 한자의 정음을 결정하여 알리기 위한 것으로 보아야 하기 때문에 표음문자인 파스파문자에 의존하는 바가 컸다.

표의(表意)문자인 한자는 그 발음을 따로 표음해서 이를 배워야 했다. 파스파문자가 그 발음기호의 역할을 한 것이다. 이 문자는 애초부터 몽고어 표기를 위하여 제정된 것이 아니라 한자음의 정확한 표음위한 것이었으며 후일 몽고어 표기에도 사용되었다(졸저, 2009: 44~48). 조선의 훈민정음은 이를 벤치마킹한 것이다(졸저, 2012).[3]

그러나 <예부운략>이 송대(宋代)의 중원아음(中原雅音)을 반영한 운서

3 필자는 세종의 새 문자 창제에는 두 가지 목적이 있다고 본다. 초기의 목적은 동국정운식 한자음을 표음하기 위한 것으로 이 때에는 '訓民正音'이란 이름을 가졌고 다시 우리말 표기에 이 표음문자를 썼을 때에는 이를 '諺文'이라 불렀다. <세종실록>의 기사에는 세종이 언문을 親制했다고 되었고 이것이 소위 말하는 훈민정음이라 하였다. 졸저(2025: 35).

이기 때문에 원대(元代) 한아언어의 한자음과 크게 달랐다. 그리하여 금대(金代)에 왕문욱(王文郁)이 이를 수정한 『신간운략(新刊韻略)』이 편찬되었다(졸저, 2009: 56). 이 <신간운략>은 금(金) 정대(正大) 6년(1229)에 쓴 하한(河閒) 허고도(許古道)에 서문에 의하면 <예부운략>을 왕문욱(王文郁)의 평수운(平水韻)에 따라 교수(校讎)한 것이라 한다. 이 <신간운략>에 맞추어 <몽고운략>을 수정한 것이 <몽고자운(蒙古字韻)>이다.

3.1.1.2. <신간운략>이 <예부운략>과 같이 주로 과거시험에 대비하는 거자(擧子)들을 위한 운서였으며 권두에 상술한 하한(河閒)의 서문 다음에 과거시험의 방식인 공거(貢擧) 삼시(三試)의 정식(程式)이 있고 이어서 '장표회피자양(章表廻避字樣)'이 있어서 원래 이 책이 과거용이었음을 말해준다(졸저, 2009: 61).

中村雅之(1993)과 忌浮(1994)에서는 모두 <신간운략>이 <몽고자운>의 남본(藍本)이라 보았다. 이 두 논문은 <몽고자운>과 이에 선행하는 운서 7종의 수록자(收錄字)를 비교하여 전체적으로 금대(金代) 한도소(韓道昭)의 『오음집운(五音集韻)』에 보인 배열과 가장 가깝다고 보았으나 소운(小韻)에서의 배열은 오히려 <신간운략>과 일치함을 밝혔다.

특히 忌浮(1994)에서는 다음과 같은 예를 들어 <몽고자운>이 <신간운략>을 남본(藍本)으로 한 것임을 밝혔다. 즉, <몽고자운>에서는 '한운(寒韻) 상성(上聲)'에 /완(睆)/자를 '갑모(匣母) 소운(小韻)'에 수록하였지만 이것은 원래 견모(見母)에 속하는 글자로서 여기에 들어갈 수 없는 것이었다.

그렇다면 어떻게 이런 잘못이 생겼는가? <신간운략>에서는 산운(潸韻)에 "睆, 大目也, 戶版切 (匣母)"로 하였는데 이것은 잘못으로 <광운(廣韻)>에서는 "大目也, 戶版切"의 글자가 /환(睆)/이었던 것이다. <몽고자운>은 <신간운략>의 이러한 잘못을 그대로 답습한 것이라는 주장이다.[4]

그러나 <신간운략>을 따른 <몽고자운>도 원대(元代) 공용어인 한아언어의 한자음을 제대로 반영하지 못하였다고 보고 이를 다시 원대(元代)의 한어(漢語) 한자음을 반영한 『고금운회(古今韻會)』에 따라 신안(信安) 사람 주종문(朱宗文)이 <몽고자운>을 수정하여 {증정}『몽고자운(蒙古字韻)』을 편찬한다.

남송(南宋)과 원초(元初)에 활약한 황공소(黃公紹)의 <고금운회>는 너무 방대하여 간행되지 못했다고 보기도 하고[5] 그의 제자인 웅충(熊忠)이 이를 축소하여 『고금운회거요(古今韻會擧要)』(1292)를 간행한 것이 널리 사용되었다. 조선에서도 세종 때에 이를 복간하였고 후대에도 여러 번 조선에서 간행한다.

원말(元末)에 신안(信安) 사람 주종문(朱宗文)이 이러한 <고금운회>와 <동 거요>에 의하여<몽고자운>을 수정한 {증정(增訂)}<몽고자운>이 대덕(大德) 신축(辛丑, 1301)에 간행되었다. 이것이 파스파문자로 한자음을 표음한 세 번째 몽고 운서, 즉 몽운(蒙韻)이다. 이들은 모두 원(元) 제국(帝國)에서 실시하는 과거시험에서 정한 새로운 한자음을 학습시키려던 것이다.

세 몽운(蒙韻)은 원초(元初)에 <예부운략>의 한자음을 파스파자로 표음하여 간행한 <몽고운략(蒙古韻略)>과 <예부운략>을 평수운으로 고친 <신간운략(新刊韻略)>에 따라 수정한 <몽고자운>, 그리고 이것 역시 당시 한아언어(漢兒言語)의 한자음과는 매우 달라서 이를 <고금운회(古今韻會)>, 또는 <동 거요(擧要)>로 수정한 {증정}<몽고자운>을 말한다.

소위 몽운(蒙韻)이라고 부르는 이 세 운서들은 모두 파스파문자로 그 한자음을 표음한 것이다. 조선 초기에 한자음 학습을 위하여 신숙주(申叔舟) 등이 몽운을 많이 참고하였음을 <사성통해>의 권두에 수록된 '사

4 忌浮(1994)에서는 이 외에도『新刊韻略』의 틀린 것을『몽고자운』이 그대로 답습한 예를 몇 개 더 추가하였다.

5 花登正宏(1997)에서는 黃公紹의 <古今韻會>가 실제로 간행되어 사용되었다고 주장하였다. 조선 <四聲通解>의 한자음에는 <고금운회거요>가 아니라 <고금운회>의 것으로 보이는 것이 수록되었음을 그 예로 하였다.

성통고범례' 등에서 알 수 있다. 이 가운데 {증정}<몽고자운>(1301)의 필사본이 영국 런던 대영도서관에 현전하고 있다.[6]

3.1.1.3. 우리가 보통 한문(漢文)이라고 부르는 것은 선진(先秦)시대의 고문(古文)을 말한다. 사서삼경(四書三經)으로 불리는 초기 유교 경전의 한문을 고문이라고 말하는데 이 문어(文語)는 전술한 바와 같이 동주(東周)의 수도인 낙양(洛陽)의 아언(雅言)을 기본으로 하여 형성된 것이다.[7] 즉, <시경(詩經)>처럼 당시 민중의 노래로 불리던 고대중국어를 한자로 기록한 것이다.

'아언(雅言, 上古語, Archaic Chinese)'이라고 불리는 주대(周代)의 낙양(洛陽)의 언어가 춘추(春秋)시대와 전국(戰國)시대까지, 즉 선진(先秦) 때까지는 학문(學文)의 언어이었고 주(周)의 행정언어로서 공용어이기도 하였다. 아언(雅言)을 한자로 적은 한문의 고문(古文)은 간결성과 암시성을 특징으로 하는 기록과 의사전달이 주된 목적으로 형성된 문어(文語)이었다.[8]

그러나 이러한 아언(雅言)의 고문은 시대의 변화에 따라 바뀌게 된다. 춘추(春秋)시대에는 여러 나라의 언어가 독자적으로 발전하였고 전국(戰國)시대에는 적어도 7개의 서로 다른 공용어가 있었다. 그러다가 진(秦)의 천하 통일 이후에 한당(漢唐)의 수도였던 장안(長安) 지역의 언어가 새로운 중원(中原)의 공용어로 부상하게 되었다.

중국어의 역사에서 '통어(通語, 中古語, Ancient Chinese)'라고 불리는 이 새로운 언어는 한당(漢唐)의 수도 장안(長安)의 언어를 기반으로 한 것이어

---

6 졸저(2009)의 <몽고자운 연구>는 이 책에 대한 연구서로서 {증정}<몽고자운> 런던 鈔本의 전문을 영인하여 부록으로 붙였다.

7 B. Karlgren(高本漢, 1940)에서는 『詩經』 이전 시기를 '太古 漢語', 『詩經』 이후부터 東漢시기까지를 '上古 漢語', 六朝 시기부터 唐末까지를 '中古 漢語', 宋朝 시기를 近古 漢語, 元明 시기를 '老官話'로 구분하였다(蔣紹愚, 1994).

8 古文은 先秦시대에 만들어진 『論語』, 『孟子』, 『莊子』, 『荀子』, 『韓非子』 등의 諸家의 議論文에서 기틀이 잡혔고 漢代에 賈誼의 『治安策』, 『過秦論』 등의 論策文과 左丘明의 『春秋左氏傳』, 司馬遷의 『史記』 등에서 서사문으로 발전하였다고 본다.

서 중국어의 서북방언이었다. 당연히 이곳과 접경한 서역(西域)의 여러 민족어들, 주로 굴절어들이지만 그로부터 영향을 받아 고립적인 문법 구조의 아언(雅言)과는 문법에서 차이가 생겼다.

이 통어(通語)는 한당(漢唐)이 흥융(興隆)하면서 그동안 중원(中原)에서 학문(學文)의 언어로 사용되었던 아언(雅言)의 권위에 도전하였다. 그러나 유경(儒經)의 문장어인 고문(古文)은 다른 종교에서와 같이 경전(經典)의 언어로서 매우 보수적이었고 다른 언어로의 변화를 받아드리지 못하였다. 그리하여 통어(通語)는 유경(儒經)의 해설과 주석에만 사용될 수 있었다.

따라서 후대의 통어(通語)는 한문 문장에서 유경(儒經)의 권위에 이르지는 못하였고 이후에 시문(詩文)과 불경(佛經)의 언어로 발전한다. 즉, 고문의 간결성과 암시성으로부터 장식성이 추가된 통어(通語)를 바탕으로 생겨난 새로운 문어는 육조(六朝)시대에 이르러 더욱 장식성이 두드러지게 나타났다. 이렇게 변형된 한문을 한 때에 '변문(變文)'이라고 부르기도 하였다.

3.1.1.4. 변문(變文)의 시작을 당대(唐代) 중기 이후 불경 번역문에서 찾는 학자도 있다. 문법구조가 고립적인 중국어와 근본적으로 다른 굴절어의 범어(梵語)를 번역하면서 그 문법에 이끌렸고 특히 불승(佛僧)들의 속강(俗講)에서 고문(古文)의 아언(雅言)과는 다른 통어(通語)가 사용되었기 때문이다.

이 때에 불교의 교리를 대중에게 전파하기 위하여 곡조를 붙일 수 있는 운문(韻文)과 교리를 설명하는 산문(散文)을 혼합하여 연창대강(連唱帶講)하는 경우가 있었는데 변문은 이와 같이 운문과 산문이 혼합된 것이 특징이다. 소박하고 간결하며 고립적 문법 구조인 고문(古文)에 비하여 변문(變文)은 시문(詩文)에 사용된 것이기 때문에 화려하고 장식적이었다.

당(唐), 송(宋), 원(元) 시대에 발달한 평화(平話), 사화(詞話), 백화소설(白話小說), 보권(寶卷), 탄사(彈詞), 고자사(鼓子詞) 등이 모두 변문으로부터 나온 것으로 본다.[9] 뿐만 아니라 변문(變文)은 동 시대에 한자를 빌려서 자신들의 민족어를 기록한 이민족의 한문 표기에서도 나타난다. 그것은 한문 고문의 문법에서 벗어나 자신들이 언어에 맞추어 표기했기 때문이다.

이러한 변문(變文)은 주로 동북아 알타이제어의 한문표기에서 나타난다. 예를 들면 남송(南宋)시대에 금(金)의 사절(使節)로 회녕(會寧, 지금의 吉林)에 간 홍매(洪邁, 1123~1201)는 거란(契丹)의 어린이들이 앞의 1.2.0.3.에서 소개한 것처럼 한시(漢詩)를 읽을 때에 우리의 이두문과 같이 여진어의 어순에 맞추어 읽는다고 하였다.

그는 예를 들어 금(金)나라 사신으로 갔을 때에 자신을 영접한 부사(副使) 비서소감(秘書少監) 왕보(王補)가 퇴고(推敲)의 고사로 유명한 당대(唐代) 가도(賈島)의 '제이응유거(題李凝幽居)'의 오언(五言) 절구(絶句) "鳥宿池中樹 僧敲月下門"을 "月明裏和尙門子打 水底裏樹上老鴉坐"라고 읽어 웃음을 금치 못했다고 했다.

왕보(王補)는 금주(錦州)사람으로 거란인(契丹人)이었다는 기사가 있다(『夷堅志』「丙志」第18 '契丹誦詩' 조).[10] 앞의 제1장 1.2.0.3.에서 전술한 바와 같이 왕보(王補)가 읽은 것은 거란어의 어순에 따랐을 것이다. 신라(新羅)의

9 淸의 光緖 25년(1899)에 중국 甘肅省 敦煌의 千佛洞 石室에서 2만여 권의 장서가 발견되었다. 그 가운데 佛經의 俗講 교재로 보이는 變文으로 된 사본이 다수 포함되었다. 이것이 소위 敦煌 變文 자료로서 盛唐(8세기 후반)부터 宋 太宗 2년(977)의 것이 가장 새로운 것이라고 한다. 따라서 變文은 唐代 中葉부터 발달한 것으로 본다.

10 전술한 淸格爾泰(1997)에서는 "月明裏和尙門子打 水底裏樹上老鴉坐"에 해당하는 몽고어가 "saran-du xoošang egüde toɤsixu-du naɤur taxi modun-du xeriy-e saɤumui"이라고 하면서 중국사신 洪邁가 듣기에는 우스운 중국어 語順이지만 契丹語로는 당연한 것이고 이 어순은 몽고어와도 일치함을 주장하였다. 물론 이것은 우리말의 어순과도 일치하며 아마도 우리의 吏讀文도 이와 같이 '우스운' 중국어의 하나였을 것이다. 이러한 현상은 고립적인 중국어의 문법에 따른 한문과 교착적 문법 구조의 契丹文이나 우리의 吏讀文의 차이에서 생겨난 것이다.

임신서기석(壬申誓記石)에 쓰인 한자를 신라어로 읽은 것처럼 그들도 내용을 거란어로 풀어 읽었을 것이다.

3.1.1.5. 물론 이와 같은 '거란송시(契丹誦詩)'를 변문(變文)으로 보지는 않는다. 오히려 이것은 우리의 이두문과 같은 것으로 쓰기는 한자로 쓰였지만 읽기는 아마도 거란어나 여진어로 읽었을 것이다. 우리의 이두문도 마찬가지다.

당시 중국 대륙과 그 주변의 여러 민족이 그들의 다양한 언어를 한자로 기록하였으며 그 가운데는 고문(古文)의 문장구조와 일치하지 않는 일종의 변문(變文)도 적지 않았던 것으로 보인다. 다만 중당(中唐) 이후에 발달한 변문들은 고문(古文)에서 조금 일탈(逸脫)한 것으로 그 문법구조는 중국 상고어(上古語, Archaic Chinese), 즉 아언(雅言)에 맞춘 것이다.

그러나 당대(唐代)에 중고어(中古語, Ancient Chinese)인 통어(通語)의 세력은 더욱 커져 이 언어를 모태로 한 새로운 문어(文語)가 등장하였으니 그것이 전술한 백화(白話), 또는 백화문(白話文)이다. 보다 구어적인 백화(白話)의 새로운 문체는 산문(散文)에 쓰였으나 일부는 문학작품의 언어가 되었다.

당(唐), 송(宋)에 이르러 구어적(口語的)인 이 문체로 전술한 바와 같이 고문(古文)의 유교 경전들이 주석된다. 이러한 아언(雅言)의 유교 경전을 당시의 통어(通語)로 주석한 것은 후한(後漢)시대 정현(鄭玄)의 『십삼경주소(十三經奏疏)』까지 거슬러 올라가지만 당(唐)·송대(宋代) 통어에 의한 경전의 주석은 주희(朱熹), 즉, 남송(南宋)의 주자(朱子)에 의해서 본격적으로 이루어진 것으로 볼 수 있다.

3.1.1.6. 원대(元代)에 공용어가 된 한아언어(漢兒言語)는 아언(雅言)은 물론이고 통어(通語)와도 전혀 다른 중국어였다. 앞에서 언급한 '거란송시(契丹誦詩)'와 같이 몽고어의 어순에 맞추고 몽고어의 조사와 어미를

삽입한 상태의 언어로서 졸저(2004: 432)에서 필자는 일종의 크레올로 보았다.

이 한아언어를 金文京 外(2002)에서는 앞의 1.2.1.2.에서 전술한 바와 같이 '호언한어(胡言漢語)'라고 불렀다고 한다. 몽골의 원(元)에서는 이 언어를 공용어로 하여 주변의 조공(朝貢) 국가들도 이 말을 쓰도록 하였다. 그리하여 고려가 중국과의 교섭에서 사용하게 하여 고려에서는 원(元)이 건국한 이후에 한어도감(漢語都監)을 두어 이 언어를 별도로 교육하게 되었다.[11]

원(元)은 몽고인에 의하여 국가가 통치하였지만 실제 한족(漢族)의 백성을 다스리는 일은 현지에서 채용한 색목인(色目人)과 한인(漢人)들이었고 몽고인들은 이들을 감독하는 일을 하였다.[12] 따라서 한인들은 몽고인 통치자에게 보고서를 올리게 되었는데 이 보고서에 사용된 것은 고문(古文)이나 한문이 아니라 한아언어를 모태로 하여 새롭게 형성된 문어(文語)이었다.

이렇게 새롭게 생겨난 문어를 그동안 일본의 중국어학계에서는 '한문이독체(漢文吏牘体)', 또는 '몽문직역체(蒙文直譯體)'라고 불렀던 것이다. 필자는 이를 모두 한아언어에 기반을 둔 문어(文語), 즉 한이문(漢吏文)으로 본다.

2) 몽문직역체와 한문이독체

3.1.2.0. 원대(元代)의 구어(口語)인 한아언어를 기반으로 하여 형성된

11 고려시대의 '漢語都監' 및 '吏學都監'의 설치와 운영에 대하여 졸고(1987b, 1990)를 참고할 것.

12 예를 들면 元代 各省에는 몽고인의 감독관이 있어 漢人 官吏를 지휘하였는데 大都省에는 '札魯忽赤, 首領官, 六部官, 必闍赤人' 등의 몽고인이 있어 漢人 官吏를 감독하게 되었으나 <元典章> 延祐 7년(元 英宗 卽位年, 1320)의 '中書省 奏過事內 1件'에 이들이 출근을 게을리 하므로 皇帝가 일찍 출근하고 늦게 퇴근할 것을 申飭하는 聖旨가 실려 있다. 여기서 札魯忽赤(Jarghuchi)는 앞의 1.2.3.2.에서 소개한 '몽고인 斷事官'을 말한다.

문장어를 '몽문직역체(蒙文直譯體)'와 '한문이독체(漢文吏牘体)'로 나누어 생각한 일본인 연구자가 있다. 즉, 田中謙二(1964)에서는 그 논문 모두(冒頭)에 다음과 같이 주장하였다.

> <원전장(元典章)>, 정확하게는「대원성정국조전장(大元聖政國朝典章)」에 수록된 문서의 스타일은 크게 나누어서 한문이독체(漢文吏牘体)와 몽문직역체(蒙文直譯體)의 2종으로 나누어진다. 전자는 행정・사법의 실무에 종사하는 서리(胥吏)의 손으로, 적어도 북송(北宋) 때에는 거의 완성된 법제문서용(法制文書用)의 문체이다. 이에 대해서 후자는 몽골족이 지배하는 원(元) 왕조의 특수 정황 아래 발생하였고 몽고어로 쓰인 법제(法制)문서를 역사(譯史, 飜譯官)가 중국어로 번역할 때에 사용한 문체를 가르친다. 몽문직역체(蒙文直譯體)라는 말은 임시로 지은 이름에 지나지 않고 이것도 역시 한자로 쓰인 일종의 한문이다. 다만 이들 2종의 문체는 통상의 중국문과 조금씩 양상을 달리 하기 때문에 일반적으로 <원전장(元典章)>의 문장은 난해하다고 하여 살아있는 사료를 많이 가지고 있지만 지금도 충분하게 활용하지 못하고 있다(田中謙二, 1964: 47). 원문의 일본어를 필자 번역.[13]

이러한 주장은 한문이독체(漢文吏牘体)가 북송(北宋) 때부터 시작되었고 몽문직역체(蒙文直譯體)는 원대(元代)에 발생한 것으로 보았으나 필자는 이 둘이 모두 원대(元代)에 시작되었고 후자가 원대(元代) 북경지역의 구어(口語)인 한아언어를 그대로 기록한 것이라면 전자는 이를 문어(文語)화한 것으로 본다.

---

13 이러한 田中謙二의 언급을 보면 중국과 일본에서도 漢吏文으로 적힌 사법 문서의 해독이 용이하지 않고 있음을 알 수 있다. 즉, 일본에서도 '일본식 한문'이라는 조선이문과 유사한 한문의 문체가 있지만 매우 제한된 경우에만 쓰여서 널리 사용되지 않았다. 물론 그 해독도 어렵다. 또 조선에서는 吏文으로 작성된 여러 공공문서를 해독하지 못하여 당시 庶民들의 생활상을 제대로 파악하지 못하고 있다. 특히 조선에서는 吏文이 국가 正文이어서 그것을 해독하지 못한 피해는 엄청나다. 이문 연구의 중요성을 다시 한 번 깨우쳐주는 언급이다.

3.1.2.1. 이에 대하여 吉川幸次郎(1953)에서는 원대(元代) 이독문(吏牘文)의 대표적 자료인 <원전장(元典章)>의 문체에 대하여 앞의 1.2.1.3.에서 인용한 구절, "[전략] かくきわめて僅かではあるが、あたかも元曲の白のごとく、口語の直寫を志した部分が存在する。なぜこれらの部分たけ口語を直寫しようとするのか。それは恐らく、いかなる言語に誘導されての犯罪であるかが、量刑に關係するからであり、その必要にそなえる爲であろうと思われるが、要するに吏牘の文が、必要に応じてはいかなる言語をも受容し得る態度にあることを、別の面から示すものである。[후략]"라고 하였다.

이 언급은 비록 한아언어의 존재를 인정하지 않았더라도 정곡(正鵠)을 찌른 지적이라고 할 수 있다. 원대(元代) 이독문(吏牘文)이 사법(司法)에서 사용될 때에는 죄인의 공초(供招)라든지 소송의 소장(訴狀)에서 죄의 실상을 파악하기 위하여 그들이 사용하는 구어(口語)를, 그것이 어떤 언어이든지 그대로 기록하려고 한 부분이 있다는 것이라는 주장이다.

여기서 어떤 언어(いかなる言語)라는 것은 두말할 것도 없이 당시 북경(北京) 지역에서 코이네로 사용되던 한아언어(漢兒言語)이며 이를 한자로 그대로 적은 것이 몽문직역체(蒙文直譯體)란 이름으로 부른 것으로 필자는 이해한 것이다. 그리고 좀 더 이를 서식화한 것이 한문이독체(漢文吏牘体)이라고 보았다.

3.1.2.2. 吉川幸次郎(1953)에는 당시 구어(口語)를 『원전장(元典章)』에 그대로 기록한 예를 몇 개 들었는데 그 중 하나를 소개하면 앞의 제1장 1.2.1.4.에서 인용한 <원전장>(권5) 「살친속(殺親屬)」 제5의 예로 든 처(妻)를 죽인 범인의 공초(供招)가 있다.

황경(皇慶) 원년(元年, 1312) 6월 12일 지주로(池州路) 동류현(東流縣)으로 기근을 피하여 와서 걸식하다가 잡힌 곽우아(霍牛兒)의 장초(狀招)이다. 이에 의하면 곽우아가 걸식(乞食)의 동무인 악선(岳仙)과 싸움하여 여지

없이 얻어맞았는데 그것을 본 처(妻)가 "你喫人打罵。做不得男子漢。我每日做別人飯食。被人欺負。－당신은 사람들에게 얻어맞고 욕을 먹네. 사내로서 자격이 없어. 내가 매일 다른 사람의 밥을 얻어먹으니(?) 사람들로부터 바보라고 하지." 라고 하였기 때문에 분노하여 처를 죽였다는 공초(供招) 내용이다.

이 장초(狀招)는 범인이 한아언어로 자백한 말을 한자로 직사(直寫)한 것이다. 이것은 구어체로서 종래의 한문과는 매우 다른 문장이며 또 형식을 갖춘 <원전장>의 다른 문체, 한문이독체(漢文吏牘体)와도 다름을 지적하였다. 실제로 이 문장구조는 필자가 한아언어(漢兒言語)의 자료로 소개한 <원본노걸대>의 그것과 대부분 일치한다.

따라서 몽문직역체(蒙文直譯体)란 당시 북경(北京)지역에서 실제 구어(口語)로 사용되던 한아언어(漢兒言語)를 그대로 한자로 직사(直寫)한 것을 말한 것이다(졸저, 2004: 432).[14] 그러나 후대의 일본 학자들은 요시가와 고지로(吉川幸次郎)와 다나카 겐지(田中謙二)의 이러한 잠정적 용어를 마치 실제로 한문에 그러한 문장체가 따로 존재하는 것처럼 신봉하여 왔다.

이것은 모두가 구어인 한아언어의 존재를 미처 알지 못한 결과라고 할 수 있다. 요기사와와 다나카 두 사람은 물론 후대의 일본인 중국어 학자들이 한아언어의 존재를 몰랐거나 그런 언어에 대한 기사가 있었어도 그것을 인정하지 않았다. 따라서 졸고(1999c)로 일본의 중국어학계에 한아언어의 존재를 소개한 것은 그들에게 대단한 충격이었을 것이다.

14 成三問의 <直解童子習序>에 의하면 조선시대 초기에는 漢吏文을 承文院에서 교육하여 事大文書 작성에 임하게 하였고 司譯院에서는 구어, 즉 漢兒言語를 학습하여 통역을 담당하게 하였다는 기사가 있다. 즉 그 序文에 "[前略] 自我祖宗事大至誠, 置承文院掌吏文, 司譯院掌譯語, 專其業而久其任. [下略]－[전략] 우리 조종으로부터 사대에 지성이시매 승문원(承文院)을 두어서는 이문을 맡기시고 사역원을 두어서는 언어의 통역을 맡기시어 그 업을 한갓지게 하고 그 직을 오래게 하시니, [하략]"에 의하면 司譯院에서는 구어를 배워 통역을 담당하고 承文院에서는 吏文, 즉 漢吏文을 학습하였음을 알 수 있다. 본문의 해석은 洪起文(1946)을 참고함.

3.1.2.3. 필자는 지금까지 논의한 원대(元代)에 사법(司法)이나 행정(行政)에서 주로 사용한 한문이독체(漢文吏牘体)의 문어도 '한이문(漢吏文)'이라고 보고자 한다. 그리고 구어(口語)인 한아언어로 직설(直說)하고 이것을 그대로 한자로 직사(直寫)한 것이 몽문직역체(蒙文直譯體)이며 이 둘은 모두 넓은 의미의 한이문에 속한다고 본다.

다시 말하면 지금까지 일본인 학자들에 의하여 주장된 '한문이독체(漢文吏牘体)', '몽문직역체(蒙文直譯體)'라는 한문의 변문(變文)은 실제로 원대(元代)에 서리(胥吏)들이 사용하던 이문(吏文)으로 구어(口語)를 그대로 적거나 이를 좀 더 서식화한 것을 말한 것이다. 즉, 몽문직역체는 한아언어를 직사(直寫)한 것이고 한문이독체는 다만 문장어로의 서식을 갖춘 것이다.

특히 '한문이독체(漢文吏牘体)'와 '몽문직역체(蒙文直譯體)'와 같이 원대(元代) 이후 발달한 중국의 '이문(吏文)'은 한반도의 한문 표기에도 영향을 주어 새로운 한문의 변체가 생겼는데 이렇게 생겨난 조선시대의 이문과 원대(元代)의 이문을 구별하여 졸고(2006c)에서 후자를 한이문(漢吏文)으로 불렀고 전자를 조선이문(朝鮮吏文)이라 하였다.

지금까지 논의한 몽문직역체(蒙文直譯體)와 한문이독체(漢文吏牘体)의 원대(元代) 이문(吏文)은 아언(雅言)의 고문(古文)이나 통어(通語)의 한문(漢文)과 다른 문체로서 이를 한이문(漢吏文)이라고 언급한 어떤 연구도 없다. 요즘에서야 일본의 金文京 編(2021) 등에서 조금씩 그에 대한 인식이 펴져나가고 있을 뿐이다.

3.1.2.4. 그러나 조선 초기까지 과거(科擧)시험에 원대(元代)에 시작된 이문(吏文), 즉 한이문(漢吏文)을 시험하는 한이과(漢吏科)가 있었으며 <세종실록>(권47) 세종 12년 경술(庚戌) 3월조의 기사에는 상정소(詳定所)에서 제학(諸學)의 취재(取才)에 사용할 출제서를 규정하여 이를 등재하였는데 여기에 한이과(漢吏科)의 과시(課試) 방법이 상세히 설명되었다.

과시 방법에는 시험에 출제할 각종 출제서와 시험 방식이 규정되었다. 앞의 제1장 1.2.4.0.에서 논의한 대로 한이과의 출제서로는 '書, 詩, 四書, 魯齋大學, 直解小學, 成齋孝經, 少微通鑑, 前後漢, 吏學指南, 忠義直言, 童子習, 大元通制, 至正條格, 御製大誥, 朴通事, 老乞大, 事大文書謄錄'이 있고 제술(製述)의 시험으로는 주본(奏本), 계본(啓本), 자문(咨文)을 짓게 하였다.

따라서 이와 같이 한이학(漢吏學)의 취재에 사용된 출제서야 말로 한이문(漢吏文)을 학습하는 교재임이 틀림없다. 위의 취재서 가운데 전술한 대로 '서(書), 시(詩), 사서(四書)'는 서경(書經)과 시경(詩經), 그리고 사서(四書)는 '논어(論語), 맹자(孟子), 대학(大學), 중용(中庸)'으로 선진(先秦)시대의 고문(古文)으로 작성된 것이다.

이어지는 <노재대학(魯齋大學)>, <직해소학(直解小學)>, <성재효경(成齋孝經)>은 <대학>과 <소학>, 그리고 <효경>과 같은 고문(古文)의 유경(儒經)을 당시 한아언어로 풀이하여 한자로 적은 한이문(漢吏文)의 문헌이다. 그리고 <소미통감(少微通鑑)>. <전후한(前後漢)>도 모두 <통감>, <전한서>, <후한서>와 같은 사서(史書)를 역시 한아언어로 알기 쉽게 해설하여 이를 한자로 적은 것으로 역시 한이문의 서적이다.

<박통사(朴通事)>, <노걸대(老乞大)>는 당시의 구어(口語)인 한아언어를 학습하는 교재이며 <충의직언(忠義直言)>을 비롯한 나머지는 모두 한이문(漢吏文)으로 된 사법(司法), 행정의 문헌들이다. 다만 이 출제서들 가운데 <이학지남(吏學指南)>과 <동자습(童子習)>은 좀 색다른 이문의 교재다. 이 각각은 앞의 제1장 4) 조선의 한이문(漢吏文) 교육에서 대체로 소개하였다.

3.1.2.5. 앞에 든 한이과(漢吏科)의 출제서 가운데 <노재대학(魯齋大學)>은 앞의 제1장 1.2.4.1.에서 소개한 바와 같이 원(元)의 허형(許衡)이 편찬한 『노제유서(魯齋遺書)』 3권 가운데 <대학직해(大學直解)>를 말하는 것으

로 사서(四書)의 하나인 <대학(大學)>을 당시 원대 한아언어로 풀이한 것을 말할 것이다. 따라서 이것으로 당시 한이문(漢吏文)을 배울 수가 있었다.

<직해소학(直解小學)>은 원(元)에서 고려로 귀화한 위구르인 설장수(偰長壽)가 <소학>을 당시 한아언어로 풀이한 것으로 노재(魯齋) 허형(許衡)의 <대학직해>를 본받은 것이다. 그는 조선 건국 초기에 사역원의 제조(提調)로 있으면서 이러한 역과(譯科)나 취재(取才)의 출제서를 정하고 사역원의 제조로서 한아언어와 한이문을 학습하는 교재로 <직해소학>을 저술한 것이다.

<성재효경(成齋孝經)>은 앞의 1.2.4.1.에서 소개한 것처럼 원대(元代) 북정성재(北庭成齋)의 『효경직해(孝經直解)』을 말한다. 즉, 북정(北庭)의 위구르인인 성재(成齋) 관운석(貫雲石)이 <효경(孝經)>을 한아언어로 직해(直解)한 것으로 역시 한아언어와 그를 한자로 적어 한이문의 교재로 쓴 것이다. 저자의 관운석은 위구르인으로 소운석해애(小雲石海涯)라고 불리던 원대(元代)의 유명한 문인(文人)이었다.

<대원통제(大元通制)>는 역시 앞의 1.2.4.1.에서 소개한 것처럼 원(元)의 건국초기부터 연우(延祐) 연간(1314~1320)에 이르기까지 원대(元代)의 법률제도를 집대성한 것으로 원(元)이 황경(皇慶) 1년(1312)에 인종(仁宗)이 아산(阿散)에게 개국 이래의 법제사례(法制事例)를 편집하도록 명하여 지치(至治) 3년(1323)에 완성된 원대(元代) 유일한 체계적 법전이다. 또 <지정조격(至正條格)>은 원(元) 지정(至正) 6년(1346)에 <대원통제>를 산수(刪修)한 것이다.

<어제대고(御製大誥)>도 앞의 1.2.4.1.에서 소개한 것과 같이 명(明) 태조가 원대(元代)의 악풍을 바로잡기 위하여 관민의 범법 사례를 채집하여 이를 근거로 홍무(洪武) 18년(1385) 10월에 '어제대고(御製大誥)' 74조를 반포하였다. 그리고 이듬해 다시 '어제대고속편(御製大誥續編)' 87조(1권)와 '어제대고삼(御製大誥三)'의 47조(1권)를 만들었는데 이를 통칭하여 <어제대고(御製大誥)>라고 한다.

<사대문서등록(事大文書謄錄)>은 조선시대 승문원(承文院)에서 중국 조정과 왕래한 문서를 모아놓은 것으로 <세종실록>의 기사(권51, 세종 13년 1월 丙戌조, 동 권121, 세종 30년 8월 丙辰조)와 <단종실록>(권13, 단종 3년 1월 丁卯조)의 기사에 의하면 5년마다 한 번씩 서사(書寫)하고 10년마다 한 번씩 인쇄하여 출간하였다고 한다(정광 · 양오진 · 정승혜, 2002).

따라서 모두 한이문(漢吏文)을 학습하는 교재로 보아야 한다.

3.1.2.6. 전게한 한이학(漢吏學)의 출제서 가운데 '노재대학(魯齋大學), 직해소학(直解小學), 성재효경(成齋孝經), 소미통감(少微通鑑), 전후한(前後漢)'은 <대학>, <소학>, <효경>, <통감>, <전한서>, <후한서> 등의 경사서(經史書)를 한아언어로 풀이한 것이라 모두 한이문(漢吏文)을 시험한 것이다.

그리고 '충의직언(忠義直言), 대원통제(大元通制), 지정조격(至正條格), 어제대고(御製大誥)'는 모두 사법(司法)의 문헌들로서 한문이독체(漢文吏牘体)라고 불러왔었던 원대(元代)에 발생한 새로운 문어(文語), 즉 한이문(漢吏文)으로 작성된 것이다. 그리고 '이학지남(吏學指南)'은 이러한 한이문(漢吏文)을 학습하는 참고서이었다.[15]

그리고 '충의직언(忠義直言), 대원통제(大元通制), 지정조격(至正條格), 어제대고(御製大誥)'는 앞에서 살펴본 <원전장(元典章)>과 같은 부류의 사법서로 원대(元代)의 법률, 조칙(詔勅), 상소(上疏) 등의 행정문서를 모은 문헌이다. 다만 '노걸대, 박통사'는 구어인 한아언어를 학습하는 교재인데 이 언어가 한이문(漢吏文)의 모태이었음은 앞에서 누차 언급하였다.

그러면 위에서 한이문(漢吏文), 즉 한문이독체와 몽문직역체의 교본으로 본 '노재대학(魯齋大學), 직해소학(直解小學), 성재효경(成齋孝經), 소미통감(少微通鑑), 전후한(前後漢)'을 중심으로 한이문이 어떠한 한문(漢文)인

15 앞의 제1장 주40과 정광 · 양오진 · 정승혜(2002)를 참고할 것. 다만 <吏學指南>의 '吏學'은 이문의 연구가 아니라 胥吏의 統治學을 말한다.

가를 살펴볼 수 있다. 이들 한이문 교재 가운데 필자가 자유롭게 이용할 수 있는 <성재효경>을 예로 하여 다음에 한이문의 정체를 찾아보기로 한다.

3) 〈성제효경〉의 한아언어

3.1.3.0. <성재효경(成齋孝經)>은 원대(元代)에 위구르인 소운석해애(小雲石海涯)가 <효경(孝經)>을 노재(魯齋, 元의 許衡)가 <대학(大學)>을 당시 북경어로 직설(直說)하여 <직해대학>을 저술한 것을 따른 것으로[16] 역시 당시 원(元) 제국(帝國)의 공용어인 한아언어로 풀이하여 직해(直解)라는 이름을 붙여 편찬한 것이다.

따라서 <성재효경>을 <직해효경(直解孝經)>이라고도 한다. 이 책의 저자 소운석해애는 <원사(元史)>(권143)에 다음과 같이 그의 생애에 대하여 소개하였다.

> 小雲石海涯家世: 見其祖阿里海涯傳, 其父楚國忠惠公, 名貫只哥, 小雲石海涯, 遂以貫爲氏. 復以酸齋自號 [中略] 初襲父官, 爲兩淮萬戶府達魯花赤 [中略] 泰定元年五月八日卒, 年三十九. 贈集賢學士中奉大夫護軍, 追封京兆郡公. 謚文靖, 有文集若干卷, 直解孝經一卷, 行于世. - 소운석해애의 가세(家世)는 그 조부 아리해애(阿里海涯)의 전기를 보면 아버지가 초국(楚國)의 충혜공(忠惠公)으로 이름이 관운석(貫雲石)이었으며 그리하여 소운석해애는 '관(貫)'으로 성을 삼았다. 또 자호(自號)를 '산재(酸齋)'라 하였다. [중략] 처음에는 아버지의 관직을 세습하여 양회(兩淮) 만호부(萬戶府) 다루가치(達魯花赤)가 되었다. [중략] 태정(泰定) 원년(1324) 5월 8일에 죽었다. 나이가 39세, 집현학사(集賢學士) 중봉대부(中奉大夫) 호군(護軍)을

16 <直解孝經>에 대하여는 일본에 전해지는 『新刊全相成齋孝經直解』의 권두의 成齋가 쓴 自敍에 "[前略] 嘗觀魯齋先生, 取世俗之□直說大學, 至於耘夫竟子皆可以明之. 世人□之以寶, 士夫無有非之者於以見, 云云 [下略]"이라는 기사를 참조할 것. □부분은 훼손되어 글자가 보이지 않는 부분임. 일본에 전해지는 <成齋孝經>에 대하여는 太田辰夫・佐藤晴彦(1996)를 참조할 것.

증직(贈職)하였고 경조군공(京兆郡公)으로 추증되었다. 시호(謚號)는 문정(文靖)이며 문집 약간 권과 <직해(直解)효경> 1권이 있어 세상에 유행하였다. 필자 번역. 졸저(2022: 661)에서 재인용.

이 기사를 보면 말미에 소운석해애(小雲石海涯, 1286~1324)가 『직해효경(直解孝經)』 1권을 지어 세상에 유행시켰다고 하였다. 그는 원래 위구르인으로 한명(漢名)을 관운석(貫雲石)이라 하였으며 이것은 <효경>을 당시 북경어, 즉 한아언어로 알기 쉽게 풀이한 것임을 알 수 있다. 그는 관산재(貫酸齋)란 이름으로 악부산곡(樂府散曲)을 지은 작자로도 널리 알려졌다.

그가 지은 <직해효경>은 당시 매우 인기가 있었던 것으로 전대흔(錢大昕)의 『보원사(補元史) 예문지(藝文志)』(권1)와 김문조(金門詔)의 『보삼사(補三史) 예문지(藝文志)』에 "小雲石海涯直解孝經一卷－소운석해애의 직해효경 일권"이란 기사가 보인다. 이외에도 몇 사서(史書)에 '직해효경'의 이름이 나온다.

그리고 예찬(倪燦)의 『보요금원(補遼金元) 예문지(藝文志)』와 노문초(盧文弨)의 『보요금원(補遼金元) 예문지』에도 "小雲石海涯孝經直解一卷"이란 기사가 보인다. 명대(明代) 초굉(焦竑)의 『국사경적지(國史經籍志)』(권2)에는 "成齋孝經說 一卷－성재효경설 일권"으로 기재되었다(長澤規矩也, 1933).

3.1.3.1. 관운석(貫雲石)의 <직해효경>, 즉 <성재효경(成齋孝經)>은 이 책의 말미에 쓴 그의 자서(自敍)에 "至大改元孟春既望, 宣武將軍、兩淮萬戶府、達魯花赤, 小雲石海涯, 北庭成齋自敍"라 하여 지대(至大) 원년(1308) 정월(正月) 15일에 자서(自敍)하여 이 책이 완성되었음을 알려준다.[17]

17 '北庭成齋'의 '北庭'은 위구르인들의 왕국이던 곳을 말한다. 그가 굳이 北庭이라 밝힌 것은 그가 위구르인임을 말한 것이다.

그는 허형(許衡)의 <노재대학(魯齋大學)>에서 <대학>을 당시 공용어인 한아언어로 풀이한 것과 같이 <효경(孝經)>을 당시 한아언어로 풀이하여 직설(直說)한 것이다. 필자가 소개한 <원본노걸대>와 동일하게 성재(成齋) 관운석(貫雲石)의 <성재효경>은 당시 원(元) 제국(帝國)의 공용어인 한아언어를 반영하였다.

<성재효경(成齋孝經)>이 <원본노걸대>와 같이 한아언어(漢兒言語)의 문체를 갖고 있는 예를 <성재효경>의 직해문(直解文)에서 찾아보면 다음과 같다.

『新刊全相成齋孝經直解』「孝治章」第八,

원 문: 治家者不敢失於臣妾, 而況於妻子乎. 故得人之懽心, 以事其親.

직해문: 官人每, 各自家以下的人, 不着落後了. 休道媳婦孩兒. 因這般上頭, 得一家人懽喜, 奉侍父母呵, 不枉了有, 麽道。－관인들은 각기 자신의 아랫사람을 홀대하지 않는다. 아내나 아이들에게는 말할 것도 없다. 이러한 차례로 일가 사람들의 기쁨을 얻어 부모님에게 시중을 들면 굽힘이 없다고 말할 것이다. 밑줄 필자, 우리말 번역은 필자.

위의 예문가운데 원문은 아언(雅言)의 고문(古文)이고 직해문은 한아언어로 직해한 한이문(漢吏文)일 것이다. 직해문에서 밑줄 친 '① 每와 ② 上頭, ③ 呵, ④ 有, ⑤ 麽道'는 모두 한아언어로서 여기에 삽입된 밑줄 친 부분은 몽고어의 영향으로 한문에 삽입된 것이다. 이들은 모두 <원본노걸대>(이하 <원노>로 약칭)에서 자주 나오는 허사(虛辭)들이다.

이제 이 각각을 고찰하여 <성재효경>의 원문이 <원노>에서 볼 수 있는 당시 구어(口語)인 한아언어로 직해(直解)한 것임을 밝혀보기로 한다.

3.1.3.2. ① 每

이 직해문의 "官人每"에 보이는 '每'는 명사의 복수접미사로 후대에는 '每 > 們'의 변화를 보였다. 조선 중종 때 최세진의 『노박집람(老朴集覽)』에서는 <원노>에 '每'가 사용되었음을 알고 있었고 이에 대하여 다음과 같이 언급하였다.

> 每: 本音上聲, 頻也. 每年、每一箇. 又平聲, 等輩也. 我每、咱每、俺每. 우리 恁每, 你每 너희, 今俗喜用們字(單字解 1 앞)－본음은 상성(上聲)이고 '빈번하다'란 뜻이다. '每年－해마다', '每一箇－하나씩'. 또는 평성(平聲)으로 읽으면 '等輩(－같은 무리)'와 같은 의미를 나타낸다. '我每－우리들', '咱每－우리들(청자 포함)', '俺每－우리들', '恁每－당신들', '你每－너희들' 등이다. 지금은 일반적으로 '們'자를 즐겨 쓴다. 정광 · 양오진(2011: 22)에서 인용.

이 해설에 의하면 '每'가 복수접미사임을 말하고 있고 <노걸대>의 신본(新本), 즉 산개본(刪改本)에서는 이미 '每'가 '們'으로 바뀌었음을 증언하고 있다. 실제로 <원노>의 '每'는 {산개}<노걸대>(이하 <산노>)[18]와 이를 최세진이 번역한 {번역}<노걸대>(이하 <번노>)에서는 '們'으로 교체되었다.

> 敎別人將咱每 做甚麽人看?(<원노> 2앞 8~9행) 別人將咱們 做甚麽人看?(<번노> 上5뒤)
> 漢兒小厮每哏頑(<원노> 2뒤 7행) 漢兒小厮們十分頑(<번노> 上7앞)
> 俺這馬每不曾飮水裏(<원노> 9앞 10행) 我這馬們不曾飮水裏(<번노> 上31앞)

위의 예에서 <원노>의 복수 표시 '每'가 <번노>에서 '們'으로 바뀌었음을 볼 수 있다. 복수의 의미로 '們'이 사용되기 시작한 것은 송대(宋代)부터이었으며 '懣(滿), 瞞, 門(們)' 등의 형태로 나타난다. 원대(元代)에

---

18 고려 말에 편찬된 『原本老乞大』를 조선 성종 14년(1483) 경에 漢人 葛貴 등이 刪改한 것으로 {飜譯}<노걸대>와 『老乞大諺解』의 저본이 되었다.

이르러서도 '們'이 부분적으로 사용되었으나 대부분은 '每'로 바뀌었다.

그러다가 명대(明代) 중엽부터 다시 '們'의 사용이 많아지기 시작하였다. 이처럼 송(宋), 원(元), 명대(明代)에는 '們 > 每 > 們'의 형태로 반복되어 복수 형태가 변환하는 과정을 거쳤으며 그 원인에 대해서는 정확히 밝혀지지 않고 있다. 아마도 송대(宋代)의 '문(們)'이 원대(元代)에 일시적으로 '매(每)'로 바뀌었다가 다시 '문(們)'으로 돌아간 것으로만 이해한다.

주목되는 것은 원대(元代)에 이르러 북방계 한아언어(漢兒言語)에서는 '每'가 통용되었지만 남방계 관화(官話)에서는 여전히 '們'을 사용하였으며 원대(元代) 이후에는 또한 북방계 관화에서조차 '每'가 점차 사라지게 되었다는 것이다(呂叔湘, 1985: 54). 따라서 <성재효경>이 '每'를 반영한 것을 보면 <성재효경>도 <원노>와 같이 북방계 한아언어를 반영하였음을 알 수 있다.

3.1.3.3. ② 上頭

직해문의 "因這般上頭"에 나오는 '上頭'는 후치사로서 이 시대의 한아언어에서만 사용되고 후일에는 '上頭 > 因此上(-까닭에)'으로 바뀌었다. <노박집람(老朴集覽)>에 "上頭 젼추로 今不用(累字解 2 앞)-'上頭'는 '까닭으로'라는 의미로 현재는 사용하지 않다"라는 주석(정광 · 양오진 역주, 2011: 100)이나 "因此上 猶言上頭(累字解 2 뒤)-'因此上'은 '上頭'(까닭으로)와 같은 의미다"라는 주석(정광 · 양오진 역주, 2011: 109)은 '上頭'와 '因此上'이 같은 의미였음을 말하고 있다.

'因此上(-까닭에)'은 원인을 나타내는 접속사의 형태이며 '上頭'는 '上'에 '頭'가 첨가된 형태로서 원인을 나타낸다. 모두 몽고어의 영향을 받은 후치사의 형태로 분석된다. 『원조비사(元朝秘史)』의 대역문에는 '上頭'가 몽고어 '禿剌(tula)'에 대응되는데 이를 余志鴻(1992: 6)에서 옮겨

보면 다음과 같다.

注　音: 騰格裏因 札阿隣 札阿黑三 兀格 黍貼昆 禿剌(『元朝秘史』206~567)
對譯文: 天的　　神告　告了的　言語 明白的 上頭
意譯文: 天告你的言語 明白的上頭(『元朝秘史』206앞 13행)[19]

따라서 <성재효경>에서 자주 쓰인 '上頭'는 몽고어 '禿剌(tula)'에 대응되어 삽입된 것임을 알 수 있다. 이 예로부터 <성재효경>의 직해문을 몽문직역체(蒙文直譯體)라고 보는 것임을 이해하게 한다. 즉, 몽고어에 맞춘 한문의 문체로 보기 때문이다. 후일 조선이문(朝鮮吏文)에서도 우리말에 맞도록 이문(吏文)의 문체를 바꾸어 쓰는 계기가 이로부터 나온 것이다.

3.1.3.4. ③ 呵

다음으로 앞의 3.1.3.1.의 <성재효경>의 예에서 "因這般上頭, 得一家人懽喜, 奉侍父母呵, 不枉了有, 麽道。"에 나오는 직해문의 '奉侍父母呵'의 '呵'는 역시 후치사(後置詞)로서 몽고어에 이끌려 삽입된 것이다.

후대에 이 후치사는 '呵 > 時(-면)'로 변화되었는데 이에 대하여 <노박집람>에서는 "時: 猶則也. 古本用呵字, 今本皆易用時字, 或用便字.(單字解 5 앞)-'時'는 '則'과 같다. 고본(古本)에서는 '呵'자를 사용하였는데 금본(今本)에서는 모두 '時'자로 바꾸거나 또는 '便'자를 사용하였다."(정광·양오진 역주, 2011: 61)라고 하였다.

즉, <노박집람>에서 고본(古本) <원노>의 '呵'를 {산개}<노걸대>의 금본(今本)에서 '時'로 교체하였음을 밝히고 있어 <원노>에서는 '呵'이었음을 알 수 있다. 예를 실제로 <원노>에서 찾아보면 다음과 같다.

---

19 여기서 注音은 몽고어를 한자로 표음한 것이며 對譯文과 意譯文은 漢吏文으로 보인다.

身已[20]安樂[21]呵[22] 也到[得有][23](<원노> 1앞 8행)－몸이 건강하면 도착할 수 있겠지요. 졸저(2010: 20)

旣恁賣馬去呵 咱每恰好做伴當去(<원노> 3앞 4~5행)－당신들도 말을 팔러 간다면 우리들이 같이 가는 것이 잘 됐소. 졸저(2010: 37).

앞의 예문에서 '呵'는 어기조사(語氣助詞)로 분석될 수도 있겠으나 예문이 보여 주는 바와 같이 가정의 의미를 나타내는 후치사 형태로 보는 것이 더욱 타당할 것이다. 이것은 몽고어에서 그 흔적을 찾아 볼 수 있는데 <원조비사>에 의하면 몽고어의 '阿速'(-[b]asu/esü)의 대역문으로 '呵'가 사용되었다.

이 몽고어는 가정의 의미를 나타내고 있으며 '[b]'는 모음 뒤에서만 사용된다(余志鴻, 1992: 3). 우리말의 '－면'과 같이 가정을 나타낸다. 그리하여 "身已安樂呵, 旣恁賣馬去呵"와 같이 "몸이 건강하면, 당신도 말을 팔러간다면"과 같은 해석이 가능하다. <노박집람>에서는 고본(古本)의 '가(呵)'를 금본(今本)에서는 '시(時)'로 바꾼다고 하였다.

따라서 이들은 {번역}<노걸대>에서 모두 '呵'가 '時'로 교체되었다.

身已安樂時 也到(<번노> 上 2 앞)

你旣賣馬去時 咱們恰好做火伴去(<번노> 上 8 앞)

<노박집람>에는 '가(呵)'에 대한 <음의(音義)>의 주석을 옮겨놓았다.

音義云: 原本內說的[呵]字不是常談. 如今秀才和朝官是有說的, 那箇

---

20 '身己'는 두 글자로 "몸"이란 뜻을 나타낸다. '身起'로도 쓴다.

21 '安樂'은 "몸이 건강한 것"을 말한다.

22 원문 '呵'는 전술한 바와 같이 "假定, 조건, 혹은 停頓"을 나타내는 조사다. 따라서 '~면'으로 번역하였다.

23 '也到' 다음에 '得有'가 脫字되었다. 따라서 원문이 '身已安樂呵 也到得有'일 것이다.

[俺]字是山西人說的. [恁]字也是官話不是常談, 都塗(弔)了改寫的. 這們助語的[那][也][了][阿]等字, 都輕輕兒微微的說. 順帶過去了罷, 若緊說了時不好聽. 南方人是蠻子, 山西人是豹子, 北京人是태子. 入聲的字音是都說的不同.－<음의(音義)>에 의하면 원본에서 사용한 '가(呵)'자는 일상용어가 아니라고 하였다. 현재는 수재(秀才)나 조정의 관리 중에 그 말을 사용하는 사람들이 있다. 그 '엄(俺)'자는 산서인(山西人)이 사용하는 말이며 '임(恁)'자 역시 관화로서 일상용어가 아니므로 모두 지워버리고 고쳐서 쓴 것이다. 어조사인 '나(那)', '야(也)', '료(了)', '아(阿)' 등 글자들은 가볍게 발음하여 지나가야 하며 만일 발음을 분명히 할 경우 듣기가 좋지 않다. 남방인은 '만자(蠻子)', 산서인은 '표자(豹子)', 북경인은 '태子'라고 하는데 이들은 입성(入聲)자의 발음을 각기 다르게 하다.

이 주석을 보면 '가(呵)'가 이미 일상용어에서 쓰이지 않고 일부 학자나 관리들이 사용함을 증언하였다. 명대(明代)의 공용어인 남경관화(南京官話)에서는 이 말이 더 이상 쓰이지 않음을 밝힌 것이다.

3.1.3.5. ④ 有

앞의 2.2.4.5.에서 <원노>의 특징으로 몽고어의 시제(時制)와 문장종결을 나타내는 'a-(to be)', 'bayi-(to be)'를 '유(有)'로 표기하였고 모두 계사(繫辭, copula)로 쓰였으며 이 말이 원대(元代) 한아언어의 영향임을 최세진은 <노박집람>에서도 밝혔다고 소개하였다.

즉, <노박집람>에 '漢兒人有'의 설명에서 "元時語必於言終用有字, 如語助而實非語助, 今俗不用.－원대(元代)어에서는 반드시 말이 끝나는 곳에 '有'자를 사용하는데 어조사(語助辭)인 듯하나 실은 어조사가 아니다. 지금은 세간에서 사용하지 않는다."(정광 · 양오진 역주, 2011: 1 13)라고 하여 최세진 당시에는 더 이상 사용되지 않음을 말하고 있다.

몽고어의 동사 'bui̯ (is), bolai̯ (is), bülüge (was)'와 모든 동사의 정동사형(all finite forms of the verbs)인 'a-(to be)', 'bayi-(to be)', 그리고 동사

'bol-(to become)'은 모두 계사(繫辭, copula)로 쓰였다(Poppe, 1954: 157). 따라서 <원노>에 쓰인 문장종결의 '有'는 몽고어에서 계사(繫辭)가 문장의 끝에 쓰여 문장을 종결시키는 통사적 기능을 대신한다.

그러므로 몽고어의 영향을 받은 원대 한아언어의 특징이라고 아니할 수 없다(졸저, 2004: 518~519). 앞에서 예로 든 <성재효경>의 직해문에서도 '有'가 사용된 용례가 많으며 그 가운데 몇 개를 추가하여 보이면 다음과 같다. 직해문의 우리말 해석은 필자가 한 것이고 졸저(2022: 431)에서 인용하였다.

㉠ 원　문: 夫孝德之本也, <성재효경>「開宗明義章 제1」
직해문: 孝道的勾當是德行的根本有－효행이라는 것은 덕행의 근본이다.

㉡ 원　문: 敬其親者, 不敢慢於人. <성재효경>「天子章 제2」
직해문: 存着自家敬父母的心呵, 也不肯將別人來欺負有.－스스로 부모를 존경하는 마음을 갖고 있는 사람은 다른 이를 업신여기지 않는다.

㉢ 원　문: 君親臨之厚莫重焉. <성재효경>「聖治章 제9」
직해문: 父母的恩便似官裏的恩一般重有.－부모의 은혜는 마치 천자의 은혜만큼 무겁다.

㉣ 원　문: 宗廟致敬不忘親也, 修身愼行恐辱先也. <성재효경>「感應章 제16」
직해문: 祭奠呵, 不忘了父母有, 小心行呵, 不辱末了祖上有.－제를 지내는 것은 부모를 잊지 않으려는 것이다. 수신하여 행동을 조심하는 것은 선조를 욕되게 함을 두려워하기 때문이다.

여기서 <성재효경>의 원문은 아언(雅言)의 고문(古文)으로 사서오경의 문체와 같다. 그러나 직해문은 성재(成齋) 관운석(貫雲石)이 한아언어로 직해한 것이므로 이를 한자로 표기한 이문(吏文)이라고 할 수 있다. 따라서 여기서 직해문(直解文)이라고 한 것은 '한이문(漢吏文)'으로 보아도 틀리지 않다.

이 예문의 직해문 문말에 쓰인 '有'는 志村良治(1995: 384)에서는 入矢義高(1973)의 주장에 따라 원대(元代) 초기부터 사용되기 시작하였으며 확정적인 의미를 나타낸다고 주장하였다. 한편 太田辰夫(1991: 179)에서는 '有'자의 이러한 용법은 원대(元代)에서 명초(明初)에 걸친 자료들에서 많이 찾아 볼 수 있는데 실제 구어체에서 사용되었던 것임에 틀림이 없다고 하였다.

그리고 원곡(元曲)에 이르러서는 더 이상 사용되지 않았으나 '一壁有者'(한 쪽에서 기다리고 있다)와 같은 관용어적 용법은 원곡(元曲)에서도 찾아 볼 수 있으며 따라서 '有'는 어휘적 의미가 없는 문장 말 종결어미였을 것으로 추정이 된다고 하였다. 교착적인 문법 구조의 언어에서 항상 문장 말에 종결의 계사(繫辭)가 온다. 한국어에서도 늘 문장 말에 종지사가 온다.

<원노>에서는 문장 말에 '有'가 대량으로 사용되었음을 발견할 수 있다. 이것은 <노박집람>의 해설과 같이 바로 원대(元代)의 대도(大都)지역의 언어임을 보여주는 유력한 근거라 할 수 있다.[24] <원노>에서 나오는 예를 두 개만 들어보기로 한다.

㉥ 您是高麗人, 却怎麽漢兒言語說的好有?(<원노>1앞 9행)[25]－당신은 고

---

24 余志鴻(1988)에서는『元朝秘史』의 '有'는 '-UmU'에 대응되는데 다음과 같은 예문에서 보여 주는 바에 의하면 과거에서 현재까지(미래까지 지속 가능한) 지속되는 시제라고 하였다.
貼額周 阿木'載着有'(『元朝秘史』101, 948) 迭兒別魯 梅'顫動有'(『元朝秘史』98, 947)
莎那思塔 木'聽得有'(『元朝秘史』101, 948)

25 {飜譯}<老乞大>에서는 이 '有'가 없어진다. "你是高麗人, 却怎麽漢兒言語說的好(<번노> 上 2앞)"와 "我也心裏這般想着(<번노> 上 11앞)" 같이 나타난다.

려 사람인데 어떻게 한어(漢語)를 잘하시는가? 졸저(2010: 23)

㉥ 我也心裏那般想著有(<원노> 20뒤 4행)－나도 마음으로 그렇게 생각하고 있었습니다. 졸저(2010: 44).

이 예문들을 보면 '有'가 문장종결어미로서 과거완료의 시상(時相, tense aspect)을 보여주는 것으로도 볼 수 있다.[26] 그러나 이것은 교착적 문법 구조의 알타이제어에서 보이는 문장 말에서 종지(終止)를 나타내는 계사(繫辭)일 것이다.

3.1.3.6. ⑤ 麽道

'麽道'는 <성재효경>만이 아니고 원대(元代)에 황제(皇帝)의 성지(聖旨)나 그를 새긴 비문(碑文)에서도 발견된다. 이것은 몽고어의 'ge'e(말하다)'를 표기한 것으로 몽한대역(蒙漢對譯) 한아언어의 비문을 보면 몽고어의 "ge'en, ge'eju, ge'ek'degesed aju'ue"를 대역한 것이다. 즉 '麽道'는 "~라고 말씀하셨다"에 해당하는 몽고어를 대역한 것이다.

예를 대덕(大德) 5년(1301) 10월 22일에 섬서성(陝西省)에서 올린 상주문(上奏文)에서 찾으면 다음과 같다.

大德五年十月二十二日奏過事內一件:

陝西省官人每, 文書裏說將來: "貴(責)赤裏愛你小名的人,[27] 着延安府屯田有, 收拾贖身放良, 不蘭奚等戶者, 麽道, 將的御寶聖旨來有, 教收拾那怎生?"麽道, '與將文書來'麽道, 奏呵. '怎生商量來'麽道,－대덕 5년 10월 22일에 상주(上奏)한 안건 하나: 섬서성 관인들이 문서로 전해 와서 "귀적(貴赤, 弓兵)의 아이니(愛你)라고 하는 이름의 사람이 연안부(延安府)의 둔전(屯田)에 와서 '속량금으로 평민적을 회복한 보론기르(不蘭奚)를[28] 돌아가

26 몽고어의 "ge'ek'degsed aju'ue(말하고 있다)"가 '說有, 說有來'로 표시되는 예를 들 수 있다(田中謙二, 1962).

27 '貴(責)赤裏愛你小名的人'의 '貴'은 元刊本에서 '責'으로 誤刻되었다. '貴赤'은 '弓兵'을 뜻하는 몽고어 'kichi'의 한자 표기다.

라'고 말한 어보성지를 휴대하고 있어서 돌려보내면 어떨까요?"라고 하는 문서를 보내 왔다고 상주(上奏)하였더니 '어떻게 생각하는가?'라고 하여-. 밑줄 친 부분은 '麽道'와 그 번역. 졸고(2012a)에서 인용.

이 예를 보면 밑줄 친 '마도(麽道)'가 4번 나오는데 모두가 인용문 형식을 취하고 있다. 물론 <원노>에는 이러한 인용문이 없는 회화체의 문장이기 때문에 '마도(麽道)'는 나오지 않는다. 필자는 <성재효경>의 마도(麽道)가 나오는 이러한 문체가 <원노>의 한아언어로부터 문어(文語)로써 한이문(漢吏文)으로 발전해 가는 과정을 보여주는 것으로 본다.

여기서 <노걸대>의 한아언어(漢兒言語)는 구어(口語)로서 일상회화에 사용되는 언어이었고 <성재효경>의 직해문은 문어의 모습을 보이는 것으로 장차 중국에서 이문(吏文), 즉 한이문(漢吏文)으로 발전하게 된다. 이와 같이 <성재효경>에는 보통 한문에서 사용되지 않는 '毎, 上頭, 呵, 有, 麽道' 등의 어휘를 사용하였으며 문장 구조도 종래의 한문과는 상당한 차이를 보인다.

그러나 <성재효경>이 조선 전기에 시행된 한이과(漢吏科)의 출제서임으로 이러한 한문, 다시 말하면 한이문(漢吏文)을 실제로 학습하는데 사용한 교재였으며 이것으로 사대문서를 작성하는 한이문을 수학(修學)하였고 결국 한이과(漢吏科)의 출제서로 등재된 것임을 알 수 있다.

2. 〈원전장(元典章)〉의 한이문

3.2.0. <원전장(元典章)>, 즉『대원성정국조전장(大元聖政國朝典章)』에 수록된 문서들은 田中謙二(1964)에서 주장한 바와 같이 한문이독체(漢文吏

28 '보론기르(不蘭奚)'는 옛 南宋 지구에서 몽고군에 포로로 잡혀 와서 노예로 일하는 사람을 말한다. '孛蘭奚'로도 씀.

牘体)와 몽문직역체(蒙文直譯體)가 섞여 쓰였다. 전술한 바와 같이 몽문직역체가 한아언어를 한자로 직사(直寫)한 것이라면 한문이독체는 이를 바탕으로 좀 더 격식을 갖춘 문어(文語)로 진화한 것으로 볼 수 있다.

원대(元代)에는 통치자인 몽고인 단사관(斷事官, Jarghuchi)들은 현지에서 채용한 한인(漢人)이나 색목인(色目人)의 서리(胥吏)들이 자신에게 구두로 보고할 때에 구어(口語)인 한아언어를 썼고 문서인 경우에는 이를 한자로 직사한 몽문직역체(蒙文直譯體)거나 이를 좀 더 격식화한 한문이독체(漢文吏牘体)로 작성하였을 것으로 추정된다.

왜냐하면 원(元) 제국(帝國)의 수도인 대도(大都), 즉 북경(北京)에서 중국의 각지로 파견된 단사관(斷事官), 자르구치(札魯忽赤)는 몽고인이어서 중국어로는 제국(帝國)의 공용어인 북경(北京)의 한아언어를 겨우 배웠을 뿐이라 종래의 중원에서 통용되던 통어(通語)를 이해하지 못하였고 또 현지에서 쓰이는 방언도 알지 못하였다.

거기다가 몽고인의 단사관들은 중국 전통의 한문인 아언(雅言)의 고문(古文)이나 통어의 한문(漢文)도 이해하지 못했고 한아언어를 한자로 쓴 몽문직역체(蒙文直譯體), 또는 이것을 좀 더 문어화(文語化)한 한문이독체(漢文吏牘体)를 겨우 이해하는 정도여서 중국 현지의 서리(胥吏)들이 단사관에게 보고할 때에는 이 두 문체를 쓸 수밖에 없었다.

이로부터 이문(吏文), 필자의 용어대로라면 한이문(漢吏文)이 시작된 것으로 본다. 원(元)은 이 한이문을 공용문어로 사용하여 제국(帝國)의 각종 공문서와 사법, 행정의 실용문에서 이 문체를 사용하였다. 뿐만 아니라 원(元)의 조공(朝貢) 국가가 올리는 사대문서도 이 한이문으로 작성하도록 종용하였다. 따라서 고려에서도 이 한이문을 배우지 않으면 안 되었다.

원(元) 제국(帝國)이 어떻게 한이문(漢吏文)을 사용하였는가는 <원전장(元典章)>, 원명은 <대원성정국조전장(大元聖政國朝典章)>을 비롯하여 주로 사법(司法)이나 행정(行政) 문헌에 쓰인 것을 통하여 살펴볼 수 있다. 다음에 이에 대하여 좀 더 자세히 살펴보기로 한다.

1) 〈원전장〉의 한문이독체(漢文吏牘体)

3.2.1.0. 岩村忍・田中謙二 校正(1964)의 권두에 이와무라 시노부(岩村 忍)씨가 쓴 서문에서 <원전장(元典章)>은 정집(正集)이 60권이고 신집(新集)은 약간으로 불분권(不分卷)이라 한다. 내용은 원(元) 제국의 조령(詔令), 성정(聖政), 조강(朝綱), 대강(臺綱)을 이부(吏部), 호부(戶部), 예부(禮部), 병부(兵部), 형부(刑部), 공부(工部)로 나누어 각각의 제도와 조례를 설명하였다.

<원전장>의 정집(正集)은 2,155조, 신집(新集)은 241조, 도합 2,396조로 된 원(元) 제국(帝國)의 공문서를 집대성한 것이다. 그리하여 <원전장(元典章)>은 <원사(元史)>, <원조비사(元朝秘史)>와 더불어 원(元)의 3대 사료(史料)라고 한다. <원사>와 <원조비사>가 한문에 의거한 사서(四書)라면 <원전장>은 한이문(漢吏文)으로 작성된 서민 생활의 사료라고 할 수 있다.[29]

남송(南宋)을 멸하고 중원(中原)을 통치하기 시작한 원(元)은 비록 100년도 못되는 짧은 기간에 중국을 통치한 국가지만 이러한 자료를 통하여 그 국정(國政)의 기본이 되었던 사법(司法) 제도와 그완 관련된 문헌이 비교적 잘 알려지게 되었다. 그에 비하여 조선(朝鮮)은 5백년간 국가를 유지하였지만 서민(庶民)들의 생활에 대한 제반 사실은 별로 알려진 것이

---

29 우리에게도 吏文으로 된 서민생활의 정보를 주는 자료들이 공문서와 사문서의 각종 문서로 많이 남아있다. 그러나 이를 연구하는 사람들이 吏文을 해독하지 못하고 <원잔장>과 같이 이를 수합한 자료집도 없어서 우리의 이문 史料들은 여기저기 흩어져 死藏되었다. 이 지료들을 제대로 이해하고 이를 收合한 자료가 있었다면 조선시대의 서민생활에 대하여 보다 많은 사실이 알려졌을 것이고 우리도 서민생활사와 같은 민중의 생활을 역사적으로 조명할 수 있었을 것이다. 일본에서는<서민생활사>가 여러 권 출판되어 일본에서 서민들의 생활상을 역사적으로 살펴볼 수 있다. 필자가 吏文을 공부해야 하는 당위성을 주장할 때에 입버릇처럼 하는 말이다.

없다.

조선시대의 공문서와 사문서(私文書)는 모두 이문(吏文)으로 작성되었으나 낱장으로 여기저기 흩어져 있고 정리되지 못하였다. 또 문서의 이문에 대한 해독도 매우 부진해서 제대로 이해하지 못한다. 조선시대에는 이문(吏文)으로 된 여러 공문서와 사문서, 즉 재판의 판례, 토지문서, 매매문서, 계약문서와 같은 각종 문서가 해독하지 못한 채 방치되었다.

모두 이문으로 작성되었기 때문이다. 그리하여 지배층인 양반사대부들은 이러한 이문의 문서들을 천시(賤視)하고 함부로 처리하여 오늘날 남아있는 것도 매우 적고 정리도 전혀 이루어지지 않았다. 무엇보다도 오늘날의 한국사학 전공자들이 이러한 서민 생활의 자료에 대하여 관심을 갖지 않는 것은 역시 이문(吏文)에 대한 지식의 결여 때문이라고 보지 않을 수 없다.

3.2.1.1. <원전장>을 이해하기 위하여 원대(元代)의 여러 법전(法典)에 대한 지식이 필요하고 그 법원(法源)에 대하여 알아야 한다. 원조(元朝)의 법원(法源)은 세 가지 종류로 나눌 수가 있다.

즉, <대원통제(大元通制)>의 서두에 '굉강(宏綱)'이라 하여 '제조(制詔), 조격(條格), 단례(斷例)'의 셋을 들었다. 먼저 '제조(制詔)'는 황제가 신하들에게 내려준 조서(詔書)에 따라 만들어진 제도이고 '조격(條格)'은 구례(舊例) 등에 의하여 이미 법률로 만든 규정이며 '단례(斷例)'는 각종 재판에서 선고한 판례(判例)로 만든 법률이다.

그러니까 여러 제도(制度)와 규정, 그리고 법률을 각기 제조(制詔), 조격(條格), 단례(斷例)라고 한 것이다. 원초(元初)에는 금(金)에서 준용하던 태화률(泰和律)이 널리 쓰였다. 그러나 이 법률은 지원(至元) 8년(1271)에 금지되었다. 다만 사법(司法) 문서에 구례(舊例)라고 한 것은 모두 이 태화률을 말하고 <원전장>에서도 동일하다.

이와 같이 세 법원(法源)에 의하여 완성된 <대원통제>에서 비로소 원(元) 제국(帝國)의 법률이 정비되었다고 볼 수 있다. 그러나 원(元)의 법률은 대부분 단례(斷例)에서 결정된 사항으로 이루어졌다. 따라서 각종 판례를 법률화한 것이 많은데 이것은 원(元) 제국(帝國)이 "본래의 속된 법에 따르다"라는 원칙이 작용된 때문이다.

다시 말하면 민중들이 정한 일반적인 법을 성문법으로 한 셈이다. <원사(元史)>의 「형법지(刑法志)」나 <대원통제(大元通制)>, <원전장(元典章)> 등이 모두 판례집과 같은 형식을 따른 것을 보더라도 이를 알 것이다. 이와 같이 원(元) 제국(帝國)의 법률에 단례(斷例)를 따른 것이 많은 것은 종래 유목민의 속법(俗法), 즉 몽골의 전통 법에 의거했기 때문이다.

예를 들어 <원전장>에 자주 등장하는 '대체례(大體例)'라는 것은 몽고어의 'ĵasaq, ĵasa'를 한역(漢譯)한 것으로 몽골의 관습을 칸(汗)의 명령하는 형식으로 정해진 규정이나 법칙이다. 체례(體例)도 비록 칸(汗)의 명령은 아니지만 몽골 사회의 관습법을 지칭한 것으로 보인다. <원전장>은 몽골의 원(元) 제국(帝國)의 법전이기 때문에 이러한 법률이 생긴 것이다.

3.2.1.2. 따라서 유목민이던 몽골의 관습이나 제도, 규칙이 원(元)의 법률에 반영되었을 것으로 예상되지만 전술한 岩村 忍・田中謙二 校正(1964)의 서두에 실린 이와무라(岩村忍)의 서문에는 실제로 그런 예들이 매우 희소(稀少)함을 들어 <원전장>이 어떤 법전을 이어받았는지 알기 어렵다고 하였다. 다만 다음의 몇 예들만이 유목민의 관례를 반영한 것으로 보았다.

즉, <원전장>(권48)에 보이는 역연혼(逆緣婚, levirate, 嫂婚이라고도 함)에[30] 관한 십 여조의 조문들은 몽골에서 재산의 수계(收繼)와 불(不)수계에 관

30 '逆緣婚, levirate, 嫂婚'은 과부가 고인의 형제와 결혼하는 것을 말함.

한 법률을 반영한 것으로 보인다. 또 권49의 '완할토거인물의상도론(剜割土居人物依常盜論)'에 보이는 '완할(剜割－천막을 잘라 찢어 훔치다)'과 '활차(豁車, 房車를 부셔서 훔치다)'의 죄를 중죄(重罪)로 한 것은 유목민의 관습법에 따른 것이다.

유목민 몽골의 관습에 벗어나서 이슬람의 율법에 따른 것도 있다. <원전장>(권57)의 '금회회말살양주속납(禁回回抹殺羊做速納)'에 관한 법률을 예로 들 수 있다. 회회(回回)인들이 양을 죽여 빨리 받치는 것을 금하는 이 법률은 아라비안의 민속법을 따른 것이다. 이처럼 <원전장>은 몽골의 유목인들이 전통적으로 지켜온 관습법이나 서역(西域)의 여러 민족의 고유 규칙을 법제화한 것이지만 그 기본은 중국의 법령에 따른 것이 절대적으로 많다.

그것은 몽골인의 사건은 모두 전술한 단사관(斷事官, 札魯忽赤, Jarghuchi)이 재판하고 서역(西域)인들의 사건은 집현원(集賢院), 선정원(宣政院)이 담당하였기 때문에 이들의 관습법이 <원전장>에 포함되지 않은 것이다. <원전장>은 몽골의 원(元)이 중국을 다스리기 위한 법률과 제도에 관한 조례(條例)를 정리하여 수합한 것이기 때문이다.

따라서 <원전장>은 중국인들을 위한 법률과 제조(制詔), 규정에 관한 것이라 유목민의 몽골이나 원(元) 태조(太祖) 칭기즈칸(成吉思汗)이 점령한 대 몽고 제국의 법률을 망라한 것은 아니다. 따라서 <원전장>은 중국의 원(元)이 제정한 법률을 정리한 것임을 잊어서는 안 된다.

3.2.1.3. 앞서 전술한 <원전장>의 세 법원(法源) 가운데 그 동안의 재판에서 얻어진 판례(判例)를 법제화한 단례(斷例)는 어떻게 보면 당시 사회의 통례(通例)를 반영한 것으로 볼 수가 있다.

이렇게 형성된 법조문은 전술한 <대원통제>나 <지정조격(至正條格)>, <어제대고(御製大誥)>에서 그대로 유지되었고 후대의 『경세대전(經世大典)』 등에서도 동일하게 나타난다. 따라서 이러한 사법(司法) 문헌에서는 구어체의 몽문직역체(蒙文直譯體)보다 좀 더 문어(文語)화한 한문이독체(漢文吏牘体)의 한이문이 쓰였다.

전술한 이와무라 시노부(岩村 忍)의 서문에는 "最後に言語資料としての元典章の價値の問題がある。元典章の言語は文語體、吏牘体、口語體、モンゴル語直譯体の四種に大別できる。-마지막으로 언어 자료로서 <원전장>의 가치에 대한 문제가 있다. <원전장>의 언어는 문어체, 이독체(吏牘体), 구어체, 몽골어 직역체(直譯体)의 4종류로 크게 나눌 수가 있다"고 하였다.

그러나 이러한 넷으로의 구별은 한아언어(漢兒言語)의 존재를 몰라서 한 주장이라 수용하기 어렵다. 거기다가 앞의 인용문에서 '문어체(文語體)'라는 것은 무엇을 말하는지 이해하기 어렵고 몽골어 직역체도 吉川幸次郎(1953)에서 주장한 몽문직역체(蒙文直譯體)와 어떤 차이가 있는지 설명하지 않았다.

필자의 주장에 따르면 문어체와 이독체(吏牘体)는 아마 문어화된 한문이독체(漢文吏牘体)를 말하는 것 같고 구어체와 몽골어 직역체는 몽문직역체(蒙文直譯體)라고 불리는 구어(口語)의 한아언어를 한자(漢字)로 직사(直寫)한 것으로 보인다. 한문이독체를 문어체와 이독체로 나누어 본 것 같으며 몽문직역체를 구어체의 몽골어 직역체로 본 것 같다.

아무래도 언어학적 지식이 부족한 이와무라 시노부(岩村 忍)씨로서는 구어(口語)와 문어(文語)의 구별이 쉽지 않았을 것이고 거기다가 당시에는 한아언어가 실제로 구어로 존재하는 것을 몰랐던 탓으로 앞과 같이 <원전장>의 한문(漢文, 여기서는 한자로 쓰인 문장의 뜻)을 제대로 이해할 수가 없었던 것으로 보인다.

3.2.1.4. 여기서 이에 대하여 다시 한 번 정리하면 <원전장>의 한자로 쓰인 글은 한아언어를 한자로 직사(直寫)한 몽문직역체(蒙文直譯體)와 이를 좀 더 격식을 갖추어 문어화한 한문이독체(漢文吏牘体)의 문체가 있

었다고 보는 것이 합리적일 것이다.

물론 이 둘이 구어(口語)인 한아언어(漢兒言語)를 한자로 쓴 것이기 때문에 문어(文語)로서 한이문(漢吏文)으로 보아야 하지만 그 문체에서 얼마나 구어적이냐 아니면 문어적이냐의 문제일 뿐이다. 구어(口語)가 있어야 이를 문자로 적는 문어(文語)가 가능한 것은 언어학의 기본 이론이다.[31] 이제까지 발견된 문자로 쓰인 어떤 문장도 모두 구어를 바탕으로 이루어진다.

문어가 따로 존재하지 않는 것은 언어가 기본적으로 음성 언어로 실현되고 그것이 갖고 있는 시간적, 공간적 제약을 극복하려고 문자를 제정하여 음성 언어를 적는 것이 문어로 보기 때문이다. 원대(元代)에는 한아언어가 공용어로 인정받았고 이를 한자로 그대로 적는 경우와 좀 더 격식화하여 적는 경우로 나누어 후자가 한문이독체, 전자를 몽문직역체로 불렀다.

전술한 바와 같이 원(元)의 수도가 된 대도(大都), 즉 북경(北京)은 당(唐) 이전에는 허허벌판이어서 여러 민족이 들어와 살았다. 당대(唐代)에 많은 한족(漢族)이 들어오게 되어 원주민인 알타이족들이 섞여 살면서 그들이 소통할 수 있는 새로운 언어를 만들어 사용했는데 그것이 한아언어(漢兒言語), 즉 북방 한아들의 언어인 것이다.

중국에서 한아(漢兒)는 장강(長江) 이남의 오아(吳兒)가 아닌 북방 민족을 말하는 것으로 실은 한족(漢族)과 알타이족의 혼혈이 많았다.[32] 그 언

31 언어가 기본적으로 음성 언어인 것은 인간이 태어나면서 바로 소리를 내어 우는 것을 예로 들 수 있다. 즉, 조물주가 인간이 이 세상에서 살아갈 수 있는 특기로 음성 언어를 준 것이고 인간은 태어나자마자 바로 그것을 시험하려고 우는 것이라는 주장도 있다(졸고, 2024a).

32 중국의 역사는 남방의 吳兒와 북방의 漢兒가 角逐하는 것으로 點綴되었다고 보아도 과언이 아니다. 다만 神話와 傳說의 시대인 神農氏 때에 吳兒의 대표인 黃帝와 漢兒의 대표인 蚩尤가 涿鹿에서 싸우다가 蚩尤가 黃帝에게 敗하였다. 그 때부터 남방의 吳兒가 中原을 차지하게 되었고 漢兒는 변방으로 쫓겨났다. 그러나 후대에 이들의 다툼은 끝나지 않고 엎치락뒤치락 계속되었다.

어도 문법구조가 고립적인 오어(吳語)에 비하여 교착적인 알타이어족의 문법으로부터 영향을 받은 요소, 즉 어미와 조사가 발달하게 된다. 즉, 종래 굴절어의 영향을 받은 통어(通語)에 비하여 문법에서도 많은 변화가 생긴다.

예를 들면 '우리 집'이란 뜻의 한어(漢語) 'wǒjiā(我家)'가 'wǒdėjiā(我的家)'로도 쓰이게 된 것이다. 알타이제어에서 체언의 속격(屬格)을 표시하는 조사(助詞)에 따라 'dė(的)'가 삽입된 것이다. 이러한 변화는 특히 문장의 말에서 많이 나타난다. 알타이족의 교착적인 언어에서는 문자의 말에 종결을 의미하는 계사(繫辭)의 종지사가 다양하게 발달하였기 때문이다.

예를 들면 한어(漢語)로 'zuó(坐)'가 다른 알타이어에서는 몽고어가 'saguho－앉다'로부터 "sagu－앉아, saguhoi－앉은"[33] 등의 변화가 있고 일본어의 '座る－앉다'는 "座れ－앉아, 座りなさい－앉으시오, 座って－앉아서" 등의 다양한 변화가 있다. 한국어에서도 마찬가지다. '앉다(坐)'가 '앉아, 앉고, 앉으니, 앉으면, 앉아서'와 같이 어미의 첨가에 따라 바뀔 수 있다. 어형 변화가 매우 제한적인 중국어와 많은 차이가 있다.

또 어미라고 할 수 있는 문장 말의 종지사(終止辭)가 알타이제어에서는 다양하게 발달하였는데 한아언어(漢兒言語)도 이러한 영향을 받아 문장의 종지사를 포함한 어미와 조사를 받아 드렸다. 예를 들면 전술한 문장말의 '유(有)'와 같은 것이다. 따라서 한아언어를 문어(文語)로 옮길 때에는 되도록 이렇게 교착어적인 요소들을 제한하는 쪽으로 문어(文語)화한다.

즉, 몽문직역체(蒙文直譯體)란 이렇게 알타이어, 특히 몽고어의 영향을 받아 삽입된 형태를 그대로 한자로 표기하는 것이고 한문이독체(漢文吏

---

33 몽고어 'sguhoi'는 "saguhoi oron(주소)"와 같이 관형격으로 쓰인다. 日本陸軍省 編(1982: 936).

牘体)에서는 되도록 이런 형태들을 없애는 방식의 표기를 보인다. 후자를 이와무라 시노부(岩村 忍)씨는 문어체라고 하였고 전자를 구어체라고 본 것이다.

그러나 구어체의 몽문직역체이던지 문어체의 한문이독체이던지 문장 구성의 기본적인 문법은 고립어인 중국어의 것이다. 즉, 알타이제어에서 'S(주어) + O(목적어) + V(서술동사)'의 어순(語順)이지만 중국어인 한아언어에서 'S(주어) + V(서술동사) + O(목적어)'가 된다. 따라서 구어인 한아언어를 한자로 적은 한이문도 아언(雅言)이나 통어(通語)의 한문과 같은 문법임을 잊지 말아야 한다.[34]

2) 장초(狀招)의 몽문직역체(蒙文直譯體)

3.2.2.0. 앞에서 언급한 <세종실록>(권47) 세종 12년 3월 경술(庚戌)조의 기사에는 상정소(詳定所)에서 한이과(漢吏科), 즉 한이문을 시험하는 출제서로 '충의직언(忠義直言), 대원통제(大元通制), 지정조격(至正條格), 어제대고(御製大誥)'가 있었다.

이들은 <원전장(元典章)>과 같은 부류의 사법(司法), 행정(行政)에 관한 문헌으로 원대(元代)의 법률, 제조(制詔), 조칙(詔勅), 상소(上疏) 등의 행정 문서를 모은 문헌이었다. 吉川幸次郎(1953)에서는 <원전장(元典章)>, 즉 『대원성정국조전장(大元聖政國朝典章)』(60권)과 『신집지치조례(新集至治條例)』(不分卷)의[35] 한문 문체를 고찰하였다.

그리고 이 자료에 보이는 한문은 몽문직역체(蒙文直譯體)로 보이는 것도 없지는 않지만[36] 대부분은 한문이독체(漢文吏牘体)리고 하였다.[37] 예를

---

34 이 말은 朝鮮吏文을 吏讀文으로 보려는 한국의 吏文 연구자들에게 반드시 들려주고 싶은 말이다. 漢吏文을 근거로 한 조선이문도 漢兒言語의 문법 구조임을 깨닫기 바라는 마음 간절하다.

35 약칭하여 <元典章>이라고 하는 이 자료는 正集에 2,400餘例, 新集에는 200餘例의 勅令, 判決例를 모아놓은 방대한 元代의 法律集이다.

36 <元典章>에서 蒙古語直譯体를 보이는 예로 제19 戶部의 「房屋」에 "관리가 房屋

들어 <원전장(元典章)>(권42)「형부(刑部)」'잡례(雜例)' 가운데 "사람을 치어죽이고 시체를 옮긴 일"이란 제목에서 다음과 같이 죄인을 문초하여 적은 장초(狀招)가 들어있다.

> 看碾子人李鎭撫家驅口閻喜僧狀招. 至元三年八月初八日. 本宅後碾黍間. 有小厮四箇. 於碾北四五步地街南作要. 至日高碾儘. 前去本家. 取墊碾油餅回來. 到碾上. 見作要小厮一箇. 在西北碾槽內. 手脚動但掙揣. 其餘三箇小厮. 碾北立地. 喜僧向前抱出小底. 覰得頭上有血. 抱於西墻下臥地. 恐驢踏着. 移於碾東北房門東放下. 倚定痲楷坐定. 手動氣出. 喜僧委是不知怎生碾着. 避怕本使問着. 走往阜城縣周家藏閃. 在後却行還家. 干證人殷定僧等三人狀稱. 崔中山於碾內弄米來. 俺三箇碾外要來. 趕碾的人無來. 法司擬. 旣是殷定僧等稱. 崔中山自來弄米. 別無定奪. 止據閻喜僧不合移屍出碾. 不告身死人本家得知. 合從不應爲. 事輕. 合笞四十. 部擬三十七下. 呈省准擬. 졸저(2022: 434)에서 재인용.

이 예문의 내용은 방앗간을 지키는 사람으로 이진무(李鎭撫)라는 사람의 노예인 염희승(閻喜僧)을 문초하여 적은 장초(狀招, 문초한 내용)인데 이를 우리말로 고쳐보면 다음과 같다.

> 지원 3년(1266) 8월 초팔일 이진문(李鎭撫) 댁의 뒤편에서 기장을 맷돌에 돌릴 때에 남자 아이 4명이 맷돌의 북쪽 4~5보(步) 되는 곳의 길 남쪽

을 사는 것을 禁함"이란 條에 "至元二十一年四月. 中書省奏過事內一件. 在先收附了江南的後頭. 至元十五年行省官人每. 管軍官每. 新附人的房舍事産. 不得買要呵. 買要呵. 回與他主人者麽道. 聖旨行了來. 如今賣的人. 用着鈔呵. 沒人敢買. 生受有. 人待買呵. 怕聖旨有. 依着聖旨. 官人每不得買. 百姓每買呵. 賣呵. 怎生麽道. 闊闊你教爲頭衆人商量了. 與中書省家咨示來. 中書省官人每. 俺衆人商量得. 依已前體例. 官吏不得買者. 百姓每得買賣者麽道. 奏呵. 那般者麽道. 聖旨了也. 欽此."(띄어쓰기, 구두점은 吉川의 것을 따름)를 들었다(吉川幸次郎, 1953). 역시 '每, 呵, 麽道'등의 漢兒言語의 어휘가 쓰였다.

37 그는 <元典章> 자료의 예문 가운데 4분에 3이 蒙古語直譯体가 아니라고 주장하였다(吉川幸次郎, 1953: 1).

에서 놀고 있었다. 해가 높게 이르렀을 때에 맷돌이 잘 돌지 않아서 집으로 가서 맷돌에 칠 기름덩어리(油餠?)를 갖고 돌아왔더니 길가에 놀고 있던 남자 아이 하나가 서북쪽에 있는 절구 속에 넘어져 팔다리가 늘어져 움직이지 않고 나머지 세 명의 아이들을 방아의 북쪽에 서있는 것을 보았다. 염희승은 앞으로 나아가서 그 아이를 안아내었는데 머리에 피가 난 것을 보고 안아서 서쪽 담 밑으로 데려가서 땅에 뉘었지만 나귀가(아마도 나귀가 맷돌을 돌리는 방아인 것으로 보인다) 밟을지 모르기 때문에 맷돌의 동북쪽에 있는 집 문 앞의 동쪽에 옮겨 내려놓았다. 염희승은 아이가 죽은 것이 맷돌에 치였기 때문이어서 관청에 잡혀갈 일을 걱정하여 부성현(阜城縣) 주가(周家)의 집으로 달려가 숨어서 집에는 돌아가지 않았다고 하였다. 이에 대하여 증인이 된 은정승(殷定僧) 등 3인의 아이들의 심문에 의하면 "최중산(崔中山, 맷돌에 치여 죽은 아이를 말함)은 맷돌 안에서 쌀을 갖고 놀고 있었고 우리 세 사람은 맷돌 밖에서 놀고 있었습니다. 맷돌을 들리는 사람은 없었습니다."라고 하였고 법사(法司)에서는 "이미 이것은 은정승 등의 말한 바와 같이 최중산이 스스로 와서 쌀을 갖고 놀다가 치인 것이라면 별로 정탈(定奪)할 것이 없음. 다만 염희승이 제멋대로 시체를 움직여 맷돌에서 끌어내었고 죽은 애의 본가에 알리지 않은 것은 확실히 범죄라고 판단한다. 가벼운 일이므로 40대의 태형을 쳐야지만 37대로 한다.[38] 필자 번역. 졸저(2022: 434~5)에서 재인용.

이것은 죄인(罪人)을 문초(問招)할 때에 한아언어로 대답한 것을 그대로 한자로 직사(直寫)한 장초(狀招)다. 이 한문 문장은 당시의 구어(口語)를 그대로 채용한 것으로 보이는 어휘가 보이고 고문(古文)이라면 다른 단어를 사용하였을 것으로 보이는 어휘가 빈번하게 혼용되었다.

38 『南村輟耕錄』(권2) 「五刑」조에 "大德中刑部尙書王約數上言 國朝用刑寬恕 笞杖十減其三 故笞一十減爲七"이라 하여 3대를 감하는 제도에 의하여 40대의 笞刑을 37대로 한 것이다(梁伍鎭, 1998: 31). 明代 葉子奇의 『草木子』에 의하면 元 世祖가 인심을 얻으려고 모든 笞刑은 그 대수에서 3대를 감하였는데 한 대는 하늘이 감해주고 또 한대는 땅이 감해주면 마지막 한 대는 세조 자신이 감한다는 것이다(정광 · 양오진 · 정승혜, 2002: 91).

예로서 고문(古文)이라면 '男兒'라고 할 것을 '小厮, 小底'라고 하고 "어린 아이들이 노는 것"은 '作戱'라고 해야 할 것을 '作耍'라고 한다든지 운동(運動)을 '動但', "발버둥치는 것"을 '掙揣', "서는 것"을 '立地'라고 하고 "보는 것"을 '見, 看'이라고 하지 않고 '覰得'라고 하며 "어떻게 하든지"를 '如何'라고 하지 않고 '怎生'이라 하는 것들이 바로 그런 예들이다.

이 어휘들은 원대(元代)의 한아언어에서 쓰이던 것으로 이러한 예로부터 필자는 원대(元代)의 몽문직역체(蒙文直譯體)란 구어(口語)인 '한아언어'를 한자로 직사(直寫), 즉 그대로 표기하여 생긴 문체로 보아야 한다. 다시 말하면 한아언어가 구어라면 몽문직역체는 이를 한자로 표기한 문어(文語)라 할 수 있다.

3.2.2.1. 그러나 한이문(漢吏文), 즉 몽문직역체(蒙文直譯體)는 전술한 바와 같이 어디까지나 중국어이라 문장은 문법적으로는 고문(古文)의 그것과 기본적으로 동일하다.[39] 왜냐하면 한아언어는 비록 어휘나 문법요소에서 몽고어의 영향을 받은 것도 있지만 전반적인 문법구조는 중국어이기 때문이다.

그리고 이를 좀 더 문어(文語)화한 것이 한문이독체(漢文吏牘体)라고 본다. 이 한문이독(漢文吏牘)의 문체는 원대(元代)에 하급관리인 서리(胥吏)들이 통치자인 몽고인의 단사관(斷事官)에게 올리는 일체의 행정문서에서 일괄적으로 사용되었다. 한아언어를 직사(直寫)한 몽문직역체(蒙文直譯体)보다는 좀 더 서식을 갖춘 문체가 한문이독체라고 본다.

39 이에 대하여 吉川幸次郎(1953/7)에서는 "元典章中の漢文の吏牘、その語法の基礎となっているものは、古文家の古文のそれとそんなに違ったものでない。口語的な語彙の混用から、語法的にも口語に近いものを多く含むと豫想するならば、この豫想はあたらない。語法の基礎となるものは、やはり大たいに於いて古文家のそれである。"라고 하여 元代의 한문 吏牘이 문법적으로는 古文 계통임을 강조하였다.

당시 단사관들은 겨우 한아언어만 배우고 중국 각지에 파견되어 국정을 운영했기 때문에 그를 돕는 서리(胥吏)들은 한아언어를 직사(直寫)한 몽문직역체나 이를 좀 더 문어화한 한문이독체(漢文吏牘体)로 보고서를 올릴 수밖에 없었다. 왜냐하면 몽고인 단사관(斷事官)은 유경(儒經)의 고문(古文)이나 한당(漢唐) 이후의 한문을 전혀 이해하지 못했기 때문이다.

즉, 전술한 원(元)의 관리(官吏)제도에 의하면 황제가 파견한 몽고인의 단사관(斷事官, 札魯忽赤, Jarghuchi)은 제국의 공용어인 한아언어를 겨우 배우고 현지에 갔다. 그곳에서 채용한 한인(漢人)이나 기타 색목인(色目人)[40] 등의 서리(胥吏)들은 감독관인 몽고인 단사관에게 한아언어로 보고하고 또 이 말을 한자로 직사(直寫)하여 보고서를 쓸 수밖에 없었을 것이다.

전술한 바와 같이 당시에 몽고인인 단사관들은 중국 각지의 부임했지만 현지의 중국어를 알지 못했기 때문에 현지에서 채용한 이(吏)들의 도움으로 행정을 펼칠 수가 있었다. 그리하여 현지인의 역사(譯史), 즉 구역(口譯)인 게레메치(怯里馬赤, Kelemechi)와 필역(筆譯)인 비치에치(閣闍赤, Bichiechi)가 도아주어 몽골의 통치자는 명령을 하달하고 민심을 헤아려 정치를 행한 것이다.

따라서 이들 역사(譯史)의 세력은 매우 컸고 그들의 사회에 끼치는 영향도 막강하였다. 그리하여 고전적 교양을 중시하던 옛 중국의 관습은 무너지고 실무의 지식과 기능이 중시되었다. 그로인하여 유교의 경전(經典)을 추종하는 유생(儒生)들이나 당송(唐宋)의 문학을 즐기는 문인(文人)들보다 실무적인 이독(吏牘) 문체로 된 한문, 이문(吏文)을 사용하는 서리(胥吏)들이 득세하여 활보하는 세상이 되었다.

이러한 사회 환경에서 '사(士), 선비'보다는 실제 법률 지식이 풍부한

40 色目人은 지배층의 몽고인과 피지배계급의 漢人 이외의 모든 외국인, 특히 西域人을 가리킴.

'이(吏), 하급관리'가 우대를 받았다. 몽고인의 통치를 받고 있는 원대(元代)에 한인(漢人)이 출세하는 길은 법률, 행정, 문서의 작성과 같은 실무 지식과 몽고인 단사관에 올리는 보고서의 한이문(漢吏文)에 정통하는 길밖에 없었다고 한다(宮崎市定, 1987).

3.2.2.2. 여기서 필자는 원대(元代)에 유행하기 시작한 이독(吏牘)의 한문 문체를 이문(吏文)으로 보고 조선의 이문(吏文)과 구별하기 위하여 한이문(漢吏文)이라 불러왔다. 그동안 조선의 이문에 대한 연구는 한이문의 존재를 몰랐기 때문에 매우 피상적으로 연구되었기 때문에 많은 오류(誤謬)가 있었다.

그러나 고려 후기부터 원(元) 제국(帝國)이 고려에게 외교문서를 한이문으로 작성하여 보낼 것을 정식으로 통보하게 되자 고려 후기에 한문도감(漢文都監)을 두고 한이문을 교육하게 하였으며 한이과(漢吏科)를 개설하여 한이문(漢吏文)의 학습을 시험하게 된다. 이러한 제도는 조선에도 이어져서 건국 초기에 전술한 바와 같이 조선 초기에 한이과를 두었다.

중국에서는 이러한 한이문(漢吏文)을 학습하는 것을 '이도(吏道)'라고 하였으며 '이독(吏牘)'은 원래 한이문으로 쓰인 문서이었으나 점차 한이문 작성 자체를 말하게 된다. 즉 일정한 공문서 서식에 의하여 작성된 이문을 이독(吏牘)이라 한 것이다. 전자에 대하여 한반도에서는 '이두(吏頭)'로, 후자에 대하여는 '이두(吏讀)'으로 한 글자를 고쳐서 술어로 사용하였다.[41]

한반도에서는 오래 전부터 중국의 문물을 받아들이면서 한자(漢字)를 익히고 중국어를 배워서 한문(漢文)으로 된 각종 문헌을 읽고 또 스스로 한자를 빌려 우리말을 기록하였다. 한문은 고립적인 문법구조를

---

41 '吏讀'을 '이두'로 읽는 것도 아마 '吏頭'에 이끌린 것이 아닌가 한다.

가진 중국어를 표의문자인 한자로 기록한 것이기 때문에 이것을 읽을 때에는 우리말로 풀어 읽거나 교착적인 우리말의 문법구조에 따라 조사와 어미를 첨가하여 읽었다(졸고, 2003b).

3.2.2.2. <원전장>의 문체는 셋 중의 둘이 한문이독체(漢文吏牘体)로 되었으나 한아언어를 그대로 적은 몽문직역체(蒙文直譯體)도 없지 않다. <원전장> 27「호부(戶部)」'알탈매휴약당(斡脫每休約當)'조의 다음의 예는 전술한 '마도(麽道－라고 하다)'를 그대로 직사(直寫)한 몽문직역체의 문체다.

> 大德五年六月, 欽奉聖旨, 泉府司官人每奏: 斡脫每裏多有勾當, 裏行的營運錢的人每行運聖旨, 交各處買賣裏去呵, 各路官人每, 聖旨裏他每的名字不是麽道, 約當哏生受有麽道奉來。如今, 那般賫擎聖旨行的斡脫每的, 官人每處, 顯驗的文書將着行呵, 將他每的人等根底, 休約當者麽道來。既是這般諭了呵, 約當的路官不怕那? 斡脫每根底也首會者。不干自己人每根底, 休夾帶者。夾帶的斡脫每, 有罪過者。聖旨俺的。－대덕 5년 6월에 삼가 받든 성지(聖旨). 천부관의 관인들이 상주(上奏): 알탈(斡脫)들[42] 가운데 공용의 자금을 운영하는 사람들이 많이 편법으로 자금을 운영하면서 [허가증인] 성지(聖旨)를 각처의 매매에 사용하면 각 로(路)의 관인들이 '성지에 쓰인 그들의 이름이 틀렸다고 하니까 방해가 되고 매우 곤란합니다.' 라고 말을 합니다. 이제 그러한 성지를 갖고 다니는 알탈(斡脫)들이 관인들의 처소에 증거로서 문서를 갖고 가면 저들(관인들을 말함)은 '사람들을 방해하지 마시오.'라고 합니다. 이미 이와 같은 것이 널리 알려졌다면 방해하는 로(路)의 관리들은 겁나지 않겠습니까? 알탈(斡脫)들에게도 납득

42 '斡脫'은 <이학지남>(권7)에 "斡脫: 謂轉運官錢, 散本求利之名也."라 하여 관청의 돈을 운용하여 이익을 얻는 사람들을 말한다. 혹자는 이들을 '이슬람의 상업 조합원'으로 보았다. '斡脫'은 突厥語 [ortaq]에서 유래된 것이고 元代에는 官商을 지칭하던 용어인 것 같다. 이들은 고리대금업자를 말하며 당시에는 몽고인들이 回回人들을 내세워 이 업종에 종사하도록 하였다고 한다. 현대 몽고어의 [orusi, орш](收入, 소득, 또는 이익, 이윤)는 이의 변화형으로 보인다(方齡貴, 1991: 25~27).

이 될 것 같습니다.[43] 자기들과 관계없는 사람들을 함께 하지 않을 것이고 함께 하는 알탈(斡脫)들은 죄를 물을 것입니다. 우리들의 성지(聖旨). 원문의 표점과 번역은 필자.

이 상주문(上奏文)에 쓰인 '매(每)', '가(呵)', '마도(麽道)', '근저(根底)' 등은 앞의 <원노>에서 살펴본 바와 같이 '매(每)－복수', '가(呵)－ ~면', '마도(麽道)－~라고 하다', '근저(根底)－상(上)'과 같이 한아언어에서 자주 사용되는 첨사(添辭)들로서 몽고어의 문장 말이나 어휘 사이에 쓰인 것을 한자로 바꾼 것이다.

특히 '마도(麽道)－라고 말하다'의 용법은 앞에서 살펴본 것과 같이 몽고어에서 본래의 의미인 "~라고 말하다"보다는 차례로 이행한다는 뜻으로 보기도 한다. 그리하여 "麽道有來－~라고 말하여 왔다"가 '麽道道來', '麽道說來'와 같이 "道－말하다", "說－말하다"로 변하여 간다. 몽고어의 영향에서 점차 원래 한어(漢語)로 변하여 가는 양상을 보인 것이다.

그리고 마지막 "聖旨俺的"의 '俺'도 제2장 2.3.2.1.의 [표 2-2]에서 살펴본 바와 같이 <원노>에서 쓰이던 '俺'이 후대의 {산개}<노걸대>에서는 "我, 我一們, 我們(우리)"로 바뀐다. 이는 다시 '我每, 我們'과 같이 일인칭 대명사의 변천을 보인 것으로 전술한 바와 같이 <노걸대> 원본의 원대(元代) 한아언어와 산개본의 명대(明代) 남경관화에서 이러한 변천을 보여준 것이다.

물론 이것은 중국어에서 후대에 변한 한어(漢語)의 언어 변화를 나타낸 예들이다. 한이문(漢吏文)에서도 초기의 문체가 몽고어의 영향에서 벗어나면서 일어나는 언어의 변화를 보여준 것이다. 한이문(漢吏文)도

---

43 원문 "斡脫每根底也首會者"에서 '首會者'의 '首'는 아마도 '省'의 착오인 것 같음. <元典章>의 이와 같은 漢吏文은 전통 漢文도 아니고 후대의 白話文도 아니라 해석이 어렵다. 吏文이 우리 사회에서 해독하기 어려운 것처럼 漢吏文도 중국에서 이해하기 어려운 것 같다.

문어(文語)로서 구어(口語)의 한아언어(漢兒言語)가 변함에 따라 스스로 문체의 변화를 보인 것으로 이해할 수 있다.

3.2.2.3. 앞의 <원전장> 「호부(戶部)」 '알탈매휴약당(斡脫每休約當－알탈(斡脫)들을 방해하지 말라)'의 예문에는 "顯驗的文書將着行呵, [中略] 旣是這般論了呵"와 같이 앞의 제3장 3.1.3.4.에서 논의한 <성재효경(成齋孝經)> 예문에 보인 '가(呵)'가 두 번이나 출현한다.

즉, <원노>(1앞 8행)의 "身已安樂呵也到－몸이 건강하면 아마 도착하리라."(졸저, 2010: 20)와 <원노>(3앞 4행)의 "旣恁賣馬去呵 咱每恰好做伴當去－당신들도 말을 팔러 간다면 같이 가는 것이 잘 됐소."(졸저, 2010: 37)와 같이 우리말의 '~면'에 해당하는 조건절의 후치사에 해당하며 몽고어의 영향을 받은 것이다.

이는 중국어에서 '呵 > 時(－면)'으로 바뀌어 가는데 '呵'는 몽고어 '[b]asu/esu(阿速)'의 대역(對譯)으로 가정의 뜻을 가져서 우리말로 가정의 '~면'으로 번역된다. 앞에 든 <원전장>의 '알탈매휴약당(斡脫每休約當)' 조이 예문에서도 '가(呵)'는 "顯驗的文書將着行呵－저들에게 증거로서 문서를 갖고 갔으면"와 "旣是這般論了呵－이미 이와 같은 것이 널리 알려졌다면"와 같이 가정의 조건을 표시하는 데 붙었다.

따라서 이 예문이 한아언어에서 '呵 > 時(－면)'의 변화가 있기 전의 한아언어를 직사(直寫)한 것으로 보아야 한다. 3.1.3.4.에서 보인 것처럼 <원노>의 한아언어에서도 "身已安樂呵 也到－몸이 건강하면 아마 도착하리라"와 같이 '가(呵)'가 사용되었다. 한아언어에서 널리 쓰이는 표현임을 알 수 있다.

또 전게한 알탈매휴약당(斡脫每休約當)'의 예문에는 "將他每的人等根底, 休約當者麼道來"와 같이 '근저(根底)'도 나타난다. 이것은 앞의 2.2.4.1.의 주79에서 "'根底'는 '~ 밑에서, ~가 있는 곳에서'라는 뜻을 갖는다. 이 말도 한아언어에서 자주 쓰이는 말인데 다만 이러한 경우는 '~로, ~에'

와 같은 격조사로서의 기능을 가지는 경우가 많다. '跟底'라고 쓰이는 경우도 있으나, <원노>에서는 '根底'로 통일되었다."라고 설명되었다.

그리고 <원노>의 제2화에서 다음과 같은 예를 들어보였다.

> 漢 恁是高麗人, 却怎麽漢兒言語說的好有? - 당신은 고려인인데 어떻게 그리 한아언어를 절 하시는가?
>
> 高 俺漢兒人上學文書來的上頭, 些小漢兒言語省的有。- 내가 한아인(漢兒人, 북방 중국인)에게 글공부를 했기 때문에 조금이나마 한아언어를 알고 있습니다.
>
> 漢 你誰根底 學文書來? - 넌 누구에게서 배웠나?
>
> 高 我在漢兒學堂裏學文書來。- 난 한아들의 학교에서 글공부를 했습니다. 졸저(2010: 23~4)에서 인용.

이 <원노>의 예문에 나오는 '근저(根底)'는 졸저(2010: 469~471)의 역문(譯文)에서 '~에게서'로 한 것처럼 "~에게, ~ 밑에서, ~가 있는 곳에서"라는 뜻을 가진 말이다. 다만 이러한 경우는 '~로, ~에'와 같은 격조사로서의 기능을 가지는 경우가 많다. 여기서는 후치사로 '跟底'라고 쓰이는 경우도 있으나 전술한 <원노>에서는 '根底'로 통일되었다.

3.2.2.4. 앞의 2.3.2.1.의 [표 2-2]에서는 한아언어의 학습서인 <원노>가 남경관화의 교재인 <산노>({산개}<노걸대>)에서 후치사가 '根底 > 上, 根底 > 根前, 根底 > 根底'(원본 > 산노)와 같은 변화를 보였다고 표로 소개하였다.

즉, 원대(元代) 북경어에서는 몽고어의 영향으로 '根底'가 여격(與格)과 탈격(奪格)으로 사용되었는데 <원노>에서 후치사로 '根底'가 보이며 이것은 <산노>에서 '上, 根前'으로 바뀌었다. 그 예를 졸저(2010: 468~470)에서 찾아 여기에 옮겨 보기로 한다.

㉮ 根底 > 上(-에게)

明日病疴了時, 大醫根底重重的酬謝也. (<원노> 30뒤 9행)-내일이라도 나으면 의원님께 깊은 감사의 인사를 드리겠습니다. 표점과 번역은 졸저(2010: 290~1).

明日病痊疴了時 太醫上重重的酬謝-ᄅᆡ싈 병이 다 됴커든 의원끠 만히 은혜 갑고 샤례호리이다(<번노>下 41 앞)

㉯ 根底 > 根前(-에게)[44]

俺一等不慣的人根前多有過瞞有. (<원노> 37뒤 4~5행)-나처럼 아주 생소한 사람을 자주 속인단 말이오. 표점과 번역은 졸저(2010: 351). 이하 같음.

我一等不慣的人根前 多有欺瞞-우리 ᄒᆞᆫ가짓 닉디 몯ᄒᆞᆫ 사ᄅᆞᆷ의게 만히 소기ᄂᆞ니(<번노> 下 65 앞)

㉰ 根底 > 根底(-에게서)[45]

你誰根底[學][46]文書來(<원노> 1앞 10행)-당신은 누구한테 배웠소? 졸저(2010: 23).

你誰根底學文書來-네 뉘손ᄃᆡ 글 ᄇᆡ혼다(<번노> 上 2 뒤)

이상 예문에서 사용된 '根底', '上', '根前'은 모두 격의 의미를 나타내는 후치사의 형태로서 몽고어의 영향을 받은 것이다. 즉, 원대(元代) 북경(北京)의 한아언어는 몽고어로부터 많은 영향을 받아 위와 같은 격조사들이 첨가되었다.

---

44 '根前'에 대하여는 <老朴集覽>에도 설명이 있다. 즉, "根前 앏픠"의 설명(累字解 2 앞)은 '根前(앞에)'의 소재를 말하고 있으나 <원노>가 발견되어 이것이 몽고어의 영향을 받은 '根底'의 변화형임을 알 수 있게 되었다.

45 '根底'와 '根前'의 차이에 대하여 <老朴集覽>에서는 "根底 앏픠 比根前稍卑之稱(累字解 2 앞)-'根底'는 앞에 있는 '根前'보다 약간 속된 표현이다"라고 하여 이 시대에 이미 '根底'는 俗語化하였음을 증언하고 있다.

46 '學'은 <원노> 제1엽 앞의 마지막 부분이라 거의 보이지 않는다. <산노> 등으로 재구하였다.

3.2.2.5. 몽고어에서는 후치사가 여격(與格)과 탈격(奪格)의 역할을 하는데 『원조비사(元朝秘史)』의 몽고어 대역문에서는 '阿察'(-ača/-eče)을 '處'로, '迭/突兒'(-dur/-dür)를 '行'으로 표기하고 의역(意譯)의 한이문에서는 '근전(根前)' 또는 '근저(根底)'로 적었으며 이들은 각기 탈격, 여격, 위격 등의 의미를 나타내고 있다고 한다.

이에 대한 예를 余志鴻(1992: 7)에서 옮긴 졸저(2010: 470~1)의 것을 여기서 다시 인용하면 다음과 같다.

注　音: 貼列　額蔑巴撒　孛端察兒 阿察　你刊可溫　脫列兀勒畢
對譯文: 那　　婦人 再　　[人名]　　處　　一箇兒子　　生　了
意譯文: 那婦人孛端察兒根前 再生一箇兒子　　　　『元朝秘史』41의 37

注　音: Ciledü qośiun qucili-s qariju tergen-dür-iyen ire-küy-lüe
對譯文: [人名]　山嘴　裏過　回着　車子自的行　來 了 呵
意譯文: [人名]　轉過一箇山嘴 回來到他妻車子根前　『元朝秘史』55의 55

이러한 형태는 또한 전치사와 결합되어 '於~根前', '對~根前', '在~根前', '向~根底'와 같이 사용되기도 하였다. 이에 대하여는 졸저(2010: 468~470)에서 자세하게 논의되었다.

3) 원대(元代) 공문서의 한이문

3.2.3.0. <원전장>은 소수(小數)를 제외하고 대부분 원(元) 제국(帝國)의 '로(路), 부(府), 주(州), 사(司), 현(縣)'의 지방 관서(官署)와 중앙의 중서성(中書省)이나 육부(六部)와의 왕복 문서를 정리한 것이다. 그리하여 전체에 해당하는 제반 규정도 실제로는 무언가의 구체적인 사실에 근거하여 제정된 것으로 보이는 것이 많다.

따라서 <원전장>은 지방 관서에서 이루어진 행정, 사법의 처리를 보고한 문서에 의거하여 편집되었기 때문에 다소의 생략이나 유별 편집을 행한 이외에는 지방 관서에 동일한 제조(制詔)나 조격(條格), 단례(斷例)가 포함되었다. <원전장>은 이러한 지방 관아(官衙)의 공문서를 토대로 작성되었을 것이기 때문이다.

실제로 프랑스인으로 Kara Khoto(黑城)의 발굴을 소개한 앙리 마스페로(Henri Maspero)의 Maspero(1953: 481)에 의하면 거의 완전한 형태의 원대(元代)의 공문서가 이곳에서 발굴되었다고 한다. 이 문서는 원대(元代)에 한아언어로 작성된 공문서 형식을 완전하게 보여주는데 이를 岩村忍・田中謙二 校正(1964: 8~9)에서 여기에 옮겨보면 다음과 같다.

> 河渠司
> 謹呈承奉, 總部指揮備奉, 甘肅等處行中書省箚付准, 中書省咨:
> 奏奉
> 聖旨爲: 拘收蒙古子女內除已, 爲良人妻妾的難擬離異. 將乞養過房典, 買放良幷年幼, 被賣不知是何. 色目收聚差人, 護送赴都欽此仰欽, 依拘收見數開坐呈. 府承此欽依於概管渠道人. 戶內拘收得別無乞養過房典買. 蒙古子女中間, 幷無隱藏虛捐, 捏合不實, 如後再行, 體問發露到官. 但有隱藏不行, 從實拘解情, 願依例當罪, 不詞據此合行, 保結具呈亦集, 乃路總管府伏乞. 띄어쓰기 구두점 필자. 이하 같음.

이 문서는 하거사(河渠司-하천을 관리하는 관청)에서 중서성(中書省)에 올린 것으로 여기에 쓰인 몽고인 자녀를 팔고 사는 내용은 <원전장>(권57)의 「신집(新集)」 '지치(至治) 개원조(改元詔)'에 다음과 같이 옮겨 적었다.

> 禁典賣蒙古子女,
> 延祐七年十一月, 至治改元詔: 書內一款, 回回漢人南人, 典賣蒙古子女, 爲身丘者詔書, 到日分付, 所在官司應付, 口糧收養聽候, 具數開中書省定奪.

앞의 하거사(河渠司)에서 올린 문서보다 이 <원전장> 문서의 한이문은 서식에 맞추어 쓰인 것이므로 전술한 吉川幸次郎・田中謙二(1965)이 주장한 한문이독체(漢文吏牘体)의 문체라고 할 수 있다. 따라서 하거사에서 올린 자문(咨文)과 중서성의 조문(詔文)을 비교하면 후자의 것이 좀 더 격식에 맞는 문체이고 전자의 것은 구어의 한아언어를 그대로 직사(直寫)한 수준이다.

따라서 하거사에서 중서성에 보낸 전자의 자문(咨文)은 몽문직역체(蒙文直譯體)로 작성되었다고 할 수 있다. 반면에 후자에 보인 중서성(中書省)의 조문(詔文)은 앞의 하거사 자문(咨文)보다 훨씬 정제된 문체를 보여 한문이독체의 문장임을 알 수 있다. 하거사(河渠司)의 자문에서 문어화하여 좀 더 격식을 갖춘 것이 중서성의 조문(詔文)임을 알 수 있다.

특히 후자의 조문(詔文)에 쓰인 한문이독체(漢文吏牘体)에는 '정탈(定奪)'과 같은 이문(吏文) 특유의 어휘가 사용된 점이다. 이 정탈(定奪)은 "임금의 재결(裁決)을 받다"의 뜻으로 조선이문에서도 널리 쓰인다. 한이문(漢吏文)이 조선이문에 얼마나 많은 영향을 끼쳤는지 알려주는 대목이다.

3.2.3.1. 앞의 하거사(河渠司) 상주(上奏) 공문을 <원전장>의 것과 비교해 보면 원래의 문서가 어떻게 변해갔는지 보여준다. 이것은 하거사의 상주문이 <원전장>에서 격식을 갖춘 한이문(漢吏文)으로 바뀌었고 이것은 다시 『통제조격(通制條格)』에도 똑같이 수록되었다. 그리고 원사(元史)> 「형법지(刑法志)」에서는 통어(通語)의 한문(漢文)으로 바뀌어 전재되었다.

예를 들면 <통제조격>과 <원전장>에 다음과 같이 몽고인이 한인(漢人)을 때렸을 때에 판결하는 기사가 있는데 이를 岩村 忍・田中謙二 校正(1964: 10, 201)에서 여기로 옮겨본다.

<통제조격(通制條格)>(권28)

蒙古人毆漢人－몽고인이 한인을 때렸을 때.

至元二十年二月十二日，中書省兵部，奉中書省箚付：該近爲怯薛歹[47]蒙古人員，各處百姓不肯應副喫的，不與安下房子等事，仰叮嚀省諭，府州司縣村坊道店人民，今後遇怯薛歹蒙古人員，經過去處，依理應副粥飯宿頓安下房舍，無致相爭，如蒙古人毆打漢人，不得還報指立證見，於所在官司，陳訴如有違犯之人，嚴行斷罪.

<원전장(元典章)>「형부(刑部)」'잡례(雜例)'조,

蒙古人打漢人不得還－몽고인이 한인을 때려서 부득이하게 맞대응을 했을 때.

至元二十年二月，中書省刑部准兵部關，承奉中書省箚付：照得近爲怯薛歹蒙古人員，各處百姓不肯應副喫的，不與安下房子，箚付兵部，遍行合屬，依上應副去訖. 今又體知得，各處百姓依前不肯應付喫的粥飯，安下房舍，致有相爭，中間引惹事端，至甚不便. 仰遍行合屬，叮嚀省諭府州司縣村坊道店人民，今後遇有怯薛歹蒙古人員經過去處，依理應副粥飯宿頓安下房舍，無致相爭，如蒙古人毆打漢兒人，不得還報，指立證見於，所在官司赴訴，如有違犯之人，嚴行斷罪. 請依上施行.

이 두 조례는 "몽고인이 한인을 때려서 부득이 맞대응을 하였을 때에 이를 입증할 증거를 관아에 제출하면 엄히 단죄하다"란 같은 내용을 기술한 것이다. 아마도 몽고인으로 호위(護衛) 무사였던 겁설태(怯薛台, kepusel-tei)들의 한인(漢人)들에 대한 행패가 매우 심해서 많은 민원(民怨)이 있었던 것으로 보이며 이 조례는 그것을 방지하기 위하여 설정된 것으로 보인다.

또 같은 내용이 전술한 <경세대전(經世大典)>「헌전(憲典)」에도 수록되어 이를 통하여 몽문직역체(蒙文直譯體)라는 한아언어의 직사(直寫) 문장으로부터 좀 더 문어(文語)화되어 한문이독체(漢文吏牘体)로의 변화되어

47 怯薛歹는 怯薛台(kepüsel-tei, 황제의 호위무사)를 말하는 것으로 보인다.

가는 모습을 단계적으로 살펴볼 수 있다.

3.2.3.2. 이와 같은 내용이 <원사>에도 전재되었는데 이 때에는 정식 한문의 형식을 취했다.

<원사(元史)>(권105) 「형법지(刑法志)」 '투구(鬪毆)'조에 다음과 같은 기사가 있다.

> 諸蒙古人與漢人爭, 毆漢人勿還報, 許訴于有司.－모든 몽고인은 한인과 더불어 싸우다가 한인을 때린 경우 맞대응해서는 안 되고 관청에 고소해야 한다.

즉, <원사(元史)>의 이 기사는 앞과 같은 내용을 통어(通語)에 의한 한문(漢文)으로 적었다. 이를 통하여 원대(元代)에 일어난 어문(語文)의 변화를 정리할 수 있다. 한이문(漢吏文)은 앞에 보인 하거사(河渠司)에서 올린 공문서처럼 거의 한아언어를 한자로 직사(直寫)한 수준의 것이 있었고 중서성의 조문(詔文)은 이를 좀 더 격식화한 것이다.

이 공문서가 관청을 옮겨 다녀 작성될 때마다 조금씩 격식을 갖춘 한이문으로 바뀌어갔음을 알 수 있다. 따라서 <통제조격(通制條格)>과 <원전장(元典章)>의 기사는 한문이독체(漢文吏牘体)라고 불리던 한이문이고 반면에 하거사(河渠司)에서 중서성(中書省)에 올린 공문서는 거의 구어(口語)인 한아언어를 직사(直寫)한 수준의 문체라 이를 몽문직역체(蒙文直譯體)라고 吉川幸次郎・田中謙二(1965)에서 주장한 것이다.

즉, 전게한 하거사(河渠司)에서 중서성(中書省)에 올린 공문이 원본이라면 이것이 <경세대전>을 거쳐 <통제조격>, 그리고 <원전장>으로 옮겨지면서 좀 더 격식을 차린 한이문으로 바뀐 것이다. 그리고 <원사(元史)>에서는 이 이문(吏文)을 통어(通語)의 한문으로 기술하였다. 이것을 몽문직역체이니 한문이독체(漢文吏牘体)니 하는 용어로 일본의 중국어

학자들이 구분한 것이다.

<원전장>은 원래 <지치조례(至治條例)>라는 제목이었고 이것과 유사한 내용의 <통제조격(通制條格)>이 있는 것으로 보아 법령을 모운 조례(條例, 條格과 斷例)의 집합인 것임을 알 수 있다. 따라서 <원전장>을 통하여 원대(元代) 사회의 법률과 규칙, 그리고 이러한 조격(條格), 즉 법령에 의거하여 재판한 예들을 알 수 있다.

이러한 <원전장>에 대한 연구는 중국에서보다 일본, 그것도 경도(京都)학파라고 부를 수 있는 경도(京都)대학의 중국학 연구팀이 가장 선진적인 연구를 수행하였다. 예를 들면 岩村忍(1962)의 연구는 원대(元代)의 법전과 법문에 쓰인 한이문에 대한 최초의 연구라고 보아야 한다. 물론 그는 법학자(法學者)라 한어나 한이문에 대하여는 문외한이었다.

그러나 그의 연구를 통하여 중국어의 역사에서 주대(周代)에 아언(雅言)의 고문(古文)이나 한당(漢唐) 대에 통어(通語)의 한문과 전혀 다른 새로운 한문의 문체를 발굴하여 소개한 것이다. 다만 옥에 티라고 할 수 있는 것은 원대(元代)의 법전에 쓰인 한이문이 북경(北京)지역의 구어(口語)인 한아언어를 바탕으로 한 문어(文語)라는 사실을 깨닫지 못한 사실이다.

이것은 필자에 의하여 한아언어의 학습교재인 {원본}<노걸대>가 21세기에 들어와서 세계 중국어학계에 알려졌기 때문에 어쩔 수 없는 일이라고 할 수밖에 없다. 이제라도 한아언어에 의한 한이문(漢吏文)에 대하여 고찰할 수 있게 된 것이 어쩌면 다행이라고 하겠다.

3.2.3.3. 이러한 원대(元代)의 행정과 사법(司法)에 쓰인 한문, 즉 한자로 쓰인 것을 조선에서는 한이문(漢吏文)이라 하였고 이에 대한 학습을 한이학(漢吏學)이라 불렀다. 조선은 건국 초기에 고려조의 사역원(司譯院)을 복치(復置)하고 한아언어를 교육하였다.

그리하여 한어를 통역하는 통사(通事)를 선발하는 통사과(通事科)를 설

과하였다. 정도전(鄭道傳)은 『경제육전(經濟六典)』에서[48]

> [前略] 殿下卽位損益科擧之法, 命成均館試, 試以四書五經, 蓋古明經之意也。命禮部, 試以賦論古博學宏詞之意也。然後試以對策, 古賢良方正直言極諫之意也。一擧而數代之制皆備。將見私門塞而公道開, 浮華斥而眞儒出, 致治之隆軼, 漢唐而追成周矣。嗚呼盛哉! 其武科、醫科、陰陽科、吏科、通事科 各以類附見焉。[49] [전략] 전하가 즉위하여 과거법의 손익(損益)을 [따지시고] 성균관시를 명하시어 사서오경을 시험하니 모두 옛 명경(明經)의 뜻이다. 예부(禮部)에 명하여 부론(賦論)을 시험하게 하시니 옛 박학과 굉사(宏詞)의 뜻이다. 그런 후에 대책(對策)을 시험하니 옛 현량(賢良), 방정(方正), 직언, 극간(極諫)의 뜻이다. 한 번으로 여러 대의 제도를 모두 구비하시다. 장차 사문(私門)은 막히고 공도가 열리고 부화(浮華)는 물러가고 진짜 선비가 나오는 것을 볼 것이니 다스림이 크게 나아가서 한당(漢唐)이나 주(周)의 [정치를] 이룰 것이다. 오호라 성재(盛哉)로구나! 그것은 무과, 음양과, 이과, 통사과를 각각 부류에 따라 보였도다. 필자 초역. 졸저(2017: 213)에서 재인용.

이라 하여 성균관시(成均館試)와 예부시(禮部試) 이외에 무과(武科), 의과(醫科), 음양과(陰陽科), 이과(吏科)와 더불어 통사과(通事科)가 있었음을 알 수 있다.

그리고 <태조실록>(권6)의 태조 3년 11월 을묘(乙卯)조에 사역원의 제조(提調) 설장수(偰長壽) 등의 상서(上書)로 통사과 고시(考試)의 시식(試式)을 구체적으로 제시하였는데 이를 졸저(2017)에서 다음과 같이 정리하였다.

> 通事科
>
> [考試方法] 每三年 一次考試

48 서울大 奎章閣에 鄭道傳의 『經濟六典』(奎1466)이 筆寫本으로 전해진다.

49 이 부분은 『증보문헌비고(增補文獻備考)』(卷186) 「選擧」 三 '科制' 三에, 그리고 『三峰集』에도 轉載되었다.

[赴試資格] 勿論是本院生徒, 七品以下人。但能通曉四書、小學。吏文、漢蒙語者 但得赴試。

[課冊・出身品階]

習漢語者

[第一科] 以四書、小學、吏文、漢語皆能通者爲第一科, 與正七品出身。

[第二科] 通四書之半及小學、漢語者爲第二科, 與正八品出身。

[第三科] 止通小學、漢語者爲第三科, 與正九品出身。

習蒙語者

[第一科] 能譯文字 能寫字樣、兼寫偉兀字爲第一科。

[第二科] 只能書寫爲兀文字、兼通蒙語者爲第二科。出身品級同前。

[陞品]

其原有官品者第一科升二等, 第二科三科各升一等。

[選者數]

漢語 第一科一人, 第二科三人, 第三科八人。

蒙語 第一科一人 第二科二人

通取一十五人, 以爲定額。若無堪中第一科者, 只取第二科三科。又無第二科, 只取第三科, 不拘定數

[登用祿職]

每年都目各望並錄三人, 以漢語精通者爲頭。雖差年致數多餘, 亦不許錄於語音精通人員之上, 若三人

俱通者, 聽以差年到爲頭。졸저(2017: 213~4)에서 재인용.

이 기사를 보면 한어, 즉 한아언어와 몽고어에 능한 통역관을 선발하려고 통사과(通事科)를 두었으며 사역원에서 한어(漢語)와 몽고어를 교육하였음을 알 수 있다.

3.2.3.4. 그리고 한이문(漢吏文)의 능력을 시험하는 한이과(漢吏科)도

두었는데 전게한 정도전(鄭道傳)의 <경제육전>에 이를 '이과(吏科)'라고 했던 것이다. 이것은 아전(衙前)서리(胥吏)의 선발이 아니라 한이문의 실력을 시험하는 한이과를 말하는 것이다.[50]

『증보문헌비고(增補文獻備考)』(권186) 「선고과(選考科)」(2) '과(科)'(제2)의 '권근청개정과제(權近請改定科制) 병시한이과(幷試漢吏科)'조에 다음과 같은 기사가 있다.

> 權近上書曰: [中略] 漢吏之文事大要務, 不可不重。今醫、譯、陰陽、律等學, 皆有科目, 而此獨無之, 誠闕典也。乞依前條明科例, 文科試日幷試, 吏文之士許於正科, 同榜唱名。其赴文科者, 有欲幷試吏文者, 正科內加其分數。－권근이 상서하여 말하기를 [중략] 한이문은 사대의 중요하므로 중하게 여기지 않을 수 없습니다. 이제 의, 역, 음양, 율학 등은 모두 과목이 있는데 [한이학은] 혼자 없어 안타깝게도 대전(大典－<경국대전>을 말함－필자 주)에 빠졌습니다. 앞에 명과(明科)의 예에 따라 문과 시험 날에 함께 시험을 보게 하고 이문을 공부한 선비들을 정과를 보도록 허가하여 같은 방에 창명하게 하소서. 문과에 부거하고 이문을 함께 시험하려는 자가 있으면 분수를 더 하도록 하소서. 필자 초역.

『통문관(通文館)지』에 의하면 이 한이과가 『경제육전(經濟六典)』에 그 시식(試式)이 규정되었다는 기록과 함께 그 구체적인 시험 방식을 다음과 같이 정리하였다.

> 漢吏科
>
> 初試 分二場
>
> [初場] 試賦、詩, 各一篇
>
> 終場 試吏文一篇, 啓、上書中一篇

---

50 일부 한국의 국사학자들은 여기에 보이는 '吏科'를 하급 관리의 선발 시험으로 보았으나 이것은 잘못이며 漢吏學을 시험하여 吏文學官을 선발하는 것이다. 衙前胥吏의 중인 계급들을 '吏文之士, 許於正科, 同榜唱名'할 리가 없기 때문이다.

會試 分三場

初場 講吏文中二書, 四書中一書, 三經中一經, 漢語中一書, 抽籤背講

中場 試表、箋中一篇, 記、頌中一篇

終場 試排律一篇

額數 只三人 出經濟六典

殿庭放榜, 賜紅牌遊街, 中廟朝崔世珍卽漢吏科出身也 (<통문관지> 卷3「權奬」第二 '科擧'조). [ ]는 필자삽입. 졸저(2017: 217~8)에서 인용.

그리고 <세종실록>(권47) 세종 12년 3월 무오(戊午)조에 상정소(詳定所)의 계(啓)에 의하면 이 때에 제학(諸學)의 취재(取才)에서 경서(經書)와 제예(諸藝, 여러 기술)의 수목(數目)을 규정하였음을 알 수 있다. 여기에서 한이학(漢吏學)의 취재에 쓰이는 과시서(課試書)를 나열하였는데 그것을 정리하여 실어보면 다음과 같다.

[漢吏學] 書, 詩, 四書, 魯齋大學, 直解小學, 成齊孝經, 小微通鑑, 前後漢, 吏學指南, 忠義直言, 童子習, 大元通制, 至正條格, 御製大誥, 朴通事, 老乞大, 事大文書謄錄, 製述: 奏本、啓本、咨文

[ ]는 필자삽입, 졸저(2017: 215)에서 인용.

따라서 사역원(司譯院)과 승문원(承文院)에서 한이문을 학습하는 생도들이 전술한 바와 같이 당시 한아언어(漢兒言語)로 유경(儒經)을 풀이한 <노재대학>, <직해소학>, <성재효경> 등이나 이문(吏文)으로 쓴 <대원통제>, <지정조격>, <어제대고> 등 원대(元代)의 사법(司法) 서적을 교재로 하여 한아언어와 이문을 공부하였음을 알 수 있다.[51]

---

51 이 課試書 이외에 나머지 '書經, 詩經, 四書'와 같은 儒經의 교재는 古文을 학습하는데 쓰였고 '少微通鑑, 前後漢'과 같은 史書의 교재는 通語의 漢文을 학습하는 교재였다.

그리고 제술(製述, 작문시험) 과목을 주본(奏本), 계본(啓本), 자문(咨文) 들을 짓도록 하였으니 모두 한이문의 능력을 시험하는 출제였다. 다만 특이한 것은 <박통사>와 <노걸대>를 시험한 것이다. 이 두 책은 <원노>에서 보여준 바와 같이 원대(元代) 구어(口語)인 한아언어의 회화 교재다.

즉, 문어(文語)인 한이문과 구어(口語)인 한아언어를 동시에 시험한 것이다. 따라서 이 시대에는 한이문과 한아언어의 관계를 익히 알고 있었고 한이문으로 작성된 원대(元代) 사법(司法) 문헌을 통하여 한아언어를 배웠다. 그리고 또 실제 구어인 한아언어도 <박통사>, <노걸대>를 통하여 학습한 것을 한이과(漢吏科)에서 시험한 것이다.

3. 〈이학지남(吏學指南)〉의 이학(吏學)

3.3.0. 이렇게 시작된 원대(元代)의 한이문은 전술한 바와 같이 <원전장(元典章)>을 비롯하여 많은 사법(司法) 문헌에 쓰이게 되었다. 따라서 이 이문(吏文)은 유경(儒經)의 언어인 아언(雅言)의 고문(古文)이나 문학작품과 불경에 쓰인 통어(通語)의 한문과 달라서 따로 교육하지 않으면 안 되었다.

한이문(漢吏文) 교육의 중요한 교재로 『이학지남(吏學指南)』을 들 수 있다. 이 책은 원(元)의 대덕(大德) 5년(1301)에 오군(吳郡－현 江蘇省 蘇州市)의 서원서(徐元瑞)가 편찬한 것으로 정광 · 양오진 · 정승혜(2002)에서 해제를 붙이고 전문을 현대 활자본으로 바꾸었으며 원본을 영인하여 출판하였다.

다음은 정광 · 양오진 · 정승혜(2002: 29~39)에서 필자가 논의한 이 책의 해제를 요약하여 소개한다. <이학지남>의 원래 제목은 <습이유학지남(習吏幼學指南)>으로 아동들에 위한 이학(吏學), 즉 이문(吏文)의 학습을 위한 교재로서 그동안 우리나라 학계에서는 이름만 전할 뿐 내용이 알려지지 않았다.

楊納 點校(1988)에 의하면 이 책의 원대(元代) 판본이 1929년까지 전해진 것으로 기록되었다고 한다.

> 此書元刊本一九二九年尙存, 傅增湘<藏園羣書經眼錄>卷七記: 吏學指南八卷, 題吳郡徐元瑞君祥纂, 元刊本, 十一行十九字, 注雙行二十四字, 黑口四周雙闌. [中略] 己巳九月見于上海陳乃乾處, 索百二十元, 已收.－이 책의 원간(元刊)본은 1929년까지 전해졌다. 부증상(傅增湘)의[52] <장원군서경안록(藏園羣書經眼錄)>(권7)에 '이학지남 8권은 오군(吳郡)의 서원서(徐元瑞)군이 편찬한 것이다. 원간본(元刊本)으로 11행 19자이고 주는 쌍행으로 24자이며 흑구(黑口)에 사주쌍란(四周雙闌)이다. [중략] 기사년 9월에 상해(上海)의 진내건(陳乃乾)씨 집에서 발견되었는데 120원(元)을 요구한 것을 구입하였다'라고 하다. 필자 초역.

이 기사에 의하면 원판(元版) <이학지남>이 1929년까지 실제로 전하고 있었고 청대(淸代)의유명한 고서 수집가인 부증상(傅增湘)씨가 상해(上海)의 진내건(陳乃乾)으로부터 이를 구입하여 소장하였음을 알 수 있다. 필자도 중국의 북경(北京) 도서관에 소장된 원판(元版) <이학지남>을 비록 마이크로 필름(micro-film)이지만 실물의 사진을 열람하였다.

또 단행본은 아니지만 가정(嘉靖) 39년(1560)에 간행된 명판본(明版本)을 저본으로 하여 일본에서 간판한 <이학지남>이 무명씨의 편찬인 <거가필용사류전집(居家必用事類全集)>(全20卷)의 신집(辛集) 권15~16에 수록되었다.[53] 그리고 국내에서는 조선 세조 때에 경주(慶州)에서 간판한 책판의 후쇄본으로 보이는 것이 국립중앙도서관과 규장각에 소장되

52 傅增湘(1872~1979), 字는 叔和이고 號는 潤元이며 四川 江安人이다. 淸 光緖 연간에 進士에 급제하였고 藏書家와 校勘家로 알려진 인물이다.

53 이 자료를 소개해 준 日本 早稻田大 文學部 中國語文學科의 古屋昭弘 敎授께 감사의 마음을 전한다.

어 있었다.

국립중앙도서관본은 일반 고도서(古로6026-3)로 분류되어 있으며, 목판본으로 8권 1책으로 편철(編綴)되어 있다. 규장각에 소장의 <이학지남>(奎중 2180)은 중국 서적으로 분류되어 있어서 그동안 국내 학자들이 이용하지 못한 듯하다. 이 판본은 시강원(侍講院)과 홍문관(弘文館)의 구장본(舊藏本)으로서 역시 목판본이다.

1) 〈이학지남〉의 체제와 간본

3.3.1.0. <이학지남(吏學指南)>은 전8권으로 되었다. 규장각(奎章閣) 소장의 <이학지남>은 서문이 없고, 맨 앞에 '이학지남목록(吏學指南目錄)'이라 하여 각 권의 중요한 목차를 적기(摘記)하였다. 이를 옮겨보면 다음과 같다.

권1 吏稱, 行止, 才能, 六曹, 衙門南北之異, 戒石名, 郡邑, 府號, 官品, 官稱, 吏員, 統屬, 除授, 世賞, 稟給, 孝功, 政事, 五事, 戶計.

권2 儀制, 旨判, 諸此, 璽章, 公式, 發端, 結句, 狀詞, 冊籍, 牓據, 署事, 禮儀, 詳恕, 救災, 三宥. 五戒.

권3 三赦, 三典, 三罪, 五糾, 五禁, 八議, 五科, 八例, 較名, 字類, 十惡, 七殺, 六贓, 六色, 五流, 二度.

권4 贓私, 首過, 法例, 條貫, 四罪, 歷代五刑, 雜刑.

권5 肉刑, 獄名, 獄具, 加刑, 聽訟, 五父, 十母, 老幼疾病, 五服, 三殤, 服制, 親姻, 戶婚.

권6 獄訟, 推鞫, 良賤孳產, 勾稽, 體量, 禁制.

권7 捕亡, 詐妄, 賊盜, 錢粮造作, 徵斂差發諸納, 雜類.

권8 諸箴, 諸說, 吏員三尙, 律己, 仁恕, 慘刻, 馬進傳.

이 목차는 원간본(元刊本)의 그것과는 유사하나 명간본(明刊本)과는 많이 다르다. 우선 명간본은 권차(卷次)가 각권을 2권으로 더 나누어 16권이 되었고 목차가 부재(附載)되지 않았으며 각 항목의 배열도 조금씩 다르다.

예를 들어 조선의 간본으로 부를 수 있는 규장각 소장본의 목차에서는 권2에서 '구재(救災), 삼유(三宥), 오계(五戒)'로 끝나고 권3에서 '삼사(三赦), 삼전(三典), 삼죄(三罪)'로 계속되지만 명간본은 권2가 '구재(救災), 삼유(三宥), 삼사(三赦), 오계(五戒), 삼전(三典), 삼재(三罪)'로 이어진다. 이것은 조선본의 목차가 잘못된 것이다.

조선본 <이학지남> 권2의 말미는 '구재(救災), 삼유(三宥), 오계(五戒)'로 목차는 원간본과 같지만 권3은 '삼전(三典), 삼죄(三罪). 삼사(三赦)'로 시작되어 목차와 순서가 각각 다르고 명간본과 비교해도 '오계(五戒)'와 '삼사(三赦)'의 순서가 바뀌었다. 뿐만 아니라 전게한 규장각 소장의 <이학집람> 권두의 목록은 실제 본문의 소제목과 조금씩 다르다.

예를 들면 권2의 첫 번째 '의제(儀制)'가 원문에서는 '예제(禮制)'로 제목이 바뀌었고 권3의 마지막 '이도(二度)'는 '삼도(三度)'로 고쳐졌으며 권4의 '역대오형(歷代五刑)'은 '오형(五刑)'으로 줄였다. 그리고 권4의 마지막에 있던 '잡형(雜刑)'은 권5의 목록에 '육형(肉刑)과 옥명(獄名)' 사이로 옮겼다.

원문에서는 권5에 잡형(雜刑)이 추가되어 '부(腐), 삼족(三族)' 등 22항의 형벌을 소개하였다. 권6의 목록은 '옥송(獄訟), 추국(推鞫), 양천자산(良賤孳産), 구계(勾稽), 체량(體量), 금제(禁制)'의 7항목으로 되었으나 원문에서는 '체량(體量), 금제(禁制)'의 2항이 권7의 '잡류(雜類)' 앞으로 옮겨졌다.

그리고 권7의 '징렴차발제납(徵斂差發諸納)'이란 제목은 본문에서는 '징렴차발(徵斂差發)'과 '제납(諸納)'이 따로 분리되었다. 권8의 '이원삼상(吏員三尙)'은 본문에는 없으며 맨 마지막 '마진전(馬進傳)'은 본문에서 '오백마진전(五伯馬進傳)'으로 '오백(五伯)'이 추가되었다. 역시 권두 목록의 판본이 달랐음을 보여주는 예라고 할 수 있다.

어째서 이러한 차이가 생겼는지 알 수가 없다. 아마도 권두의 목록은 다른 간본의 것을 옮겨왔을 가능성이 있다. 따라서 정광 · 양오진 · 정승혜(2002)에 수록된 본문과 부록으로 추가한 규장각 소장의 조선본 <이학지남>은 서로 다른 판본이었음을 알 수 있다. 그 예로 정광 · 양오진 · 정승혜(2002)에 부록된 조선본 <이학지남>에는 없는 '위정구요(爲政九要)'의 전문이 전재되었기 때문이다.

정광 · 양오진 · 정승혜(2002)에 수록된 본문에 따라 목록을 재구성하면 다음과 같다.

권1 歷代吏師類錄[一]; 吏稱, 行止, 才能, 六曹, 衙門南北之異, 戒石名, 郡邑, 府號, 官品, 官稱, 吏員, 統屬, 除授, 世賞, 禀給, 孝功, 政事, 五事, 戶計.

권2 禮制, 旨判, 諸此, 璽章, 公式, 發端, 結句, 狀詞, 冊籍, 牓據, 署事, 禮儀, 詳恕, 救災, 三宥.

권3 三赦, 五戒, 三典, 三罪, 五糾, 五禁, 八議, 五科, 八例, 較名, 字類, 十惡, 七殺, 六贓, 六色, 五流, 三度.

권4 贓私, 首過, 法例, 條貫, 四罪, 五刑.

권5 肉刑, 雜刑, 獄名, 獄具, 加刑, 聽訟, 五父, 十母, 老幼疾病, 五服, 三殤, 服制, 親姻, 戶婚.

권6 獄訟, 推鞫, 良賤孳產, 勾稽.

권7 捕亡, 詐妄, 賊盜, 錢粮造作, 徵斂差發, 諸納, 體量, 禁制, 雜類.

권8 諸箴, 諸說, 律己, 仁恕, 慘刻, 五伯馬進傳.

爲政九要－爲政九要自箴序, 因書第一, 正心第二, 正內第三, 正婚第四, 禁捕第五, 正農第六, 急務第七, 爲政第八, 時利第九.[54]

3.3.1.1. <이학지남(吏學指南)>은 원대(元代) 서원서(徐元瑞)의 저작이지만 그 실용의 편이성 때문에 명대(明代)에도 여러 번 간행되었고 국경을

54 이것은 조선본의 <吏學指南>에 의거하여 작성한 목차다. 따라서 정광 · 양오진 · 정승혜(2002: 34)의 <吏學指南> 목차와 부분적으로 다르다.

넘어 조선과 일본에서도 애용되어 간행되었다. 그 가운데 현재 전해지고 있는 <이학지남>의 간본(刊本) 및 영인본을 정광 · 양오진 · 정승혜(2002: 59~61)에서 다음과 같이 정리하였다.

① 元刊本 : 中國 北京圖書館 所藏 元刻本, 元 大德 5年(1301) 간행. 8卷 2冊. 11行 19字, 注雙行 24字. 黑口, 四周雙邊

② 朝鮮刊本 : 朝鮮 世祖 4年(1458) 慶州에서 木板으로 간행. 8卷 1冊(65張). 10行 17字. 注雙行. 大黑口, 四周雙邊. 후쇄본이 서울대학교 규장각과 국립중앙도서관에 소장됨.

③ 明刊本 : 唐田 汝成의 '居家必用事類敍'(嘉靖 39年: 1560)를 붙여 간행한 無名氏의 <居家必用事類全集>의 '辛集卷之十五'에 수록된 <吏學指南>.

④ 日本刊本 : ③의 명간본을 日本 寬文 13年(1673)에 京都의 千松栢堂에서 再刊.

⑤ 日本刊本 : 1951년 日本의 東洋史硏究會에서 ③ 明刊本을 底本으로 하고 ② 朝鮮刊本을 참조하여 油印本으로 출간.

⑥ 臺灣刊本 : 1969년 臺北 文海出版社에서 일본의 ⑤ 油印本과 ③ <居家必用>本을 참조하여 교정본으로 출간.

⑦ 日本刊本 : 1979년 ④ 千松栢堂 刊本를 日本 京都의 中文出版社에서 영인본으로 출간.

⑧ 中國刊本 : 1988년 中國 絶江古籍出版社에서 <元代史料叢刊> 第1輯 正書類에 ④ 千松栢堂의 교정본을 출간.

이밖에 각종 책판(冊板) 목록에서도 <이학지남>이 발견되는데 조선 명종 9년(1554)에 어숙권(魚叔權)[55]이 편찬한 『고사촬요(故事撮要)』에는 경주(慶州)에 있는 책판 61종 가운데 '이학지남(吏學指南)'의 이름이 보인다.

---

55 魚叔權은 조선 중기의 학자로 崔世珍의 문하에서 수학하고 한때 李珥를 가르치기도 하였다. 박학하고 문장에 뛰어나 詩評 · 詩論에 일가를 이룬 학자로서 吏文과 중국어에 능하여 중종 20년(1525)에 吏文學官이 되었다. 編著書에 『稗官雜記』, 『攷事撮要』가 있다.

또한 숙종 26년(1700년)경 편찬한 『고서책판유처고(古書冊板有處攷)』에도 경주 소재 책판 51종 가운데 하나로, 영조 19년(1743년)경 편찬한 『삼남소장책판(三南所藏冊板)』 목록에도 경상감영의 책판 가운데 경주 소재 14종의 책판으로 <이학지남>이 등재되어 있다.

이상의 내용을 통하여 이 책이 중국 원대(元代)에 편찬된 것이지만 한반도와 일본에 유출되어 널리 애용되었으며 한반도와 일본에서 다시 간판(刊板)되었고 특히 조선시대에 지속적으로 간행되어 이용되었음을 알 수 있다.

3.3.1.2. 한편 위에서 언급한 가정(嘉靖) 39년(1560) 간본의 <거가필용사류전집>(전20권) 가운데 신집(辛集. 권15~16)에 실린 <이학지남>을 살펴보면 맨 앞에 전술한 '습이유학지남서(習吏幼學指南序)'가 있다.

그리고 '이사정률지도(吏師定律之圖)'라 하여 국립도서관본과 규장각본의 '역대이사류록(歷代吏師類錄)'에 해당되는 내용이 있으며 '이칭(吏稱)'으로 시작되는 본문이 실려 있다. 본문의 내용에는 조선본에 없는 항목이 다수 발견되며 순서도 조선본과 동일하지 않다. 또한 조선본의 권8에 해당되는 내용이 여기에는 없다.

이를 통하여 조선본은 원간본(元刊本)을 수입하여 수정한 후에 판을 달리 하여 다시 간행한 것임을 알 수 있다. 그리고 시대의 흐름에 따라 원간본에 수정을 가한 것이 명간본(明刊本)으로 추정된다. 따라서 우리에게 현전하는 <이학지남>은 원간본과 명간본, 그리고 조선간본의 셋으로 크게 나눌 수 있고 그 체재를 보면 원간본과 조선간본이 서로 유사하며 명간본은 조금 다르다.

즉, 원간본은 윤말윤(尹抹允)의 서(序)가 있고 이어서 '역대이사류록(歷代吏師類錄)'이 편철되고 다음에 '이학지남목록(吏學指南目錄)'이 이어진다. 그러나 명간본은 권수(卷首)에 '습이유학지남서(序)'라는 제목으로 저자 서원서(徐元瑞)의 자서(自序)가 있다. 이어서 원간본의 '역대이사류록(歷代

吏師類錄)'에 해당하는 '이사정률지도(吏師定律之圖)'가 이어진다.

이로 보아 이 책은 서원서(徐元瑞)가 편찬할 당시의 원명이 '습이유학지남(習吏幼學指南)'이었을 것으로 생각된다. 그리고 후대에 여러 번 복간되면서 다시 편찬된 것으로 보인다. 따라서 <이학지남>을 제대로 이해하기 위해서는 이 모든 이본(異本)들을 검토하지 않으면 안 될 것이지만 아직 그런 연구가 없는 것은 유감이다.

2) 〈이학지남〉의 내용

3.3.2.0. 다음으로 <이학지남>의 내용을 살펴보기로 한다. 규장각 소장의 조선간본 <이학지남>은 맨 처음에 전게한 8권의 총목록이 있고 목록에 이어 삼황(三皇) 오제(五帝)의 고대(古代)에서부터 송대(宋代)에 이르기까지 역대 이사(吏師), 역사적으로 유명한 행정가들의 명단이 나열되었다.

이사(吏師) 명단의 일부를 예로 들어보면 상징적인 인물로 천문이성(天文二星)인 상제집법관(上帝執法官)과 토공리(土公吏)로부터 시작하여 유우씨(有虞氏) 시기의 사사(士師) 고도(皐陶), 주대(周代)의 태부(太傅) 주공단(周公旦)·태보(太保) 소공석(召公奭)을 위시하여 조선후(朝鮮候) 기자(箕子), 태사구(太司寇) 여후(呂候)가 있다.

춘추전국시대의 한비(韓非), 이리(·李悝), 관중(管仲), 또 진대(秦代)의 이사(李斯), 상앙(商鞅), 그리고 서한(西漢)의 동중서(董仲舒), 삼국시대의 제갈량(諸葛亮) 등 유명한 법 집행관과 범가(法家)의 대표 인물들을 나열하고 있다. 그중 시대적으로 인물들이 많이 나열된 시기는 양한(兩漢) 시기와 당대(唐代), 그리고 원대(元代)와 가까운 금(金), 송(宋) 시대의 인물들이다.

<이학지남>은 권두의 이와 같은 이사(吏師) 명단에 이어 권1부터 권8에서 본문이 시작된다. 본문은 사전체(辭典體)로서 표제어가 있고 쌍행(雙行)으로 주석(註釋)문을 달았다. 본문의 내용은 크게 세 부류로 나뉜

다. 첫째는 공문서에 사용하는 행정용어에 대한 해석이고, 둘째는 법률 용어에 대한 해석이다.

그리고 셋째는 관리들의 행동지침에 관한 내용으로서 관리들이 지켜야 할 덕목과 더불어 기본 자질, 모범 관리들의 사례, 그리고 법 집행관들이 가져야 할 경계의 글을 실었다. 또 혹리(酷吏)들의 비참한 말로(末路) 등을 수록하여 관리가 잘못할 경우 그 결과가 어떠한가를 보여주는 다양한 내용들이 수록되어 있다.

따라서 단순한 원대(元代) 이후의 서리(胥吏)들의 문체인 한이문(漢吏文)에 관한 이학(吏學)만이 아니라 역사적으로 법을 집행한 명사들을 소개하면서 관리가 지켜야 할 모든 덕목(德目)과 자세를 훈육(訓育)한 것이라고 보인다. 이제 각 권(卷)별로 그 내용들을 차례로 살펴보기로 한다.

3.3.2.1. 권1에서는 관청에서 사용되는 행정 용어에 대한 해석이 주요 내용을 이룬다. 즉, 관리의 명칭, 관직의 품계, 관청 직원의 호칭, 행정부서, 행정 단위 등과 관련된 용어, 그리고 행정 용무와 관련된 용어에 대한 해석이 들어있다.

권1에는 '이칭(吏稱), 행지(行止), 재능(才能), 육조(六曹), 아문남북지이(衙門南北之異), 계석명(戒石名), 군읍(郡邑), 부호(府號), 관품(官品), 관칭(官稱), 이원(吏員), 통속(統屬), 제수(除授), 세상(世賞), 품급(稟給), 효공(孝功), 정사(政事), 오사(五事), 호계(戶計)'의 19항목으로 나누어 각기 해당되는 명칭이나 업무, 단위 등에 대하여 설명하였다.

예를 들면 관리의 명칭(=吏稱)에는 '리(吏), 서(胥), 연(掾), 사(史), 렴리(廉吏), 양리(良吏), 능리(能吏), 혹리(酷吏), 탐리(貪吏), 옥리(獄吏), 청백리(淸白吏)' 등으로 나누어 서리(胥吏)들을 구분하여 설명하고 관직의 품계(=官品)로는 '훈(勳), 작(爵), 직관(職官), 산관(散官), 대부(大夫), 낭(郞), 장군(將軍), 교위(校尉)' 등으로 나누어 설명하였다.

그리고 관직의 호칭(=官稱)에는 '목민관(牧民官), 자민관(字民官), 친민관

(親民官), 수사관(守土官), 포도관(捕盜官), 순포관(巡捕官), 명관(命官), 관품(官品), 정관(正官), 사관(士官), 장관(長官), 관장(官長)' 등으로 나누어 설명하였다. 또, 행정부서(=六曹)에는 '이(吏), 호(戶), 예(禮), 병(兵), 형(刑), 공(工)' 등 육부(六部)로 나누어 그 관할하는 업무를 약술하였다.

그리고 행정 용무와 관련된 것들로는 '임관(=除授), 봉록(=廩給), 공과(功過), 정사(政事)' 등에 관한 항목을 설정하여 그 각각을 설명하였다. 이 밖에 권1에서 주목되는 내용으로는 본서가 이학(吏學)의 지침서인 만큼 관리로서 지켜야 할 덕목(=行止)과 좌우명(=戒石銘), 관리가 구비해야 할 기본 자질로 행지(行止, 행동거지)와 재능(才能) 등을 자세히 기술하고 있다.

3.3.2.2. 권2에서는 공문서의 종류와 공문에 자주 사용되는 서식 용어 및 관용구에 대한 해석이 주요 내용을 이룬다. '의제(儀制), 지판(旨判), 제차(諸此), 새장(璽章), 공식(公式), 발단(發端), 결구(結句), 장사(狀詞), 책적(冊籍), 방거(牓據), 서사(署事), 예의(禮儀), 상서(詳恕), 구재(救災), 삼유(三宥), 오계(五戒)'의 17항목으로 나누어 그에 해당하는 용어와 관용구를 설명하였다.

예를 들면 공문 형식(=公式)인 '차부(劄付), 자(咨), 부(符), 관(關), 지휘(指揮), 첩(牒), 자정(咨呈)' 등에 쓰이는 용어와 관용구를 설명하였고, 일반 문서(=冊籍)인 '안독(案牘), 권종(卷宗), 안답(案沓), 공안(公案), 문권(文卷), 문안(文案), 부(簿), 문책(文冊), 문서(文書)' 등으로 나누어 방문(榜文)에 대한 용어 및 관용구를 풀이하였다.

그리고 공시문서(=牓據)를 '누방(鏤牓), 판방(板牓), 수방(手牓), 효시(曉示), 고시(告示), 해유(解由), 빙유(憑由), 문계(文契), 초서(鈔書), 감합(勘合), 공빙(公憑)' 등으로 나누어 설명하였다. 그리고 소장(訴狀)과 관련된 용어(=狀詞)를 '집장(執狀), 취장(取狀), 송장(送狀), 고장(告狀), 단장(單狀), 도장(到狀), 초장(招伏), 준장(准伏), 승장(承伏)' 등으로 나누어 해설하였다.

공문서에 자주 사용되는 관용구에는 서두의 용어(=發端)로 '상천권명(上天眷命), 장생천기력리(長生天氣力裏), 대복음호조리(大福蔭護助裏)' 등이 있음을 소개하고 결말에 사용되는 용어(=結句)로 '조상(照詳), 조험(照驗), 근첩(謹牒), 주자시행(主者施行), 부도봉행(符到奉行)' 등의문구(文句)에 대하여 설명하였다.

관청의 실무(=署事)와 관련된 용어로 '압자(押字), 회의(會議), 집의(集議), 공의(公議), 첨의(僉議), 완의(完議), 선유(宣諭), 효유(曉諭), 성유(省諭)' 등에 대하여, 그리고 궁중 예의(禮義)로 '성절(聖節), 하정(賀正), 하동(賀冬), 만세(萬歲), 국궁(鞠躬), 고두(扣頭)' 등에 대하여 그 의의를 설명하였다.

이 밖에 양형(量刑)에 있어서 관용(=詳恕)과 관련된 용어로 '애긍(哀矜), 흠휼(欽恤), 관유(寬宥), 상찰(詳察), 관서(寬恕), 관대(寬貸)' 등을 설명하였고 이어서 세 가지 관용 조건(=三宥)인 '부지(不識), 과실(過失), 유망(遺忘)' 등에 대하여, 그리고 재난 구재(救災)와 관련된 용어로 '진급(賑給), 진조(賑糶), 진제(賑濟), 진차(賑借)' 등에 대하여 풀이하였다.

3.3.2.3. 권3에서는 주로 형벌과 그 처형 방법에 관하여 설명하였다. 즉, '삼사(三赦), 이전(二典),[56] 삼죄(三罪), 오두(五糾), 오금(五禁), 팔의(八議), 오관(五科), 팔례(八例), 교명(較名), 저류(字類), 십악(十惡), 칠살(七殺), 육장(六贓), 육색(六色), 오류(五流), 이도(二度)'의 16항에 대하여 각기 규정한 형법을 설명하였다.

예를 들면 사면(赦免)의 세 조건(=三赦)으로 '노모(老耄), 유질(幼疾), 준우(惷愚)'에 대하여, 형벌의 성격에 따른 다섯 유형(=五糾)으로 '야형(野刑), 군형(軍刑), 향형(鄕刑), 관형(官刑), 국형(國刑)'에 대하여, 특권계층에 대한 형법의 여덟 적용(=八議) 방식으로 '의친(議親), 의고(議故), 의현(議賢), 의능(議能), 의공(議功), 의귀(議貴), 의근(議勤), 의빈(議賓)'에 대하여 설명하였다.

---

56 三典의 오자임.

이어서 형법의 경중에 따른 법의 세 유형(=三典)으로 '경전(輕典), 중전(中典), 중전(重典)' 에 대하여 예를 들어 설명하고 죄목의 성격에 따른 죄(罪)의 세 유형(=三罪)으로 '공죄(公罪), 사죄(私罪), 장죄(贓罪)'으로 나누어 이에 대하여 해설하였다. 모두 죄에 따른 형벌과 그에 대한 처형의 방식을 소개한 것이다.

그리고 각종 법령의 다섯 조목(=五科)인 '율(律), 령(令), 격(格), 식(式), 래(勑)'에 대하여, 중(重)범죄의 열 개 유형(=十惡)으로 '모반(謀反), 모대역(謀大逆), 모반(謀叛), 악역(惡逆), 부도(不道), 대불경(大不敬), 불효(不孝), 불목(不睦), 불의(不義), 내란(內亂)'을 들고 유배죄(流配罪)의 다섯 형식인 오류(五流)로 '가역류(加役流), 반역연좌류(反逆緣坐流), 불효류(不孝流), 자손과실류(子孫過失流), 회사유류(會赦猶流)'에 대하여 설명하였다.

이 외에도 법률 문서에서 사용되는 특수 용어에 대하여 간단히 설명하였다. 예를 들면 팔례(八例)의 8개 용어로는 '이(以), 준(准), 개(皆), 각(各), 기(其), 급(及), 즉(即), 약(若)' 등의 용례(用例)를 설명하고 교명(較名)의 예를 20개로 나누어 그 각각의 사용 예문을 들어 설명하였다. 유경(儒經)이나 불경의 경문(經文), 그리고 시문(詩文)의 문예문과 다른 법문(法文)의 특수 용어를 설명한 것이다.

즉, 교명(較名)의 용어로 '고(故), 비(非), 만(謾), 사(詐), 불경(不敬), 투(鬪), 희(戲), 적(賊), 과실(過失), 부도(不道), 악역(惡逆), 장(戕), 조의(造意), 모(謀), 솔(率), 강(强), 략(略), 군(群), 도(盜), 장(贓)' 등을 예를 들어 해설하고 자류(字類)에는 '의(依), 동(同), 가(加), 감(減), 여(如), 지(止), 청(聽), 종(從), 잉(仍), 병(並), 논(論), 조(坐)' 등의 12개 용어를 풀이하였다.

3.3.2.4. 권4에서는 주로 각종 법례와 역대(歷代)의 형벌을 7개 유형(類型)으로 나누어 그에 해당하는 용어를 설명하였다. 즉, '장사(贓私), 수과(首過), 법례(法例), 조관(條貫), 사죄(四罪), 역대오형(歷代五刑 {續銅附}), 잡형(雜刑)'의 7개 항목으로 나누어 역대 형벌의 유형을 소개하였다.

먼저 뇌물 죄(=贓私)로는 '취수(取受), 피차구죄(彼此俱罪), 취여불화(取與不和), 행구(行求), 회뢰(賄賂), 화회(貨賄), 장오(贓汚), 낭적(狼籍), 청구(請求), 청탁(請託), 주재(奏裁), 당면(當免), 제명(除名), 륵정(勒停), 파역(罷役), 파직(罷職)' 등의 용어로 나누어 범죄 형태와 그 형벌을 설명하였다.

이어서 수과(首過) 조의 자수(=首過) 방법으로 '자수(自首), 출수(出首), 대수(代首), 불준수(不准首), 회과(悔過), 개과(改過), 전개(悛改), 개정(改正), 서복(叙復)' 등에 대한 회개(悔改)의 방법을 소개하였다. 또 법의 예(=法例)에서는 '형법(刑法), 전형(典刑), 형벌(刑罰), 삼척법(三尺法), 조례(條例), 단례(斷例), 금갑(令甲), 대찰(大札), 작고준금(酌古準今), 행사거례(行事擧例), 무문농법(舞文弄法), 형통(刑統), 금과옥(金科玉)' 등으로 나누어 해당 용어를 설명하였다.

뒤를 이어 여러 가지 법률의 예(=法例)로 '형법(刑法), 전형(典刑), 형벌(刑罰), 삼척법(三尺法), 조례(條例), 단례(斷例), 령갑(令甲), 대찰살(大扎撒), 작고준금(酌古准今), 행사거례(行事擧例), 무문농법(舞文弄法), 형통(刑統), 금과옥조(金科玉條)' 등의 14개 항목으로 나누어 법률에 따른 형벌의 결정 근거를 소개하였다.

예를 들면 '대찰살(大扎撒)'은 "謂依條例法度也－조례에 따른 법도"라는 설명이 있는데 여기서 '大扎撒'은 몽골의 제국(帝國)을 건설한 칭기즈칸(成吉思汗)이 쿠릴타이에서 정한 초기의 법률서이다. 칭기즈칸이 1219년에 회의를 소집하여 훈언(訓言), 찰철(扎撒),[57] 그리고 전래의 체례(體例) 등을 정한 법전을 편찬하여 '대찰살(大札撒)'이라 하였다(徐祥民 外, 2000: 198).[58]

57 '扎撒'은 몽고어 'yasa'의 음역으로 '號令', 또는 '法度'의 뜻이 있다고 한다((吳海航, 2000: 61).

58 方齡貴(1991: 333)에서도 '大札撒'에 대하여 "扎撒條一所謂'大札撒'卽蒙語[yeke ĵasaq], 應指成吉思汗糾正的法典, 可惜沒有完整地流傳下來"라고 하여 칭기즈칸이 糾正한 법전으로서 오늘날 전하지 않음을 아깝다고 하였다. 다만<이학지남>은 모두 元代 이전의 법전을 다루고 있으므로 이 용어가 법전의 명칭으로 사용된 용례는 발견되지 않는다(정광 · 양오진 · 정승혜, 2002: 84).

또 형벌 조관(條貫)이라 하여 말하기를 3천개의 조관이 있다고 하였다. 교법(敎法)은 조(條)이고 관(貫)은 규승(規繩)이라 하여 가르쳐야 하는 법이 조(條)이고 규칙으로 얽어맨 것이 관(貫)이란 뜻이다. 형벌을 '묵벌지속천(墨罰之屬千), 의벌지속천(劓罰之屬千), 비벌지속오백(剕罰之屬五百), 궁벌지속삼백(宮罰之屬三百), 대벽지속이백(大辟之屬二百)' 등으로 나누었다.

그리하여 모두 3천의 조관(條貫)에 대하여 설명하였다. 이 형벌은 『상서(尙書)』의 주(注)에 "周穆王命呂侯所帝, 侯爲甫侯, 故稱甫刑也"라 하여 주대(周代) 목왕(穆王)이 여후(呂侯)에게 제정하라고 명려한 것인데 그가 후에 보후(甫侯)가 되어 이 형벌을 보형(甫刑)이라고도 한다는 주석이 <상서(尙書)>에 있다.

그리고 유배형의 사죄(四罪)로는 '류(流), 방(放), 찬(竄), 극(殛)' 등이 있다. 동서남북(東西南北)의 네 곳에 보내는 유배형에는 '류(流)'가 북방의 유주(幽州)에 보내는 유배형이고 '방(放)'은 남쪽의 숭산(崇山)으로 보내는 것이며 '찬(竄)'은 서쪽의 삼위(三危) 지역인 삼묘(三苗)로 보내는 것이고 마지막 '극(殛)'은 동쪽의 바다 가운데 있는 산으로 보내는 유배형이다.

형벌로는 오형(五刑)이 황제(黃帝) 때에 정해진 것이 후대에 점차 늘어났다. 역대의 형벌에 대하여 '황제지형(黃帝之刑), 순형(舜刑), 주형(周刑), 한형(漢刑), 위형(魏刑), 진형(晉刑), 양형(梁刑), 북제형(北齊刑), 후주형(後周刑), 수당금송형(隋唐金宋刑)' 등으로 나누어 시대별, 나라별로 정한 형벌의 방법을 소개하였다.

예를 '황제지형(黃帝之刑)'의 오형(五刑)에서 보면 '편박(鞭朴)'이란 장형(杖刑)이 있고 '찬착(鑽鑿)'이란 신체의 일부, 예를 들면 슬개골(膝蓋骨)을 잘라내는 형벌을 말하며 '도거(刀鋸)'는 코나 다리를 잘라내는 형벌이다. '부월(斧鉞)'은 참수형이고 '갑병(甲兵)'은 군대로 하여금 어지럽게 주살(誅殺)하는 것을 말한다. 이것이 황제(黃帝)가 정한 다섯 가지 형벌이란 뜻이다.

그리고 이어서 각 시대별로 나누어 형벌의 방법을 소개하였다. <이학지남>의 권4가 어쩌면 각종 형벌의 연원(淵源)을 가르쳐주려던 의도로 저술된 것으로 보인다. 그리하여 모든 형벌의 시작에 대하여 설명하였다.

3.3.2.5. 권5에서는 죄인의 육체에 가하는 육형(肉刑)의 유형과 감옥 명칭, 형구, 양형의 법적 근거 등 다양한 용어들을 다루고 있다. 즉, '육형(肉刑－餘死罪附), 잡형(雜刑), 옥명(獄名), 옥구(獄具), 가형(加刑), 청송(聽訟), 오부(五父), 십모(十母), 노유질병(老幼疾病), 오복(五服), 삼상(三殤), 복제(服制), 친인(親姻), 호혼(戶婚)'의 14항으로 나누어 해당 용어를 설명하였다.

예를 들면 죄인의 육체에 가하는 형벌(=肉刑)에는 '살(殺), 륙(戮), 능지(淩遲), 지해(支解), 해(醢), 팽(烹), 주(誅), 족주(族誅), 적주(赤誅), 주이(誅夷), 원급오속(爰及五屬), 구오형(具五刑), 오학(五虐), 차렬(車裂), 분시(分屍), 착전(鑿顚), 포락(炮烙), 추협(抽脅), 효(梟), 요참(腰斬), 초(勦), 환(轘－車裂), 기시(棄市), 마등(傌－棄市)' 등의 형벌을 소개하였다.

이어서 '사(肆)[59], 작(斫), 적(炙), 박(撲), 포(脯), 거(鋸), 륙(僇), 도(擣), 갱(坑), 옥(剭), 횡분(橫分), 경(剄)[60], 격(格), 랍(拉), 천(天)[61], 저사(抵死), 항명(沆命), 부질(斧質), 수급(首級), 수사(殊死, 漢律, 斬刑也), 겸작(鉗灼)[62], 박피(剝皮), 수(瘦)[63], 류(纍)' 등의 처형 방식을 소개하였다. 모두 한자의 뜻을 통하여 어떤 형벌인지 가늠할 수 있다.[64]

---

59 '肆'는『文選』의 注에 "殺人陳其屍也－죽여서 그 시신을 널려 놓다" 참조.

60 '剄'은『文選』의 注에 "以刀割曰剄－칼로 목을 자르다" 참조.

61 '天'은『釋文』"刺鑿其額曰天－이마를 찔러 뚫다를 천(天)이라고 한다" 참조.

62 '鉗灼'은『江充傳』, "燒鐵鉗灼强服之－불에 달군 쇠 집게로 억지로 불게하다" 참조.

63 '瘦'는 漢注에 "因以飢寒死曰瘦－배고프고 추워서 죽은 것을 수(瘦)라고 하다" 참조.

64 예를 들면 '斫'은 <이학지남>에 "斬擊也. 蜀張飛欲斫嚴顔首－참하는 것이다. [三國志에서] 촉의 장비가 엄안을 참수하려 하였다"라고 하여 "목을 베는 형벌"이 었음을 알 수 있고 '炙'은 역시 <이학지남>에 "晉大將軍潁, 炙殺長沙王艾－진의 대장군 영(潁)이 장사(長沙)의 왕애(王艾)를 태워 죽이다"라 하여 "불로 태워 죽이

잡형(雜刑)으로는 '부(腐), 삼족(三族), 곤겸(髡鉗), 노속(奴屬), 달(撻), 가장(加杖), 형차(刑措), 영중(令衆), 훈서(薰胥), 살(殺米), 이매(魑魅), 적몰(籍沒), 초차(抄箚), 귀신(鬼薪), 적운(謫運), 배역(配役), 백찬(白粲), 고산전(顧山錢), 성단용(城旦舂), 편관(編管), 저죄(抵罪), 기죄(記罪)' 등의 형벌에 대하여 설명하였다.

이 가운데 '성단용(城旦舂)'을 예로 들어 보면 <이학지남>에 "漢法: 旦者, 男子旦起治城; 舂者, 婦人舂作米也.－한(漢)나라의 법이다. '단(旦)'은 남자가 아침 일찍 일어나서 성을 수리하는 것을 말하고 '용(舂)'은 부인이 쌀을 절구에 넣어 방아 찧는 것을 말하다"라고 하여 부부에게 내린 사역(使役)의 벌임을 알 수 있다.

감옥 명칭(=獄名)으로 '옥(獄), 뢰(牢), 금(禁), 감방(監房), 하대(夏臺), 영어(囹圄), 환토(圜土), 호혈(虎穴), 황사(黃沙)' 등으로, 형벌의 기구(=獄具)로는 '질곡(桎梏), 공(拲), 뉴(杻), 료(鐐), 겸체(鉗鈦), 계계(械繫), 노차(露車), 함거(檻車), 가(枷), 항양(桁楊)' 등으로 나누어 감옥의 여러 명칭과 죄인에게 가하는 형벌의 도구를 설명하였다.

이어서 죄인에게 가하는 형벌(=加刑)의 방식으로 '삼목(三木), 목인(木人), 오독(五毒), 반접(反接), 면박(面縛), 계설(係緤), 방태(搒笞), 고략(拷掠), 궤망(跪芒), 지유(瘐瘐), 목지(獄持)' 등으로 나누어 그 각각의 용어를 해석하고 죄인을 다루는 방식을 소개하였다. 모두 중국 전통의 죄인에 대한 형벌의 방법이었다.

양형(量刑)의 법적 근거와 관련된 용어로 부자(父子) 관계(=五父)에는 '친(親), 양(養), 계(繼), 의(義), 사(師)'로 나누고 모자(母子) 관계(=十母)에는 '친(親), 출(出), 가(嫁), 서(庶), 적(嫡), 계(繼), 자(慈), 양(養), 유(乳), 제(諸)'로 나누어 각기 그 친소(親疎)관계를 법적으로 정하였다. 모자관계가 부자관계보다 배가 많은 것이 흥미롭다.

다"임을 알 수 있다. 나머지도 <이학지남>에 그 용어의 淵源을 밝혀놓았다.

노유(老幼)와 질병(疾病)에 관한 용어에는 '강보(襁褓), 황도(黃悼), 칭중(稱中), 성정(成丁), 약관(弱冠), 장강(壯強), 애기(艾耆), 기이(期頤), 질병(疾病), 고황(膏肓), 진질(殘疾), 폐질(廢疾), 독질(篤疾)' 등으로 나누어 인간이 커가는 과정에 따라 갓 태어난 '강보(襁褓)'로부터 백세(百歲)의 '기이(期頤)'에 이르기까지, 그리고 질병도 그 증상에 따라 분류하였다.

상복(喪服)의 복제(服制)에는 '정복(正服), 의복(義服), 가복(加福), 강복(降服), 보복(報服)'으로 나누어 복제(服制)를 정하고 상복의 기간(=五服)과 관련된 다섯 용어로는 '삼년(三年), 기년(期年), 대공(大功), 소공(小功), 시마(緦麻), 조면(祖免)'으로 나누어 상사(喪事) 시에 입는 상복의 기간을 법률로 정하였다.

자식이 일찍 죽는 세 요사(夭死=三殤)에는 '장상(長殤), 중상(中殤), 하상(下殤)' 등의 셋으로 나누었다. 인척 관계(=親姻)에는 '종족(宗族), 고비(考妣), 조종(祖宗), 기구(箕裘), 형제, 제손(諸孫), 처첩, 자매, 축리(妯娌), 구고(舅姑), 고이(姑姨), 구생(舅甥), 부부, 삼종(三從), 사덕(四德), 항려(伉儷)' 등으로 나누어 인천 관계를 법적으로 정리하였다.

호적과 혼인 관계(=戶婚)에는 '동거(同居), 이거(異居), 본생(本生), 본종(本宗), 환속(還俗), 탈호(脫戶), 루구(漏口), 별적이재(別籍異財), 의절(義絶), 칠출(七出), 본방(本房), 본가(本家)' 등으로 나누어 그 각각의 용어를 해설하였다. 이 가운데 칠출(七出)의 예를 보면 "七出, 婦人所犯而出之"라고 하여 부인이 쫓겨나는 7가지 이유를 말한 것이다.[65]

이 밖에 소송에 대한 심사(=聽訟)에 사용되는 용어로서 '사청(辭聽), 색청(色聽), 기청(氣聽), 이청(耳聽), 목청(目聽), 양조(兩造), 양제(兩劑), 삼자(三刺)' 등에 대하여 풀이하였다. 예를 양조(兩造)에서 찾아보면 "兩造, 禮云:

---

65 원문은 "七出, 婦人所犯而出之: 一日無子, 謂絶世也; 二日淫泆, 謂亂族也; 三日不事舅姑, 謂逆德也; 四日口舌, 謂亂親也; 五日盜竊, 謂反義也; 六日妬忌, 謂亂家也; 七日惡疾, 謂不可供奉粢盛以祭先也."이어서 7가지 이유가 '無子, 淫泆, 不事舅姑, 口舌, 盜竊, 妬忌, 惡疾'이라 하였다. 조선시대의 七去之惡이 여기서 비롯된 것임을 알 수 있다.

以兩造禁民訟"이라 하여 <예기(禮記)>에서 "민송(民訟)에 양조(兩造)를 금하다"라고 하였는데 이것은 '거짓 자복(自服)'을 말한 것이다.

3.3.2.6. 권6에서는 형사 소송과 범인의 심문 조사와 신분 출신에 관한 용어, 그리고 관리의 직무 태만과 납세 측정, 금지사항 등에 관한 용어들이 수록되어 있다. 그리하여 '옥송(獄訟), 추국(推鞫), 양천자산(良賤孳産), 구계(勾稽), 체량(體量), 금제(禁制)'의 6항으로 나누어 해당 항목에 대하여 설명하였다.

예를 들면 소송(=獄訟)과 관련된 용어로는 '작각서아(雀角鼠牙), 투구(鬪毆), 상손(傷損), 매리(罵詈), 쟁경(爭競), 저후(詛詬), 상침(相侵), 수족(手足), 타물(他物)' 등 42개의 소송에 관련된 용어를 소개하고 그에 대한 설명을 붙였다. 이 가운데는 피해자의 피해 위치, 피해 방식에 관한 용어와 범인의 종류, 가해 방식 등의 용어가 있다.

특히 소송에 관한 용어의 해설이 많은데 예를 들면 초두의 '작각서아(雀角鼠牙)'는 <모시(毛詩)> 「행로(行露)」의 주(注)에 "雀角鼠牙, 言人遭訟, [中略] 故以雀言獄, 鼠言訟也.－참새 뿔과 쥐의 어금니란 말은 사람들이 소송에 휘말리는 것을 말한다. [중략] 그러므로 작(雀, 참새)은 옥(獄)이요 서(鼠, 쥐)는 송(訟, 송사)를 말한다."라고 하여 참새 뿔과 쥐의 어금니처럼 있어서는 안 되는 일이 소송(訴訟)임을 말하고 있다.

다음으로 심문 조사(=推鞫)에 관한 용어로는 '국문(鞫問), 추문(推問), 귀문(歸問), 심문(審問), 녹문(錄問), 순문(詢問), 염문(廉問), 안문(案問), 고문(考問)' 등 40개에 대하여 그 심문 방식을 소개하였다. 예를 들어 녹문(錄問)은 "[前略] 謂不限文案已成未成, 必須審問者.－[전략] 문안(文案)이 완성이든지 미완성이든지 [심문의 기록은] 심문하는 자에게 필수다"라고 하여 반드시 심문했을 때에 기록하여야 함을 말한다.

다음으로 신분 출신(=良賤孳産)에 관한 용어로는 '귀천(貴賤), 양천(良賤), 인구(人口), 관감호(官監戶)[66], 잡호(雜戶), 부곡(部曲), 객녀(客女), 창우(倡優),

점호(店戶), 전객(佃客), 매보(媒保), 수신(隨身), 동복(童僕), 구구(驅口), 노비, 호하호(戶下戶), 유수(游手), 호한(好閑), 악소(惡少), 사산(事產), 자축(孳畜), 두필(頭疋), 번식(蕃息), 번식(蕃殖), 년애(碾磑), 저점(邸店)' 등23개를 소개하였다.

또 관리의 직무 상황(=句稽)과 관련된 용어로 '계지(稽遲), 계류(稽留), 계정(稽程), 계완(稽緩), 위만(違慢), 탐오(耽誤), 실착(失錯), 차지(差池), 소우(疎虞), 소실(疎失), 소루(疏漏), 소탈(疏脫), 태만(怠慢), 완만(玩慢), 타탈(打脫), 실오(失誤), 파설(破說), 추조(推調), 허조(虛調), 엄연(淹延), 지체(遲滯), 계체(稽滯), 두류(逗遛), 위한(違限), 조등(刁蹬)' 등 26개 항목에 대하여 설명하였다. 주로 관리들의 잘못된 근무 태도에 관한 용어들이다.

예를 초두의 '계지(稽遲)'에서 보면 <이학지남>(권6)에 "留滯曰稽, 不速曰遲"라 하여 사무 처리가 더디고 느린 것을 말한다. 우리에게 익숙하지 않은 용어의 '타탈(打脫)'은 "謂事不幹濟, 猶物自解－일을 제대로 처리하지 못하고 오히려 저절로 해결되는 것"을 말한다고 하여 엉터리로 사무를 처리함을 말한다.

3.3.2.7. 권7에서는 주로 죄인들의 도주와 체포 형식, 사기죄와 절도죄, 납세, 징세, 부역 등에 관련된 용어들이 '포망(捕亡), 사망(詐妄), 적도(賊盜), 전량조작(錢糧造作), 징렴차발(徵斂差發), 제납(諸納), 체량(體量), 금제(禁制), 잡류(雜類)' 등 8개 항목으로 나누어 수록되어 있다.

예를 들면 체포(=捕亡)에 관한 용어로는 '응합살포(應合殺捕), 허인고포(許人告捕), 허인고발(許人告發), 도망(逃亡), 도찬(逃竄), 주투(走透), 망명(亡命), 종일(縱逸), 살방(撒放), 거포(拒捕), 항거(抗拒), 금집(擒緝), 굴나(窟拿), 추습(追襲), 엄포(掩捕), 추토(追討), 초수(招收), 구섭(勾攝), 순포(巡捕), 순착(巡捉), 순

66 '監官戶'는 良人과 노비를 총칭하는 말이다. 즉, <이학지남>(권7)에 "謂前代以來配隸相生, 或今朝配役, 隸屬諸司州縣, 無貫者卽今之斷, 按主戶是也. 其斷沒者, 良人曰監戶, 奴婢曰官戶"라는 설명이 있다.

방(巡防), 순라(巡邏), 구집(拘執), 득획(得獲), 득견(得見), 취환(就喚), 취구(就句), 충사(衷私)' 등으로 나누어 죄인의 도주와 체포 방식을 설명하였다.

원래 '포망(捕亡)'은 <이학지남>(권3)의 '오과(五科, 謂律令格式勅也)'에 "捕亡: 亡逋不繫, 罪惡浸長, 建此捕亡, 以絶厲階.－포망은 도망한 자를 잡아 두지 않으면 죄악이 점차 커짐으로 이 항목을 세워 계속됨을 끊게 함이다"라는 해설이 있다. 따라서 포망(捕亡)은 일반 죄인이나 도망간 죄인을 잡는데 관련된 용어를 정리한 것임을 알 수 있다.

사기죄(=詐妄)와 관련된 용어로는 '사기(詐欺), 사위(詐僞), 사전(詐傳), 사의(詐醫), 사함(詐陷), 사모(詐冒), 사승(詐乘), 망인(忘認), 망모(忘冒), 만전(忘傳), 망설(忘說), 망거(忘擧), 와언(訛言), 착인(錯認), 날합(捏合), 훼방(毁謗), 비방(誹謗), 안람(贗濫), 행람(行濫)' 등으로 나누어 사람을 속이는 여러 범죄의 형태를 소개하였다.

절도(=賊盜)와 관련된 용어에는 '적구(賊寇), 극적(劇賊), 초적(草賊), 숙적(夙賊), 겁도(劫盜), 겁살(劫殺), 겁양(劫攘), 표략(剽掠), 초략(抄掠), 노략(擄掠), 소겁(燒劫), 창겁(搶劫), 도모(掏摸), 공취(公取), 절취(竊取), 이성도(已成盜), 미성도(未成盜), 수종(首從), 동화(同火), 동안(同案), 동당(同黨), 가공(加功), 정장(停藏), 와장(窩藏), 간구(姦究), 불궤(不軌), 유략(誘略), 박협(迫脅), 협종(脅從)' 등으로 나누어 물건을 훔치거나 협박하여 돈을 빼앗는 범죄의 양상(樣相)을 설명하였다.

세금의 징수와 그에 관련된 범죄(=錢糧造作)의 용어로는 '과정(課程), 각고(搉酤), 각염(搉鹽), 각다(榷茶), 각초(榷醋), 산판(散辦), 인판(認辦), 회판(恢辦), 포판(包辦), 박매(撲買), 적매(糴買), 전곡(錢穀), 재부(財賦), 공부(貢賦), 세부(稅賦), 세모(稅貌), 추분(抽分), 양세(兩稅), 세기(稅期), 계권전(契劵錢), 포은(包銀), 사면(絲綿), 알탈(斡脫), 규운(規運), 각화(榷貨), 침친(侵襯), 범계(犯界), 저괴(沮壞), 참탈(攙奪), 교요(攪擾)' 등으로 나누어 설명하였다.

이어서 '휴태(虧兌), 침기(侵欺), 실함(失陷), 침사(侵使), 증이(增羨), 횡수(橫收), 부여(附餘), 출잉(出剩), 이역(移易), 사은(欺隱), 차대(借貸), 극락(克落), 모

파(冒破), 모지(冒支), 람지(濫支), 도용(盜用), 실수(失收), 단흠(短欠), 절흠(折欠), 타흠(拖欠), 換易, 挪換, 게차(揭借), 배상(倍償), 무역(貿易), 결람(結攬), 비초(飛鈔), 경재(輕賫), 성취(成就), 비부(紕溥)' 등으로 나누어 세금의 징수로 인한 경제 범죄를 설명하였다.

세금과 부역(=徵斂差發)에 관련된 용어로는 '추징(追徵), 추리(追理), 추색(追索), 어지(放支), 의각(倚閣), 주파(住罷), 주지(住支), 주징(住徵), 견방(蠲放), 견면(蠲免), 부감(賦斂), 화고(和雇), 화매(和買), 화중(和中), 화직(和織), 화적(和糴), 창조(刱造), 횡조(橫造), 과부(科敷), 제감(齊斂), 빙매(聘賣), 조치(措置), 차책(借債)' 등에 대하여 설명하였다.

이어서 '규조(規措), 응부(應副), 심멱(尋覓), 공급供給), 타감(打勘), 이산(理算), 타산(打算), 차역(差役), 과역(科役), 요역(徭役), 응역(應役), 시역(廝役), 직역(職役), 신역(身役), 절용(折庸), 고천(雇倩), 고멱(雇覓)' 등으로 나누어 세금의 부과와 부역의 여러 형식, 그리고 그로 인한 범죄를 설명하였다.

세금의 납부(=諸納)에 관련된 용어로는 '매납(買納), 급납(給納), 전납(塡納), 회납(回納), 리납(理納), 최납(催納), 송납(送納), 부납(附納), 사납(卸納), 변납(變納), 적납(糴納), 기납(起納), 배납(陪納), 비납(備納), 대납(代納), 수납(輸納), 발납(發納), 진납(進納), 수납(首納), 지납(支納), 과납(科納), 폐납(閉納), 극납(剋納), 구납(拘納), 태납(兌納), 균납(均納)' 등에 대하여 설명하였다.

이어서 '수납(受納), 헌납(獻納), 증납(增納), 중납(中納), 절납(折納), 고납(估納), 대납(帶納), 투납(投納), 발납(撥納), 상납(償納), 첩납(貼納), 매납(賣納), 포납(包納), 대납(對納), 출납(出納), 추납(追納), 몰납(沒納), 입납(入納), 절납(截納), 탄납(攤納), 격납(繳納), 절납(折納), 교납(交納), 출납유위(出納有違), 기납(寄納)' 등으로 나누어 세금납부의 다양한 명칭에 대하여 소개하였다.

재화의 계량(=體量)에 대하여는 '수돈(收頓), 수저(收貯), 수수(收受), 기수(寄收), 부수(附收), 계고(稽攷), 고교(考較), 비부(比附), 비교(比較), 비대(比對), 회계(會計), 검시(檢視), 검량(檢量), 검찰(檢察), 검답(檢踏), 검핵(檢覈), 고계(估計), 계료(計料), 분간(分揀), 상시(相視), 체복(體覆), 발락(發落)'으로 나누어

세금의 수납을 관리하고 비교하는 용어들을 소개하였다.

개인에게 금하는 제도(=禁制)에 대하여 '사조(私造), 사유(私有), 도박(賭撲), 금서(禁書), 종금(鐘禁), 도재(屠宰), 누설(漏泄)'로 나누어 소유나 제조가 금지된 물품이나 행위를 설명하였다. 흥미로운 것은 금서(禁書)의 항목에서 천문(天文)이나 도참(圖讖)의 도서가 개인의 소유로는 금지된 것이다. 아마도 원대(元代)에 이러한 악법이 존재했던 것 같다.

이 외에 기타(=雜類)에 속하는 용어로 '연혁(沿革), 매상(昧爽), 심문(深文), 형여(刑餘), 계구(計搆), 시종(始終), 수미(首尾), 경수(經手), 정중(鄭重), 지오(枝梧), 무상(無狀), 체주(掣肘), 로망(鹵莽), 기유(覬覦), 예도(曳倒), 파지(把持), 강횡(强橫), 체면(體面), 방조(放雕), 군습(捃拾)' 등에 대하여 설명하였다.

3.3.2.8. 권8에는 '제잠(諸箴), 제설(諸說), 율기(律己), 인서(仁恕), 참각(慘刻), 오백마진전(五伯馬進傳)'의 7항으로 나누어 형을 집행하는 이원(吏員)들을 훈계하는 잠문(箴文)과 서리(胥吏)의 부정을 경계하는 훈계문(訓戒文), 이원이 지녀야 할 품행과 모범 사례, 그리고 가혹한 관리(=酷吏)의 말로를 보여 주는 사례 등을 수록하였다.

예를 들면 형(刑) 집행리(執行吏)들이 숙지하고 있어야 할 여러 잠문(=諸箴)에는 '제형잠(提刑箴), 사얼잠(司臬箴-宋江西提刑潘時作), 옥관잠(獄官箴-唐張說作)' 등으로 나누어 각 관청에서 형벌을 내릴 때에 경계해야 할 것들에 대하여 소개하고 설명하였다. 예를 들면 제형잠(提刑箴)에서는 원(元) 제국(帝國)의 모든 법이 어질고 위엄이 있어야 하며 무당무편(無黨無偏)함을 강조하였다.

이원(吏員)에 대한 훈계문(=諸說)에는 '옥송설(獄訟說, 宋李之彦作), 장설(瘴說)' 등으로 나누어 이 법을 집행하는 서리들의 태도를 설명하였다. 이원(吏員)의 품덕(品德)과 모범 사례를 보여 주는 것으로는 '이원삼상(吏員三尙-容齋徐參政作), 율기(律己), 인서(仁恕)' 등으로 나누어 소개하였다.

'이원삼상(吏員三尙)'의 예로 서리들은 첫째 상렴(尙廉)이라 하여 청렴

해야 하고 둘째 상근(尙勤)하여 부지런해야 하며 셋째 상능(尙能)하여 유능해야 함을 훈계한 것이다. 율기(律己)에서는 자신의 공정하고 인후(仁厚)함을 신칙(申飭)하였음을 예를 들어 설명하고 인서(仁恕)에서는 법의 집행과 형벌에서 인후(仁厚)하고 용서(容恕)함을 예를 들어 강조하였다.

참각(慘刻)에서는 혹독한 법률과 형벌의 집행이 얼마나 백성들을 괴롭게 하는 것인가를 역시 역사적인 예를 들어 설명하고 혹리(酷吏)의 사례로 '오백마진전(五伯馬進傳－宋王禹偁作)'을 소개하였다. 모두 이원(吏員)들이 정치를 베풀고 법을 집행하여 형벌을 내릴 때에 지켜야 하는 여러 덕목을 소개하여 체득하게 하려는 것이다.

조선본 <이학지남(吏學指南)>에는 없지만 정광 · 양오진 · 정승혜(2002)에 전재(轉載)된 활자본에는 '위정구요자잠서(爲政九要自箴序)'로 끝을 내었다. 여기서는 '인서(因書) 제일, 정심(正心) 제이, 정내(正內) 제삼, 정혼(正婚) 제사, 금포(禁捕) 제오, 정농(正農) 제육, 급무(急務) 제칠, 위정(爲政) 제팔, 시리(時利) 제구'로 나누어 정사(政事)에서 중요한 9개의 덕목을 소개하였다.

이상의 내용으로 보면 <이학지남>은 종래의 법률 용어를 종합하여 정리한 것으로 단순히 원대(元代) 한이문의 문체적 특성을 설명한 것이라기보다는 법률 용어로 쓰이는 고금의 특수한 어휘를 정리하고 설명한 것으로 보인다. 그리고 관리가 지켜야 할 여러 덕목을 아울러 정리하여 정사를 베풀 때에 이원(吏員)이 가져야 할 마음가짐을 훈계하고 교육시키려는 목적으로 편찬된 것이다.

따라서 한이문의 학습과 직접적인 관계는 없다고 보아야 한다. <이학지남>의 이학(吏學)은 국정(國政)에 참여한 관리들의 기본적인 지식을 배우는 지남서(指南書)로 보아야 한다. 다만 여기에 사용된 관청의 각종 용어와 공문서 형식에 대한 지식은 한이문을 이해하는데 필요한 부분이다. 그리고 이러한 용어들을 조선이문에도 그대로 쓰였다.

3) 〈이학지남〉으로 본 이두(吏頭)와 이두(吏讀)

3.3.3.0. 앞에서 살펴본 바와 같이 <이학지남>은 '이학(吏學)'을 연구하는 사람들의 입문서라고 할 수 있다. 여기서 말한 '이학'은 하급 관리들의 임무 수행에 필요한 지식을 배우는 것으로 주로 행정, 법률, 교육에 대한 기초 지식과 특수 용어를 배우게 된다.

따라서 조선에서도 이 책으로 행정, 법률, 교육에 대한 학습과 이학(吏學)을 배우게 되었는데 이에 대하여 정광・양오진・정승혜 (2002: 8~9)에서 필자가 쓴 '책머리에'서 비교적 자세하게 논의하였다. 그 내용의 중요한 것을 여기에 옮겨 다시 한 번 <이학지남>에 대하여 고찰하면서 우리의 이문(吏文)과 이두(吏讀)란 용어가 어떻게 형성되었는지 살펴보기로 한다.

이학의 교재로 편찬된 <이학지남>은 국가의 제도와 법률・행정 용어를 많이 수집하여 풀이하였으니 이 책은 어휘집이라고 할 수 있다. 이 책의 서두에 '이학(吏學)'의 '이(吏)'에 대하여 "吏: 說文曰治人者也. ─ 이(吏)는 <설문해자(說文解字)>에서 말하기를 사람을 다스리는 것이다"라고 하였다.

그리고 '이두(吏頭)'에 대하여 "漢薛宣傳曰: 吏頭以法令爲師, 問而知也. ─한(漢)나라 설선전(薛宣傳)이 말하기를 이두(吏頭)는 법령을 스승 삼아 물어서 아는 것이다."라는 설명이 있어 이학(吏學), 또는 이두(吏頭)가 중국에서 전통적으로 각종 법령의 학문임을 알 수 있다. 여기서 말한 '이(吏)'는 우리의 아전(衙前) 서리(胥吏)에 해당하는 하급관리가 아니다.

따라서 <이학지남(吏學指南)>의 '이(吏)'는 통치하는 모든 관원(官員)을 말하고 여기서 이학(吏學)은 이문(吏文)을 연구하는 것이 아니라 정치하는 관리들의 연구이어서 통치학(統治學)이나 정치학이라고 할 것이다. 다만 중국에서 몽골의 원대(元代)에 관(官)과 이(吏)가 분리되어 종래의 이학(吏學)에 대한 뜻도 다르게 된 것이다.

그리하여 원대(元代) 이후에는 이학(吏學)이 이문의 연구, 즉, 한이문을 학습하는 용어로 바뀌게 된다. 원대(元代)에 시작된 이문(吏文)은 이학의 한문 문체로 인식되었기 때문에 이 때부터 이학(吏學)이 종래의 통치학이나 정치학이란 의미에서 이문의 연구로 그 뜻이 변한 것이다.

3.3.3.1. 원대(元代)에 '관리(官吏)'의 '관(官)'은 황제가 임명한 고위 관직, 즉 단사관(斷事官)을 말하고 '이(吏)'는 관(官)이 현지에서 임명한 하급 지방관이라고 한다(졸저, 2022: 388). 이렇게 원대(元代)에 정립된 관리(官吏) 제도를 조선에서는 들여다가 실제로 통치할 때에 그대로 적용하였다.

그리하여 조선에서는 원(元)의 관리(官吏) 제도를 그대로 본받아 중앙에서 왕이 임명한 목민관(牧民官)들이 각 지방의 관아(官衙)에 파견되었고 그들이 현지에서 가서 임명한 아전 서리(胥吏)들이 실제로 통치를 담당하였다. 이러한 정치 제도는 우리의 한반도에서는 이제까지 없었던 제도여서 이씨(李氏) 조선에 들어와서 처음으로 시행된 제도라고 본다.

역성(易姓) 혁명으로 조선(朝鮮)을 건국한 이성계(李成桂)가 원래 원(元)에서 쌍성총관부(雙城摠管府)의 다루가치(達魯花赤)였던 이자춘(李子春)의 아들이어서 아무래도 몽골의 원(元)으로부터 정치와 제도 등에서 그 영향을 받은 것으로 보아야 한다. 그로 인하여 명(明)으로부터 조선은 개국이래로 지나치다고 할 정도의 혹독한 감시를 받았다.

중국에서 원(元) 제국(帝國)은 동북방의 이민족인 몽고족이 세운 나라로서, 직접 통치의 행정에 임하는 것은 지배족인 몽고족이 아니라 몽고인들에게 채용된 한족(漢族)의 이배(吏輩)들이었다. 따라서 원대(元代)에 이들을 위한 이학(吏學)의 중요성이 부각되었으며 <이학지남(吏學指南)>은 그러한 상황에서 발간된 관리들의 학습서였다.

이러한 이학(吏學)은 통치학이나 정치학의 성격을 갖게 되어 조선과 일본에서도 그 중요성이 인식되었다. 그리하여 이 책을 자국에서 간행하기에 이르렀고 법률 · 행정 용어의 사용에서 이 두 나라에 미친 영향은 매우 컸다고 아니할 수 없다. 실제로 오늘날의 여러 법률 용어가

<이학지남>을 통하여 정리되었고 우리가 몰랐던 복잡한 법률 용어들이 이해될 수 있었다.

예를 들면 '연좌제(連坐制)'의 연좌(連坐)에 대하여 <이학지남>(권3) 자류(字類) '좌(坐)'(5뒤 2행)에서는 "坐: 罪有相連. 謂之坐, 如家人共犯罪坐.－죄가 서로 연관이 있을 때에 '좌(坐)'라고 한다. 집안의 식구가 공범인 경우에 '죄좌(罪坐)'라고 하는 것과 같다." 라는 설명이 있어 '연좌(連坐)'가 일본이 식민지 시대에 터무니없이 만들어진 법률용어가 아니라 한자의 종주국인 중국에서 조어(造語)되어 전통적으로 사용되어 온 법률 용어임을 알 수 있다.

우리가 "체면을 차리다. 체면이 깎이다. 체면이 말이 아니다"로 많이 쓰는 '체면(體面)'에 대하여도 <이학지남>(권7)의 7엽 뒷면 2~3행에 "體面: 凡大臣必加容皃以敬之. 故曰體皃人樣, 體面者謂改皃從面也. 又体勢亦曰體面.－체면이란 말은 무릇 대신들이 용모로써 존경을 더하므로 고로 체모라고 하며 사람의 모습을 말한다. 체면은 얼굴에 따라 모습을 바꾸는 것이고 또 몸의 형세를 역시 체면이라고도 한다."라는 설명이 있어 체면이란 말이 체모(體貌)와 같은 말로서 오래 전부터 사용된 것임을 알 수 있다.

3.3.3.2. <이학지남>은 전술한 바와 같이 행정 용어에서 우리에게 많은 영향을 주었으며 그로부터 현대의 정치에 대한 평가에도 시사(示唆)하는 바가 많다. 예를 들어 나라의 정치에서 좋은 쪽은 덕정(德政), 인정(仁政), 선정(善政), 공정(公政), 관정(寬政)으로 나누어 그 각각의 특색을 밝히고 예를 들었다.

나쁜 정치로는 급정(急政), 혹정(酷政), 가정(苛政), 두정(蠹政), 폐정(弊政), 휼정(譎政), 묵정(墨政)으로 나누어 그 폐해의 차이를 밝혔다. 관리들도 염리(廉吏)와 순리(循吏), 양리(良吏), 능리(能吏), 청백리(淸白吏)는 좋은 벼슬아치이고 혹리(酷吏), 탐리(貪吏), 도필리(刀筆吏)는 나쁜 관리들이다.

현재 우리 사회의 공직자들에게도 충분히 이러한 구별이 될 수 있도록 <이학지남>의 설명은 요령이 있다. 특히 법률에 관한 용어는 거의 조선시대에 그대로 수용된 어휘들이 많으며 따라서 이 책은 이 분야 한자어의 어원을 밝혀주는 보고(寶庫)라고 할 수 있고 우리 선조들이 매우 많이 참고한 법률 용어집이었다.

<이학지남>은 중국 원대(元代)에 간행된 한이문의 특수 어휘집으로 아언(雅言)의 고문(古文)이나 통어(通語)의 한문과 다른 독특한 문체로 되었다. 이러한 사법(司法) 문헌의 한문 문체를 이문(吏文)으로 불렀고 필자는 조선이문(朝鮮吏文)과 구별하기 위하여 한이문(漢吏文)으로 명명하였다.

앞에서 살펴본 바와 같이 '한이문(漢吏文)'이라 함은 원대(元代)에 등장한 한어(漢語)의 문어(文語)로서 당시 구어(口語)인 한아언어(漢兒言語)를 한자로 쓴 것이다. 주로 유경(儒經)의 경문(經文)에 쓰인 고문(古文)이나 시문(詩文), 또는 불경에 쓰인 한문에 비하여 한이문은 중국의 원대(元代) 이후에 사법(司法)에 관한 문서에 쓰이면서 조선에서도 이를 본받게 된다.

전술한 바와 같이 주로 사법(司法)이나 행정문서에 사용된 문체이어서 서리(胥吏)들이 주로 썼기 때문에 '이문(吏文)'이란 이름을 얻었으며 필자는 고려와 조선의 이문(吏文)과 구별하기 위하여 원대(元代) 이후의 중국 이문을 한이문(漢吏文)이라 불렀다. 그리고 조선에서 이에 근거하여 새로 만들어 쓴 이문을 조선이문(朝鮮吏文)이라 하였다.

3.3.3.3. 원대(元代) 이전에는 한반도에서 중국과의 외교문서는 경서(經書)의 한문인 고문(古文)으로 작성되었다. 그러나 원대(元代)에 들어와서는 한이문(漢吏文)이 제국(帝國)의 공용 문어(文語)로 사용되었고 주변의 조공(朝貢) 국가들에게 이것으로 외교문서를 작성하도록 요구하였다.

따라서 고려 후기부터는 이 한이문을 교육하고 이를 배워서 원(元)에 보내는 외교문서를 작성하게 하였다. 그리고 이것은 명대(明代)와 청대(淸代)에도 그대로 답습되었다. 그리하여 한반도에서 고려 후기 이후에는 아언(雅言)의 고문(古文)이나 통어(通語)의 한문(漢文)과 다른 한아언어의 이문(吏文)도 별도로 학습하게 된 것이다.

조선시대에 들어와서는 이러한 이문(吏文)의 교육이 더욱 확대되었다. 즉, 원대(元代)에는 중국에서 한당(漢唐) 이후로 통용되던 종전의 '통어(通語)'가 점차 쇠퇴하고 원(元)의 수도인 북경(北京)지방에서 북방민족이 공통어로 사용하던 한아언어(漢兒言語)가 제국(帝國)의 공용어로 부각하기 시작한 때이기도 하다.[67]

원(元)은 한아언어를 제국(帝國)의 공용어로 하였을 뿐만 아니라 이 말을 한자로 표기한 한이문(漢吏文)을 공용문어로 하였다. 그리하여 원(元)에 조공을 바치던 주변 다른 민족국가들도 한이문으로 사대문서를 작성하도록 하였기 때문에 고려와 조선에서도 이를 배우지 않을 수가 없었다.

그리하여 고려 공양왕 때에 설치한 한어도감(漢語都監)에서 교육하였다(<고려사>(권77) '百官'조). 조선에서 국초(國初)에 한이학(漢吏學)을 두어 한이문(漢吏文)을 교육하였다. 주로 승문원(承文院)과 사역원(司譯院)에서 이를 가르쳤고 조선 초기에는 한이과(漢吏科)가 있어 한이문을 시험하였으며 통사과(通事科)에서도 한어(漢語)와 더불어 한이문을 시험하였다.

3.3.3.4. 다만 오아(吳兒)의 주원장(朱元璋)이 몽골의 원(元)을 멸하고 명(明)을 건국하자 명초(明初)에는 수도인 금릉(金陵), 즉 남경(南京)의 말이 관화(官話)가 되었다. 그리하여 명대(明代)에는 초기에 남경관화(南京官話)가 공용어이었으며 제3대 황제인 영락제(永樂帝)가 수도를 다시 북경(北

---

67 고대 中原의 공용어였던 '通語', 또는 '凡通語'에 대하여는 金薰鎬(1998, 2000)와 졸고(2001, 2003c)를 참조하고 元代 이후에 등장하여 현대 중국 표준어 北京官話의 母胎가 된 漢兒言語에 대하여는 梁伍鎭(1998)과 졸고(2000b)를 참조할 것.

京)으로 옮겼어도 당분간 남경관화가 명(明)에서 지배층의 언어로 통용되었다.

이 남경관화는 전술한 바와 같이 원대(元代) 이전의 통어(通語)와는 좀 다른 언어였다. 즉, 통어는 한당(漢唐)의 수도였던 장안(長安) 지역에서 사용되던 중국어의 서북 방언으로 천여 연간 중원(中原)에서 통용되던 통어(通語)가 있었다. 그러나 이로부터 수백 년의 시일이 지난 명대(明代)에는 이 말도 역사적 변화를 입게 되어 금릉(金陵) 지역의 난경관화는 서로 다르게 된 것이다.

명대(明代)에는 지배층들이 원대(元代)의 한아언어(漢兒言語)가 아니고 남경관화를 사용하매 따라 조선의 외국어 교육기관인 사역원(司譯院)에서는 한어(漢語)를 교육하던 한학(漢學)에서 남경관화를 가르치게 되었다. 그리고 원대(元代) 사법(司法)의 공용문어로 자리 잡은 한이문의 중용성도 떨어져 이를 시험하던 한이과(漢吏科)가 『경국대전(經國大典)』(권3) 「예전(禮典)」 '과거(科擧) 제과(諸科)'에서 누락되게 되었다(졸저, 2022: 651).

예종 원년(1469)에 공간된 <경국대전>은 주지하는 바와 같이 조선의 모든 제도를 정한 법전이다. <경국대전>에서 한이과(漢吏科)가 제외된 것에 대하여는 앞의 3.2.3.3.에서 살펴본 바와 같이 정도전(鄭道傳)의 <경제육전>에는 한어(漢語) 능력을 평가하는 통사과(通事科)와 더불어 한이문을 시험하는 한이과가 있어 그 시식(試式)까지 보였다.

그러나 <경국대전>에서는 이를 누락하였다. 다만 <통문관지(通文館志)>에[68] 국초에 시행한 한이과(漢吏科)의 시식(試式), 즉 시험방식이 소개되어 어떠한 내용을 시험하였는지 알 수가 있어 이를 앞의 3.2.3.3.에서 소개한 것이다. <경제육전>의 한이과 시식(試式)을 소개한 <통문관지>에 의하면 역시 사대문서의 작성한 한이문의 사용 능력을 평가하는 것이었다.

68 <通文館志>는 조선 肅宗 때에 金指南이 저술한 것이다.

<경국대전>에서 한이과가 빠진 것은 명(明)의 건국으로 일시적으로 사대문서가 원대(元代) 이전의 한문, 즉 아언(雅言)의 고문(古文)이나 통어(通語)의 한문(漢文)으로 작성했을 것이기 때문이다. 그러나 명대(明代)에도 후대에는 점차 조공(朝貢)국가들이 보내오는 사대문서를 원대(元代)와 같이 한이문으로 작성하도록 허용한 것으로 추정할 수 있다.

왜냐하면 원대(元代)에 이미 모든 공공문서가 이문, 즉 한이문으로 쓰였기 때문에 이를 다시 고문(古文)이나 한문으로 되돌리기가 어려웠기 때문일 것이다. 실용문 표기의 한이문이 벌써 자리를 잡았기 때문이다. 그리고 외교문서도 원대(元代) 이후에 주변의 조공(朝貢)국가에서 모두 이문으로 작성되어 보내왔기 때문에 이에 익숙하여서 계속되었을 것이다.

따라서 조선에서는 일시 한이과(漢吏科)를 없애고 그 교육도 소홀한 적이 있었지만 명대(明代) 후반에는 당시 북경(北京)의 한아언어를 기반으로 하는 한이문을 교육하고 이를 시험한다. 그 대표적이 사례가 중종 때의 최세진(崔世珍)을 들 수 있다. 그는 한이문을 시험하는 이문정시(吏文庭試)에 장원(壯元)하여 문과 급제(及第)에 동방(同榜)이 되었다(졸저, 2022: 587).

3.3.3.5. 그리고 이 항(項)의 모두(冒頭)에서 <이학지남>의 서두에 '이학(吏學)'의 '이(吏)'에 대하여 "吏: 說文曰治人者也."라고 하였고 '이두(吏頭)'에 대하여 "漢辥宣傳曰: 吏頭以法令爲師, 問而知也."라고 설명하였기 때문에 이학(吏學), 또는 이두(吏頭)가 중국에서 전통적으로 각종 법령을 공부하는 학문임을 알 수 있다.

그리하여 <이학지남>에서 말한 '이(吏)'는 우리의 아전(衙前) 서리(胥吏)에 해당하는 하급관리를 말하는 것이 아니다. 그러나 원대(元代) 이후에 이문(吏文)이란 용어가 자주 쓰이고 종래에 아언(雅言)의 고문(古文)이나 통어(通語)의 한문과 달리 한이문도 한문의 한 문체로 자리를 잡게 되면서 이학(吏學)의 의미가 다르게 되었다.

즉, <이학지남>의 '이학(吏學)'은 법률의 공부, 또는 통치학이나 행정학을 가리키는 의미였으나 한이문이 점차 중요한 한문의 문체로 자리를 잡고 실용문에 널리 사용되매 따라 한이문의 교육을 이학으로 부르게 된다. 한이문 교육의 이학은 앞의 법률을 공부하는 이학과는 크게 차이가 나는 것이라 필자는 이를 한이학(漢吏學)이라 하여 전술한 이학(吏學)과 구별하였다.

따라서 이에 대한 학습이 따로 필요하게 되었다. 당시 구어(口語)인 한아언어를 한자로 직사(直寫)한 소위 몽문직역체(蒙文直譯体)에서 좀 더 서식을 갖춘 문장으로 고쳤는데 이를 한문이독체(漢文吏牘体)라고 하였다. 이 때의 '이독(吏牘)'에서 '이두(吏讀)'란 명칭이 온 것으로 볼 수 있다. 그리고 한이학(漢吏學)의 '이도(吏道)'를 '이두(吏頭)'로 적은 것 같다.

그리하여 현재로서는 한이문(漢吏文)의 독특한 문체의 표기인 '이독(吏牘)'을 '이두(吏讀)'로, 한이문을 학습하는 한이학(漢吏學)의 '이도(吏道)'를 '이두(吏頭)'로 바꾸어 적은 것으로 볼 수 있다. 우리의 모든 사료(史料)에서 '이두(吏讀)'란 용어가 나타난 것은 조선 세종 때의 것이 가장 이르기 때문이다. 이에 대하여는 다음의 제4장에서 좀 더 상세하게 고찰하기로 한다.

4) 조선에서 한어와 한이문 교육의 변천

3.3.4.0. 조선 사역원(司譯院)에서는 구어(口語)로서 상당기간 남경관화를 학습하는 교재를 그대로 사용하였다. 한어(漢語) 교재인 <노걸대>와 <박통사>를 보아도 북경(北京)의 관리들이 사용하는 언어인 북경관화(北京官話)로 바뀐 것은 오아(吳兒)의 명(明)이 망하고 만주족의 청(淸)이 건국한 이후의 일이다.

즉, 원대(元代) 한아언어를 학습하던 교재의 <원본노걸대>를 성종 때에 남경관화로 고쳐서 {산개}<노걸대>를 편찬했다가 이를 다시 영조 때에 청대(淸代)의 북경 만다린으로 '신석(新釋)'한 <노걸대신석(老乞大新釋)>이 있었고 이것이 너무 천박한 언어라고 보아 이를 다시 북경관화(北京官話)로 수정한 것이 <중간노걸대(重刊老乞大)>이다(졸고, 2007a).

졸저(2017)의 『역학서의 세계』에서는 이에 대하여 남경관화를 학습하던 {산개}<노걸대>, {산개}<박통사>의 신석(新釋)이 다음과 같은 순서로 <노걸대신석(老乞大新釋)>, <박통사신석(朴通事新釋)이 이루어졌다고 보았다.

> 역학서에 신석(新釋)이란 명칭을 덧붙인 것은 조선 영조(英祖) 경진(庚辰, 1760)에 변헌(邊憲) 등이 {산개}<노걸대>를 개정하기 시작하여 <노걸대신석(老乞大新釋)>이란 서명으로 영조 계미(癸未, 1763)에 간행한 것이 처음으로 보인다.[69] 현전하는 <노걸대신석>의 홍계희(洪啓禧) 쓴 서문(英祖辛巳, 1761의 刊記가 있다)에 의하면 변헌(邊憲)이 북경에 가는 부연사행(赴燕使行)에 참가하여 청나라를 왕래하면서 <노걸대>의 고본(古本)의 잘못을 고치어 새롭게 편찬한 것이 신석(新釋)이란 이름을 얻었다는 기사가 있다.[70] 이 신석본(新釋本)은 단순히 한어의 발음표기만 교정한 것이 아니라 본문의 내용도 일부 개정한 것으로 고본(古本), 즉 <산개본(刪改本)>과는 다르나 내용의 단락이나 구분은 대체로 비슷하다.
>
> <노걸대>의 번역과 언해는 일찍이 중종(中宗) 때에 최세진에 의해서 시작되었고 그 후 중기(中期)에 다른 역학서가 언해될 때 함께 우리말로 풀이되었다. 그리고 이 언해본이 강희경술(康熙庚戌, 1670)에 양파(陽坡) 정상국(鄭相國)의 명으로 운각(芸閣)에서 활자로 간행되었다는 기사가 있음을 전술한 바 있다. <노걸대신석>의 언해도 다른 신석본(新釋本)들과 거의 같은 시기에 이루어져 간행되었다.

69 <通文館志>(권8) 「什物」 [續]조에 "新飜老乞大板、諺解板, 乾隆癸未訓長邊憲修整, 芸閣刊板"이란 기사 참조.

70 英祖 37년(1761)의 刊記가 있는 洪啓禧의 '新飜老乞大序文'에 "及庚辰衔命赴燕, 遂以命賤臣等時, 譯士邊憲在行, 以善華語名。賤臣請專屬於憲, 及至燕館, 遂修改證別其同異, 務令適于時使於俗。而古本亦不可刪沒, 故併錄之, 蓋存羊之意也。書成名之曰老乞大新釋, 承上命也。"란 기사 참조.

> 신석(新釋)이란 이름으로 <박통사>를 수정하고 증보한 것은 <노걸대>보다 앞섰다. 즉 상술한 <노걸대신석>의 홍계희(洪啓禧) 서문에 "旣又以朴通事新釋, 分屬金昌祚之意筵禀蒙允。自此諸書並有新釋, 可以無礙於通話也。今此新釋以便於通話爲主, 故往往有舊用正音, 而今反從俗者, 亦不得已也。"라는 기사가 있어 <노걸대신석> 이전에 김창조(金昌祚)에 의해서 <박통사신석>이 있었으며 그 후 여러 역학서가 신석(新釋)되기에 이르렀다는 내용이다. 졸저(2017: 123~4).

이에 의하면 명대(明代)에는 계속해서 남경관화의 교재인 {산개}<노걸대>, {산개}<박통사>가 그대로 유지되었다가 청대(淸代)에 들어와서 조선 영조 36년(庚辰, 1760)에 북경(北京) 만다린으로 수정된 것이다. 이러한 사역원 한어(漢語) 교재의 수정은 중국에서 공용어의 변화에 따른 것으로 보인다.

즉, 전술한 바와 같이 원대(元代)의 공용어인 한아언어의 교재로 {원본}<노걸대>, {원본}<박통사>가 고려 말~조선 초기에 편찬되었다가 성종 때에 이를 남경관화(南京官話)로 산개(刪改)된다. 이 {산개}<노걸대>, {산개}<박통사>가 중종 때의 최세진(崔世珍)이 번역하여 이 {번역}<노박>이 우리 학계에 널리 알려졌고 후대의 언해도 이 산개본(刪改本)을 저본으로 하였다.

다시 말하면 {번역}<노걸대>, {번역}<박통사>, <노걸대언해(老乞大諺解)>, <박통사언해(朴通事諺解)>가 모두 명(明)의 공용어인 남경관화(南京官話)를 교육하는 교재에 한자의 발음을 주음(注音)하고 내용을 언해한 것이다. 다만 최세진의 '번역(飜譯)'은 내용의 언해보다는 각 한자의 당시 발음을 주음(注音)하는 것을 말하고 그는 이에 주력하였다.[71]

---

71 실제로 崔世珍은 '飜譯老乞大朴通事凡例'를 <四聲通解>의 말미에 첨부하여 어떻게 <노걸대>, <박통사>의 漢語 한자음을 飜譯, 즉 正音으로 注音하였는지 예를 들어 설명하였다(졸고, 1995). 실제로 최세진이 <노걸대>, <박통사>를 번역한 것은 내용보다 그 발음을 아는 것이 중요한 것으로 보았기 때문이다. 이 漢語 교재들이 한자로 쓰였기 때문은 내용은 이미 대충 알고 있다고 본 것이다.

그리하여 명대(明代)에는 남경관화를 조선 사역원(司譯院)에서 교육하다가 영조 때에 청대(淸代)의 통용어인 북경(北京) 만다린으로 교체하여 <노걸대>를 신석(新釋)하고 <노걸대신석(老乞大新釋)>을 간행하였다. 그리고 곧 이를 북경관화(北京官話)로 바꾸어 <중간(重刊)노걸대>를 편찬하게 된다.[72]

3.3.4.1. 중국은 국토가 광활(廣闊)하고 수많은 민족으로 구성되어서 그 언어도 다종다기(多種多岐)하다. 그리하여 각 민족이 공동으로 사용하는 언어, 즉 제국(帝國)의 공용어가 필요하게 되었다. 주대(周代)에는 공용어가 있었지만 이를 지칭하는 말이 없었으며 춘추(春秋)시대에는 이를 '아언(雅言)'이라고 하였다(졸고, 2006c; 졸저, 2022: 599).

전국(戰國)시대에는 육국(六國)이 모두 제나라 말로 표준어를 삼았으나 동주(東周)의 수도인 낙양(洛陽)의 언어를 기초로 한 아언(雅言)은 이 시대에도 상류사회에서 통용되었고 삼경(三經)과 사서(四書)의 언어는 이 아언으로 서술되어 특별한 대우를 받게 되었다. 그리하여 유경(儒經)의 언어로서 이를 한자로 쓴 한문은 고문(古文)이라 한다.

진시황(秦始皇)이 천하를 통일한 다음에 수도를 함양(咸陽)으로 하여 이곳이 정치의 중심지가 되었다. 그러나 얼마 못되어 망하고 한(漢)이 나라를 세운 다음에 수도를 이웃한 장안(長安)으로 옮겼다. 함양(咸陽)이나 장안(長安)은 중국의 서북지방이어서 이곳과 국경을 나란히 한 서역(西域)의 여러 언어들, 굴절적인 언어들의 영향을 받아 아언(雅言)과는 다른 언어였다.

한당(漢唐) 시대에는 수도인 장안(長安)의 말을 기초로 한 공통어가 생겨나 '통어(通語)', 또는 '범통어(凡通語)'라고 하였으며 한(漢)나라의 융성

72 필자의 초기에 역학서에 대한 연구에서 <노걸대>의 刪改本을 北京官話로 본 일이 있다. 그러나 이 중국어가 실제로 南京官話이었음을 깨우쳐 준 것은 북경외대의 張西平 교수다. 오래 전의 일이지만 여기에 이를 밝혀 고마움을 표한다.

과 더불어 모든 방언을 초월하여 중국 전역에 퍼져나갔다. 또한 위진(魏晉) 이후 수(隋)와 당(唐)을 거치면서 장안(長安)을 중심으로 한 통어(通語)는 중국어의 역사에서 가장 오랜 기간 표준어로서의 지위를 누렸다.

3.3.4.2. 그 결과 우리의 한자음(東音을 말함－필자 주)은 이 시대, 즉 당대(唐代) 통어(通語)의 발음을 바탕으로 형성된 것으로 보는 것이 일반적이다. 그러나 한자가 한반도에 들어와서 토착어와 결합되면서 그 발음이 조금씩 변질되었다. 이와 같이 형성된 이 땅의 한자음을 특별히 동음(東音)이라 부른다(졸고, 2003b,e).

따라서 당송(唐宋) 때까지, 즉 고려 전기까지는 한자의 중국 한음(漢音)과 고려의 동음(東音)이 크게 다르지 않았다. 즉, 유경(儒經)이나 불경(佛經)의 한문으로 중국어를 학습해도 통어(通語)를 배우게 되었다. 그리하여 최치원(崔致遠)은 신라에서 한문으로 통어를 배우고 중국에 가서 토황소격문(討黃巢檄文)을 지어 당대에 문명(文名)을 날린 것이다.

중국에서는 공용어의 변천에 따른 표준 한자음의 변천에 깊은 관심을 가졌다. 특히 송대(宋代)에는 북송(北宋)이 중원(中原)에 정도(定都)한 후에 수도인 변량(汴梁)을 중심으로 한 중원 아음(雅音)이 세력을 얻자 전시대 통어(通語)의 한음(漢音)을 유지하기 위하여 많은 운서가 간행되었다. 대표적인 것이 칙찬(勅撰)운서인 『대송중수광운(大宋重修廣韻)』(이하 <廣韻>)이다.

현전하는 중국에서의 운서는 모두 수대(隋代)에 육법언(陸法言)의 『절운(切韻)』에서 발전한 것이다. 이 <절운>은 반절법(反切法)으로 한자음을 표음하였고 이러한 방법은 당대(唐代) 손면(孫愐)의 『당운(唐韻)』으로,[73] 그리고 전술한 송대(宋代)에 진팽년(陳彭年)과 구옹(邱雍) 등이 편찬한 <광운(廣韻)>으로 확대되어 중국의 한자음이 통어(通語)의 발음으로 정착하

---

73 이것 말고도 唐代에 간행된 운서를 모두 '唐韻'이라고 하기도 한다,

게 된다.

그러나 송대(宋代)에 <광운(廣韻)>으로 정착한 전통적인 한자음은 원대(元代)에 이르러 한아언어(漢兒言語)의 발음으로 크게 흔들리게 된다. 한자(漢字)는 표의(表意)문자이기 때문에 언어음의 변화와 관계없이 문어(文語)만으로 모두에게 이해되지만 그 발음은 언어의 시대적 변화에 따라 다르게 된다.

특히 원대(元代) 한아언어에 의한 한자음의 변화가 한자음의 역사에서 가장 컸었다고 본다(졸고, 2003e). 중국어의 동북방언이라고 할 수 있는 한아언어는 종래의 중국어, 즉 아언(雅言)이나 통어(通語)와는 물론 다르고 중원어음(中原語音)과 남경관화와도 거의 다른 언어의 수준으로 달랐다. 이러한 한아언어의 한자음은 종래 <광운>과 같은 전통 운서음과 크게 차이가 났다.

그리하여 명(明) 태조 주원장(朱元璋)은 이러한 한자음의 변화를 '호원(胡元)의 잔재(殘滓)', 즉 '오랑캐 원나라가 남긴 찌꺼기'로 보고 이를 대대적으로 수정하여 『홍무정운(洪武正韻)』을 칙찬(勅撰) 운서로 간행하였다. 실제로 원대(元代)의 한아언어(漢兒言語)로 변화된 한자음을 전통적인 <광운(廣韻)>의 발음으로 돌려놓으려는 의도로 <홍무정운>을 편찬한 것이다.

또 조선에서는 이를 벤치마킹해서 세종은 우리 한자음도 옛 운서의 발음으로 돌리려고 『동국정운(東國正韻)』을 편찬하면서 올바른 한자음의 표기를 위한 '훈민정음(訓民正音)'을 제정하였다. 후일 이것으로 우리말의 표기에 쓰임에 따라 언문(諺文)으로 이름을 바꾸었고 이것이 오늘날 한글이라 불리는 표음문자다.

다만 <홍무정운>이나 <동국정운>은 모두 현실 한자음을 무시하고 옛 한자음을 반영한 것이기 때문에 운서(韻書)로서 기능을 하지 못한다. 결국 이를 편찬하고 그 한자음을 독려한 명(明)의 태조와 조선의 세종, 세조가 죽은 다음에 두 운서는 모두 폐기되고 만다. 제왕(帝王)의 힘으로도 언어의 변천을 막을 수 없을 뿐만 아니라 이를 되돌릴 수는 더더욱 없기 때문이다.

3.3.4.3. 몽골족이 중국의 중원(中原)을 정복하고 원(元)을 세운 다음 북경(北京)으로 도읍을 잡으면서 중국의 공용어는 북경주변의 동북방언으로 바뀌게 된다. 이 언어는 주변의 교착적 문법구조의 언어로부터 영향을 받아 문법이 변하였지만 음운은 거의 다른 어어처럼 변하였다. 따라서 종래의 통어(通語)와는 통역을 붙여야 할 정도의 매우 다른 중국어였다(졸고, 2001).

당시 북경(北京) 주변에 거주하는 중국 동북지방의 여러 민족들을 한아(漢兒)라고 불러 장강(長江)이남의 오아(吳兒)와 구별하였다. 한아언어(漢兒言語)란 그들의 언어라는 뜻이다. 그동안 이 언어의 존재는 중국어의 역사 연구에서 잘 알려지지 않았다. 겨우 졸고(1999c, 2000b, 2002, 2003a)로 세상에 알려진 한아언어(漢兒言語)는 원(元) 제국(帝國)에서 공용어로 인정했던 실제 사용된 언어다.

따라서 이에 따른 한자음의 운서가 편찬된다. 예를 들면 『중원음운(中原音韻)』(周德淸, 1324)이 바로 그러한 운서다. 당시의 북경어의 한자음을 운서로 하여 주덕청(周德淸)인 편찬한 <중원음운>은 종래의 절운계(切韻系) 운서, 즉 <절운(切韻)>, <당운(唐韻)>, <광운(廣韻)> 등과는 매우 다른 운서가 되었다.

종래 <광운>의 36자모와 이로부터 <운회(韻會)>의 35자모, <홍무운(洪武韻)>의 31자모와 달리 <중원음운>에서는 23자모밖에 인정하지 않았다. 즉 한자음의 첫 음운(onset)으로 23개 자음(子音)만 인정한 것이다.[74] 물론 <광운>의 36자모는 당시 중국어나 한자음의 음운을 분석하여 얻

74 <廣韻 36字母圖>와 <韻會 35자모도>, 그리고 <洪武韻 31자모도>는 모두 <四聲通解> 권두에 실렸다. 졸저(2020: 570~1)에서는 이것을 각기 <蒙古韻略>, <蒙古字韻>, 그리고 {增訂}<몽고자운>의 권두에 첨부된 파스파문자의 字母圖를 正音으로 바꿔서 옮긴 것으로 보았다(졸저, 2022: 508~514).

은 음절 초 자음(onset)이 아니라 고대인도 어두 자음의 36자모를 따른 것이다(졸고. 2016b).

<중원음운(中原音韻)>은 한대(漢代)이래 수(隋), 당(唐), 송(宋)에서 전통적인 공통어였던 통어(通語)의 한자음이 아니라 원대(元代)에 북경(北京) 동북방언의 발음에 의거하여 새롭게 만들어진 한자음의 운서(韻書)였으며 이것은 중국어의 역사에서 새로운 공용어, 즉 표준어가 등장한 것을 의미하게 된다. 우리 학계가 이를 간과(看過)한 것은 매우 유감스러운 일이다.

한자음뿐만 아니라 원대(元代)에는 구어(口語)의 한아언어에 근거하여 문어(文語)로서의 이문(吏文), 즉 한이문(漢吏文)이 공용 문어로 인정된다. 이것은 구어(口語)에 기초를 둔 문어이기 때문에 한아언어와 같이 몽고어로부터의 많은 차용과 영향을 받은 언어를 한자로 표기한 것이라 종래의 한문과는 매우 다른 문체를 보인다.

앞에서 구어인 한아언어를 그대로 쓴 것이 몽문직역체(蒙文直譯體)라고 한 것을 상기하게 된다. 몽고어의 영향을 받은 한어를 직역한 문체란 뜻이다. 그리고 이를 좀 더 서식을 갖춰 문어화한 것이 한문이독체(漢文吏牘体)라고 하였다. 따라서 <이학지남>은 법률과 제도 분야에서 전통적인 한문이 아닌 차용어, 특히 몽고어로부터의 차용어를 주로 풀이한 어휘집이다.

그리고 고려 후기부터 원(元)의 제도나 법률 용어를 학습하는 교재로서 <이학지남>이 한반도에서 널리 유행하였다. 그리하여 조선조에서는 초기부터 여러 번 복본(複本)을 간행하였다. 아언(雅言)의 고문(古文)이나 통어(通語)의 한문에서 찾기 어려운 사법(司法)의 여러 용어가 이문(吏文)으로 되었고 이것을 <이학지남>에서 배울 수 있었기 때문이다.

3.3.4.4. 졸저(1988, 2014, 2017)에서 조선 세종 때에 각종 시험의 과시서(課試書), 출제 서적으로 <이학지남(吏學指南)>이 등장함을 소개하고 이에

대하여 고찰한 바가 있다. 즉, <세종실록>(권47) 세종 12년 3월 경술(庚戌)조의 기사 가운데는 상정소(詳定所)에서 올린 제학(諸學) 취재(取才)에 관한 계문(啓文)이 있다.

앞의 제1장 1.2.4.0.에서도 이미 언급한 바 있지만 상정소(詳定所)에서 올린 계문(啓文)에 의하면 세종 때의 제학(諸學)의 취재(取才)에[75] 외국어에 대한 시험으로는 중국의 한어(漢語) 분야에서 한이학(漢吏學), 자학(字學), 역학(譯學)의 세 분야가 있었고 한이학(漢吏學)의 취재서(取才書), 즉 취재의 출제서로 다음과 같은 서적을 언급하였다.

> 漢吏學 : 書, 詩, 四書, 魯齋大學, 直解小學, 成齋孝經, 少微通鑑, 前後漢, 吏學指南, 忠義直言, 童子習, 大元通制, 至正條格, 御製大誥, 朴通事, 老乞大, 事大文書謄錄 製述 : 奏本 · 啓本 · 咨文 졸저(1988: 49)에서 인용.

이 가운데 '서(書), 시(詩), 사서(四書), 직해소학(直解小學), 소미통감(少微通鑑), 전후한(前後漢), 충의직언(忠義直言), 동자습(童子習), 박통사(朴通事), 노걸대(老乞大)'는 역학(譯學), 즉 통역의 역관 선발시험에서 취재서(取才書)로도 사용되었다.

그러나 '노재대학(魯齋大學), 성재효경(成齋孝經), 이학지남, 대원통제(大元通制), 지정조격(至正條格), 어제대고(御製大誥), 사대문서등록(事大文書謄錄)'은 한이학(漢吏學)의 취재에만 이용되었음을 앞의 제1장 1.2.4.1.에서 언급하였다. 특히 제술(製述)의 취재, 즉 주본(奏本), 계본(啓本), 자문(咨文)의 시험은[76] 한이학(漢吏學)에서만 출제된 것으로 이 취재(取才)의 성격을 잘 말해준다고 할 수 있다(졸저, 1988: 50).

---

75 '諸學'은 官吏들에게 부과하는 여러 학문의 교육을 말하며 고려 후기와 조선 초기에는 '儒學, 兵學, 律學, 字學, 譯學, 醫學, 算學, 吏學, 陰陽風水學, 樂學' 등 10학이 있었다(졸저. 1988: 12).

76 '咨文'은 중국의 六部, 특히 禮部와 왕래하던 문서를 말함.

한이학(漢吏學)의 취재서(取才書)에 보이는 대부분의 서적에 대하여 졸저(2014, 2017)에서 어느 정도의 설명이 있었으나 유독 <이학지남>에 대하여는 거의 언급하지 못하였다. 그것은 정광 · 양오진 · 정승혜 (2002)에서 이미 이에 대하여 장황하게 설명하고 현전하는 조선간본을 영인하여 부록으로 붙이면서 중요한 점을 소개하였기 때문이다.

다만 졸저(1988: 54)에서 세종 때의 제학(諸學) 취재에 어휘집으로 사용했던 '역어지남(譯語指南), 이학지남(吏學指南), 음의(音義)'에 대하여 주(註)에서 "이들이 어떤 어휘집(語彙集)이었는지 이 책들이 오늘날 실전되어 알 수 없으나, <역어지남>은 서거정(徐居正)의 <사가문집(四佳文集)>에 실려 있는 서문과 <통문관지(通文館志)> 등에서 그 편모(片貌)를 알 수 있고 <음의(音義)>는 <노박집람(老朴集覽)>에 인용된 것으로 유추할 수 있다"고 하면서 정작 <이학지남>에 대하여는 아무런 설명이 없었다.[77]

이것은 이 자료가 1988년까지 널리 알려지지 않아서 필자가 제대로 열람하지 못한 탓이다. 뿐만 아니라 <이학지남>은 전술한 <경국대전>의 역과(譯科), 또는 취재(取才)의 출제서로는 나타나지 않는다. 우선 <경국대전>에는 한이과(漢吏科)가 없어졌으며 <이학지남>은 원대(元代)의 법률과 제도에 대한 어휘집이었으므로 조선 세조 때에 만들어진 <경국대전>에서는 그 때까지 명(明)의 압력이 있었는지 이 책의 언급이 매우 제한되었다.[78]

3.3.4.5. 그러나 <경국대전>(권3) 「예전(禮典)」 '장려(奬勵)'조에 다음과

77 <역어지남>의 편찬 경위에 대하여는 정승혜(2000)를 참조하 것.

78 明 太祖가 중국을 통일하고 나서 몽고어에 오염된 漢語에 대하여 언어 순화운동을 펼친다. 아마도 그 대상이 <이학지남> 등에 들어있는 몽고어 어휘들이었을 것이다. 한국정신문화연구원에서 편찬한 韓中硏(1986)의 <역주경국대전> '註釋篇'(484~5)에서 '吏學指南'에 대한 주석은 "明의 徐元瑞가 纂한 책으로 明 世祖 4년(1458)에 만들어졌으며 8권 1책이다. 운운"이라 하였으나 이 책은 元代에 편찬된 것이다. 韓中硏(1985, 1986)은 참으로 믿을 수 없는 책으로 필자도 이 책에 의거했다가 낭패한 경우가 몇 번 있었다.

같은 규정이 있어 한이문(漢吏文)의 교육은 승문원(承文院)에서 전담하였으며 <이학지남>이 변함없이 한이문의 학습교재로서 사용되었음을 알 수 있다.

> 承文院官員, 每旬提調講所讀書, {詩、書、四書、魯齋大學、直解小學、成齋孝經、少微通鑑、前後漢、吏學指南、忠義直言、童子習、大元通制、至正條格、御製大誥、朴通事、老乞大、吏文謄錄.} 又製吏文給分數. 歲抄通考定登第, {一等毋過三人} 啓聞: 一等入格者准一上考, 五次一等者加階, {階窮則陞職} 寫字者亦第高下, 憑考殿最, {副本、奏本、咨文、表、箋、方物狀中, 二十道書寫者准一上考. 漢語吏文寫字特異者, 雖犯罪作散, 除重犯私罪外仍任. ○七品以下, 則四仲朔, 都提調提調合坐, 講所讀書三處. 俱略以上者, 隨例遷轉, 粗通者勿轉, 不通者罷職}－승문원 관원에게는 매 열흘마다 제조가 [승문원 관리들의] 읽은 책 {시경, 서경, 사서, 노재대학, 직해소학, 성재효경, 소미통감, 전후한, 이학지남, 충의직언, 동자습, 대원통제, 지정조격, 어제대고, 박통사, 노걸대, 이문등록}을 강(講)하게 하고 또 이문을 짓게 하여 점수를 주고 연말에 통산하여 등급을 정하여 {1등은 3인을 넘지 못함} 임금에게 보고한다. 1등으로 합격한 자는 고과(考課)에서 상(上) 하나를 받은 것으로 쳐 주고 다섯 차례 1등을 한 자는 품계를 올려준다. {계궁(階窮)일[79] 경우에는 관직을 올려준다} 사자(寫字)할 경우도 또한 성적의 고하를 매겨두었다가 전최(殿最)할 때에 참작한다. {부본, 주본, 자문, 표, 전, 방물장(方物狀) 중 20건을 서사한 자는 고과에서 상 하나를 받은 것으로 쳐주고 한어, 이문, 사자에 뛰어난 자는 비록 죄를 지어 관직에서 물러나게 되었더라도 중범이나 사죄(私罪)를 제외하고는 그대로 계속 근무하게 한다. ○7품 이하는 4중삭(四仲朔)에 도제조와 제조가 합좌한 자리에서 읽은 책 세 곳을 강하게 한다. '략(略)' 이상은 예에 따라 [문신으로] 천전(遷轉)하고 '조(粗)'는 천전시키지 않으며 불통자는 파직한다}.[80] 필자 초역. [ ] 안의 것은 필자가 이해를 돕기 위하

79 '階窮'은 그 지위에서 더 이상 품계를 높일 수 없는 경우를 말함.

80 조선시대의 각종 시험의 채점은 그 성적을 '通, 略, 粗'로 평가하고 이를 다시 分數, 즉 점수로 표시하는 방법이었다. 오늘날 대학에서 그 성적을 'A, B, C, D', 그

여 삽입한 것이며 { } 안의 것은 원문에서 협주로 쓰인 것이다.

<경국대전>의 이 규정에 따르면 조선의 승문원(承文院)에서는 한이문(漢吏文)을 학습하기 위하여 <이학지남>을 애용하였음을 알 수 있다. 고려 후기에는 원대(元代) 이후에 유경(儒經)의 고문(古文)이 아니고 통어(通語)의 한문도 아니라 한이문으로 사대문서를 작성하게 되었으며 따라서 이에 대한 교육에 힘을 쏟게 되었다.

몽고족이 중원을 통일하고 원(元)을 건국하여 대도(大都), 즉 당시 연경(燕京)을 도읍으로 정하자 이 지역의 공통어가 제국(帝國)의 공용어로 인정되게 이르렀다. 당시 이 지역에는 중국어의 동북방언이라고 할 수 있는 전술한 한아언어(漢兒言語)가 통용되고 있었으며 몽골의 원(元)에서는 이 언어를 공용어로 인정하였다.

그리고 구어(口語)인 한아언어를 한자로 쓴 문어(文語)의 한이문(漢吏文)이 사법(司法)과 행정의 공용 문어로서 자리를 잡게 되었다. 원(元)과는 밀접한 관계를 맺고 있던 고려에서는 후기에 들어와서 한문도감(漢文都監), 또는 한어도감(漢語都監)을 설치하여 한아언어(漢兒言語)와 한이문(漢吏文)을 교육하였다.[81]

그러나 유학(儒學)이나 불교를 공부한 식자(識者)나 승려들은 유경(儒經)의 아언(雅言)도 아니고 불경의 통어(通語)도 아닌 호언한어(胡言漢語)의 한아언어를 천시(賤視)하여 배우려고 하지 않았다. 그리하여 원대(元代)에 중국인과의 대화는 미천한 계급의 천인(賤人)들이 이 말을 배워 통역

리고 'F'로 평가하는 것과 같다. 즉, '通'은 2分, 略은 1분, 粗는 半分을 주었는데 이를 합산한 分數로 합격여부를 경정하였다. 우리 속담에 "네 分數를 알라"는 바로 자신의 시험 점수를 알라고 하는 말이다. <경국대전>에는 '通, 略, 粗'의 평가 기준을 제시하였다.

81 漢文都監과 漢語都監의 설치에 대하여는 『高麗史』(권77) '諸司都監 各色'조에 "漢文都監, 恭讓王三年改漢語都監, 爲漢文置敎授官."이란 기사를 참고할 것. 이에 의하면 공양왕 3년(1391)에 漢文都監을 漢語都監으로 개명한 것임을 알 수 있다. 漢語와 漢文(여기서는 漢吏文)이 서로 교차하여 어느 것을 중시하여 교육하는 가에 따라 이름을 달리 한 것이다.

을 담당하게 되었는데 이를 설인(舌人), 또는 역설(譯舌)이라고 불렀다.

역설(譯舌)이나 설인(舌人)과 같은 천민(賤民)들의 통역이 제대로 될 리가 없을 뿐만 아니라 여러 가지 간사(奸邪)한 목적으로 중국인과의 통역을 제멋대로 하게 되자 이러한 폐단을 막기 위하여 충렬왕(忠烈王) 때에 따로 통문관(通文館), 후일 사역원을 설치하여 양민 자제(子弟)에게 한아언어를 교육하였다.[82]

그리고 이 곳에서 한어(漢語)를 가르쳐 시험을 거쳐 역관(譯官)을 삼고 통역에 임하게 하였다. 이렇게 보지 않으면 고려후기에 갑자기 통문관과 사역원을 설치한 이유를 제대로 알 수가 없다. 이 기관을 설치하여 한어와 몽고어를 교육한 것은 몽골의 원(元) 제국과 소통하기 위한 것이고 이 언어들에 대한 고려 지식인들의 의식을 이해할 수 있다.

3.3.4.6. 이와 같은 구어(口語)의 교육과는 별도로 문어(文語)인 한이문(漢吏文)을 교육하여 원(元)에 보내는 사대문서를 작성하게 하였으니 『증보문헌비고(增補文獻備考)』(권221) '승문원(承文院)'조의 기사에 의하면 고려에서는 조선조 승문원의 전신인 문서감진색(文書監進色)이 이를 담당하였다고 한다.

이 기관은 후일 문서응봉사(文書應奉司)로 개칭되어 고려가 원(元)에 보내는 각종 문서를 관장하게 하였다. 여기에서 한이문(漢吏文)의 교육이 별도로 필요하게 되었는데 『고려사(高麗史)』(권37) 충목왕(忠穆王) 4년(1348) 조의 기사에 의하면 충혜왕(忠惠王) 원년(1340)에 '이학도감(吏學都監)'을 두고 한이문(漢吏文)의 교육을 전담하게 하였다는 기사가 있다.

따라서 원대(元代) 이후의 고려에서는 중국에서의 어문(語文) 교육을

82 通文館과 司譯院의 설치에 대하여는 『高麗史』(권76) '百官'조에 "通文館, 忠烈王二年始置之. 令禁內學官等, 參外年未四十者習漢語. 時舌人多起微賤, 傳語之間多不以實, 懷奸濟私. 參文學事金坵, 建議置之, 後置司譯院, 以掌譯語."라는 기사에 의거하여 충렬왕 2년(1276)에 처음으로 설치하였고 후일 사역원으로 개명하였음을 알 수 있다. 이에 대하여는 졸저(1990: 45~6)에서 자세하게 거론되었다.

한문(漢文)과 한이문(漢吏文, 실용문), 한어(漢語, 口語, 또는 白話文)의 교육으로 구분하게 되었다(졸저, 1990a: 47).[83] 훈민정음 창제 이후 조선시대에는 이를 모방하여 한문(漢文)과 이문(吏文), 그리고 언문(諺文)으로 3대별하였다. 여기서 이문(吏文)은 물론 한이문(漢吏文)이 아니라 조선이문이다.

고려후기에 시작된 이러한 중국어 어문(語文) 교육의 전통은 조선의 건국 초기에 그대로 답습된다. 『반계수록(磻溪隧錄)』(권15) '승문원(承文院)'조에 "掌事大交隣文書, 及通習漢語吏文－[승문원이] 사대교린의 문서 및 한어와 이문의 학습을 관장하다."라는 기사가 있어 승문원(承文院)이 한이문(漢吏文)의 교육도 담하였음을 알 수 있다.[84]

반면에 한어(漢語), 즉 한아언어는 사역원(司譯院)에서 전담하여 중국어의 교육에서 문어(文語)와 구어(口語)의 교육을 분리하였다. 뿐만 아니라 전술한 바와 같이 조선 초기에는 후자를 시험하는 통사과(通事科)를 두었고[85] 전자의 시험은 한이과(漢吏科)에서 담당하였다. 후대에는 구어의 교육은 시역원이 담당하고 그 시험은 역과(譯科)라 하였다.

---

83 고려에서는 중국어문을 제외한 여진어 · 일본어 등을 교육하는 譯語都監이 별도로 설치된 것으로 보인다. 여기에 몽고어의 교육을 더하여 후일 사역원의 四學이 된다. 졸저(1990: 48)을 참고할 것.

84 承文院은 조선시대에 외교문서를 담당한 관청이다. 槐院이라고도 하며, 成均館 · 校書館과 合稱하여 三館이라고 하였다. 事大와 交隣의 문서를 관장하고 중국에 보내는 외교문서에 쓰이는 吏文의 교육을 담당하였다. 국초에는 詔勅과 사대 · 교린의 문서를 관장하기 위해 고려의 文書應奉司를 그대로 설치하여 태종 8년(1408)에 知事(정3품) · 僉知事(종3품) 각 1명, 검도관(4품) · 校理官(5품) · 修撰官(6품) 각 2명, 書記(參外官) 4명을 두었다. 태종 11년(1411) 문서응봉사를 승문원으로 개편하면서 직제를 바꾸어 判事(정3품) · 知事(종3품) 각 1명, 僉知事(종4품) · 校理(종5품) · 副校理(정6품) · 正字(종7품) · 副正字(정8품) 각 2명을 두었다. 그러나 <경국대전>에 이르러 이를 다시 바꾸어 都提調(3議政이 겸임), 提調(2품 이상이 겸임)와 副提調(당상관이 겸임), 그리고 判校(정3품) · 參校(종3품) · 校勘(종4품) 각 1명, 校理(종5품) · 檢校(정6품) · 博士(정7품) · 著作(정8품) · 正字(정9품) · 副正字(종9품) 각 2명을 두었다. 또 이문을 배우는 吏文習讀官 20명을 두고 교육하였으며 뒤에 製述官 2명, 吏文學官 3명, 寫字官 40명을 두었다.

85 通事科에 대하여는 <太祖實錄>(권6) 태조 3년 11월조의 기사에 司譯院 提調인 偰長壽 등의 上書로 通事科의 試式을 구체적으로 정할 것을 주청한 것이 있으며 이에 의하여 통사과의 시행 전모를 살펴볼 수가 있다. 통사과에 대하여는 졸고(1987b)에서 상세히 논의되었다.

앞의 제3장 '2. <원전장(元典章)>의 한이문'에서 논의한 조선의 한이과(漢吏科)는 조선 건국 초기에 과거에 대한 법률을 정할 때에 문무(文武) 양과를 비롯하여 의과(醫科), 음양과(陰陽科), 통사과(通事科)와 함께 설과(設科)되었다. 원래 통사과는 태조 원년 7월에 과거법을 정할 때에는 없었다가 후일 권근(權近)의 소청(疏請)에 의하여 추가된 것이다.

즉, 앞의 3.2.3.3.에서 전술한 <증보문헌비고>(권186) '권근청개정과제(權近請改定科制) 병시한이과(幷試漢吏科)'조에 "權近上書曰: [中略] 漢吏之文, 事大要務不可不重. 今醫、譯、陰陽、律等學, 皆有科目, 而此獨無之, 誠闕典也. 乞依前朝明科例, 文科試日幷試, 吏文之士許於正科, 同榜唱名. 其赴文科者, 有欲幷試吏文者, 正科內加其分數."라는 기사가 있다.

한이과(漢吏科)는 <경국대전>에서 삭제되고 대신 역과(譯科)가 설치되었다. 그러나 이문(吏文)의 교육은 <경국대전>에서도 강조되어 앞의 3.3.3.5.에서 인용한 바와 같이 <경국대전>(권3) 「예전(禮典)」「장려(奬勵)」조의 '승문원(承文院)'에 다음과 같은 기사가 있어 승문원에서는 한이문의 교육이 변함없이 장려되었음을 알 수 있다.

즉, <경국대전>의 「장려(奬勵)」조의 '승문원' 기사에서는 "承文院官員, 每旬提調講所讀書 [中略] 朴通事、老乞大、吏文謄錄 [下略]－승문원의 관원들은 매 순(旬－열흘)에 제조가 읽은 책들을 강(講)하게 하다 [중략] 박통사, 노걸대, 이문등록 [하략]"으로 되었다. 여기서 매순(每旬) 강독하는 교재들은 앞의 제1장 1.2.4.0.에서 인용한 <세종실록>(권47)의 제학(諸學) 취재(取才)조에서 한이학(漢吏學)의 출제서로 든 것과 같다.

다만 '사대문서등록(事大文書謄錄)'이 <경국대전>에서는 '이문등록(吏文謄錄)'으로 바뀌었다. 따라서 <사대문서등록>, 즉 <이문등록>은 한이문을 학습하는 교재이며 <경국대전> 「장려(奬勵)」조의 이 기사는 승문원 관리들에게 한이문 교육을 독려하는 모습을 보인 것이다.

3.3.4.7. 조선 중종 때에는 다시 한이문에 대한 중요성이 높이 인식되어 문신(文臣)과 한학(漢學) 역관(譯官)을 망라하여 한이문을 시험하는 이문정시(吏文庭試)를 열고 여기에 능한 자를 선발하여 승품가자(陞品加資)한 기록이 있다. 북경(北京)으로 천도(遷都)한 명(明)이 다시 한아언어를 중시하고 이 말의 문어인 한이문에 대한 인식도 점차 커졌음을 말한다.

즉, <통문관지>(권7) 「인물(人物)」 '최세진(崔世珍)'조에 "崔世珍精於華語兼通吏文, 成廟朝中院科選, 補講肄習讀官旣數年. [中略] 嘉靖丙戌以吏文庭試第一, 特陞堂上. 己亥又試第一, 陞嘉善. 南袞啓設吏文學官. 使受業於公. [下略]－최세진은 중국어에 대하여 자세히 알고 겸하여 이문에도 능통하였다. 성종 조에 원과(院科, 사역원이 주관하는 역과를 발함－필자 주)에 선발되어 강이습독관에 보(補)한지 이미 여러 해가 되었다. 가정(嘉靖) 병술(丙戌, 1526, 중종 21년)에 이문정시(吏文庭試)에서 일등이 되어 특별히 당상관에 올랐다. 기해(己亥)년(1539, 중종 34년)에 또 시험에서 일등을 하여 가선대부(종2품)로 승품하였다. 남곤(南袞)이 계(啓)하여 이문학관을 설치하여 [이들이] 공(최세진을 말함－필자 주)에게서 수업을 듣게 하였다."라 하였다.

이를 보면 중종 조에 한이문을 대궐 안에서 시험하는 이문정시(吏文庭試)가 부활하였고 이 시험에 장원한 최세진이 당상관(堂上官)과 가선대부(嘉善大夫, 종2품)로 승품하였으며 남곤(南袞)의 계청(啓請)으로 그가 강이습독관(講肄習讀官)으로서 여러 해 이문학관들에게 한이문을 교육하였음을 알 수 있다. 이 때에 이문정시의 부활은 한이과(漢吏科)의 복설에 이를 정도다.

<통문관지>(권2) 「권장(勸奬)」 '과거(科擧)'조에 다음과 같이 한이과에 대하여 설명하였다.

國初名以漢吏科, 初試分二場, 試賦詩各一篇, 終場試吏文一篇. 啓上書

中一篇. 會試分三場, 初場講吏文中二書, 四書中一書, 三經中一經, 漢語中一書, 抽簽背講. 中場試表箋中一篇, 記頌中一篇. 終場試排律一篇, 額數只三人, 出經濟六典. 殿庭放榜, 賜紅牌遊街. 中廟朝崔世珍卽漢吏科出身也. 及撰經國大典刪去此科, 設置今科, 嘉靖辛丑慕齋金公安國建議復設. 壬寅秋設初試會, 慕齋捐官遂罷不行. 各年受敎撰, 後續錄亦刪此一條云. 出稗官雜記.－국초에 한이과로서 초시(제1단계 시험－필자 주)에서는 2장으로 나누어 [초장에는] 부(賦)와 시(詩)를 각 1편씩 시험하였고 종장에는 이문(吏文) 1편을 시험하였는데 계(啓)와 상서(上書) 가운데 1편으로 하였다. 회시(제2단계 시험－필자 주)에서는 3장으로 나누어 초장에서는 이문 가운데 2서를 강하게 하고 사서 가운데 1서를, 삼경 가운데 1경을, 한어(노걸대 · 박통사를 말함－필자 주) 가운데 1서를 추첨하여 보지 않고 강하게 하였다. 중장에서는 표(表)문과 전(箋)문 가운데 한 편을, 기(記)와 송(頌) 가운데 한 편을 시험하였고 종장에서는 배율(排律) 1편을 시험하였다. 액수는 다만 3인이며 <경제육전>에서 나온 것이다. 궁전에서 방을 붙여 합격을 알리고 홍패를 주었으며 유가(遊街)하게 하였다. 중종조의 최세진은 한이과 출신이다. 경국대전을 편찬하기에 이르러 이 과거를 없앴으며 이 과거를 설치한 것은 가정 신축(1541, 중종 36년)에 모재 김안국이 건의하여 복설한 것이다. 이듬해 임인년(1542) 가을에 초시에서 김안국이 관직을 버림에 따라 파하고 행하지 못하였다. 각년의 수교(<受敎輯錄>을 말함.－필자 주)와 <후속록>에서도 이 한 조를 없앴다고 한다. <패관잡기>에서 나옴. 필자초역. 졸저(2017: 218~219)에서 일부를 인용한 바 있음.

이 기사를 보면 한이과(漢吏科)의 시식(試式, 시험 방식)을 자세하게 알 수 있다. 한이과는 주로 사대문서의 작성에 필요한 '계(啓), 상서(上書), 표(表), 전(箋), 기(記), 송(頌)' 등을 작성하는 한이문(漢吏文)의 제술(製述) 시험이 중심으로 한이문의 작문 능력을 시험하는 것이었다.

3.3.4.8. 조선후기에는 이학(吏學)이 완전히 문신(文臣)의 소업(所業)으로 넘어갔다. 정조 때에 구윤명(具允明)의 『전률통보(典律通補)』(1786) 「예

전(禮典)」 '한어(漢語) 이문(吏文)'조에 다음과 같은 기사가 있다.

> 漢語吏文: 文臣令槐院抄, 二十九歲以下人習漢語, 三十九歲以下人習吏文, 並四十九許頃本院褒貶坐起三處, {(經)(續) ○抽問一, 大問爲一處(補)} 考講三處. 通略上考二處, 粗中考三處. 粗一處. 不下考. 或命殿講, 賞罰當都目出六人. 九處講三處粗, 一處不中, 四處粗, 二處不下, 上考出六. (經)(補)－한어 이문: 문신들에게 명령하기를 승문원에서 29세 이하의 문신은 한어를 학습시키고 39세 이하 사람은 이문을 학습시키며 49세가 되면 본원의 포폄(褒貶) 좌기에서 세 곳을 [강하도록] 허락한다. {<경국대전>, <속대전>에서는 문제 하나를 출제하지만 <전률통보>에서는 큰 문제는 하나로 한다}. 세 곳을 고강(考講)하게 하여 '통(通), 략(略)'이 두 곳이면 상(上)으로 간주하고 '조(粗)'가 세 곳이면 중(中)으로 간주하고 '조(粗')가 한 곳이면 하(下)로 간주하여 고(考)에 들지 않는다. 혹 전강(殿講)을 명하기도 하고 상벌은 해당 도목(都目)에서 6인이 나온다. 아홉 곳을 강하여 세 곳이 '조(粗)'이고, 한 곳이 '불중(不中, 맞지 않다)'이고, 네 곳이 '조(粗)'이지만 두 곳이 '하(下)'가 아니라면 상(上)으로 간주하여 출육(出六)한다. 필자 초역.

이 기사를 보면 승문원에서는 모든 젊은 문신들로 하여금 한어(漢語)와 더불어 이문(吏文)을 학습하게 하였으며 또 중국에 보내는 사대문서는 전술한 바와 같이 모두 승문원(承文院)에서 관장하게 하였음을 알 수 있다.

또 조선 고종 때의 『은대조례(銀臺條例)』(1870)의 「예(禮)」 '이문제술(吏文製述)'조에 다음과같은 기사가 있다.

> 吏文製述: 二八月一日啓稟. 文臣堂下年三十以上人, 承文院抄啓至四十九歲減下, 試官、試所、承旨、與諸般節次, 同文臣製述. 但試官行禮後出旨, 賓廳而史官奉御題輪示製述人. 各於闕內公廨, 製進收聚賓廳, 稟旨出榜. 漢學殿講, 兼行則讀券官、對讀官、兼考官、參考官.－[시험의] 이문제

> 술은 2월과 8월의 1일에 계품한다. 문신으로서는 당하관으로 30세 이상의 사람이 해당된다. 승문원에서 초계(抄啓)하여 49세에 이르면 감하도록 하였다. 시관과 시험장소, 승지와 제반 절차는 문신의 제술(製述)과 같다. 다만 시관은 행례 후에 출지(出旨, 임금의 출제를 말함–필자 주)하며 빈청(賓廳, 조선시대에 정승들이 집무하던 곳으로 정승은 영의정・좌・우의정을 말함–필자주)과 사관(史官)이 임금의 출제를 받들어 제술하려는 사람들에게 돌려 보인다. 궐내 각 관청에서 제진한 것을 빈청으로 수취하여 임금에게 아뢰고 출방(합격자의 발표–필자 주)한다. 한학(한어 회화 시험–팔자 주)의 전강(殿講)을 겸행할 경우에는 독권관(시권을 채점하는 시관–필자 주), 대독관(한어를 아는 시관으로 한어 교재를 서로 읽고 해석함–필자 주), 겸고관(앞과 같음–필자 주), 참고관을 둔다. 필자 초역.

이 기사를 보면 조선 고종 때, 즉 구한말(舊韓末)의 갑오개혁(甲午改革) 이전까지 이문(吏文)의 제술(製述) 시험은 존속한 것으로 보인다. 또 이를 보면 1년에 두 차례에 걸쳐 모든 문신들에게 이문을 시험하고 승진 등에 참고한 것을 알 수 있는데 이 때의 이문(吏文)은 사대문서를 관장하는 승문원(承文院)에서 관장한 것으로 보아 한이문(漢吏文)임을 알 수 있다.

3.3.4.9. 이상의 고찰로 보아 조선시대에는 이문(吏文), 즉 한이문(漢吏文)의 교육이 계속되었으며 이를 위한 다양한 권장(勸奬) 제도가 있었음을 위에서 살펴보았다. 한이문 교육에서 <이학지남>은 중요한 교재였으며 <경국대전>에서도 승문원(承文院)의 한이문 학습 교재로 등재되었음을 앞에서 살펴보았다.

원대(元代)에 시작된 한이문(漢吏文)은 전술한 바와 같이 구어(口語)인 한아언어를 한자로 직사(直寫)한 것과 이를 좀 더 문어화해서 문어체의 한문이 된 경우로 나누어 볼 수 있으며 후자를 일본 학자들은 한문이독체(漢文吏牘体)라고 하였고 전자를 몽문직역체(蒙文直譯體)라고 보았다.

그러나 이것은 모두 당시 원(元)의 공용어였던 한아언어를 한자로 쓴 것이다.

필자는 이들을 모두 한이문(漢吏文)이라고 보았고 이 한이문은 비슷한 어문(語文) 조건을 가진 조선에도 크게 영향을 끼쳤다. 그리하여 몽고어가 아닌 조선어의 이두(吏讀)를 삽입하여 우리 문법에도 맞춘 이문을 제정하고 문어로 사용하였는데 이것을 필자는 조선이문(朝鮮吏文)으로 보려는 것이다.

고려시대에는 후기에도 이러한 문어가 사용되었을 것이나 아직 그 예를 아직 찾지 못했다. 따라서 조선이문은 원대(元代)의 한이문과 구별하려는 의도가 있고 고려시대의 사료(史料)에는 이와 유사한 문어(文語)를 사용한 예가 발견되지 않을 뿐 아니라 이문(吏文)이란 용어도 고려시대의 어떤 사료에서도 찾지 못했기 때문이다.

그러나 비교적 자주적이었던 고려이지만 후기에 원(元)과의 접촉이 빈번해서 한이문(漢吏文)이나 그와 유사한 용어가 쓰였을 가능성은 매우 높다. 하지만 그런 용어나 예문을 찾지 못한 작금의 상태에서 우선 조선이문으로 명명할 수밖에 없으며 <이학지남>과 유사한 조선이문의 학습서인『이문(吏文)』이 조선 중종 때에 간행된 일도 있다.

더욱이 조선이문이 독자적으로 사용되어 조선왕조의 국가의 공용문어가 되었음을 우리는 간과해서는 안 될 것이다. 다음 장(章)에서는 조선이문에 대하여 좀 더 지세하게 살펴보기로 한다.

제4장
조선이문의 시작과 발달

목차

1. 한반도에서 한자 사용

4.1.0. 한반도에서는 아득한 선사(先史)시대부터 역사가 기록된 삼국시대(三國時代), 그리고 삼국이 통일된 통일신라시대, 고려시대, 그리고 조선시대의 한국어 연구에 대하여 졸저(2022: 292~304)에서 비교적 상세하게 살펴보았다. 그에 따라 이 절(節)에서는 주로 고려시대까지 한반도에서 한자를 빌려다가 우리말을 기록한 예들을 살펴보고자 한다.

우리 민족의 가장 오래된 정사(正史)인 『삼국사기(三國史記)』, 그리고 불가(佛家)의 입장에서 서술한 『삼국유사(三國遺事)』에서는 우리 민족의 시작을 기원전 24세기에 건국한 단군조선(檀君朝鮮)으로[1] 서술하고 있으나 실제로는 고구려(高句麗), 백제(百濟), 신라(新羅)의 삼국이 정립(鼎立)한 삼국시대에 이르러 비교적 믿을 만한 역사의 기록을 찾을 수 있다.

물론 단군(檀君) 조선, 기자(箕子) 조선,[2] 위만(衛滿) 조선 등 고조선(古朝鮮)에 관한 기록이 아주 없는 것도 아니어서 그 시대의 표기수단의 발달이라든지 고조선인(古朝鮮人)들의 언어 의식도 논의할 수 있다. 즉, 중국으로부터 이주해온 기자(箕子)에 의하여 건국된 기자조선(箕子朝鮮)이

---

1 檀君朝鮮에 대하여는 『三國史記』와 『三國遺事』를 참고할 것. '朝鮮'이란 명칭의 유래에 대하여는 여러 가지 의견이 있다. 즉 申采浩와 鄭寅普는 '조선'이 같은 음을 지닌 만주어의 '珠申'에서 온 것으로 보았으며(申采浩, 『朝鮮上古文化史』, 351~369; 鄭寅普, 『朝鮮史硏究』, 51~52) 원래 만주어로 '珠申'은 '所屬'을 의미하는 것으로 '肅愼'도 이의 轉音으로 보기도 한다(『滿洲源流考』). 소속을 의미하는 珠申으로부터 의미가 傳訛하여 '管境'을 뜻하게 되었고 이로부터 '珠申'은 國號를 의미하게 되었다고 보았다. 朝鮮과 肅愼은 동일한 뜻을 지닌 호칭으로 보아서 같은 '珠申'으로부터 온 것이라는 견해다. 그러나 양주동은 고대 朝鮮族은 태양 숭배의 신앙을 가졌고 이 민족이 이동하면서 도처에 '볽'이나 '새'의 지명을 남겼으므로 '朝'를 '볽'으로 '鮮'을 '새'로 해석하여 조선은 '볽새'의 훈차표기임을 주장하였다(梁柱東, 1942: 380~391). 李丙燾(1977)에서는 『三國遺事』 '古朝鮮' 조에 나오는 '朝鮮'과 '阿斯達'에 대하여 전자는 국가 이름이고 후자는 수도의 명칭이지만 결국은 같은 의미로서 '朝鮮'은 '阿斯達'의 중국식 模寫 표기라고 주장하였다.

2 箕子朝鮮은 『史記』(권38)의 '宋微子世家'에 의하면 殷이 멸망할 때 周武王이 賢人 箕子를 朝鮮의 王으로 封했다는 기록에 의거하여 그 존재를 인정하고 있으나 중국의 正史로서 본격적인 朝鮮의 역사를 기록한 『史記』(권115) '朝鮮列傳'에 箕子에 관한 사실이 전무한 점을 들어 그 존재를 의심하는 사학자들도 없지 않다.

실제로 존대했었다면 많은 중국문물이 그와 함께 들어왔을 것이다.[3]

특히 중국의 진(秦)과 한(漢)이 교체되는 시기에 연왕(燕王) 노관(盧綰)의 부하 위만(衛滿)이 고조선의 준(準)왕을 축출하고 세운 위만조선(衛滿朝鮮, 194~108 B.C.)은 왕검성(王儉城)에 도읍을 정하였으며 한(漢)과 결약하여 주위의 여러 부족국가를 지배하였다. 따라서 위만조선 때에도 많은 중국의 문화가 유입되었을 것으로 보인다.[4]

즉, 사마천(司馬遷)의 『사기(史記)』(권115) 「조선열전」(제55)에 다음과 같은 기사가 <삼국사기>(권1)의 기사와 함께 위의 사실을 말해 준다.

> 朝鮮 {潮仙二音, 括地志云: 高驪都平壤城. 本漢樂浪郡王險城. 又古云朝鮮地也.} 王滿者, 故燕人也. {案漢書: 滿燕人. 姓衛, 擊破朝鮮而自王之. 自始全燕時, {註略} 嘗略屬眞番, {註略} 朝鮮, [註略] 爲置吏. 築障塞, 秦滅燕屬遼東外徼. 漢興, 爲其遠難守, 復修遼東故塞. 至浿水爲界, {註略} 屬燕, 燕王盧綰反, 入匈奴, 滿亡命. [註略} 聚黨千餘人, 魋結蠻夷服而東走出塞, 渡浿水, 居秦空地上下障. [註略] 稍役屬眞番, 朝鮮蠻夷及故燕齊, 亡命者王之, 都王險. {註略}－조선의 {潮·仙 2음이다. <괄지지>에 말하기를 고려가 평양성에 도읍하였는데 이는 본래 한의 낙랑군 왕검성(王險城)이다. 또 옛날에 이르기를 조선의 땅이라고도 하다} 왕

3 『東國通鑑』 권1 '箕子朝鮮'에 "箕子率中國五千人, 入朝鮮, 其詩、書、禮樂、醫、巫、陰陽、卜筮之流, 百工技藝皆從而往焉。既至朝鮮, 言語不通. 譯而知之。[下略]－기자가 중국인 오천을 거느리고 조선에 들어와서 시, 서, 예악, 의, 무, 음양, 복무 따위와 백가지 공예 및 기술이 모두 따라 갔다. 조선에 이르러 언어가 통하지 않아 번역하여 알았다. [하략]"라는 기사를 참고할 것.

4 『삼국유사』 권1 '衛滿朝鮮' 조에 "前漢朝鮮傳云: 自始燕時, 常略得眞番朝鮮, {師古曰: 戰國時燕國, 始略得此地也} 爲置吏築障, 秦滅燕屬遼東外徼, [中略] 燕王盧綰反入匈奴, 燕人魏滿亡命, 聚黨千餘人, 東走出塞. [中略] 王之都王儉,－<전한서> 「조선전」에 이르기를 '처음 연 나라 때부터 일찍이 진번과 조선을, {사고(師古)가 말하기를 전국시대에 연 나라가 처음으로 이 땅을 공략해 얻었다고 함} 공략하여 얻고 관리를 두었으며 장새(障塞)를 쌓았는데 진나라가 연 나라를 멸하고 요동의 외경(外境)에 소속시켰다. [중략] 연왕 노관이 배반하여 흉노로 들어가니 연 나라 사람 위만(魏滿＝衛滿, 필자 주)이 망명하여 무리 천여 명을 모아서 동으로 달아나 [중략] 왕이 되고 왕검성에 도읍 하였다"라는 기사를 참조할 것.

> 만(滿)은 옛 연(燕)나라 사람이다. {<한서>에 의하면 만(滿)은 연(燕)나라 사람으로 성은 위(衛)이며 조선을 격파하고 스스로 왕이 되었다}. 처음 연나라의 전성기부터 일찍이 진번과 조선을 공략하여 복속시키고 관리를 두어 국경과 요새에 성을 쌓았다. 진(秦)이 연(燕)을 멸한 후에는 [그 곳] 요동을 외요(外徼)에 소속시켰으며 한(漢)이 일어났을 때에는 그 곳이 멀어 지키기 어려우므로 다시 요동의 옛 요새를 수리하고 패수(浿水)를 경계로 하여 연(燕)에 부속시켰다. 연왕 노관(盧綰)이 반역하여 흉노로 들어가자 만(滿)도 망명하였다. 천여인의 무리를 모아 상투를 짜고 오랑캐의 복장으로 동쪽으로 도망하여 [요동의] 요새를 나와 패수를 건너 진(秦)의 옛 빈 터인 상하장(上下障)에 살았다. 점차 진번(眞番)과 조선의 만이(蠻夷) 및 옛 연(燕)·제(齊)의 망명자들을 복속시켜 거느리고 왕이 되었으며 왕검(王險)에 도읍을 정하였다.

이 기사와 주(註)로 보인 <삼국유사>의 기사에 의하면 연(燕)나라 사람 위만(衛滿, 魏滿으로도 씀)이 연왕(燕王)의 반역으로 망명하게 되자 위만(衛滿)도 천여인과 함께 동쪽으로 도망하여 패수(浿水)를 지나 왕검(王儉)성에 도읍을 정하고 왕이 되었음을 알 수 있다.

또 전한(前漢)의 무제(武帝)가 위만조선을 멸망시키고 그 영토에 낙랑(樂浪), 진번(眞番), 임둔(臨屯), 현토(玄菟)를 설치한 한사군(漢四郡, 108 B.C.~313 A.D.) 때에도 적지 않은 중국의 문물(文物)이 한사군의 세력이 미치는 한반도의 한강 이북에 유입되었을 것으로 보인다. 이 때에 중국어와 토착어와의 접촉이 있어 어문에 대한 새로운 의식이 생겨났을 것이다.

또 한사군 시대에 중국 한자(漢字)가 본격적으로 전래되어 사용되면서 이 문자로 우리말을 표기하였을 것이고 이러한 자료에 의한 언어의 연구도 있었겠지만 워낙 자료가 부족하여 현재로서는 이 시대의 한자 표기에 대하여 자세한 언급이 불가능한 형편이다. 따라서 삼국시대부터 비교적 사실(史實)에 입각한 역사의 서술이 가능한 형편이다.

1) 고대 한반도에서의 한자 유입과 교육

4.1.1.0. 인류가 언어에 대하여 의식을 갖는 가장 일반적인 형태는 자신들이 쓰고 있는 말의 어원(語源)에 대하여 의문을 갖는 것이다. 고대 희랍의 철학자들이 언어에 대하여 관심을 가진 것은 자신들이 사용하고 있는 단어들이 어디에서 왔으며 왜 이러한 의미를 갖게 되었는가 하는 것이었다.

즉, 말에는 자연이 부여한 어떤 의미가 있다는 생각을 희랍인들은 많이 갖고 있었으며 이러한 생각을 졸저(2024b: 22)에서는 언어의 자연설(Φυςει, Physei)이라고 하였다.[5] 이런 생각에 가장 접근하는 예로서는 의음어(擬音語), 또는 의성어(擬聲語)를 들 수 있고 실제로 의음어, 또는 의성어라는 영어의 'onomatopoeia'는 희랍어 "ονομα(onoma-name) + ποιεϊν(poiein-to make)"에서 온 말로서 그 뜻은 "말을 만들다"라는 의미다(졸저, 2022: 27).

고대인들은 자신이 사용하고 있는 말의 '원래의 모습'(prōtai fōnai, πρώται φωναί)[6]을 어원(語源)에서 찾으려 하였고 이러한 인간 심리가 고대인들로 하여금 어원에 대하여 관심을 갖게 한 것이다. '어원의식'은 인간이 말을 사용하면서 그 본래의 의미를 생각하는 일종의 반성작용이라고 하겠다. 그리하여 이 시대에는 어원 연구가 크게 유행한다(졸저, 2024b: 27).

고대인의 언어의식은 제한된 문헌에서 찾아야 하지만 그들의 어원은 일찍부터 신화와 전설 속에서 발달하였으며 그 가운데 일부가 문자로 정착되어 문헌에 남게 되었다. 고대시대에 우리 선조들이 가졌던

---

5 고대희랍의 철학자들은 언어의 기원에 대하여 자연설(physei, φυςει)이라고 알려진 이러한 주장은 후대에 語源論과 문법 이론이 발달하게 되었다. 희랍의 역사가이며 여행가이었던 헤로도토스(Herodotus, Ηρόδοτος, 484?~425? B.C.)는 사물의 명칭은 자연히(physis, φυςιζ, nature) 생겨난 것이고 단어의 의미와 형식 사이에는 필연적인 관계가 있다고 본 것이다(졸저, 2024: 2~23).

6 'prōtai fōnai(πρώται φωναί)'는 Epicurus(342~270 B.C.)의 술어다. 그는 자연설과 관습설의 중도적 입장에서 말의 형태는 자연스럽게 만들어지지만 관습에 의해서 수정된다고 보았다. 말의 '원래의 모습'(prōtai fōnai, πρώται φωναί)을 어원에서 찾을 수 있으며 본래 의성어(onomatopoeia)였던 것이 후에 다채로운 변화를 거친다고 보았다. 졸저(2022: 316).

어원의식은 주로 <삼국사기>와 <삼국유사>에서 찾을 수 있으며 이 문헌에서 어원은 고유명사 다음에 협주로 처리된 것이다.

이 문헌에 나타난 어원설(etymology)은 대개 역사적 서술과 관련이 있지만 다만 그것이 전설의 기록인지 역사를 서술하면서 논리성을 부여하기 위한 것인지는 분명하지 않다. 앞으로 이에 대한 연구가 심도 있게 이루어져야 할 것이다.

4.1.1.1. 전술한 바와 같이 고조선이나 부여(扶餘)와 삼한(三韓), 그리고 한사군(漢四郡) 등 삼국시대 이전의 역사에 대하여는 자료의 부족으로 상세한 서술이 어렵다. 다만 국내외 사적(史籍)에 전해지는 단편적인 기록에 의거하여 당시의 사정을 추측할 뿐이다.

삼국시대에 들어와서 비로소 역사의 서술이 어느 정도 가능하게 되었는데 삼국의 국가 형성을 보면 고구려가 태조 대(太祖代, 53~146 A.D.), 백제는 고이왕대(古爾王代, 234~286 A.D.), 신라는 나물왕대(奈勿王代, 356~402 A.D.)에 봉건적인 국가형태가 이루어진 것으로 보기 때문에 삼국의 역사적 발전에는 차이가 있다.

따라서 중국의 문물의 유입도 삼국이 서로 다른 양상을 보인다. B.C. 6~5세기의 공자(孔子)와 B.C. 4~3세기의 맹자(孟子)에 의하여 수립된 유학(儒學)은 위만조선(衛滿朝鮮)이나 한사군(漢四郡) 시대에 이미 이 땅에도 유입되었으며 한문(漢文)도 함께 전래되었다. 따라서 삼국시대에는 한자(漢字)가 지식층에게는 널리 알려진 문자였던 것으로 보인다.

예를 들어 고구려에는 국초에 작성된 『유기(留記)』(100권)와 태학박사(太學博士) 이문진(李文眞)이 쓴 『신집(新集)』(5권, 600 A.D.)이란 고구려 역사의 기록이 있었다고 하고 백제에서는 박사 고흥(高興)의 『서기(書記)』(375 A.D.)가 있었으며, 신라에서도 진흥왕(眞興王) 6년(545 A.D.)에 대아찬(大阿飡) 거칠부(居柒夫) 등이 편찬한 『국사(國史)』가 있었다고 한다.

모두 한문으로 자국의 역사를 기록한 것으로 보인다. 이러한 역사서가 편찬되었다는 기사를 보면 삼국시대에 한자와 한문이 어느 정도로 일반화되었음을 알 수 있다. 적어도 한문(漢文)을 이해하는 지식층이 있었고 당시에 그들은 한자로 문자 생활을 한 것으로 보인다. 특히 고구려는 중국과 인접하여 있으면서 한사군을 병합(倂合)하는 등 삼국 가운데 중국의 선진 문물을 가장 먼저 수입하였다.

4.1.1.2. 뿐만 아니라 한자와 한문을 교육하는 학교도 설치되어 운영되었고 불교(佛敎)의 전래는 한문으로 쓰인 불경(佛經)을 읽지 않을 수가 없었다. 따라서 불교의 유입은 유경(儒經)의 고문(古文)이 아니라 불경(佛經)은 통어(通語)를 기반으로 한 변문(變文)으로 되어서 이러한 변체 한문을 익히지 않을 수가 없었다.[7]

고구려, 백제, 신라의 학교 설치에 대하여 졸저(2022: 296~303)에서 논의한 바 있다. 여기서는 이러한 연구에 근거하여 삼국의 한문 학습에 대하여 살펴보기로 한다. 물론 졸저(2022)는 한국어의 연구사를 살피는 책이어서 그 방면으로 초점을 맞추어 썼기 때문에 이문(吏文)의 교육과 연구와는 직접 관련시키지 못했다.

고구려에서는 소수림왕(小獸林王) 2년(372 A.D.)에 중국식의 교육기관인 태학(太學)을 설치하고 이어서 경당(扃堂)이라는 사숙(私塾)도 생겨나서 한문과 유학(儒學)을 교육하였다. 고구려, 백제, 신라의 삼국 가운데 고구려가 가장 먼저 한자와 한문을 들여다가 유경(儒經)을 통하여 교육한 셈이다.

백제도 일찍부터 중국의 한문과 유교를 수입하였으며 근초고왕(近肖古王, ?~375 A.D.) 때에는 아직기(阿直岐)와 왕인(王仁)이 일본에 한자와 유교 경전을 전달하였다. 또 백제에서 침류왕(枕流王) 1년(384 A.D.)경에 학교

7 중국어의 역사에서 春秋戰國시대가지는 東周의 서울인 洛陽의 언어를 기반으로 하는 雅言이 學文의 언어였으며 진 이후의 서북방언이 공통어가 되어 이를 通語, 또는 凡通語라 부른다, 이에 대하여는 앞의 1.2.1.0.과 졸고(2003b) 및 졸저(2011: 31~2)를 참고할 것.

를 설치하였으며 박사 및 학사제(學士制)를 운영하여 오경박사(五經博士), 의학사(醫學士), 역학사(曆學士)의 직제를 두었다.

그리하여 제25대 무녕왕(武寧王 501~522 A.D.) 대(代)에는 단양이(段楊爾), 고안무(高安茂) 등의 오경박사(五經博士)를 일본에 보내어 유학(儒學)을 전파시킨 바가 있다. 역시 고구려의 유민이 한반도의 서남쪽으로 내려와 나라를 세운 백제가 신라보다는 일찍 한자와 한문을 수입하여 유학(儒學)을 전하고 한문을 자유롭게 사용한 것으로 보인다.

중국과는 가장 멀리 떨어진 신라는 이보다 늦게 진덕여왕(眞德女王) 5년(651 A.D.), 또는 신문왕(神文王) 2년(682 A.D.)에 국학(國學)을 설치하고 중국의 경전을 의거하여 한문을 교육하였다. <삼국사기>(권38) 「잡지(雜志)」 '국학(國學)'조에 '주역(周易), 상서(尙書), 모시(毛詩), 예기(禮記), 춘추(春秋), 좌씨전(左氏傳), 문선(文選)' 등을 가르쳤다는 기사가 있다.

신라에서 국학(國學)의 설립은 <삼국사기>(권8) 「신라본기(本紀)」(제8) '신문왕(神文王) 2년'조에 "二年春正月. 親祀神宮, 大赦, 夏四月置位和府令二人, 掌選擧之事. 五月太白犯月, 六月立國學, 置卿一人, 又置工匠府監一人, 彩典監一人 - 신문왕 2년 춘 정월에 친히 신궁에 제사하고 크게 사면하다. 여름 사월에 위화부를 설치하고 령(令) 2인을 두어 선거의 일을 관장하게 하다. 5월에 태백성이 달을 침범하다. '6월에 국학을 세우고 경(卿) 1인을 두다'. 또 공장부(工匠府)를 설치하고 '감(監)' 1인과 '채전감(彩典監)' 1인을 두다."라는 기사 가운데 '6월에 국학을 세우고 경(卿) 1인을 두다'에서 신문왕 2년(882)에 국학이 창립된 것으로 보았다.

그러나 이보다 앞서 <삼국사기>(권38) 「잡지(雜志)」 7, 직관(職官) 상, '국학(國學)'조의 기사에 보다 자세하게 설명되었다.

> 國學屬禮部, 神文王二年置, 景德王改爲大學監, 惠恭王復故. 卿一人, 景德王改爲司業, 神文王七年改爲卿, 惠恭王復稱卿, 位餘他卿同, 博士 {若干人, 數不定}, 助敎 {若干人, 數不定}, 大舍二人. 眞德王五年置, 景德

王改爲主簿, 惠恭王復稱大舍. 位自舍知至奈麻爲之, 史二人, 惠恭王元年加二人, 敎授之法, 以周易·尙書·毛詩·禮記·春秋·左氏傳·文選, 分而爲之業. – 국학은 예부(禮部)에 속하고 신문왕 2년에 설치하였다. 경덕왕이 대학감(大學監)으로 하였으나 혜공왕이 옛날과 같이 국학으로 하고 경(卿) 1인을 두었다. 경덕왕이 경(卿)을 사업(司業)으로 바꿨는데 혜공왕이 다시 경(卿)이라 칭하고 지위를 다른 경(卿)들과 같이 하였다. 박사 {약간인, 수는 정하지 않다}, 조교 {약간인, 수는 정하지 않다}, 대사(大舍) 2인을 진덕왕 5년에 두었는데 경덕왕이 주부(主簿)로 바꿨다. 혜공왕이 다시 대사(大舍)라고 부르고 지위는 사지(舍知)로부터 나마(奈麻)에 이르게 하였다. 사(史) 2인을 혜공왕 원년에 2인를 추가하였다. 교수의 방법은 주역, 상서, 모시, 예기, 춘추, 좌씨전, 문선을 나누어서 공부하게 하다.

이 기사를 보면 진덕(眞德)여왕 5년(651 A.D.)에 이미 국학(國學)이 있었고 대사(大舍) 2인을 두었음을 알 수 있다. 앞에 든 기사는 신문왕(神文王) 2년에 국학(國學)을 하나의 국가기관으로 독립시켜 예부(禮部)에 속하게 하였으며 감독자를 '경(卿)'으로 승격시켰음을 말하는 것으로 보인다.

또 경덕왕(景德王) 6년(747 A.D.)에는 제업(諸業)에 박사(博士)와 조교(助敎)를 두었으며 그 명칭도 대학감(大學監)으로 고쳤으나 혜공왕(惠恭王) 12년(776 A.D.)에 다시 본 이름으로 돌아갔다. 주로 중국의 경전, 즉 '주역(周易), 상서(尙書), 모시(毛詩), 예기(禮記), 춘추(春秋), 좌씨전(左氏傳), 문선(文選), 논어(論語), 효경(孝經)' 등을 교육하였다(졸저, 2014: 15~19).

이러한 교육을 통하여 이 때의 신라에서는 고구려나 백제와 같이 한문과 한자를 사용하는 지식층이 적지 않게 많았을 것이다. 또 앞에 든 교재의 한문을 통하여 중국의 아언(雅言)과 통어(通語)를 배운 셈이 된다.

4.1.1.3. 후한(後漢) 영평(永平) 10년(67 A.D.)에 중국에 들어 온 불교는 한반도의 삼국에도 전파되었다. 소수림왕(小獸林王) 2년(372 A.D.)에 전진(前秦)에서 승려 순도(順道)가 불상과 불경을 갖고 고구려에 온 것을 시작

으로 하여 2년 후에는 다시 진(晉)에서 불승(佛僧) 아도(阿道)가 고구려에 들어와서 본격적으로 불교를 전파하였다.

소수림왕은 초문사(肖門寺)와 이불란사(伊弗蘭寺)를 지어 이 두 승려를 거주케 함으로써 소수림왕(小獸林王) 5년(375 A.D.)에는 불교가 고구려에서 공인되었다. 단시일에 고구려 왕실에 의해서 불교가 이렇게 환영을 받은 것은 마침 고구려 국민의 사상적 통일에 불교가 필요했을 뿐 아니라 불교가 가진 호국(護國)적인 요소가 고구려의 왕실에 크게 영합되었기 때문이다.

백제는 고려보다 12년 후인 침류왕(枕流王) 1년(384 A.D.)에 중국의 동진(東晉)으로부터 인도의 승려 마라난타(摩羅難陀)가 처음으로 불교를 전하고 한산(漢山 - 지금의 廣州)에 절을 세워 10여명의 백제 사람을 승려로 삼은 데서 불교는 전파되기 시작하였다. 특히 백제 성왕(聖王, 523~553 A.D.) 때에 겸익(謙益)이 인도에서 불경을 전래한 이후 크게 융성하였다.

그리하여 백제는 일본에까지 불교를 전파하였으며 무왕(武王, 600~640 A.D.) 때에 왕흥사(王興寺)와 미륵사(彌勒寺)를 세워 전성기를 마지 한다. 신라는 가장 늦어서 눌지왕(訥祗王, 417~458 A.D.) 때에 불교가 들어왔으며 법흥왕(法興王) 14년(527 A.D.)에 비로소 신라에서 불교를 공인하게 된다.

물론 유학이 들어와 학교가 설치되고 불교의 전래만으로 한반도에서 외래문화 유입의 선후를 측정하기는 어렵지만 대체로 중국으로부터의 문물은 고구려에 가장 먼저 전해졌고 다음으로 백제, 그리고 신라의 순서로 전파되었다. 이것은 중국과의 접경에 따른 지정학적(地政學的)인 이유도 있었겠지만 세 나라 국민의 성격과도 관련이 있을 것이다.

즉, 대륙에서 여러 이민족과 겨루면서 국가를 발전시켜 온 진취적인 고구려의 민족성에 비하여 한반도의 동남부에서 비교적 평화롭게 사로(斯盧)를 중심으로 서서히 국토를 확장시켜 온 신라(新羅)는 보수적인 성향을 보일 수밖에 없었다. 더욱이 신라는 화랑도(花郞道)같은 국수주의적인 토착 종교가 있어 외래 사상의 유입에 적지 않은 저항이 있었던 것으로 보인다.

4.1.1.4. 가야(伽倻)의 제국(諸國)(AD. 42?~562)을 병합한 신라가 이어서 삼국을 통일하고 한반도를 지배하며 융성하다가 고려에 멸망할 때까지의 약 250여년을 통일신라시대(676~936 A.D.)라고 부른다. 이 시대에 삼국의 언어 가운데서 신라어가 공용어로 등장하게 되었고 모든 문화가 경주(慶州)를 중심으로 하여 발전하게 되었다.

통일 신라 이후에 중국으로부터 문물의 유입은 더욱 성황을 이루어 문화국가로서의 면목을 일신하였다. 외래 사상인 유학(儒學)과 유경(儒經)의 한문을 교육하기 위하여 전술한 바와 같이 통일신라시대의 신문왕(神文王) 2년(682 A.D.)에는 국학(國學)을 독립시켜 예부(禮部)에 소속시켰으며 경서(經書)를 교재로 하여 한문을 교육하였다.

그리하여 원성왕(元聖王) 4년(788 A.D.)에는 독서출신삼품과(讀書三品出身科)라는 일종의 과거제도를 실시하였다.[8] 뿐만 아니라 당(唐)나라에 유학생을 파견하여 중국의 학문을 연수하게 하였으며 이들에 의하여 당(唐)의 문화가 본격적으로 신라에 도래하게 되었다. 불교를 학습하려는 승려(僧侶)도 적지 않게 당(唐)에 유학하여 많은 불경과 함께 불교의 유입도 성황을 이루었다.

따라서 이 시대에는 유학(儒學)이 본격적으로 유입되어 발전하였고 불교도 크게 융성하였다. 대체로 신라의 시작을 B.C. 57년으로 보고 고구려의 건국은 B.C. 37년, 그리고 백제의 건국을 B.C. 18년으로 볼 때에 삼국은 대체로 서력기원(紀元)을 전후한 시기에 이루어졌음을 알 수 있다. 그렇다면 우리가 살펴 볼 수 있는 선조들의 언어에 대한 관심이나 의식의 역사적 기록은 기껏해야 2천년을 넘지 못한다.

거기다가 삼국시대에 관하여 기술한 것은 아주 단편적이고 지엽적

---

8 讀書出身三品科에 대하여는 졸저(1990a: 54)를 참고할 것..

이어서 한자의 유입과 한문의 전개를 제대로 살피기에는 역부족이라는 느낌마저 갖게 된다. 그나마 남아있는 자료도 거의 모두가 한문이나 한자를 빌려 차자(借字) 표기한 것이기 때문에 이를 통하여 한자 표기의 참 모습을 밝히기 어렵다.

다만 남한에서 최근 발굴한 백제의 유적들과 북한에서 이루어지고 있는 고구려 유적의 발굴이 삼국시대 고구려와 백제의 언어생활을 규지(窺知)할 수 있는 자료를 조금씩 찾아내고 있어 앞으로 한자와 한문의 사용에 대한 연구에 기대하는 바가 적지 않다. 또 이로부터 이 시대의 문자 생활이 한자에 의하여 이루어지고 있음을 알 수 있다.

4.1.1.5. 신라의 삼국통일은 신라와 당나라의 연합군이 백제를 멸망시키고(663 A.D.) 이어서 고구려를 망하게 함으로서(668 A.D.) 이루어졌다. 그러나 발해(渤海)가 건국하여(699 A.D.) 한민족의 남북 분단은 계속되었다. 통일 시라시대에 들어와서도 사정은 그렇게 다르지 않으나 비교적 삼국시대보다 더 많은 자료와 정확한 기록을 구할 수 있다.

고려시대에 들어와서 유학(儒學)은 더욱 발달하고 불교도 더욱 흥융하였으며 외국 문물의 수입은 비단 중국만이 아니라 아라비아의 사라센문화에 이르기까지 다양하게 변하였다. 더욱이 고려 말에는 원(元)을 통하여 서역의 여러 나라의 문물도 황해와 예성강(禮成江)을 거쳐 고려의 서울인 개경(開京)에 모여들었다.

따라서 고려는 신라보다 훨씬 국제화되었고 학문과 문화가 다변화되었으며 당시로는 매우 수준 높은 문자 생활을 향유할 수 있었다. 고려는 건국초기부터 학교를 세우고 교학에 힘썼다. 고려 태조는 경학(京學)과 서경학(西京學)[9]을 설립하고 학보(學寶)를 설치하였으며 광종(光宗)

9 『高麗史』를 보면 太祖 13년(930 A.D.)에 西京(지금의 평양)에 학교를 처음 세웠으며 秀才 廷鶚을 書學博士를 삼았다는 기록이 있다. 이어서 별도로 學院을 설치하여 六部(평양의 6부를 말함)의 생도를 모아 교육하였으며 태조가 학문이 크게 발전한다는 말을 듣고 비단을 내려 學寶를 삼게 하고 장학의 뜻을 나타내었다고 한다(『

은 과거제도를 실시하였다.[10]

고려 성종(成宗)은 최고의 국립대학인 국자감(國子監)을 설립하고 문종(文宗)은 국자감 학생들로 하여금 성적표를 작성하게 하여 학업에 열중하게 함으로써 학문이 크게 발전하였다. 고려 문종(文宗) 7년(1063)에 해동공자(海東孔子)라 불리는 최충(崔沖)이 사립학교인 구재학당(九齋學堂)을 설립하여 학생을 모으고 교육에 전념하자 이로부터 사학(私學)이 잇달아 일어났다.

최충의 문하생을 문헌공도(文憲公徒), 또는 최공도(崔公徒)라고 하며 이를 비롯한 12공도(公徒)가 있어 사학이 크게 발전하였다. 사학(私學)이 발흥하면서 그와 비례하여 관학(官學)이 침체하자 예종(睿宗)은 최충의 구재(九齋)를 본떠서 국자감(國子監) 내에 여러 학재(學齋)를 설치하여 한문에 의한 여러 학문을 발전시켰다.

예를 들면 주역(周易)을 전공하는 여택재(麗澤齋)를 비롯하여 상서(尙書)의 대빙재(待聘齋), 모시(毛詩)의 경덕재(經德齋), 주례(周禮)의 구인재(求仁齋), 재례(載禮)의[11] 소응재(昭膺齋), 춘추(春秋)의 양정재(養正齋), 그리고 무학(武學)의 강예재(講藝齋)의 7재(齋)를 두어 각기 전문가로 하여금 강좌를 담당하게 하였다. 이후로 관학(官學)도 발달하게 되었다.

또한 고려의 궁내에는 청연각(淸讌閣)과 보문각(寶文閣)이란 학문연구소를 설치하여 학사(學士)를 선발하고 도서를 수집하여 경사(經史)를 연구하게 하여 왕실학문소가 시작되었으며 훗날 집현전(集賢殿)의 전통이

高麗史』 권74, 「志」 28).

10 고려조 4대의 光宗은 중국 後周의 歸化人 翰林學士 雙冀의 獻議를 받아 드려 唐의 제도를 본뜬 과거제도를 마련하였으며 광종 9년(958 A.D.)에 쌍기를 知貢擧(시험관)로 삼아 실제로 과거를 실시하였다. 이것을 東堂監試라고 하며 현종 15년(1024)에 鄕試(일명 擧子試라고도 함)가 설치되어 初試로서의 鄕試와 殿試로서의 東堂監試가 있어 2단계 과거법이 마련되었다. 그러나 德宗 즉위년(1032)에 國子監試가 설치되어 覆試, 또는 會試의 역할을 함으로써 鄕試(初試), 國子監試(覆試), 東堂監試(殿試)의 3단계 과거법을 갖추게 되었다(졸저, 1990a: 54~56).

11 '載禮'는 <禮記>를 가리킴.

되었다. 고려의 충선왕(忠宣王)은 원(元)으로부터 돌아올 때에 서적 4천여 권을 갖고 왔다.

그리고 고려의 학자들과 원(元)나라의 학자들의 교유를 확대하여 고려에서 경학(經學)이 크게 진흥하게 되었다. 이에 따라 유경(儒經)의 고문(古文)을 비롯하여 불경에서 통어(通語)의 한문도 널리 보급되어 고려에서는 이미 이에 의한 문자 생활도 크게 발달하게 된다.

4.1.1.6. 고려의 불교는 건국초기부터 국가의 보호를 받아 유교와 더불어 크게 발달하였다. 개경(開京)에는 흥왕사(興王寺)를 비롯하여 수많은 사찰이 창건되고 사원(寺院)에는 전지(田地)와 노비가 급여되었다. 뿐만 아니라 면세(免稅), 면역(免役)의 특전이 주어지고 급기야 광종(光宗) 때에 과거제도에는 승과(僧科)가 설치 시행되기도 하였다.

그리하여 사찰(寺刹)에서는 불경의 연구와 불교 교리의 교육이 크게 융성하였고 많은 불경이 간행되었다. 고려 말에는 중국 송대(宋代)의 성리학(性理學)이 수입되어 이에 의거한 언어의 연구도 점차 활발하게 되었다. 따라서 주자학(朱子學)이 고려에서 널리 소개되어 이에 대한 연구도 크게 발달한다. 이로써 조선 세종의 훈민정음 제정에 성리학이 이용된다.

고려에 처음으로 주자학(朱子學)을 도입한 학자는 안향(安珦)으로 그는 충렬왕(忠烈王) 때에 원(元)나라로부터 주자학, 즉 성리학을 도입하고 장학재단인 섬학고(贍學庫)를 설치하여 이를 장려하였다. 이후에 백이정(白頤正)이 또 주자서(朱子書)를 전래하여 널리 퍼지게 하였다. 처음에는 주자학이 사학(私學)에서 주로 발달하였다.

고려 말에 이르러는 주자학만이 관학(官學)으로 인정되어 장차 배불운동(排佛運動)으로 발전하게 되었다. 그리하여 고려는 중국의 성운학적(聲韻學的) 연구 방법과 성리학적(性理學的) 연구라는 2개의 언어 연구의 축(軸)이 형성되었고 조선에도 이러한 학문의 전통은 계승되었다. 훈민정음 제정에서 이 두 학문이 문자 제정의 중심 이론으로 작용한다.

특히 고려에 들어와서 더욱 늘어난 차자 표기의 수요는 한국어의 한자 표기에 대한 연구도 더욱 왕성하게 이루어진다. 그리하여 당대(唐代)의 한자음에 의거한 우리 한자음, 즉 동음(東音)에 대하여 원대(元代) 한아언어의 한자음과 상충하면서 고려후기에는 우리 한자음에 대한 비판적인 안목이 생겨났다.

우리 한자음이 중국 통어(通語)의 발음에 의거하여 동음(東音)으로 정착하여 그 차이가 크지 않았다. 따라서 한문으로 배운 통어(通語)는 바로 중국인과의 소통에서 사용될 수 있었다. 그러나 원대(元代)에 한아언어가 공용어가 되면서 한문으로 배운 중국어로 중국인과의 소통이 어렵게 되었다.

조선의 세종은 이것을 안타깝게 생각하고 결국 <동국정운(東國正韻)>을 편찬하여 중국 발음과 유사한 우리 한자음을 백성들에게 가르쳐야 하는 발음, 즉 훈민정음(訓民正音)이라 하였고 이를 표음하는 표음문자를 제정하여 그 이름을 훈민정음이라 명명하였다. 세종이 재구한 새로운 한자음의 사전이 훈민정음으로 표음한 <동국정운>인 것이다.

세종 당시 명(明) 제국(帝國)의 공용어는 남경관화(南京官話)이었고 명(明) 태조는 원대(元代) 한아언어(漢兒言語)로 오염(汚染)된 한자음을 바로잡기 위하여 남경관화를 바탕으로 한 <홍무정운(洪武正韻)>을 편찬하였다. 세종은 이것을 벤치마킹하여 <동국정운>을 편찬한 것이다. 다만 두 운서 모두가 현실 음운을 무시하고 종래에 전통 운서에 의지하여 재구한 한자음이다.

따라서 이 두 운서와 여기에서 재구한 한자음은 실제로 사용은 되지 못하고 폐기된다.

2) 과거제도와 한문 교육

4.1.2.0. 이 땅에서 실시된 과거(科擧)제도의 연원(淵源)은 전술한 신라

시대의 '독서출신삼품과(讀書出身三品科)'에서 찾을 수 있지만 중국의 과거제도를 도입하여 본격적으로 인재를 선거(選擧)하고 관직에 등용한 것은 고려 광종(光宗) 때의 일이다.

즉, 고려 광종 9년(958 A.D.)에 후주(後周)에서 귀화(歸化)한 쌍기(雙冀)의 헌의(獻議)에 따라 당제(唐制)를 모방한 과거제도를 마련하였고 실제로 그 해에 쌍기가 과거를 실시한 것이 이 땅에서 이루어진 최초의 과거라고 할 수 있다. 쌍기는 이 땅에 과거제도를 수입하여 실제로 이를 실시함으로써 본격적인 과거제도가 정립(定立)하게 한다.

즉, 쌍기(雙冀)는 고려에 귀화하여 한림학사(翰林學士)가 되었으며 그가 최초로 과거를 주관하는 지공거(知貢擧)가 되어 진사(進士)와 명경(明經), 그리고 의업(醫業), 복업(卜業)의 과거를 실시하여 진사(進士) 갑과(甲科)에 최섬(崔暹) 등 2인를 합격시켰고 명경과(明經科)에 3인, 복업과(卜業科)에 2인을 선거(選擧)하였다.

이후 광종대(光宗代)에만 3차에 걸쳐 과거를 실시하여 39명의 합격자를 내었으며 고려 말까지 총 252회의 과거가 실시되어 모두 6,700여인의 급제자를 내었다(졸저, 1990a: 54~64). 고려 초기에 궁중에서 실시된 과거는 '동당감시(東堂監試)'라는 별명을 갖고 있었으며 몇 차례의 개정을 거쳐 인종(仁宗) 14년(1136)에 일단 그 제도가 완성된다.

고려 성종(成宗) 때에 전술한 바 있는 국자감(國子監)이 설치되고 덕종(德宗) 원년(1032)에는 이 곳에서 실시하는 '국자감시(國子監試)'가 생겨나서 과거의 응시자들, 즉 거자(擧子)들은 이를 거쳐 동당감시(東堂監試)에 응시하게 함으로써 동당감시는 그 격이 한 층 높아졌다. 즉, 국자감시와 동당감시는 후일 향시(鄕試)와 회시(會試), 전시(殿試)의 3단계 과거가 되었다.

즉, 고려 현종(顯宗) 15년(1024)에 벌써 지방에서 실시하는 향시(鄕試), 즉 거자시(擧子試)가 있어서 조선시대 문과(文科)의 과거제도에서 볼 수 있는 향시(鄕試), 회시(會試), 전시(殿試)의 과거 삼층법(三層法)이 이때에 그 기틀을 잡은 것이다. 그리하여 국자감(國子監)과 대학(大學), 사문(四門) 및 최충(崔沖)의 구재학당(九齋學堂) 등의 사학(私學)에서 이런 시험에 대비하여 유학을 교육하였다.

관학(官學)과 사학(私學)에서 과거에 응시할 거자(擧子)들을 양성하였고 기타 율(律), 서(書), 산학(算學) 등은 국자감(國子監)에서 교육하여 과거에 응시하게 하였다. 그 결과 고려에서 유학(儒學)을 비롯한 제반 학문이 발달하였고 산학(算學) 등의 기초 학문과 의학(醫學) 등의 기술도 크게 흥융하였다.[12]

4.1.2.1. 전술한 바 있는 원대(元代)의 한이문(漢吏文)이 성행하면서 고려 후기에 이 땅에서도 이와 유사하게 한문을 변형하여 우리말을 표기하는 이문(吏文)이 발달하였다. 한이문은 몽고어와 같은 교착적인 문법구조의 언어에 맞도록 한문을 고친 것이 우리말에도 잘 맞았기 때문이다.

거기다가 원대(元代)에 정립(定立)된 각종 법제(法制)는 모두 한이문으로 된 법전(法典)에 의거하여야 이해할 수 있었으며 이 법률과 각종 제도는 모두 한이문으로 정착되었다. 또한 고려와 조선은 원대(元代)의 법제를 그대로 수용하였다. 예로 조선의 관리(官吏)제도만 보더라도 얼마나 원(元)의 제도를 따랐는가 알 수 있다.

즉, 전술한 대로 원대(元代)의 몽골 황제(皇帝)는 몽고인 단사관(斷事官)을 중국 각처에 보내어 현지에서 색목인(色目人)이나 한인(漢人)을 채용하도록 하고 그들에 의해서 실제로 통치가 이루어진 것처럼 조선에서는 목민관(牧民官)을 지방 각처에 보내어 그곳의 아전(衙前)서리(胥吏)들이

12 고려조의 과거제도는 儒學의 文科만이 아니라 '醫業, 卜業, 地理業, 律業, 明書業, 明算業, 三禮, 三傳, 何論' 등의 雜科도 있어 醫學, 占卜, 法律, 書字, 算術, 禮節, 論理學 등에 대하여도 상당한 수준의 교육이 있게 되었다. 고려시대의 과거에 대하여, 특히 의학, 점복, 산술 등의 雜業과 雜科에 대하여는 졸저(1990a: 53~95)을 참조할 것.

실제 통치하도록 하였다. 조선의 이 제도는 바로 원(元)의 제도를 벤치마킹한 것이다.

또한 원대(元代)의 법제는 얼마나 잘 정비되었는지 명대(明代)에도 그대로 준용되었다. 그리하여 명(明) 태조의 중요한 정책인 호원(胡元)의 잔재(殘滓)를 철저하게 없애는 일에서 사법(司法) 문헌을 적은 원대(元代) 한이문은 어찌지 못하였다. 전술한 원대(元代)의 각종 사법(司法) 문헌들이 명대(明代)에도 통용되기에 이르고 이는 조선 초기에 그대로 유입된다.

그리하여 명(明) 태조의 호원(胡元)의 잔재(殘滓)를 박멸하려는 엄중한 정책에서도 사법(司法) 문헌에 한하여 한이문은 명대(明代)에도 그대로 사용되었다. 더욱이 명(明)의 3대 황제인 영락제(永樂帝)가 다시 북경(北京)으로 천도한 후에는 더욱 한이문의 용도가 높아졌다. 그리하여 조선에서는 여전히 명(明)에 보내는 사대문서를 원대(元代)의 한이문으로 작성하게 되었다.

그리하여 명(明) 제국(帝國)에서도 영락제(永樂帝) 이후 북경(北京)의 한아(漢兒)들이 하급관리로 채용되어 그들에 의하여 한이문은 면면(綿綿)하게 이어졌고 외교문서에서도 이 한문 문체의 사용이 그대로 있게 되어 명(明)의 조공 국가에서도 영락제 이후에는 고문(古文)이나 한문(漢文)보다는 한이문으로 외교문서를 작성하는 일이 점점 빈번하게 된다.

이로 인하여 사대문서의 작성 등 실용문에서 전술한 아언(雅言)의 고문(古文)이나 통어(通語)의 한문은 더 이상 쓰이지 못했다. 그리하여 모든 공공 문서도 이문(吏文)으로 작성되었고 고문이나 한문은 시문(詩文)에나 쓰였을 뿐이다.

4.1.2.2. 다만 한반도에서 한이문이 사용된 것은 조선시대에 들어와서야 기록이 남아있다. 고려시대에는 전기(前期)는 물론 후기(後期)에도 이문(吏文)을 사용한 흔적을 찾을 수가 없다. 그러나 조선 초기에 이문

(吏文)이란 용어가 등장하고 이와 관련된 자료가 발견된다.

예를 들면 조선왕조실록의 <태조실록>에는 설장수(偰長壽)가 올린 사역원(司譯院)의 시험 방식에 대한 상소(上疏)가 있는데 여기에서 응시 자격으로 이문(吏文)에 통하는 사람으로 한다는 구절이 있다. 이것이 실록에서 보이는 최초의 이문에 대한 기록이고 필자가 찾은 사료(史料)에서 처음 보이는 이문(吏文)에 대한 언급이다.

즉, 전술한 바와 같이 <태조실록>(권6) 태조 3년 11월 을묘(乙卯)의 기사에 사역원의 제조(提調) 설장수(偰長壽)가 올린 계문(啓文)에 이문(吏文)과 한어(漢語)의 교육을 강화해야 한다는 내용이 들어 있다. 그리하여 태조 3년(1394)에 이미 사역원에서 한어(漢語)와 이문(吏文)을 시험하여 관리로 임명하였음을 알 수 있다.

물론 여기서 이문(吏文)은 한이문(漢吏文)을 말할 것이나 이 계문(啓文)이 올라온 것이 홍무(洪武) 24년(1391)이라 명(明) 태조의 치하이어서 원대(元代)의 한이문이 명초(明初)에도 그대로 유지되어 사용되었다는 필자의 주장을 뒷받침한다. 명(明)에 올리는 사대문서가 역시 한이문으로 작성되었음을 알려주는 대목이다.

조선왕조의 초기인 태조 3년(1394)에 이문(吏文)을 학습했다는 기사로 보아 아마도 고려 후기에도 이문의 학습이 있었을 것이나 기록을 찾을 수 없다. 즉, <고려사(高麗史)>를 비롯하여 고려에 관련된 여러 사료(史料)에서 이문(吏文)에 대하여 언급한 것도 찾을 수가 없고 고려시대에 작성된 어떤 이문(吏文)도 발견되지 않는다.

아마도 고려에서는 호언한어(胡言漢語)라고 불렀던 한아언어(漢兒言語)를 천시(賤視)하여 배우지 않은 것처럼 이를 문어(文語)로 한 한이문도 같이 폄하(貶下)하여 배우지 않거나 사용하지 않은 것으로 보인다. 그렇지 않고야 <고려사>를 비롯한 많은 고려시대의 문헌에 한아언어와 한이문에 대한 어떠한 기록도 찾을 수 없지는 않을 것이 아닌가.

4.1.2.3. 그러나 조선에서는 건국 초기에 한어(漢語)와 이문(吏文)의 교육이 중요성을 강조하고 있음을 <태종실록>에서 찾아 볼 수 있다. 즉, <태종실록>(권8) 태종 4년 8월 기축(己丑)조의 기사에 다음과 같이 한어(漢語)와 이문(吏文)의 교육을 강화해야 한다는 사헌부(司憲府)의 계문(啓文)이 있다.

> [前略] 以小事大, 古今之通義也。況我朝僻處海陬, 語音殊異。因譯以達, 故司譯之任, 誠爲重矣。近來司譯之學, 但習漢語, 而不知經史之學, 朝廷使臣, 有語及經史, 則懵然不知, 失於應對, 深爲國家之所羞。願自今, 擇善於漢語而明經學者, 爲官, 敎諭後進, 博通譯語, 詳明經學, 以達朝廷使臣之意。應奉司, 掌一國文書, 其學文之士, 悉皆屬焉, 至於漢吏之文, 獨唐誠掌之。 若一朝有故, 則不學之人, 難辦其任。願自今, 擇文翰之士聰明博學果藝者, 預習吏文, 以備他日之用。[下略]－[전략] 작은 나라가 큰 나라를 섬기는 것은 고금의 공통된 뜻입니다. 하물며 우리 조선은 바닷가 벽지에 치우쳐 있어서 [한어와] 어음(語音)이 매우 다릅니다. 그러므로 통역하여 뜻이 통하기 때문에 통역을 담당하는 직은 정말로 중요합니다. 근래에 사역원의 공부가 오로지 한어(漢語)만을 익혀서 경사(經史)에 학문을 알지 못하면 조정 사신들의 경사에 대하여 말할 때에 이를 알지 못하여 부끄러워 할 것이며 응대에 실패하여 국가의 수치가 클 것입니다. 원하옵건대 이제부터라도 한어도 잘 하고 경학에 밝은 사람을 선택하여 [훈도(訓導)]관을 삼아 힘써 후진을 가르쳐 역어(譯語)에 널리 통하고 경학(經學)에도 밝아져서 조정의 뜻을 사신에게 잘 전달할 것입니다. 응봉사(應奉司)에서 일국의 문서를 관장하고 학문의 선비들이 모두 여기에 속하지만 한이문(漢吏之文)에 이르러는 오로지 당성(唐誠)만이 담당합니다. 만약 하루아침에 유고(有故)하게 되면 배우지 않은 사람들이 그 임무를 수행하기가 어렵습니다. 원하옵건대 이제부터라도 문한(文翰)의 선비들 가운데 총명하고 박학하여 일을 담당할 사람을 택하여 이문(吏文)을 미리 배우게 하면 다른 날에 쓰일 수 있게 될 것입니다. [하략]. 필자 초역.

이 기사를 보면 명대(明代)인 조선의 건국초기부터 한어(漢語), 즉 한아언어와 한이문의 중요성을 인정하고 그에 대한 교육이 이루어졌음을 알 수 있다. 그리고 이미 이때에 한자음이 한어(漢語)의 발음과 우리의 동음(東音)이 달라서 통역을 통해야 함을 분명하게 밝히고 있다.

그리하여 전술한 바와 같이 세종의 '어제훈민정음서'의 초두에 "國之語音이 异乎中國ᄒᆞ야 與文字로 不相流通ᄒᆞᆯᄊᆡ－나·랏: 말소·리 中듕國·귁·과 달·라 文문字·쫑·와·로 서르 ᄉᆞᄆᆞᆺ·디 아·니ᄒᆞᆯ·ᄊᆡ"라고 했던 것이다.[13]

이 세종의 훈민정음 서문(序文)의 첫 구절은 우리 한자음인 동음(東音)과 중국 한자음이 같아서 아언(雅言)의 고문(古文)과 통어(通語)의 한문으로 된 유경(儒經)과 불경(佛經)으로 중국어를 배우던 옛날을 회상하며 한탄한 것이다(졸저, 2022: 506~7). 그렇지 않고야 세종의 새 문자 제정에 대한 이우를 설명하는 어제(御製) 서문에 이런 한탄을 할 리가 없지 않기 때문이다.

4.1.2.4. 조선이문은 한이문이 몽고어에 맞도록 한문의 문법을 일부 바꾼 것처럼 한문을 우리말에 맞도록 조금씩 변개하여 사용하였다. 그리하여 그동안 삼국시대나 고려 전기까지의 향찰(鄕札) 표기를 이두(吏讀), 또는 이두문(吏讀文)으로 부르기도 하여 혼란을 보였다.[14] 그러나 이두문(吏讀文)이 바로 이문(吏文)이 아님은 앞에서의 논의에서 이해하였을 것이다.

즉, 원대(元代)의 한이문(漢吏文)과 같이 한반도에서도 한자를 이용하

---

13 이 세종의 '어제훈민정음서'는 <세종어제훈민정음>에서 가져온 것이 아니라 고려대 소장의 <훈민정음>에서 인용한 것이다. 이것이 보다 원본에 가깝다고 여기고 있기 때문이다.

14 鄕札의 전통을 이은 吏讀文은 한자로 우리말을 적는 것을 말하는데 학계에서는 이를 吏文과 혼동한 경우가 많다(류렬, 1983). 조선시대 吏讀文은 한글이 제정되어 쓰인 때부터 대부분 諺文으로 대체되었다.

여 공문서의 작성에 유용한 문체를 만들어 사용하게 되었다. 다만 조선이문(朝鮮吏文)이 언제부터 정식으로 공문서의 공용문어가 되었는지는 아직 아무런 연구가 없다. 그러나 한이문의 영향을 받아 조선이문이 이루어졌다면 고려 말이나 조선 초기의 일로 볼 수 있다.

앞에서 여러 번 강조한 것처럼 우리 학계에서는 한 때 향찰표기를 이두문(吏讀文)으로 보면서 여러 가지 혼란이 생겼다. 한자로 우리말을 표기한 향찰(鄕札)을 이두(吏讀)의 표기로 보았기 때문이다. 그러나 이문(吏文)은 원대(元代) 이후, 즉 고려 후기에 나타난 술어이며 그 이전에는 이문(吏文)이나 이두(吏讀)라는 말이 사용되지 않았다.

향찰과 달리 이두문에서는 의미부는 한문을 그대로 두고 구결과 같은 형태부의 표기를 여기에 붙여서 표기하기도 하는데 이를 이토(吏吐)라고 한다. 이토(吏吐)의 경우는 이두(吏讀)가 간혹 의미부를 기록하는 경우가 있음으로 따로 독립되어 구별될 수 있지만 '구결－토(口訣－吐)'는 구결(口訣)이 대부분 형태부를 기록하는 것임으로 구별이 쉽지 않다.[15]

조선시대에 이문(吏文)은 실용문을 전담하는 아전서리(衙前胥吏)들의 전용이어서 관청 공문서의 공용문어가 되었다. 그리하여 모든 공문서는 이문(吏文)으로 작성되어야 효력을 발생했다. 즉, 세종 때에 언문(諺文)이 제정되었으나 공용문서에는 이 문자를 사용할 수 없었고 한문은 양반사대부의 문학(文學)이나 경학(經學)의 문어(文語)였을 뿐이었다.

모두(冒頭)의 제1장 1.1.6.에서 언급한 대로 『수교집록(受敎輯錄)』(1698) 「호부(戶部)」 '징책(徵債)'조에 "出債成文 [中略] 諺文及無證筆者, 勿許聽理."이라 하여 언문으로 쓴 것, 증인이 없거나 쓴 사람이 분명하지 않은

15 남풍현(1980)에서는 구결과 토를 구별할 것을 주장하고 '口訣＝漢文＋吐'라고 보았다. 그리고 이어서 "吐는 口訣에 소속되는 하나의 형식이지 그 자체가 체계적인 의사전달의 내용을 갖는 것은 아니다"라고 하여 구결의 방법으로 懸吐하는 것으로 보았다. 그러나 필자는 전술한 바와 같이 口訣은 한문에 써 넣은 형태부, 즉 어미나 조사를 말하고 吐는 한문을 읽을 때에 붙여 있는 구결을 말하는 것으로 구별한다. 즉, '구결은 넣다'와 '토를 달아 읽다'에서 이 사실을 알 수 있다.

경우 채권의 효력을 인정하지 않았음을 알 수 있다. 안병희(1987: 10)에서는 <수교집록>의 '호부 · 징채'조와 유사한 『백헌총요(百憲摠要)』의 기사를 들었다.[16]

즉, <백헌총요>의 '형부(刑部)) · 문기(文記)'조에 "諺文及無訂筆者勿施 – 언문 및 작성한 사람의 증거가 없으면 시행하지 않다"라고 하여 언문으로 쓴 것은 공공문서로 보지 않음을 명시하였다. 이 두 문헌에서 언문이 아니라 이문(吏文)으로 쓴 것만이 효력이 있다고 하였고 그에 따라 조선시대에는 모든 공문서가 이문으로 작성되었다.

4.1.2.4. 이문(吏文)은 전술한 이두문(吏讀文)과 구별된다. 이와 같이 이문과 이두문이 구별되는 사실을 다음 <세조실록>(권8) 세조 3년 7월 갑술(甲戌)조의 기사에서 분명하게 밝혀놓았다.

> 吏曹啓: 吏科及承蔭出身, 封贈爵牒等項文牒, 皆用吏文. 獨於東西班五品以下告身, 襲用吏讀, 甚爲鄙俚, 請自今用吏文. 從之. – 이조(吏曹)에서 계하기를 이과(吏科) 및 승음(承蔭) 출신으로 작첩 등을 봉증(封贈)하는 문서에 모두 이문(吏文)을 사용하지만 홀로 동반 서반(西班)의 5품 이하 고신에서만 관습적으로 이두(吏讀)를 사용하여 심히 비루하고 속되었습니다. 이제부터 이문을 사용하도록 청합니다. 그대로 따르다.

여기에서 말하는 이문(吏文)은 원대(元代)에 시작된 한이문(漢吏文)에 근거하여 고려 말(末)과 조선 전기에 관청에서 사용하던 것이라 근거가 있는 한자 표기임을 말하며 이두(吏讀)란 향찰(鄕札)처럼 한자의 음과 훈을 빌려 우리말을 그대로 기록하는 것이라 비루하고 속되다고 하였다. 따라서 이문(吏文)과 이두문(吏讀文)은 분명하게 구별됨을 알 수 있다.

---

16 <百憲摠要>는 정조 때에 <大典通編>이 간행된 이후에 누군가가 편찬한 것으로 보았으나 안병희(1984)에서는 <典律通補> 초고본의 具允明 서문에 자신의 부친인 具宅奎가 편찬하였다고 하고 내용으로 보면 영조 33년(1757) 이전에 이루어진 것으로 보았다.

조선이문(朝鮮吏文)의 전형을 보여주는 것으로 17세기 이후의 간행된 것으로 보이는『이문대사(吏文大師)』를 들 수 있다. 이것은 말할 것도 없이 조선이문의 학습서로서 한이문(漢吏文)에 정통했던 최세진이 원대 한이문의 학습서였던 <이문집람(吏文輯覽)>(1539)과 비견(比肩)되는 이문 교재로 조선이문의 학습서로 편찬된 것이다.

필자는 최세진이 조선이문에 관한 <이문(吏文)>을 편찬하여 후일 <이문대사(吏文大師)>로 발전한 것으로 보았다. 그리하여 필자의 논저 중에는 <이문대사>를 최세진의 저술로 보기도 하였다. 한이문과 조선이문을 모두 아는 최세진이 그 차이를 밝히기 위하여 <이문>을 편찬한 것으로 본 것이다. 이에 대하여는 다음의 4.2.3.1.에서 좀 더 자세하게 살펴보겠다.

3) 한문의 석독(釋讀)과 구결

4.1.3.0. 교착어인 우리말은 의미부도 중요하지만 어미와 조사인 형태부의 역할도 매우 중요하다. 그리하여 한문을 읽을 때에 어미와 조사를 삽입하여 읽는 방법을 계발(啓發)하여 사용하였다. 이런 한문 독법 가운데 전체를 뜻으로 풀어 읽는 방법과 한문의 순서대로 읽고 어미와 조사를 삽입하여 읽는 방법을 고안한 것이다.

이 때에 한문을 뜻으로 풀어 우리말로 읽는 경우를 석독(釋讀), 또는 훈독(訓讀)이라 하고 한문의 순서대로 한자로 읽는 경우를 순독(順讀), 또는 송독(誦讀)이라 하였다. 송독(誦讀)할 때에 삽입되는 우리말의 문법요소, 즉 조사와 어미를 구결(口訣), 또는 '입겿, 입겾'이라 한다.[17] 다만 석독(釋讀)과 훈독(訓讀)은 서로 헷갈려 사용되었다.

필자는 석독(釋讀)은 한자의 새김, 즉 뜻으로 읽는 것을 말하며 따라

17 원래 '입 겨체'의 '입겿'이었을 것이나 우리말의 어말 위치에서 'ㅈ, ㅊ'의 변별이 안 되고 中和되어 'ㅈ'으로 바뀌어 '입겾'이 된 것으로 본다. 즉, '입겿 > 입겾'의 변화를 거친 것이다.

서 여러 의미가 있을 때에 그 어떤 것은 선택하느냐에 따라 달리 읽힐 수 있다고 본다. 그러나 훈독(訓讀)은 한자의 의미로 읽는 것은 석독과 같지만 그 한자를 읽어야 하는 의미가 정해진 것을 말한다고 필자는 규정하여 이 둘을 구별하여 사용한다.

예를 들면 한자 '위(爲)'는 'ᄒᆞ-'로 읽히도록 규정하였다면 '爲古'를 'ᄒᆞ고'로 읽는 것은 훈독(訓讀)과 음독의 방법으로 읽는 것이다. '爲-ᄒᆞ-'는 훈독이고 '古-고'는 음독이다. 그러나 <대명률직해(大明律直解)> 등의 이문 표기에 보이는 "並只-다모기"의 '並-다모'는 석독이다. 한자 '並'의 여러 가지 의미 중에 하나를 선택하여 '다모'로 읽기 때문이다.

훈독, 또는 석독의 경우에 한자의 원래 발음과 다르게 된다. 이렇게 훈독, 또는 석독의 방법으로 삽입하는 구결-토를 변음토착(變音吐着)이라 한다. 예를 들면 '이라'를 '是羅', 'ᄒᆞ고'를 '爲古'라고 쓰는 경우 '是, 爲'는 새김으로 읽고 '羅, 古'는 발음으로 읽는데 이 때에 '是, 爲'를 '변음토착(變音吐着-발음을 바꿔서 토를 달다)'이라 한 것이다.

이것은 한자를 상용(常用)하는 사람들에게는 매우 귀찮은 일이었다. 어떤 한자는 새김으로 읽고 어떤 것은 발음으로 읽는다는 것이 구결-토를 다는 사람들이나 그것을 읽는 사람들에게 모두 어려운 일이었다. 왜냐하면 한자를 새김으로 읽거나 발음으로 읽는 것이 매우 자의적(恣意的)이어서 어떤 기준을 세울 수가 없었기 때문이다.

후일 세종은 이러한 문제를 해결하려고 자식들에게 과제를 주었는데 둘째 따님이 정의(貞懿)공주가 이를 훈민정음으로 해결하였다고 한다(졸저, 2015: 53). 즉, 고려대 소장의 훈민정음의 언해본인 <훈민정음>에는 "國之語音이 異乎中國ᄒᆞ야 與文字로 不相流通ᄒᆞᆯᄊᆡ"와 같이 구결-토를 훈민정음으로 달았고 <세종어제훈민정음>도 동일한다.

4.1.3.1. 한문을 우리말로 풀어 읽는 석독(釋讀)의 경우에도 구결(口訣)을 필수적이다. 조선 초기에는 먼저 구결을 붙인 다음에 석독(釋讀)하는

방식이 유행하였고 이러한 방식의 한문 독법(讀法)은 멀리 신라시대에 소급(遡及)된다. 고구려와 백제에서도 같은 방법이 있었을 것으로 예상되지만 자료가 없어서 현재로서는 이에 대하여 더 이상의 논의를 진행할 수 없다.

졸저(2022: 382~5)에서 『삼국사기』(권46), 「열전(列傳)」(6), '설총(薛聰)' 조의 "以方言讀九經, 訓導後生－신라어로 [방언은 이런 뜻임] 구경을 읽어 후생을 가르쳤다"에서 구경(九經)을 방언으로 읽었다는 기사가 있다고 하고 이것은 구경(九經)의 한문을 신라어로 풀어 읽었다는 뜻으로 보아야 한다. 실제로 일본에서는 한문을 모두 일본어로 풀어 읽는다.

그리고 앞의 제1장 서론(緖論)의 1.1.4.에서 살펴본 바와 같이 1970년대 초에 문수사(文殊寺)에서 발견된 『구역인왕경(舊譯仁王經)』의 다섯 장은 비록 낱장이지만 14세기 초에 목판본(木版本)으로 간행한 것으로 보이는데 여기에 한문으로 된 불경의 원문 사이에 붓으로 써 넣은 구결이 있다.

이 구결은 신라에서 발견된 향찰문과는 달리 한문 원문의 좌우(左右)에 약자(略字)로 된 구결을 삽입하고 구결에 권점을 찍었다. 이 구결에 대한 해독은 남풍현(1975: 3~47)과 심재기(1975: 19~35), 그리고 남풍현 · 심재기(1976: 1~68)에서 해독되었는데 문장의 좌우에 붙이 구결과 권점에 의하여 우리말로 풀어 읽는 방식의 석독(釋讀) 구결을 잘 보여준다.

졸저(2022: 381~2)에 이를 소개하였고 그 풀이의 방법을 제시하였다. 한편 2000년 7월에 『유가사지론(瑜伽師地論)』에 한글이나 구결이 아니라 점(點)이나 선(線)으로 한자의 특정한 위치에 각필(角筆)로 기입한 구결이 발견되었고 여기서 기입한 점과 선은 상술한 석독(釋讀) 구결과 같은 역할을 하는 것임이 발견되어 학계를 놀라게 하였다.

이에 대하여 졸저(2022: 384~5)에서 소개하고 그에 대하여 설명하였다.[18]

---

18 <유가사지론>의 각필구결은 2000년 7월 초순에 일본의 廣島대학 명예교수인 小林芳規 교수가 來韓하여 角筆口訣을 조사하던 중에 발견되었다. 이때의 조사

원래 각필(角筆)의 점선(點線)으로 한문을 읽기 쉽게 토를 다는 것은 小林芳規(1994)에서 밝힌 바와 같이 이미 돈황(敦煌)의 불교 문헌에서 발견되었고 일본에서는 일찍부터 훈점(訓點)으로 알려져 있었다.

따라서 이러한 각필의 점선(點線)으로 한문 불경에 토를 달아 읽는 법이 동아시아 여러 민족 사이에 널리 퍼져있던 방법이었음을 일깨워주는 자료여서 학계의 비상한 주목을 받았다. 특히 일본의 오고토점(ォコト點)과 같은 역할을 하는 이 구결은 각필구결(角筆口訣)이라고 명명되었다.

4.1.3.2. 앞의 <구역인왕경>에 써넣은 구결처럼 한문의 좌우(左右)에 구결을 붙여 이를 우리말로 풀어 읽도록 하였는데 <유가사지론>의 각필로 기입한 점선(點線)은 이와 같이 한문을 우리말로 풀어있도록 붙여진 것이다. 즉, 이때의 각필로 기입한 선(線)과 점(點)은 한문에 붙인 구결－토와 같아서 점토구결(點吐口訣), 또는 문자가 아니라 부호를 사용한 구결이란 의미의 부호(符號)구결이라고도 불렸다.[19]

따라서 고려시대의 구결은 <구역인왕경>과 같이 주로 구결자(口訣字)를 붙인 자토(字吐)와 앞에 든 <유가사지론>과 같이 점토(點吐)가 있게 된 것이다. 그리하여 앞에서 소개한 <구역인왕경>의 낱장 몇 장이 아니라 많은 량의 불경에 석독 구결과 같은 점토 구결이 첨가되었음이 밝혀져서 불가(佛家)에서는 불경으로 석독하여 읽는 것이 일상이었음을 알 수 있게 되었다.

일본에서는 일찍부터 한문에 훈점(訓點)을 붙여 풀어 읽는 방법이 발달하였다. 이와 비교하면 자토(字吐)는 가나점(假名點)과 같고 점토(點吐)는 오고토점(ォコト點)과 같은 역할을 하는 것으로 밝혀졌다. 아마도 한반도에서 한문을 석독(釋讀)하는 방법이 일본으로 건너가 훈점(訓點)을

결과가 小林芳規・西村浩子(2001)로 韓日 학계에 소개되었다.

19 남풍현(2000)에서 '點吐口訣'이란 용어가 제안되어 학계가 받아드리게 되었다. 또 李丞宰 외 12인(2005)에서는 符號口訣을 제안하기도 하였다.

붙이는 방법으로 발달한 것으로 보인다.

일본의 훈점(訓點)에서는 가나점(假名點)과 오고토점(ォコト點)을 한 문장에서 병용(倂用)하는 것이 일반적이지만 한반도에서는 자토(字吐)구결과 점토(點吐)구결은 완전히 분리되어 자토(字吐)구결에서는 선(線)과 점(點)을 사용하지 않으며 점토(點吐)구결에서는 글자를 전혀 사용하지 않는다(졸저, 2022: 384).

또 일본에서는 붓이나 각필(角筆)을 모두 사용하는 반면에 한반도에서는 점토(點吐)구결이 각필(角筆)만 사용했다는 차이점이 있다. 이로 보면 아마도 한반도에서 사용되던 석독(釋讀)구결의 방법이 일본에 건너가서 독자적으로 발전한 것으로 보인다. 다만 신라의 석독 구결에 대하여는 어느 정도 알려졌지만 백제나 고구려의 것은 전혀 알려지지 않아서 현재로서는 일본의 훈점(訓點)이 독자적인 발전인지 단언하기 어렵다.

일본에는 신라에서 건너간 석독구결 표시의 불경이 몇 질 소장되었다.[20] 현재 학계에 소개된 각필구결(角筆口訣) 자료들은 거의 모두 고려시대의 것이다. 아마도 고려에 들어와서 이러한 부호구결(符號口訣)이 사찰(寺刹)을 중심으로 일반화된 것으로 보인다.

4.1.3.3. 우리말을 한자로 기록하는 경우에는 먼저 중국어로 번역하여 한문으로 쓰는 방법이 있다. 이 경우에는 중국어를 기반으로 한 한문(漢文)과 다름이 없다. 그러나 중국어로 번역하여 표기하는 경우 번역이 불가능하거나 어려운 것이 있는데 인명(人名), 지명(地名), 그리고 고유의 관직명(官職名) 등의 고유명사가 그러하다.

이 경우에는 한자로 번역하거나 발음대로 표기하는 방법이 있다. 예

20 예를 들면 신라의 승려인 表員이 편찬한 『華嚴文義要訣』에 朱筆로 點吐구결을 기입한 것이 일본의 東大寺에서 간행되어 소장된 판본에 있고 일본 東大寺에 소장된 『華嚴經』(節略本)에는 角筆로 口訣字와 符號를 기입하였다고 한다(張景俊, 2021: 146).

를 들면 신라의 무장(武將)으로 유명한 '거칠부(居柒夫)'를 '황종(荒宗)'으로, '奈乙'을 '蘿井'으로, '舒弗邯, 舒發翰'을 '角干'으로 적는 방법이다. 이것은 '거칠부(居柒夫)'와 같이 실제 신라어를 한자를 빌려 발음대로 표기하고 이를 중국어로 번역하여 '황종(荒宗)'이라고 한 예이다.

즉, '황종(荒宗)'은 한자의 새김과 발음을 아울러서 표기하는 예로서 '황(荒)'을 '거칠(居柒)－'로, '종(宗)'을 '부(夫)'로 읽어 '거칠부(居柒夫)'를 표기한 것이다. 혹자는 '종(宗)'을 '마루'로 읽어 '거칠부(居柒夫)'가 '거칠마루'로 읽기도 하지만 신라시대의 한자표기는 향가(鄕歌) 등의 표기에서 '훈주음종(訓主音從)'의 방법이 유행하였기 때문에 '부(夫)'를 '마루'의 표기로 보기는 어렵다.[21]

이와 같이 고대국어의 고유명사를 표기하는 방법에서 한걸음 나아가서 우리말의 어순(語順)으로 한자를 나열하는 방법이 있는데 이것은 이미 널리 알려진 바와 같이 임신서기석(壬申誓記石)의 표기 방법으로부터 발전한 것이다. 이렇게 우리말 어순에 맞추어 한자로 표기한 문장을 '향찰문(鄕札文)'으로 불렀고 여기에 사용된 한자들을 '향찰(鄕札)'이라고 보았다.[22]

이와 같이 우리말을 한자로 어순에 맞추어 표기하는 향찰(鄕札)식 표기에는 중국어에 없는 고유명사나 문법요소와 같은 것을 한자의 뜻과 발음을 빌려 표기하는 경우가 있다. 예를 들어 갈항사(葛項寺) 조탑기(造塔記, 758 A.D.)의 "二塔天寶十七年戊戌中立在之－두 탑은 천보 17년 무술

21 '訓主音從'은 "뜻으로 표기하는 것이 중심이고 발음 표기는 그에 종속이 되다"라는 鄕歌의 한자 표기 방법으로 이것은 '譯上不譯下'라고도 하여 "앞의 글자는 번역하여 뜻으로 읽고 다음 글자는 번역하지 않고 발음으로 읽다"와 같은 용어다. 모두 그렇다고 말하기 어려우나 신라시대 한자 차자 표기에서 대부분이 이러한 표기를 보인다. 訓主音從에 대하여는 김완진(1980)을 참고하고 譯上不譯下에 대해서는 김민수(1990)를 참고할 것.

22 李丞宰(1992: 14)에서는 吏讀文은 문장으로서 創作文의 實用文에 해당하는 것으로 보아 文藝文의 鄕札文과 구별하였다. 또 口訣文은 창작문이 아니라 飜譯文으로 이두문과 구별하였다. 그러나 이두와 향찰은 동일한 것으로 고려전기까지 唐文에 대한 鄕札이란 명칭으로 불렸다.

에 세우겨다"의 한자 표기를 들 수 있다.

이 때의 '在之(겨다)'는 시상(時相)과 문장 종결을 나타내는 문법부의 표기를 위하여 사용된 것이다. 현대어의 '있다'에 해당되는데 여기에 쓰인 '在(재)'나 '之(지)'는 구결(口訣)과 많이 유사해서 이로부터 입겿, 즉 구결이 발달한 것으로 본다. '在(재)'는 시상(時相)으로 현재 시제의 지속상(持續相)을 말하고 '之(지)'는 문장 종결의 '-다'에 해당한다.

4.1.3.4. 그러나 향찰(鄕札)과 구결(口訣)의 중요한 차이는 후자가 한문을 읽을 때에 삽입되는 것이라면 전자는 한자로 우리말을 기록하는 데 사용된 것이다. 따라서 향찰은 문법구조가 우리말에 기반을 둔 것이며 구결은 중국어의 문법구조에 따른 한문 문장에 우리말의 어미와 조사를 한자로 삽입한 것이다.

또 하나의 차이는 구결이 우리말의 어미와 조사와 같은 형태부를 기록하는 것에 국한되는 반면 향찰표기는 고유명사를 표기하는 경우에 의미부를 기록하는 경우도 있다.[23] 앞에 든 예에서 '서불한(舒弗邯), 서발한(舒發翰)'을 들 수가 있는데 그 한자 표기가 각간(角干)인 것으로 보아 '쁠한'의 표기로서 "가장 높은 지위"를 나타내며 관직명(官職名)을 표기한 것이다.

그리고 '토(吐)'가 있다. 이것은 향찰(鄕札)표기나 구결(口訣)에서 특히 우리말의 형태부, 즉 조사(助詞)나 어미(語尾)를 한자를 빌려 표기한 것을 말하는 것으로 '구결토(口訣吐)'라고 한다. 구결(口訣)이 '입겿', 또는 '입

23 吏讀와 口訣은 혼동한 예로 류렬(1983)을 들 수 있다. 그는 口訣에 대하여 "구결은 리두의 퇴화된 특수한 한 형태이다. 구결은 엄격한 의미에서는 조선말을 기록하는 서사수단이 아니다. 그것은 한갓 한문을 우리말식의 줄글로 읽기 위하여 덧보태는 문법적인 보충수단으로서의 일정한 토를 표기하기 위한 수단으로만 쓰이게 퇴화하여 굳어진 리두의 '화석' 형태에 지나지 않는다."(띄어쓰기 표기법은 원문대로, 류렬, 1983: 31)라고 하여 구결과 이두를 혼동하고 있다. 구결은 우리말의 어미와 조사와 같이 의미부가 아닌 형태부의 표기만을 담당하지만 이두는 의미부도 표기한다. 특히 이두(류렬의 용어로는 리두)가 조선시대에 들어와서 생긴 용어임을 전혀 이해하지 못한 주장으로 잘못된 것이다.

겻'의 한자 표기이고 토(吐)와 같이 한문을 읽을 때에 삽입하는 어미와 조사를 지칭한다.

현재에는 그러한 구별이 없어졌지만 전에는 구결(口訣)이 한문에 써넣은 어미와 조사를 말하고 토(吐)는 한문을 읽을 때에 붙여 읽는 것을 말한 것으로 보인다. 따라서 "토를 달아 읽다"와 같이 토(吐)의 다음에는 '달다'가 연결된다. 그러나 구결(口訣)의 경우에는 "구결을 넣다"와 같이 '[써]넣다'와 연결된다.

따라서 구결은 규정된 것이며 토는 읽는 사람에 따라 바뀔 수도 있는 가변적인 것으로 보인다. 이러한 미묘한 차이가 구결과 토 사이에 존재하지만 현재에는 '구결－토'와 같이 같은 것으로 보고 이를 구별하지 않는 것 같다. 필자는 이 둘을 구별하여 사용하고 그 구별이 어려운 경우에는 '구결－토'로 하였다.

4) 우리말의 한자 표기

4.1.4.0. 졸저(2022: 326~334)에서 세종의 훈민정음 이전에 이 땅에 실제로 존재했었거나 그럴 가능성이 있는 여러 고유 문자, 즉 '삼황내문(三皇內文), 신지(神誌)의 비사문(秘詞文), 법수교(法首橋) 비문(碑文), 왕문(王文) 문자, 수궁(手宮)문자, 남해(南海) 석각문(石刻文), 각목문(刻木文), 고구려 문자, 백제문자, 발해문자, 고려문자' 등에 대하여 살펴보았다.

그렇지만 이 고대문자들의 대부분은 문자 이전의 그림이나 부호(符號)에 불과한 것으로 보았다. 따라서 우리말의 본격적인 문자의 사용은 한자가 유입된 후의 일이라 하겠다. 한자(漢字)가 위만조선(衛滿朝鮮, 194~108 B.C.)을 비롯하여 한사군(漢四郡, 108 B.C.~313 A.D.) 등 중국의 유민(流民)이 한반도로 들어올 때 다수 유입되었을 것은 자명한 일이다.

전술한 바와 같이 삼국시대에 고구려(37 B.C.~668 A.D.)는 이미 건국 초기인 동명왕(東明王) 원년(37 B.C.)부터 한자를 사용하였다는 기록이 있다. 고구려의 유민에 의하여 건국된 백제도 초기부터 한자를 사용하였고 신라는 이 두 나라에 비하여 늦게 한자를 받아드린 것으로 보인다. 지증왕(智證王) 4년(503 A.D.)에 신라는 국호와 왕명을 한자로 바꿨다는 기록이 있다.

한자와 한문의 전래는 문자와 더불어 중국어의 발음, 및 문법의 수입을 의미한다. 초기의 한문표기는 우리말을 중국어로 번역하여 기록하는 방식일 수밖에 없다. 즉, 오늘날 남아있는 금석문 가운데 초기의 한문표기를 보여주는 자료로 평안남도 용강(龍岡)의 점제현(黏蟬縣) 신사비(神祠碑, 85? A.D.)의 비문이 가장 오래된 시기의 것이다.

그리고 영화(永和) 13년(357 A.D.)의 황해도 안악(安岳)의 고구려 동수묘(冬壽墓) 묵서명(墨書銘),[24] 태화(泰和) 4년(369 A.D.)의 백제 칠지도명문(七支刀銘文)(일본 奈良 石上神宮 소장), 개로왕(蓋鹵王) 18년(472 A.D.)의 백제에서 보낸 송위국서(送魏國書), 그리고 서기 5~6세기경에 작성된 신라 울주(蔚州) 천전리(川前里의) 암각문 등의 한문이 있다(졸저, 2022: 335).

4.1.4.1. 이 가운데 백제 칠지도(七支刀)에 새겨진 명문(銘文)은 연대가 밝혀진 자료로 당시 백제인들의 한자 사용을 잘 보여준다. 이를 졸저(2022: 336)에서 인용하면 다음과 같다.

> 泰和四年九月十六日丙午正陽, 造百錬鐵七支刀. 世辟百兵, 宜供公侯王, □□□□作, 先世以來未有此刀, 百濟王世子奇生聖音. 故爲倭王旨造, 傳示後世－태화 4년 9월 16일 병오의 한낮에 백번 단련한 쇠로 칠지도를 만들다. 이는 백병을 물리칠 수 있으므로 마땅히 왜왕에게 줄만하다. □□

24 고구려의 古墳 冬壽墓는 황해도 안악군 龍順面 柳順里에 있으며 안악 제3호 고분이라고도 한다. 土墳으로서 높이 약 7m, 밑 분의 1변이 약 33m이고 方臺圓形의 모습으로 만들어졌다. 墳壟의 밑에는 墓道와 墓室이 있는데 묘실은 2실, 2측실 1회랑에 18개의 石柱가 있는 복잡한 구조로 되었다. 석실에는 벽화가 있어 매장자들의 생존 시에 호화로운 생활을 재현하였다. 원문은 "永和十三年十月戊子朔二十六日, □□使持節都讀諸軍事, 平東將軍護撫夷校尉, 樂浪□昌黎玄菟帶方太守, 都鄕侯幽州遼東平, 郭導鄕敬上里, 冬守字□年六十九薨官"으로 되어 문법형태는 미처 표기하지 못한 상태다.

> □□가 이를 만들다. 선세 이래로 이러한 칼이 없었던 바, 백제 왕세자 기생성음(奇生聖音)이 왜왕 지(旨)를 위하여 만들었으니 후세에 전하여 보이도록 하라. 필자 초역.

이 한문은 주지하는 바와 같이 정식 고문(古文)을 따른 것도 아닌 일종의 변문(變文)이다. 이 명문에 쓰인 인명 '기생성음(奇生聖音)'은 백제어로 된 사람 이름을 석독 한자로 쓴 것으로 보여서 실제로 호칭되는 발음은 백제어일 것이다. 더구나 이 칼을 만든 장인(匠人)의 이름과 같이 표의문자인 한자로의 번역이 불가능한 것은 그나마 □□□□와같이 공란으로 남아있다.

아마 이 부분은 적당한 한자를 빌려 발음대로 표기하였겠지만 자신이 없어 분명하게 새기지 못하였거나 자신의 이름을 밝히고 싶지 않았는지 지워졌다. 신라에서는 이 경우에 전차음(全借音)의 차자 표기 방법으로 표기하였다. 따라서 칠지도(七支刀)의 제작자도 한자의 발음을 빌려 자신의 이름을 적었을 것이나 후에 이를 지웠을 가능성이 있다.

고구려의 광개토대왕(廣開土大王)의 비문(碑文, 414 A.D.)도 당시 고구려의 한자 사용에 대한 정보를 제공할 것이다. 역시 졸저(2022: 336)에서 인용하면 다음과 같다.

> 因遣黃龍來下迎王, 王於忽本東崗, 黃龍負昇天－황룡을 보내어 아래로 내려오게 하여 왕을 맞이하게 하였다. 왕을 성 밑(王於忽本) 동쪽언덕에서 황룡이 업고 하늘로 올라가다. 밑줄, 한국어 역 필자.

광개토대왕(廣開土大王)의 비문에 보이는 이 구절은 한문으로 되었으나 본문에 밑줄 친 부분은 한자로 쓰였지만 전혀 한문으로서는 해독이 되지 않아서 의미가 통하지 않는다. 이것은 일종의 고구려에서 쓰인 향찰로서 '王於忽本－왕을 성 밑'으로 해석할 때 "왕을 성 밑 동쪽 언덕에서 황용(黃龍)이 업고 승천하다"라는 의미가 되어 해독이 가능

하다.[25]

<삼국사기>에 나오는 고구려 지명에 의하면 '홀(忽)'은 '성(城)'의 의미를 가졌다(졸저, 2011: 제5장의 여러 곳). 즉, <사국사기>「지리지」의 '고구려지'에 "臂城郡 一云 馬忽"에서 '비(臂)'가 '마(馬)'에 대응하고 '성(城)'이 '홀(忽)'에 대응한다. 그리고 이것은 동 '신라지'에 "堅城郡 本高句麗 馬忽郡, 景德王改名, 今抱州, 領縣二"(졸저, 2011: 547)에서 확인할 수 있다.

위만조선(衛滿朝鮮)과 한사군(漢四郡) 등의 시대에 통치(統治)문자로 도입된 한자는 고구려, 백제, 신라의 삼국(三國)에서도 같은 역할을 위하여 필요하였다.[26] 특히 이름과 그에 얽힌 전설, 그리고 직위는 지배자의 권위를 높이기 위해서 한자의 표기가 필요하였고 통치자의 입장에서 지배하에 있는 지역의 명칭도 한자로 표기할 필요가 있었다.

이와 같이 통치를 위하여 도입된 한자표기는 먼저 고유명사의 표기를 위하여 여러 방안이 모색된다. 다음에 이에 대하여 논의하고자 한다.

4.1.4.2. 먼저 고유명사의 차자 표기에 대하여 살펴보면 신라에서는 지증왕(智證王, 500~ 513 A.D.) 때에 복제(服制)와 왕호(王號)를 중국식으로 개정하고 한자로 표기하기 시작하였다. 지명도 한자를 빌려 기록하다가 경덕왕(景德王, 742~764 A.D.) 때에 한당식(漢唐式)의 2자(字) 지명 표기로 바

25 2004년 12월 21~22일에 중국의 동북공정의 일환으로 韓中 연구자들의 학술토론회가 중국 사회과학원 중국 边疆史地 연구중심의 주관으로 北京 怡生园国际会议中心에서 열렸다. 필자는 고구려재단의 추천으로 참석하여 廣開土大王의 비문에서 이 구절을 예로 하여 졸고(2004b)의 "从韩国语系统和文字使用中高句丽的语言与文字"를 발표하였다. 고구려 古墳에 대한 연구 논문으로 한국 참석자들이 중국학자들에게 일방적으로 당하기만 하던 때에 고구려어는 우리말과 같은 계통의 언어이고 고구려는 중국과는 다른 민족임을 강조하여 분위기를 일신하였다. 당시 중국 동북공정의 주역들이 난감해 하던 표정이 눈에 선하고 같이 간 교육부 직원들이 박수치며 좋아하던 모습을 지금도 잊지 못한다.

26 인류 문자의 대부분은 나라를 통치할 목적으로 제정되기 시작한다. 인류의 가장 오래된 수메르(Sumer) 문자도 통치를 위한 것이었다(졸저, 2022: 325).

꾸었다. 인명표기를 예를 졸저(2022: 337~347)에서 옮겨 보기로 한다.

> 猒髑, 異次－厭(싫어하다)
> "異次頓 {或云伊處道}" <삼국사기>(권4) '法興王 15년' 조.
> "姓朴, 字猒髑 {或作異次, 或云伊處, 方音之別也. 譯云猒也, 髑・頓・道・覩・獨等皆隨書者之便, 乃助柤也.} 今譯上, 不譯下. 故云猒髑, 又猒覩等也－성은 박이요 자는 염촉 {혹은 이차, 혹은 이처라 하니 방언음이 다르기 때문이다. 번역하여 염(猒－싫어하다)이라는 뜻이다. 촉(髑), 돈(頓), 도(道), 도(覩), 독(獨) 등은 다 글을 쓰는 사람에 따라 편한 것을 취한 것이니 조사, 곧 도와주는 말이다. 이제 윗 글자는 번역하고 아래 자는 번역하지 않으니 그러기 때문에 염촉(猒髑), 염도(猒覩) 등으로 하는 것이다" <삼국유사>(권3) '염촉살신(猒髑滅身)' 조. { }은 협주를 말함. 졸저(2022: 337~8)에서 재인용.

이 예는 불교를 위하여 순교한 이차돈(異次頓)의 인명 표기를 예로 하여 신라에서 고유명사의 표기에서 어떻게 한자를 차자해서 표기하는가를 보여준 것이다. 원래 '이차돈(異次頓)', 또는 '이처도(伊處道)'는 모두 한자의 발음을 빌려 표기한 것으로 신라어로 '세상을 싫어하는 사람', 즉 '염세적(厭世的)인 사람'이란 뜻의 이름이었다.

실제로 '잋－'라는 동사 어간이 15~6세기경 까지 쓰였다. 예를 들면 "늘근 驪馬ㅣ 머리 드로ᄆᆞᆯ 이처 ᄒᆞ며 (老驥倦驤首)"(초간본 <두시언해> 권22, 55장), "惡－이쳐 오"(『類合』下 2장) 등에서 '잋－(惡, 倦)'의 쓰임을 볼 수 있다.[27] 현대 한국어에서는 이 말이 완전하게 잊혀서 사용되지 않는다.

반면에 '염촉(猒髑)'은 첫 글자 '염(猒)'이 '잋－(惡, 厭)'의 의미를 나타내고 '염촉(猒髑)'의 다음 글자 '촉(髑)'은 '잋－'의 음절 말의 'ㅊ'을 표기

27 근대한국어에 들어오면 '잋－'은 의미가 변한다. 『첩해신어』(AD. 1676 간행)의 "비예 이치여 오오니"(권2 2장)와 "ᄇᆞᄅᆞᆷ의 이치여 이제야 왓ᄉᆞᆸᄂᆡ"(권1 12장)에 보인는 '이치－'는 '시달리다'의 의미가 되었고 현대한국어에서는 전혀 사용하지 않게 되었다.

한 것이다. 이를 말음첨기법(末音添記法)으로 부르기도 한다.[28] 또 이를 전술한 바와 같이 역상불역하(譯上不譯下－앞의 글자는 번역하여 뜻으로 읽고 다음 글자는 번역하지 않고 발음으로 읽는다)의 방법이라고도 한다.

따라서 앞의 인용문에 등장하는 역상불역하(譯上不譯下)의 '불역하(不譯下)'는 한자를 발음만 빌려 기록하는 전차음(全借音)의 차자 방법이고 '역상(譯上)'은 글자의 뜻을 빌려 읽는다는 뜻이다. 즉, 반(半)만 뜻을 빌리고 반은 음을 빌리는 반차의(半借義)의 차자(借字) 방법이라 할 수 있다. 역상불역하와 말음첨기법은 모두 반차의(半借義)의 차자 표기를 말한 것이다.

위의 예에서 '猒髑'을 먼저 쓰고 '혹작(或作)' 이하의 차음(借音)과 역운(譯云) 이하의 차의(借義)로 나누어 표기한 예를 보였으며 '이차(異次)'의 한역은 '염(厭')이고 '염촉(猒髑)'의 '촉(髑)'은 차음(借音)으로 조사(助辭)라고 하여 '염촉' 표기에 대하여 설명하였다. 따라서 우리는 여기서 차자 표기의 기본적인 두 가지 방법을 살펴볼 수 있다.

즉, 고유명사의 차자 표기는 발음만을 빌리는 전차음(全借音)의 방법이 있고 또 그 반(半)은 뜻글자를 빌리는 반차의(半借義)의 방법이 있음을 알 수 있는데 신라의 인명표기에서는 후자의 방법을 선호한 것으로 보인다. 그리하여 전차음(全借音)의 '이차돈(異次頓)'보다 반차의(半借義)의 염촉(猒髑)이 더 많이 쓰였다.

4.1.4.3. 신라에서한자 차자 표기의 방법으로 하나는 모두 음차(音借)하여 전차음의 글자로만 표기하는 방법과 반차의(半借義)의 방법으로 첫 부분만 의자(義字)로 읽는 방법이 있었다. 앞에서 예를 들은 '赫居世'와 '弗居內'는 후자가 전차음(全借音)의 표기이고 전자는 반차의의 방법이다.

28 末音添記法, 또는 義字말음첨기법에 대하여는 김완진(1980)과 김민수(1990)을 참고할 것.

또 전자의 '혁거세(赫居世)'는 첫 글자를 번역하고(譯上) 아래 글자는 번역하지 않는(不譯下) 방법, 즉 역상불역하(譯上不譯下)의 차자 표기라고도 한다. 결국 신라의 한자 표기에서 반차의(半借義)의 표기 방법이며 다음의 '혁거세(赫居世)'는 이러한 방법의 한자 차자 표기라고 할 것이다. 반면에 '불거내(弗居內)'는 전차음(全借音)의 차자 표기 방법이다.

졸저(2022: 338)에서 논의한 대로 '이차돈(異次頓)'의 차자 표기를 예로 하면 전차음(全借音)의 방법은 '잊－'을 "異次, 異處, 伊處"로 표기하는 것이고 반차의(半借義)의 방법은 '이차돈'를 "猒(잊－) + 助辭(髑, 頓, 道, 覩, 獨)"로 표기하는 것이다. 후자의 경우는 역상(譯上)의 '염(猒)'과 불역하(不譯下)의 '촉(髑)'을 교묘하게 배합하여 표기한 것이다.

이러한 한자의 차자 표기 방법은 신라에서 고유명사의 표기만이 아니고 다른 어휘의 표기에서도 매우 생산적으로 이용되었다. 이 표기법은 한국어가 가진 문법적 특징, 즉 교착적인 문법구조와 고립적인 문법구조를 가진 중국어와의 차이점을 인식한 다음에 한자를 빌려 이를 표기한 것이라서 매우 유용한 방법이라고 아니할 수 없다.

구문 구조가 의미부와 형태부로 나뉘는 우리말과 의미부만 있고 문법은 대부분을 어순(語順)에 의존하는 중국어와의 차이를 인식한 것이다. 즉, 한국어는 의미부인 어간과 문법부인 어미가 뚜렷하게 구별되는 언어로서 표의문자인 한자로서 한국어를 표기할 때에 이보다 더 이상적인 방법을 고안해 낼 수 없었는지도 모른다.

"역상불역하(譯上不譯下)"의 표기, 즉 반차의(半借義)의 차자 표기는 표의문자인 한자를 가지고 신라의 향가(鄕歌)에서 다음과 같이 효과적으로 신라 말을 표기한다.

吾肹(나흘), 心未(ᄆᆞᅀᆞᆷ), 月良(ᄃᆞ래), 夜矣(바ᄆᆡ)
慕理尸(그릴), 行乎尸(녀올), 折叱可(것거), 有如(있다)
去隱春(간봄), 執音乎手(자ᄇᆞ온 손), 去奴隱處(가논 곳), 好尸日(조흘 날)

따라서 한자의 차자 표기의 방법에는 전차음과 같은 음독표기(音讀表記), 반차의(半借義)의 혼합표기(混合表記), 그리고 전차의(全借義)라고 할 수 있는 석독표기(釋讀表記)가 있을 수 있으며 이 술어가 오히려 널리 알려졌다. 이러한 고유명사의 표기는 신라에서 인명(人名)만이 아니고 지명(地名), 관직명(官職名)의 표기에 쓰였으며 점차 일반명사의 표기에도 확대되었다.

4.1.4.4. 지명의 예를 들어 졸저(2022: 339~341)에서 고유명사 차자 표기의 방법을 살펴보았다.

① 동래(東萊)－거칠군

> 東萊郡, 本居柒{漆}山郡, 景德王改名, 今因之.－동래군은 본래 거칠산군이었다. 경덕왕이 개명하여 지금 그렇게 되었다." <삼국사기>(권34), 「雜志」 3, 「地理」 1 '동래군(東萊郡)' 조).

또 "居柒夫, {或云荒宗}, 姓金氏, 奈勿王五世孫.－거칠부 {혹은 황종이라 이른다} 성은 김씨이며 내물왕의 오세손이다." <삼국사기>(권44), 「列傳」 4, '居柒夫' 조를 참고하면 '거칠(居漆=居柒)'이 '거칠다(荒)'의 의미로 쓰인 전차음의 표기임을 알 수 있다.

② 문현(文峴)－글바위

> 文峴縣, 一云斤尸波兮.－문현현은 일명 글(斤尸) 바위(峴) 현이다." <삼국사기>(권37), 「雜志」 6, 「地理」 4. '文峴縣'조.

여기서 '文(글)', '峴(바휘)'은 석독자이고 '斤尸波兮(글바위)'는 음독자의 표기다. 이렇게 음독자로 쓰였던 지명이 신라 경덕왕 16년(757)에 중

국식으로 2자의 한자명으로 개명하였다.[29]

③ 사포(絲浦) – 실개(谷浦)

> 絲浦, 今蔚州谷浦也 – 사포(絲浦 – 실개)는 지금의 울주 곡포(谷浦 – 실개)다. <삼국유사>(권3).

이 기사에서 '사(絲)'의 새김은 '실'이고 '곡(谷)'의 새김도 '실'임을 알 수 있다. 중세한국어의 '시내(溪)'와 현대어의 '시냇물'은 '실(谷) + 내(川) = 시내', 그리고 여기에 '물(川)'을 합성하여 이루어진 낱말임을 알 수 있다. 실(谷)의 'ㄹ'은 'ㄴ' 앞에서 탈락되는 음운 현상이 우리말에 있었던 것이다. 그리고 '포(浦)'는 그 새김이 '개'였다.

④ 신평(新平) – 사평(沙平)

> 新平縣, 本百濟沙平縣 – '신평(新平)'은 본래 백제의 지명으로 '사평'이었다." <삼국사기>(권36), 「雜志」 5, 「地理」 3, '新平縣'조.

이 기사로 '신(新)'은 백제어로 '사(沙)'였음을 알 수 있다. 즉, "新良縣, 本百濟沙尸良縣 – 신량현은 본래 백제에서 살량현이었다." <삼국사기>(권36), 「雜志」 5, 「地理」 3 '新良縣'조. 이로부터 '신(新) = 사(沙)'의 대응을 확인할 수 있다. 또 이 말은 현대한국어의 '새'와도 관련이 있다.

---

29 <삼국사기>(권34), 「雜志」 3, 지리1, '尙州'조에 "沾解王時, 取沙伐國爲州. 法興王十一年, 梁普通六年初, 置軍主爲上州. 眞興王十八年州廢. 神文王七年唐垂拱三年復置. 築城周一千一百九步. 景德王十六年改名尙州, 今因之 [下略] – 첨해왕 때에 사벌국을 취하여 주를 삼다. 법흥왕 11년, 양(梁) 보통(普通) 3년(522)에 처음으로 군주(軍主)를 두고 상주(上州)로 하였다. 진흥왕 18년에 주(州 – 上州를 말함)를 폐하였다가 신문왕 7년, 당 수공(垂拱) 3년(687)에 다시 설치하였다. 성은 둘레가 1,109보로 쌓았고 경덕왕 16년(757)에 상주(尙州)로 개명하여 오늘에 이른다."라는 기사가 있어 경덕왕 16년에 지명의 정리가 있었음을 알 수 있다.

⑤ 석산(石山) - 돌악뫼(珍惡山)

> 石山縣, 本百濟珍惡山縣 - 석산현은 본래 백제에서는 돌악뫼현이었다." <삼국사기>(권36), 「雜志」 5, 「地理」 3, '石山縣'조.

이 기사에서 '석(石)'의 새김이 '진악(珍惡)'으로 표기된 것으로 보이며 '진(珍)'은 '[tur]'로 읽혔던 것으로 "馬突一云馬珍"(<삼국사기>권37, 잡지 6, 「地理」 4)의 예에서 알 수 있다. 따라서 '珍惡'은 '[turɔk]'의 표기로 볼 수 있다. 역시 '돌악뫼(珍惡山)'의 첫 글자는 번역하여 읽고(譯上) 다음의 '악(惡)'은 뜻으로 읽지 않는(不譯下) 방법이다.

4.1.4.5. 다음은 관직명의 ⑥ 파진찬(波診湌), ⑦ 주다(酒多), 각간(角干), 각찬(角粲), 서발한(舒發翰), 서불한(舒弗邯)의 예를 졸저(2022: 341~342)에서 옮겨 보기로 한다.

> [前略] 四曰, 波珍湌, 或云海干, 或云波彌干 - [전략] 네 번째는 파진[바돌]찬, 혹은 해간[바돌칸], 혹은 파미간[바룰간]이라 한다." <삼국사기>(권38) 「雜志」 제7, '職官 上'조.

이 기사의 '波珍湌'에 보이는 '珍'은 위에서 살펴본 바와 같이 그 새김이 '돌'이었음으로 '波珍'은 '바돌'의 표기임을 알 수 있고 '海干'은 역상불역하(譯上不譯下)하여 역시 '바돌한'의 표기임을 알 수 있다. '波彌干'은 '波爾干'의 오자인 것으로 보면 '바리', 또는 '바ᄅᆞ'의 표기로 보인다. 중세한국어에서도 '바ᄃᆞ'와 '바ᄅᆞ'가 쌍형 어간으로 존재했음은 주지의 사실이다.

다음 ⑦ 주다(酒多)의 각간(角干), 각찬(角粲), 서발한(舒發翰), 서불한(舒弗邯)의 예는 다음과 같다.

酒多 後云角干－주다는 후에 쌀한으로 부른다." <삼국사기>(권1), 「新羅本紀」 제1, '祇摩尼師今 元年' 조. 그리고 "或云角干, 或云角粲, 或云舒發翰, 或云舒弗邯－혹은 쌀한, 혹은 쌀찬, 혹은 서발한, 혹은 서불한으로 브른다."(<삼국사기> 권38, '職官 上')[30].

여기서 ⑦ 주다(酒多)의 '각간(角干), 각찬(角粲), 서발한(舒發翰), 서불한(舒弗邯)'은 '酒－수블'[31], '角－스블 > 쌀 > 뿔', '舒發－서발', '舒弗－서블'이 모두 유사한 발음을 전사한 것으로 '으뜸'이란 의미가 있다. 그리고 "多－한, 干－간, 粲－찬, 翰·邯－한"도 유사한 발음의 전사임을 알 수 있다. 이때의 '한(多, 干, 粲, 翰·邯)'은 중세한국어의 '하다(많다, 크다)'의 조어(祖語)일 것이다.

4.1.4.6. 이상의 고유명사 표기의 예를 보면서 몇 가지 문제점을 생각할 수 있다. 첫째는 전차음자(全借音字), 즉 음독자의 자유로운 선택이다. 앞에 든 예 가운데 '이차돈(異次頓)'의 '잋－(厭)'에 대하여 음독 표기는 "異次, 伊處"로 표기되고 그 차이는 "方音之別－방언음에 의한 구별"로 보았다.

따라서 당시 신라어의 여러 방언에서 음절말의 자음이 달라서 그에 따라 한자의 표기가 유동적이었음을 말한다. 즉, 신라시대의 차자 표기에는 전차음(全借音)과 같이 한자의 독음(讀音)으로만 적는 경우가 있었는데 그때에 차용된 한자는 방언의 차이에 따라 수의적(隨意的)이었

30 <삼국사기>(권38), 「雜志」 제7, '職官 上'에 "大輔, 南解王七年以脫解爲之. 儒理王九年置十七等, 一曰: 伊伐湌 {或云伊伐干, 或云于伐湌, 或云角干, 或云角粲, 或云舒發翰, 或云舒弗邯} [下略]－'대보'로는 남해왕 7년에 '탈해'를 삼았다. 유리왕 9년에 17등급을 두어 그 하나를 '이벌찬' {혹은 '이벌간', 혹은 '우벌찬', 혹은 '각간', 혹은 '각찬', 혹은 '서발한', 혹은 '서불한'이라 함}이라 불렀다"라는 기사 참조.

31 『鷄林類事』에 "酒曰酬孛" 참조. '孛'는 같은 책에 "火曰孛"로 보아 '불, 또는 블'로 읽혔음을 알 수 있다. 따라서 '酬孛'은 [수볼]이었을 것이다. 이것이 현대한국어에서 '술'(장음)이 되었다. 즉, 모음 간, 또는 유성음 사이의 /ㅂ/이 /ㅸ/으로, 그리고 다시 /우/로 변하였다가 상실되는 /ㅂ > ㅸ > w > null/의 과정을 거친다.

음을 알 수 있다. 즉, 차(次)와 처(處)의 표기가 방언에서의 차이를 가리킨 것이다.

그리고 신라어의 한자 차자 표기에는 전차음(全借音) 이외에도 반차의(半借意), 반차음(半借音)과 같이 표기된 한자의 일부만 독음으로 읽는 방법이 있었으며 전차의(全借意)처럼 모두 석독하는 방법이 있었다. 반차의, 반차음 표기는 앞의 예서 '주다(酒多)'의 '각간(角干)'을 '쓸한'으로 읽는 것을 말하고 '주다(酒多)'를 '쓸한'으로 읽는 것은 전차의(全借意) 독법이다.

이러한 한자의 차자 표기 방법은 고려 후기까지의 향찰(鄕札)과 조선시대의 이두(吏讀)에서도 그대로 반영되었다. 전차음(全借音)의 방법과 전차의(全借意)의 방법, 그리고 이를 혼합한 반차의(半借意), 반차음(半借音)의 방법이 섞여있는 이두문(吏讀文)이 나오게 된다. 이두(吏讀)가 신라시대의 향찰(鄕札)로부터 발달한 것이라는 필자의 주장은 여기에서 나온 곳이다.

그리고 이러한 이두(吏讀) 표기가 조선이문에 들어 있어 이문을 이두문으로 오해하기도 하였다. 그리하여 안병희(1987: 9)에서 "[전략] 즉 吏讀란 吏文에 口訣 곧 吐(또는 讀)를, 漢字를 借用하여 표기한 것이라 이해된다. 다시 말하면 漢文 곧 文의 吐를 吏讀 또는 吏吐라 한 것으로 보인다."(한자는 원문대로)고 하였다.

앞에서 논의한 것에 따르면 '이문(吏文)에 구결－토를 한자로 표기한 것이 이두'라는 이러한 정의는 있을 수가 없고 더구나 '한문의 토를 이두(吏讀)'라고 한다는 말은 전혀 상식에 맞지 않는 주장이다. 필자는 이러한 주장이 그동안 우리 학계의 이문(吏文)에 대한 연구에서 기본적으로 통용되는 지식이었다는 점에 아연실색(啞然失色)하지 않을 수 없다.

그에 따라 이런 생각을 가진 연구자들에 의하여 필자의 주장이 사문난적(斯文亂賊)으로 몰리는 것을 참으로 참담한 마음으로 보지 않을 수 없다. 아무리 진리가 외면되고 시류(時流)의 위설(僞說)이 판을 치는 세상이더라도 이것은 좀 지나치다고 보지 않을 수 없다.

2. 조선이문의 실체

4.2.0. 조선시대에 들어와서 이문(吏文)은 공문서에서 공식적으로 사용되었다. 조선 초기에 한이문(漢吏文)의 영향으로 한어(漢語)에는 없고 우리말에만 존재하는 어미, 조사, 어구(語句)의 종지사(終止辭) 등의 형태부 표기가 한자의 음과 새김, 즉 석(釋)을 빌려 삽입되어 조선이문(朝鮮吏文)은 형성된 것이다.

고립어인 중국어와 알타이제어의 교착어는 어미나 조사와 같은 형태부가 중국어에는 발달하지 않았지만 반대로 알타이제어에서는 문장 형성에 매우 중요한 문법 요소라는 점이다. 특히 문장의 종결을 나타내는 종지사(終止辭)의 발달은 전술한 바와 같이 교착어(膠着語)와 고립어(孤立語)에서 극단적으로 대립되는 문법 요소라는 점이다.

고립어와 같이 의미부만의 연결로 문장의 문법적 특징은 주로 어순(語順)에 의지하지만 교착어는 문장 내에서 각 의미부의 문법적 속성을 나타내는 어미와 조사와 같은 형태부가 필수적이다. 따라서 이러한 형태부의 발달과 더불어 문장 말의 종지사가 필수적인 교착어는 의미부 표기에 특정된 한자로 표기할 때에 가장 큰 걸림돌이 되는 요소라고 아니할 수 없다.

원대(元代)의 한이문(漢吏文)은 몽고어 문법의 영향을 받은 한아언어(漢兒言語)를 적은 것이어서 고립어인 중국어가 갖는 어미와 조사와 같은 형태부와 문장의 종지사를 한자로 표기하였다. 그로 인하여 교착어인 조선어의 표기에도 매우 편리한 면이 있었던 것이다. 따라서 한이문의 문장 표기가 조선어 표기에 어떤 한문 문체보다 적절하고 편리하였다.

그리하여 조선이문(吏文)은 기본적으로 원대(元代) 한이문의 문체에 맞춘 것으로 이두문(吏讀文)과는 구별되어야 한다. 오늘날 우리 학계는 이러한 구별이 매우 애매하여 대부분의 이두(吏讀) 연구자들은 이 둘을 혼동한다. 그러나 이두는 한자의 발음과 새김으로 우리말을 그대로 적는 것이라면 이문(吏文)은 어디까지나 한문의 문법에 맞추고 형태부만 삽입한 것이다.

즉, 고립어인 중국어 표기를 위한 한이문에 교착어인 우리말의 표기에 필요한 어미와 조사, 그리고 문장 종지사를 구결-토로 추가하여 삽입한 것이 조선이문이다. 다만 전게한 <이문대사>에서 볼 수 있는 것처럼 일정한 투식(套式)이 있고 특수한 관용구를 사용하며 주로 공문서에 사용한다. 그러나 이러한 특수 관용구와 투식도 대부분 한이문의 영향을 받은 것이다.

1) 이문(吏文)과 이두문(吏讀文)

4.2.1.0. 앞에서 살펴본 바와 같이 한반도에서는 역사시대의 시작부터 한자와 한문을 들여다가 우리말을 기록하였다. 한문으로 우리의 일과 말을 기록한다는 것은 중국어로 번역하여 한자로 적는 것을 말한다. 그러나 중국어는 고립적 문법구조여서 어미와 조사, 어구(語句)의 종지사 등의 형태부가 거의 발달하지 않은 언어다.

이러한 한문의 특수성, 즉 어미와 조사, 종지사의 결여(缺如)를 보완하기 위하여 이 땅에서는 일찍부터 구결(口訣, 입겿, 입겻)을 한문 문장에 삽입하거나 토(吐)를 다는 방법을 고안하여 사용하였다. 즉, 고립어인 상고(上古), 또는 고대(古代)중국어를 표기한 한문에다가 교착어인 우리말의 특수한 어미, 조사, 종지사의 형태부를 구결-토로 삽입하여 읽는 방법이다.

이 때에 삽입하는 구결-토도 역시 한자였는데 주로 한자의 발음을 이용하였으나 해당 발음을 표기할 수 있는 한자가 찾기 어려운 경우에 그 새김, 즉 뜻을 빌리기도 하였다. 예를 들면 '-ᄒᆞ고,-이라'를 '-위고(爲古), -시라(是羅)'와 같이 적는 방법이다. 이 때의 '고(古), 라(羅)'는 발음을 빌린 음차(音借)이지만 '위(爲), 시(是)'는 'ᄒᆞ, 이'와 같이 그 새김을 빌린 것이다.

소위 석차(釋借)라고 하는 이 구결-토의 표기방법은 '변음토착(變音吐着)'이라 부르는, 한자를 익히 아는 유생들에게는 매우 귀찮은 존재였다.[32] 이것을 괴롭게 여긴 세종이 자손들에게 이것을 해결할 것을 주문하자 둘째 따님이 정의(貞懿)공주가 이를 해결하여 부왕으로부터 많은 상을 받았다는 기사가 <죽산안씨대동보(竹山安氏大同譜)>에 전한다(졸저, 2015: 456~8).[33] 필자는 변음토착(變音吐着-발음을 바꿔서 토를 달다)의 난제(難題)를 해결한 것은 정의(貞懿)공주가 훈민정음으로 토(吐)를 단 것으로 보았다. 변음토착과 관계없이 모든 구결-토를 훈민정음으로 표기하여 이 문제를 해결한 것으로 본다(졸저, 2022: 445).

예를 세종의 '어제훈민정음서'에서 들면 '國之語音伊 异乎中國爲也'를 "國之語音이 异乎中國ᄒᆞ야"로 하여 '-伊, -爲也'를 '-이, -ᄒᆞ야'와 같이 훈민정음으로 토를 달아서 '爲-ᄒᆞ-'의 변음토착을 해결한 것이다.[34] 다만 조선이문(朝鮮吏文)에서는 구결-토를 역시 한자로 썼고 변음토착도 그대로 인정할 수밖에 없었다.

---

32 '變音吐着'에 대하여는 졸저(2015: 21~24)와 졸고(2016c)를 비롯한 많은 필자의 논저에서 자세하게 살펴보았다. 혹자는 이것이 무엇을 의미하는지 알 수 없다고 하였는데 이것은 吏讀文으로 "[한자의] 발음을 바꿔서 토를 달다"의 뜻으로 吏讀를 조금만 이해하여도 알 수 있는 내용이다.

33 그러나 <세종실록>에는 貞懿공주가 상을 받은 것에 대한 기사는 없다 오히려 <세조실록>에 누님인 貞懿공주에게 白米 100석을 下賜했다는 기사가 세조 6년에 있어서 아마도 <諺文字母>를 고안한 데에 대한 賞으로 보았다. 아 무렵 간행된 <初學字會>의 권두에 <언문자모>가 附載되어 언문 보급에 크게 기여한 것을 기린 것으로 본다(졸저, 2022: 445~450).

34 "國之語音 异乎中國"은 고려대 소장의 언해본 <훈민정음>과 <排字禮部韻略>의 한문본 <훈민정음>에서 가져온 것이다. 이 두 판본에는 세종의 훈민정음서문에 '御製曰'이 들어 있어 이것이 빠진 {해례}<훈민정음>이나 <세종어제훈민정음>보다 더 원본에 가깝다고 보기 때문이다.

바꾸어 말하면 조선이문은 한문에다가 우리말에 맞추어 조사, 어미, 그리고 종지사를 삽입하여 적은 것이다. 따라서 조선이문의 문법은 중국어를 따른 것이다. 반면에 이두로 쓰인 이두문(吏讀文)은 우리말을 한자로 적었을 뿐이라 문장의 구성은 우리말의 문법에 맞춘 것이다. 따라서 이문(吏文)과 이두문(吏讀文)은 전혀 다르다.

또 조선이문은 비록 한이문의 영향을 입었지만 우리말을 표기한 것이므로 어휘나 어미, 조사와 같은 형태의 표기가 발달하여 원(元)의 공용어이던 구어(口語)의 한아언어(漢兒言語)를 한자로 표기한 한이문과 부분적으로 다를 수밖에 없다. 후자의 한이문이 몽고어의 영향 아래에 이루어진 한어(漢語)의 문어(文語)라면 전자의 조선이문은 우리말을 표기한 문어이기 때문이다.

4.2.1.1. 구결, 토라고 불리는 한문이나 이문에 삽입된 형태에 대하여 안병희(1987: 9)에서 다음과 같이 잘못된 주장이 펼쳐지기도 한다.

> [전략] 이러한 吏文의 확인으로 우리의 吏讀에 대한 새로운 해석을 얻게 된다. 즉 吏讀란 吏文에 口訣 곧 吐(또는 讀)를, 漢字를 借用하여 표기한 것이라 이해된다. 다시 말하면 漢文 곧 文의 吐를 文吐라 하지 않고 吐라고만 하듯이, 吏文의 吐를 吏讀 또는 吏吐라고 한 것으로 보인다. [하략] 한자 및 표기법은 원문대로.

이 주장에서 볼 수 있는 '이문(吏文)의 토(吐)가 이두(吏讀)'라는 주장은 참으로 터무니없다고 할 수 있다. 역사적으로 향찰(鄕札) 표기로 알려진 한자의 음과 새김으로 우리말을 그대로 표기하는 전통은 후대에 이문(吏文)이 발달하여 널리 알려지게 되자 우리말을 어느 정도 한자로 적는 향찰의 표기 방법에서 새롭게 이두(吏讀)라는 이름을 얻게 된다.

즉, 이문(吏文)을 읽는 방법과 같이 한문의 문법 구조가 아니라 우리말에 맞추어 한자로 표기한다는 뜻의 용어로 이두(吏讀)가 채용된 것이기 때문에 이토(吏吐)가 이두(吏讀)로 되었다는 주장은 전혀 이치에 맞지 않는다. 이것은 한아언어와 한이문(漢吏文)의 존재를 이해하지 못한데서 오는 어쩔 수 없는 오해라고 아니할 수 없다.

'이토(吏吐)'가 '이두(吏讀)'라는 주장은 이두문(吏讀文)이 향찰(鄕札) 표기문과 동일함을 전혀 이해하지 못한 것이다. 우리말 그대로 한자로 적는 향찰의 방법을 후대에 이두라고 했었다. 물론 이문(吏文)에도 구결-토가 삽입되지만 이것만을 따로 이토(吏吐), 이두(吏讀)라고 부르지는 않는다. 전술한 것처럼 이문과 이두문은 근본적으로 다른 문법의 문장이기 때문이다.

4.2.1.2. 이두(吏讀)는 앞에서 언급한대로 우리말의 문법대로 우리말의 어순에 따라 한자로 기록하고 한자가 없는 조사(助詞)와 어미(語尾), 종지사(終止辭)는 한자의 발음과 뜻을 빌려 차자 표기하는 방법을 말한다.

다만 한반도에서 '이두(吏讀)'란 명칭이 언제부터 사용되었는지 명확하지 않다. 지금으로서는 <세종실록>(권103) 세종 25년(1444) 2월 경자(庚子, 20일)조에 부재된 최만리(崔萬理) 등의 언문 반대 상소문에 "吏讀行之數千年, 而簿書期會等事, 無有防礎者,-이두가 행해진 지 수천 년에 문서를 쓰고 날짜를 정하는 등의 일에 아무런 문제가 없는데"라는 기사에서 현재로서는 가장 이른 시기의 이두(吏讀)가 등장한 것으로 보인다.

그리고 이어서 {해례}『훈민정음』(1446)의 권말(卷末)에 부재된 정인지(鄭麟趾)의 후서(後序)에 "薛聰始作吏讀, 官府民間至今行之.-설총이 이두를 시작하여 관부와 민가에서 오늘에 이르기까지 행하고 있다."에 나타나는 이두(吏讀)가 앞의 <세종실록>의 세종 25년 기사와 더불어 가장 오래된 것으로 보인다.

이두에 대하여 류렬(1983: 13)에서는 다음과 같이 정의하였다.

> 리두는 비록 한자로 씌여있으나 그것은 결코 한문이 아니며 따라서 한문으로는 제대로 읽을수 없는 어디까지나 조선말을 적어놓은 독특한 조선글의 하나였다. 조선말을 적어놓은 조선글의 하나이기는 하면서도 또한 한자를 전혀 모르고는 제대로 읽을수 없는 특수한 류형의 글이였다. [중략] '리두'라는 이름은 그 자체의 발전력사와 관련되여있으며 그 기능의 내용, 성격과도 관련되여있다. '리두'란 이름은 '吏讀, 吏頭, 吏道, 吏吐, 吏套' 등으로도 쓰이고 '吏札, 吏書' 등으로도 쓰이였다. 이 여러 가지로 쓰인 이름들은 모두가 그 첫 글자를 '官吏'를 뜻하는 '吏 '자를 쓰고 있으며 그 둘째 글자는 대체로 '글자'나 '글'을 뜻하는 글자들이나 또는 그런 글자들과 그 음이 비슷한 글자를 쓰고있는 것이 특징적이다. 이것은 곧 이 이름들이 모두 '관리들의 글', '관리들이 쓰는 관청의 글'이라는 말이다. [하략]. 띄어쓰기, 맞춤법은 원문대로.

이어서 이두라는 명칭에 대하여 류렬(1983)의 같은 곳에서 "그러므로 '이두'라는 이름은 7~8세기이후에 쓰이기 시작한 것이라 볼 수 있다. 그러나 '이두'의 발생, 발전 역사는 이보다 훨씬 오랜 이전부터 시작되었던 것이다"라고 하여 '이두(吏讀)'는 신라시대에 이미 사용된 것으로 보았다.

그러나 전술한 것처럼 '이두(吏讀)'라는 명칭은 전술한 <세종실록>의 기사가 가장 앞선 것으로 『삼국사기(三國史記)』나 『삼국유사(三國遺事)』는 물론 고려시대의 문헌에서도 발견되지 않는다. 물론 신라시대에도 한자의 음훈(音訓)을 빌려 신라어를 기록하여 설총(薛聰)이나 강수(强首)선생이 이를 정리하였다는 기록이 있다.

그렇지만 그것은 어디까지나 '향찰(鄕札)'이었지 이두(吏讀)라는 명칭으로 나타나지는 않는다. 따라서 한자의 음(音)과 훈(訓), 또는 석(釋), 새김을 빌려 우리말을 기록하는 방법은 멀리 삼국시대부터 있었지만 그러한 표기를 향찰(鄕札)이라 하였고 이를 '이두(吏讀)'라고 부른 것은 조선 초기의 기록이 현재로는 가장 이른 시기의 것이다.

4.2.1.3. 현재로는 조선이문(吏文)이 한이문(漢吏文)의 영향으로 원(元) 이후인 고려 후기에 생겨났고 그의 영향으로 한이문(漢吏文)의 독특한 문체의 표기인 '이독(吏牘)'을 '이두(吏讀)'로, 한이문을 학습하는 한이학(漢吏學)을 '이도(吏道)'를 '이두(吏頭)'로 바꾸어 적은 것이 아닐까 한다. 유사한 한자음, 즉 독(牘-讀)과 도/두(道-頭)의 혼효로 볼 수 있기 때문이다.

따라서 이상의 술어는 원대(元代) 한이문(漢吏文)의 영향으로 한반도에서도 고려후기, 또는 조선시대에 새로 이문(吏文)이 생겨난 다음의 용어들이며 고려 말에서 조선 전기에 확립된 것으로 본다. 이제 여기에서 이두(吏讀), 이두문(吏讀文), 그리고 이문(吏文)에 대한 용어의 정의를 정리할 필요를 느끼지 않을 수 없는데 다음의 4.3.2.0.~2.에서 이를 새롭게 정리하였다.

그동안 학계에서는 이 술어들을 매우 혼란스럽게 사용하고 있다. 앞에서 논의한 대로 이두(吏讀), 또는 이문(吏文)이란 술어는 고려 후기, 즉 원대(元代)에 한이문(漢吏文)이 성립된 이후에 사용되기 시작한 것으로 아마도 고려 후기에도 이 술어가 사용되었을 가능성이 있지만 현재로는 고려시대에 그런 자료를 찾아볼 수 없었다.

이두(吏讀), 이문(吏文)의 이(吏)란 한자가 관리(官吏)의 의미로 쓰인 것은 전술한 바와 같이 원대(元代) 몽고인의 통치자에게 한인(漢人)의 서리(胥吏)들이 당시 원(元)의 공용어였던 한아언어를 그대로 한자로 써서 보고하던 한이문(漢吏文)으로부터 시작한다. 그리고 이러한 한문의 특이한 문체가 고려 후기에 수입되어 조선 건국 초기부터 정식으로 사용된 것으로 보인다.

2) 법률서 및 실용서의 조선이문

4.2.2.0. 앞에서 원대(元代)의 한이문(漢吏文)이 사법(司法), 행정의 실용적인 공용문서에 주로 사용되었음을 강조하였다. 조선이문도 이의 영

향으로 공문서나 사법 문서에 주로 사용된다. 그리하여 조선이문(吏文)에 의한 우리말 문장의 본격적인 표기는 『대명률직해(大明律直解)』에서 볼 수 있다.[35]

이 책은 명(明)의 『대명률(大明律)』(30권)을 조선이문으로 직해(直解)한 것으로 당시의 실정에 맞게 우리의 한문체인 조선이문으로 명(明)의 법률을 풀이하였다. <대명률>은 명(明) 태조 주원장(朱元璋)이 오왕(吳王)이었을 원(元) 지정(至正) 27년(1367)에 그의 부하로서 후일 좌승상(左丞相)까지 오른 이선장(李善長)을 중심으로 <당률(唐律)>을 손질하여 편찬한 법전이다.

그리하여 <당률(唐律)>에서 이률(吏律) 18조, 호률(戶律), 63조, 예률(禮律) 14조, 병률(兵律) 32조, 형률(刑律) 150조, 공률(工律) 8조, 도합 285조로 된 율(律)과 145조의 영(令)을 완성하여 한이문으로 작성하고 <율령직해(律令直解)>라 하여 공표하였다. 직해(直解)라는 명칭으로 보아 당시의 구어(口語)에 의거한 해설서였다.

다음 해에 주원장(朱元璋)이 명(明)의 황제에 오른 다음에 형부상서(刑部尙書) 유유겸(劉惟謙)에게 명하여 이를 정리하여 홍무(洪武) 7년(1374)에 『대명률(大明律)』 30권을 간행하였다. 후에 이를 부분적으로 수정하여 홍무(洪武) 20년(1387)에 다시 간행하여 명(明) 제국(帝國)의 법령을 완정(完定)하였다.

이 책은 처음부터 원대(元代) 사법(司法) 문헌이 그러했듯이 처음에 제목을 <율령직해(律令直解)>라고 하여 고문(古文)이나 한문이 아니라 한이문으로 작성되었음을 말한다. 명(明) 태조 주원장(朱元璋)이 오아(吳兒)를 이끌고 몽골의 원(元)을 쳐부순 다음에 나라를 세운 것이 명(明)인데 원대(元代)의 한이문(漢吏文)을 사용하여 <대명률>을 간행한 것은 필자에

35 <大明律直解>는 朝鮮總督府 中樞院 調査科 編(1936)에서 弘文館본을 일부 영인하여 게재하고 활자본으로 전문을 수록하였다. 활자본에는 일본식의 圈點 표기가 붙어있다.

게 의외의 일로 보인다.

다만 <대명률>을 초기에 간행할 당시는 아직 몽골의 원(元)이 건재하고 있었고 한이문은 중국 문자생활에서 이미 널리 사용되고 있어서 백성들에게 공포하는 법률을 한이문으로 작성할 수밖에 없었을 것이다. 그리고 명(明)이 건국된 다음 3대 황제인 영락제(永樂帝)가 다시 북경(北京)으로 천도(遷都)할 정도로 북경(北京)의 언어와 문화는 이미 중국 전역을 압도하였다.

4.2.2.1. 『대명률직해(大明律直解)』는 조선 태조(太祖) 때에 조준(趙浚)이 한이문과 조선이문에 정통한 고사경(高士褧), 김지(金祗)로 하여금 명(明)의 흠찬(欽撰) 법률서인 <대명률>을 조선이문으로 직해하게 하고 정도전(鄭道傳)과 귀화인 당성(唐誠)으로 하여금 이들 다시 윤문(潤文)하게 하여 태조 4년(1395)에 인간한 것으로 후대에 여러 차례에 걸쳐 개판(改版)하였다.

현전하는 판본으로는 홍문관(弘文館)의 구장(舊藏)본으로 서울대학교에 소장된 판본이 있다. 이 판본은 원래 비변사(備邊司)의 구장본으로 조선총독부(朝鮮總督府)와 일본 내각(內閣)문고, 그리고 가나자와 소사부로(金澤庄三郞)의 소장본을 대교하여 교정(校訂)한 것으로 조선총독부 중추원(中樞院)의 활자 간행본이 일제(日帝) 강점기에 간행되었다(朝鮮總督府 中樞院 調査科 編, 1936).

또 후일에 안병희(1986)의 해제를 붙여 이상하(보경문화사)가 발행한 <대명률직해(大明律直解)>의 영인본은 16세기 중엽의 중간본이다. 조선총독부의 교정본이 17세기에 중간한 홍문관(弘文館) 구장본(舊藏本)이었음으로 보경문화사의 영인본이 훨씬 고본(古本)이다. 이 외에도 일본 나고야(名古屋)의 호사(蓬左)문고에도 임진왜란 때에 반출한 다른 도서와 함께 소장되었다.

따라서 <대명률직해>는 초기의 조선이문을 이해할 수 있는 좋은 자료가 된다. 필자가 이용한 조선총독부 교정본(朝鮮總督府 中樞院 調査科 編, 1936)에서 예를 옮겨 보면 다음과 같다. 언해문은 필자가 구결(口訣)로 붙인 이두를 언해한 것이다. 다음에 인용한 것은 <대명률직해>의 예문으로 언해문은 이찰(吏札)로 쓴 이토(吏吐)를 필자가 당시 표기법으로 해독한 것이다.

[한 이 문] 凡奴婢毆家長者皆斬, 殺者皆凌遲處死, 過失殺者絞, 傷者杖一百流三千里(권20, 「刑律」, '奴婢毆家長' 조)

[조선이문] 凡奴婢亦, 家長乙, 犯打爲在乙良, 並只斬齊. 致殺爲在乙良, 並只車裂處死齊. 失錯殺害爲在乙良, 絞死齊.

[언 해 문] 凡奴婢이 家長을 犯打ᄒᆞ견을랑 다모기 斬ᄒᆞ졔. 致殺ᄒᆞ견을랑 다모기 車裂處死ᄒᆞ졔. 失錯 殺害ᄒᆞ견을랑, 絞死ᄒᆞ졔.

<대명률직해>의 한문은 고문(古文)이나 한문이 아니라 한이문(漢吏文)에 가까운 변체한문이다. 중국에서는 명초(明初)에 원대(元代)의 한이문(漢吏文)이 정문(正文)으로 사용되지는 않았으나 그 효용성 때문에 널리 이용되었다. 그리고 이를 직해한 이문(吏文)은 역시 조선이문으로 이두(吏讀)의 구결(口訣)을 붙였다. 조선이문의 전형적인 모습이라고 할 수 있다.

4.2.2.2. 또 다음은 졸저(2022: 713)에서 소개한 것으로 조선에서 원(元)의 사농시(司農寺)에서 편찬한 『농상집요(農桑輯要)』의 권4 '양잠(養蠶)'조를 발췌하여 조선이문으로 번역한 『양잠경험촬요(養蠶經驗撮要)』(1권)의 일부다. 물론 원대(元代)에 간행된 <농상집요>는 말할 것도 없이 당시 공용 문어(文語)인 한이문(漢吏文)으로 작성되었다.

<양잠경험촬요>는 조선 태종 15년(1415)에 우대언(右代言) 한상덕(韓尙德)이 조선이문으로 직해한 것을 경상도 관찰사(觀察使)인 안등(安騰)이

경주(慶州)에서 간행한 것이다. 원본은 전하지 않고 후대의 개판본이 한 질이 전해져서 통문관(通文館) 주인이었던 고(故) 이겸로(李謙老) 옹(翁)의 산기(山氣)문고에 소장되었었다.

우리는 여기에서 더욱 정제된 조선이문의 표기를 볼 수 있다. <양잠경험촬요>의 예, 언해는 졸저(2022: 714)에서 인용하였다.

[한 이 문] 蠶陽物, 大惡水, 故食而不飮.

[조선이문] 蠶段, 陽物是乎等用良, 水氣乙, 厭却. 桑葉叱分, 喫破爲遣 飮水不冬,

[언 해 문] 蠶둔(은) 陽物이온들쓰아(여서) 水氣를 厭却(싫어하고) 桑葉 색 喫破ᄒᆞ고 飮水안들(않음)

이와 같이 실용적인 <양잠경험촬요>에서 볼 수 있는 조선이문(吏文)의 발달은 한문의 보급과 더불어 더욱 일반화되었고 문법형태의 표기를 최소한으로 하며 제한된 이두자(吏讀字)로 이들을 표기하게 하는 등 이두표기에 있어서 독특한 문자의 운용을 발달시켰다. 그리하여 다음의 『우마양저염역병치료방(牛馬羊猪染疫病治療方)』에서는 보다 정제된 조선이문을 찾을 수 있다.

원대(元代) 편찬된 <농상집요(農桑輯要)>와 같이 실용적인 문헌에서 나타나는 한이문은 조선 후기에서도 동일한 방법의 한문과 이문, 그리고 이를 언해한 문장이 섞여 있는 자료에 많이 등장한다. 예를 중종 36년(1543)에 간행된 목판본의 『우마양저염역병치료방(牛馬羊猪染疫病治療方)』(5뒤, 이하 <역병치료방>으로 약칭)에서 보기로 한다,

[한 이 문] 又方牛馬六畜疫病, 酒和麝香少許灌之.

[조선이문] 牛果馬果羊果猪果犬果等矣, 傳染病乙治療爲乎矣, 麝香少許乙酒矣調和爲良, 口良中灌注爲乎事.

[언 문] 쇼과 ᄆᆞᆯ과 양과 돋과 개과 서ᄅᆞ 뎐염병을 고툐ᄃᆡ 술의 사향

을 죠고매 프러 이베 브스라. 표점 띄어쓰기 필자.[36]

앞에 인용한 <역병치료방>의 예문을 보면 언해문이 조선이문과 일치하지 않는다. 물론 조사의 '－과(果)'와 '－을(乙),－에(矣)'는 이문과 언문이 같지만 어구(語句) 종지사의 '① －等矣, ② －爲乎矣, ③ －爲良, ④ －良中. ⑤ －爲乎事'가 달리 언해되었다.

즉, ①의 '－等矣,－들의'는 '서르'로, ②의 '－爲乎矣, －ᄒᆞ오ᄃᆡ'는 '－오ᄃᆡ'로, ③의 '－爲良,－하야'를 '－어'로, ④의 '－良中,－ᄋᆞ희'를 '－에'로, ⑤의 '－爲乎事, －ᄒᆞ올일'을 '－ᄒᆞ라'로 바꾸었다. 이 예문들을 보면 조선 중기에 조선이문(吏文)이 언해문과 분리되어 독자적으로 발전하고 있음을 보여주는 예이다.

특히 마지막 ⑤의 '口良中灌注爲乎事'는 "입ᄋᆞ희 관주(灌注)ᄒᆞ올일"로 언해될 것이지만 언문에서는 명령조의 "이베 브스라"로 바꾼 예를 보면 <역병치료방>의 예문이 공문서의 형식에서 벗어나려는 노력으로 언해문을 고쳤음을 알 수 있다. 비록 이문(吏文)의 예를 관아(官衙)의 공문서에서 가져왔지만 그 언해는 <역병치료방>이란 의서(醫書)의 문체를 따른 것이다.

<대명률직해>와 <양잠경험촬요>와 같은 조선초기의 이문(吏文)에 비하여 조선 중기의 <역병치료방>에서 보이는 이문(吏文)은 어느 정도 차이를 느낀다. 조금씩 한문에 가까운 문체로 변해가고 있음을 알 수 있다. 이것은 문어(文語)로서의 이문이 스스로 진화하여 발전한 것으로 볼 수밖에 없다.

4.2.2.3. 이상에 논한 바와 같이 조선이문은 한이문에서 발달하였지만 독자적인 발달을 거쳐 공문서의 문체로 정착한다. 그리하여 조선이

36 이 자료는 2025년 2월 26일 국어사자료 강독회에서 홍윤표 교수가 발표한 '한글 문헌편집 및 출판의 발전 가정에 대하여'에서 얻은 것이다.

문은 조선시대를 통하여 공문서의 정문(正文)으로 사용되었다. 대한제국시대에 들어와서 이 자리를 언문이 차지하게 되는데 이 때의 명칭은 언문이 아니라 국문(國文)이라 하였다.

졸저(2019b: 326)에서 화란(和蘭)의 하멜(Hendric Hamel)이 쓴 『표류기(*Journal van de Ongeluckige Voyage van't jacht de Sperwer*)』[37]에서 당시 조선의 문자생활에 대하여 양반 사대부(士大夫)는 한문(漢文)을 주로 쓰고 중인(中人)인 아전서리(衙前胥吏)들은 이문(吏文)을, 상민(常民)인 일반 백성들은 언문(諺文)을 사용한다고 증언하였음을 소개하였다.

하멜(Hamel)은 1653년 네덜란드를 출발하여 대만(臺灣)을 거쳐 일본의 나가사키(長崎)로 항해하던 중 폭풍을 만나 제주도에 표류하였다. 일행 30여명과 함께 서울로 압송되어 훈련도감(訓練都監) 등의 군영(軍營)과 전라도 등지의 병영(兵營)에서 14년 동안 억류되었다가 1666년에 8인의 동료들과 탈출하여 본국으로 돌아갔다.

그리고 1668년에 <난선제주도표류기(蘭船濟州道漂流記)>와 <조선국기(朝鮮國記)>를 써서 암스테르담에서 간행하였다. 흔히 전술한 '하멜 표류기(漂流記)'로 알려진 이 여행기는 <조선국기>에서 조선의 지리, 풍수, 문물, 정치, 군사, 교육, 무역(貿易) 등을 비교적 정확하게 기록하였다. 서양에 조선을 자세하게 전달한 최초의 자료라고 할 수 있다.

여기에서 조선의 문자 생활에 대하여 지배층의 양반 사대부는 한문(漢文)을 쓰고 실제 실용적인 문자를 사용하는 서리(胥吏)들의 중인(中人)은 이문(吏文)을 쓰고 일반 백성들은 언문(諺文)을 쓴다고 밝힌 것이다. 당시 조선인의 문자 생활을 꿰뚫어 본 것으로 그의 증언으로 조선시대의 어문(語文) 사용의 현실에서 가장 중요한 것이 이문임을 살펴볼 수가 있다.

그에 의하면 조선이문(朝鮮吏文)은 조선시대의 국가 공용 문어였다.

---

37 영어명은 'The journal of the unfortunate voyage of the Sperwer(스페르베르호의 불운한 항해일지)'이다.

양반들의 한문(漢文)은 주로 시문(詩文)을 위한 것이고 백성들의 언문(諺文)은 한문의 번역이나 한자의 발음 표기, 그리고 간단한 소식을 전달하는 언서(諺書), 즉 언문 편지에 그쳤으나 이문(吏文)은 공용문서에 사용되는 문어(文語)로서 이문으로 쓰인 각종 공문서는 국가의 보호와 책임을 가졌다.

구한말(舊韓末)의 대한제국(大韓帝國)시대에 이문(吏文)이 퇴출되고 언문(諺文)이 국문(國文)이 되어 우리말이 국어(國語)가 공문서에 사용되기까지 이문은 국가 공용문으로 사용되었다. 그리하여 조선시대의 모든 공문서, 예를 들면 호적단자, 매매문서, 토지문서, 노비문서, 채무문서, 각종 계약 문서는 모두 이문으로 작성되었다.

또 일제 강점기에는 사발통문 등에서 백성들의 문어(文語)로 쓰이기도 하였다. 그런데 이문에 대한 지식의 부족으로 이들을 완벽하게 해독하지 못한다. 따라서 현재 남아 있는 수많은 고문서는 아직 그 해독이 이루어지지 않아 그 실제 내용을 알 수 없다. 이러한 이문의 고문서가 해독이 부진하면서 그를 통한 일반 서민들의 생활상을 제대로 이해하지 못하고 있다.

우리와 비슷한 처지의 어문(語文) 생활을 하는 일본에서는 비록 일본식 한문이란 우리의 이문(吏文)과 같은 문체가 있기는 했으나 일부에서만 사용되었고 일상생활의 기록은 거의 가나(假名)문자로 쓰여서 그에 대한 해독은 전혀 문제가 없는 형편이다. 따라서 일본에는 <서민생활사>를 주제로 한 많은 연구가 있고 전문 연구서도 여럿 편찬되었다.

일본에서는 대부분 현전하는 각종 고문서를 해독하고 그에 따른 서민들의 생활을 유추하여 그들의 생활의 역사를 기술할 수 있었기 때문이다. 일본은 한자를 들여다가 자신들의 방법으로 일본어 표기의 방법을 구축하였다. 원래 '가나(假名)'문자는 본래 '가나(假字－가짜 글자)'이었는데 훈독(訓讀)하면 모두 'かな'이어서 지금도 일본의 글자를 가나(假名)라고 한다.

이것은 한자를 빌려 일본어를 표기한다는 뜻의 가나(假字)란 뜻으로 한자의 마나(眞字)에 대하여 겸양하는 의미로 쓴 것이라 우리의 차자(借字) 표기와 유사한 뜻이다. 즉, 한자의 발음과 훈(訓), 새김을 빌려 일본어를 표기하는 방법이며 우리의 이두(吏讀) 표기와 혹사(酷似)한 방법이다.

이러한 일본어 한자 표기 방법은 아주 이른 시기, 나라(奈良)시대까지 거슬러 올라가며 점차 변천하면서 표기법을 발전시킨다. 아마도 우리의 향찰(鄕札) 표기를 본받은 것인지도 모른다. 다만 이에 대한 연구는 한일 양국의 어느 쪽에서도 이루어지지 않았다.

3) 한이문(漢吏文) 자료

4.2.3.0. 현전하는 각종 이문 자료는 그 자체가 이문 연구의 자료다. 크게 두 계통으로 나눌 수 있는데 하나는 한이문(漢吏文)의 학습 자료이고 또 하나는 조선이문(朝鮮吏文)으로 작성된 고문서의 자료다. 조선 초기에는 한이문의 학습 자료가 많고 후대에는 조선이문의 학습을 위한 것이거나 그것으로 기록한 자료들이다.

중종 때에 최세진(崔世珍)에 의하여 『이문집람(吏文輯覽)』(1539)이 편찬되어 전술한 중국 원대(元代)의 <이학지남>과 같이 한이문에 대한 기본적인 지식이 소개되었다. <이문집람>은 권2~4와 <이문속집람(續輯覽)>의 1권으로 된 4권 1책으로 편철되었다. 제1권이 없는 것은 이 책의 모본(母本)인 <이문(吏文)>의 권1에 선유성지(宣諭聖旨)만 수록되어서 이문에 관한 직접적인 자료가 아니기 때문이다.

권두에 실린 최세진의 '집람(輯覽) 범례(凡例)'에 의하면 어려운 이문의 어구(語句)를 풀이하할 때에 모르는 부분은 승문원(承文院) 소장의 <각년질정록(各年質正錄)>을 참조하여 해설에 임했다고 한다. 따라서 최세진의 <이문집람>은 중국에서 간행된 <이문(吏文)>을 원본으로 하여 이를 해설하는 형식으로 편찬된 것임을 알 수 있다.

<이문집람>은 최세진이 편찬한 <노박집람(老朴集覽)>처럼 그 주해에

간혹 '향명(鄕名)·향언(鄕言)·속언(俗言)'이라 하여 우리말의 고유어를 언문으로 적어서 대응시키기도 하였다. 또 독특한 이두(吏讀)와 우리의 한자어를 대응시킨 것도 있다. 원간본은 중종 34년(1539)에 간행되었다는 기록이 있지만 현전하는 것은 16세기 중엽에 간행된 것으로 보이는 『증정(增訂)이문집람』이 가장 이른 시기의 것이다.

<증정이문집랍>은 동국대학 도서관 소장본인데 간기가 없으나 을해자(乙亥字)본의 복각본으로 보이고 17세기 중엽으로 인정되는 목판본이다. 이로 보면 아마도 <이문집람>은 <노박집람>과 같이 을해자(乙亥字)본으로 간행되었을 것으로 보인다. 그리고 이 책은 1942년에 간행된 『훈독(訓讀)이문』의 부록으로 첨부되었다(前間恭作, 1942).

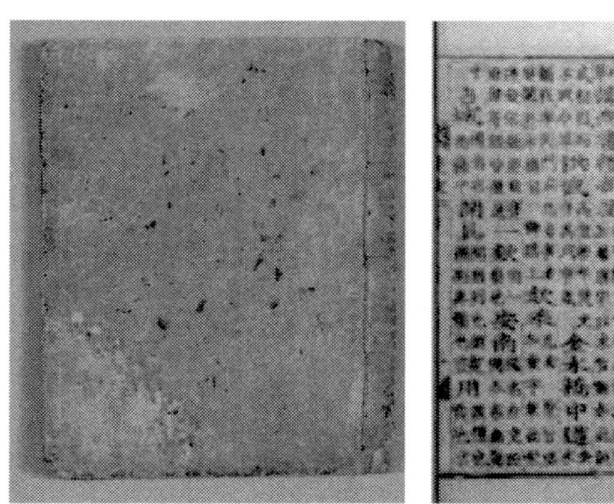
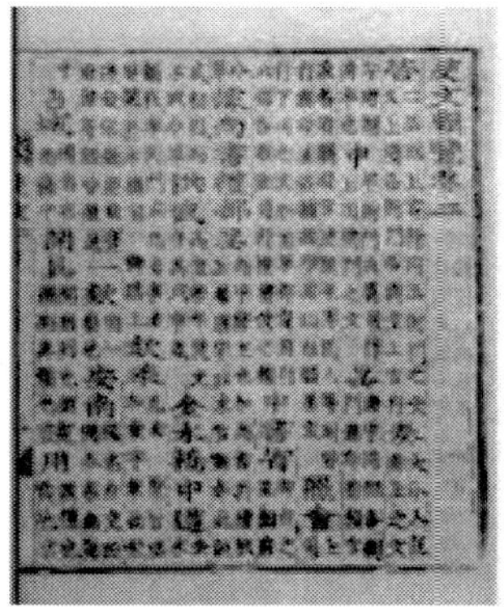

[사진 4-1] 〈이문집람〉의 것 표지(左)와 권2(권1은 없음)의 첫 장(右)

4.2.3.1. 이 <이문집람>은 우리말로 언해된 것이 있다고 보기도 한다. 국립중앙박물관에 소장된『이문집람언해(吏文輯覽諺解)』(국립중앙박물관 소장, 소장품 번호 구 5094)는 표지(表紙)서명과 권수(卷首)서명, 그리고 판심(版心)서명이 모두 '이문(吏文)'이다. 그럼에도 불구하고 '이문집람언해'라고 이름을 붙인 것은 언문이 들어 있기 때문으로 보인다.

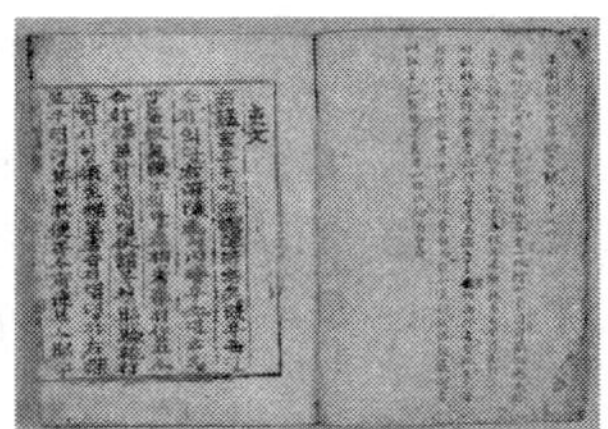
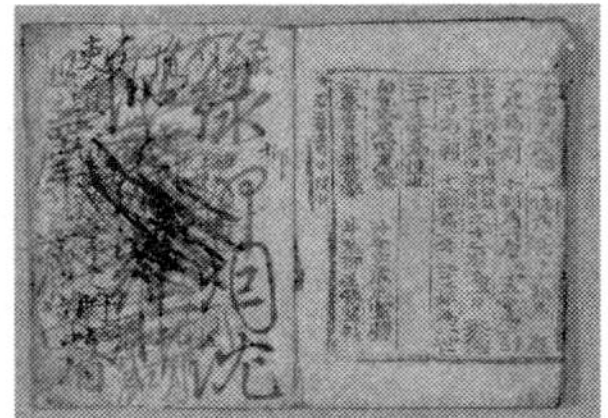

[사진 4-2] 중앙박물관 소장 〈이문(吏文)〉의 겉 표지(左), 권수(中), 맨 뒷장(右)

이 책은 크기가 세로 22.1.cm, 가로 15.9cm의 5침(針) 한장(韓裝)본으로 겉 표지 안쪽에 '正宗朝癸卯年 綸音節目中 奴婢條'란 제목으로 이문을 옮겨 놓은 낙서(落書)가 있어서([사진 4-2]의 가운데) 정조(正祖) 이전에 간행된 것임을 알 수 있고 그 책에다가 소장한 사람이 자신이 좋아 하는 <윤음(綸音)>의 한 구절을 적어놓은 것으로 보인다.

[사진 4-2]의 우편에 '맨 뒷장' 난외(欄外)에 '□□五年 正月日 開刊'이란 글이 추가되어 아마도 건륭(乾隆) 5년(1740)의 판본이 아닐까 한다. 그리고 전술한 <이문집람>을 언해한 것이 아니라 이문(吏文) 사용의 여러 예를 나열하여 이를 학습하는데 참고가 되도록 하였다. 이것을 후일에 『이문대사(吏文大師)』로 서명을 바꾸어 조선이문의 학습서로 사용된 것으로 본다.

중국에서 간행된 것으로 추정되는 <이문(吏文)>과 그의 난해한 어구를 따로 뽑아 풀이한 <이문집람(吏文輯覽)>이 중국의 한이문(漢吏文)을 학습하는 참고서였다면 앞에 [사진 4-2]로 보인 조선의 <이문(吏文)>과 <이문대사(吏文大師)>는 조선이문의 학습 교재였다고 보는 것이 타당하다.

따라서 이 책들은 중국의 한이문과 조선이문을 모두 잘 아는 사람이 아니면 저술할 수 없다고 보아 필자는 그 원본을 최세진의 저술로 본 것이다. 그가 중국에서 간행되어 널리 알려진 <이문(吏文)>을 보고 한이문을 학습하는데 참고할 <이문집람>을 짓고 이어서 이에 근거한 조선이문의 <이문>을 지음 것으로 본 것이다.

이것이 후일 <吏文大師(이문대사)>란 이름으로 바뀌어 조선이문의 참고서가 되었으며 이런 일을 할 수 있는 사람은 한어와 한이문에 능통하고 겸하여 중인(中人)이라 실제로 조선이문을 사용하던 최세진이라고 본 것이다.[38] 그가 아니면 한이문과 조선이문에 대하여 이런 참고서를 지을 만큼 능통한 사람이 없을 것이기 때문이다.

4.2.3.2. <이문집람(吏文輯覽)>은 명(明)나라와 주고받은 외교문서에 쓰인 이문(吏文) 가운데 어려운 어구를 모아서 풀이 한 책으로 한이문을 학습할 때에 참고서로서 사용하게 할 목적으로 최세진이 1539년(중종 34)에 편찬하였다.

그리고 권1이 없는 것은 전술한 바와 같이 중국에서 편찬된『이문(吏文)』의 권1이 한어(漢語)로 된 선유성지(宣諭聖旨)이므로 이문과는 별로 관계가 없어 집람(輯覽)을 만들지 않았기 때문이라고 한다. 따라서 <이문>을 이해하기 위한 참고서가 <이문집람>임을 알 수 있다, 여기서 <이문집람>이 <이문(吏文)>의 어려운 성구(成句)를 모은 집람(輯覽)임을 알 수 있다.

즉, 권두(卷頭)에 실린 집람 범례(凡例)에 의하면 한이문의 어려운 어구(語句)를 상고(相考)하여 풀이하고 모르는 것은 전술한 바와 같이 승문원(承文院) 소장의『각년질정록(各年質正錄)』을 참조하여 풀이하였다고 한다.[39] 이 책이 구어(口語)인 한어에 관한 것이 아니라 문어(文語)인 한이문

38 최세진을 양반 사대부로 보는 학자도 있다. 즉, 안병희(1999, 2007)에서는 최세진의 과거 文科 합격을 들어 그가 집안은 寒微하나 양반으로 보았다. 그러나 이것은 그가 吏文에 능통하고 吏文庭試에서 壯元을 하였기 때문에 東班으로 遷轉한 다음에 문과 합격으로 치부한 것이다. 그는 원래 中人 출신으로 司譯院의 正이던 崔瀣의 자손으로 대대로 譯官을 세습하던 中人이었다(졸고, 1977 및 졸저, 2015: 408~433).

39 <各年質正錄>은 중국에 使行을 보낼 때에 質正官을 딸려 보내어 漢語와 漢吏文의 교재를 수정하게 하였는데 매년 보낸 使行에서 質正한 것을 모아놓은 서적으로

(漢吏文)의 집람(輯覽)임을 밝힌 것이다.

또 <이문집람>이 근거한 <이문(吏文)>은 분량이 많지 않을 뿐만 아니라 그 중에는 당시에 이미 시대에 맞지 않는 이문도 있었으므로 조선 성종~중종 연간, 즉 홍치(弘治)~가정(嘉靖)에 조선에서 보낸 사대문서에서 해당 부분을 추려내어 <속집(續輯)>을 편찬하고 그 집람(輯覽)도 만들어 <이문속집람>이란 제목으로 첨부하였다.

원대(元代)에 본격적으로 시작된 한이문(漢吏文)은 명대(明代)와 청대(淸代)를 가치면서 상당한 변화를 입었다. 즉, 한이문은 명(明)의 공용어로서 지배층의 언어인 남경관화(南京官話)의 구어(口語)로부터 영향을 받아 문어(文語)로서 표현의 변화가 있었고 청대(淸代)에는 만주족의 청(淸) 제국(帝國)의 통용어인 북경 만다린의 영향으로 이 시대에 이문(吏文)에도 어휘 등에 변화가 있었다.

<이문집람>의 집람(輯覽)이란 『노박집람(老朴集覽)』 등의 예에 따라서, 표제어 아래 한문의 협주를 다는 방식이다. 그 주석에 간혹 '향명(鄕名)', '향언(鄕言)', '속언(俗言)'이라 하여 우리 고유어를 언문으로 적거나 독특한 이문의 어휘를 우리 한자어와 대응시킨 것도 있다. 이 <이문속집>의 편찬으로 한이문의 학습서와 그 참고서가 어느 정도 완비되었다고 할 수 있다.

원간본은 1539년 간행되었을 것이나 전하지 않고 중간본으로 16세기 중엽에 간행된 것으로 보이는 『증정(增定)이문집람』이 가장 이른 시기의 것이다. 이 책은 활자본으로 동국대학교 소장본이다. 간기가 없으나 판식 등으로 미루어 을해자본(乙亥字本)의 복각으로 보이며 17세기 중엽에 간행된 목판본이다. 아마도 원간본은 <노박집람>과 같이 을해자(乙亥字)본일 것이다.

이 책은 명(明)나라와 주고받은 외교문서를 모아놓은 책으로 최세진

보인다. 오늘날 전하는 것은 없는 것 같다. 崔世珍도 質正官으로 여러 번 중국에 간 일이 있다(졸저, 2022: 591).

(崔世珍)이 이문의 학습참고서로서 사용하게 할 목적으로 중종 34년(1539)에 편찬하였다. 현전하는 <훈독이문(訓讀吏文)>의 부록으로 첨부된 '이문(吏文)'이란 서명의 한이문 교재에다가 <이문집람>이 여기에 실린 어려운 성구를 모아놓은 집람(輯覽)으로 보기도 한다. 이것도 4권 4책이지만 권1이 없고 권2로부터 시작한다.

<이문>은 <이문집람> 권2~4와 『이문속집집람(吏文續集輯覽)』 1권으로 된 문헌이다. 이 책의 편자와 연대는 미상이다. 실린 문서의 연기(年紀)가 성종 9년(1478)으로 끝나므로 성종 때에 승문원(承文院)에서 편찬하여 간행된 듯하다. 성종 때의 예부(禮部)에서 올린 문서가 마지막에 실렸기 때문이다.

즉, 이 책에 수록된 가장 오랜 문서는 공민왕 19년(1370)의 '중서성자(中書省咨)'이고 가장 후대는 성종 9년의 '예부제(禮部題)'라는 이름으로 올린 사대문서다. 따라서 이 책은 여말(麗末) 선초(鮮初)의 108년 동안 주고받은 대명(對明) 외교문서의 선집으로 보인다. 그리고 이를 통하여 사대문서를 작성할 때에 써야 하는 한이문을 학습한 것이다.

4.2.3.3. 최세진의 <이문집람(吏文輯覽)> 범례에 의하면, 이후의 외교문서를 가려서 <이문속집(吏文續集)>도 편찬하였다고 하나 전하지 않고, 그 속의 난해한 용어를 풀이한 <이문속집집람(吏文續集輯覽)>이 후대의 <이문집람>에 합철(合綴)되어 전할 뿐이다.

한이문(漢吏文)은 구어(口語)인 한아언어(漢兒言語)를 한자로 표기한 문어이기 때문에 구어의 한어에서나 볼 수 있는 속언(俗言), 즉 상스런 어휘가 그대로 쓰인다. 예를 들면 '즘마(怎麽, 무슨), 저리(這裏, 여기), 나시(那廝, 이놈)' 등의 표현이 그대로 나타난다. 또 관청의 행정용어에만 쓰인 '정걸시행(呈乞施行), 합행이자(合行移咨)' 등의 표현도 있다.

<이문집람>의 이본 중 가장 오랜 것은 중종 때 간행된 것으로 보이는 을해자본(乙亥字本) 권2, 3의 2책(서울大學校圖書館 想白文庫)이 있다. 그리

고 이보다 조금 늦은, 아마도 명종 때 간행된 것으로 보이는 갑인자본(甲寅字本) 권4 1책(山氣문고 소장)이 따로 전하고 이를 판목에 새긴 목판본도 전한다.

이밖에 목판본이 2, 3종 있으나 임진왜란 이후의 간본이다. 그 중 1책(현재 日本 宮內廳 書陵部 圖書寮 소장)을 대본으로 하여 마에마 쿄사쿠(前間恭作)가 일본어로 훈독한 것이 있는데 1942년 활판으로 간행하여 널리 보급되었다. 이 책은 국내 소장의 목판본보다도 조잡하므로 이를 대본으로 한 활판본의 이용에는 세심한 주의를 요한다.

또 한이문의 학습에 사용된 교재로 <이문등록(吏文謄錄)>이 있다. 한이문으로 작성하여 중국에 보낸 사대문서를 모아놓은 것으로 원명은 <사대문서등록(事大文書謄錄)>이다. 이 문헌은 앞의 3.3.4.3.에서 한이학(漢吏學) 과시(科試)의 출제서로 소개한 바 있으며 한이학을 시험하는 출제서이었기 때문에 한이문(漢吏文)을 학습할 때에 참고한 자료로 보아야 할 것이다.

앞의 제3장 3.3.4.3.에서 제시한 한이학의 출제서 가운데 <이학지남(吏學指南)>, <충의직언(忠義直言)>, <동자습(童子習)>, <대원통제(大元通制)>, <지정조격(至正條格)>, <어제대고(御製大誥)>, <박통사(朴通事)>, <노걸대(老乞大)> 등은 모두 현전하여 한이문(漢吏文)의 어떤 참고서인지 살펴볼 수 있다. 이 가운데 <노걸대>와 <박통사>는 한이문이 아니라 구어(口語)인 한아언어의 교재였다.

또 <대원통제>, <지정조격>, <어제대고>는 원대(元代) 사법(司法) 관계의 문헌으로 법률과 그에 관련된 사안(事案)을 서술한 것이다. 모두 이미 원대(元代)에 한이문으로 작성된 것이며 조선에서도 그 자료를 가져다가 한이문을 학습한 것이다. <충의직언>도 한이문의 학습서로 현전하며 원대(元代)에 간행된 여러 사료 가운데 충의(忠義)로운 직언(直言)을 모은 것이다.

4.2.3.4. 한이문의 예로 <이문(吏文)>(권2)에 '자(咨), 주(奏), 신(申), 조회(照會)'의 예로 든 문례를 소개하여 그 실문을 살피도록 한다. 먼저 중서성(中書省)에서 올린 자문(咨文)으로 '제사산천입비(祭祀山川立碑)', 즉 제사를 지내는 산천에 해야 할 일을 적은 비(碑)를 세우는 일을 보고한 문서를 소개한다.

> 一. 祭祀山川立碑中書省咨
>
> 中書省據尙書禮部呈, 洪武二年十二月二十一日, 本省楊右丞、陳參政、侯參政、禮部崔尙書, 於金水橋中道, 欽奉聖旨. 內一款, 安南、高麗、占城旣來歸附。其各國山川, 合於洪武參年過正朝後, 擇日齋戒降香, 欽此。開具該用祝版、香幣、金香合、紵絲幡。幷收買犧牲大牢, 猪羊、香燭、酒醴、肆疋, 及差出人銀兩、衣服等物。洪武參年正月初四日, 文武百官於戟門中座, 早朝楊右丞、陳參政、侯參政、右司滕郞中、禮部崔尙書, 奏奉聖旨。准欽此, 呈乞施行, 得此。又據本部呈, 考究到安南、高麗山川名號, 當日奏奉聖旨。只寫高麗山川之神、安南山川之神、占城山川之神, 各於本處城南, 設壇致祭, 欽此。除欽遵外, 呈乞施行, 得此, 都省除外。今差朝天宮道士徐師昊, 欽賚御香、祝幣, 幷香合、紵絲幡, 及收買犧牲、香燭、段疋等, 前去。欽依致祭外, 合行移咨。請照驗, 欽依施行, 須至咨者, 右咨高麗國王。洪武三年正月初十日。표점(標點) 필자. 이하 같음.

이 자문(咨文)은 중서성(中書省)에서 예부상서(禮部尙書)에게 보낸 것으로 안남(安南, 베트남)과 고려, 그리고 점성(占城)이[40] 명(明)으로 와서 귀부(歸附)하였기 때문에 그 나라의 산천을 명조(明朝)에 귀속하려는 제사를 정조(正朝)가 지나서 날짜를 택하여 지내려고 한다는 사실을 전하는 내용이다.

그리고 명조(明朝)에서 조천궁(朝天宮)의 도사(道士) 서사호(徐師昊)를 보

---

40 占城은 고대국가 Champa를 말함. 安南의 남쪽에 있었는데 17세기에 멸망하여 淸에 귀속되었다가 프랑스의 점령으로 그 보호국이 됨.

내어 현지에서도 제물(祭物)을 갖추어 제(祭)를 지내도록 하고 고려국의 왕에게도 이에 관한 자문(咨文)을 보내라는 내용이다. 이 한이문에도 전술한 합행이자(合行移咨), 청조험(請照驗), 흠의시행(欽依施行) 등 조선이문에서도 볼 수 있는 관용구가 보인다.

또 하나 자문(咨文)의 예로 전술한 <이문>(권2)의 '하평촉겸(賀平蜀兼) 청자제입학자(請子弟入學咨)'를 예로 들어 보겠다.

> 七. 賀平蜀兼請子弟入學咨
>
> 中書省, 准來咨: 差密直司同知洪師範等進, 賀平蜀表文, 禮部隨卽進奏。觀其臣意專切, 文理條暢, 援引典故甚是得宜, 上意歡欣。又表一通, 爲請子弟入學, 欽奉聖旨。高麗國王, 欲令子弟, 來國學讀書。我曾聞唐太宗時, 高麗國亦嘗教子弟來入學, 這的是件盛事。又想這子弟每, 遠來習學呵, 在這裏, 或住半年、或住一年。或往年半, 要回去。交他回去, 雖然聽從其便。但爲本國, 遠處海東, 比至京師, 水路經涉海洋, 陸路不下, 一萬餘里, 隔離鄕土。爲父母必懷其子, 爲人子必思其親, 此人之常情。恁中書省回文書去, 交高麗國王, 與他臣下每, 好生熟議。若是那爲父母的, 願令子弟入學, 爲子的, 聽受父母之命來學者, 交高麗國王, 差人好生送將來, 省家回的文書, 要說的明白。欽此, 都省合行移咨, 請照驗, 欽依施行, 須至咨者, 右咨高麗國王。洪武五年四月 日.

이 자료는 앞의 제2장 2.1.2.2.에서 소개한 명(明) 태조(太祖)의 성지(聖旨)와 관련이 있는 것이다. 즉, 고려에서 보내온 하평촉(賀平蜀, 촉의 평정을 축하함)과 겸해서 고려 자제를 명(明)에 보내어 국학(國學)에 입학(入學)시키면 어떻겠냐는 표문(表文)에 대하여 명(明)의 중서성(中書省)에서 고려에 답변으로 보낸 자문(咨文)이다.

이 자문(咨文)이 한이문으로 작성되었음을 보여주는 것으로 전술한 한아언어(漢兒言語)에만 쓰이는 말인 '-매(每, 복수의 들)'가 "又想這子弟每 -또 그 자제들을 생각하여"와 같이 사용되었고 '-가(呵,-때에,-면)'도

"遠來習學呵－멀리서 와서 공부를 하면"와 같이 쓰였다. 앞의 제3장 3.2.2.3.에서 설펴본 바와 같이 이 말은 몽고어 '[b]asu/esu(阿速)'의 대역(對譯)으로 몽고어에서 가정의 뜻을 가졌다.

이 자료는 명(明) 홍무(洪武) 5년, 고려 공민왕 21년(1372)에 고려에 보내온 자문(咨文)이 한이문으로 작성된 것임을 알려준다. 명대(明代)에도 사대문서에 아언(雅言)의 고문(古文)이나 통어(通語)의 한문이 아니라 한이문으로 외교문서를 주고받았음을 보여준다. 그리고 이 자문(咨文)에 한아언어에 쓰이는 '－매(每)', '－가(呵)' 등의 형태가 그대로 쓰였다.

따라서 명(明)에서 사용한 한이문(漢吏文)도 원대(元代)의 구어(口語)인 한아언어를 바탕으로 한 문어(文語)임을 여실하게 보여준다. 또 이 자문(咨文)의 말미에는 전술한 '청조험(請照驗), 흠의시항(欽依施行)'과 같은 관용구가 사용되었다. 이것은 자문(咨文)만이 아니라 신문(申文)에서도 발견된다.

즉, <이문(吏文)>(권2)의 "九 金義叛逆 都評議使司申"이란 "김의(金義)의 반역에 대하여 도평의사사(都評議使司)에서 올린 신문(申文)"에서도 "告乞施行－알려서 시행할 것을 매우 바라다"란 관용구가 있다. 이러한 한이문(漢吏文)의 관용구 사용과 이를 받아드린 조선이문의 관용구에 대하여는 다음의 4.3.1.0. 이하에서 자세하게 논의할 것이다.

즉, <이문대사(吏文大師)>에서 소개한 "合行牒呈－첩정(牒呈), 즉 공문서를 보내기에 합당함"을 비롯하여 "依律施行－법률에 따라 시행함"이 모두 한이문의 관용구에서 온 것임을 밝혔다. 이런 관용구의 사용을 보더라도 조선이문(朝鮮吏文)은 이두문(吏讀文)이 아니며 그동안 이문(吏文)이 이두문이란 주장이 잘못임을 알 수 있다.

4) 조선이문의 자료

4.2.4.0. 조선에서는 한이문에 의거하여 조선이문을 사용하였다. 그리하여 적지 않은 조선이문으로 쓰인 문서들이 남아 있다. 다만 이렇

게 조선이문으로 쓰인 고문서들은 이문에 대한 지식의 결여로 해독이 불가능하여 우리의 서민(庶民) 역사 연구에 이용되지 못한다.

또 조선이문을 학습하는 참고서들도 조선에서 속속 편찬하여 출간되었으며 그 자료들이 현재에도 남아있는 것이 많다. 안병희(1987: 11~18)에서는 이문(吏文)의 자료라 하여 13개를 수집하여 소개하였다. 그 중에는 이두문(吏讀文)에 관한 것도 들어 있고 또 이문(吏文)과 이두(吏讀)를 구별하지 못하여 실제 이문(吏文) 자료로 들 수 없는 것도 있어서 주의를 요한다.

조선이문의 예로 서울에 사는 이종성(李鍾城)이란 사람의 노비인 세의(世宜)가 관청에 올린 소지(所志)로 다음의 [사진 4-3]로 보인 것처럼 "右謹陳所志矣段－이제 삼가 말씀드리려는 소지라는 것은"으로 시작하고 마지막에 "萬望良爲只爲 行下 向敎 是事－한없이 바라옵기는 아래에서 올리는 이 일에 가르침을 바랍니다."로 끝난다.

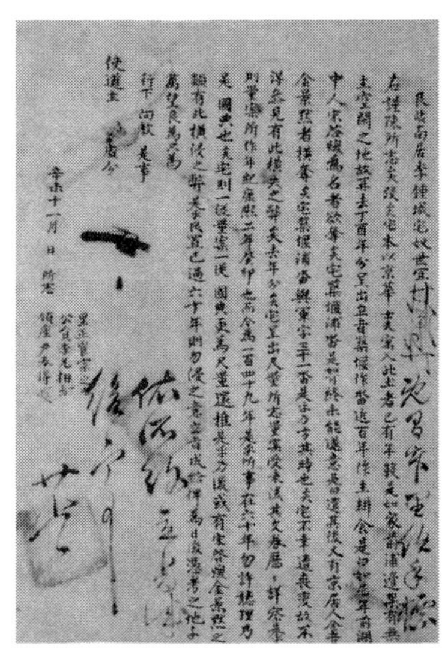

[사진 4-3] 조선 중기에 노비가 올린 소지

즉, 앞에 예로 보인 [사진 4-3]에 보인 노비의 소지(所志)에도 '萬望良爲只爲 行下 向敎 是事'로 끝이 났다. '만망(萬望)'이란 한이문의 용어에 연결어미 '良(-아/-어)'에 이어 이두 표기로 'ᄒᆞ기삼(爲只爲)'을 덧붙인 형태의 관용어가 보인다. 나머지 '行下 向敎 是事'도 우리말을 한자로 표기한 이두문(吏讀文)이 아니라 한이문의 모태가 된 한아언어에서 쓰이는 말이다.

4.2.4.1. 한이문을 연구하는 한이학(漢吏學)은 조선 전기에 상당히 중요한 학문이었다. 명(明)에 보내는 사대문서가 한이문으로 작성되어야 하기도 하고 원대(元代)의 한이문과 약간 차이가 나는 명대(明代)의 한이문을 따로 익혀야 했기 때문이다.

그러나 임진(壬辰)과 병자(丙子)의 왜란(倭亂)과 호란(胡亂) 이후에 점차 그 수요가 줄어들었고 한이문에 대한 교육과 연구가 점차 소홀해졌다. 사대문서에서 한이문의 중요성이 줄어들었기 때문이다. 특히 청대(淸代)에는 명대(明代)의 한이문을 그대로 적용해도 무방했기 때문에 원(元)과 명(明)의 교체기처럼 한이문에 대한 관심과 교육이 필요 없었다.

오히려 조선후기에는 한이문보다 조선이문에 대한 연구와 그에 대한 참고서가 늘어나게 된다. 조선에서 공문서의 문자생활이 중인(中人)들에 의하여 주도되면서 양반사대부들의 한문과 매우 다른 이문에 대한 관심이 높아졌다. 또 조선시대 실용문을 장악하고 있던 중인(中人)들의 이문(吏文) 사용으로 점차 그 용도가 넓혀졌기 때문이다.

조선이문의 자료는 전기와 후기로 크게 나누어 볼 수 있다. 조선전기에는 조선이문이 시작하는 단계이어서 이에 대한 학습서가 많이 있었다. 그리고 비교적 정확하게 한이문(漢吏文)과 비교한 조선이문들의 예를 보이는 여러 학습서가 출판되었다. 그러나 조선 후기에 들어와서는 전시대의 것을 재활용하거나 이를 인용한 이문의 참고서들이 있을 뿐이다.

그것은 조선후기에는 언문(諺文)의 보급으로 이문(吏文)은 매우 위축되었기 때문이다. 그러나 조선이문은 갑오경장(甲午更張, 1894)에서 국문(國文), 즉 한글을 공문서에 사용한다는 칙령(勅令)이 내려지기 전까지 이문은 조선시대의 유일한 공용 문어(文語)이었다. 그리하여 갑오개혁(甲午改革) 이후에도 백성들은 사발통문 등에서 그대로 조선이문을 사용하였다.[41]

이렇게 몇 백년간 계속된 유일한 공용 문어인 이문(吏文)에 대한 연구가 우리 학계에서 거의 없는 것은 참으로 안타까운 일이다. 그로 인하여 조선이문으로 쓰인 수많은 서민(庶民) 자료들이 해독할 수가 없어서 소지(所志), 각종 공용문서가 그대로 사장(死藏)되었다. 필자는 졸고(2014c)와 졸저(2014: 57~62) 등 여러 논저에서 이에 대한 연구의 필요성을 역설하여 왔다.

특히 오늘날의 우리 학계는 한자에 대한 지식이 결여된 연구자가 늘어나면서 오로지 한글, 즉 언문 자료만이 한국어학의 연구 대상이지 이문(吏文)과 같이 한자로 쓰인 우리말 자료는 거의 돌아보지 않는다. 또 한문학계에서도 이문을 극단적으로 이단시(異端視) 하여 그에 대한 연구는 사각(死角) 지대에 들어가 별반 연구가 없게 된 것이다.

하루 빨리 조선이문에 대한 연구가 이루어지고 그를 해독하는 작업이 속히 이루어져야 하는 초조함이 필자의 가슴을 누른다. 이것이 필자가 <이문(吏文) 연구>를 죽기 전에 저술해서 편찬해야겠다는 강박감에 사로잡혀 고령(高齡)에도 불구하고 이 책을 저술하는 참된 이유다. 이문 연구에서 한아언어의 존재를 제대로 이해하는 사람이 별로 없기 때문이다.

---

41 '沙鉢通文(사발통문)'이란 종이를 아끼기 위해서 도자기의 사발에 알림의 글을 써서 돌려 보는 것이다. 지우고 다시 쓸 수 있고 또 흔하게 손에 넣을 수 있는 사발을 사용한 것이다. 국어사전에서는 "주모자를 알 수 없도록 사발모양으로 둥그렇게 쓴 통문"이라고 하였으나 필자가 본 사발통문은 주변에게 알리려고 사발에 써서 돌려보려는 것이 많았다.

4.2.4.2. 조선시대에 작성되어 현전하는 조선이문(吏文)의 학습 자료가 꽤 많이 있다. 그 가운데 가장 이른 시기의 것은 편자 미상의 목판본으로 효종 9년(1658)의 간기를 가진 『이문(吏文)』이 있다. 서명은 '이문(吏文)'이지만 한이문이 아니라 조선이문에 관한 용례(用例)와 특수 어휘, 사자성어(四字成語) 등을 소개하고 구구(九九), 육갑(六甲)을 부록으로 첨가하였다.

따라서 전술한 중국의 <이문(吏文)>과 여기에 나오는 어려운 한이문을 집람(輯覽)으로 한 <이문집람>과는 다른 자료로 보이며 조선이문에 관한 자료집이다. 아마도 이 때에는 조선이문과 한이문의 구별이 필요하지 않다고 본 것이 아닌가 한다. 이것으로 보면 최세진의 <이문집람>을 편찬하고 이어서 이에 따른 조선이문의 <이문(吏文)>을 저술한 것으로 보인다.

그리고 이것이 후대에 <이문대사(吏文大師)>된 것이 아닌가 한다. 실제로 조선후기에 들어오면 언문(諺文) 자료에 비하여 조선이문(吏文)의 자료도 결코 적지 않다. 특히 『이문잡례(吏文襍例)』와 『유서필지(儒胥必知)』, 『전율통보(典律通補)』 등의 '이문(吏文)', 『이두편람(吏讀便覽)』, 『주해어록총람(註解語錄總攬)』의 '이문어록(吏文語錄)' 등은 전문적인 조선이문의 교재이고 해설서라고 할 수 있다.

이렇게 현전하는 조선이문의 학습 자료들은 그 형식에 따라 문례집(文例集), 자류집록(字類輯錄), 그리고 한자 성어(成語)의 용례집(用例集)의 셋으로 나누어 볼 수 있다. 우선 조선이문을 수집하여 소개한 자료로 문례집을 보인 것은 <이문잡례(吏文襍例)>, <유서필지(儒胥必知)>, <신식유서필지(新式儒胥必知)>라고 할 수 있는데 이에 대하여 살펴보기로 한다.

<이문잡례(襍例)>는 편자와 간행 연대가 모두 미상이지만 안병희(1987: 12)에서는 18세기 이후의 문헌으로 간주하였다. 조선이문의 여러 예를 보인 문례집이어서 이문(吏文)의 서식에 대하여 보장식(報狀式), 소지(所志)식, 상언(上言)식, 중수동추(重囚同推)식, 결송입안(決訟立案)식, 매득

사출(買得斜出)식, 이관하첩(移關下帖)식의 7개 서식으로 나누어 문례(文例)를 소개하였다.

모두 조선의 관청에서 서리(胥吏)들이 조선이문(吏文)으로 작성해야 하는 서식(書式)의 문례들이다. 여기에 언문으로 보인 이문의 독법(讀法)은 190항이지만 중복되는 것이 있어 실제로는 179항 정도라고 한다(안병희, 1987: 12).[42] 그리고 책 말미에 부록으로 '이상국거관훈법(李相國居官訓範)'이 실렸다.

4.2.4.3. 조선이문의 문례(文例)집으로 가장 널리 알려진 자료로 『유서필지(儒胥必知)』를 들 수 있다. 주로 목민관(牧民官)과 서리(胥吏)들에게 유의해야 할 일이 훈계 형식으로 나열되었다.

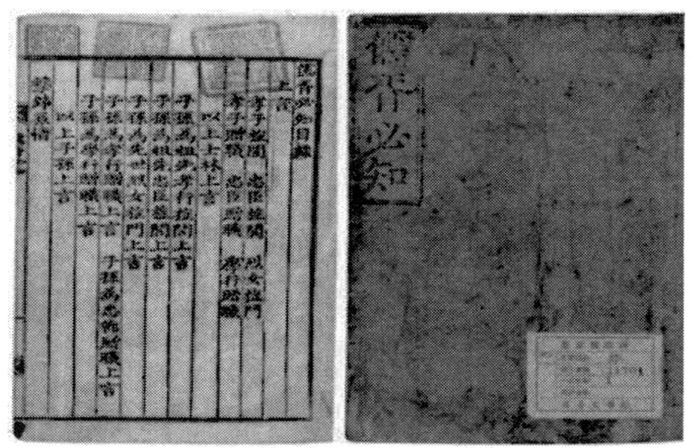

[사진 4-5] 규장각 소장의 〈유서필지〉 것 표지와 목록 일부

<유서필지(儒胥必知)>는 글자 그대로 유서(儒胥)들, 즉 유학(儒學)으로 한문을 이해하는 하급관리(官吏)들이 반드시 알아야 하는 지식이란 뜻의 서명이다. '유서(儒胥)'의 유(儒)가 한문을 이해하는 유신(儒臣)을 뜻한

42 이에 대한 안병희(1987)의 설명은 吏文과 吏讀를 혼동하고 있어 매우 혼란스럽다. 吏讀文의 예시라고 한 것은 실제로 吏文의 文例들이다.

다면 서(胥)는 리(吏)를 말한 것이다. 따라서 행정을 담당한 관리(官吏)들의 필독서란 뜻이다.

<유서필지>는 편자와 간행 연대가 미상지만 앞의 <이문잡례(吏文襍例)>를 남본(藍本)으로 하여 저술된 것으로 보인다. 그리하여 <이문잡례>의 '보장식(報狀式)' 등을 그대로 옮겨 싣고 격정원정(擊情原情), 단자류(單子類), 고목류(告目類), 통문투(通文套) 등의 문례(文例)를 추가하여 그 예문들 제시하였다.

그리고 부편(附編)으로 '이두휘편(吏頭彙編)'이 있는데 조선이문의 이두(吏讀)에서만 사용하는 어휘들을 모아서 자류집(字類輯)의 형태로 정리하여 붙였다. <유서필지>는 <경국대전>의 수정판으로 조선 후기의 제도와 법전을 종합한 『대전통편(大典通編)』(1785)이 간행된 이후에 이조(吏曹)에서 공문서식의 예규(例規)집으로 편찬된 것으로 보인다.

현전하는 <유서필지>는 7, 8종의 이판본(異板本)이 존재하고 현전하는 판본도 상당히 남아있다. <유서필지> 초간본인 원본의 목록으로 보인 것처럼 상언류(上言類) 서식 12종과 원정(原情)류 4종, 소지(所志)류 24종의 서식을 보였고 단자(單子)류 용례 3종, 고목(告目)류 8종, 문권(文券)류 6종의 용례를 제시하였다.

그리고 통문(通文) 투(套)의 예문도 보였는데 주로 법률 제소(提訴)에 관한 이문의 서식과 용례, 그리고 문투(文套)를 보인 것이다. 현전하는 <유서필지>의 중간본에는 목록에 없는 '이두휘편(吏讀彙編)'과 보장식(報狀式), 서목(書目)식, 중수동추(重囚同推)식, 결송입안(決訟立案)식, 매득사출(買得斜出)식, 이관하첩(移關下帖)식 등 6종의 공문서식이 부록되었다. 당시 서리(胥吏)들이 공문을 작성하고 소장(訴狀)을 정리하여 사용하기에 유용하도록 한 것이다.

다음으로 <신식유서필지(新式儒胥必知)>는 광무(光武) 5년(1901)에 신촌자(愼村子)라고 자처한 호사가가 편찬한 <유서필지>의 새로운 버전이다. '신식(新式)'이라는 서명에서 보여주는 바와 같이 갑오개혁(甲午改革)

이후의 달라진 문서 형식에 따라 <유서필지>의 이문(吏文) 문례(文例)를 대폭적으로 수정한 것이다.

즉, '상언(上言), 격정원정(擊情原情), 고목(告目), 문권류(文券類), 통문투(通文套)'에서는 <유서필지>의 이문(吏文)을 그대로 가져왔으나 '소지(所志), 의송(議送)' 등은 모두 국한문(國漢文)혼용(混用)으로 바꾸었다. 그리고 새로운 법률에 따른 민형소송(民刑訴訟), 청원서(請願書), 장정(章程)규칙 등을 추가하여 보충하였다.

그리고 또 하나 이문 학습서의 형식으로 자류집록(字類輯錄)류로 분류한 자료는 18세기 이후의 이문에 대한 자료들로서 모두 조선 후기의 것들이라 전기의 한이문(漢吏文)을 그대로 이어받은 초기의 조선이문과 조금 다르게 되었다.

임진(壬辰), 병자(丙子)의 왜란(倭亂)과 호란(胡亂)을 겪은 다음 조선은 오아(吳兒)의 명(明)이 아니라 만주족의 청(淸)을 상대하게 되었음으로 사용언어가 달라서 그에 근거한 사대문서의 한이문(漢吏文)도 조금 변하게 된 것이다. 청(淸)의 공용어가 북경(北京) 만다린이어서 종래 명대(明代) 지배층의 남경관화(南京官話)와 달라졌기 때문이다.

따라서 중국에서 통치 계급의 구어(口語)인 한어(漢語)가 달라졌으므로 문어(文語)인 한이문도 달라질 수밖에 없었다. 그리고 만주족인 청인(淸人)들의 한어라고 할 수 있는 북경 만다린은 곧 바로 관인(官人)들의 언어인 북경관화(北京官話)로 바뀐다. 구어(口語)인 한어(漢語)가 바뀌었으니 문어(文語)인 한이문(漢吏文)도 변한 것이다.

4.2.4.4. 이 시기에 조선에서 새로운 이문 학습서가 뒤를 잇는다. ① <전율통보> 초고본(草稿本)의 이문(吏文), ② <전율통보> 수정본의 이문, ③ <고금석림(古今釋林)>의 나려이두(羅麗吏讀), ④ <이두편람(吏讀便覽)>, ⑤ <오주연문장전산고(五洲衍文長箋散稿)>의 '어록변증설부록(語錄辨證說附錄), ⑥ <주해어록총람(註解語錄總覽)>의 이문어록(吏文語錄)이 그런 자료들이

다(졸저, 2022: 694~5).

① <전율통보(典律通補)> 초고본의 이문(吏文)은 영조 37년(1761)에 구윤명(具允明)이 편찬한 『전율통보(典律通補)』 초고본(草稿本)에 이두의 자류집록(字類輯錄) 부편(附編)으로 실은 129종의 이문(吏文)을 말한다. 여기에는 다음의 <전율통보> 수정본과 차이가 나는 이두문(吏讀文)을 실었는데 이문(吏文)에 들어간 이두(吏讀)를 찾아 1자(字)로부터 시작하여 자수(字數)별로 나누었다(졸저, 2022: 694).

이문(吏文)에 이두(吏讀)를 포함하였음을 보여주는 좋은 자료라고 할 수 있다. 다만 안병희(1987: 14)의 해설은 이문(吏文)과 이두문(吏讀文)을 혼동하여 설명하였기 때문에 혼란스럽다. 한이문에 의거하여 형성된 조선이문은 이두(吏讀)를 그 문장의 형태부 표기에 허용하였기 때문에 이런 혼란이 온 것이다.

즉, 조선이문에서는 한이문에서 표기하지 않는 형태부들을 조선의 다른 예들처럼 언문으로 하지 않고 역시 한자로 적게 되어 이두문의 형식을 띄게 된 것이다. 따라서 ①의 자료는 이문과 그 속에 포함된 이두식 표기의 형태부를 자류(字類)에 따라 표제어로 올리고 설명한 것으로 제목을 '이문(吏文)'이라 하였다.

다음의 ② <전율통보> 수정본(修正本)의 '이문'은 <전율통보>의 수정본에 붙인 부편(附編)의 것을 말한다. 정조 10년(1786)에 써서 판본의 말미에 붙인 구윤명(具允明)의 발문(跋文)에 의하면 그가 정조의 명(命)에 의하여 <전율통보>의 초고본을 수정한 것이라고 한다. 원래 판본으로 간행될 예정이었으나 비변사(備邊司)가 반대하여 사본(寫本)만이 전해진다.

수정본에 부록된 이문(吏文)은 수록된 이두(吏讀)의 수효가 135항으로 초고본의 130항보다 5항이 더 많다. 자수(字數)가 바뀔 때마다 ○표를 붙이고 글자의 수효에 따라 매우 엄격하게 배열하였다. 주석에는 언문으로 독법을 표시하였을 뿐만 아니라 사용된 어구(語句)를 제시하여 그 사용의 예를 보였다.

또 ③『고금석림(古今釋林)』의 '나려이두(羅麗吏讀)'는 이의봉(李義鳳)이 정조 13년(1789)에 서문을 붙여 간행한 <고금석림>의 부록으로 권40에 수록된 것인데 여기에 포함된 170종의 이두가 대부분 신라와 고려시대의 이두(吏讀)들이다(졸저, 2022: 694). 물론 이 시대에는 이두(吏讀)란 명칭이 없었으니 향찰(鄕札)이 마땅하지만 조선 후기에 간행된 문헌이라 이미 이두라는 용어가 널리 사용되고 있어서 '나려이두(羅麗吏讀)'라고 한 것이다.

역시 <나려이두>에서도 이문(吏文)에 상용(常用)되는 이두(吏讀)들은 자수(字數)에 따라 분류하고 1자류, 2자류와 같이 나누어 표제어를 삼고 이에 속하는 이두들을 설명하였다. 수록된 이두 어휘의 항목은 172항이고 주석에서도 석고(釋詁), 석형(釋刑) 등과 같이 분류기준을 정하여 새로운 어휘 분류를 시도하였다. 이 책에서만 볼 수 있는 분류 방법이다.

4.2.4.5. 다음의 ④『이두편람(吏讀便覽)』은 前間恭作(1929)에서 소개하여 세상에 알려졌다. 일본에서 저명한 한국문헌의 서지학자로 알려진 마에마 교사쿠(前間恭作)가 <이두편람>의 사본(寫本)을 소개하고 해제를 썼다. 그리하여 <이두편람>은 순조 29년(1829), 또는 그 이듬해에 왕의 명으로 관각(館閣)[43]에서 간행된 것으로 前間恭作(1929)에서 주장하였다.[44]

이 책은 서명이 된 '이두편람(吏讀便覽)'과 이어서 '집람이문(輯覽吏文)', 그리고 '행용이문(行用吏文)'의 3편(篇)으로 되었다. '이두편람'은 이문의 조사와 어미, 어구 종지사와 같이 우리말의 형태부의 표기에 사용된 이두(吏讀)를 수집하여 그 독법을 '爲－ᄒᆞ', '白－숣', '亦－여'와 과 같이 보였는데 지나치게 공식화한 느낌이 든다.

다만 그 이두로 쓰인 형태부의 배열은 나려이두(羅麗吏讀)와 같이 1자

---

43 館閣은 弘文館, 藝文館, 奎章閣을 통 털어 이르는 말이다.

44 <이두편람>의 범례에 "今此編刊 恭遵睿旨"라는 기사에 근거한 주장이다.

류, 2자류로 나누었으나 이를 제목으로 하지는 않았다. 수록 어휘가 모두 최세진의 <이문집람(吏文輯覽)>에서와 같이 당시에 사용하고 있는 것만을 골라 자수별로 나누어 배열하고 해설을 붙였다. 1자류부터 자수대로 분류하였으나 5자 이상의 것은 싣지 않았다.

그리고 이어지는 행용이문(行用吏文)도 당시에 쓰이는 이문을 소개하면서 명사(名詞)류에 속하는 용어만을 모아서 풀이하였다. 예를 들면 '자문(尺文), 환자(還上)'와 같이 행정 문서에서 독특하게 사용하는 한자 어휘들을 모아 놓은 것이다. 앞에 보인 예처럼 한자를 차자(借字) 표기하여 적고 언문(諺文)으로 토를 달았으며 뜻풀이는 한문으로 하였다.

행용이문의 이문도 다른 이문학습서에서 다룬 용어가 대부분 중복되었다. 이 자료는 전주고등학교와 일본의 마에마(前間恭作)문고에 소장되었다고 한다. 모두가 조선이문에 사용되는 이두에 대하여 설명한 것이다. 다만 안타까운 것은 이에 대한 국내 연구자들의 눈에 띄는 연구업적이 없다는 것이다.

이 외에도 더 많은 조선이문의 학습서나 참고서가 있을 것이다. 또 조선시대의 여러 문집에서도 이문에 관한 언급이 적지 않다. 안병희(1987: 18~9)에서 언급한 한글학회 소장의 『몽편(蒙編)』에 어록(語錄)과 더불어 부록으로 <아동이두(我東吏讀)>가 실려 있어 그것도 이문(吏文)의 자료로 볼 수 있다고 하였다.

그러나 <몽편(蒙編)>은 이문에 쓰이는 이두에 대한 것만을 보여서 제대로 된 조선이문의 자료로는 보기 어렵다. 아마도 조선이문에 쓰이는 이두(吏讀)에 대한 것이라 이문 자료로 본 것 같다. 안병희(1987)는 이문을 이두문(吏讀文)과 동일하게 보았기 때문에 <아동이두(我東吏讀)>도 이문의 교재로 본 것 같으나 실제로는 우리말의 한자 표기인 이두에 관한 것이다.

이와 같이 조선이문의 학습에 관련된 많은 문헌이 존재한 것은 조선시대에 이문(吏文)이 국가 정문(正文)이었기 때문이다. 그리하여 실제로 공문서 등의 실용적인 문자생활을 영위하는 아전서리(衙前胥吏)들은 조선이문을 익혀서 이로써 표기할 수밖에 없었기 때문에 이에 대한 많은 참고문헌이 편찬되었다고 보아야 한다.

4.2.4.6. 대한제국(大韓帝國)에서 이문 사용을 금하고 언문을 국문(國文)이라 하여 국가 공용문자로 하면서 한자로 쓴 이문(吏文)에 대한 관심은 급격히 줄어들었고 언문(諺文)에 대한 관심이 늘어났다.

그리하여 많은 언문 연구자가 나타나서 정서법을 정리하고 표기의 방법을 현대화하였다. 주로 서양의 로마자 표기에 따라 띄어쓰기도 실시하게 되면서 언문 사용이 늘어났다. 특히 광복 이후에 민족의 자주의식이 높아지면서 언문(諺文)을 한글로 고쳐 부르며 우리말의 표기 문자로 한글을 존중하게 되었다.

요즘에는 한자 실력의 저하(低下)로 젊은 연구자들은 이문(吏文)을 도외시한다. 그러나 개화기 시대 이후 일제 강점기(强占期)에 일본인 연구자들은 조선이문에 대하여 관심을 갖고 열성적으로 자료를 모우고 그에 대한 연구도 많다. 일본인 연구자들이 조선이문(朝鮮吏文)에 관심을 많이 갖는 것은 일본 가나(假名)의 원류를 찾는 일과 연관되었기 때문이다.

어쩌면 조선이문이 오늘날 일본의 가나(假名)문자 표기의 시원을 보여줄지도 모른다는 생각에서 그들은 이에 대한 연구를 열심히 수행한 것이다. 실제로 조선이문의 영향인지 몰라도 일본에서도 '일본식 한문'이라는 것이 사용되기도 하였다. 그러나 그 사용은 매우 제한적이어서 우리 조선이문과는 그 비중이 다르다.

다만 일본의 가나(假名)문자는 우리의 한자 표기, 즉 한자를 석독하거나 음독하여 우리말을 표기하는 방법과 매우 유사해서 이 문자의 원류(原流)가 한반도일 것으로 추측하고 이에 대한 연구가 진행되었다. 그러나 한이문에 근거를 둔 조선이문은 일본어의 가나(假名)문자의 표기와는 기본적으로 다르다.

다만 조선이문이 한자로 우리말을 적은 이두(吏讀)를 포함한다는 점에서는 가나문자와 유사하다고 할 수 있다. 만일 훈민정음이란 이름으로 제정된 언문(諺文)이 없었다면 우리도 일본처럼 조선이문이 우리말 표기의 유일한 방법이었을 것이다. 조선이문으로 문자생활을 해야 한다는 생각을 하면 세종 대왕에 대한 감사의 마음이 절로 우러나온다.

정말 일본의 가나(假名)문자와 같은 조선이문(吏文)으로 우리말을 표기한다면 어떨까? 생각만 해도 아찔하다. 일본에 오래 유학하고 가나 표기에 익숙한 필자도 아직 모르는 일본어의 표기가 적지 않다. 그리고 다음의 제5장 5.4.0.에서 넋두리처럼 소개하겠지만 노성한 일본의 학자가 길거리에 쓰인 한자표기의 지명을 제대로 못 읽는 경우가 있었다.

그런 불편한 가나표기와 유사한 조선이문을 쓰지 않아도 된 것이 우리에게 얼마나 큰 행운인가. 조선이문이나 일본의 가나(假名)문자 표기나 한자를 음독하고 석독하는 방법으로 우리말과 일본어를 표기하였기 때문에 일일이 한자의 음독과 석독을 익혀야 한다. 그런데 한자의 석독은 우리말이나 일본어에서 일정하지 않아서 그들은 따로 배워야 하는 번거로움이 있다.

3. 〈이문대사〉로 본 조선이문

4.3.0. 한이문(漢吏文)의 참고 자료로 조선 중종 때에 이 땅에서 편찬하여 간행한 최세진의 <이문집람(吏文輯覽)>이 있었음을 앞의 4.2.3.0.에서 살펴보았고 그 외로도 많은 참고서와 교재가 있었음을 소개하였다. 또 조선이문의 참고서로서 역시 앞에서 살펴본 바와 같이 많은 자료가 있었다.

그 가운데 조선이문의 참고서로 편자 미상의 『이문대사(吏文大師)』가 판본(板本)과 사본(寫本)으로 현전하고 있다. 이 책의 판심서명이 '이문(吏文)' 이어서 이 책의 원명은 이문이었을 가능성이 있다. 그리고 <이문(吏文)> 이 편자 미상이고 후대에 여러 번 수정한 것으로 보여 졸저(2022: 702)에서는 이 원본을 중종 때에 최세진(崔世珍)이 편찬한 것으로 보았다.

판본은 서울대 도서관 가람문고 소장본과 고려대 도서관 소장의 판본이 있는데 서로 다른 이판본(異板本)이다. 가람본은 후쇄본이어서 한자 획의 탈각(脫刻)이 많이 보이고 고려대 소장본은 초쇄본(初刷本)이어서 비교적 인면(印面)이 선명하다. 이 두 판본은 하나의 모본(母本)을 새로 조판(組版)하여 간행한 것으로 보인다.

두 판본이 일부 판식(版式)만이 다를 뿐 내용은 완전히 같아서 심지어 '백(白)'의 독음을 오기한 것까지 일치한다. 따라서 같은 책을 서로 달리 조판한 것으로 본 것이다. 또 판식(版式)과 지질(紙質) 등으로 보아 17, 18세기의 간본(刊本)으로 보인다(안병희, 1987: 18). 다만 이 두 판본은 원본을 후대에 서로 다른 편자들이 수정한 것으로 보아야 한다.

이를 필사한 사본은 연세대 도서관과 통문관(通文館)의 주인이던 고(故) 이겸로(李謙魯) 옹(翁)의 산기(山氣)문고에 소장된 것이 있다. 이두의 한자를 언문으로 표음하여 쌍행(雙行)으로 한 것만이 다를 뿐 나머지는 '백(白)'의 오독(誤讀)까지 같다. 다만 필사할 때에 필사자의 자의로 약간 변경한 내용이 있다.

연세대 소장본의 사본에는 이 책의 뒷부분인 8장부터 '장량여결(張良餘訣)', 즉 "나머지 장의 끝에"란 의미의 이두(吏讀)로 쓴 제목으로 '행산법(行算法), 작석법(作石法), 해두법(解斗法), 구구법(九九法)' 등을 부록으로 붙였다. 본문이 7장인데 부록인 '장량여결'이 31장으로 4배가 넘는다. 이것으로 <이문대사>란 참고서가 어떤 성격인지 알 수 있다.[45]

---

45 <이문대사>의 부록으로 붙인 '行算法, 作石法, 解斗法, 九九法'으로 보아 이 책이 지방 관청의 胥吏들이 갖추어야 기본적인 지식을 주기 위한 책으로 보았다(안병

산기(山氣)문고 소장본도 부록으로 관두(官斜－관청에 고하는) 규식(規式)과 연분단자식(年分單字式) 등 행정에 필요한 예규(例規)와 서식을 19장에 걸쳐 첨가하였다. 중간에 백지도 있지만 모두 41장으로 된 산기문고본도 연세대 소장본과 같이 하급관리인 서리(胥吏)가 지방 관아(官衙)의 행정에 필요한 지식을 참고하기 위하여 필사한 것으로 보인다.

연세대 소장본과 산기(山氣)문고 소장의 사본은 필사 연대를 알 수 없다. 다만 산기문고본의 부록 '연분단자식(年分單字式)'에 "戊戌年 安東府使 權以鎭時"이란 기사가 있고 또 '안동부전령(安東府傳令)'에 "丙寅冬 府使李昌誼 瓜滿在京時"란 기사가 있어 숙종 무오(戊午, 1718)와 영조 병인(丙寅, 1746)으로 연대를 추정하여 18세기 후반에 필사된 것으로 추정된다.

<이문대사>의 "이문 학습의 큰 스승"이란 뜻이지만 이 책을 낸 곳은 인정된 중앙 관서로 보기 어렵고 지방의 관아(官衙)에서 편찬한 것 같다. 따라서 책의 체제(體制)도 일정하지 않고 이문의 학습에 도움이 되는 내용을 주먹구구식으로 나열하고 그에 해당하는 용례를 들었다. 주로 조선이문에서 사용하는 특수 용법을 예를 들어 설명하였다.

굳이 책의 체재(體裁)에 따라 내용을 나누어 보면 모두 4부로 나누어 1부에서는 조선이문으로 된 각종 서식(書式)과 허두(虛頭) 및 결사(結辭)의 투식(套式)을 보였다. 2부에서는 조선이문(吏文)에 쓰이는 한자 성어(成語)와 그에 포함된 이두(吏讀)를 중요한 것만 발췌하여 소개하였다. 3부에서는 조선이문에 널리 쓰이는 이두의 성구(成句)를 들어 설명하였다.

4부에서는 실제 이문으로 쓰인 문서의 예를 보였다. 이 책에서 언문(諺文)으로 이두를 표기한 예는 앞에 소개한 <유서필지(儒胥必知)>와 유사하다. 다만 18세기의 언문 정서법을 보인다는 점이 앞의 조선 전기에 작성된 <이문집람(吏文輯覽)> 등과 차이가 날 뿐이다. 그리하여 앞에

희, 1987: 28).

서 소개한 <이문(吏文)>과는 언문 표기에서 차이가 난다.[46]

<이문대사>는 판심(版心)이 '이문(吏文)'이고 내용도 앞의 4.2.3.1.에서 전술한 효종 9년의 <이문(吏文)>과 유사하다. 부록으로 구구(九九), 육갑(六甲)을 첨가한 것과 <이문대사>에서 부록으로 여러 서리(胥吏)들의 심득(心得)할 내용을 첨가한 것까지 유사하다. 그리하여 이 <이문(吏文)>을 조선 후기에 어떤 지방 관청에서 정리하고 추가한 것이 <이문대사>라고 본다.

1) 조선이문의 특징

4.3.1.0. <이문대사>의 권두에 소개된 이문(吏文)의 관용구는 한자로 쓰였다. 그리고 조사와 어미, 그리고 어구의 연결사를 구결-토와 이두와 같이 한자로 표기하였다. 이로 인하여 이문(吏文)을 이두문(吏讀文)으로 보기도 하게 된 것이다.

그러나 앞에서 강조한 바와 같이 이두(吏讀)는 우리말을 한자로 적은 것이고 고대의 향찰(鄕札)에 소급된다. 그러나 이문(吏文)은 고려 후기에 원대(元代) 한이문(漢吏文)으로부터 영향을 받아 시작된 것이라 향찰, 이두와는 구별된다. 즉, 우리말을 한자로 적는 것은 같지만 이문의 문장 구조는 한아언어, 즉 중국어에 의거한 것이고 이두는 우리말에 문법에 따른 것이다.

그리하여 <이문대사>에 소개된 조선이문의 관용구는 한이문의 영향을 받아 한문 문장의 것이 많다. 예를 들어 <이문대사>에는 조선이문에 자주 쓰이는 사장성구(四字成句)가 다수 실려 있는데 이것은 한이문에 쓰인 관용구를 따른 것이다.

---

46 이에 대하여 졸저(2022: 915)에서는 "최세진은 한이문과 조선이문에 능통하여 이 둘을 비교하는 작업을 많이 하였고 조선이문을 교육하는 <吏文輯覽>을 저술하였다. 이것은 후대에 <吏文大師>로 이어져서 조선이문의 교육에 아용된다. 그가 漢吏文에도 능통하였기 때문에 <이문집람>은 더욱 조선 이문을 분명하게 밝혀 주었다."라고 하였다.

合行牒呈－첩정(牒呈), 즉 공문서를 보내기에 합당함.
照驗施行－대조하여 시행함.
他矣財穀－남의 재물과 곡식, 즉 타인의 재산.
夜間突入－밤에 무단으로 남의 집에 들어가는 것.
偸取恣意－투취(偸取), 즉 남의 물건을 훔치는 것을 자의(恣意)로 함.
連名資生－겨우 목숨을 이어갈 정도로 살아가는 것.
現露辭緣－모두 드러난 내용.
依律施行－법률에 따라 시행함.[47]

이와 같이 사자(四字)로 된 성구(成句)를 많이 사용하는 한문 문체는 원대(元代) 한이문(漢吏文)의 특징으로서 조선이문이 이를 본받은 것이다. 吉川幸次郎(1953)에서는 <원전장(元典章)>의 한문 이독(吏牘)의 문체적 특징으로 긴장(緊張)감을 들고 긴장을 유발하는 요인으로써 다음 두 가지를 들었다.

① 사자구(四字句), 또는 그 변형을 기본으로 하는 리듬.
② 어떤 종류의 구어적 어휘를 포함한 이독(吏牘) 특유의 말을 빈번하게 사용함.[48]

이에 의하면 조선 이문도 한이문(漢吏文)과 같이 사자구(四字句)를 기본

47 <이문대사>에는 이 이외에도 吏文에 자주 쓰이는 四字成句를 많이 소개하였다. 필자가 고대 도서관 소장본으로 헤아려 본 결과 140여개가 넘었다. 개중에는 '物故公文'과 같이 이두에 의한 것도 없지 않지만 대부분 漢吏文에서 사용되는 四字成句를 표제어로 하였다.

48 吉川幸次郎(1953)에서는 이를 포함한 한이문의 특징을 "元典章中の漢文吏牘の文體は、①古文家の文語と文法の基本をおなじくしつつも、古文家の文語のごとく藝術的緊張をめざさない。②しかも吏牘の文をしての緊張をめざす。③緊張を作る要素としては ⓐ四字句もしくはその變形を基本とするリズム、ⓑある種の口語的語彙をふくむ吏牘特有の語の頻用、④しかしその緊張は、容易に弛緩をゆるすのであって、往往、更に多くの口語的要素を導入して、緊張をやぶる。⑤さればといつて緊張を全くくずし去ることはない。"로 정리하였다. 이와 같은 문체적 특징은 조선 이문에도 그대로 적용된다.

으로 하는 문체적 리듬을 가졌고 한아언어와 같은 구어적 표현을 가미하였으며 이문(吏文)에만 사용되는 관용구를 빈번하게 사용하여 공문서로서의 권위와 긴장을 유발한 것으로 보인다. 이것은 조선이문이 전혀 한이문의 문체를 본받은 때문인 것이다.

4.3.1.1. 그러나 조선이문의 관용구에는 우리말의 조사와 어미를 한자로 표기한 것도 있다. 예를 들면 <이문대사>의 초두에 등장하는 "右謹言所志矣段－이제 삼가 말씀드리려고 하는 소지라는 것은"이란 관용구는 소지(所志, 陳情書, 또는 告訴狀)의 서두(序頭)에 붙는 관용구인데 '矣段'(－ᄋᆡᄯᆞᆫ)과 같은 이두로 표기된 조사가 들어있다.

또 "右所陳爲白內等－앞으로 소진(所陳)ᄒᆞᄉᆸᄂᆡᄃᆞᆫ,－이제 소진하려고 하올 것은"과 같이 관청의 공문서 첫머리에 사용하는 관용구로서 '爲白內等(ᄒᆞᄉᆞᆲᄂᆡᄃᆞᆫ)'이란 이두(吏讀)로 쓰인 구결이 포함되었다. 그러나 '右謹言, 右所陳'은 한이문의 문체이며 따라서 조선이문은 우리말의 어순과 문법에 맞춘 이두와 구별된다.

조선 후기에 들어오면 조선이문의 투식(套式)은 그대로 유지하였으나 이두 표기가 늘어난다. 필자가 역관(譯官)의 명문가(名門家)인 천녕(川寧) 현씨가(玄氏家)의 고문서에 찾은 현계근(玄啓根)의 진시(陳試) 소지(所志)를 예로 들어 이 시대의 조선이문을 소개하여 보겠다.

이 소지는 18세기 중반의 것인데 여기서 진시(陳試)란 어떤 이유로 시험에 응시할 수 없기 때문에 시험을 늦추어 주는 것을 말한다.

원문

譯科初試擧子喪人玄敬躋

右謹言所志矣段 矣身今甲子式年譯科初試 以漢學擧子入格矣 五月分遭父喪是如乎 依例陳試 事後考次立旨 成給爲只爲 行下向敎是事

禮曹 處分 手決 依法典

甲子 十月 日 所志

해석

역과 초시의 거자(擧子)로서 상제(喪制)인 현경제가[49]

이제 삼가 말씀드릴 소지라는 것은 이 몸이 이번 갑자 식년시 역과 초시에 한학으로 응시하여 입격하였으나 5월에 부친상을 당하였기 때문에 전례에 따라 시험을 연기하고 사후에 시험할 것입니다. 이를 입증하는 문서를 만들어 주시도록 분부를 내리시올 일.

예조에서 법전에 의거하여 처분하고 수결을 둠.

갑자년(1744) 10월 일 소지. 졸저(1990a: 210)에서 인용.

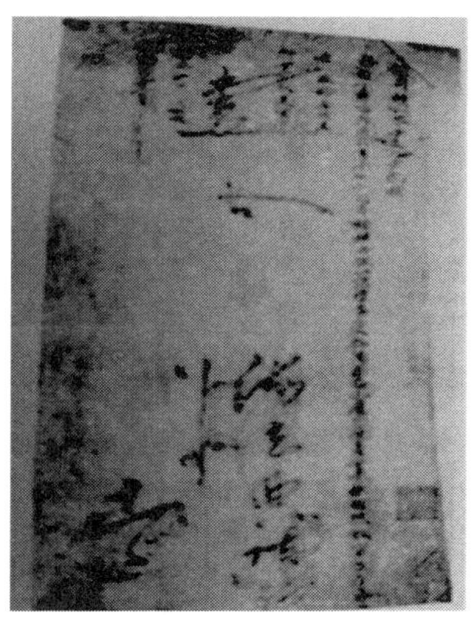

[사진 4-6] 현계근의 진시 소지, 졸저(1990a: 15)에서 전재.

앞에서 소개하고 [사진 4-6]으로 보인 역관 현계근(玄啓根)의 소지(所志)는 건륭갑자(乾隆甲子) 식년시(式年試)의 상식년(上式年)인 영조 19년(1743)에 그가 역과(譯科) 초시(初試)에 합격하였으나 이듬해에 실시하는 역과

49 玄敬躋는 玄啓根의 兒名임(졸저, 1990a: 209).

복시(覆試)에는 부친상(父親喪)으로 참여할 수 없어서 시험 응시를 늦춰 달라는 진시(陳試)의 소지(所志)로서 영조 20년(1744년) 10월에 작성된 것이다.[50]

4.3.1.2. 여기에 쓰인 조선이문에는 모든 행정 소지(所志)의 모두(冒頭)에 붙는 관용구 "右謹言所志矣段(이제 삼가 말씀드리려고 하는 소지라는 것은)"이 있고 "矣身(의 몸, 제가), 是如乎(이다온, 이라고 하는), 立旨(신청서의 말미에 이 사실을 입증하는 뜻을 부기한 관아의 증명)[51], 爲只爲(ᄒᆞ기숨, 하기 위하여), 行下向敎是事(힝하아이샨일, 명령하옵실)" 등 이두로 된 이문의 관용구가 포함되었다.

다만 이 문장의 문법 구조는 우리말에 의거한 것이 아니고 한이문에 따른 것이다. 비록 이두(吏讀)가 들어 있으나 문장의 구성은 한어(漢語)에 따른 것이다. 그리고 진시(陳試) 소지(所志) 가운데 "以漢學擧子入格[矣], 五月分遭父喪[是如乎] 依例陳試"은 [ ]안의 이두를 제외하면 한이문의 구성과 일치한다.

따라서 이 조선이문으로 쓰인 내용은 "[본인이] 한학 거자(擧子)로 입격하였으나 5월에 부친상을 당하여 예규에 의하여 진시(陳試)하고자 하다"란 내용으로 그 구성은 우리말의 문법에 따른 것이 아니다. 만일 이 이문이 이두문(吏讀文)이라면 우리말의 문법에 맞추어 '漢學擧子以入格矣, 五月父喪分遭是如乎, 例依陳試'로 쓰였어야 한다.

따라서 이 예문은 이두문(吏讀文)이 아니라 조선이문으로 쓰인 것이다. 조선이문은 한이문의 영향을 받아 형성된 것이며 문어(文語)의 한이문(漢吏文)이 소위 몽문직역체(蒙文直譯體)로 알려진 구어(口語)의 한아언어

---

50 譯科의 初試와 覆試, 그리고 倭學 譯官 玄啓根의 譯科 應試와 喪故에 의한 陳試에 대하여는 졸저(1990a: 210)를 참조할 것.

51 '立旨'는 所志의 말미에 붙여 신청한 일을 관아에서 증명한다는 附記로서 토지문기나 노비문서 등에 사용되는 관용어이다. 예. 本文段 失於火燒是遣 立旨一張 乙代數爲去乎(安東 金俊植 宅 토지문기), 各別 立旨成給爲白只爲 行下向敎是事(海南 尹泳善 宅 <所志>). 장세경(2001: 432).

(漢兒言語)를 기반으로 형성되었다. 조선이문도 이러한 문법에 따르지만 신라시대의 향찰표기에 기반을 둔 이두(吏讀)로 형태부를 표기하여 삽입하였다.

즉, 조선이문은 한이문(漢吏文)의 문체에 근거한 것이지만 교착어인 우리말에 있어야 하는 조사, 어미, 그리고 절(節)과 문(文)의 종지사(終止辭)를 이두로 표기하여 삽입하였다. 한이문에 없는 이러한 문법 형태의 표기는 조선이문의 특징으로 이것으로 한이문과 조선이문을 구별할 수 있다. 나머지 조선이문의 문법구조나 사용에 있어서 거의 한이문과 일치한다.

이 조선이문(朝鮮吏文)은 갑오경장(甲午更張. 1894)에서 한글을 공문서에 사용할 수 있다는 칙령(勅令)이 내려지기 전까지 조선시대의 유일한 공용 문어(文語)이었다. 몇 백년간 계속된 유일한 공용 문어인 조선이문에 대한 연구가 그렇게 많지 않은 것은 우리의 역사적 사료(史料)를 이해하기 위한 노력에서 참으로 안타까운 일이다.

2) 이두(吏讀) 명칭의 연원(淵源)

4.3.2.0. 이두(吏讀)는 앞에서 언급한대로 우리말을 중국어로 번역하지 않고 우리말 어순에 따라 한자의 음(音)과 새김(釋)을 빌려 기록하고 조사와 어미도 역시 한자의 발음과 뜻을 빌려 차자 표기하는 방법을 말한다.

반면에 조선이문(朝鮮吏文)은 어디까지나 구어(口語)인 한아언어(漢兒言語)를 근간으로 하는 한이문(漢吏文)에서 발달한 것이므로 어순(語順)을 포함한 기본적인 문법 구조가 한어(漢語)에 의거하였기 때문에 이두문(吏讀文)과 이문(吏文)의 기본적인 차이가 있다. 즉, 이문은 비록 이두(吏讀)를 포함한다고 해도 문장 전반의 문법 구조는 한어(漢語)인 것이다.

또 한아언어(漢兒言語)는 비록 알타이제어의 영향을 받아 문장구조가 교착적 문법을 일부 반영한다고는 하지만 어디까지나 고립어인 중국어로 보아야 한다. 따라서 우리말의 문법에 따라 교착적인 문장을 한자로 표기하는 이두문(吏讀文)과는 문장 구조가 다르다. 거기다가 한반도에서 '이두(吏讀)'란 명칭은 고려 이후에, 즉 원대(元代) 이후에 사용된 것이다.

지금으로는 전술한 바와 같이 <세종실록>(권103) 세종 25년(1444) 2월 경자(庚子, 20일)조에 부재된 최만리(崔萬理) 등의 언문을 반대하는 상소문(上疏文)에 "吏讀行之數千年, 而簿書期會等事 無有防礙者,－이두가 행해진 지 수천 년에 문서를 기록하고 날짜를 정하는 등에 아무런 문제가 없는데"라는 기사나 {해례}『훈민정음』(1446)의 권말(卷末)에 부재된 정인지(鄭麟趾)의 후서(後序)에 "薛聰始作吏讀, 官府民間至今行之.－설총이 이두를 시작하여 관부와 민가에서 오늘에 이르기까지 행하고 있다."에 나타나는 이두(吏讀)가 우리 사료(史料)에 보이는 가장 오래된 것이다.

'이두'라는 명칭에 대하여는 전게한 류렬(1983: 13)에서 "그러므로 '이두'라는 이름은 7~8세기이후에 쓰이기 시작한 것이라 볼 수 있다. 그러나 '이두'의 발생, 발전 역사는 이보다 훨씬 오랜 이전부터 시작되었던 것이다"라고 하여 '이두(吏讀)'라는 명칭과 그 사용이 신라시대에 이미 있었던 것으로 보았으나 실제로 이 명칭은 조선시대에 들어와서 보이기 시작한다.

4.3.2.1. '이두(吏讀)'라는 명칭은 전술한 <세종실록>의 기사가 가장 앞선 것으로 삼국시대의 역사를 기록한 『삼국사기』나 『삼국유사』는 물론 고려시대의 어떤 문헌에서도 발견되지 않는다. 즉, 원대(元代) 이전의 어떤 문헌에서도 이문(吏文)이란 용어가 쓰이지 않은 것처럼 우리나라에서 이두(吏讀)란 명칭은 고려 후기 이후, 정확하게는 조선시대에 들어와서의 일이다.

류렬(1983: 14)에서는 신라시대에도 조선시대의 이두(吏讀)와 같이 한자의 음훈(音訓)을 빌려 신라어를 기록하는 방법이 있었으며 설총(薛聰)이나 강수(强首)선생이 이를 정리하였다는 기록이 남아있다고 하였다. 하지만 그것은 어디까지나 그 명칭은 '향찰(鄕札)'이었지 이두(吏讀)라고는 하지 않았다.

따라서 한자의 음(音)과 훈(訓)을 빌려 우리말을 기록하는 방법은 멀리 삼국시대부터 있었지만 이를 '이두(吏讀)'라고 부른 것은 조선 초기, 세종 대(代)의 기록이 현재로는 가장 이른 시기의 것이다. 그 이전, 즉 중국에서 원대(元代) 이전의 고려 전기까지는 이문(吏文), 이두(吏讀) 같은 용어가 한반도에서 사용되지 않았음을 잊지 말아야 한다.

또 중국에서는 비록 전술한 <이학지남>에서 한대(漢代)에 이미 이학(吏學)과 이두(吏頭)가 있었다고는 하지만 앞의 제3장 3.3.3.0.에서 소개한 것처럼 '이(吏)'는 "說文曰治人者也."라고 하여 '사람을 다스리는 것'이라 하였고 이두(吏頭)는 "吏頭以法令爲師, 問而知也."라 하여 역시 '법령을 배우는 것'으로 보아서 모두 법령에 따라 행정을 담당하는 것을 가리킨다.

이 때까지는 이(吏)가 아전서리(衙前胥吏)의 하급관리를 말한다고 보지 않았고 이두(吏頭)도 이두(吏讀)처럼 한자를 써서 말을 기록한다는 의미가 없었다. 원대(元代) 이전에는 이(吏)에 대한 개념이 달랐으며 이두(吏讀, 吏頭)라는 용어의 명칭도 그 개념이 앞의 예문처럼 전혀 달랐음을 알 수 있다. 이학(吏學)도 "법령을 연구하는 학문"으로 생각했었던 것이다.

그러나 몽골의 원(元)이 중원(中原)을 차지하고 중국을 지배하던 원(元) 제국(帝國)의 시대에는 전술한 바와 같이 황제가 임명한 관(官)과 그들이 통치 지역에 가서 그 곳의 현지인을 채용한 이(吏)로 구분되어 관리(官吏)제도가 완성되었다. 그리하여 종래의 '이학(吏學), 이문(吏文), 이두(吏頭)'의 용어가 근본적으로 그 뜻이 바뀐다.

즉, 이문(吏文)은 단사관(斷事官)에게 보고하기 위하여 하급관리인 서리(胥吏)들이 작성한 문체, 즉 한이문(漢吏文)을 의미하게 되었고 이학(吏學)은 한이문의 학습을 말하게 되었다. 또 이두(吏頭)라는 용어는 완전히 달라져서 이문(吏文)을 학습하는 것을 말하게 되었는데 이 용어가 고려 후기와 조선 초기에 들어와서 향찰(鄕札)이란 명칭 대신에 이두(吏讀)가 된 것이다.

4.3.2.2. 필자는 조선이문(朝鮮吏文)이 원대(元代) 한이문(漢吏文)의 영향으로 고려 후기에 생겨났고 그의 영향으로 한이문의 독특한 문체의 표기인 '이독(吏牘)'을 '이두(吏讀)'로, 한이문을 학습하는 한이학(漢吏學)을 '이도(吏道)'로 한 것을 '이두(吏頭)'로 바꾸어 적은 것이라고 주장하였다 (졸저, 2022: 709~710).

따라서 앞의 4.2.1.2.에서 인용한 류렬(1983: 13)의 "'이두(吏讀), 이두(吏頭), 이도(吏道), 이토(吏吐), 이투(吏套), 이찰(吏札), 이서(吏書)'는 각기 다른 뜻을 가진 술어로서 필자는 다음과 같이 설명하였다.

> 이두(吏讀) - 한이문의 '이독(吏牘)'에 해당하는 술어로 한자로 우리말을 표기하는 것을 가리킨다.
> 이두(吏頭) - 한이문의 '이도(吏道)'에 해당하는 술어로 이문(吏文)을 학습하는 것을 말한다.
> 이토(吏吐) - 조선이문에 삽입되는 문법요소, 즉, 토(吐)를 말한다.[52]
> 이투(吏套) - 조선이문으로 쓰인 이문류(吏文類)의 문체를 말한다.
> 이찰(吏札) - 향찰(鄕札)과 같이 이두문(吏讀文)에 쓰이는 한자, 특히 차자(借字)된 한자를 말한다.
> 이서(吏書) - 조선이문으로 쓴 문서, 또는 글월을 총칭한다. 졸저(2022: 709)에서 인용.

이상의 술어는 한이문(漢吏文)의 영향으로 한반도에서도 조선이문이 생겨난 다음에 사용된 용어들이며 이 용어들은 고려 말에서 조선 전기에 확립된 것으로 본다. 물론 새로 생겨난 용어이어서 사용자에 따라 부분적으로 다른 경우가 있었다. 그로 인하여 앞의 류렬(1983)에서와 같

52 吐와 口訣이 자주 혼동된다. 그리하여 口訣-吐란 술어도 쓰인다. 그러나 필자는 口訣은 한문 문장에 삽입하는 것이고 吐는 한문을 읽을 때에 우리말의 이해를 돕기 위하여 붙여 읽는 것을 말한다고 하여 이 둘을 구별하였다. 즉, '구결을 넣다'이고 '토를 달다'라고 하는 것처럼 구결과 토는 구별된다고 본다. 다만 이 둘이 가리키는 것은 같아서 우리말의 형태부, 즉 어미와 조사, 문장의 종지사를 말한다.

이 용어의 정의에 혼란을 가져오기도 하였다.

4.3.2.3. 이러한 술어에 대한 설명은 현재로서는 <이문대사>에서 찾는 것이 가장 빠르다. 조선이문의 학습 교재인 <이문대사(吏文大師)>는 조선이문이 확립되어 조선왕조의 정문(正文)이 된 다음에 앞에 든 <유서필지(儒胥必知)> 등과 같이 이문(吏文)의 기본적인 지식을 교육하기 위한 교재로 18세기경에 편찬된 것이다.

권수(卷首)서명은 '이문대사(吏文大師)'이고 판심(版心)은 '이문(吏文)'이다. 권수서명이 "이문을 가르쳐주는 큰 스승"이란 의미이나 내용은 이문(吏文)에 대한 해설이란 뜻이다. 따라서 조선이문에 대한 참고서임을 알 수 있다. 그리고 당시에 관청의 정문(正文)이었던 조선이문이 그대로 이문(吏文)으로 불리었음을 알려준다.

현전하는 <이문대사>의 판본으로 서울대 도서관의 가람문고 소장본이 있다. 책의 크기가 세로 21.6cm, 가로 16cm이고 모두 8장으로 되었다. 광곽(匡郭)은 사주단변(四周單邊)으로 첫째 장만 쌍변(雙邊)으로 광곽의 크기는 세로 15.8cm, 가로 12.2cm이고 계선(界線)이 있으며 8행에 18자씩 배치하였다.

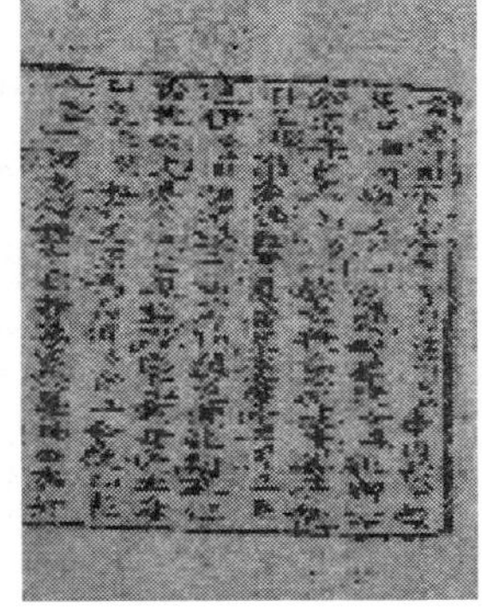

[사진 4-7] 가람문고 소장의 〈이문대사〉

[사진 4-7]의 오른 쪽에서 보이는 것처럼 책판을 조잡하게 새긴데다가 후쇄본(後刷本)이어서 탈자(脫字), 탈획(脫劃)이 많고 인쇄도 매우 흐릿하게 되었다. 거기다가 보존상태도 좋지 않아서 판심(版心)은 거의 보이지 않고 부분적으로 찢어진 곳도 있어 판독이 어려운 곳도 있다. 이두(吏讀)를 작은 글씨의 언문으로 표시하기도 하였으나 쌍행(雙行)은 아니다.

다만 주석인 '同前'(1앞)과 '向事'(8앞)만은 쌍행(雙行)으로 쓰였고 나머지는 이두(吏讀)도 모두 단행(單行)으로 표기되었다. 간년(刊年)은 미상이나 판식(版式)과 지질(紙質)로 보아 17~18세기의 판본으로 보인다. 18세기에 판각(板刻)이 이루어졌고 백년 정도 지난 후에 인쇄된 것으로 보인다고 한다(안병희, 1987: 27).

이외로도 고려대 도서관 소장본이 있는데 가람본과 이판본(異板本)이지만 동일한 모본(母本)을 옮겨 새긴 것으로 초간본이고 가람본보다는 후대에 간판된 것으로 보인다. 그리고 연세대 도서관과 서울 인사동의 서점인 통문관의 주인이던 이겸로(李謙魯) 옹이 소장한 <이문대사>도 있다. 두 책 모두 필사본으로 전술한 가람문고본이나 고려대본을 베낀 것으로 보인다.

필사(筆寫) 연대는 미상이나 부록으로 실린 연분(年分)단자식(單字式)에 "戊午年 安東府使 權以鎭時"라는 기사가 있고 안동부전령(安東府傳令)에 "丙寅冬 府使 李昌誼瓜滿時"도 있어서 숙종 무오(戊午), 즉 숙종 44년(1718)과 영조 병인(丙寅), 즉 영조 22년(1746) 이후에 편찬된 것을 18세기 후반에 필사한 것으로 본다(안병희, 1987: 29).

4.3.2.4. 이 책에 대하여 이병기(1940), 홍순혁(1946, 1947), 최현배(1961: 226)에서 소개되었으나 모두 한결같이 한이문(漢吏文)과 조선이문(朝鮮吏文), 그리고 이두문(吏讀文)의 관계를 제대로 이해하지 못하여 매우 어설프게 소개되었다. 같은 현상이 <이문대사(吏文大師)>를 본격적으로 소개

한 안병희(1987)에서도 있었다.

즉, 안병희(1987: 22)에서 "[전략] 崔世珍의 吏文輯覽과 함께 우리나라와 元나라, 明나라 등 中國과의 外交 文書에 사용된 한문의 독특한 文體인 吏文의 한 자료로 다루어 놓았기 때문이다(한자 표기는 원문대로)."라고 하여 한이문과 조선이문을 동일한 것으로 보았고 이를 이문(吏文)이라 부른다고 하였다.

중국과의 사대문서는 원대(元代)와 명대(明代), 그리고 청대(淸代)의 것이 조금씩 다르다. 중국에서 왕조가 바뀌고 국가의 표준어와 문어(文語)가 달라졌기 때문이다. 즉, 원대(元代)에는 수도인 북경(北京)의 한아언어가 공용어이었고 명대(明代)에는 남경관화(南京官話)가 국가 표준어였으며 청대(淸代)에는 북경 만다린으로 통용하다가 곧 북경관화(北京官話)로 바뀐다.

그러나 한이문(漢吏文)의 기본 형식은 바뀌지 않는다. 한문(漢文)에 기초하여 형성된 한이문 문장의 기본구조는 늘 같았으나 관청에서 통용하는 특수 어구와 표현만이 구어(口語)인 국가 공용어의 변천에 의하여 바뀌어 갔을 뿐이다. 일시적으로 남경(南京)의 관화가 명대(明代)에 공용어의 역할을 했으나 원대(元代)와 청대(淸代)에는 북경(北京)의 한어가 통용어였다.

또 명대(明代)에도 초기에만 금릉(金陵), 즉 남경(南京)이 수도였고 제3대 영락제(永樂帝)가 북경으로 천도(遷都)한 다음 명(明)의 서울도 북경(北京)이었다. 그러나 명조(明朝)에서는 인위적으로 남경관화(南京官話)를 표준어로 인정하여 지배층들은 이 말을 사용하였으나 백성들이나 하급 관리들은 여전히 북경의 한어(漢語)를 사용하였다.

뿐만 아니라 명(明)에 바치는 조공(朝貢) 국가들의 사대문서는 여전히 한이문으로 작성되었다. 따라서 원대(元代)의 한이문과 명대(明代), 청대(淸代)의 한이문은 그렇게 큰 차이를 보이지 않는다. 또 한이문에 의거하여 형성된 조선이문도 문장의 문법구조에서는 크게 다르지 않다.

다만 중국과 우리의 관청에서 사용하는 문서 형식이 서로 다를 뿐이고 이문에 쓰이는 관용구와 본문의 문체가 일부 차이가 날 뿐이다. 거기다가 조선이문은 한이문에 없는 조사와 어미, 절(節)과 문말(文末)의 종지사(終止辭)가 이두로 쓰여 삽입되었다.

4.3.2.5. <이문대사>는 앞에 소개한 조선의 다른 이문의 자료처럼 이렇게 차이가 나는 조선이문의 관용구를 주로 설명하였다. 그리하여 안병희(1987: 31~72)에서는 <이문대사>에 소개된 조선이문의 관용구 381개를 옮기고 간략한 해설을 덧붙였다. 즉, 1의 '右謹言'을 시작으로 하여 381의 '合下仰 照驗施行 須至帖者 右帖下 某人准此'으로 끝난다.

'우근언(右謹言)'은 백성들이 관청에 제출하는 문서의 첫머리에 쓰는 "앞으로 삼가 말씀을 올리고자 함은"이란 뜻이다. 이 관용구의 다음으로 이어지는 "右謹陳言所志矣段－앞으로 삼가 진정하여 말씀드리려는 소지라는 것은"에서처럼 '矣段－ᄋᆡᄯᆞᆫ'이란 이두가 포함되었다. 이것이 한이문(漢吏文)과 조선이문의 차이라고 할 수 있다.

즉, 조선이문은 한이문의 어휘와 문장 구조에 따르지만 어미와 조사, 어구(語句)의 말에 붙은 첨사와 같은 형태를 이두(吏讀)로 표시하거나 조선 후기에는 언문으로 표시하는 방법으로 발전시킨 것이다. 따라서 조선시대의 이문 참고서는 이렇게 이두(吏讀)와 언문으로 표시한 특수 관용구를 소개하는 것으로 일관되었다.

즉, <이문대사>의 세 번째 "右所陳爲白內等 ᄒᆞᄉᆞᆲ걸든－앞으로 소진하오려 하는 것은"은 '爲白內等 ᄒᆞᄉᆞᆲ걸든'이란 이두가 포함되었다. 물론 '爲白內等'을 'ᄒᆞᄉᆞᆲ걸든'으로 언문 표기한 것에는 의문의 여지가 있다. 이것을 제대로 읽는다면 'ᄒᆞᄉᆞᆸᄂᆡᄃᆞᆫ'일 것 같고 연대본 필사에서 'ᄒᆞᄉᆞᆲᄂᆡ든'이 오히려 올바른 언문 표기일 것이다.

과연 조선이문의 관용구를 어떻게 읽었을까 하는 문제는 논의에서 제외된다. 왜냐하면 모든 문어(文語)는 구어(口語)를 바탕으로 하지만 조선이문은 우리말이 아니라 한이문에 의거한 인위적인 문어이기 때문이다. 이 조선이문은 읽히는 것에는 관심이 없고 오로지 한자로 표현하는 것에 중점을 두고 발전한 문어로 보아야 한다.

조선이문이 한이문에 근거한 것이라는 것은 마지막 '合下仰 照驗施行 須至帖者 右帖下 某人准此'를 보면 분명하다. 원래 이 구절은 <경국대전>(권3) 「예전(禮典)」 '첩식(帖式)'에 수록된 것이다. 첩문(帖文)은 관청의 수장(首長)이 휘하 관원에게 보내는 문서다. 따라서 이 관용 구절은 "이 문서는 내려 보내기에 합당하니 검토하여 시행하기를 바란다. 이 첩문은 모인(某人)에게 내려 보내니 이를 따르라"는 뜻이다.

여기서 '앙(仰)'은 한이문에서 "바라다"의 뜻이고 '합하(合下)'는 "내려 보내다", 조험시행(照驗施行)은 "검토하여 시행하다", '수지첩자(須至帖者)'은 "모름지기 첩문이 도착하면"의 뜻으로 모두 한이문에서 관용적으로 쓰이는 구절이다. 이것을 보면 조선이문이 한이문에 근거한 것임을 깨닫게 된다.

제5장

결론(結論)

5.0. 이상 한아언어(漢兒言語)라는 구어(口語)를 한자로 적은 문어(文語)로서의 한이문(漢吏文)을 살펴보았다. 그리고 이 한이문에 우리말의 조사와 어미, 문장 종지사의 형태를 이두(吏讀)로 적어 삽입한 조선이문(朝鮮吏文)에 대하여 살펴보면서 한이문이 어떻게 조선이문이 되어 조선시대에 국가 정문(正文)으로 사용됐는지 살펴보았다.

이 장(章)에서는 앞에서 논의한 내용을 요약하여 결론을 대신하고자 한다. 원대(元代)에 수도였던 북경(北京) 지역의 한아언어(漢兒言語)를 원(元)이 제국(帝國)의 공용어로 삼으면서 이 말은 모든 지배층의 관리들이 상용(常用)하는 언어가 되었다. 한아언어는 원대(元代) 이전에 중원(中原)에서 통용되던 장안(長安) 지역의 통어(通語)와는 매우 다른 중국어였다.

이 한아언어를 한자로 표기하여 통치자인 몽골의 단사관(斷事官)에게 하급관리인 색목인(色目人)과 한인(漢人)의 서리(胥吏)들이 보고서를 올린 것이 한이문(漢吏文)의 시작이라 보았다. 이렇게 시작된 한이문은 역시 종래의 한문과는 매우 다른 문체의 문어(文語)로서 독특한 성격을 갖게 되었다.

뿐만 아니라 몽골의 원(元)에서는 조공(朝貢)국가들이 원(元)에 올리는 사대문서도 이 한이문으로 작성하게 하여 고려 후기와 조선 초기에는 이를 학습하는 한이학(漢吏學)이 발달하였다. 그리고 조선에서는 이를 받아들여 스스로 자신들의 공용문서나 사법 문헌을 작성할 때에 한이문의 문체를 따르게 되었는데 이것이 조선이문의 시작이다.

원조(元朝) 이후인 고려 후기에는 아마도 이러한 문서들이 고려에도 있었을 것이나 현전하는 자료는 모두 조선시대의 것이다. 따라서 필자는 그 이름을 조선이문이라 부른다. 한이문과 조선이문의 중요한 차이는 전술한 바와 같이 조선이문에서 한이문에 빠져있는 우리말의 어미와 조사, 문자의 종지사와 같은 형태를 이두(吏讀)로 적어 삽입한 것이다.

이와 같이 조선이문은 문장 속에 이두(吏讀)가 들어있어서 그동안 조선이문을 이두문(吏讀文)과 혼동하였다. 그러나 조선이문에 들어 있는 이두문은 어디까지나 편의에 의하여 이문의 문장 속에 삽입한 것이지 전체의 문장 구조는 한이문을 따랐다. 즉, 조선이문도 한아언어를 바탕으로 형성된 문어(文語)인 것이다.

5.1.0. 한문(漢文)이란 중국어, 그것도 주대(周代)의 표준어인 낙양(洛陽)의 아언(雅言)이나 한당(漢唐) 이후에 형성된 장안(長安)의 통어(通語)를 구어(口語)로 하여 이를 한자로 적어 형성된 문어(文語)라고 보아야 한다.

중국어의 역사에서 '아언(雅言)'이라고 불리는 주대(周代)의 공용어가 선진(先秦) 때까지는 학문(學文)의 언어이었고 주(周)의 행정언어였다. 중국어의 역사에서 상고어(上古語－Archaic Chinese)라고 불리는 이 주대(周代)의 아언을 한자로 적은 문어(文語)를 고문(古文)이라 하여 특별한 대우를 한다.

왜냐하면 문어인 고문(古文)은 유경(儒經)인 사서오경(四書五經)의 문체로 주대(周代)의 아언(雅言)을 한자로 적은 것이기 때문이다. 경전의 언어와 문장은 매우 보수적이어서 언어가 변천한 후대에도 그대로 유지된다. 예를 들면 고대인도의 리그베다(Rig Veda)를 위시한 배다(Vedic)경전의 산스크리트는 아무런 변화 없이 몇 세대를 유지하여 전달되어 변하지 않는다.

그러나 구어(口語)인 아언은 춘추전국(春秋戰國)시대를 거쳐 진(秦)의 천하통일 이후에 서북지방인 함양(咸陽)을 수도로 삼게 되자 언어의 중심지가 중국어의 서북방언으로 옮겨가게 된다. 그리하여 중국어의 서북방언이던 통어(通語)는 한당(漢唐)의 수도였던 장안(長安) 지역의 언어로 발전하여 이 두 왕조의 흥성(興盛)으로 장안의 말이 중국 전역의 통용어가 되었다.

5.1.1. 그러나 우리가 보통 한문이라 하면 이 아언(雅言)의 고문(古文)

으로 보고 지금까지도 한문이라 하면 보통 고문을 말한다. 그러나 한당(漢唐) 이후에 중원의 통용어가 된 통어(通語)도 한자로 표기하여 이를 한문(漢文)으로 부른다. 많은 문학작품과 불경(佛經)이 통어로 작성되고 번역되어 한자로 정착되었기 때문이다.

하지만 유가(儒家)에서는 통어(通語)의 한문을 변문(變文)이라 하면서 차별하였다. 유경(儒經)의 고문과 적지 않은 차이를 보이기 때문이었다. 그것은 아언(雅言)이 낙양(洛陽)의 말을 바탕으로 한 것이지만 통어(通語)는 중국어의 서북방언이어서 중국과 접경한 서역(西域)의 여러 언어, 주로 굴절어(屈折語)의 영향으로 굴절접미사에 해당하는 어미가 발달하는 등 문법의 변화를 입었다. 다만 음운의 변화는 표의(表意)문자인 한자로 적은 자료들뿐이라 알기 어렵다.

변문으로 폄하하였지만 당송(唐宋) 때에 많은 문학 작품이 통어(通語)로 작성되어 시문(詩文)의 언어가 되었으며 이것을 한자로 쓴 것을 역시 한문으로 보지 않을 수가 없게 되었다. 더욱이 불경(佛經)이 통어로 번역되어 세간에 통어의 한문이 널리 퍼졌기 때문에 한반도에서는 아언(雅言)의 고문(古文)보다 통어(通語)의 한문에 더 익숙하게 되었다.

그리하여 고려와 조선에서는 한문(漢文)이라 하면 유경(儒經)의 고문(古文)과 불경의 한문을 모두 지칭하게 되었다. 그러나 고문(古文)과 한문은 미세하지만 서로 다른 문체를 보인다. 고문은 아언(雅言)을 바탕으로 한 것이기 때문에 어미와 조사가 매우 축소되어 간결하지만 서북방언인 통어(通語)는 인접한 서역의 굴절어로부터 영향을 받아 형태부가 추가되어 장식적이라 본다.

물론 교착어인 알타이제어의 영향을 받아 어미와 조사, 그리고 문장의 종지사가 발달한 한아언어(漢兒言語)만큼은 아니지만 통어(通語)도 상당한 굴절어미가 허사(虛辭)로 표시되었다. 이를 보고 통어가 아언에 비하여 장식성(裝飾性)이 있다고 한 것이다. 미세하지만 이와 같은 고문(古文)과 한문(漢文)의 문체적 차이는 우리 선조들의 한문에서 많이 발견된다.

5.1.2. 예를 들어 {해례}『훈민정음』(이하 <해례본>)의 권두에 보이는 세종의 어제(御製)훈민정음서문이나 권미의 정인지(鄭麟趾)의 후서(後序)가 모두 고문(古文)의 형식으로 작성되었지만 「해례(解例)」의 문체는 통어(通語)의 한문이다.

그리하여 필자는 <해례>가 불가(佛家)의 사람, 예를 들면 신미(信眉)나 아니면 그의 동생 김수온(金守溫)이 저술하였을 것으로 추정하였다. 신미는 출가하여 승려가 된 인물이니 더 말할 것도 없지만 김수온(金守溫)은 유신(儒臣)으로 불경의 한문에도 일가견이 있었다. 그는 <증수석가보(增修釋迦譜)>를 찬술(撰述)할 정도로 불경의 한문에 익숙하였다(졸저. 2019a: 137~139).

이 두 사람이 {해례}<훈민정음>의 해례(解例)를 지었다고 보는 것은 이 부분이 통어의 한문으로 되었기 때문이다. 그것을 뒷받침하는 것으로 「해례」에만 붙어 있는 '결왈(訣曰)'을 보면 알 수 있다. 즉, 훈민정음의 <해례본>은 세종의 어제 서문과 이어서 예의(例義)가 있고 본문은 제자해(制字解)를 필두로 초성해(初聲解), 중성해(中聲解), 종성해(終聲解), 합자해(合字解)까지의 '해(解)'와 용자례(用字例)의 '례(例)'를 포함하여 「해례」라고 한 것이다.

말미에 정인지(鄭麟趾)의 후서가 있지만 훈민정음 <해례본>의 구성은 '예의(例義)'를 과제(科題)로 하고 이를 해설하는 「해례」는 과문(科文)으로 하는 전형적인 언해 불전(佛典)의 구조와 같다. 그리고 또 모든 '해(解)'에는 결왈(訣曰)을 붙여 칠언율시(七言律詩)로 내용을 요약하였다. 이것은 전형적인 불경의 특징이다.

5.1.3. 불경에는 십이부(十二部)라는 12가지의 구성 형식이 있고 졸고(2024b)에 의하면 그 12 형식은

① 수다라(修多羅, sũtha, 綖, 契經), ② 기야(祇夜, Geya, 應頌), ③ 가타(伽

陀, Gāthā, 諷誦), ④ 니타나(尼陀那, Nidāne, 緣起), ⑤ 이제목다가(伊帝目多伽, Itivrtaka, 本事), ⑥ 자다가(闍多伽, Jātaka, 本生), ⑦ 아부타달마(阿浮陀達摩 또는 阿毘達磨, Adbhuta dharma, 稀有法 또는 未曾有法), ⑧ 아파타나(阿波陀那, Avadāna, 譬喩), ⑨ 우파제사(優婆提舍, Upadeśa, 論議), ⑩ 우타나(優陀那, Udāna, 自說), ⑪ 비불략(毗佛略, vaipulya, 方廣), ⑫ 화가라(和伽羅, Vyāka－raṇa, 授記)

라고 한다. 이 십이부(十二部) 불경의 형식에 대하여 졸고(2024b)에서 자세하게 설명하였다.

그에 의하면 첫 번째 ① 수다라(修多羅, sūthra)는 불타(佛陀)의 설명으로 긴 산문 문장으로 되었다. 그리고 둘째의 ② 기야(祇夜, Geya)는 수다라의 의역(意譯)된 긴 문장의 내용을 운문(韻文)으로 요약하여 읊는 것을 말하며 응송(應頌), 또는 중송(重頌)이라 한다. <해례본>의 '해(解)'에 첨부된 결왈(訣曰)은 바로 이 불경의 12형식에서 응송(應頌)의 형식을 따른 것이다.

그리하여 <해례본>의 「해례(解例)」, 즉 '해(解)'와 '례(例)'는 불가의 사람이 저술한 것으로 보았다. 이 해례는 실록에서 빠져서 <세종실록>(권113) 세종 25년 9월조에는 세종의 어제훈민정음서와 예의, 그리고 정인지(鄭麟趾)의 후서만이 실렸다. 훈민정음의 <언해본>에서는 <해례본>의 첫 두 부분, 즉 세종의 어제훈민정음서와 예의(例義)만을 우리말로 풀이하였다.

따라서 훈민정음 <해례본>의 「해례(解例)」는 다른 어떤 훈민정음 해설서에도 나타나지 않고 오직 <해례본>에만 존재한다. 필자는 이것이 불가인의 저술에 대한 유가(儒家)의 의식적인 배척으로 본다. 그렇지 않고야 가장 핵심적인 '해례'를 어찌하여 실록본의 한문본이나 언해본과 같은 다른 해설서에서는 모두 삭제할 수 있었겠는가?

다만 <해례본>의 말미에 정인지(鄭麟趾)가 쓴 후서(後序)에는 해례에 참여한 8인의 이름을 들었다. 즉, 자신을 포함하여 집현전(集賢殿)의 최항(崔恒), 박팽년(朴彭年), 신숙주(申叔舟), 성삼문(成三問), 이개(李塏), 이선노(李善老)와 돈녕부(敦寧府)의 강희안(姜希顔) 등이 "謹作諸解及例, 以敍其梗槩,－삼가 해와 례를 지어 전체 줄거리의 차례를 매겼다"라고 하였다.

이렇게 분명하게 정인지의 후서에서 '해례(解例)'가 집현전과 돈녕부의 젊은 학자들에 의하여 이루어진 것이라고 밝혀두었기 때문에 훈민정음의 <해례본>이 불가(佛家)의 사람들의 저술이라는 필자의 주장은 무시되었다. 그러나 졸고(2019a)에서 밝힌 바와 같이 정인지의 후서에 나오는 집현전 학사들은 최만리(崔萬理)의 언문제정에 대한 반대 상소에 대응하기 위한 것이다.

즉, 집현전 부제학(副提學)인 최만리와 함께 반대 상소에 이름을 올린 직제학(直提學) 신석조(辛碩祖), 직전(直殿) 김문(金汶), 응교(應敎) 정창손(鄭昌孫), 부교리(副校理) 하위지(河緯地), 부수찬(副修撰) 송처검(宋處儉), 저작랑(著作郞) 조근(趙瑾) 등에 대응하여 <해례본>에서는 집현전의 대제학(大提學)인 정인지로 하여금 후서를 쓰게 하고 최항 등의 집현전 학사들이 해례를 지은 것으로 과장한 것이다.

그러나 이들이 실제 <해례본> 찬술에 거들었을지는 몰라도 「해례」의 내용으로 보아 불가(佛家)의 사람들이 해례를 주도한 것으로 보인다. 즉, 해례에서는 고대인도의 조음음성학에 입각하여 우리말과 한자음의 음운을 분석하고 이를 생리(生理)음성학으로 설명하였기 때문이다. 이에 대하여는 졸저(2025: 171~180)에서 초성의 글자를 중심으로 자세하게 논의하였다.

5.2.0. 제2장에서는 중국 원대(元代)에 제국(帝國)의 공용어로 등장한 한아언어(漢兒言語)를 필자가 발굴한 <원본노걸대>를 중심으로 소개하였다. 원래 지금 중국의 수도인 북경(北京)은 몽골의 원대(元代)에 도읍(都邑)을 정한 곳이다.

이곳은 중국의 동북변방으로 당대(唐代) 이전에는 허허벌판이어서 알타이어족의 여러 민족이 들어와 살다가 당(唐) 이후에 한인들이 들어와 이들과 섞여 살게 되었다. 그러다가 거란의 요(遼) 때에 오경(五京)의 하나인 남경(南京)으로 불리면서 도시의 면목을 갖췄고 여진의 금(金) 때에 중도(中都)라 하여 상도(上都)로부터 이곳으로 옮겨 도읍을 삼았다.

이후 이곳을 연경(燕京)이라 불렀다. 원(元) 세조(世祖) 쿠빌라이 칸(忽必烈汗)도 이곳을 수도로 정하여 대도(大都, Khanbalig)라 불렀다. 당시 이 지역은 한족(漢族)과 여러 알타이족들이 섞여 살았고 이들을 한아(漢兒)라 불러 전통적인 중국 장강(長江) 이남의 오아(吳兒)와 구별하였다. 이들은 체격에서도 차이가 나고 언어에서도 차이가 있었던 것이다.

북경(北京) 주변의 동북지방에서 사용되는 당시 한아언어는 원대(元代)에 중국을 정복하고 몽골의 제국(帝國)을 세운 몽고인의 언어, 즉 몽고어로부터 많은 영향을 받았다. 이렇게 원(元) 제국(帝國)에서 일종의 코이네(Koinē)로 쓰인 혼효어(混淆語)를 이 지역의 한아(漢兒)들이 사용하는 말이란 뜻의 한아언어(漢兒言語)로 불렸다.

5.2.1. 그러나 중국인들은 이를 호언한어(胡言漢語)라고 폄하(貶下)하였다. 그럼에도 불구하고 몽골의 원(元)은 이 한아언어를 제국(帝國)의 공용어로 삼았고 몽고인들은 이 말을 배워 한족(漢族)이 절대 다수인 중국을 통치하였다. 그리고 몽고 황제(皇帝)로부터 지방의 통치자로 임명된 몽골인 단사관(斷事官)들은 이 말과 한자를 겨우 배워 임지에 부임하여 통치에 임하였다.

몽고인 단사관들은 방언이라고 하기 어렵도록 서로 다른 현지의 중국어를 알지 못하였고 배우려고 하지도 않았으며 그동안 방언과 관계없이 통용되는 표의(表意) 문자로 쓰인 한자(漢字)만 겨우 이해하였다. 관(官)으로 불리는 몽고인들은 현지에서 한인(漢人)들이나 색목인(色目人)들을 하급관원, 즉 이(吏)로 임명하여 그들로 하여금 실제 통치에 임하도록 한 것이다.

이러한 하급 관원인 서리(胥吏)들이 몽골의 단사관(斷事官)에 올리는 보고서는 그가 알고 있는 한아언어를 한자로 쓴 것이었으며 이것으로부터 이문(吏文), 즉 서리(胥吏)의 문체가 시작된 것으로 보았다. 즉, 이문(吏文)은 한아언어를 구어(口語)로 하여 이를 한자로 적은 것으로 이해하였다.

따라서 이문(吏文)은 아언(雅言)의 고문(古文)이나 통어(通語)의 한문과는 매우 다른 문체가 된 것이다. 필자에 의해서 발굴되어 세상에 알려진 <원본노걸대>는 바로 이 한아언어를 학습하는 교재였다. 경북 대구의 모(某) 소장자가 구장(舊藏)하던 <원본노걸대>가 서지학자인 남권희(南權熙) 교수를 통하여 필자에게 전해져 이를 세계의 중국어학계에 소개하였다.

이로부터 중국어의 역사에서 한아언어(漢兒言語)의 존재를 인정하게 되었으니 21세기에 들어와서의 일이다. 또 한아언어가 원(元) 제국(帝國)의 공용어이었으며 이를 한자로 적은 것이 이문(吏文)으로 조공(朝貢) 국가들의 사대문서를 작성하게 하자 조선에서도 이러한 이문을 배우지 않을 수 없게 되었다.

5.2.2. 그리고 조선에서도 차차 이 이문(吏文)의 편의함을 알게 되어 같은 형식의 이문을 사용하기 시작하였다. 그리하여 조선에서는 유경(儒經)의 고문(古文)과 불경의 한문(漢文), 그리고 사대문서의 이문(吏文)을 배워 쓰게 된다. 아마도 원대(元代)의 이문, 필자의 용어로는 한이문(漢吏文)은 고려 후기에 유입되어 고려에서도 이를 배워 사용한 것 같지만 그것을 보여주는 자료가 고려시대에는 발견되지 않기 때문에 필자는 이를 조선이문이라 부른다.

아마도 고려시대에는 한이문을 멸시(蔑視)하여 식자층들이 배우거나 사용하기를 꺼렸을 것으로 보인다. 마치 고려의 지식인들이 원(元)의 공용어인 한아언어를 폄하하여 이를 베우지 않고 하층민들로 하여금 이 언어를 배워 통역에 임하였기 때문에 그들은 역설(譯舌), 또는 설인(舌人)으로 부른 것과 맥을 같이 한다.

그리하여 조선에서만 그 자료들이 발견되기 때문에 이를 조선이문이라 하고 원대(元代)에 사용된 이문(吏文)을 한이문(漢吏文)이라 하였다. 실제로 조선 초기에는 이문(吏文)의 연구를 한이학(漢吏學)이라 하고 이를 시험하는 한이과(漢吏科)도 설치되었기 때문에 원대(元代)에 시작된 이문(吏文)을 한이문(漢吏文)으로 부르는 것에 이의(異議)가 없을 것이다.

다만 고려시대에도 후기에는 이문(吏文)이 없었을 리가 없지만 현재까지 그런 자료들은 발견되지 않는다. 거기다가 고려시대에는 한아언어(漢兒言語)를 매우 천시(賤視)하여 전술한 바와 같이 식자(識者)들은 그 말을 배우려고 하지 않고 노비(奴婢)들을 시켜 이를 가르쳐 통역하게 하여 그들을 역설(譯舌), 또는 설인(舌人)으로 얕잡아 부른 일도 있었다.

따라서 한아언어를 한자로 쓴 이문(吏文)이 고려시대에는 없었을 가능성도 있다. 고려가 원(元)으로부터 영향을 받은 것은 불과 100년이 채 못 되는 기간이기 때문이다. 고려는 몽골의 원(元)과 상당기간 전쟁하는 시대가 있어서 몽고에 대한 적개심 때문에 한이문을 들여다가 자신들의 문어(文語)로 썼을 가능성은 적다.

고려와 몽골의 원(元)이 전쟁을 멈추고 서로 교류한 것은 원(元) 세조 쿠빌라이 칸(忽必烈汗)의 정복 전쟁이 끝난 고려 충렬왕(忠烈王) 때 이후의 일이다. 그 때까지는 끊임없이 몽골의 원(元)이 고려를 침범하고 약탈과 파괴를 계속하였다. 고려는 강화(江華)로 천도(遷都)까지 하면서 몽골의 원(元)에 맞서 싸웠다.

다만 몽골의 원(元)에 귀화하여 쌍성총관부(雙城摠管府)의 다루가치(達魯花赤)가 된 이자춘(李子春)의 아들이 이성계(李成桂)이고 그가 고려를 뒤집고 조선을 세웠기 때문에 조선이 원(元)의 제도나 언어와 문어(文語)를 받아드리는데 주저함이 없었을 것이다. 그리하여 조선은 원(元)의 관리(官吏)제도 본받았고 한이문도 받아드려 조선이문으로 사용한 것이다.

5.2.3. 몽골의 원(元)이 도읍을 북경(北京)으로 정하면서 이 지역의 중국어, 즉 동북방언이라고 볼 수 있는 한아언어(漢兒言語)가 공용어가 되었다. 이 말은 종래 한문의 구어(口語)였던 통어(通語)와는 매우 다른 중국어의 동북방언이었으므로 원(元)과의 접촉에서 의사소통을 위하여 고려에서는 이 말을 따로 배우지 않을 수가 없었다.

처음에는 천민(賤民)들에게 이를 교육하여 통역에 임하게 하였으나 이들의 병폐(病弊)가 커지매 따라 고려 후기에는 통문관(通文館), 후일의 사역원(司譯院)을 설치하였다. 초기의 사역원에서는 한아언어와 몽고어를 교육하였는데 그 때에 <노걸대(老乞大)>와 <박통사(朴通事)>란 교재를 자체적으로 편찬하였다.

<노걸대>는 초급 교재라고 한다면 <박통사>는 좀 내용이 어려운 중급 정도의 교재였다. 이 중에 <노걸대>는 고려 상인(商人)이 중국으로 말과 모시, 인삼 등을 팔러가다가 중도에 왕객(王客)이란 한아(漢兒)를 만나 동행하면서 도중의 여행에서 일어나는 일을 주제로 하여 서로 나눈 대화, 물론 한아언어의 대화를 소재로 한 회화 교재이다.

따라서 당시 통용되는 한아언어를 학습할 수 있을 뿐만 아니라 당시 중국을 여행하는 여러 방법을 알려주는 교재였다. 약간 초보인 <노걸대>와 중급 정도의 <박통사>도 편찬되었는데 이 두 한어 교재는 갑오개혁(甲午改革)으로 사역원(司譯院)이 폐지될 때까지 한어 교재로 유지되었으며 중국어의 변천에 따라 적어도 3차례에 걸쳐 대대적으로 수정되었다.

<원본노걸대>가 원대(元代) 한아언어(漢兒言語)의 학습 교재였다면 성종 14년(1483)에 명인(明人) 갈귀(葛貴) 등이 수정하여 남경관화(南京官話)를 반영한 {산개}<노걸대>는 명대(明代) 공용어이던 남경관화를 학습하는 교재로 원본을 잘라내고 고친 교재였다. 그리고 다시 청대(淸代)에 북경 만다린이 유행하자 이를 학습하는 <노걸대신석(老乞大新釋)>이 편찬되었다.

조선의 사역원(司譯院)은 청(淸)의 관인(官人)들과 통화해야 했기 때문이다. 이 북경 만다린보다 좀 더 격식을 차린 북경관화(北京官話)를 배우게 되면서 다시 이를 학습하는 <중간(重刊)노걸대>를 편찬하여 사역원에서 교재로 사용하였다. 이 교재가 <노걸대> 시리즈의 마지막 한어(漢語) 교재가 되었다. 중국에서 공용어가 변하매 따라 교재를 개편한 것이다.

5.2.4. 본서의 제2장에서는 {산개}<노걸대>를 <원본노걸대>와 비교하여 한아언어와 남경관화와의 차이를 살펴보았다. 특히 <노걸대>의 원본(原本)과 산개본(刪改本)을 비교하여 한아언어의 특징을 살펴보았다.

<원본노걸대>는 경북 대구지역의 민간인 소장의 것이 유일한데 필자에 의하여 세계 중국어학계에 소개되었다. 즉, 졸고(1999b,c)는 일본어로 일본에서 발표된 것이고 졸고(2000b)는 한국에서, 그리고 졸고(2002, 2003a)는 노르웨이 오슬로대학과 미국의 일리노이대학에서 영어로 발표한 것이다.

구두로 발표한 졸고(1999b)와 졸고(2002, 2003a)에서 뜨거운 청중의 열기를 지금도 기억한다. 마지막으로 졸고(2004a)는 북경(北京)에서 간행되는 학술지에 중국어로 실은 것이다. 그러나 중국에서는 현재 자신들의 공용어로 쓰고 있는 보통화(普通話)가 원대(元代) 호언한어(胡言漢語)에서부터 나온 것이라는 사실을 별로 달가워하지 않는다.

그리하여 <원본노걸대>의 한아언어에 별로 관심이 없는 척한다. 그러나 실제로는 이에 대하여 매우 많은 주의를 기우리는 것도 또한 사실인 것 같다. 왜냐하면 1주일에 서너 번씩 ‘Kwang Chung’이란 이름이 중국의 여러 학술논문집에서 중국어학(Chinese linguistics)의 논문에 오르내린다는 소식을 Academy에서 알려준다.

예를 들면 2025년 4월만 해도 3일자로 Academy에서 보내온 “The

name "Kwang, Chung" is mentioned in 1004 papers uploaded to Academia, including one in a paper by someone in Petaluma, United States"라든지 7일자의 "The name "Kwang CHUNG" was mentioned in a Chinese linguistics paper uploaded to Academia"라는 메일이 있다. 이후에도 하루에 보통 한 두 번의 인용 소식이 전해온다.

물론 Academy에서는 돈 벌려는 수단으로 알려주는 것이지만 그래도 이렇게 필자의 이름이 중국어학 논문에서 거명되는 것은 주로 <원본노걸대>의 한아언어 때문일 것이다. 그렇지 않고야 한국어학을 전공하는 필자를 중국어학의 전공자들이 거론할 이유가 없기 때문이다. 특히 일본에서는 필자의 한아언어에 대한 연구를 높이 평가한다.

일본의 중국어학계에서 필자의 졸고(1999c)를 많이 인용하는 것은 비록 그들의 중국어학에서 학조(學祖)인 요시가와(吉川幸次郎)의 학설을 비판한 논문이지만 그럼에도 불구하고 한아언어를 학습하는 교재로 간행된 <원본노걸대>의 발견으로 그 언어의 존재를 믿을 수밖에 없게 되었기 때문이다.

진영이나 학맥, 지맥, 인맥에 얽매어 학술 이론을 전단(專斷)하는 우리 학계의 악습에 완전히 질린 필자에게는 이런 것과 관계없이 진실을 추구하려는 일본 연구자들의 태도에 머리를 숙이지 않을 수 없다.

5.2.5. 현전하는 <노걸대> 계통의 한어 교재는 왜란(倭亂)과 호란(胡亂) 이전의 것으로 산기(山氣)문고의 가정본(嘉靖本) {산개}<노걸대>가 있다. 임진왜란 이후에 간행된 {산개}<노걸대>로 규장각(奎章閣) 소장본에서 홍문관(弘文館) 구장본(舊藏本, 奎 5158)과 시강원(侍講院) 구장본(奎 6293)이 있다. 이 <노걸대>의 산개본(刪改本)이 가장 이른 시기의 교재로 보아서 이들 자료만이 학계에서 거론하였다.

그런데 고려 말에 편찬되어 조선 초기, 아마도 태종 때에 간행된 것으로 보이는 <원본노걸대>가 발견된 것이다. 본서의 제2장에서는 사역원(司譯院)에서 한아언어의 학습 교재인 <원본노걸대>의 내용을 분석하고 이것을 각 장면에 따라 6장면으로 나눈 다음 이를 각 장면에서 다시 화제별로 나누어 모두 106화로 살펴본 졸저(2010)의 연구를 소개하였다.

그리하여 내용에 따라 제1장면 '만남'(1~12화), 제2장면 '와점(瓦店)에서의 숙박'(13~29화), 제3장면 '자, 대도(大都)로'(30~50화), 제4장면 '대도(大都)에서의 생활'(51화~84화), 제5장면 '사람 사는 도리'(85화~95화), 제6장면 '고국을 향하여'(96화~106화)로 다시 나누었다. 마치 오늘날의 여행안내서와 같은 역할을 <노걸대>가 하고 있었음을 알 수 있다.

이렇게 106화로 나눈 것은 당시 사역원의 한어 교육이 106일간 시행되지 않았는가 하는 추측을 낳게 하였다. 후대에 간행된 <노걸대>에서도 107화로 한 것을 보면 이러한 추측이 전혀 근거가 없는 것은 아닌 것 같다. 혹서기(酷暑期)와 혹한기(酷寒期)의 방학을 제외하고 명절을 빼면 대체로 반년간 106~7일의 교육이 가능하다고 본다.

현전하는 산개본(刪改本) 계통의 <노걸대>로는 왜란(倭亂)과 호란(胡亂) 이전의 것으로 산기(山氣)문고의 가정본(嘉靖本) {산개}<노걸대>(이하 <산개노걸대>)가 가장 이른 시기의 것이다. 필자에 의하여 <원본노걸대>가 세상에 알려지기 전까지 이 가정본 <산개노걸대>가 가장 오래된 <노걸대>의 판본으로 알려졌었다.

이 가정본(嘉靖本) <산개노걸대>에서는 대화가 바뀔 경우에 꺽쇠(ㄱ)로 표시하였는데 모두 93군데 발견되어 졸저(2010: 428)에서는 이 때에는 <노걸대>를 모두 93화로 나눈 것으로 보았다. 물론 졸저(2004, 2010)에서 106화로 나눈 것도 필자가 후대의 <노걸대>에서 107화로 나눈 것을 따른 것이지 이 때까지는 본문에서 각 화(話)를 구별한 표시는 없다.

<산개노걸대>로 규장각(奎章閣) 소장본에서 홍문관(弘文館) 구장본(舊藏本, 奎 5158)과 시강원(侍講院) 구장본(奎 6293)이 있는데 여기에도 가정본(嘉靖本)과 같이 대화가 바뀔 때마다 모두 남필(藍筆)로 꺽쇠(ㄱ)표시를 하

였다. 교서관본『노걸대언해(老乞大諺解)』에서는 대화가 바뀔 경우 4엽 화문(花紋) 어미(魚尾)를 중간에 넣어 표시하였는데 모두 107화로 분류하였다. 앞의 제2장 [사진 2-3] 참조.

따라서 <노걸대>의 106화, 또는 107화의 구분은 자의적인 것이어서 졸저(2010: 434~5)에서도 가정본의 93화와 졸저(2004)의 106화, 그리고 강희본(康熙本) 및 교서관(校書館) 언해본의 107화의 차이는 각각 장면을 어떻게 분석하느냐에 달렸다고 보았다. 먼저 졸저(2006)의 106화와 강희본(康熙本)・교서관본(校書館本)의 차이는 재4장면이 '대도(大都)에서의 생활'에 들어 있는 제72화를 하나로 할 것인가 둘로 할 것인가 따른 것이다.

즉, '제4장 북경에서의 생활과 장사'의 '제72화 你要甚麽綾子?'는 북경(北京)의 상점에서 중국 상인 왕씨가 탁주(涿州)에 가져가 팔 비단을 사는 장면이다. 그가 탁주에 가서 팔려고 양(羊)을 사고 남은 돈으로 비단을 사서 장사를 하려고 비단 상점에 간 내용이다. 분량은 많지만 하나의 주제로 이루어진 대화임으로 졸저(2010)에서는 이것을 하나의 화(話)로 묶었다.

졸저(2006)에서는 한 상점에서 일어나 일로 비단을 사는 것이므로 한 장면으로 하였고 교서관본(校書館本)과 강희본(康熙本) 등에서는 이를 두 장면으로 나누어 보았기 때문에 하나는 107화, 그리고 또 106화의 차이가 생긴 것이다. 이미 졸저(2004)도 20년이 지난 일이기 때문에 이제 다시 생각하면 분량에 따라 나누어 모두 107화로 구분하는 것이 옳을 것 같다.

5.3.0. 제3장에서는 한아언어가 어떻게 원(元) 제국(帝國)의 공용어로 정착하였는지 고찰하였다. 그리고 이에 근거한 한이문(漢吏文)의 형성에 대하여 집중적으로 살펴보았다. 그리하여 원대(元代)의 여러 사법(司法) 관계 문헌에서 쓰인 이문(吏文)을 살펴보고 한이문(漢吏文)의 특징에

대하여 다각도로 고찰하였다.

고려 후기에는 몽골의 원(元)이 세워지고 이 나라가 날로 강성(强盛)하자 고려에서도 제국(帝國)의 공용어인 한아언어를 배워서 원(元)과의 접촉에서 사용하지 않을 수 없었다. 그러나 고려의 식자층(識者層)들은 호언한어(胡言漢語)라고 부르는 상스러운 이 말을 배우려고 하지 않았고 하층민들에게 이를 공부시켜 통역(通譯)을 담당하도록 하였다.

그러나 그들은 하층계급이라 학식이 없어 통역도 정확하지 않고 자신들의 이익에 맞추어 제멋대로 말을 바꾸어 통역하기 때문에 많은 문제가 발생하였다. 그리하여 한아언어와 한이문을 학습하는 교육기관으로 한어도감(漢語都監)과 한문도감(漢文都監)을 두어 양가자제로 하여금 한아언어와 한이학(漢吏學), 즉 한이문을 배우게 하였다.

후에 다시 통문관(通文館)과 후대에 사역원(司譯院)이 설치되어 한아언어는 사역원에서, 그리고 한이문은 승문원(承文院)에서 교육하였다. 그리고 한어 학습의 한학(漢學) 역과(譯科)와 한이문의 한이과(漢吏科)를 설치하여 이를 시험하고 인재를 선발하였다. 후일에는 점차 문어(文語)인 한이문과 구어(口語)인 한아언어의 구별이 커져서 교육과 시험도 별도로 하게 된다.

5.3.1. 또 제3장에서는 또 아언(雅言)의 고문(古文)과 통어(通語)의 한문(漢文)의 차이도 살펴보고 우리가 한문으로 알고 있는 이 두 한문 문체와 한이문(漢吏文)의 차이를 밝혔다. 그리고 유경(儒經)의 고문(古文)이 어찌하여 후대에 통어(通語)의 한문과 대등하게 이 땅에서도 인식하게 되었는지 그 배경을 살펴보았다.

즉, 한(漢) 이후에 장안(長安)의 통용어인 통어(通語)가 한반도에서 한사군(漢四郡)시대에 본격적으로 이 땅에 전달되었고 수당(隋唐)과의 전쟁을 통하여 통어(通語)의 한문이 고구려에 전달되었으며 당대(唐代)에는 백제를 정복하는 전쟁에서 한반도에 퍼져나갔다. 특히 당대(唐代)의 한자음이 이 땅에 들어와 한자의 우리 발음, 즉 동음(東音)으로 정착하였음을 강조하였다.

따라서 한문을 배우면 바로 통어를 학습하게 된 것이다. 그러나 몽골이 남송(南宋)을 정복하기 위하여 북경(北京)으로 천도(遷都)하고 원(元)을 세운 다음 이곳의 한아언어를 공용어로 삼자 한자의 발음이 통어(通語)의 한자음과 크게 다르게 된 것이다. 그리하여 한문을 배우면 바로 소통할 수 있던 통어와 달리 이 한아언어(漢兒言語)는 따로 배우지 않으면 안 되었다.

조선의 세종은 이것을 매우 유감스럽게 생각하고 우리의 동음(東音)을 고쳐 새로운 한자음을 정하여 <동국정운>을 편찬하려고 하였다. 그렇게 하기 위하여 새로운 한자음을 중국 전통 운서에 의거하여 정리하고 이를 훈민정음(訓民正音)이라 하여 백성들에게 가르치려 하였다. 다시 한문을 통하여 중국인과 소통할 수 있는 중국어를 학습할 수 있게 되기를 바란 것이다.

새로 제정한 한자음을 정리한 <동국정운>을 편찬하고 이의 한자음을 표음하기 위하여 표음문자인 훈민정음을 제정하게 된 것이라는 종래 필자의 주장을 본서의 제3장에서 다시 한 번 반복하였다. 훈민정음은 문자 명칭이 아니라 새 한자음의 발음을 표기하기 위한 기호로 제정된 것이다.

그러다가 구결-토에서 변음토착(變音吐着)의 난제를 훈민정음으로 해결하면서 우리말을 이 문자로 온전히 표기하게 된다. 이 때에 들어와서는 문자의 명칭도 훈민정음이 아니라 언문(諺文)이라 하였다. 훈민정음(訓民正音)은 "백성들에게 가르칠 올바른 발음"이어서 동국정운식 한자음을 말하고 이를 표음하는 기호로 만든 것이 훈민정음이라고 보아야 한다.

5.3.2. 제3장에서는 통어를 한자로 쓴 한문처럼 한아언어를 한자로

그대로 표기한 한이문(漢吏文)이 생겨났고 이것은 원(元) 제국(帝國)의 관리제도와 관련이 있음을 주장하였다. 즉, 한아언어만을 배워서 중국 각지로 파견된 몽고인의 단사관(斷事官)을 관(官)이라 하고 그들이 현지에 가서 채용한 한인(漢人)들을 리(吏)로 하는 관리(官吏)제도가 원(元)의 정치 체제였다.

이 때에 파견된 몽고인 단사관은 제국(帝國)의 공용어인 한아언어만을 겨우 알고 있었으며 한문이나 각 지방에서 사용되는 중국어를 알지 못하였다. 그리하여 현지에서 채용한 하급관리인 구역(口譯)의 게레메치(怯里馬赤, Kelemechi)와 필역(筆譯)의 비치에치(閟闍赤, Bichiechi)의 도움으로 행정(行政)을 펼칠 수가 있었고 통치할 수 있었다.

이들이 단사관(斷事官)에 올리는 보고서는 모두 한아언어를 한자로 표기한 것이어서 이를 그동안 일본인 학자들은 몽문직역체(蒙文直譯體), 또는 한문이독체(漢文吏牘体)라고 불렀다. 이러한 문체는 실제로 원(元) 제국(帝國)의 사법(司法) 문헌, 예를 들면 <원전장(元典章)>을 비롯하여 전게(前揭)한 여러 법전들에 나타난다.

그리하여 이 책의 제3장 '2. <원전장(元典章)>의 한이문'에서는 <원전장>을 예로 하여 장초(狀招)의 몽문직역체와 기타 공문서의 한문이독체를 살펴보고 전통 한문과의 차이와 이러한 문체의 형성 과정을 고찰하였다. 그리하여 죄인(罪人)의 장초(狀招)와 같이 한아언어를 그대로 적은 것이 몽문직역체이고 공문서에서 일정한 서식을 갖춘 것이 한문이독체라고 주장하였다.

이들이 모두 한이문의 다른 명칭으로 본 것이다. 이렇게 원대(元代)에 한아언어를 기반으로 형성된 한이문은 주변의 조공(朝貢) 국가에서 원(元) 제국(帝國)에 올리는 사대문서에도 사용하도록 압박하여 고려 후기에는 이 한이문을 교육하지 않을 수 없게 되었다. 다만 고려시대의 이에 대한 기록이 많지 않아서 분명하게 이문(吏文)이 있었음을 밝힐 수가 없었다.

물론 고려 후기에는 원(元)과 접촉이 잦아져서 많은 사대문서가 오고 갔을 것이며 이 경우에 분명히 한이문(漢吏文)으로 작성된 것이 있었을 것이나 고려에서는 이런 자료를 사료(史料)에 남겨두지 않았다. 역시 식자층(識者層)에서는 고려를 여러 차례 침공한 몽골의 원(元)에 대한 적개심과 한이문에 대한 폄하(貶下)의 감정이 작용한 것으로 보인다.

그러나 조선에서는 초기부터 한아언어와 한이문을 교육하였다. 원(元) 제국(帝國)의 쌍성총관부(雙城摠管府)에서 다루가치(達魯花赤)였으며 몽고 이름으로 개명까지 한 이자춘(李子春)의 아들이 조선을 건국한 이성계(李成桂)였기 때문이다. 그들이 몽골의 원(元)에 대한 생각은 고려인들과 매우 달랐으며 전술한 관리(官吏)제도를 그대로 조선에서 답습할 정도였다.

한아언어는 한어(漢語)로 불렀으며 구어(口語)인 이 말은 사역원(司譯院)에서 교육하게 하였고 문어(文語)인 한이문은 승문원(承文院)에서 교육하였다. 그리고 이를 시험하여 인재를 선발하였음을 살펴보았다. 한이학(漢吏學)이란 여기에 쓰인 학습 교재를 통하여 한이문의 교육임을 주장하였다. 따라서 한이학의 교재를 검토하여 한이문의 실체를 밝힐 수 있었다.

제3장에서는 이 때에 쓰인 한이학의 교재를 살펴보고 이들이 한이문의 학습 교재임을 밝혀서 한이문의 교육이 어떻게 이루어졌는지 소개하였다. 그리고 구어(口語)인 한아언어의 교재로서 <노걸대>와 <박통사>에 대하여 고찰하고 한이문의 학습에서 구어인 한아언어도 이 <노걸대>와 <박통사>를 통하여 교육하고 시험하였다고 보았다.

5.3.3. 특히 3장(章)에서는 한이문의 학습 교재인 <이학지남(吏學指南)>을 소개하고 원대(元代)의 판본인 이 교재가 원래 아동들에게 한이문을 교육하기 위한 것으로 이 책은 <습이유학지남(習吏幼學指南)>이 원명이었으며 원(元)의 대덕(大德) 5년(1301)에 서원서(徐元瑞)가 편찬한 것인

데 이 책을 예로 하여 한이문의 여러 특징들을 살펴보았다.

<이학지남(吏學指南)>은 원대(元代)에 간행된 원간본(元刊本)도 있고 명대(明代)에 간행된 명간본(明刊本)도 현전하며 일본과 대만 그리고 조선에서도 간행되었다. 이들을 비교하여 조선의 간본은 주로 원간본을 따랐다고 보았다. 다만 현재 규장각(奎章閣)에 소장된 조선의 간본은 원간본을 완전히 따른 것이 아니라 이에 대한 자세한 서지학적 고찰이 필요하다고 주장하였다.

본서의 제3장 '3. <이학지남(吏學指南)>의 이학(吏學)'에서 이 책의 내용을 세부적인 목차에 따라 살펴보았다. 모두 8권으로 된 <이학지남>은 각 내용별로 각 권을 나누고 또 그 안에서 다시 주제별로 항목을 나누어 각각 표제어의 예를 들면서 자세하게 설명을 하였다. 각 권별로 나누어 내용을 조감(鳥瞰)하고 중요한 항목을 설명하였다.

그를 통하여 이 책은 한이문으로 사대문서를 올려야 하는 원(元)의 여러 조공(朝貢) 국가들에서 인기가 있었을 뿐만 아니라 교착적인 문법 구조의 주변 국가들에게 한문보다는 한이문이 이해하기 쉬워서 자신들의 사법(司法)과 기타 실용 문헌에 사용한 것으로 보았다. 그리하여 조선에서는 각 공문서에서 이 문체를 이용하게 되었을 것임을 강조하였다.

또 원(元)의 법제(法制)는 매우 정교하고 자세하였기 때문에 주변의 고려와 조선에서도 이를 본받아 법제를 정비하고 자신들의 법률을 이 문체로 정리하여 공표하기도 하였다. 특히 조선에서는 <대명률직해(大明律直解)>를 비롯하여 한이문으로 작성된 많은 사법(司法) 문헌들이 수입되어 간행되었다.

그리하여 조선의 지식인들은 <대명률직해>에 쓰인 한이문에 익숙하게 되었다. 그들은 한이문에 이두(吏讀)로 구결-토를 첨가하여 우리의 공용문서의 문어(文語)로 사용하였다. 그리고 이두로 한이문에 없는 형태부, 즉 어미와 조사, 그리고 종지사를 표시하였다. 이렇게 이두로 형태부를 표기한 것을 필자는 조선이문이라고 부른 것이다. 따라서 조선이문을 사용할 때에 한이문에 대한 지식이 필요하게 되었다.

이 때에 <이학지남>이 큰 역할을 하여 이를 자세히 소개한 것이다. 이제 제3장에서 소개한 <이학지남>의 내용을 다음에 각권별로 요약해 보기로 한다.

5.3.4. <이학지남>의 권1에서는 관청에서 사용되는 행정 용어에 대하여 '이칭(吏稱), 행지(行止), 재능(才能), 육조(六曹), 아문남북지이(衙門南北之異), 계석명(戒石名), 군읍(郡邑), 부호(府號), 관품(官品), 관칭(官稱), 이원(吏員), 통속(統屬), 제수(除授), 세상(世賞), 품급(稟給), 효공(孝功), 정사(政事), 오사(五事), 호계(戶計)'의 19항목으로 나누어 설명하였다.

권2에서는 공문서의 종류와 공문에 자주 사용되는 용어 및 관용구를 '의제(儀制), 지판(旨判), 재차(諸此), 새장(璽章), 공식(公式), 발단(發端), 결구(結句), 장사(狀詞), 책적(冊籍), 방거(牓據), 서사(署事), 예의(禮儀), 상서(詳恕), 구재(救災), 삼유(三宥), 오계(五戒)'의 17항목으로 나누어 설명하였다.

권3에서는 주로 형벌과 그 처형의 방법에 관하여 '삼사(三赦), 이전(二典), 삼죄(三罪), 오두(五科), 오금(五禁), 팔의(八議), 오관(五科), 팔례(八例), 교명(較名), 저류(字類), 십악(十惡), 칠살(七殺), 육장(六贓), 육색(六色), 오류(五流), 이도(二度)'의 16항목으로 나누어 설명하였다. 모두 형벌의 방법을 구체적으로 적시(摘示)한 것이다.

권4에서는 주로 각종 법례와 역대의 범죄 유형에 대하여 '장사(贓私), 수과(首過), 법례(法例), 조관(條貫), 사죄(四罪), 역대오형(歷代五刑 {續銅附}), 잡형(雜刑)'의 7개 항목으로 나누어 소개하였다. 각종 범죄를 유형별로 소개하고 그에 해당하는 형벌을 설명한 것이다. 특히 뇌물죄에 해당하는 장사(贓私)의 방법과 처벌이 눈에 띈다.

권5에서는 죄인의 육체에 가하는 육형(肉刑)의 유형과 감옥 명칭, 형구, 양형의 법적 근거 등 다양한 용어들을 '육형(肉刑-餘死罪附), 잡형(雜

刑), 옥명(獄名), 옥구(獄具), 가형(加刑), 청송(聽訟), 오부(五父), 십모(十母), 노유질병(老幼疾病), 오복(五服), 삼상(三殤), 복제(服制), 친인(親姻), 호혼(戶婚)'의 14항목으로 나누어 해설하였다.

권6에서는 형사 소송과 범인의 심문 조사, 그리고 그에 따른 신분 출신에 관한 용어, 그리고 관리의 직무 태만과 납세 측정, 금지사항 등에 관한 용어들이 수록되어 있다. 그리하여 '옥송(獄訟), 추국(推鞫), 양천자산(良賤孳産), 구계(勾稽), 체량(體量), 금제(禁制)'의 6항으로 나누어 해당 항목에 대하여 설명하였다.

권7에서는 주로 도주와 체포 형식, 사기죄와 절도죄, 납세, 징세(徵稅), 부역(負役) 등에 관련된 범죄 용어들이 '포망(捕亡), 사망(詐妄), 적도(賊盜), 전량조작(錢糧造作), 징렴차발(徵斂差發), 제납(諸納), 체량(體量), 금제(禁制), 잡류(雜類)' 등 8개 항목으로 나누어 수록하였다. 당대의 여러 범죄와 세제(稅制)에 대한 죄명을 유형별로 나누어 설명한 것이다.

권8에는 '제잠(諸箴), 제성(諸說), 율기(律己), 인서(仁恕), 참각(慘刻), 오백마진전(五伯馬進傳)'의 7항으로 나누어 형을 집행하는 이원(吏員)들을 훈계하는 잠문(箴文)과 서리(胥吏)의 부정을 경계하는 훈계문(訓戒文), 이원(吏員)들이 지녀야 할 품행과 모범 사례, 그리고 가혹한 관리(=酷吏)의 말로를 보여 주는 사례 등을 수록하고 예를 들어 설명하였다.

5.3.5. 이렇게 각종 범죄와 그에 대한 형벌을 주제별로 분류하여 소개하고 행정의 여러 용어를 내용 별로 나누어 설명한 <이학지남>은 원(元) 제국(帝國)만이 아니라 주변의 조공(朝貢) 국가들에서도 인기가 있어서 고려를 비롯한 일본, 대만 등에서 복간(復刊)하게 된다.

조선에서도 여러 차례 서울과 지방에서 간행되어 이문(吏文) 학습과 행정 용어의 참고서로 <이학지남>이 활용되었다. 다만 <이학지남>에서의 '이(吏)'는 우리가 알고 있는 하급관리가 아니라 '吏: 說文曰治人者也.'라 하여 "다스리는 사람", 즉 관리들을 모두 지칭한 것이다. 관리(官

吏)에서 관(官)과 리(吏)가 분리된 것은 원대(元代)의 일이기 때문이다.

조선에서는 원(元)의 관리(官吏)제도를 그대로 받아들였다. 그리하여 왕(王)이 파견한 목민관(牧民官)이 현지에 가서 하급관리인 아전서리(衙前胥吏)를 채용하고 이 이배(吏輩)들이 실제의 통치, 즉 백성을 다스리는 일을 담당하게 하였다. 조선이 얼마나 원(元)의 제도를 잘 수용하였는지 알려주는 대목이다.

따라서 몽골의 원(元)을 멸망시키고 오아(吳兒)의 명(明)을 세운 태조 주원장(朱元璋)과 그의 후예들은 끊임없이 조선과 몽골과의 관계를 감시하였다. 그리하여 조선 초기에는 '몽고(蒙古)'란 말조차 쓸 수가 없어 졸저(2025: 133)에서는 <고금운회거요(古今韻會擧要)>를 조선에서 간행하면서 권두의 '몽고자운음동(蒙古字韻音同)'을 '거고자운음동(據古字韻音同)'이라고 하여 '몽고'를 지웠다고 한다.

즉, 이 책의 권두에 있는 '몽고자운 음동'의 몽고(蒙古)를 기휘(忌諱)하여 '거고자운(據古字韻) 음동(音同)'이라 한 것이다. 그래도 의미는 통하여 전자에서 '<몽고자운>과 같은 음'이라고 한 것을 후자에서는 '옛 자운에 의하면 같은 음이다'로 한 것이다. 이에 대하여는 졸저(2025: 143)의 [사진 2-9]로 고려대 화산문고에 소장된 <고금운회거요>와 대만(臺灣) 사고전서(四庫全書)의 소장본을 비교하여 '蒙古'가 '據古'로 바뀐 모습을 보였다.

원대(元代)의 공용어인 한아언어를 한자로 표기하여 생겨난 한이문(漢吏文)이 제국(帝國)의 공용 문어(文語)로 인정되었고 이것은 명대(明代)와 청대(淸代)에도 사법(司法) 문헌의 표기에서 그대로 답습되었다. 뿐만 아니라 주변의 조공(朝貢) 국가들에게 이 한이문으로 사대문서를 작성하여 바치도록 하였다.

따라서 원(元)이 중원(中原)을 통일하고 중국을 지배하기 시작한 고려 후기부터는 중국에 보내는 사대문서를 한이문으로 작성해야 했으며 이것은 명대(明代), 청대(淸代)에도 계속되었다. 따라서 한반도에서도 한이문의 지식이 필요하게 되어 이를 따로 교육하지 않을 수 없게 되어 조선의 승문원(承文院) 등에서 이를 가르치게 되었다.

다만 조선의 양반사대부와 불승(佛僧)들은 유경(儒經)으로 배운 고문(古文)과 불경으로 배운 통어(通語)의 한문에 익숙하였으므로 그들에게 한이문을 따로 배우라고 강요할 수는 없었다. 그리하여 한이문과 한어(漢語)의 교육은 중인(中人) 계급의 차지가 될 수밖에 없었다. 특히 한어(漢語)는 완전히 중인 계급인 역관(譯官)들의 전용이었으나 한이문은 사대부들도 일부 사대문서를 다루는 경우에 배우지 않으면 안 되는 경우도 있었다.

5.3.6. 조선 사역원(司譯院)에서는 중인 계급의 역관(譯官)들에게 상당 기간동안 명(明)의 공용어였던 남경관화(南京官話)를 학습하는 교재로 한어(漢語)를 교육하였다. 중국어의 교재인 <노걸대>와 <박통사>를 보아도 북경(北京)의 관리들이 사용하는 언어인 북경관화(北京官話)로 바뀐 것은 명(明)이 망하고 만주족의 청(淸)이 건국한 이후의 일이다.

원대(元代) 한아언어의 학습교재로 편찬된 <노걸대>와 <박통사>는 명대(明代)에는 남경관화의 교재로 개편되었다. 즉, 조선 성종 때에 명(明)의 사절(使節)을 따라온 갈귀(葛貴) 등이 <노걸대>와 <박통사>의 원본(原本)을 남경관화로 산개(刪改)하여 간행한 이후 명(明)이 멸망할 때까지 <노걸대>와 <박통사>의 한어(漢語)는 남경관화를 학습하는 교재였다.

그러다가 명(明)이 망하고 만주족의 청(淸)이 선 다음에 <노걸대>와 <박통사>의 한어(漢語)가 북경 만다린으로 바뀌어 <노걸대신석>, <박통사신석>이 되고 이것이 지나치게 만다린의 상스러운 말을 반영했다고 하여 <노걸대>를 다시 북경관화로 바꾸어 <중간노걸대>를 간행한다. 현전하는 많은 <노걸대>는 중간본(重刊本)이거나 신석본(新釋本)들이다(졸저, 2017: 327~341).

그리고 <노걸대>와 <박통사>의 산개본(刪改本)은 중종 때에 최세진이 정음(正音)으로 발음을 달고 언문으로 의미를 해석하여 {번역}<노걸대>, {번역}<박통사>를 편찬하였다. 그 다음에 후대의 역관들이 이 책을 본받아 <노걸대>, <박통사>를 언해하고 발음을 주음(注音)한 <노걸대언해>, <박통사언해>를 간행하여 조선 영조(英祖) 때까지 남경관화의 산개본이 한어(漢語)의 교재로 사용되었다.

이 두 한어 교재는 만주족의 청(淸)이 건국한 뒤에야 북경 만다린으로 교재의 한어(漢語)를 바꾸어 <신석(新釋)노걸대>, <신석박통사>란 서명으로 간행한다. 그렇다면 명대(明代)에는 중국의 관리들이 남경관화를 계속 사용하였고 조선에서도 그들과의 접촉에서 남경관화를 사용해야 하므로 이를 배우지 않으면 안 되었기 때문이다.

그러나 북경(北京)과 그 지역의 주민들은 한어언어로부터 발달한 북경 만다린이나 북경관화를 명대(明代)에도 그대로 썼을 것이고 이것이 오늘날의 보통화(普通話)가 되어 현재 중국의 공용어가 되었다. <노걸대>와 <박통사>의 신석(新釋)은 한아언어에서 발달한 북경 만다린을 배우는 교재이기 때문에 중국의 이러한 공용어의 변화에 맞추어 한어(漢語) 교재를 현실화한 것이다.

언어는 나라가 바뀌면 바로 바뀌는 것이 아니다. 다만 무엇을 공용어로 하는가는 별개의 문제이어서 명(明)이 공용어로 남경관화(南京官話)만을 인정하고 이의 사용을 적극 권장했다면 관리들은 이 말을 쓸 수밖에 없었을 것이다. 그리고 조선에서도 이 말을 배워 명(明)과의 접촉에서 사용할 수밖에 없었다.

그럼에도 불구하고 조선 초기부터 원대(元代)의 <이학지남>이 널리 알려진 것은 명대(明代)의 남경관화에서도 법률과 행정의 용어만은 원대(元代)에 이루어진 한이문을 그대로 사용하였기 때문으로 보인다. 그리고 조선에서도 그런 이유로 <이학지남>을 복간하여 사용하였으며 이는 한이문의 중요 교재이기도 하였기 때문에 본서의 제3장에서 자세하게 살펴보았다.

5.4.0. 제4장은 우리말의 한자 표기에 대하여 역사적으로 살펴보았다. 한반도에는 역사 이전부터 한자가 들어와 사용되었다는 기록이 있다. 그러나 믿을 만한 역사의 기록은 고구려, 백제, 신라의 삼국시대부터로 본다. 물론 기자(箕子)조선이나 위만(衛滿)조선시대에도 지배 계급에서는 한자를 사용하였을 것으로 추정되지만 남아있는 사료(史料)는 많지 않다.

다만 얼마 안 되는 사료지만 그에 의하면 이 시기에 한자가 다량으로 들어와 우리말을 한자로 기록하는 여러 방법을 고안하여 사용하였음을 보여준다. 중국어로 번역하여 한자로 적는 한문의 표기 방법도 우리말을 적는데 쓰였지만 한자의 발음과 새김을 빌려 우리말을 표기하는 방법이 발달하여 널리 사용되었다.

그리하여 흔히 향찰(鄕札) 표기로 알려진 한자 차자 표기는 신라 향가(鄕歌) 표기에서 그 꽃을 피웠다. 그리고 신라와 고려에서 많은 차자 표기의 방법을 계발(啓發)하여 사용하였다. 한자의 발음과 새김을 이용한 우리말의 한자표기는 매우 다양하였다. 거기다가 한문을 우리말로 읽는 방법도 다양하게 개발되었다.

소위 음독(音讀) 구결과 석독(釋讀) 구결이란 한문에 다는 구결-토에 따라 전문(全文)을 순독(順讀), 즉 송독(誦讀)하던지 아니면 석독이라 하여 한문을 우리말로 풀어 읽는 방법을 고안하였다. 그리하여 송독 구결의 경우는 한문의 어순(語順)대로 읽고 거기에 어미와 조사, 문장 종지사 같은 형태부를 첨가하여 읽는 방법인데 유경(儒經)의 독법에서 주로 이를 채용하였다.

반면에 석독 구결은 한문을 우리말로 모두 풀어 읽는 방법인데 주로 불경의 독법에서 유행하였다. 일본에서는 모두 이와 같은 석독(釋讀)의 방법으로 한문을 읽어서 아마도 한반도에서 일본으로 석독의 방법이 전수된 것이 아닌가 한다. 일본에서는 한문을 원문대로 읽지 않고 모두 일본어로 풀어 읽으며 일본어 표기에서 한자의 사용은 음독과 훈독이 제멋대로이다.

조선 세종이 훈민정음(訓民正音)이란 이름의 언문(諺文)을 제정하지 않았으면 일본의 가나(假名)문자와 같이 향찰(鄕札)의 표기 방법으로 우리 말을 적었을 것을 생각하면서 필자는 새삼 세종의 언문 창제에 감사하지 않을 수 없다. 일본에서의 문자 생활은 참으로 불편해서 아무리 학식이 높은 사람들도 한자로 적은 지명이나 고유명사를 제대로 읽지 못하는 경우가 많다.

일본 학사원(學士院)의 회원이며 천황(天皇)의 은사상(恩賜賞)도 받은 바 있는 오랜 친구 후지모토(藤本幸夫)군과 일본의 지방을 차로 여행할 때에 차창에 보이는 한자로 적힌 지명을 어떻게 읽느냐고 물었더니 읽는 방법이 여럿이 있어 자신도 모른다고 한다. 그럼 누가 제대로 읽느냐고 물었더니 이곳 사람(地元の人)들만이 그렇다고 한다. 얼마나 불편한 문자인가?

고려시대에 들어와 아언(雅言)의 고문(古文)과 통어(通語)의 한문이 유경(儒經)과 불경(佛經)을 통하여 널리 알려졌다. 그리하여 식자층에서 상용(常用)되었고 한문을 통하여 배운 통어(通語)로 중국인과의 접촉에서 아무런 언어의 장벽이 없이 소통하였다. 그리하여 고려의 전기까지는 문신(文臣)과 승려(僧侶)들이 자유로이 중국을 여행하기에 이른다.

그러나 원대(元代) 이후에는 몽골 제국(帝國)의 공용어로 북경지역의 동북방언인 한아언어가 지정되면서 중국인과의 접촉에서 언어의 장벽이 생겨났다. 고려의 식자층들은 호언한어(胡言漢語)라고 부르는 상스러운 한아언어를 배우려고 하지 않았고 이를 사용할 생각도 없었다. 그리하여 노예와 같은 하층민들을 시켜 이 말을 가르쳐서 통역을 담당하게 하였다.

그러나 이들의 통역에서 많은 문제가 생겨 드디어 통문관(通文館), 후일 사역원(司譯院)을 설치하여 양가자제(良家子弟)들로 하여금 한아언어를 배우게 하였다. 그리고 이 말을 한자로 그대로 적은 한이문(漢吏文)도 역시 따로 학습하지 않을 수 없었다. 원(元)은 주변 조공(朝貢) 국가에서 바치는 사대문서를 한이문으로 작성하기를 바랐기 때문이다.

그리하여 사역원에서는 구어(口語)인 한아언어를 교육하고 승문원(承文院)과 같이 사대문서를 다루는 기관에서는 문어(文語)인 한이문을 교육하였다. 그리고 구어(口語)인 한아언어를 시험하는 역과(譯科)와 문어(文語)인 한이문을 시험하는 한이과(漢吏科)를 설치하여 인재를 발탁하고 이들을 원(元)과의 교섭에서 통역이나 사대문서의 작성에 임하게 하였다.

5.4.1. 중국에서 법률과 행정 등의 실용문으로 쓰인 한이문(漢吏文)은 조선에서도 그대로 수입하여 사용하기 시작하였다. 아직 고려시대의 자료는 보이지 않지만 조선 초기에 작성된 것으로 보이는 이문(吏文) 자료가 꽤 많이 현전하고 있다. 제4장에서는 그 자료를 중심으로 조선에서 이문의 형성 과정과 그 사용에 대하여 살펴보았다.

조선에서는 이문에 이두문(吏讀文)을 섞어 쓰는 방법이 유행하였다. 이미 이 땅에서는 오래 전부터 한자를 들여다가 우리말을 기록하는 방법이 있었기 때문에 이문(吏文)에 이러한 전통적인 이두(吏讀)의 한자 표기를 곁들이게 된 것이다. 즉, 신라시대부터 한자로 신라어를 한자로 적는 향찰(鄕札) 표기가 성행하였고 이문(吏文)이 들어오면서 이를 이두(吏讀)라 하였다.

한자의 발음과 새김을 빌려 우리말을 표기하는 향찰(鄕札)은 실제로 문자생활을 가장 많이 하는 중인(中人) 계급의 서리(胥吏)들이 많이 사용하였기 때문에 그동안 향찰의 표기로 불려왔던 우리말의 한자 표기를 이두(吏讀)라 한 것이다. 따라서 이두(吏讀)란 용어는 고려 후기 이후, 정확하게는 조선에서 발견되며 그 전에는 향찰 표기였지 이두라는 용어는 쓰이지 않았다.

이두(吏讀)란 용어가 제대로 쓰인 것은 조선 초기, 세종 때의 일이다.

그러므로 그동안 신라의 이두는 물론 고려의 이두도 잘못된 용어라고 하지 않을 수가 없다. 제4장에서는 이두(吏讀)란 용어가 나타난 시점을 살펴보고 조선 세종 이전에는 이러한 용어가 없었음을 강조하였다. 그리고 한이문과 관련하여 조선에서 시작한 이문임으로 이를 조선이문으로 불렀다고 하였다.

한이문과 조선이문의 중요한 차이는 한이문에 이두문(吏讀文)을 삽입(挿入)하여 쓴 것이 조선이문이라는 점이다. 한이문과 조선이문이 모두 구어(口語)인 한아언어를 기반으로 한 문어(文語)이지만 조선이문은 조선어의 특징에 따라 형태부 표기의 이두문을 많이 포함하고 있어 세간에서는 조선이문(朝鮮吏文)과 이두문(吏讀文)을 같은 것으로 보기도 하였다.

5.4.2. 그러나 이두문(吏讀文)은 구어(口語)인 우리말을 한자로 직사(直寫)한 것이고 조선이문은 한이문을 따른 것이다. 따라서 조선이문은 우리말의 문법 구조와 매우 다르며 여기에 특징적으로 쓰인 많은 관용구(慣用句)도 한문 구조로 되었다. 본서의 제4장에서 이런 사실들은 조선이문의 학습 교재인 <이문대사(吏文大師)>를 통하여 밝혀두었다.

그리고 이 자료에 들어있는 관용구가 실은 한이문에서 온 것임을 밝혔다. 즉, <이문대사>에서 조선이문의 관용구라고 제시한 85번의 '행하사추고(行下事推考)'를 비롯하여 86의 '착송수괄(捉送搜括)', 87의 '척간간심사(擲奸看審事)', 88의 '황당면걸(荒唐丏乞)' 등이 모두 한이문에서 사용되던 것이다(여기에 85, 86 등의 숫자는 안병희, 1987에서 제시한 <吏文大師>의 관용구들에 붙인 숫자들이다).

따라서 이들은 한어(漢語)의 문법 구조에 따라 형성된 관용구라고 보아야 한다. 실제로 <이문대사>에서 삽입되는 이두문을 제외하면 모두 한이문에서 사용된 관용구들이다. 즉, '右謹言(앞으로 삼가 드릴 말씀은)'과 같이 조선이문으로 작성된 문서의 상투적인 관용구도 실제는 한이문에서 온 것이다.

여기에 이두를 삽입하여 '右謹陳所志矣段(앞으로 삼가 드리려는 소지라는 것은)', '右所陳爲白內等(앞으로 말씀드리고자 하는 것은)'과 같이 사용한다. 이들은 모두 조선이문의 공문서의 첫머리에 붙는 관용구이다. 즉, 우근언(右謹言), 우근진(右謹陳), 우소진(右所陳) 등은 한이문에서 온 것이고 조선이문에서는 여기에 '의단(矣段, –이싼), 爲白內等(ᄒᆞ숣결든–'ᄒᆞ숩ᄂᆡᄃᆞᆫ'의 잘못)과 같은 구결(口訣)–토(吐)를 덧붙인 것으로 보인다.

즉, 한이문(漢吏文)에 이두(吏讀)로 구결(口訣)을 곁들여 쓴 것이 조선이문(朝鮮吏文)이라고 할 수 있다. 이로 인하여 조선이문이 이두문(吏讀文)이라는 세간의 억측(臆測)을 낳게 하였다. 그 대표적인 것이 안병희(1987)의 <이문(吏文)과 이문대사(吏文大師)>를 들 수 있다. 물론 이 논저의 근거가 된 小倉進平(1929), 문시혁(1935), 홍순혁(1949), 홍순탁(1974)에서도 이문(吏文)을 모두 이두문(吏讀文)으로 보았다.

그러나 조선이문은 구어인 한아언어의 한이문에서 온 것이고 이두문은 우리말의 구어를 한자로 직사(直寫)한 것이라 이 둘은 문법구조가 전혀 다르다. 앞의 제4장 4.3.1.0.에서 제시한 조선이문의 사자성구(四字成句), '合行牒呈, 照驗施行' 등도 한이문에서 사용한 성구(成句)를 차용한 것이며 중국어인 한아언어에 맞춘 어법으로 이루어진 어구(語句)이다.

따라서 조선이문과 이두문이 같을 수가 없다. 조선이문은 한이문에 근거한 것이므로 그 문장 구조는 한어(漢語)이지만 반대로 이두문은 우리말을 한자로 적은 것이라 우리말의 문법에 의거한다. 둘이 같을 수가 없으며 따라서 앞에 든 여러 논저의 주장으로 조선이문이 잘못 이해되어 그 연구가 지지부진하게 된 것은 참으로 유감스러운 일이다.

만일 한아언어에서 한이문이 왔고 또 조선이문이 한이문에서 온 것이 좀 더 일찍 알려졌다면 한이문 연구를 통하여 조선이문의 여러 난해구들이 쉽게 해결될 수 있었을 것이다. 이제라도 한아언어와 한이문의 연구를 통하여 조선이문의 난해구를 포함하여 본격적인 전문의 해독이 빨리 이루어지기를 바라는 마음이 간절하다.

끝으로 이런 학술서적을 집필하기에는 너무 나이가 많은 필자가 건강상의 많은 문제가 있음에도 이 책을 완성할 수 있었던 것은 모두 주님의 은혜로 생각한다. 이로부터 동학(同學) 제현(諸賢)의 많은 후속 연구가 이어질 것을 기대하면서 이 책을 마무리 한다.

참고문헌

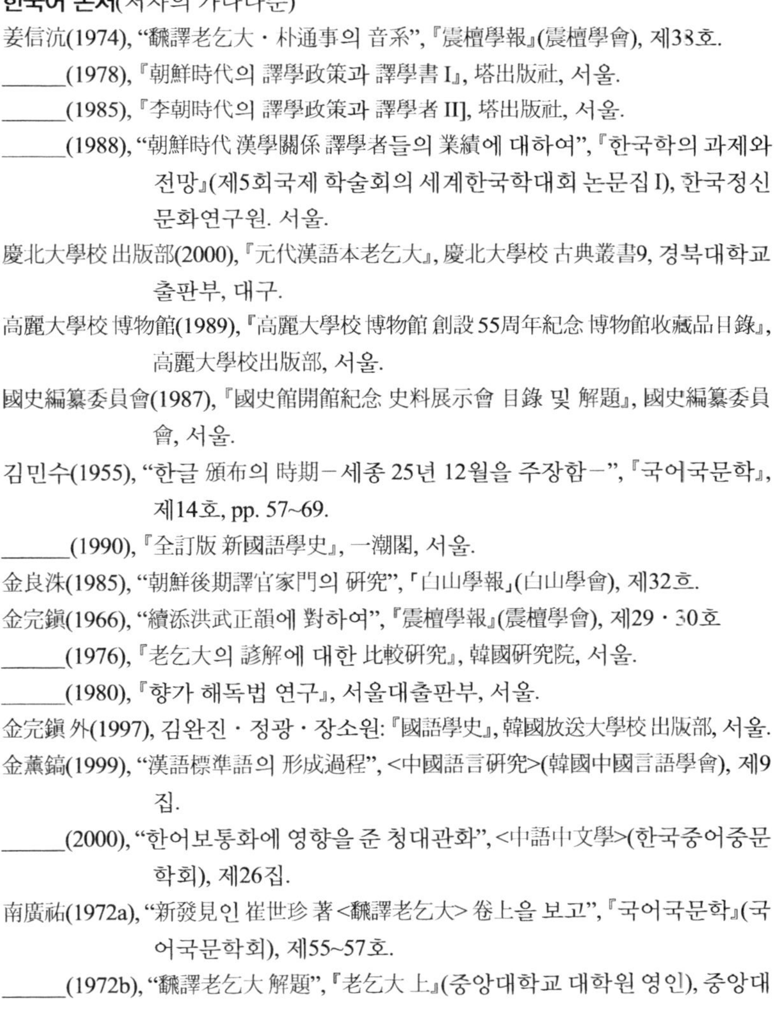

한국어 논저(저자의 가나다순)

姜信沆(1974), "飜譯老乞大 · 朴通事의 音系", 『震檀學報』(震檀學會), 제38호.

______(1978), 『朝鮮時代의 譯學政策과 譯學書 I』, 塔出版社, 서울.

______(1985), 『李朝時代의 譯學政策과 譯學者 II], 塔出版社, 서울.

______(1988), "朝鮮時代 漢學關係 譯學者들의 業績에 대하여", 『한국학의 과제와 전망』(제5회국제 학술회의 세계한국학대회 논문집 I), 한국정신문화연구원. 서울.

慶北大學校 出版部(2000), 『元代漢語本老乞大』, 慶北大學校 古典叢書9, 경북대학교 출판부, 대구.

高麗大學校 博物館(1989), 『高麗大學校 博物館 創設 55周年紀念 博物館收藏品目錄』, 高麗大學校出版部, 서울.

國史編纂委員會(1987), 『國史館開館紀念 史料展示會 目錄 및 解題』, 國史編纂委員會, 서울.

김민수(1955), "한글 頒布의 時期－세종 25년 12월을 주장함－", 『국어국문학』, 제14호, pp. 57~69.

______(1990), 『全訂版 新國語學史』, 一潮閣, 서울.

金良洙(1985), "朝鮮後期譯官家門의 硏究", 「白山學報」(白山學會), 제32호.

金完鎭(1966), "續添洪武正韻에 對하여", 『震檀學報』(震檀學會), 제29 · 30호

______(1976), 『老乞大의 諺解에 대한 比較硏究』, 韓國硏究院, 서울.

______(1980), 『향가 해독법 연구』, 서울대출판부, 서울.

金完鎭 外(1997), 김완진 · 정광 · 장소원: 『國語學史』, 韓國放送大學校 出版部, 서울.

金薰鎬(1999), "漢語標準語의 形成過程", <中國語言研究>(韓國中國言語學會), 제9집.

______(2000), "한어보통화에 영향을 준 청대관화", <中語中文學>(한국중어중문학회), 제26집.

南廣祐(1972a), "新發見인 崔世珍 著 <飜譯老乞大> 卷上을 보고", 『국어국문학』(국어국문학회), 제55~57호.

______(1972b), "飜譯老乞大 解題", 『老乞大 上』(중앙대학교 대학원 영인), 중앙대

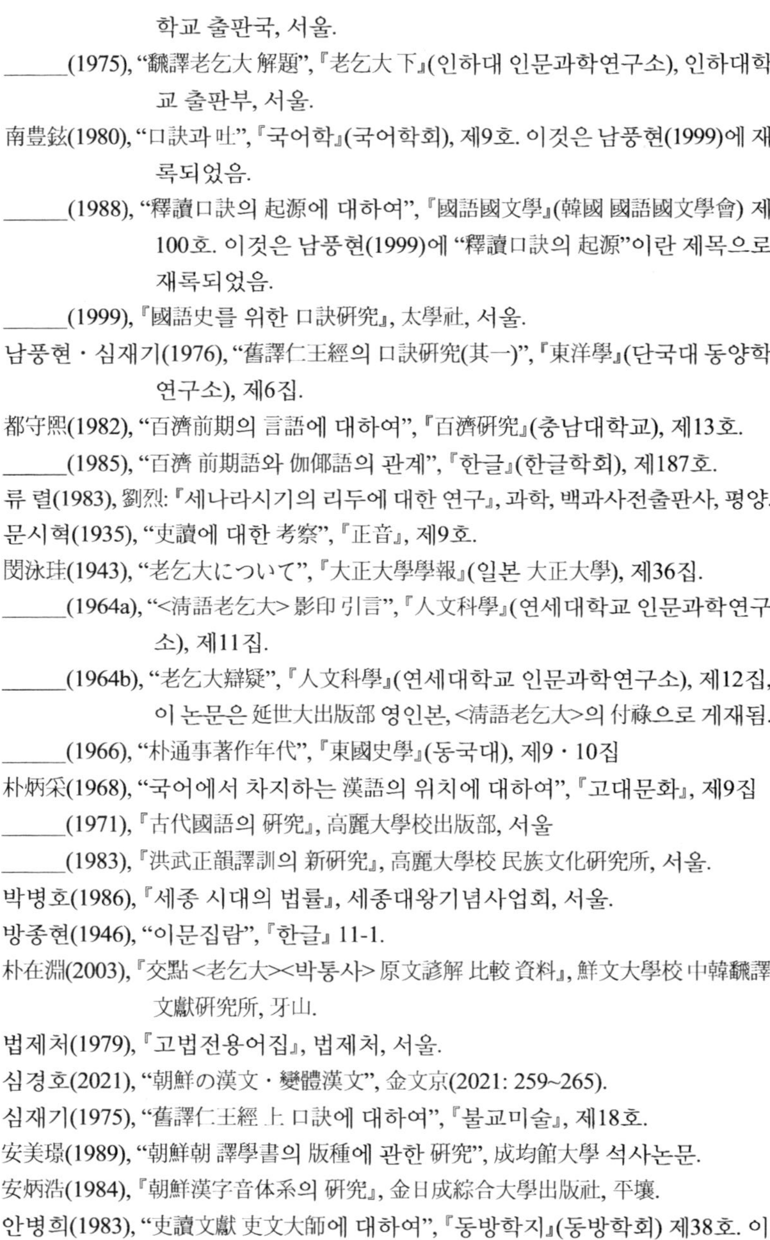

학교 출판국, 서울.

______(1975), "飜譯老乞大解題", 『老乞大 下』(인하대 인문과학연구소), 인하대학교 출판부, 서울.

南豊鉉(1980), "口訣과 吐", 『국어학』(국어학회), 제9호. 이것은 남풍현(1999)에 재록되었음.

______(1988), "釋讀口訣의 起源에 대하여", 『國語國文學』(韓國 國語國文學會) 제100호. 이것은 남풍현(1999)에 "釋讀口訣의 起源"이란 제목으로 재록되었음.

______(1999), 『國語史를 위한 口訣研究』, 太學社, 서울.

남풍현 · 심재기(1976), "舊譯仁王經의 口訣研究(其一)", 『東洋學』(단국대 동양학연구소), 제6집.

都守熙(1982), "百濟前期의 言語에 대하여", 『百濟研究』(충남대학교), 제13호.

______(1985), "百濟 前期語와 伽倻語의 관계", 『한글』(한글학회), 제187호.

류 렬(1983), 劉烈: 『세나라시기의 리두에 대한 연구』, 과학, 백과사전출판사, 평양.

문시혁(1935), "吏讀에 대한 考察", 『正音』, 제9호.

閔泳珪(1943), "老乞大について", 『大正大學學報』(일본 大正大學), 제36집.

______(1964a), "<淸語老乞大> 影印 引言", 『人文科學』(연세대학교 인문과학연구소), 제11집.

______(1964b), "老乞大辯疑", 『人文科學』(연세대학교 인문과학연구소), 제12집, 이 논문은 延世大出版部 영인본, <淸語老乞大>의 付祿으로 게재됨.

______(1966), "朴通事著作年代", 『東國史學』(동국대), 제9 · 10집

朴炳采(1968), "국어에서 차지하는 漢語의 위치에 대하여", 『고대문화』, 제9집

______(1971), 『古代國語의 研究』, 高麗大學校出版部, 서울

______(1983), 『洪武正韻譯訓의 新研究』, 高麗大學校 民族文化研究所, 서울.

박병호(1986), 『세종 시대의 법률』, 세종대왕기념사업회, 서울.

방종현(1946), "이문집람", 『한글』 11-1.

朴在淵(2003), 『交點<老乞大><박통사> 原文諺解 比較 資料』, 鮮文大學校 中韓飜譯文獻研究所, 牙山.

법제처(1979), 『고법전용어집』, 법제처, 서울.

심경호(2021), "朝鮮の漢文 · 變體漢文", 金文京(2021: 259~265).

심재기(1975), "舊譯仁王經 上 口訣에 대하여", 『불교미술』, 제18호.

安美璟(1989), "朝鮮朝 譯學書의 版種에 관한 研究", 成均館大學 석사논문.

安炳浩(1984), 『朝鮮漢字音体系의 研究』, 金日成綜合大學出版社, 平壤.

안병희(1983), "吏讀文獻 吏文大師에 대하여", 『동방학지』(동방학회) 제38호. 이

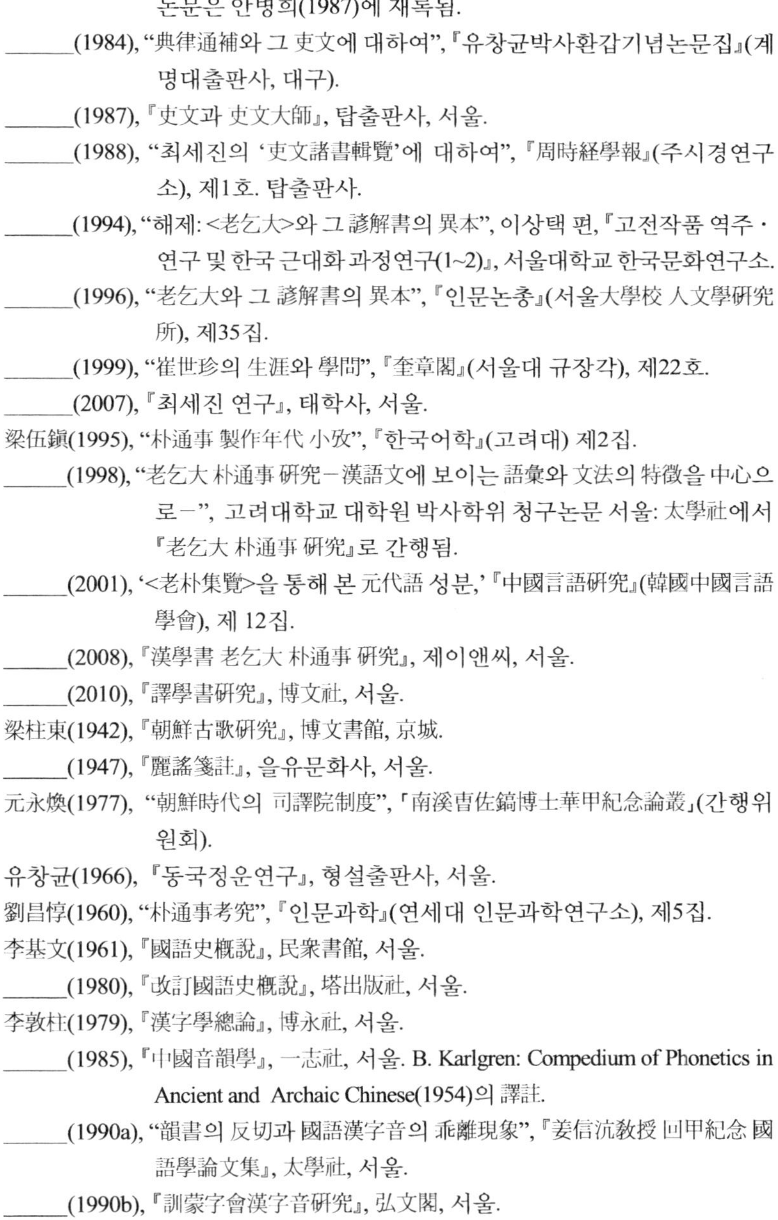

논문은 안병희(1987)에 재록됨.

______(1984), “典律通補와 그 吏文에 대하여”, 『유창균박사환갑기념논문집』(계명대출판사, 대구).

______(1987), 『吏文과 吏文大師』, 탑출판사, 서울.

______(1988), “최세진의 ‘吏文諸書輯覽’에 대하여”, 『周時経學報』(주시경연구소), 제1호. 탑출판사.

______(1994), “해제: <老乞大>와 그 諺解書의 異本”, 이상택 편, 『고전작품 역주 · 연구 및 한국 근대화 과정연구(1~2)』, 서울대학교 한국문화연구소.

______(1996), “老乞大와 그 諺解書의 異本”, 『인문논총』(서울大學校 人文學硏究所), 제35집.

______(1999), “崔世珍의 生涯와 學問”, 『奎章閣』(서울대 규장각), 제22호.

______(2007), 『최세진 연구』, 태학사, 서울.

梁伍鎭(1995), “朴通事 製作年代 小攷”, 『한국어학』(고려대) 제2집.

______(1998), “老乞大 朴通事 硏究－漢語文에 보이는 語彙와 文法의 特徵을 中心으로－”, 고려대학교 대학원 박사학위 청구논문 서울: 太學社에서 『老乞大 朴通事 硏究』로 간행됨.

______(2001), ‘<老朴集覽>을 통해 본 元代語 성분,’ 『中國言語硏究』(韓國中國言語學會), 제 12집.

______(2008), 『漢學書 老乞大 朴通事 硏究』, 제이앤씨, 서울.

______(2010), 『譯學書硏究』, 博文社, 서울.

梁柱東(1942), 『朝鮮古歌硏究』, 博文書館, 京城.

______(1947), 『麗謠箋註』, 을유문화사, 서울.

元永煥(1977), “朝鮮時代의 司譯院制度”, 「南溪曺佐鎬博士華甲紀念論叢」(간행위원회).

유창균(1966), 『동국정운연구』, 형설출판사, 서울.

劉昌惇(1960), “朴通事考究”, 『인문과학』(연세대 인문과학연구소), 제5집.

李基文(1961), 『國語史概說』, 民衆書館, 서울.

______(1980), 『改訂國語史概說』, 塔出版社, 서울.

李敦柱(1979), 『漢字學總論』, 博永社, 서울.

______(1985), 『中國音韻學』, 一志社, 서울. B. Karlgren: Compedium of Phonetics in Ancient and Archaic Chinese(1954)의 譯註.

______(1990a), “韻書의 反切과 國語漢字音의 乖離現象”, 『姜信沆教授 回甲紀念 國語學論文集』, 太學社, 서울.

______(1990b), 『訓蒙字會漢字音硏究』, 弘文閣, 서울.

李秉岐(1940), "조선어문학명저 해제", 『문장』, 제11-8호.
이동림(1970), 『동국정운연구』, 동국대학교 국어국문학연구실, 서울.
李丙燾(1977), 『校譯 三國史記』, 을유문화사, 서울
李丙疇(1966a), "老朴集覽考究", 『論文集』(東國大 人文科學) 제2호.
______ 編校(1966b), 『老朴集覽考』, 進修堂, 서울.
李崇寧(1965), "崔世珍研究", 『亞細亞學報』, 제1호.
李丞宰(1992), 『高麗時代의 吏讀』, 太學社, 서울.
李丞宰・安孝卿(2002), "角筆 符号口訣 資料에 대한 조사 연구－誠庵本『瑜伽師地論』卷第5와 卷第8을 중심으로－, 『口訣研究』(韓國口訣學會), 제9집.
李丞宰 외 12인(2005), 『角筆口訣의 解讀과 飜譯 1－初雕大藏經의 <瑜伽師地論> 卷第五・卷第八－』, 태학사, 서울.
이육화(2015), 『원본노걸대 신주신역』, 신아사, 서울.
李仁榮(1968), 『淸芬室書目』, 寶蓮閣, 서울.
李洪烈(1967), "雜科試取에 對한 考察－特히 燕山君 以後에 있어서의 醫・譯・籌學의 경우－, 『白山學報』(白山學會), 제3호.
李姬載 譯(1994), 모리스 꾸랑 原著『韓國書誌－修訂飜譯版』, 一潮閣, 서울.
張景俊(2021), "韓國の漢文訓讀(釋讀)", 金文京 編(2021: 142~156).
張基槿(1965), "奎章閣所藏 漢語老乙大 및 諺解本에 대하여", 『亞細亞學報』, 제1호.
장세경(2001), 『이두자료 읽기 사전』, 한양대학교 출판부, 서울.
장지영・장세경(1976), 『이두사전』, 정음사, 서울.
정 광・남권희・양오진(1999), "元代 漢語 <老乞大>－신발굴 역학서 자료 <구본노걸대>의 한어를 중심으로－", 『국어학』, 제33호, pp. 3~68.
____________________(2000), "<元代漢語本 老乞大>의 解題", 『元代漢語本老乞大』, 慶北大學校 古典叢書9, 慶北大學校 出版部, 대구.
정 광・宋基中・윤세영(1992), "高麗大學校 博物館 所藏 司譯院 冊板", 『省谷論叢』(省谷學術文化財團) 제23집, pp. 2305~2387.
정 광・양오진 역주(2011), 『노박집람 역주』, 태학사, 서울.
정 광・양오진・정승혜(2000), 鄭光 主編: 『原刊老乞大研究』(解題・原文・原本影印・併音索引), 外語教學与研究出版社, 北京.
____________________(2002), 『吏學指南』, 태학사, 서울.
정 광・윤세영(1998), 『司譯院 譯學書 冊版 研究』, 고려대학교 출판부, 서울.
정 광・韓相權(1985), "司譯院과 司譯院 譯學書의 変遷 研究", 『德成女大論文集』(덕성여대), 第14集, pp. 169~234.
精文研(1986), 韓沽劤 외 5인: 『譯註 經國大典 註釋篇』, 韓國精神文化研究院 人文研

究室, 서울.

정승혜(2000), '<譯語指南>의 편찬경위와 의의에 대하여,'『문헌과 해석』(문헌과 해석사), 봄(통권10호).

______(2001), '조선시대의 한이문 학습서 <吏學指南>,'『문헌과 해석』(문헌과 해석사), 가을(통권16호).

정승혜・서형국(2010), "역학서에 반영된 물가와 경제",『어문논집』(어문연구회), 제60호, pp. 153~187.

曺佐鎬(1958), "麗代의 科擧制度",『歷史學報』(한국 역사학회), 제10호.

______(1965), "科擧講經考",『趙明基紀念佛敎史學論叢』(간행위원회).

졸 고(1971), "司譯院譯學書의 표기법연구－漢學書를 중심으로－",『국어연구』(국어연구회) 제25호, pp. 1~125.

____(1974), "飜譯老乞大 朴通事의 中國語音 표기연구－四聲通解 歌韻內 諸字의 中聲表記를 중심으로－",『국어국문학』(국어국문학회), 제64호, pp. 1~26.

____(1975), "韓國詩歌의 韻律硏究試論",『應用言語學』(서울대어학연구소), 제7-2로, pp. 151~166.

____(1977), "최세진 연구 1",『덕성여대논문집』(덕성여대), 제5.6 合輯, pp. 125~140.

____(1978a), "司譯院譯書の外國語の發音轉寫に就いて",『朝鮮學報』(일본 朝鮮學會), 제89호.

____(1978b), "類解類譯學書에 대하여",『국어학』(국어학회), 제7호.

____(1984), "<捷解新語> 成立時期에 관한 몇 가지 문제",『牧泉兪昌均博士還甲紀念論文集』(啓明大學校出版部), pp. 623~640.

____(1985a), "<捷解新語>의 伊呂波와 <和漢名數>",『덕성어문학』(덕성여대국문과), 제2호, pp. 36~54.

____(1985b), "司譯院과 司譯院譯學書의 變遷 硏究",『德成女大論文集』(德成女大) 제14호, 공저: 한상권, pp. 169~234.

____(1986), "譯科初試淸學 答案紙(자료소개)",『덕성어문학』(덕성여대국문과), 제3호, pp. 5~20.

____(1987a), "朝鮮朝譯科 初試의 答案紙에 대하여",『韓國語와 알타이어학』(于亭朴恩用博士回甲紀念論叢, 曉星女大出版部), pp. 471~493.

____(1987b), "朝鮮朝 譯科漢學과 漢學書－英. 正祖시대의 譯科漢學試券을 중심으로－",『震檀學報』(震檀學會), 제63호, pp. 33~72.

____(1987c), "朝鮮朝における譯科の蒙學とその蒙學書－來甲午式年の譯科初試

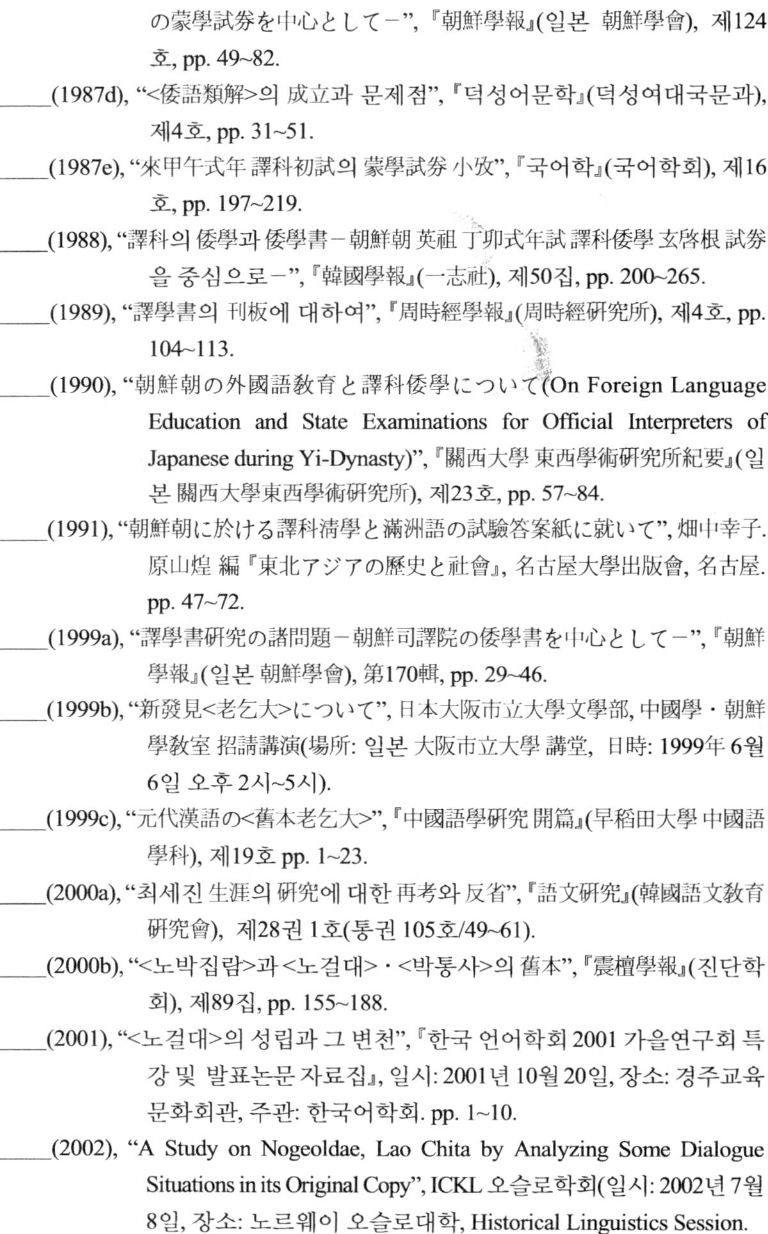

の蒙學試劵を中心として－”,『朝鮮學報』(일본 朝鮮學會), 제124호, pp. 49~82.

_____(1987d), “<倭語類解>의 成立과 문제점”,『덕성어문학』(덕성여대국문과), 제4호, pp. 31~51.

_____(1987e), “來甲午式年 譯科初試의 蒙學試劵 小攷”,『국어학』(국어학회), 제16호, pp. 197~219.

_____(1988), “譯科의 倭學과 倭學書－朝鮮朝 英祖 丁卯式年試 譯科倭學 玄啓根 試劵을 중심으로－”,『韓國學報』(一志社), 제50집, pp. 200~265.

_____(1989), “譯學書의 刊板에 대하여”,『周時經學報』(周時經硏究所), 제4호, pp. 104~113.

_____(1990), “朝鮮朝の外國語教育と譯科倭學について(On Foreign Language Education and State Examinations for Official Interpreters of Japanese during Yi-Dynasty)”,『關西大學 東西學術硏究所紀要』(일본 關西大學東西學術硏究所), 제23호, pp. 57~84.

_____(1991), “朝鮮朝に於ける譯科淸學と滿洲語の試驗答案紙に就いて”, 畑中幸子. 原山煌 編『東北アジアの歷史と社會』, 名古屋大學出版會, 名古屋. pp. 47~72.

_____(1999a), “譯學書硏究の諸問題－朝鮮司譯院の倭學書を中心として－”,『朝鮮學報』(일본 朝鮮學會), 第170輯, pp. 29~46.

_____(1999b), “新發見<老乞大>について”, 日本大阪市立大學文學部, 中國學・朝鮮學教室 招請講演(場所: 일본 大阪市立大學 講堂, 日時: 1999年 6월 6일 오후 2시~5시).

_____(1999c), “元代漢語の<舊本老乞大>”,『中國語學硏究 開篇』(早稻田大學 中國語學科), 제19호 pp. 1~23.

_____(2000a), “최세진 生涯의 硏究에 대한 再考와 反省”,『語文硏究』(韓國語文教育硏究會), 제28권 1호(통권 105호/49~61).

_____(2000b), “<노박집람>과 <노걸대>・<박통사>의 舊本”,『震檀學報』(진단학회), 제89집, pp. 155~188.

_____(2001), “<노걸대>의 성립과 그 변천”,『한국 언어학회 2001 가을연구회 특강 및 발표논문 자료집』, 일시: 2001년 10월 20일, 장소: 경주교육문화회관, 주관: 한국어학회. pp. 1~10.

_____(2002), “A Study on Nogeoldae, Lao Chita by Analyzing Some Dialogue Situations in its Original Copy”, ICKL 오슬로학회(일시: 2002년 7월 8일, 장소: 노르웨이 오슬로대학, Historical Linguistics Session.

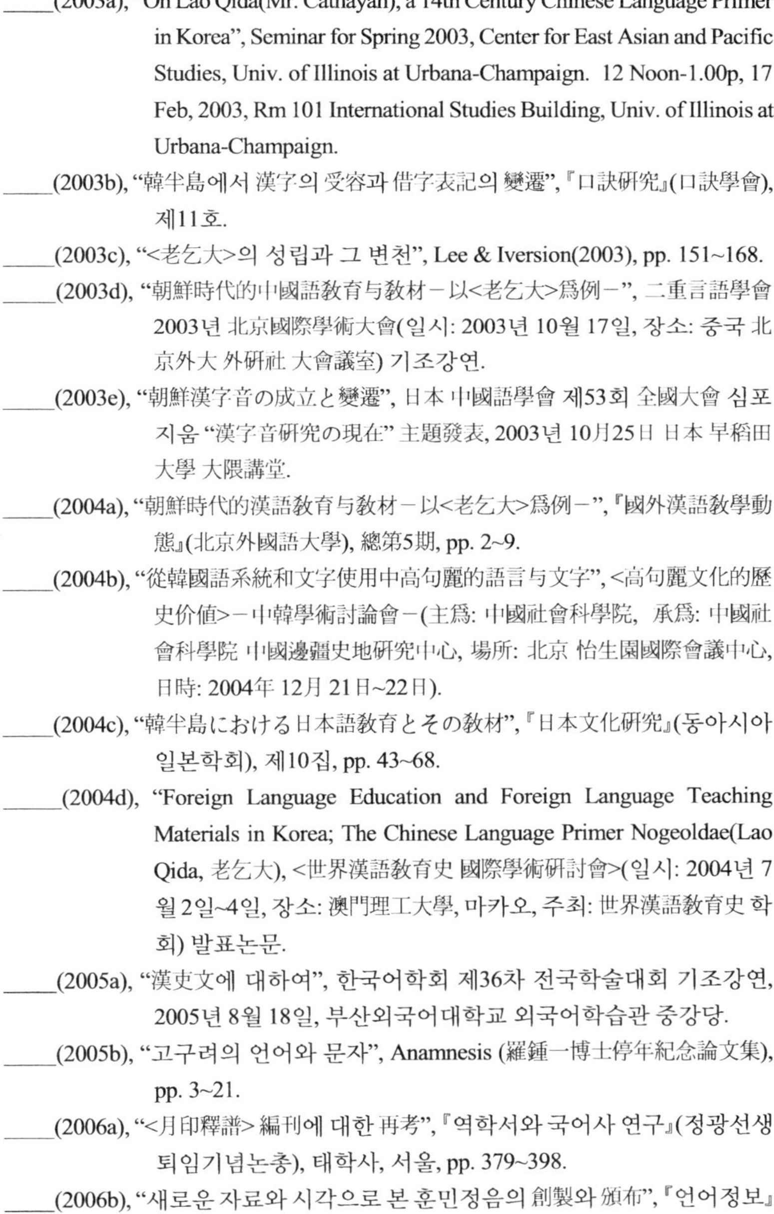

____(2003a), “On Lao Qida(Mr. Cathayan), a 14th Century Chinese Language Primer in Korea”, Seminar for Spring 2003, Center for East Asian and Pacific Studies, Univ. of Illinois at Urbana-Champaign. 12 Noon-1.00p, 17 Feb, 2003, Rm 101 International Studies Building, Univ. of Illinois at Urbana-Champaign.

____(2003b), “韓半島에서 漢字의 受容과 借字表記의 變遷”, 『口訣研究』(口訣學會), 제11호.

____(2003c), “<老乞大>의 성립과 그 변천”, Lee & Iversion(2003), pp. 151~168.

____(2003d), “朝鮮時代的中國語教育与教材－以<老乞大>爲例－”, 二重言語學會 2003년 北京國際學術大會(일시: 2003년 10월 17일, 장소: 중국 北京外大 外研社 大會議室) 기조강연.

____(2003e), “朝鮮漢字音の成立と變遷”, 日本 中國語學會 제53회 全國大會 심포지움 “漢字音研究の現在” 主題發表, 2003년 10月25日 日本 早稻田大學 大隈講堂.

____(2004a), “朝鮮時代的漢語教育与教材－以<老乞大>爲例－”, 『國外漢語教學動態』(北京外國語大學), 總第5期, pp. 2~9.

____(2004b), “從韓國語系統和文字使用中高句麗的語言与文字”, <高句麗文化的歷史价値>－中韓學術討論會－(主爲: 中國社會科學院, 承爲: 中國社會科學院 中國邊疆史地研究中心, 場所: 北京 怡生園國際會議中心, 日時: 2004年 12月 21日~22日).

____(2004c), “韓半島における日本語教育とその教材”, 『日本文化研究』(동아시아일본학회), 제10집, pp. 43~68.

____(2004d), “Foreign Language Education and Foreign Language Teaching Materials in Korea; The Chinese Language Primer Nogeoldae(Lao Qida, 老乞大), <世界漢語教育史 國際學術研討會>(일시: 2004년 7월 2일~4일, 장소: 澳門理工大學, 마카오, 주최: 世界漢語教育史 학회) 발표논문.

____(2005a), “漢吏文에 대하여”, 한국어학회 제36차 전국학술대회 기조강연, 2005년 8월 18일, 부산외국어대학교 외국어학습관 중강당.

____(2005b), “고구려의 언어와 문자”, Anamnesis (羅鍾一博士停年紀念論文集), pp. 3~21.

____(2006a), “<月印釋譜> 編刊에 대한 再考”, 『역학서와 국어사 연구』(정광선생퇴임기념논총), 태학사, 서울, pp. 379~398.

____(2006b), “새로운 자료와 시각으로 본 훈민정음의 創製와 頒布”, 『언어정보』

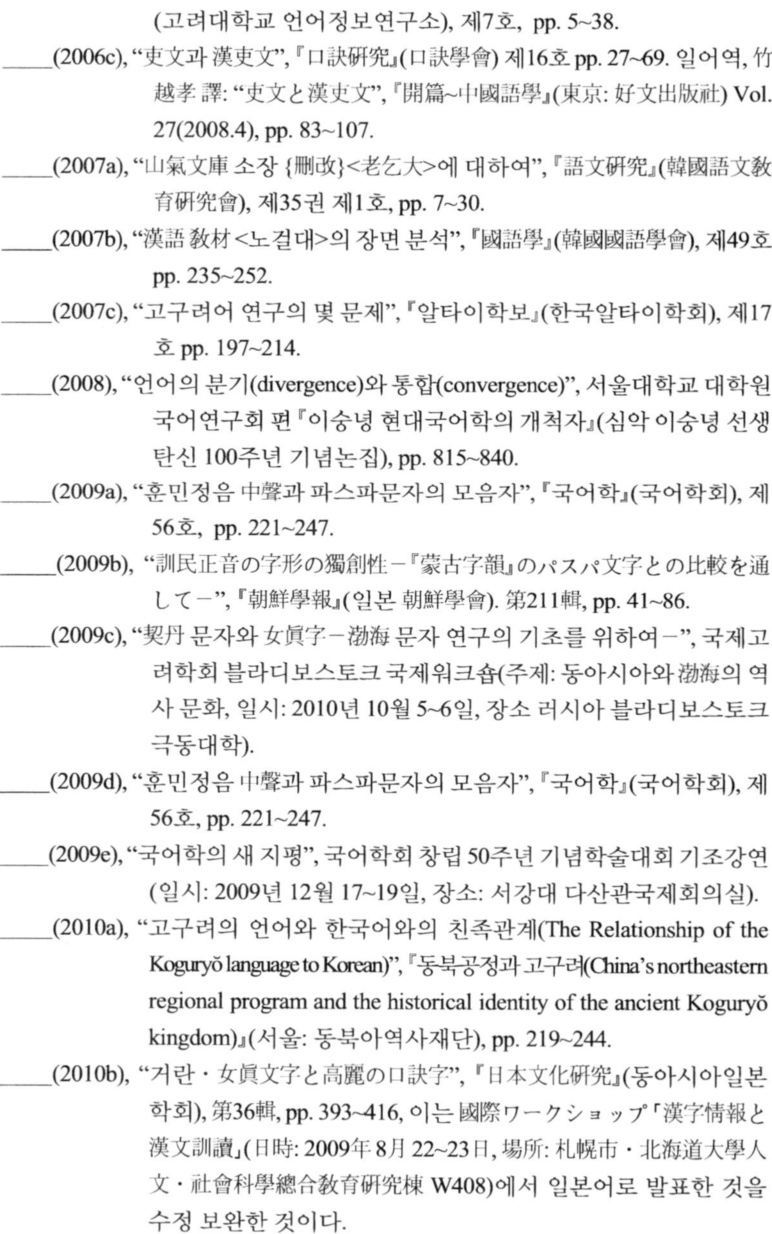

(고려대학교 언어정보연구소), 제7호, pp. 5~38.

_____(2006c), "吏文과 漢吏文", 『口訣研究』(口訣學會) 제16호 pp. 27~69. 일어역, 竹越孝 譯: "吏文と漢吏文", 『開篇~中國語學』(東京: 好文出版社) Vol. 27(2008.4), pp. 83~107.

_____(2007a), "山氣文庫 소장 {删改}<老乞大>에 대하여", 『語文研究』(韓國語文敎育研究會), 제35권 제1호, pp. 7~30.

_____(2007b), "漢語 敎材 <노걸대>의 장면 분석", 『國語學』(韓國國語學會), 제49호 pp. 235~252.

_____(2007c), "고구려어 연구의 몇 문제", 『알타이학보』(한국알타이학회), 제17호 pp. 197~214.

_____(2008), "언어의 분기(divergence)와 통합(convergence)", 서울대학교 대학원 국어연구회 편 『이숭녕 현대국어학의 개척자』(심악 이숭녕 선생 탄신 100주년 기념논집), pp. 815~840.

_____(2009a), "훈민정음 中聲과 파스파문자의 모음자", 『국어학』(국어학회), 제56호, pp. 221~247.

_____(2009b), "訓民正音の字形の獨創性－『蒙古字韻』のパスパ文字との比較を通して－", 『朝鮮學報』(일본 朝鮮學會). 第211輯, pp. 41~86.

_____(2009c), "契丹 문자와 女眞字－渤海 문자 연구의 기초를 위하여－", 국제고려학회 블라디보스토크 국제워크숍(주제: 동아시아와 渤海의 역사 문화, 일시: 2010년 10월 5~6일, 장소 러시아 블라디보스토크 극동대학).

_____(2009d), "훈민정음 中聲과 파스파문자의 모음자", 『국어학』(국어학회), 제56호, pp. 221~247.

_____(2009e), "국어학의 새 지평", 국어학회 창립 50주년 기념학술대회 기조강연(일시: 2009년 12월 17~19일, 장소: 서강대 다산관국제회의실).

_____(2010a), "고구려의 언어와 한국어와의 친족관계(The Relationship of the Koguryŏ language to Korean)", 『동북공정과 고구려(China's northeastern regional program and the historical identity of the ancient Koguryŏ kingdom)』(서울: 동북아역사재단), pp. 219~244.

_____(2010b), "거란・女眞文字と高麗の口訣字", 『日本文化研究』(동아시아일본학회), 第36輯, pp. 393~416, 이는 國際ワークショップ「漢字情報と漢文訓讀」(日時: 2009年 8月 22~23日, 場所: 札幌市・北海道大學人文・社會科學總合敎育研究棟 W408)에서 일본어로 발표한 것을 수정 보완한 것이다.

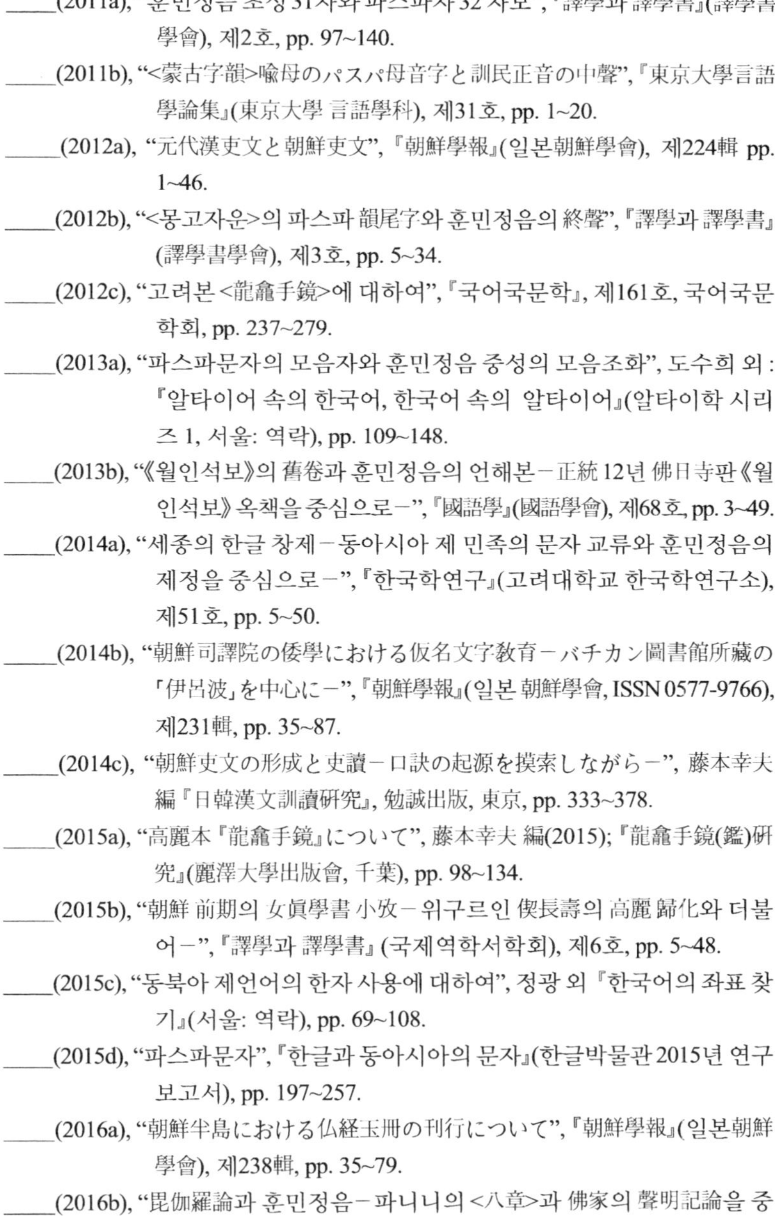

_____(2011a), "훈민정음 초성 31자와 파스파자 32 자모", 『譯學과 譯學書』(譯學書學會), 제2호, pp. 97~140.

_____(2011b), "<蒙古字韻>喩母のパスパ母音字と訓民正音の中聲", 『東京大學言語學論集』(東京大學 言語學科), 제31호, pp. 1~20.

_____(2012a), "元代漢吏文と朝鮮吏文", 『朝鮮學報』(일본朝鮮學會), 제224輯 pp. 1~46.

_____(2012b), "<몽고자운>의 파스파 韻尾字와 훈민정음의 終聲", 『譯學과 譯學書』(譯學書學會), 제3호, pp. 5~34.

_____(2012c), "고려본 <龍龕手鏡>에 대하여", 『국어국문학』, 제161호, 국어국문학회, pp. 237~279.

_____(2013a), "파스파문자의 모음자와 훈민정음 중성의 모음조화", 도수희 외 : 『알타이어 속의 한국어, 한국어 속의 알타이어』(알타이학 시리즈 1, 서울: 역락), pp. 109~148.

_____(2013b), "《월인석보》의 舊卷과 훈민정음의 언해본－正統 12년 佛日寺판《월인석보》옥책을 중심으로－", 『國語學』(國語學會), 제68호, pp. 3~49.

_____(2014a), "세종의 한글 창제－동아시아 제 민족의 문자 교류와 훈민정음의 제정을 중심으로－", 『한국학연구』(고려대학교 한국학연구소), 제51호, pp. 5~50.

_____(2014b), "朝鮮司譯院の倭學における仮名文字教育－バチカン圖書館所藏の「伊呂波」を中心に－", 『朝鮮學報』(일본 朝鮮學會, ISSN 0577-9766), 제231輯, pp. 35~87.

_____(2014c), "朝鮮吏文の形成と吏讀－口訣の起源を摸索しながら－", 藤本幸夫 編『日韓漢文訓讀硏究』, 勉誠出版, 東京, pp. 333~378.

_____(2015a), "高麗本『龍龕手鏡』について", 藤本幸夫 編(2015); 『龍龕手鏡(鑑)硏究』(麗澤大學出版會, 千葉), pp. 98~134.

_____(2015b), "朝鮮 前期의 女眞學書 小攷－위구르인 偰長壽의 高麗 歸化와 더불어－", 『譯學과 譯學書』 (국제역학서학회), 제6호, pp. 5~48.

_____(2015c), "동북아 제언어의 한자 사용에 대하여", 정광 외 『한국어의 좌표 찾기』(서울: 역락), pp. 69~108.

_____(2015d), "파스파문자", 『한글과 동아시아의 문자』(한글박물관 2015년 연구보고서), pp. 197~257.

_____(2016a), "朝鮮半島における仏経玉冊の刊行について", 『朝鮮學報』(일본朝鮮學會), 제238輯, pp. 35~79.

_____(2016b), "毘伽羅論과 훈민정음－파니니의 <八章>과 佛家의 聲明記論을 중

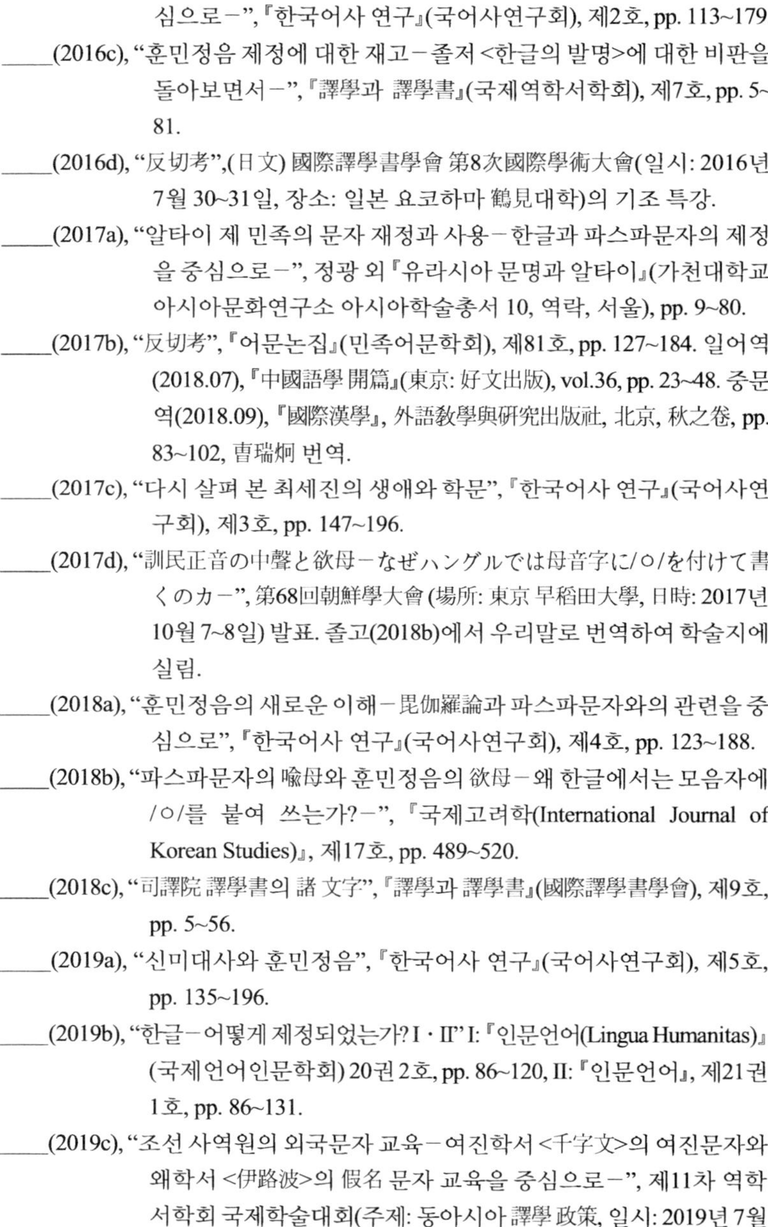

심으로－”,『한국어사 연구』(국어사연구회), 제2호, pp. 113~179.

_____(2016c), “훈민정음 제정에 대한 재고－졸저 <한글의 발명>에 대한 비판을 돌아보면서－”,『譯學과 譯學書』(국제역학서학회), 제7호, pp. 5~81.

_____(2016d), “反切考”,(日文) 國際譯學書學會 第8次國際學術大會(일시: 2016년 7월 30~31일, 장소: 일본 요코하마 鶴見대학)의 기조 특강.

_____(2017a), “알타이 제 민족의 문자 재정과 사용－한글과 파스파문자의 제정을 중심으로－”, 정광 외『유라시아 문명과 알타이』(가천대학교 아시아문화연구소 아시아학술총서 10, 역락, 서울), pp. 9~80.

_____(2017b), “反切考”,『어문논집』(민족어문학회), 제81호, pp. 127~184. 일어역(2018.07),『中國語學 開篇』(東京: 好文出版), vol.36, pp. 23~48. 중문역(2018.09),『國際漢學』, 外語教學與硏究出版社, 北京, 秋之卷, pp. 83~102, 曺瑞炯 번역.

_____(2017c), “다시 살펴 본 최세진의 생애와 학문”,『한국어사 연구』(국어사연구회), 제3호, pp. 147~196.

_____(2017d), “訓民正音の中聲と欲母－なぜハングルでは母音字に/ㅇ/を付けて書くのカ－”, 第68回朝鮮學大會 (場所: 東京 早稻田大學, 日時: 2017년 10월 7~8일) 발표. 졸고(2018b)에서 우리말로 번역하여 학술지에 실림.

_____(2018a), “훈민정음의 새로운 이해－毘伽羅論과 파스파문자와의 관련을 중심으로”,『한국어사 연구』(국어사연구회), 제4호, pp. 123~188.

_____(2018b), “파스파문자의 喩母와 훈민정음의 欲母－왜 한글에서는 모음자에 /ㅇ/를 붙여 쓰는가?－”,『국제고려학(International Journal of Korean Studies)』, 제17호, pp. 489~520.

_____(2018c), “司譯院 譯學書의 諸 文字”,『譯學과 譯學書』(國際譯學書學會), 제9호, pp. 5~56.

_____(2019a), “신미대사와 훈민정음”,『한국어사 연구』(국어사연구회), 제5호, pp. 135~196.

_____(2019b), “한글－어떻게 제정되었는가? I·II” I:『인문언어(Lingua Humanitas)』(국제언어인문학회) 20권 2호, pp. 86~120, II:『인문언어』, 제21권 1호, pp. 86~131.

_____(2019c), “조선 사역원의 외국문자 교육－여진학서 <千字文>의 여진문자와 왜학서 <伊路波>의 假名 문자 교육을 중심으로－”, 제11차 역학서학회 국제학술대회(주제: 동아시아 譯學 政策, 일시: 2019년 7월

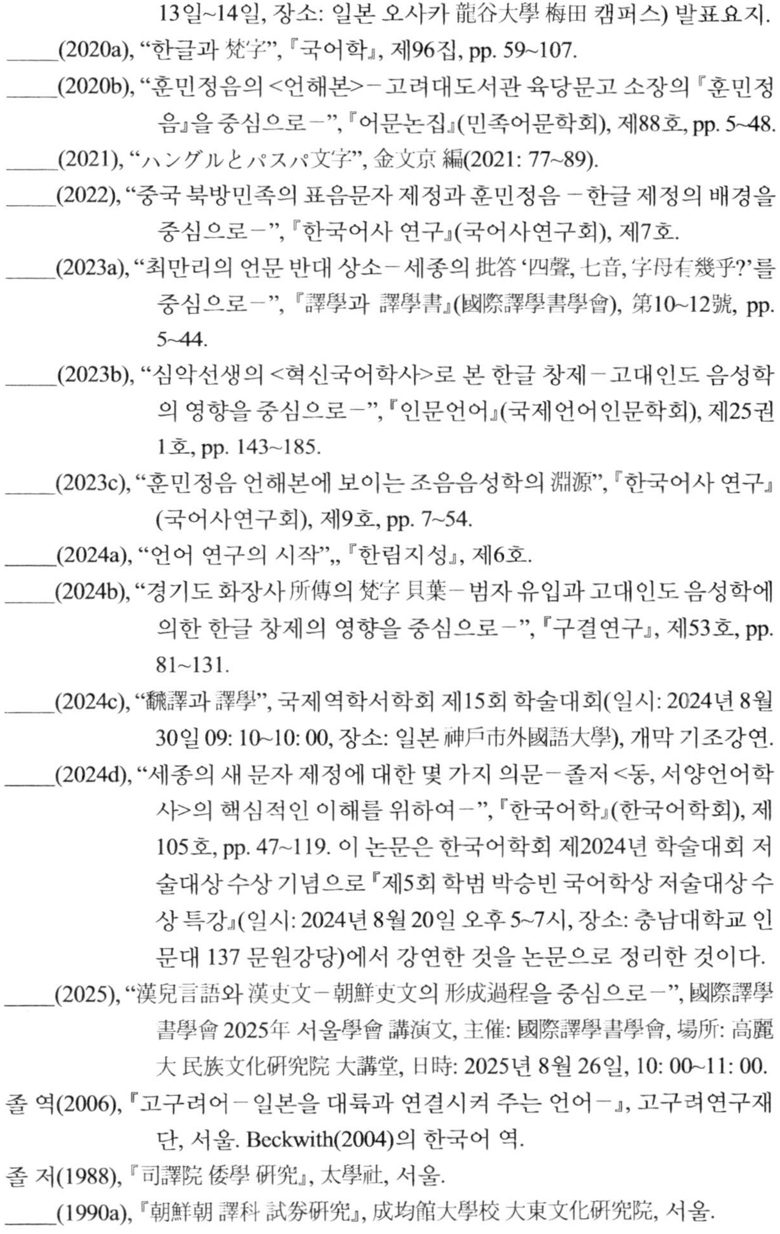

13일~14일, 장소: 일본 오사카 龍谷大學 梅田 캠퍼스) 발표요지.
_____(2020a), "한글과 梵字", 『국어학』, 제96집, pp. 59~107.
_____(2020b), "훈민정음의 <언해본>－고려대도서관 육당문고 소장의 『훈민정음』을 중심으로－", 『어문논집』(민족어문학회), 제88호, pp. 5~48.
_____(2021), "ハングルとパスパ文字", 金文京 編(2021: 77~89).
_____(2022), "중국 북방민족의 표음문자 제정과 훈민정음 －한글 제정의 배경을 중심으로－", 『한국어사 연구』(국어사연구회), 제7호.
_____(2023a), "최만리의 언문 반대 상소－세종의 批答 '四聲, 七音, 字母有幾乎?'를 중심으로－", 『譯學과 譯學書』(國際譯學書學會), 第10~12號, pp. 5~44.
_____(2023b), "심악선생의 <혁신국어학사>로 본 한글 창제－고대인도 음성학의 영향을 중심으로－", 『인문언어』(국제언어인문학회), 제25권 1호, pp. 143~185.
_____(2023c), "훈민정음 언해본에 보이는 조음음성학의 淵源", 『한국어사 연구』(국어사연구회), 제9호, pp. 7~54.
_____(2024a), "언어 연구의 시작",, 『한림지성』, 제6호.
_____(2024b), "경기도 화장사 所傳의 梵字 貝葉－범자 유입과 고대인도 음성학에 의한 한글 창제의 영향을 중심으로－", 『구결연구』, 제53호, pp. 81~131.
_____(2024c), "飜譯과 譯學", 국제역학서학회 제15회 학술대회(일시: 2024년 8월 30일 09: 10~10: 00, 장소: 일본 神戶市外國語大學), 개막 기조강연.
_____(2024d), "세종의 새 문자 제정에 대한 몇 가지 의문－졸저 <동, 서양언어학사>의 핵심적인 이해를 위하여－", 『한국어학』(한국어학회), 제105호, pp. 47~119. 이 논문은 한국어학회 제2024년 학술대회 저술대상 수상 기념으로 『제5회 학범 박승빈 국어학상 저술대상 수상 특강』(일시: 2024년 8월 20일 오후 5~7시, 장소: 충남대학교 인문대 137 문원강당)에서 강연한 것을 논문으로 정리한 것이다.
_____(2025), "漢兒言語와 漢吏文－朝鮮吏文의 形成過程을 중심으로－", 國際譯學書學會 2025年 서울學會 講演文, 主催: 國際譯學書學會, 場所: 高麗大 民族文化硏究院 大講堂, 日時: 2025년 8월 26일, 10: 00~11: 00.
졸 역(2006), 『고구려어－일본을 대륙과 연결시켜 주는 언어－』, 고구려연구재단, 서울. Beckwith(2004)의 한국어 역.
졸 저(1988), 『司譯院 倭學 硏究』, 太學社, 서울.
_____(1990a), 『朝鮮朝 譯科 試券硏究』, 成均館大學校 大東文化硏究院, 서울.

_____(1990b),『薩摩苗代川傳來の朝鮮歌謠』, 일본 新村出記念財團後援, 京都. 한국어본 졸저(2020),『朝鮮歌』, 김영사, 서울.

_____(1999),『10월의 문화인물 최세진』, 문화관광부 한국문화예술진흥원, 서울.

_____(2002),『譯學書 硏究』, J&C, 서울. 2003년 문화관광부 우수도서.

_____(2004),『역주 原本老乞大』, 김영사, 서울.

_____(2006),『훈민정음의 사람들』, 제이앤씨, 서울,

_____(2009),『몽고자운 연구』, 박문사, 서울. 중문판(2013), 일문판(2015). 중문역,『蒙古字韻硏究』北京; 民族出版社, 2013, 번역: 曺瑞炯. 일어역,『蒙古字韻硏究』, 東京: 大倉出版社, 2015.

_____(2010),『역주 원본 노걸대』, 박문사, 서울, 2004년 김영사 판본의 수정본.

_____(2011),『삼국시대 한반도의 언어 연구』, 박문사, 서울 2012년 대한민국 학술원 우수도서.

_____(2012),『훈민정음과 파스파문자』, 도서출판 역락, 서울.

_____(2014),『조선시대의 외국어 교육』김영사, 서울. 2015년 학술원 우수도서. 일어역,『李朝時代の外國語教育, 공역: 廣剛・木村可奈子, 臨川書店, 京都. 2016.

_____(2015),『한글의 발명』, 김영사, 서울. 2016년 세종도서 우수학술도서.

_____(2017),『역학서의 세계－조선 사역원의 외국어 교재 연구－』, 박문사, 서울.

_____(2019a),『증정 훈민정음의 사람들』, 박문사, 서울.

_____(2019b),『동아시아 여러 문자와 한글』, 지식산업사, 서울 2020년 세종도서 우수학술도서.

_____(2020),『朝鮮歌』, 김영사, 서울.

_____(2021),『월인석보 옥책(玉冊) 연구－한글의 창제와 훈민정음 <언해본>의 간행을 중심으로－』, 대우학술총서 631, 아카넷, 서울.

_____(2022),『언어학사로 본 20세기까지의 한국어 연구사』, 박문사, 서울.

_____(2024),『동, 서양언어학사 I.II..』,「제1부 동양언어학사」,「제2부 서양언어학사」, 역락, 서울. 한국어학회 2024년 저술대상(일시: 2024년 8월 20일 오후 5~7시, 장소: 충남대학교 인문대 137 문원강당).

_____(2025),『세종의 새 문자 제정－』, 역락, 서울.

崔承熙(1981),『韓國古文書硏究』, 韓國精神文化硏究院, 성남.

최현배(1961),『고친 한글갈』, 정음사, 서울.

韓中硏(1985),『譯註 經國大典』, 飜譯篇, 한국정신문화연구원, 서울.

______(1986),『譯註 經國大典』, 註釋篇, 한국정신문화연구원, 서울.

洪起文(1946),『正音發達史』, 上, 下, 서울新聞社出版局, 서울.

______(1956),『鄕歌解釋』, 科學出版社, 平壤.
洪淳鐸(1974),『吏讀研究』, 光文출판사, 서울.
洪淳赫(1946), "汲古隨錄(一)",『鄕土』, 제3호.
______(1947(, "汲古隨錄(二)",『鄕土』, 제6호.
______(1949), "吏讀文獻 '吏文襍例' 小考",『한글』, 105호.

일문 논저(저자의 五十音圖순)

有坂秀世(1936), "漢字の朝鮮音について",『方言』(日本 方言學會), 第10号(4・5月号).
________(1957),『國語音韻史の研究』, 東京.
石塚晴通(2002), "漢字文化圈の加点史から見た高麗口訣と日本語初期訓点資料",『口訣研究』(口訣學會), 제8輯.
鮎貝房之進(1931a), "新羅王位號及び追封王號に就いて",『雜攷』, 1輯, 京城.
__________(1931b), "日本の韓、新羅、任那、百濟、高麗、漢、秦等の古訓に就いて",『雜攷』, 2輯 上, 下.
__________(1931c), "吏讀便覽に就いて",『雜攷』, 3輯.
__________(1934), "俗文攷",『雜攷』, 6輯 上,下.
__________(1937), "<日本書紀> 朝鮮地名考",『雜攷』, 7輯 上,下.
入矢義高(1973), 陶山信男: "『朴通事諺解 老乞大諺解語彙索引』序", 采華書林.
岩村 忍(1962), "元典章の刑部研究",『東方學報』(일본 東方學會), 제24집.
岩村 忍・田中謙二 校正(1964),『校定本 元典章 刑部 第一冊』, 京都大學人文科學研究所 元典章研究班, 京都.
____________________(1972),『校定本 元典章 刑部 第二冊』, 京都大學人文科學研究所 元典章研究班, 京都.
岡敎邃(1910), "朝鮮華藏寺の梵夾と印度指空三藏法",『宗敎研究』, 新3-5, pp. 140~152.
小倉進平(1929),『鄕歌及び吏讀の研究』, 京城帝國大學, 서울.
________(1940),『增訂朝鮮語學史』, 刀江書院, 東京.
________(1964), 小倉進平・河野六郎:『增訂補注朝鮮語學史』, 刀江書院, 東京.
太田辰夫(1953), "老乞大の言語について",『中國語學研究會論集』, 제1호.
________(1954), "漢儿語言について",『神戶外大論叢』, 5-3.
________(1991),『漢語史通考』中文版(日文原版: 1988), 重慶出版社, 臺北.
________(1987),『中國語歷史文法』中文版(日文原版: 1958), 北京大學出版社, 北京.
太田辰夫・佐藤晴彦(1996),『元版 孝經直解』, 일본 汲古書院, 東京.

金文京(2010),『漢文と東アジア－訓讀の文化圈』, 岩波新書 1262, 岩波書店, 東京. 한국어역: 김용태 옮김(2023),『한문과 동아시아』, 성균관대학교 출판부, 서울.

金文京 外(2002),『老乞大－朝鮮中世の中國語會話讀本－』, 金文京・玄幸子・佐藤晴彦 譯註, 鄭光 解說, 東洋文庫 699, 平凡社, 東京

金文京 編(2021),『漢字を使った文化はどう廣がっていくのか－東アジアの漢字漢文文化圈－』, 文學通信, 東京.

河野六郎 1963),『日本語の歷史 2－文字とのめぐりあい』, 東京.

小林芳規(1994), "敦煌の角筆文獻－大英圖書館藏 <觀音經> 加點－",『訓點語と訓點資料』(일본 訓點語學會).

________(2002), "韓國의 角筆點과 일본의 古訓點의 關係",『口訣硏究』(한국 구결학회), 제8집.

小林芳規・西村浩子(2001), "韓國遺存の角筆文獻調査報告",『訓點語と訓點資料』, 第107輯.

志村良治(1995),『中國中世語法史硏究』中文版, 中華書局, 北京.

田中謙二(1961), "蒙文直譯体における白話について",『元典章の文體』(校定本 元典章 刑部 第1冊 附錄)에 수록.

________(1962), "元典章における蒙文直譯體の文章",『東方學報』, 1962年 第3冊. 이 논문은『元典章の文體』(校定本 元典章 刑部 第1冊 附錄)에 재록됨.

________(1965), "元典章文書の構成",『元典章の文體』(校定本 元典章 刑部 第1冊 附錄).

長澤規矩也(1933), "元刊本成齋孝經直解に關して",『書誌學』(日本書誌學會) 第1卷 第5號. 이 논문은 후일『長澤規矩也著作集』제3권「宋元版の硏究」에 수록됨.

長田夏樹(1959), "奴兒永寧寺碑蒙古文女眞文釋稿",,『石浜先生古稀記念, 東洋學論叢』, 關西大學 東洋史硏究室, 大阪. 이 논문은 長田夏樹(2001)의 제11장에 재록됨.

________(1985), "契丹語解讀方法論序說",『內陸アジア言語の硏究 I』, 神戶市外國語大學, 神戶. 이 논문은 長田夏樹(2001)의 제29장에 再錄됨.

________(2000),『長田夏樹論述集 上』, ナカニシヤ出版, 京都.

________ (2001),『長田夏樹論述集 下』, ナカニシヤ出版, 京都.

中田 完(1961), "紹介 朴通事上",『朝鮮學報』(일본 朝鮮學會), 제18집.

______(1988), "漢字文化圈の展開",『漢字講座』, 明治書院, 東京.

西田龍雄(1964~66),『西夏語の硏究－西夏語の再構成と西夏文字の解讀』I.II, 座右

寶刊行會, 東京.

________(1981~3),『西夏語韻圖<五音切韻>の研究』上・中・下,「京都大學文學部研究紀要」No. 20~22, 京都.

________(1987), "チベット語の変遷と文字", 長野泰彦・立川武藏 編 :『チベットの言語と文化』, 冬樹社, 東京.

________(1997),『西夏王國の言語と文化』, 岩波書店, 東京.

________(1998),『西夏語研究新論』, 古稀記念會, 京都.

西田龍雄 編(1981), 講座 言語 第5卷『世界の文字』, 大修館書店, 東京.

日本陸軍省 編(1933),『蒙古語辭典』, 國書刊行會, 東京.

____________(1982),『蒙古語大辭典』, 上: 蒙和之部, 下: 和蒙之部, 東京.

橋本進吉(1949),『文字及び仮名遣の研究』, 岩波書店, 東京.

花登正宏(1997),『古今韻會擧要研究－中國近世音韻史の一側面－』, 汲古書院, 東京.

服部四郎(1946),『元朝秘史の蒙古語を表はす漢字の研究』, 龍文書局, 東京.

________(1984a), "パクパ字(八思巴字)について－特にeの字とėの字に關して－(一)" "On the ḥPhags-pa script－Especially Concerning the lettes e and ė－(I)", 1984년 5월에 완성한 논문을 服部四郎(1993: 216-223)에서 재인용.

________(1984b), "パクパ字(八思巴字)について－特にeの字とėの字に關して－(二)" "On the ḥPhags-pa script－Especially Concerning the lettes e and ė－(II)" 1984년 6월에 완성한 논문을 服部四郎(1993: 224~235)에서 재인용.

________(1984c), "パクパ字(八思巴字)について－再論)－" "On the ḥPhags-pa script － the Second Remarks－" 1984년 10월에 완성한 논문을 服部四郎(1993: 236~238)에서 재인용.

________(1986), "元朝秘史蒙古語のoおよびöに終わる音節を表わす漢字のシナ語音の簡略ローマ字轉寫", "The Broad Roman Transcription of the Chinese Sounds of the Chinese Characters Representing the Mongolian Syllables Ending in－o in the Yüan-ch'ao Mi-shih", 1986년에 완성한 논문을 服部四郎(1993) 제2권 pp. 202~227에서 재인용.

________(1993),『服部四郎論文集』, 卷3, 三省堂, 東京.

福井久藏 編(1939),『以呂波字考錄』, 東京.

藤田亮策(1942), "吏文と吏文輯覽",『書物同好會會報』, 第15輯.

藤塚 鄰(1929), "高麗版龍龕手鏡解說", 影印本『高麗版龍龕手鏡』, 京城帝國大學法文學部, 京城.

藤本幸夫(1988), "古代朝鮮の言語と文字文化",『ことばと文字』, 中央公論社, 東京.

________(1992), "李朝訓讀攷",『朝鮮學報』(일본 朝鮮學會), 143호.

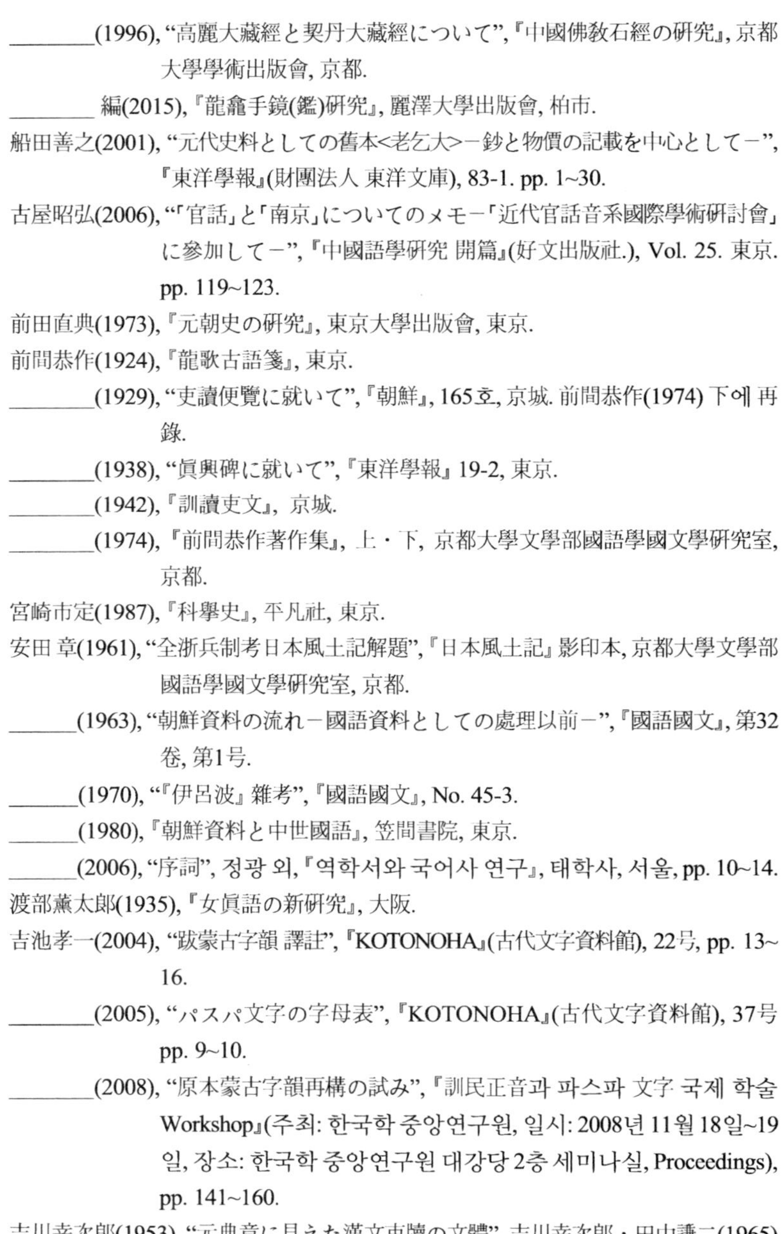

________(1996), "高麗大藏經と契丹大藏經について", 『中國佛敎石經の硏究』, 京都大學學術出版會, 京都.

________ 編(2015), 『龍龕手鏡(鑑)硏究』, 麗澤大學出版會, 柏市.

船田善之(2001), "元代史料としての舊本<老乞大>－鈔と物價の記載を中心として－", 『東洋學報』(財團法人 東洋文庫), 83-1. pp. 1~30.

古屋昭弘(2006), "「官話」と「南京」についてのメモ－「近代官話音系國際學術硏討會」に參加して－", 『中國語學硏究 開篇』(好文出版社.), Vol. 25. 東京. pp. 119~123.

前田直典(1973), 『元朝史の硏究』, 東京大學出版會, 東京.

前間恭作(1924), 『龍歌古語箋』, 東京.

________(1929), "吏讀便覽に就いて", 『朝鮮』, 165호, 京城. 前間恭作(1974) 下에 再錄.

________(1938), "眞興碑に就いて", 『東洋學報』 19-2, 東京.

________(1942), 『訓讀吏文』, 京城.

________(1974), 『前間恭作著作集』, 上・下, 京都大學文學部國語學國文學硏究室, 京都.

宮崎市定(1987), 『科擧史』, 平凡社, 東京.

安田 章(1961), "全浙兵制考日本風土記解題", 『日本風土記』 影印本, 京都大學文學部國語學國文學硏究室, 京都.

______(1963), "朝鮮資料の流れ－國語資料としての處理以前－", 『國語國文』, 第32卷, 第1号.

______(1970), "『伊呂波』 雜考", 『國語國文』, No. 45-3.

______(1980), 『朝鮮資料と中世國語』, 笠間書院, 東京.

______(2006), "序詞", 정광 외, 『역학서와 국어사 연구』, 태학사, 서울, pp. 10~14.

渡部薰太郞(1935), 『女眞語の新硏究』, 大阪.

吉池孝一(2004), "跋蒙古字韻 譯註", 『KOTONOHA』(古代文字資料館), 22号, pp. 13~16.

________(2005), "パスパ文字の字母表", 『KOTONOHA』(古代文字資料館), 37号 pp. 9~10.

________(2008), "原本蒙古字韻再構の試み", 『訓民正音과 파스파 文字 국제 학술 Workshop』(주최: 한국학 중앙연구원, 일시: 2008년 11월 18일~19일, 장소: 한국학 중앙연구원 대강당 2층 세미나실, Proceedings), pp. 141~160.

吉川幸次郞(1953), "元典章に見えた漢文吏牘の文體", 吉川幸次郞・田中謙二(1965)

에 수록.
吉川幸次郎・田中謙二(1965),『元典章の文體』(校定本 元典章 刑部 第1冊 附錄), 彙文堂書店, 京都.

중문 논저(저자의 가나다순)

賈敬顔 外(1990),『蒙古譯語女眞譯語彙編』, 天津古籍出版社, 天津.
高紹先(2001),『中國刑法史精要』, 北京法律出版社, 北京.
郭建 外(2000),『中國法制史』, 上海人民出版社, 上海.
郭成偉 點校(1999),『大元通制條格』, 北京法律出版社. 北京.
羅錦堂(1978), "老乞大諺解・朴通事諺解 影印本 刊行 序文", 王必成(1978)의 序.
董同龢(1968),『漢語音韻學』, 廣文書局, 臺北.
林 燾(1987), "北京官話溯源",『中國語文』1987-3, 中語文雜志社, 北京.
梅祖麟(1984), "從語言史看幾本元雜劇賓白的寫作時期",『語言學論叢』第13輯, 北京大學 中文系, 北京.
武樹臣 外(1999),『中國傳統法律文化辭典』, 北京大學出版, 北京.
方齡貴(1991),『元明戲曲中的蒙古語』, 上海漢語大詞典出版社, 上海.
辭海編輯委員會編(1989),『辭海』, 上海辭書出版社, 上海.
徐祥民 外(2000),『中國法制史』, 山東人民出版社, 濟南.
蘇啓慶(1994), "元代蒙古人的漢學", 蘇啓慶,『蒙元史新研』, 允晨文化公司, 台北, pp. 95~216.
蘇振申 總編校(1980),『中國歷史圖說』, (一)「先史時代」, 民國68년(1980), 新新文化出版社有限公司, 台北.
孫錫信(1992), "<老乞大>, <朴通事>中的一些語法現象",『近代漢語硏究』, 商務印書館, 北京.
楊家駱 主編(1971),『元史』(宋濂 外), 中國學術類編, 臺灣鼎文書局, 臺北.
楊家駱 編(1971), 陶宗儀『輟耕錄』, 讀書劄記叢刊第二集 第九冊, 臺灣世界書局, 臺北.
楊納 點校(1988),『吏學指南』, 元代史料叢刊, 浙江古籍出版社, 杭州.
楊聯陞(1957), "老乞大朴通事裏的語法語彙",『慶祝趙元任先生六十五歲論文集』上冊(中央硏究院歷史語言硏究所 集刊 第29本), 臺北 이 논문은 개고되어 王必成(1978)에 재록됨.
呂叔湘(1985),『近代漢語指代詞』, 學林出版社, 上海.
______(1987), "朴通事里的指代詞",『中國語文』(中國語文雜誌社), 1987-6, 北京.
林 燾(1987), "北京官話溯源",『中國語文』(中國語文雜志社), 1987-3, 北京.
余志鴻(1983), "元代漢語中的後置詞 '行'",『語文硏究』, 1983-3, 北京.

______(1988), "蒙古秘史的特殊語法", 『語文研究』, 1988-1, 北京.
______(1992), "元代漢語的後置詞系統", 『民族語文』, 1992-3, 北京.
吳海航(2000), 『元代法文化研究』, 北京師範大學出版社, 北京.
王 力(1958), 『漢語史稿』, 科學出版社, 北京.
_____(1985), 『漢語語音史』, 社會科學出版社, 北京.
王必成(1978), 『老乞大諺解・朴通事諺解』(影印本), 聯經出版事業公司, 臺北.
劉俊文 點校(1999), 『唐律疏議』, 北京法律出版社, 北京.
李崇興 外(1998), 『元語言詞典』, 上海敎育出版社, 上海.
李學智(1981), "老乞大一書編成經過之臆測", 『中韓關係史硏討會發表論文』, 台北 中央研究院.
蔣紹愚(1994), 『近代漢語研究概況』, 北京大學出版社, 北京.
錢大群(2000), 『唐律研究』, 北京法律出版社, 北京.
鄭光 主編(2002), 鄭光・梁伍鎭・鄭丞惠: 『原本老乞大』 [影印・解題・本文・幷音索引], 外硏社, 2002, 北京.
丁邦新(1978), "影印本刊行 序文", 『老乞大諺解・朴通事諺解』(影印本), 聯經出版事業公司, 臺北.
程湘清 編(1992), 『宋元明漢語研究』, 山東敎育出版社. 山東.
曹廣順(1995), 『近代漢語助詞』, 語文出版社. 北京.
趙德義 外(1999), 『中國歷代官稱辭典』, 北京團結出版社, 北京.
朱德熙(1958), "老乞大, 朴通事書後", 『北京大學學報』, 1958-2.
趙德義 外(1999), 『中國歷代官稱辭典』, 北京團結出版社, 北京.
周法高(1973), 『漢字古今音彙』, 香港 中文大學, 香港
陳鼓應(1991), 『莊子今註今譯』, 中華書局, 香港.
陳志强(1988), "老乞大'將''的'初探", 『廣西師院學報』 1988-1.
淸格爾泰(1997), "關於契丹文字的特點", 『아시아 諸民族의 文字』(口訣學會 編), 태학사, 서울.
祝敏徹(1996), 『近代漢語句法史稿』, 中州古籍出版社, 北京.
胡明揚(1984), "老乞大 複句句式", 『語文研究』, 1984-4, 中國語文雜誌社, 北京.
胡竹安 等(1992), 『近代漢語研究』, 商務印書館, 北京.
洪丕謨(1999), 『中國古代法律名著提要』, 浙江人民出版社, 杭州.

영문 논저(저자의 알파벳순)

Chung(2003), Kwang Chung: "On Lao Qida("Mr. Cathayan"), a 14th Century Chinese Language Primer in Korea," Seminar for Spring 2003, Center for East

Asian and Pacific Studies, Univ. of Illinois at Urbana-Champaign. 12Noon-1.00p, 17 Feb, 2003, Rm 101. International Studies Building, Univ. of Illinois at Urbana-Champaign.

______(2007), "On the Chinese Transcriptions of Northeastern Eurasian Languages－Focusing on I-mun(吏文) in the Korean Peninsula and Hanliwen(漢吏文) in the Yuan Dynasty," Sang-Oak Lee, Choong-Yon Park & James H. Yoon eds. *Promenades in Language*『언어학의 산책』, To Honor Professor Chin-woo Kim, Hankookmunhwasa, 2007, Seoul. pp. 85~124. 이 논문은 2006년 10월 10일 일본 京都大學에서 열린 제16회 Japanese/Korean Linguistics Conference에서 구두로 발표한 것을 수정 보완한 것이다.

Dyer(1983), Svetlana Rimsky-Korsakof Dyer: *Grammatical Analysis of the Lao Ch'i-ta－With an English Translation of the Chinese Teaxt*, Faculty of Asian Studies Monographs: New Series No..3, Faculty of Asian Stduies, Australian National University, 1983, Canberra, I. II.

____(2005), *Pak the Interpreter－An annotated translation and literaru-cultural evaluatin of the Piao Tonshi of 1677－*, The Australian University, Canberra.

Ishizuka(1992), Ishizuka Harumichi: "Devices for Readung Chinese Texts among the Neighbouring Peoples," Proceedings of the XXXII International Congress for Asian and North African Studies, Hamburg, Franz Steiner Vedrlag Sttutgart, Germany.

Karlgren(1940), Bernhard Karlgren(高本漢): *Grammata Serica*, Museum of Far Eastern Antiquities, Stockholm.

_______(1954), *Compedium of Phonetics in Ancient and Archaic Chinese*, Stockholm.

_______(1957), *Grammata Serica Recensa*. Museum of Far Eastern Antiquities, Stockholm.

Lee & Iversion(2003), Sang-Oak Lee & Gregory K. Iversion:『한국 언어와 문화 탐색』, 도서출판 박이정, 서울.

Maspero(1953), Henri Maspero: *Les documentts chinois de la troisiém expédition de Sir Aurel Stein en Asie central*, edited by the late Henri Maspero, London.

Poppe(1954), N. Poppe: *Grammar of Written Mongolian*, Otto Harassowitz, Wiesbaden.

Pulleyblank(1962), Edwin G. Pulleyblank: "The Consonantal System of Old Chinese,"

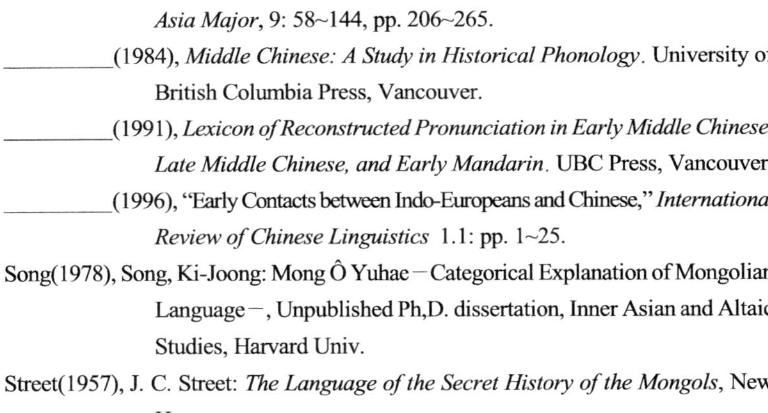

Asia Major, 9: 58~144, pp. 206~265.

__________(1984), *Middle Chinese: A Study in Historical Phonology*. University of British Columbia Press, Vancouver.

__________(1991), *Lexicon of Reconstructed Pronunciation in Early Middle Chinese, Late Middle Chinese, and Early Mandarin*. UBC Press, Vancouver.

__________(1996), "Early Contacts between Indo-Europeans and Chinese," *International Review of Chinese Linguistics* 1.1: pp. 1~25.

Song(1978), Song, Ki-Joong: Mong Ô Yuhae－Categorical Explanation of Mongolian Language－, Unpublished Ph,D. dissertation, Inner Asian and Altaic Studies, Harvard Univ.

Street(1957), J. C. Street: *The Language of the Secret History of the Mongols*, New Haven.

찾아보기

(ㄱ)

(ㅇ)

(ㅈ)

(ㅊ)

(ㅋ)

(ㅌ)

(ㅍ)

(ㅎ)

(숫자)

저자 약력

▌정 광

서울대학교 문리과대학 국어국문학과 졸업
고려대학교 문과대학 국어국문학과 명예교수

미국 Columbia 대학 東亞言語文化科 객원교수(교육부 파견, 1979.8.1~1980.7.30)
Japan Foundation의 Senior Fellow(일본 京都大學 硏修, 1982.8.1~1983.7.30)
일본 京都大學 文學部 招聘外國人學者(1986.12.1~1988.2.28)
일본 關西大學 東西學術硏究所 招聘外國人硏究員(1989.9.20~1989.12.20)
일본 東京外國語大 外語學部 外國人硏究員(財團法人 日韓文化交流基金 96年 硏究지원, 1996.4.1~1997.3.31)
일본 早稻田大學 문학부 교환교수(일본 學術振興會 招聘, 2000.8.1~2001.2.28)
미국 일리노이대학 언어학과 강의교수(2003.2.20~2004.2.28)
일본 京都大學 文學部 國語學國文學科 초빙외국인학자(2009.1.30~2009.3.2)
중국 北京中央民族大學校 少數民族大學 朝鮮語文學科 招聘講師(2011.3.1~2012.6.30)

이문(吏文) 연구

구어(口語)의 한아언어와 문어(文語)의 이문을 중심으로

초판인쇄 2025년 12월 23일
초판발행 2026년 01월 05일

저 자 정 광
발 행 인 윤석현
발 행 처 박문사
책임편집 최인노
등록번호 제2009-11호

우편주소 서울시 도봉구 우이천로 353
대표전화 02) 992 / 3253
전 송 02) 991 / 1285
전자우편 bakmunsa@hanmail.net

ISBN 979-11-7390-022-8 93700 정가 41,000원